쉽게 쓴 수필 창작론

쉽게 쓴 수필 창작론

정주환

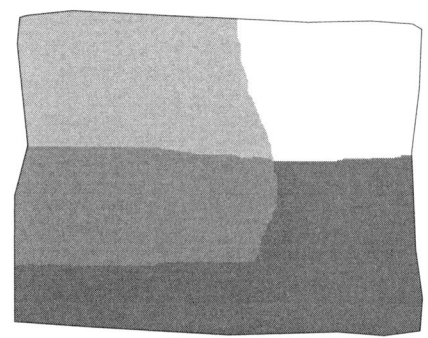

푸른사상

책머리에

　문학 인구가 늘어나고 있다. 그 가운데 수필을 쓰고자 하는 사람이 날로 늘어나는 것은 좋은 현상이다.
　문학이란 일종의 인간의 삶을 되새겨보는 일이다. 그리고 참된 삶이 무엇인가 규명해 보는 일이다. 그러니 문학하는 인구가 늘어난다는 일은 얼마나 반가운 일인가.
　수필이 하나의 문학이고 보면 표현의 연마 없이 좋은 수필을 쓸 수가 없다. 좋은 수필을 쓰기 위해서는 창작에 대한 기본적인 지식이 필요하다. 그리고 습작에 대한 그 방법도 터득 할 필요가 있다.
　그런데 수필을 쓰고자 하지만 마땅한 교재가 없었다. 물론 시중에 많은 수필창작 교재가 있지만 옛날 글짓기 책을 크게 벗어나지 못하고 있는 형편이다. 그래서 수필 창작의 체험을 바탕으로 이 책을 내놓게 되었다. 이 책은 수필이론에서부터 창작에 대한 그 방법론까지 쉽게 풀어 냈다.
　특히 수필이 무엇인가를 충분히 이해하고, 창작의 본질적 접근을 시도하여 실기 쪽에 치중하였다. 쉽고 다양하게 설명하였으며, 그 이해를 돕고자 예문도 충분히 다루었다. 전문은 지면상 다 신지 못한 점이 아쉽다. 수필 공부를 하고자 하는 초보자에서부터 중견 작가에 이르기까지 이 책은 창작에 대한 실제적인 도움을 주리라 생각한다.
  이 책을 발간해 주신 푸른사상사 한봉숙 사장님을 비롯 편집부원들께 감사드린다.

2005. 7. 30.
정 주 환

차례

• 책머리에

제1장 수필 창작의 기초

제1부 나는 수필가가 될 수 있을까 • 13
1. 누구나 수필가가 될 수 있다   13
   1) 수필가가 되고 싶은 마음 • 13   2) 수필적 자아 • 18
   3) 수필적 생활 • 20
2. 수필 창작의 기본정신   22
   1) 강한 의욕의 몸부림 • 22   2) 수필은 혼의 울림 • 23
   3) 글쓰는 습관을 • 26
3. 작가가 되기 위한 자세   27
   1) 정기적으로 쓴다 • 27   2) 충분한 체험을 • 30
   3) 집필을 위한 메모 • 35

제2부 문학이란 무엇인가 • 38
1. 무엇이 문학인가?   38
2. 문학의 변모   40
3. 수필 작품을 해명하기 위한 준비   41
   1) 작가가 될 수 있다는 자신감 • 41   2) 수필가와 수필 독자 • 52
4. 수필의 정의   56
5. 문학으로서의 수필   60
6. 허구에 대한 오해   65

차례

제3부 수필이란 무엇인가 • 75

1. 왜 수필을 쓰는가 … 75
2. 수필의 묘미 … 79
3. 애매모호한 수필론 … 86
4. 미래의 문학으로서의 수필 … 95
5. 수필에 대한 잘못된 인식 … 97
6. 수필은 끝없는 문학의 이정표 … 99
7. 나의 경험적 수필론 … 100
8. 좋은 수필이란 … 103
   1) 읽기에 쉬운 글이어야 • 103   2) 간결하면서도 짧은 글 • 106
   3) 강한 인상이 풍기는 글 • 108   4) 즐거움을 주는 글 • 112
   5) 품격이 넘치는 글 • 114   6) 솔직하면서도 진솔한 글 • 118
9. 좋지 않은 수필이란 … 121
   1) 표현이 졸렬한 글 • 122   2) 교훈적이며 자기를 내세우는 글 • 124
   3) 개성이 없는 평범한 글 • 126 4) 무재결한 글 • 128

제4부 수필 창작의 기본 원리 • 131

1. 좋은 글쓰기 … 131
2. 창작은 모방에서 … 134
3. 짜임새 있는 문장 … 139
4. 창작을 위한 상상력 … 151
   1) 상상의 의의 • 151   2) 상상의 원리 • 153
   3) 상상의 유형 • 157   4) 상상력의 함양 • 160
5. 전통과 수용 … 162
   1) 창작과 전통 • 162   2) 원용의 기법 • 166

수필 창작론

제2장 수필 창작을 위한 해명

제5부 수필 창작의 기본 • 173

  1. 수필의 연마와 수련   173
  2. 독서를 많이 하라   174
  3. 처음엔 흉내를 내라   177
  4. 짧은 글쓰기부터 시작하라   180
  5. 자료 수집과 메모의 습관화   190
  6. 수필 어휘 훈련   191
    1) 단순 어휘 • 191   2) 묘사(서술)적 어휘 • 195

제6부 수필 창작의 실제 • 205

  1. 무엇을 쓸 것인가   205
    1) 수필에 있어서 지각 • 205   2) 수필에 있어서의 경험적 체험 • 209
    3) 수필에 있어서 정서 • 217   4) 수필에 있어서 미감 • 229
    5) 수필에 있어서 상상 • 237   6) 수필에 있어서 내용 • 249
    7) 수필에 있어서 사상 • 258
  2. 글이란 무엇인가?   264
    1) 글과 사고 • 265   2) 문단이란 • 265
    3) 문단과 글의 관계 • 270
  3. 문단의 구성과 전개   273
    1) 하나의 문단은 하나의 중심 생각(주제)만을 • 273
    2) 문단의 통일성 • 274   3) 일관성과 연속성 • 275

차례

　　4) 서·본문·결의 적절성 • 275
　　5) 문단 전개는 일반화가 아닌 구체화 • 276

제7부 수필 창작 어떻게 할 것인가 • 278

1. 수필 창작과 구성　　　　　　　　　　　　　　　　　　278
　　1) 먼저 착상을 • 280　　2) 주제의 설정 • 281
　　3) 소재의 선택 • 288　　4) 작품의 구성 • 291
　　5) 기교와 수사 • 311　　6) 취향과 작품(作風) • 314
　　7) 퇴고와 교정 • 324
2. 수필 창작의 종자와 씨　　　　　　　　　　　　　　　　327
　　1) 종자는 수필의 씨앗 • 327　　2) 종자는 수필의 싹 • 330
3. 수필의 종자와 상호관계　　　　　　　　　　　　　　　　335
　　1) 수필의 종자와 소재 • 335　　2) 종자와 주제 • 354

제8부 수필 어떻게 읽히게 할 것인가 • 357

1. 읽히게 하는 요건　　　　　　　　　　　　　　　　　　　357
　　1) 매력있는 제목 • 357　　2) 효과있는 서두 • 373
　　3) 여운있는 결말 • 384
2. 읽히게 하는 장치　　　　　　　　　　　　　　　　　　　394
　　1) 승부는 앞부분에 • 394　　2) 인상이 강한 문장 • 402
3. 글이 돋보이게 하는 창작법　　　　　　　　　　　　　　411
　　1) 글이 돋보이게 하는 비결 • 411　　2) 경이로움의 정체 • 427

수필 창작론

제9부 수필의 기법과 방안 • 447

1. 수필 창작의 기법   447
    1) 열기식 수법 • 447   2) 질서식 수법 • 449
    3) 소설식 수법 • 450   4) 예화식 수법 • 452
    5) 호흡식 수법 • 453   6) 기술식 수법 • 454
    7) 시적 수법 • 455   8) 설리적 수법 • 459
    9) 서정적 수법 • 460   10) 서사적 수법 • 463
2. 수필의 형상화 방안   464
    1) 접합의 형상화 • 470   2) 기복과 흥미의 형상화 • 473
    3) 주관적인 형상화 • 475   4) 이미지의 형상화 • 480
    5) 무관성의 형상화 • 484   6) 참신성의 형상화 • 490
    7) 형상화에 있어서 시점 • 495

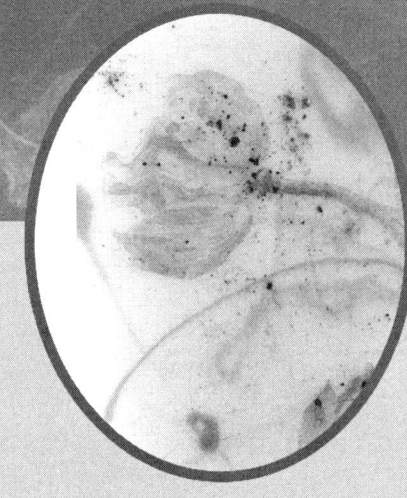

제1장

수필 창작의 기초

제1부 나는 수필가가 될 수 있을까

1. 누구나 수필가가 될 수 있다

1) 수필가가 되고 싶은 마음

수필을 쓰는 사람을 보면 부럽다. 나도 그런 글을 써 보았으면 얼마나 좋을까!

이런 마음을 가져 본 적이 있는가? 있다면 그대는 수필가가 될 수 있다. 나는 그것을 확실히 장담할 수 있다. 재질이 없다는 말은 핑계다. 핑계는 무능을 낳고 무능은 무엇이든지 이루지 못한다. 그것은 일종의 비극이다.

타고난 재능(소질)이란 도대체 무엇인가?
그것은 물론 어느 한 부분은 유전에 의한 것도 있다. 많은 학자들은 대창조가와 대발명가의 족보 들추기를 좋아한다. 모차르트의 집안은 몇 대가 음악을 하였고 다윈은 조부 또한 생물학자이며, 조조의 집안은 여러 시인을 낳았다고 말한다. 이런 증거는 물론 상당한 가치가 있긴 하지만 결코 타고난 재능이라는 것을 완전히 해석해 줄 수는 없다. 같은 형제 사이에도 우둔하거나 현명한 차이가 아주 크게 있다.
천부적인 재능은 물론 그 일부분이 환경에서 이루어지는 것도 있다. 모차르트가 만일 음계가 간단하고 악기도 변변치 못한 야만족 중에서 태어났다면 결코 그렇게 많은 복음의 교향곡을 만들지 못했을 것이다. '사회의 유산'은 무시할 수 없다. 문예 비평가는 항상 "위대한 인물은 모두가 그 시대의 총아이며 예술은 시대와 환경의 산물이다"라고 즐겨 말한다. 이 말도 전부가 맞는 것은 아니다. 똑같은 시대라도 그 이루어진 바는 왕왕 같지 않다. 셰익스피어를 낳은 영국과 스페인은 당시에 똑같이 번창했으나 스페인은 그 당시 위대한 작가를 낳지 못하였다. 위대한 시대라고 해서 꼭 위대한 예술을 낳는 것은 아니다. 영국의 독립 프랑스의 대혁명은 근대에 있어서는 아주 중대한 사건이지만 당시의 예술은 오히려 논할 만한 것이 없다. 위대한 예술은 꼭 위대한 시대를 배경으로 있어야 할 필요는 없다. 쉴러와 괴테와 시대에 독일은 아직 통일되지 못한 혼란한 국가였다.

나는 유전과 환경의 영향이 아주 중요함을 인정하지만 그것들이 타고난 재능을 완전히 해석할 수는 없다고 믿는다. 고정된 유전과 환경 아래서 개인은 아직도 노력의 여지가 있다. 인간에 대한 유전과 환경은 단지 하나의 기회이며, 일종의 본전이다. 이 기회를 이용할 수 있고 못 하고는 이 본전을 가지고 장사를 해 낼 수 있는지 없는지에 해당한다. 즉, 소위 "신이 그것을 밝혀주나, 그것은 사람에게 달려있다."(神而明之, 存乎其人) 어떤 사람은 천재적 소질이 아주 많아도 그가 이루어 놓은 바는 평범한 것이니 그들은 마치 큰 자본이 있어도 큰 장사를 하지 못하는 것과 같다. 또 어떤 사람들은 천재적 소질은 별로 많지 않아도 그가 이루어 놓은 것은 볼 만하니 그들은 마치 작은 자본을 가지고 큰 장사를 하는 것과 같다. 둘 사이의 차이점은 바로 노력을 하고 안 함에 있다. 뉴턴은 과학자 중의 천재라 할 수 있는데 그는 항상 "천재란 단지 오래 동안 고생을 참는 것이다"라 하였다. 이 말은 비록 약간 지나친 듯한 감이 있으나 대단히 깊은 진리를 함유하고 있다. 이 말은 비록 약간 지나친 듯한 감이 있으나 대단히 깊은 진리를 함유하고 있다. 단지 온 힘을 기울여 공부만 햇다고 해서 발명이나 창조를 하는 것도 아니지만, 발명이나 창조를 할 수 있는 사람은 거의가 필사적으로 공부한 뒤에 오는 것이다. 철학으로 칸트, 과학으로 뉴턴, 조각이나 회화에는 미켈란젤로, 음악의 베토벤, 서예의 왕희지, 시에는 두보, 이러한 실례는 이미 노력의 중요성을 충분히 증명할 수 있으니 더 이상 예를 들 필요가 없을 것이다. (주광잠 「미학입문」)

글이란 으레 문인이나 학자만이 쓰는 것으로 알고 있다. 그리고 문인은 아무나 될 수 없는 것으로 생각하고 있다. 그러나 그것은 잘못된 생각이다. 정도의 차이는 있겠지만 사람은 누구나 글을 쓸 수 있는 재질을 다 가지고 태어났다. 물론 본래부터 천재적인 재질을 가지고 있는 사람이 없지는 않을 것이다. 그러나 그것은 어디까지나 특수적인 사례며 대개는 누구나 글을 쓸 수 있는 기본적인 자질을 가지고 태어났다. 그것은 신의 엄숙한 명령이다. 글 쓰는 문재(文才)가 결코 따로 있는 것은 아니다. 성의를 다하고 수련만 쌓으면 누구나 글을 쓸 수 있다.

우리는 이 세상에 태어나면서부터 당신은 수필가요 시인이라고 못박은 사람은 아무도 없다. 예술이란 선천적으로 타고난 재능의 표현이라고 생각해서는 안 된다. 무엇이든지 노력의 뒷받침이 승패여부를 결정한다.

인간은 누구나 거의 비슷한 재능을 가지고 있다. 다만 노력의 결과에 의해서 달라지는 것뿐이다.

아무리 훌륭한 기성작가라고 하더라도 한 편의 글을 쓰는 데는 많은 고통을 겪지 않으면 안 된다. 박목월님이 그의 문장기술론에 쓴 체험담을 보기로 한다.

지난 해(1968) 겨울, 문인협회(文人協會)에서 한국인보사의 후원을 얻어, '예비군 내의 보내기 운동'을 전개하였습니다. 그 캠페인을 벌이기 위하여, 한국일보사에서 취지문을 적어 달라는 의뢰를 문인협회에 보내 왔습니다. 당시 협회의 사무는 부회장인 김동리(金東里)씨가 전담하다시피 하고 있었습니다. 그러므로 취지문도 김동리씨가 쓰게 되었습니다.

그는 원고지를 펴놓고, 초안을 잡았습니다. 그리고는 수정을 하고 새 원고지에 옮겨 쓰고, 다시 수정을 하였습니다.

한 시 안으로 취지문을 보내야, 그 날짜의 신문에 들어갈 수 있었습니다. 또 한 시 안으로 보내겠노라고 약속을 하였던 것입니다. 김동리씨도 초조한 듯 시계를 노상 들여다보았습니다. 그럼에도 불과 원고지 한 장 정도의 취지문이 좀처럼 완성되지 않았습니다.

"도대체, 뭘 가지고 그러시오?"

옆에서 보고 있는 필자가 안타까울 지경이었습니다.
"아냐, 활자화되는 문장이라서······."
이것이 김동리씨의 대답이었습니다. 거의 한 시가 가까웠습니다.
"어디, 한번 읽어 보오."
그가 내민 것은 실로 간단한 내용이었습니다. 이 간단한 내용을 적기 위하여 40여 분을 소비한 것이었습니다. 다음과 같은 문장입니다.
눈바람 속에서 공비와 싸우는 예비군의 노고를 따뜻한 동포애로 녹여주기 위해 한국 문인 협회와 한국일보사는 공비 토벌 예비군을 위한 겨울 내의 보내기 운동을 폅니다.
가족들의 설빔을 한 가지씩 줄여서라도 온 국민의 낮과 밤을 차가운 빙설 속에서 지키고 있는 우리 예비군에게 따뜻한 겨울 내의를 보내 주시기 바랍니다. (박목월)

그렇다. 한편의 글을 쓰기 위해서는 이러한 고심이 따르지 않으면 아니 된다. 우리나라 소설가 중에서 손꼽는 작가로서 몇 마디 취지문을 쓰는데 이렇게 고심하리라고는 쉽게 생각하지 못하였으리라. 나 역시 그렇게 생각하고 싶다. 그러나 누구에게나 이러한 고심이 따른다는 것을 우리는 기억해야 한다.
어떤 사람은 한편의 수필을 쓸 필요를 느끼면서도 자기로서는 글을 쓸 수 없다고 자포자기하는 사람이 많다. 그런 사람은 영영 글을 쓸 수 있는 좋은 기회를 잃고 만 셈이다.
그러나 앞에서도 보았듯이 기성문인들도 피를 말리는 노력으로 한 편의 수필을 써 낸다는 사실을 기억해 두어야 한다.

좋은 소재가 잡히지 않거나 글이 잘 써지지 않을 때면 방안을 서성거리기더 하고, 공연히 창 밖을 기웃거리기도 하고, 커피를 홀짝홀짝 마시며 음악을 듣기도 한다. 애꿎은 담배만 연신 피워 댈 때도 있다. 때론 책상앞에 턱을 괴고 앉아 밤을 하얗게 밝히기도 한다. 더러는 가까운 산야나 한적한 바닷가 같은 곳을 찾기도 한다. 어떤 때에는 창가에 우두커니 서서 바깥 풍경이나 행인들의 모습을 한참 동안 바라다보기도 한다. 신문이나 잡지 같은 것을 뒤적거려 볼 때도 있다.

그러다보면 좋은 소재를 찾아내거나 한 줄의 좋은 글이라도 얻지 않을까 해서이다. 그래서 더러는 도움이 되기도 하지만, 한 줄의 좋은 글을 얻기란 여전히 어렵다.
그보다는 번번히 낭패감에 젖기 마련이다. 어느 시인이 말한, '한 줄의 글을 쓰는 것이 피를 말리는 아픔이라면, 한 줄의 글을 쓰지 못하는 것은 뼈를 깎는 아픔'이란 말을 되씹으며 스스로의 무능을 탓하기 일쑤다. (이철호,「나의 수필작법」)

수필을 쓴다는 것은 어쩌면 제2의 분신을 탄생시키는 작업일지도 모른다. 어찌 노력의 대가가 따르지 않고 얻어질 수 있겠는가. 사실 그만한 노력이 따르지 않고 손쉽게 얻을 수 있는 것이라면 수필의 소중성도 그만치 감소되리라. 다음 예문을 보자.

모든 예술이 닦을수록 심화되고 세련되어 나간다는데, 십 몇 년을 수필속에 살아온 나는 지금도 한 편을 가지고 여러 날을 끙끙대는 경우가 허다하니 글을 쓸수록 어려운 것인가?
아니다, 문(文)과 학(學)이 함께 빈곤한 탓일 것 같다. 어떤 때는 붓을 잡으면 일사천리로 주욱 써지는 경우도 있긴 하지만 그런 경우는 썩 드물다. 마음이 안정되지 않고 유유자적(悠悠自適)한 분위기가 조성되어 있지 않을 때 붓을 들면 몇 줄을 쓰다 말고 다음 날에 또 다시 들쳐보는 때가 더 많다.
나는 이삼 년 전만 해도 이상한 습관이 있었다. 어떤 영감이나 소재들이 떠올라서 쓰기 시작하다가 내용이 시원치 않아 중도에 그만둔 원고들이 책상에 몇 편씩이나 딩굴었다. 그 원고들은 보름도 가고 한 달 두 달도 갔다. 나는 이런 습관이 좋지 않음을 알고 한번 쓰기 시작한 원고는 아무리 오래 걸리는 한이 있어도 다른 제재의 글을 머리에 생각하지 않기로 다짐했다. 그후로 중간에 쓰다 말고 쉬는 원고는 고집으로 채우고 있다. (김동필)

한 편의 수필을 완성하기까지 이러한 신고를 겪지 않으면 안 된다. 거기에 수필을 쓴다는 보람이 있고 자부심 또한 깃드리라.
신체란 움직임으로써 건강한 것이고 글이란 써 보는 데서 발전된다. 인생을 살아가는 데 성실함이 그 비결이듯이, 글을 쓰고자 하는 데 그 비결은 반복하여 작품을 만들어 보는 데 있다.

인간은 누구나 사고(思考)하는 존재다. 어찌 사색(思索)이 없을 수 있겠는가. 사색할 수 있다는 것은 수필을 쓸 수 있는 좋은 조건이 되는 것이다. 왜냐하면 사색은 곧 창작의 요건이기 때문이다.

누구나 한 편의 멋진 수필을 쓰는 수필가가 될 수 있다. 소질도 갖추어져 있다. 그러면 남은 문제는 무엇인가. 그것은 자신은 글을 쓸 수 없다고 단정지워 버리는 위축심리 그것이다. 우리는 그런 병적인 심리를 버리자. 그러면 당신도 훌륭한 수필가가 될 수 있다.

2) 수필적 자아

인간은 우주의 정(情)을 얻어 태어난 존재다. 정은 감동을 낳는다. 그리고 감동은 인간을 새롭게 한다.

자연을 보라. 봄에는 새가 울부짖고 여름에는 뇌성벽력이 울부짖으며, 가을에는 벌레가 울부짖는다. 그리고 겨울에는 세찬 바람이 울지 않는가. 이것은 자연이 그 평형을 얻지 못하기 때문이라고 고문진보에 적고 있다. 그렇다. 인간도 평형을 얻지 못할 때 감정이 인다. 바람이 스치면 물결이 일렁이듯 인간도 어떤 사상과 접할 때 물결이 일 듯 감정이 인다.

눈이 오는 밤을 우리는 누구나 맞이했을 것이다. 그리고 그 눈송이를 바라보는 마음 언저리에 무엇인가 스쳐옴을 느껴 보았을 것이다. 어떤 사람은 허전하고 무상한 일들을 상기하며 한없이 어디론가 무작정 걷고 싶은 사람도 있었을 것이며 어떤 사람은 문득 다정한 사람으로부터 받은 한 통의 편지의 사연을 회상하며 어쩌면 잊어버릴 뻔했던 지난날 낭만의 피안을 생각하면서 볼을 붉히기도 했을 것이다.

눈오는 밤을 즐기는 사람은 허다할 것이다. 즐거운 사람은 즐거운 대로 외로운 사람은 외로운 대로 그 밤을 어느 동경의 세계로 이끌어 자기를 묻고 있을 것이다.
 여기에서 자기를 묻는다는 것, 어떤 사물에 취한다는 것, 그것이 바로 수필적 자아다. 아직 그것을 글로 표현하지 아니했지만 이미 가슴에는 한 편의 수필이 쓰여 있는 것이다.
 이렇듯 수필을 쓰게 되는 일상적 삶의 구조는 언제나 우리 곁에 존재한다.
 무심히 지던 꽃이파리를 우리는 왜 새삼스레 돌아보는가. 그 아리따운 자색의 장미꽃, 인간의 지혜로서는 도저히 미칠 수 없는 신비 속에서 그 아름다운 빛을 간직하고 있다가 때가 되면 피었다가 시드는 그 슬기야말로 감탄하지 않을 수 없는 것이다.
 우리는 이러한 자연의 신비 앞에서 인간의 기쁨을 생각하고 때로는 인간의 죽음을 생각하면서 심리적 갈등을 느끼게 된다. 이러한 지나칠 수 없는 감정을 간직하고 싶은 마음이 글을 쓰게 되는 동기가 되는 것이다. 그러므로 수필가란 일상적 삶을 영위하면서도 또 하나의 세계를 추구하는 사람이라고 할 수 있다. 평범한 사람은 자아의 일상적 삶만을 영위하지만 수필가들은 자기의 쓸쓸한 마음을 나뭇잎에서 발견했을 때 그것을 그냥 스쳐버리는 것이 아니라 자신의 새로운 삶을 찾아 존재하고자 한다. 즉 수필적 자아의 삶을 꿈꾸고자 한다.
 그러므로 수필가란 일상적 삶의 속박으로부터 한 걸음 벗어날 수 있고 왜곡된 인간의 삶을 새롭게 하여 삶을 풍요롭게 하여 준다.
 결국 수필가란 표면적으로는 일상인과 차이점이 없다. 그러나 수필가는 생활이 바쁘고 주어지는 시간의 공백에서 느끼는 무료감을 자신의 지각을 갱신하기 위해 활동하는 시간을 갖는 사람이다.
 수필을 쓰는데 수필적 자아감을 갖는 것이 중요하다. 그러한 자아감이 융성하면 수필도 따라서 융성하게 발전하고, 자아감이 약하면 수필도 따라서 약할 수밖에 없다. 수필적 자아감은 자신의 노력에 의하여 결정된다. 수필적 자아감을 버리지 말자.

3) 수필적 생활

　우리가 목표없이 길을 떠날 수는 없다. 수필 문학 역시 가고자 하는 마음 즉 투철한 의지가 있어야 한다.
　수필 문학에는 특별한 길이 없다. 우리가 여행할 때 일정한 행선지가 있듯 수필을 쓰는 데도 그렇게 일정한 길이 있는 것은 아니다. 그 길은 멀고 험난한 가시밭길이며 혼자 걸어야 하는 외롭고 고독한 길이다. 거기에는 그 누구도 문을 열어 줄 수 없고 구원자가 되어 줄 수 없다. 혼자 찾고 혼자 터득해서 헤쳐나와야하는 외로운 길이다. 물론 수필의 길을 찾다보면 꽃빛 어우러진 향내 그윽한 밀원의 세계가 분명 있기는 있다. 그 세계는 지혜의 세계다. 그러나 그 길이 그리 쉬 찾아지는 길은 아닌 것이다. 피나는 형극의 길이요 사나운 비바람이 몰아치는 깊은 계곡을 찾아야 하는 길이다. 때로는 굶는 고통도 있어야 하고 잠 못 이루는 아픔도 있어야 하리라. 한밤중에 원고뭉치를 들고 찢고 또 찢으면서 한 자도 못 쓰고 버리는 아까운 시간도 있어야 할 것이요 뜯겨진 집터에서 보는 허허한 인생의 공허감도 맛보아야 할 것이다.
　그러므로 수필의 세계에 들어가는 길은 진열장에 진열된 빵을 먹는 작업이 아니라 산야에 흩어져 있는 도토리를 찾아서 그것을 물에 불구고 빻아서 묵을 만드는 고통의 작업인 것이다. 그러나 그 작업은 사랑의 작업이요 인내의 작업이며 아름다운 작업이다.
　따라서 수필문학을 하고자 하는 사람은 편안한 안락의자에 앉아서 서울을 가는 기차표를 살 것이 아니라 먼저 괴나리 봇짐을 싸서 서울에 갈 채비를 해야 할 것이다. 그 길은 기차처럼 단 몇 시간 만에 가는 길이 아닌 몇 달을 고생하여 가는 길이다.
　이러한 여행을 한 자만이 수필의 참된 세계를 발견할 수 있으며 인생이 무엇인지도 알 수 있을 것이다.

　참된 사랑을 맛본 경험이 없는 사람은 참된 문학의 세계에 발을 들여 놓기가 어렵다고 영국의 시인 키즈가 말했듯이 수필도 그러한 생활의 자세가 요구된다.

　　나의 수필에 맑은 향기를 흐르게 하려면 마음의 수련, 인생의 연마를 통해 고결한 영혼을 간직해야 한다는 것을 알고 있다. 마음이 어둡고 혼탁하면 글을 쓸 수 없다. 내 영혼의 촛불이 켜는 집중력 속에 앉아야만 마음속에 샘물이 넘친다. 내 수필의 바탕은 사상과 철학과 지식이 아니다. 내가 발견하고 터득한 진실과 깨달음의 미소이길 바란다. 어떻게 하면 뭇사물의 마음과 교감할 수 있으며, 마음의 문을 열게 하는 비결이 없을까. 내 나름대로의 발견법과 명상법을 터득하길 원한다. 그 비결은 말할 것도 없이 내 영혼을 갈고 닦아 더욱 빛내는 일이다.
　　수필을 쓸 땐 고요와 함께 마주 앉지만, 고뇌 속에서 고요의 달이 떠오른다. 어찌 보면 인생은 고뇌의 연속이 아닌가. 고뇌 속에서 어떻게 고요의 달을 떠올릴 수 있을까를 생각한다. 고뇌하지 않곤 영혼이 맑아질 수 없고 발견법과 명상법도 얻지 못한다는 걸 알고 있다. 먹구름 속에서 번개가 치고 천둥이 울리는 시간이 지나가야만 청명한 하늘이 나타난다. 삶의 고뇌와 뭇사물과의 만남에 있어서 의문점과 부딪쳤을 때는 고통과 시련이 따른다. 고뇌하지 않는 삶은 훌륭한 인생일 수 없고, 고뇌하지 않곤 좋은 수필을 얻을 수 없다. (정목일, 「나의 수필작법」)

　이와 같이 자기 자신의 내부에서 이루어져 촉발되어 가는 과정이 없으면 수필은 쓰여질 수가 없으며 자아와의 피나는 싸움이 아니면 수필작가가 될 수 없다.
　순간순간의 삶에 보다 성실하고 스스로 부끄럽지 않은 각고의 작업이어야 한다. 그래서 수필은 원숙한 인생의 문학인지도 모른다. 인생 저편에서 사상을 관조하고 거기에서 지혜를 터득한 이야기는 잘 익은 홍시처럼 그렇게 맛이 있을 것이다.

나는 얼마 전부터 아침 등산을 즐긴다. 그런데 아침마다 만나는 사람이 있다. 60세가 넘었을까 하는 노인이다. 그 노인은 비가 오나 눈이 오나 언제나 등산을 즐긴다. 그리고 저편 계곡에서 언제나 냉수마찰을 하는 것이다. 때로는 노래도 부르고 때로는 야호를 찾으며 심신을 다스린다. 아마 그 노인에게서 냉수마찰은 하루 일과 중 빼놓을 수 없는 즐거움일 것이다. 처음에는 고통도 있었고 비오는 날이나 눈오는 날이면 여간 당황하지 않았으리라. 그러나 이제는 그러한 경지를 넘어서 그 누구도 맛볼 수 없는 생활의 리듬으로 정착되었을 것이다.

지금까지의 이야기를 요약한다면 수필의 연마는 우리 생활과 잠시도 떠나서는 아니 될 것이요 그것이 하나의 즐거움으로 꽃 피우기 위해서는 사색하는 생활, 그리고 그 생활을 자기 것으로 음미하는 즐거움이 주어져야만 비로소 수필가가 될 수 있다.

그런데 원고지 몇 장을 써 가지고 수필가가 되겠다거나 수필가연하는 사람이 있다. 수필이 그렇게 쉬이 써지는 문학이라면 문학으로서 가치가 없는 것이다. 적어도 한 작가가 되기 위해서라면 몇십 년의 수련과정이 있어야 할 것이다. 그리고 그 기간은 피나는 각고의 시간이어야 한다. 아직 문장훈련도 제대로 안 된 작품을 가지고 수필가로 등단하는 오늘의 문학풍토는 그 본인에게나 독자에게 부끄러운 일이 아닐 수 없다.

2. 수필 창작의 기본정신

1) 강한 의욕의 몸부림

우리 주위에서 수필가나 시인이 되고 싶다는 사람을 자주 만난다. 그러나 수필가가 되든 시인이 되든 되고 싶다는 마음만으로는 이루어지지 않는다.

수필가가 되고 싶다는 마음 밑바닥에 얼마나 강한 창작의욕이 굳게 다져 있는가 하는 것이 문제다. 즉 정신자세이다. 이러한 정신자세를 어떤 소명의식이라 해도 좋고 쓰고자 하는 절실한 필요감이라 해도 좋다.

아무튼 글을 쓰고자 하는 창작 정신이 자연스럽게 작용하여 무엇인가를 쓰지 않고는 견딜 수 없다는 이 욕구가 강하면 강할수록 수필을 창작하는 실제 행동도 적극적일 수밖에 없다.

수필문학 지망생이 되고자 하는 것은 수필에 대한 어떠한 호기심을 갖게 된 것이라 볼 수 있다. 그러한 호기심이 자극이 되어 자기가 느낀 것을 표현하고 싶고 자기의 생각을 글로 발표하고 싶은 강한 충동을 느낀다. 이러한 충동이 지속될 때 수필은 그들의 영원한 반려자요 숙명적인 동반자가 되지 않을 수 없다.

수필을 쓰는데 어떠한 이론서적을 읽는 것보다 먼저 이러한 열정이 식지 않게 하는 것이 글을 쓰는 데 일차적 요소라 아니할 수 없다. 이 세상 모든 사람들이 글을 쓰고자 덤벼들었다가도 중간에 하차하고 마는 것도 이러한 욕구가 지속되지 못하기 때문인 것이다.

그러므로 수필 창작에 있어서 절대적으로 요구되는 것은 변질될 수 없는 마음가짐이다. 즉 욕구의 실행이라 하겠다. 이러한 욕구의 실행은 순수한 생명체라 할 수 있다. 맑고 깨끗하면서도 오염되지 않는 혼(魂)과 각고의 노력이 융합된 정신의 승화가 수필이라는 새로운 생명력을 낳는 것이다.

2) 수필은 혼의 울림

예술은 아름다움을 창조하는 것이다. 그렇다면 참 아름다움이란 무엇일까. 사랑이다. 수필가는 누구인가. 모든 사물을 사랑으로 대하는 사람이다. 가슴으로 만나는 사람이다. 그래서 그들은 체험하게 되고 그 체험을 형상화하지 않고는 못 견디게 된다.

문학에 있어서 경험과 체험은 서로 다르다. 경험은 누구나 할 수 있다. 세 살 동자도 할 수 있고 육순 노인도 할 수 있다. 그러나 체험은 다르다. 체험은 그에 깊은 관심을 가진 사람이 아니면 할 수 없다. 뜨거운 사랑을 갖지 않은 사람은 맛볼 수 없다.

서경덕(徐敬德)은 어렸을 때 들에 나물 캐러 갔다가 들새 새끼가 매일매일 조금씩조금씩 나는 상태를 유심히 살펴보고 세상의 이치를 간파한 적이 있다. 그것이 바로 체험이다.

좋은 수필을 쓰기 위해서는 무엇보다도 먼저 인간과 모든 사물에 대한 남다른 체험을 하지 않으면 아니 된다. 그것을 우리는 흔히 예리한 관찰이라 한다. 우리는 일상적으로 잠자는 시간을 제외하고는 일정한 의식과 사고를 가지고 있다. 다시 말해서 우리의 두뇌는 쉬지 않고 늘 활동하고 있다. 이러한 의식의 활동을 최대한 활용하지 않으면 보아도 보이지 않고 들어도 들리지 않는다. 즉 건성으로 듣고 건성으로 보아 넘긴다. 좋은 수필을 쓰기 위해서는 눈과 귀로 많이 보고 듣고 많이 들어야 하지만 그보다는 눈으로 보이지 않는 세계를 보아야 하고 귀로 들리지 않는 세계를 들어야 한다. 그러기 위해서는 매사에 사랑을 가지고 살펴보아야 하고 항상 뜨거운 가슴을 지니고 살아가야 한다.

예를 들어서 지금 여기에 한 사람이 교통사고를 당했다고 하자. 그 죽은 사람의 유족들은 발을 구르며 통곡을 하는데 다른 사람들은 옆에서 서서 무심히 바라만 보고 있을 뿐이다. 그런가 하면 저쪽의 또한 다른 사람은 오후에 손님을 초대하여 파티를 벌일 궁리를 하고 있다. 인생은 한번 태어났다 어차피 죽는 것이라면서, 한편 그 교통사고를 낸 기사는 죽은 생명에 대한 죄의식보다는 결혼날을 앞두고서 결혼식에 지장이 있지 않을까 염려하고 있다.

그렇다. 세상은 하나의 시건, 하나의 대상을 놓고도 이렇게 각기 자기 입장에 따라서 생각이 다를 수 있다. 이것이 현실이다. 그러나 우리는 여기에 깊은 관심을 가지고 우선 가슴 아파해야 하며 죽게 된 배경, 고인의 인품 등을 생각해 보는 여유를 가져야 한다. 그것이 바로 체험이다. 체험이란 내가 바로 그 사람의 입장이 되어서 생각해 보고 그 사람의 처지가 되어서 아픔을 나누어 보는 것이다. 그러나 경험이란 그 사건을 보고 그저 무심히 지나쳐 버리는 사람의 경우를 가리킨다. 체험은 내면세계에 깊은 관심을 가진 사람만이 할 수 있다. 달리 사물에 사랑을 가진 사람이라 표현해도 좋다. 가슴에 풍부한 사랑, 뜨거운 애정을 갖지 않은 사람은 어떠한 사물이든지 그냥 지나쳐 버리고 만다.

그러나 뜨거운 사랑과 애정을 가진 사람은 남이 보지 못한 세계를 보고 듣는다. 이름없는 한 포기 들꽃에서 어머니의 모습을 보고 하늘을 나는 한 마리의 들새를 보고도 자연의 아름다운 질서를 읽는다. 흘러가는 시냇물을 보고 그 옛날 고향의 얼굴을 그리며 땅 위의 하찮은 벌레를 보고도 살아간다는 의미를 터득한다. 이처럼 남이 보지 못하고 듣지 못하는 세계를 나만이 보고 나만이 듣는 것을 체험이라고 한다. 그것을 흔히 예리한 관찰 또는 통찰이라고도 하지만 어찌 부르든 상관없다.

프랑스 작가 프로벨이 그의 제자 모파상에게 체험의 중요성을 가르친 다음과 같은 글이 있다.

"표현하고자 하는 모든 사물을, 오랫동안 주의 깊이 지켜보고, 그 사물에 대하여 지금까지 그 누구도 발견하지 못한 그 어떤 면을 찾아낸다는 것이 중요하다. 어떤 사물에든지 아직 남이 미처 찾아내지 못한 부분이 있는 법이다. 왜 그러냐 하면, 우리가 무엇을 본다는 것은, 사실은 자신의 눈으로 자기대로 보는 것이 아니라, 대개의 경우 남이 그것을 어떻게 보았고, 또 어떻게 생각하고 있는가 하는 그런 선입관(先入觀)을 앞세우고 사물을 보는 버릇이 있기 때문이다. 어떤 적은 것이라 할지라도 그래도 아직 남이 미처 발견하지 못한 그 무엇이 반드시 있게 마련이다. 바로 그것을 찾아내지 않으면 안 된다. 타고 있는 불, 또는 들의 보잘것없는 한 포기의 풀을 묘사하려고 할 때라도, 그 불 그 풀앞에서 서서히 자세히 바라보고, 그 불 그 풀이 우리 눈에 딴 어떤 불, 딴 어떤 풀과는 다른 점이 보여야 되는 것이다. 이런 성실한 태도에 의해서만 우리는 독창적인 문장을 쓸 수 있다.
　전 세계 어디를 찾아본대도 꼭 같은 두 개의 모래알, 두 손, 두 코는 없다."
(프로멜, 「체험의 중요성」)

　수필을 쓰려면 항상 마음의 자세를 겸허하면서도 친애감을 갖고 사물을 바라보아야 한다. 그것만이 우리가 의식하지 못하는 무엇인가를 건져낼 수 있는 비결인 것이다.
　수필은 꾸며놓은 거짓이 아니다. 사랑의 소산이다. 모든 일에 남다른 관심과 애정을 갖지 않으면 좋은 수필을 쓸 수가 없다.
　이처럼 사랑이 많은 사람만이 좋은 수필을 쓸 수 있다. 성령이 충만한 사람만이 주님을 만날 수 있듯이 사랑이 충만한 사람만이 좋은 수필을 낳는다. 즉 수필은 혼의 울림이다.

3) 글쓰는 습관을

　인간은 잠자는 시간을 제외하고는 항상 무언가 생각하며 어떤 의식 속에 살아간다. 즉 머리 속에는 무언가 늘 활동하고 있다. 그것이 막연한 생각이든 구체적인 생각이든 쓸데없는 망상이든 상관없이 늘 의식이 작용하고 있다. 그것이 일정한 형태나 체제가 주어지지 않았기 때문에 생명을 갖지 못하고 흩어져 버리고 만다. 거기에 생명을 불어주는 일은 곧 바로 글을 쓰는 습관이다. 그러니까 습관을 갖지 않을 때는 정착하지 못한 혼처럼 뱅뱅 돌다가 사라지고 만다.
　처음 습관이 몸에 배지 않을 때는 글을 쓸려고 할 때마다 펜을 잡고 오랫동안 씨름하게 되지만, 그것을 열중하여 반복하다 보면 나중에는 속에서 쾌감까지 맛보게 된다.
　그러므로 수필을 쓰기 위해서는 단순한 글쓰기, 혹은 상상력이가는 대로 될 수 있는 한 빨리 펜으로 그것을 쓰는 일, 그런 다음에 그것이 습관이 되어 몸에 굳어버리는 일, 그래서 자연스럽게 될 때까지 계속하는 일이다.
　처음 글쓰는 사람은 잘된 수필 한 편을 보면 "어떻게 이런 좋은 수필을 쓸 수 있을까?" 하고 부러워하면서도 자신은 그런 수필을 쓸 수 없다고 단념할지도 모른다. 그러나 그것은 잘못된 생각이다. 수필을 쓰고자 하는 습관이 몸에 밴다면 글쓰는 것은 생각보다 훨씬 쉬울 것이다. 습관은 어떤 생각을 움직이고 그것은 스스로 창조하고 무엇을 생각하는 힘이 동시에 길러지는 것이다. 그것은 필자의 독단이 아니며 모든 사람들은 천부적인 재능을 가지고 있다는 것을 분명하게 말했을 뿐이다. 생각이 생각으로 머무르고 말 때는 그 사람의 사상이 될 수 없으며 악보에 기록된 가사가 노래로 가창되지 않을 때는 음악이 될 수 없다. 쌀을 씻어 불을 땔 때 밥이 되는 것이다.

3. 작가가 되기 위한 자세

1) 정기적으로 쓴다

　작가가 되기 위해서는 먼저 정기적으로 쓰는 습관부터 기를 필요가 있다. 매일 30분이어도 좋고 1시간이어도 좋다. 우선 정기적으로 수필을 쓰는 습관이 몸에 배어야 한다. 어떤 방식으로, 어떻게, 쓰느냐 하는 것은 중요하지 않다. 글쓰는 시간을 반복적으로 가졌느냐 하는 것이 가장 중요하다.
　모든 것이 그렇겠지만 특히 글을 쓰는 일은 우선 습관적으로 몸에 배지 않으면 실패하기 쉽다. 우리는 흔히 몸에 리듬이 깨졌다는 말을 한다. 이 리듬이란 말은 일정한 규칙을 말한다. 글도 마찬가지다. 이 리듬이 깨지면 글이 써지지를 않는다. 제아무리 좋은 생각, 번득이는 착상이 머리를 가득 메워도 붓을 잡는 그 순간이 없으면 빛을 잃고 만다. 구슬이 서 말이라도 꿰지 않으면 내 것이 될 수 없다. 천의를 뚫는 영감이나 생기 발랄한 기지는 그것을 끌어맬 수 있는 기회를 갖는 것이 중요하다.

우리는 아침 조깅을 해보았을 것이다. 만약에 하루를 거르게 되면 으레껏 그 다음날도 거르게 된다. 그것이 두서너 번만 반복하게 되면 나중에는 영영 포기하기에 이른다. 그러나 눈이 오나 비가 오나 계속해서 일찍 일어나 달린다면 하루라도 거르고는 견딜 수 없을 것이다. 새벽이면 무조건 달려야 하듯이 영감이 떠오르건 안 떠오르건 무조건 써야 한다. 그렇게 되면 우리는 우리의 내면 세계를 보다 더 신뢰하게 될 것이다. 그리고 글쓰기를 기피하려는 목소리에 굴복하지 않을 것이다.

언제나 기회 있을 때마다 언급해 두는 말이지만 우리는 걸작을 쓰려고 마음먹어서는 아니 된다. 그렇게 되면 우리는 단 한 편도 쓰지 못할 것이다. 그것보다는 언제나 소품을 쓰겠다고 생각하자. 소품을 쓰고 또 쓰는 것을 반복하다 보면 대작이 얻어지는 것이다. 대작은 우연히 얻어지는 것이요, 작심에 의해서 얻어지는 것은 아니다.

수필 쓰기에 있어서 가장 중요한 것은 자신의 능력을 신뢰하는 일이며 끝까지 참을성을 가지고 작품과 싸우는 일이다. 그리고 꾸준하게 대상을 파악하고 관찰하는 일이다.

다시 언급해 둔다. 창작의 중요한 것은 지속성이다. 계속적이고 반복적인 쓰기 습관을 기르다 보면 우리는 우리 자신도 모르게 가슴이 열리고 눈이 뜨이는 개안의 순간이 찾아올 것이다. 그렇게 되면 우리의 영혼을 맑게 울리고 심장을 뛰게 하는 신의 소리를 들을 수 있을 것이다. 그러므로 좋은 글을 쓰는 것은 시간적인 문제요, 천재적인 능력이 아니다. 글쓰기는 오직 시간과 글쓰기의 작업 그 자체이다.

그러므로 쓰기를 중단해서는 안 된다. 하루 아침만 조깅을 중단하여도 몸의 리듬을 감소시키듯이 수필 쓰는 것도 붓을 놓으면 그 탄력을 잃고 만다.

그리고 수필을 쓸 때에 무엇에 대해 쓸까 지나치게 고민하지 말라. 머뭇거리거나 지체하게 되면 수많은 혼란과 헝클어진 잡념 속에 싸이게 된다. 그리고 영원히 우리 자신을 추스르지 못하는 위기도 맞게 된다. 그러므로 일단 무엇인가를 잡히는 대로 써라. 이웃집 이야기도 좋고, 친구 칭찬하는 이야기도 좋고, 바람난 여인의 이야기도 좋다. 그것도 안 되면 누군가로부터 들었던 지난날의 이야기도 좋고, 그날 신문을 읽고 난 후의 소감도 좋다. 무엇이든 두서 없이 쓰다 보면 자신도 의식하지 못하는 가운데 스스로 햇살 좋은 벤치에 앉아서 바람소리를 듣고 있음을 깨닫게 될 것이다.

"난, 쓴다는 일하곤 맞지 않나 봐!"
"…아니야, 그럴 리 없어, 다 같은 사람인데."
"아무튼 지금은 글이 안돼. 내일 쓰자."
"…아니야, 미루면 안 되는데."
"아유, 아무튼 골치 아파……."

이러한 갈등을 이겨내야 한다. 그렇지 않으면 글쓰기를 스스로 포기해야 한다. 아니, 그는 글뿐만이 아니라 무엇이든지 할 수 없는 사람이다. 이 세상에 사람이 하늘을 날 수 있다고 생각하는 사람만이 하늘을 날 수 있다. 그 비결은 자신의 피나는 노력으로 얻는 것이다. 수필 또한 쓰는 비결도 마찬가지다. 생각해 보라. 아주 쉽고 보다 더 즐거운 방법으로 글을 쓸 수 있는 방안이 있다면 이 세상 그 누구가 작가가 되지 않으랴.

우리는 세상에 흔하게 널린 시 작법, 수필 작법에 기대해서는 아니될 것이다. 그러한 상투적인 내용에 의지한 사람들은 의지한 만큼 실망도 맛보게 된다. 구성이 어떻고, 주제가 어떻고, 결말이 어떻고 하는 그런 상투적인 말이 무슨 의미가 있겠는가. 다만 그 옛날 유명하다는 작품을 그냥 읽어보면서 쓰고 또 쓰는 일이 작가가 되는 첩경이다. 스스로 한 줄이라도 써보는 것이 바로 글쓰는 비법이다.

이 세상에는 누워서 떡 먹는 식의 쉬운 방법은 아무데도 없다. 그런데 어떻게 효과적이고 환상적인 방법이 존재하겠는가. 오직 우리 스스로가 땀 흘리는 길밖에 없다. 그렇다고 밤낮없이 쓰라는 말은 아니다. 수필을 쓰는 시간을 일정하게 지닐 일이다.

　불교의 어록 중에 "말할 때는 말하도록 하고, 쓸 때는 쓰도록 하라. 그러나 영영 마음이 내키지 않을 때는 억지로 쓰려고 하지 말고 그때는 꼭 책을 펼쳐라. 그래도 글씨가 머리에 들어가지 않으면 주위의 산을 산책하거나 시장을 배회하라. 그러는 가운데 우리의 정신은 한결 맑아질 것이요, 무슨 일인가 간절히 하고 싶어질 것이다." 이런 방식으로 수필에 매달린다면 저절로 작가의 길에 접어들 것이다.

　언제나 수필 작품을 쓰는 일은 즐거운 일로 받아들여라. 그리고 매우 기분 좋은 사람과 만나는 기분을 느껴라. 수필과 절대로 싸우지도 말고 또한 적으로도 여기지도 말라. 언제나 다정한 친구라고 생각하고 보고 싶은 연인을 대하는 마음으로 대하라. 그리고 애인을 애무하듯 쓰다듬고 가슴에 안겨야 한다. 그렇다 수필은 분명 우리의 친구요, 애인이다. 우리는 수필을 헌신짝 취급할 수 있어도 수필만은 결코 우리를 헌신짝으로 취급하지 않는다. 그는 우리 곁에 언제나 불러 주기를 바라고 같이 동행해 주기를 목메이고 있다.

2) 충분한 체험을

　수필뿐이 아니라, 모든 글은 체험에서 나온다. 그래서 체험이 충분하지 못한 사람은 좋은 글이 창작될 리 없다. 많은 체험은 많은 집의 구조를 관찰한 설계사와 같다. 생각해 보면 자기 자신이 남들보다 유별나게 체험을 적게 한 것도 아닌데 막상 글거리를 발견하여 붓을 들라치면 난처한 지경에 빠지고 만다. 자신의 생각을 표현할 적절한 언어가 떠오르지 않는 것이다.

　그래서 책상 앞에서 입시를 앞두고 끙끙거리는 수험생처럼 안절부절 못하게 된다. 아무리 끙끙대도 뾰쪽한 생각이 떠오르지 않는다. 그렇다고 그때서야 글거리를 마련하기 위해 억지로 체험을 만들 수는 없는 일이 아닌가.

생각해 보면 나 자신이라고 해서 남들보다 유별나게 체험을 적게 한 것도 아니다. 그런데도 불구하고 글거리를 발견하여 수필을 쓰고자 할 때면 곤경에 빠지고 만다. 봄날, 그 화창한 마음을 전달하고자 '좋은 봄날' 하고 써 놓고 보니 너무 직설적인 표현 같고, 이미지로 전달하기 위해 '다정한 봄빛', 이렇게 써 놓고 보니 그것도 적절한 정서에 부합되지 않는 것 같다.

문제는 무엇일까. 다른 사람이라고 해서 유달리 체험이 많을 리는 없다. 다른 친구들도 나와 같은 성장과정을 겪어온 사람이 아닌가? 그런데 그들은 곧잘 좋은 글을 쓰고 있지 않은가. 그렇다면 나만이 표현력이 부족하다는 말인가. 하지만 중·고등학교 국어 시간을 통하여 얼마나 많은 표현법을 배워왔던가. 그때 선생님은 한결같이 수사법이 중요한 것이 아니요, 체험이 의한 진솔한 자기 고백이 중요하다고 했지 않은가. 무엇이 문제일까?

고려 충선왕이 원경에 일곱 해 머물다가 귀국할 즈음, 눈물로 배웅하는 여인에게 손수 연화 한 송이를 꺾어 작별의 정표로 삼았다. 그러나 별리의 슬픔은 여인 못지않게 젊은 왕의 가슴에도 사무쳐, 압록강을 건너기 전, 문신 익재(이제현)를 다시 한 번 원경으로 보내어 여인의 동정을 알아보게 했다.

왕을 사모하여 식음을 전폐하고 병석에서 눈물로 지새우던 여인은, 먼길을 되돌아온 익재를 맞아 하염없이 눈물을 씻으며 떨리는 손으로 왕께 보내는 시 한 수를 적어 익재에게 주었다.

贈送蓮花片 初日的的紅
辭枝今機日 憔悴與人同

"가실 때 주신 연꽃 한 송이 / 처음엔 붉은 빛이 고왔더이다
줄기를 떠나 이제 며칠이온지 / 시들고 마른 것이 사람과 같사옵니다."

여인의 한결같은 진정에 가슴이 메인 익재는, 그러나 돌아와서는 왕께 거짓 복명을 했다.

"찾기는 찾았사온데, 젊은 사내들과 같이 주석에 어울려, 신이 곁에 가도 알아보지 못하더이다. 아뢰옵기 황송하오나 믿지 못할 것은 여인의 마음인가 하옵니다."

익재의 거짓 복명에,

"설마 그럴 리가…"
하고 귀를 의심하던 왕은, 마침내 '괘씸한 것!' 하고 침을 뱉으며 압록강을 건넜다.

이듬해 경수절에 왕 앞에 엎드려 익재는 이실직고를 했다. 그리고는 여인이 읊은 연화시를 바쳤다. 비로소 사실을 안 충선왕은 눈시울을 적시며 익재에게 일렀다.
"경이야말로, 진정 '충'을 아는 신하로다. 만약에 경이 거짓을 고하지 않았던들, 과인은 이날까지 돌아오지 못했으리라……."
왕 앞에 엎드린 익재의 두 뺨에도 눈물이 줄기를 지었다. (김소운 「연화시」)

김소운 수필가는 주워 들은 이야기를 가지고 이처럼 재미있고, 그러면서도 아주 감동적으로 멋진 수필을 만들어 놓았다. 그것은 어째서 가능했을까? 말할 나위 없이 자신의 듣고 본 체험에 대해 깊은 애정과 깊은 통찰력을 지녔기 때문이다. 동시대, 같은 환경 속에서 살면서도 겪는 체험은 거의가 비슷하다고 하지 않을 수 없다. 그렇지만 그것을 경험으로 받아들이느냐 아니면 체험으로 승화시키느냐 하는 것은 각자 다르다고 본다. 어떤 사건이나 내용을 그냥 한쪽 귀로 듣고 스쳐지나가면 그것은 경험은 될지언정 체험은 되지 못한다. 체험이란 깊은 호기심과 애정과 관심을 기울인 경험적인 상태를 말한다. 모든 현상을 그저 그러려니 하고 무관심하게 지나쳐버리는 생활 속에서는 수필이 창작되지 않는다.

길거리를 지나치다가도 울을 타고 오르는 담벼락의 한 송이의 장미에 눈길을 이웃의 행복과 불행을, 무심히 흘러가는 구름을, 지저귀는 산새의 그 애절한 울음을, 무심코 들여다본 신문 기사에서 지대한 관심을 가져야 한다. 다시 말해 지대한 애정과 사랑을 가질 일이다. 혹자는 그럴 것이다 자기의 삶은 어제가 그제 같고, 그제가 어제 같은 평행선의 삶이어서, 쓸 말이 없다고……
그러나 그러한 습관적인 삶 속에서 얼마나 무수한 생각들이 우리의 머리를 스쳐가는가. 그 스치는 사념들이 바로 글을 쓰기에 적당한 자양분이 된다. 일부러 시간을 쪼개어 다른 사람의 불행에, 이웃의 이야기에, 산새들의 지저귐을 들어볼 필요가 없다. 매일 매일 반복되는 삶 속에 애정을 쏟다 보면 우리들이 다 같이 기뻐해야 하고 슬퍼해야 하고 걱정해야 할 일들이 무수히 많다. 우리가 그간 불평만 하고 살아온 것들에 대해 감사할 일들도 발견하게 되고 이해하지 못했던 사건들에 대해서도 사랑을 갖게 될 것이다. 수필이 잘 쓰여지지 않는다고 불평했던 그간의 생각들이 애정 없이 살아왔던 결과였음을 알게 될 것이다.

이렇듯 문학이란 인간체험의 표현이다. 따라서 체험이 부족했던 작가의 글은 백지 위에 결코 살아서 움직이지 못한다. 그런 글은 죽은 글이다. 그것은 독자도 마찬가지다. 작가의 체험을 공유하지 못하는 독자라면 그것 또한 백지 위의 잉크밖에 도지 못할 것이다. 설령, 작품 속에 나와 있는 문장이 조금은 낯설더라도 그 작품이 작가의 체험 속에 있다면 영원히 살아 있는 생명체로 살아 꿈틀거릴 것이다. 다음 글로 체험에 대한 나의 설명을 대신하고자 한다.

우리는 한 편의 시나 소설을 읽으면서 때때로 의아해하는 것이 있다. 작품 속의 사건이나 감정을 작가가 어떻게 체험했을까 하는 의문이 그것이다. 특히 한 작품이 주는 감동이 깊을수록 또는 하나의 장면에 대한 묘사가 생생할수록 우리의 그러한 의문은 더욱 커진다. 이것은 문학이 반드시 직접 체험이 있어야만 가능한 것이 아니라 상상력이 중요하다는 평범한 사실을 알고 있다 하더라도 마찬가지다.

물론 직접적인 체험이 있으면 보다 풍요로운 작품세계가 펼쳐질 수 있을지 모르지만 문학이란 반드시 직접 체험이 있어야만 쓸 수 있는 것이 아니다. 우리가 문학사에서 의심 없이 받아들이고 있는 것 중의 하나가 있다. 그것은 주요한이 그 유명한 「불놀이」를 쓰기 전에 불놀이 광경을 직접 보았으리라는 추측이다. 우리는 물론 그것을 직접 확인해 본 적이 없다. 그렇지만 우리는 「불놀이」를 읽으면서 암암리에 그러한 사실이 실제 있었거나 적어도 주요한이 불놀이 광경쯤은 보았겠지 하는 추측을 의심 없이 받아들이고 있다. 게다가 그의 고향이 「불놀이」의 작품배경과 동일한 평양리는 사실을 안다면 그가 불놀이의 광경을 보았으리라는 추측은 의심의 여지 없는 사실로 믿어 버린다.

주요한은 과연 '불놀이'를 보았을까? 한 연구자에 의하면 주요한의 「불놀이」는 배경이 되는 불놀이를 직접 체험하고 쓴 것이 아니라 우리가 잘 알고 있는 소설가 김동인의 이야기를 듣고 그것을 토대로 상상력을 발휘하여 쓴 작품이라고 한다.

「불놀이」의 배경이 되는 대동강의 4월 초파일 불놀이 행사는 예부터 있어 온 것이었다. 그 광경이 장대한 것이었기 때문에 일부러 그것을 구경 온 사람도 많았다고 한다. 그런데 그 불놀이 행사는 한일합병 이후 중단되었다가 1918년에서야 겨우 부활된 것이다.

김동인은 그 당시의 불놀이 광경을 다음과 같이 묘사한다.

몇 해 동안은 벼르기만 하고, 하지는 못하였던 불놀이가 금년에는 실현된다 할 때에, 평양 사람의 마음은 뛰었다……. 해가 용악으로 넘고 여드렛날 반달이 차차 빛을 내며 자줏빛 하늘이 차차 푸르게 검게 밤으로 들어설 때까지는 해에게 괴로움을 받던 사람들의 불을 그려 찾아 모여드는 무리, 외로움에 슬퍼하던 사람들의 흥성거림을 찾아 모여드는 무리…… 유명한 '불놀이'를 그려 평양을 찾아 모여드는 딴 곳 사람의 무리…… 평양성 내에는 늙은이와 탈난 사람이 집을 지킬 뿐 모두 대동강가로 모여들었다…… 모든 배들은 일제히 형형색색의 불을 켜달고 잔잔한 대동강은 노젓는 소리 한가하게 청류벽을 향하여 올라간다. (김동인 「눈을 겨우 뜰 때」(개벽 1923. 7))

우리는 김동인의 이 말을 듣고 한국 최초의 자유시라 하는 「불놀이」가 왠지 격이 떨어지는 것 같고 뭔가 속은 듯한 느낌을 받게 된다. 아마 그러한 느낌은 잘못이 아니라 사실일 것이다. 그러나 곰곰이 생각해 보면 속인 것은 주요한이 아니라 우리의 선입견이라 함을 깨닫게 된다. 우리는 평소 문학이란 상상력의 소산이라는 사실을 잘 알고 있음에도 어느새 그것이 시인이나 작가가 실제로 체험했거나 아니면 그와 유사하게라도 체험한 데에서 나온 것이라는 소박한 생각에 빠지곤 한다. 아마 이러한 생각은 무조건 잘못된 것이 아닐 것이다.

  이처럼 체험이란 직접적인 체험보다는 간접적인 체험이 글에는 많이 쓰인다는 것을 염두에 둘 필요가 있다. 거기에는 독서에서 오는 체험도 있을 수 있고, 대화나 영화 감상에서도 얻어올 수 있다. 이렇듯 문학에는 간접적인 체험의 표현이 직접적인 체험보다 의외로 많다. 하지만 체험, 그 자체가 창작이 되는 것은 아니다. 어디까지나 그것은 창작의 씨앗을 어떻게 가꾸고 배양할 것인가가 중요하다. 그러니까 그 실마리가 다른 사물과 비유되고 접목되는 가운데 상상과 함께 아름다운 꽃으로 피어날 수 있는 것이다.

3) 집필을 위한 메모

  이 세상에 글뿐이겠는가마는, 수필이란 저절로 창작되어지는 게 아니다. 치밀한 착상과 구상에 의해서 한 편의 글이 되어 나온다. 집을 지을 때도 무작정 터를 다듬는 사람은 없을 것이다. 사전에 설계를 하고 그 설계에 의해 재료를 구입한다. 그 설계도에 따라 집을 다 짓고 난 뒤에도 손질이 많이 간다. 내부 장식을 해야 하고, 도배도 해야 하며, 색칠도 해야 한다. 그리고 잘못된 부분은 하자보수도 해야 한다.

  글을 쓰는 것도 이와 같다. 제일 먼저 주제를, 즉 무엇에 대해 쓸 것인가를 정해야 한다. 그런 다음 글감, 즉 제재를 모으고, 내용을 어떻게 짜나갈 것인지 틀을 짜야 한다. 그것이 구성이다. 다 쓴 뒤에도 다시 글을 다듬고 손질하는 퇴고의 과정을 거쳐야 한다.

  수필의 제재는 자료에 의해서 채택된다. 그러므로 평소에 자료를 꾸준히 모아야 한다. 자료를 체계적으로 모으는 방법도 생각해 볼 일이다. 자료가 충분할 때 좋은 글이 되어 나온다는 것은 당연한 일이다 대하소설을 쓸 때는 자료를 모으는 데만도 몇 년이 걸린다는 것을 우리는 작가를 통해서 이미 들었던 얘기다. 유명한 칼럼니스트인 이 모 교수는 자료를 찾기 쉽게 분류하여 모은다고 한다.

사실 우리 주위에는 온통 수필의 자료들로 꽉 차 있다. 자료 아닌 것이 없다. 우리가 먹고 마시고 숨쉬는 데서부터 일상의 생활에는 온통 자료로 널부러져 있다. 그것을 메모하고 주워 담을 수 있어야 한다. 자료는 독서를 하는 가운데서도 있고 친구와 대화하는 가운데서도 있다. 다만 따뜻한 애정의 눈으로 사물을 바라보지 않으면 안 된다.

문학이란 작가의 의식으로 사물을 바라보는 일이다. 그러므로 혼잣말일 수도 있다. 귀먹은 할머니가 남의 목소리는 못 알아듣고 계속 자기 주장만 하듯 문학은 작가의 그런 주장일 수도 있다. 요컨대 대상을 자기의 시선으로 바라본다는 얘기다.

어느 맹인이 모퉁이를 돌아서다가 다른 맹인에게 부딪혔다. 화가 난 맹인은 소리쳤다.

"앞 좀 보고 다니시오?"

그러자 다른 맹인이 큰소리로 이렇게 말했다.

"아니, 보면 모르쇼?"

두 맹인은 상대는 없고 오직 자기만 있을 뿐이다. 문학의 소재도 마찬가지다. 작가의 눈으로 대상을 바라보기 때문에 작가의 시각에 따라 소재를 찾아 모아야 한다.

문학의 소재는 실로 다양하다. 앞에서 지적한 것처럼 작가의 일방적인 시각일 수도 있고, 인간이 살아가는 원리를 들어 보여줌으로 인해서 진지하게 인생을 터득할 수 있는 얘기일 수도 있고, 꿈과 희망을 심어주는 아름다운 얘기가 그 소재가 될 수도 있다. 그리고 일상적인 오해를 가지고 작품으로 다룰 수도 있고, 대상에 의한 자기 확인을 소재로 취급할 수도 있다. 또한 인간의 본능이 제재가 될 수도 있고, 진실의 폭로가 소재가 될 수도 있다. 다만 재미난 것을 찾아 어떻게 들려주는가에 있다. 그러므로 어떤 것은 값지고 어떤 것은 값지지 않는 것이 없다. 유명한 암 전문의사의 아내가 암에 걸려 죽을 수도 있고 국화라는 원리에서 자기를 발견할 수도 있다. 국화는 모질게 밟아 주면 줄수록 꽃대궁이 크지만 그렇지 않으면 꽃이 점점 작아진다.

인간은 많은 모순 속에 살아간다. 이 세상에 행복한 사람보다는 불행하다고 느끼는 사람이 많다. 그것은 자기 방에 켜진 등불보다는 다른 방에 켜진 등불이 훨씬 찬란하고 밝다고 느끼기 때문이다. 자기 회사보다 남의 회사가 더 좋아 보이고 자기 부모보다 남의 부모가 더 잘나 보인다. 그래서 저쪽 강변에 사는 사람이 내가 사는 쪽보다 좋아 보이고 청산에 사는 사람은 도시에서 사는 사람보다 근심걱정이 없어 보인다.

이처럼 인간의 모순된 모습에서부터 현실에서 벗어나고자 하는 욕구에 이르기까지 모두가 문학의 소재가 될 수 있다. 그러므로 작가는 늘 연필을 옆에 두고 생각이 일면 그것을 메모하는 습관을 가져야 한다.

요컨대 글거리의 원천은 경험, 사색, 신문, 잡지, 유인물, 일상대화, 관찰, 실험, 조사 등에서 발견할 수 있는 것이 예사다. 그러므로 많은 글거리를 찾기 위해서는 견문을 넓혀야 하고, 많은 경험을 쌓아야 하며, 남의 이야기를 귀담아듣고, 많은 시간을 할애하여 신문, 잡지나 양서를 통하여 정보 갖기, 영화, 연극, 음악, 운동 등에 취미를 갖는 일이다. 그리고 일상 생활의 모든 주변의 것들에 대하여 애정과 관심을 기울이는 일이라 하겠다.

제2부 문학이란 무엇인가

1. 무엇이 문학인가?

　'문학이란 무엇인가' 하는 질문은 많은 사람들이 묻고 또 물어왔다. 그러나 속시원한 해답은 없었다. 이 질문은 인간이란 무엇인가라는 질문처럼 사실 복잡한 질문이기 때문이다. 그러나 그 어원을 말로 표현한다면 답은 간단해진다.
　문학이란 라틴어의 'Littera'에서 온 말로서 원래의 뜻은 문법, 기록, 지식, 독서의 능력을 포함한 뜻이다. 그러나 이와 같이 문자로 기록된 모든 것을 문학이라 한다면 문제는 다시 복잡해진다. 왜냐하면 문자로 기록되지 않은 신화나 전설 등은 문학에서 제외시켜야 하기 때문이다. 하지만 설화가 없었다면 문학의 뿌리를 찾을 수 없다. 그리고 역사는 문자와는 상관없이 존재한다. 그러므로 문학은 문자로 기록된 고착문학과 기록되지 않은 유동문학으로 대별하는 것이 바람직할 것이다.
　그러나 현대문학은 일정한 형식이 없는, 말하자면 구비문학의 틀을 벗어난 형식을 요구하는 것을 원칙적으로 한다. 여기에서 일정한 형식이란 정교하게 짜여진 언어구조물을 말할 것이다. 그렇다고 기상천외하게 짜여진 것만이 문학으로 생각하는 것도 금물이다. 문학은 일상의 우리의 삶 속에 늘 함께하고 있기 때문이다.

　우리는 문학을 창작이라고 하는데 그 말은 없는 것을 새로 지어낸다는 말이다. 그리고 그 지어낸 것은 흔히들 '허구'나 '상상'을 동원한 것을 염두에 둔다. 그러나 이러한 생각은 일정한 정도까지는 옳다. 왜냐하면 사실과 허구라는 말도 어디까지가 허구이고 어디까지가 사실이냐가 애매모호할 뿐 아니라 '상상'과 '허구' 사이도 그 기준이 모호하기 때문이다. 그리고 문학작품이라면 모든 문학을 다 문학으로 볼 것인가 하는 문제도 제기된다. 문학이 과학이 아니라면 그 기준이 사실 애매모호할 수밖에 없을 것이다. 어디까지를 시로 보고, 어디까지를 소설로 볼 것이며, 어디까지를 수필로 볼 것인가. 그 울타리의 기준도 알쏭달쏭할 수밖에 없고 문학과 문학이 아닌 구별도 자의적인 판단에 맡길 수밖에 없다.

　드 퀸스(1985~1859)는 "문학은 인간 최고의 사상과 감정의 기록이다. 그것은 교훈을 목적으로 삼는 책들을 제외하며, 쾌락을 줌으로 목적을 삼는 책들만을 포함한다"고 말한다. 그러나 이 말도 모순을 가지고 있다. 문학에는 어떠한 식으로든지 교훈성이 들어 있게 마련이기 때문이다. 쾌락적인 과제 속에는 쾌락만이 존재하는 것이 아니고 그 쾌락에는 교훈성이 깔려 있게 마련이다.

　그러나 지금까지의 여러 정의들에서 공통된 것을 추출하면 기록, 사상, 상상, 공감 등인데 여기서 우리는 언어로 기록된 예술이라는 하나의 개념을 생각할 수 있다. 이 말은 다른 말로 언어예술이라고 표현할 수도 있다. 그렇다면 어디까지가 예술인가 하는 문제점이다. 이에 따르면 일상언어와 문학언어로 구분한다. 이들은 문학이 대상이나 감정들로 이루어진 게 아니라 단어들로 구성되기 때문에 단어의 조합이 조직적인 것을 문제 삼는다. 하지만 이러한 조직만을 중요하다 보면 곧바로 허점이 드러난다. 사실 문학을 내용이 중요하기 때문이다.

　아무튼 문학이라는 정의는 매우 곤란한 문제점을 내포한다. 그러므로 쉽게 생각하기로 하자. 문학에는 시, 소설, 수필, 희곡, 평론 등의 5대 장르가 있다고 정의해 두자. 그리고 일기와 자서전 등은 수필이라는 장르에 포함시키기로 하자. 그러나 의문은 계속된다. 문학이면 문학이지 시와 소설을 구분지어서 무슨 이득이 있겠느냐는 것이다. 많은 사람들이 문학의 길에 동참이라는 것을 장르라는 형식이 가로막고 있다면 문학도 또 하나의 파벌이 아니겠느냐는 의문을 가지면서 문학이 인간을 해방시키는 데 장애가 되어서는 안 된다는 것을 생각해 본다. 따라서 인간에게 어떤 감동을 주고 거기에서 인간 내면을 깊이 들여다 볼 수 있다면 그것이 바로 문학이 아닌가.

2. 문학의 변모

앞에서 필자는 문학에는 시, 소설, 수필, 희곡, 평론 등 5대 장르가 있다고 말했다. 그런데 오늘날 수필에 대하여 그것이 문학이 될 수 있느냐 하는 의문을 제기하는 사람들이 많다. 특히 어디까지가 수필이냐는 논의는 아직도 계속되고 있다. 그러면 수필에 대한 논의는 잠시 접어 두고 소설에 대하여 이야기해 보자.

소설의 발생은 유럽의 경우, 로망스나 영웅 서사시였다. 말하자면 봉건시대의 상류층의 권위와 당대의 사회 질서를 올바르게 반영하는 문학형식이었다. 그러니까 당시의 질서를 방해하는 글은 소설이 될 수 없었다. 일종의 체제 수호의 글이 소설이었다. 그러니까 그 내용이 허구이냐 사실이냐가 중요하지 않다. 그런데 자본주의가 들어오면서 특권층의 권위가 점점 흔들리고 사회의 질서가 깨지면서 이제까지 상상하지 못했던 사생활의 이야기가 소설의 소재로 등장했다. 남녀의 연담이나 이웃집의 부부싸움이나 외로운 노인의 이야기가 소설로 나타난 것이다. 말하자면 현실이 소설로 대두된 것이다. 그리고 18세기에 들어와서는 상상력이 소설의 중요한 기준이 되었다. 이렇게 되자 당시 소설을 문학으로 볼 것인지, 아닌지 하는 문제가 논란이 되었다. 이 말은 사회적인 변화를 타고 등장한 소설을 부정하기 위해 온갖 권력이 동원되었으리라는 것을 생각하게 하는 말이다.

이렇게 문학이 뿌리를 내리기까지 사회적인 변화를 거치면서 그 내용의 형식도 바뀌게 마련이다. 그러니까 무슨 장르는은 어떠해야 한다고 장르적 규정을 내린다는 그 자체가 하나의 편견이고 언어 폭력일 수밖에 없다. 그런데 수필문학을 보수적인 문학관으로만 생각하는 것은 잘못이다. 따라서 문학 이론을 바이블처럼 주장하는 일은 큰 오류를 범할 수 있다. 왜냐하면 문학이론은 문학 다음에 형성된 것이기 때문이다. 그리고 여기에서 보수라는 말은 수필을 안방에 가두려는 고정관념을 말한다. 다시 말해서 수필은 개인의 이야기여야 하느니, 허구가 들어가서는 안 되느니 하는 그러한 관념이다. 이제 수필도 시대의 흐름을 타고 많은 변모를 시도해야 할 것이며 이 시도는 수필이 바로 문학으로 가는 길이다. 그러므로 수필의 허구나 상상의 문제에 대하여 보다 폭넓은 의견들이 받아들여져야 할 것이고, 문학의 틀을 일정한 규격에 매어 두는 그런 옹색한 생각에서 탈피해야 할 것이다.

3. 수필 작품을 해명하기 위한 준비

1) 작가가 될 수 있다는 자신감

① 수필은 어려운가?

수수께끼를 누구나 한번쯤은 풀어 보았을 것이다. 그리고 누구나 우리 주위에서 일어난 일을 재미있게 들어보기도 하고 이야기도 해본 경험이 있을 것이다. 하나의 수수께끼를 풀어 보는 것, 하나의 보고 들은 것을 자기의 견해를 섞어 이야기하는 것, 그것이 바로 한편의 수필이요, 문학이다. 다만 전자는 그것은 언어적인 방법을 택한 것이요, 후자는 문자적인 방법을 취한 것뿐이다. 이렇듯 수필이란 특별한 게 아니다.

　우리는 다음과 같은 수수께끼를 들어보았을 것이다. "동물 가운데 수놈만 모여 사는 동물은?" 답은 '고추잠자리'다. "여자에게 가장 매력있는 남자는?" '서 있는 남자'다. 그 반대로 "남자에게 가장 매력있는 여자는?" '질 좋은 여자'다. 우리는 참새 시리즈도 알고 있고 최불암 시리즈도 알고 있다. 이러한 모든 것이 문학적 발상이요, 문학적 행위다. 아니, 한 편의 가벼운 콩트라고 해도 될 것이다. 우리는 아이를 키우면서 다음과 같은 사실을 직접 체험해 보았을 것이다.

　"아빠, 저게 무어야?"
　"응, 다람쥐란다."
　"다람쥐는 어데서 살아?"
　"숲 속에서 살지."
　"무얼 먹고 살아?"
　"도토리 먹고 살지."
　"그럼, 도토리는 어디서 살아?"
　"그것도 산에서 살지."
　"그럼, 산은 누구와 함께 살까?"
　"물론, 도토리와 함께지."
　"그럼, 도토리와 산은 한 식구네."

　이러한 질문들이 수필이요, 문학적 발상인 것이다. 우리가 잠시 잊고 있었던 것, 아니, 무심히 그냥 지나쳤던 것을 다시 일깨워주는 것이 수필이요, 문학이다. 이렇듯 수필이나 아니, 문학이란 지극히 평범한 데서 출발한다.

　일기 예보를 용케도 잘 알아맞히는 뱃사공이 있었다. 그는 신적인 영력이 있었다. 그의 말을 믿고 출어하면 틀림이 없었다. 그래서 마을 사람들은 그를 섬기고 받들기를 하나님같이 했다.

  그런데 하루는 그의 말을 믿고 바다에 나갔다가 큰 낭패를 당했다. 심한 폭풍을 만났던 것이다. 어부들이 달려와 그에게 따졌다. 그러자 그의 하는 말이 걸작이다. "나라고 해서 당신들과 무슨 다른 점이 있겠소. 다만 오늘은 내가 가지고 있는 트랜지스터 라디오가 고장을 일으켜 일기예보를 듣지 못했을 뿐이오."

  그 뱃사공이 일기 예보를 들어야 날씨를 알 수 있었듯이, 수필도 써 보아야 수필을 알 수 있을 것이다. 글이란 특별한 비방이 없다. 쓰는데 늘고 다듬는데 빛이 난다. 자동차의 운전도 핸들을 잡아보아야만 운전을 할 수 있고 농구 선수가 될려면 공과 함께 일상을 생활해야 한다. 그것이 선수가 되는 지름길이다. 스스로 노력에 의해서 이루는 것이지 더 무슨 특별한 비법이 없다. 모든 것은 자기 자신이다. 자기 자신이 그 비법이요, 자기 자신이 해결사다. 어떤 책에 그 비법이 써 있는 것도 아니요, 남의 경험담이 중요한 것도 아니다. 쓰고 쓰고, 또 쓰고, 자꾸만 쓰는 데 그 비법이 있다. 이렇듯 그 이치가 아주 간단하다. 그런데 그 이치가 잘 전달되지 않는지 안타까울 뿐이다.

  수필이나 소설이나 시를 막론하고 그 길은 하나다. 쓰는 것이 그 길이다. 저 낮고 하찮아 보이는 일상의 삶을 그냥 스쳐 보내지 않고 글을 옮겨 보고, 그래서 체험하게 되고, 그것을 반복하다 보면 좋은 수필이 되어 나오는 것이다. 하찮은 데에서 출발하여 저 높은 곳을 향하는 것이 세상의 이치요, 문학의 길이다. 재주나 능력은 필요없다. 그 쓰고자 하는 노력과 집념이 중요하다. 거듭 말하지만 글은 씀으로써 그 쓰는 법을 익히게 된다.

    밭에 갔던 친구가,
    "벌써 익은 게 하나 있네."
    이 배가 언제 따는 나무냐 물으니 서리 맞아야 따는 것이라 한다.
    그런데 가다가 이렇게 미리 익어 떨어지는 것이 있다 한다.
    먹어보니 보기처럼 맛도 좋지 못하다. 몸이 굳고 찝찝한 군물이 돌고 향기가 아무래도 맑지 못하다.

　나는 이 군물이 도는 조숙한 열매를 맛보며 우연히 천재들이 생각났다. 일찍 깨닫고 일찍 죽는 그들의.

　어떤 이는 천재들이 일찍 죽는 것을 슬퍼할 것이 아니라 했다. 천재는 더 오래 산다고 더 나을 것이 없게 그 짧은 생애에서라도 자기 천분(天分)의 절정을 숙명적으로 빨리 도달하는 것이라 하였다. 그러나 인생은 적어도 70, 80의 것이니 그것을 20, 30으로 달(達)하고 가리라고는 믿어지지 않는다.

　오래 살고 싶다.

　좋은 글을 써 보려면 공부도 공부려니와 오래 살아야 될 것 같다. 적어도 천명(天命)을 안다는 50에서부터 60, 70, 100에 이르기까지 그 총명, 고담(枯淡)의 노경(老境) 속에서 오래 살아 보고 싶다. 그래서 인생의 깊은 가을을 지나 농익은 능금처럼 인생으로 한번 흠뻑 익어보고 싶은 것이다.

　"인생은 즐겁다!"

　"인생은 슬프다!"

　어느 것이나 20, 30의 천재들이 흔히 써놓은 말이다. 그러나 인생의 가을, 70, 80의 조경에 들어 보지 못하고는 정말 '즐거움' 정말 '슬픔'은 모를 것 같지 않은가!

　오래 살아 보고 싶은 새삼스런 욕망을 느낀다. (이태준「조숙」)

　짧은 수필이다. 길어야 수필이 되는 것은 아니다. 우리에게 많은 것을 생각하게 하는 것, 그것이 좋은 수필이다. 어려운 낱말도 복잡한 문장도 필요없다. 누구나 아는 문장, 누구나 늘 쓰는 단어들이다. 쉬운 문장, 쉬운 표현이다. 그런데도 얼마나 맛이 나는 수필인가. 짧지만 천길 마음의 깊이를 담고 있다. 그것은 그만큼 인간 누구나의 소망이 이 작품에 들어 있기 때문이다.

　수필이 상층인의 것이거나 특수한 교양인만의 것도 아니다. 쓰고자 하는 이 모두의 것이다.

　다음 이야기는 수필에 대한 이해를 더해 줄 것이다. 부자간에 빵집엘 갔다. 아버지가 빵 다섯 개를 시켰다. 아버지는 세 개를 먹고 아들은 두 개를 먹었다. 아무래도 아들의 모습이 시원치 않은 모습을 눈치챈 아버지는 넌지시 아들을 향하여 말을 던져 보았다.
"그래, 그 정도면 배부르지 않아?"
이 말을 들은 아들 녀석의 말,
"두 개 먹고 배부르면, 세 개 먹은 사람은 배 터져 죽었겠네……"
 말이 재미있다. "아직 배가 덜 찼는데요"란 정중한 대답과는 상당한 차이가 있다. 그걸 눈치챈 사람이면 이미 수필을 쓸 수 있는 자질을 갖춘 사람이다. 문학은 이처럼 사회적인 룰을 필요로 하지 않는다. 어떤 기발한 것을 요구한다. 그리고 한 가지 덧붙여 줄 것이 있다. 우리가 쓴 글을 절대로 버리지 말라는 것이다. 맞춤법이나 구두점 찍기, 문법 규칙에 그다지 구애받지 말 것이다. 이런 것 등은 그다지 중요한 사실이 아니다. 씀으로 해서 해결되는 것이요, 그리고 그러한 것들이 가장 중요한 것도 아님을 기억해 두자.

② 우맹의 배우 정신

 초나라에 손숙오라는 어진 정승이 있었다. 그는 초장왕을 도와 어진 정치를 편 훌륭한 정승이었다. 그는 오랫동안 정승으로 있었으면서도 너무 청렴 결백했기 때문에 자손을 위해 재산 한푼 마련해 둔 것이 없었다. 손숙오는 그의 병이 악화되자 아들을 불러 유언을 남겼다.
 "내가 죽거든 여기 유서를 왕께 갖다 드려라. 만일 왕이 너에게 벼슬을 하사할지라도 결코 받아선 안 된다. 너는 본시 재주가 없는 사람으로 나라를 경영하고 백성을 구제할 만한 인물이 못 된다. 그러나 정이 사양할 수 없거든 침구 땅이나 달라고 해라. 그 곳은 토질이 워낙 박해서 아무도 욕심을 낼 사람이 없을 것이다. 그 땅이라면 네가 오래도록 자손을 보존하기에 충분할 것이다."
 그 후 손숙오는 세상을 떠났다. 그 아들은 유서를 들고 왕을 찾아갔다. 유서의 내용은 간단했다. 임금의 은혜를 감사하는 것과 자기 아들은 벼슬을 감당할 인물이 못 된다는 내용이었다.

손숙오를 아끼던 왕은 그의 아들에게 벼슬을 주려 했으나 아들이 사양하자 그냥 돌려 내보냈다. 손숙오의 아들은 시골에 내려가 밭을 갈며 어렵게 살아갔다.

그런데 당시 초왕이 아끼던 유명한 배우가 있었다. 그 이름은 우맹(優孟)이었다. 우맹은 맹씨 성을 가진 난쟁이여서 그렇게 불렀다. 우맹은 난쟁이인 데다가 익살스러워서 그가 나타나면 어느 자리고 웃음꽃이 피었다.

어느 날 우맹이 시골길을 걷다가 손숙오의 아들이 힘겹게 살아가는 것을 목격했다. 우맹은 자기 눈을 의심했다. 아무렴 정승의 아들이 저 꼴이 되다니? 그는 달려가 말을 걸었다.

"귀한 분의 자손이 어찌 이 모양입니까?"

"우리 선친께서는 비록 한 나라의 정승이셨지만 나에게 남기신 유산이 없으니 어찌하겠소."

그 길로 돌아온 우맹은 손숙오가 살았을 때 입던 의복과 신발을 준비하고 손숙오의 목소리와 행동, 그대로를 모방, 연습했다.

왕실에서 큰 잔치가 있었다. 우맹이 그 자리에서 출연하기로 되어 있었다. 우맹은 생존시의 손숙오의 모습으로 변장하고 무대로 나갔다. 왕은 무대에 나타난 손숙오를 보고 그만 깜짝 놀랐다. 왕은 손숙오의 생각이 간절했다. 그래서 자기도 모르는 사이에 이렇게 외쳤다.

"경은 이제부터 나와 함께 있어 나를 도우라."

한참 동안 연극을 하던 우맹은 자기의 늙은 아내에게 벼슬을 받을지 말지 물어 보고 오겠다면서 나갔다.

잠시 후 나타난 우맹은 벼슬자리를 거절하며 노래를 들려주었다.

"욕심 많은 관리는 못된 짓만 하며, 청렴한 관리는 할 짓 외는 하지 않네. 욕심 많은 관리의 몹쓸 짓이란 더럽고 야비한 것이어서 자손을 위해 돈을 긁어모으는 것이라네."

이 이야기는 우리에게 무엇을 들려주고자 하는 것인가? 직업적 정신을 알려 주고자 함이다. 다른 말로 작가적 정신이다. 한 작가가 되자면 우맹과 같은 투철한 정신이 아니고는 성공할 수 없다. 우맹이 손숙오의 모습을 닮기 위해서 그는 피나는 연습을 했을 것이다. 그의 언어며 목소리, 그리고 행동에 이르기까지 피나는 노력이 뒤따랐기에 초왕은 손숙오를 생각하기에 이르렀을 것이다. 여기에서 작가는 무엇을 할 수 있는가, 무엇을 해야 하는가를 터득하게 한다.

당시 부정한 관리가 판을 치고 청렴한 관리가 잊혀지는 현실을 우맹은 안타까이 여기고 그것을 연기로 연출하여 왕을 감동시켰던 것이다. 그것은 배우가 할 수 있는 최선의 방식이었다. 남을 잘 웃기는 희극배우에 지나지 않았지만 그러나 그는 그저 웃기는 배우로 끝나서는 안 된다는 것을 잘 알고 있었다. 우맹을 참된 예술가라면 작가 역시 우맹의 그러한 정신을 닮을 때 작가로서의 역할을 다하는 것이다.

③ 아무나 수필가가 될 수 없을까

그렇다. 수필가는 아무나 될 수 없다. 그러면서도 아무나 될 수 있는 게 또한 작가의 길이다. 그러나 그 '아무나'라는 말에 주의할 필요가 있다. 전자의 '아무나'는 작가가 되고자 하는 집념을 갖지 못한 사람을 이르는 말이요, 뒤의 '아무나'는 그 재질을 이르는 말이다. 수필가(모든작가)가 되는 길은 그 사람의 집념이 문제요, 재질과는 무관한 일이다. 물론 그 성장 속도는 어느 정도 차이가 있을 수 있다. 그러나 그 결과는 노력의 차이다.

"唐棣之華, 偏其反而, 豈不爾思? 室是遠而."
子曰, "未之思也, 夫何遠之有?"
"당체꽃이 펄럭이는데, 어찌 그대 생각하지 않으리요마는, 허나 그대 있는 곳이 너무 멀구려."
이 말을 두고 공자께서 말씀하시기를 "진정으로 생각함이 아니로다. 생각한다면 어찌 멀고 말고가 있겠느냐?"

이 글은 논어 자한(子罕)편에 나오는 글이다. 아름다운 시를 가지고 인간의 의지와 행동의 일관성을 가르치고 있다. 꼭 하겠다는 결심은 반드시 어떤 행동으로 나타나고 그 행동은 일을 성취시키고 만다. 생각은 행동의 전제가 되고, 행동은 생각의 결과가 된다. 글을 쓰는 작가가 되는 길도 마찬가지다. 작가의 기질이 먼 곳에 있는 것이 아니다. 내가 작가가 되고자 하면 소질은 나를 따라오는 것이다.

작가는 어떤 특수한 사람만이 되는 것은 아니다. 자기 자신의 결과인 것이다. 누구나 작가가 될 수가 있는 것, 어찌 작가뿐이겠는가. 이 세상 모든 사물의 이치가 다 그렇다. 누구나 노력에 의해서 운동 선수도 될 수 있고 피아노 선수도 될 수도 있다. 다만 세계적인 명성의 일인자가 되느냐 못 되느냐가 다를 뿐이다.

그러나 먼저 일류가 된다는 욕심을 버리자. 이류도 좋고 삼류면 어떠랴. 다만 작가가 된다는 마음이 더 중요하다. 일류 이류는 작가가 된 뒤에 생각해 보자. 그런데 무엇이 두렵고 무엇이 어려우랴.

우리는 흔히 쓴다는 걸 대단히 어려운 일이라 생각하는 사람이 의외로 많다는 데 놀라지 않을 수 없다. 천재적인 재능을 타고난 소수의 뛰어난 사람들만이 할 수 있는 일이라는 생각을 버리는 게 글을 쓰고자 하는 사람의 첫 번째 교훈이다. 우리 인간에게는 누구나 다 부처님이 될 수 있는 불성을 가지고 태어났다는 것은 석가의 말이다. 아니, 공자도 그랬다. 예수도 그랬다. 누구나 도의 경지에 들어갈 수 있고, 하나님의 자녀가 될 수 있다고. 그런데 사람들은 스스로 거기에 정신을 두지 않는다. 우리가 얼마나 창조적으로 노력하고 자아를 투신하느냐가 무엇보다도 수필가가 될 수 있는 요건이다.

자기 자신을 글을 쓸 수 없는 사람이라고 말한다면 실제로 그 사람은 단 한 줄도 글을 쓸 수 없을 것이다. 다른 사람들은 우수한 재능을 지녔지만, 자기 자신은 형편없다는 생각은 위험하다. 그러한 이분법적인 사고로는 이미 좋은 작가로 성장하기는 어렵다. 그렇다고 나는 위대하고 그들은 별볼일 없는 사람이라는 논리도 정당한 생각이 못된다.
 일류 작가라고 해서 하늘이 따로 점지했을 까닭이 없으며 수필작가가 될 수 없는 사람이라고 점 찍어 낸 사람도 있을 수 없다. 물론 전문가라는 것은 있다. 그러나 그들도 하루아침에 전문가가 된 것은 아니다. 수필은 수필 분야에, 소설은 소설 분야에 오랫동안 종사하고 오랫동안 능력을 쏟아온 사람들이다. 그것이 오늘날 그들을 전문가로 성장시킨 것이요, 하루아침에 이루어 놓은 탑이 아니다.
 동화작가 안데르센은 어려서 글을 잘 쓰지 못했다. 다만 글쓰기에 약간의 흥미를 느낄 뿐이었다.
 안데르센이 열한 살 때, 처음 제대로 된 작문을 완성하자 그는 기뻐서 이 사람 저 사람에게 자기가 쓴 글을 보여 주었다. 그러나 아무도 그 글에 관심을 가져주는 사람은 없었다. 안데르센은 평소 친하게 지내던 이웃 아주머니에게 가 큰소리로 자기가 지은 글을 읽어 주었다. 그러나 아주머니 역시 냉담한 반응이었다.
 "얘야, 괜한 시간 낭비했구나. 네 얘기를 들으니 차라리 다른 일을 할 것을 그랬구나……"
 실망한 안데르센은 작문노트를 들고 서서 울기 시작했다. 이 모습을 본 안데르센의 어머니가 안데르센의 작은 손을 잡으며 갖가지 예쁜 꽃이 핀 화단으로 데려갔다.
 "얘야, 이 꽃 참 예쁘구나. 그러나 이 꽃 옆엔 아직 봉오리를 맺지도 못한 잎사귀가 있구나. 이 잎사귀는 아직 자라려면 멀었다. 하지만 보아라, 얼마나 싱싱하고 푸른가. 분명히 이 잎사귀는 자라서 아주 예쁜 꽃을 피울 거란다. 한스야, 넌 아직 이 잎사귀와 똑같단다. 그러니 언젠가는 훌륭하게 피어나 사람들을 기쁘게 해 줄 수 있을 것이다. 자! 힘내라 한스."
 어머니는 안데르센의 흙 묻은 엉덩이를 툭툭 두들겨 주었다.
 그 후에도 안데르센의 글솜씨는 사람들에게 인정받지 못했다. 그러나 유독 그의 어머니만은 안데르센의 글을 잘 썼다고 항상 칭찬해 주었다. 그 어머니의 격려는 어려울 때마다 안데르센에게 힘이 되어 위대한 동화작가가 되게 했다.

우리가 천재작가라 불리우는 안데르센도 이처럼 오랜 세월이 흐른 뒤에 큰 작품을 쓸 수 있었거늘 평범함 사람이야 더 말해 무엇하겠는가.

그런데 글을 쓰고 싶은 욕구를 가진 상당수의 사람들 가운데는 '내가 감히 어떻게'하고 포기하거나 절망하곤 한다. 그것은 자신의 능력을 말소시키는 가장 무서운 독소다. 우리가 우리 자신을 부정하고 자신을 신뢰하지 못할 때 누가 우리를 신뢰하겠는가.

재능이나 능력에 대해서 걱정하지 말라. 그것은 열심히 헤치고 또 헤쳐나가면 바라는 바 목적 지점에 도달할 수 있을 것이다. 누구나 지하수를 파는 것을 보았을 것이다. 어디에나 지하수는 흐른다. 다만 그 지층의 두껍고 얇은 차이 뿐이다. 그 물을 뽑아 올릴 때까지 계속 파들어가야 한다.

그런데 샘을 파다가 어떤 이는 쉽게 포기하고 만다. 어디까지나 포기해서는 안 된다. 지하 어느 곳이고 물이 흐른다는 사실을 염두에 두자. 글은 글을 씀으로써 글쓰는 법을 익힌다. 우리가 살을 빼려고 한다면 그에 대한 책을 읽을 것이 아니라 직접 운동해야 하듯이 글을 쓰려고 한다면 그에 대한 이론서를 읽을 것이 아니라 쓰고 또 써야 한다.

생각만 가지고 글이 되지 않는다. 생각 그것을 놓치지 않고 잡아 써야 한다. 그런데 많은 사람들은 생각만 하면서 글이 되지 않는다고만 한다. 허공에다가 그림을 그린다고 해서 어떻게 그림이 되겠는가. 쓴다는 것은 하나의 생각을 붓으로 옮기는 일이다. 그리고 그것은 일종의 노동행위다. 그것도 단순한 노동이 아니라, 시각·미각·취각·촉각을 다 동원하는 중노동이다.

④ 매일매일 붓방아를 찧어보라

만일 당신이 수필가가 되기를 원한다면 붓을 들어라. 더 훌륭한 작가가 되고 싶거든 더 많이 쓰도록 하라. 쓸수록 당신의 글은 빛나고 광채를 더할 것이다. 그만큼 더 써 본다는 것은 광채를 더하는 길이요, 연습을 한다는 것은 그만큼 문맥이 활발하다는 증거이다.

사실 매일매일 무언가를 쓰기란 쉬운 일이 아니다. 그러기에 작가의 길은 힘든 것이다. 하나의 생각을 쓴다는 것은 수월한 길이 아니기에 아무나 작가가 되는 것이 아니다. 어느 날에는 마알간 햇살 타고 기막힌 글들이 마구 쏟아져 나오다가도 어느 날은 온통 먹구름이 되어 자신이 할 수 있는 일이 아니라는 생각이 들기도 할 것이다. 또한 누구도 항상 글이 잘 써지는 것은 아니다. 날마다 맑은 하늘이 존재할 수 없듯이 글 또한 마찬가지다. 우리에게는 누구나 신체적인 리듬이 있다. 잘 되는 날이 있고 못 되는 날이 있다. 그러므로 붓을 놓아서는 아니 된다. 매일매일 써야 한다. 그런 원칙이 깨지면 영영 붓을 놓아버릴지도 모른다. 영 글이 안 써져도 이를 악 다물고 종이에 붓방아만 찧는 습관만이라도 가져야 한다.

그러나 여기서 아주 중요한 사실 하나를 꼭 짚고 넘어가겠다. 성공한 작가라고 해서 단번에 정상에 뛰어오른 작가는 없다. 그 정상에 오르기까지는 잠 못 이룬 피나는 열정이 있었음을 기억해야 한다. 그들은 좌절이 찾아올 때마다 멈추지 않고 계속 노력했던 결과였다. 그러므로 글을 쓰기 위해 자신의 삶까지도 변화시키려는 노력이 뒤따라야 한다는 사실이다. 그것은 엄청난 자신의 변신을 고행까지도 감내해야 한다. 그렇게 글쓰기에 전심전력해서 훌륭한 수필가가 되지 못한 사람이 이 세상에 존재한다는 말을 나는 아직 듣지 못했다.

어떻게 하면 수필을 잘 쓰는 작가가 될 수 있는가? 거듭 말하지만 노력하는 일이다. 서점에 가면 『수필작법』이니 『수필쓰는 법』이라는 이름으로 된 책들이 있다. 그러나 그 책만 읽으면 글이 저절로 써지는 것으로 생각하면 큰 오산이다. 아니, 어떤 이는 수필에 대한 창작 강의를 많이 들으면 들을수록 좋은 것으로 착각하고 여기저기를 기웃거리는 사람이 있다. 천만에 말씀이다. 창작은 강의에 있는 것이 아니라 노력에 있다. 방법에 있는 것이 아니라 터득에 있다. 터득은 스스로의 고행에서 얻어지는 해탈이다. 그런데 좋은 글을 쓸 수 있는 것이 어느 강사나 책에 있는 것으로 생각하는 사람들이 의외로 많다는 사실이다.

창작이란 논리가 아니라 기술이다. 수필이란 작가 나름의 특수한 기법(기술)이 요구된다. 그러나 그 기법은 일정하지 않다. 그것 역시 각자 스스로 터득하지 않으면 안 되는 부분이다. 물론 일반적이고 보편적인 유형을 교재에 제시할 수는 있을 것이다. 그러나 그것이 그렇게 도움이 되지 못한다. 창작은 기교에 따른 것이지 일정한 틀에 있지 않다. 쓴다는 것은 일정한 틀에 얹어놓는 숫자놀음이 아닌 그만의 특수한 기교에 의해 창조된다. 그래서 이론의 접근은 쉬워도 창작의 접근은 실제로 어려운 것이다.

그러므로 수필은 그만의 천부적인 어떤 재능에 인생의 체험 내지 소양에다가 그만의 절실한 욕구적인 노력에 의해 묵시적으로 터득되어지는 뉘앙스라고 해야 할 것이다.

예술 같은 기능은 남에게 배울 수 있는 것이 아니라 스스로 노력해서 얻어지는 것이다. 그러므로 창작과정의 이해를 통한 나름대로의 요령을 터득하는 길이라는 것을 명심해 두자.

루이는 강력하게 물었다.

"너희들은 글쓰기를 원하는가? 그렇다면 집에 가서 글을 써라."

그렇다. 집에 앉아서 한번 끙끙대어 보라. 그러면 길이 보일 것이다.

2) 수필가와 수필 독자

만약에 작품을 읽어줄 독자가 없다고 생각해 보라. 그것은 작가에게는 생각만 해도 비극이다. 아니, 실로 끔찍한 일이 아닐 수 없다. 우리가 남 모르게 쓰는 일기조차도 언젠가는 저쪽에서 읽어줄 사람이 있을 것을 기대하고 쓸진대 하물며 작품에 있어서야 더 말해 무엇하랴. 그러므로 작품이란 나 자신을 위해 만들어지는 것이 아니요, 독자에 의해서 만들어진다. 말하자면 읽히기 위해서 만들어진다. 그러므로 수준 높은 독자층에서는 수준 높은 작품을 원할 것이요, 그렇지 못하는 독자층에서는 저질의 작품을 원할 것이다. 그래서 독자는 작가를 움직이는 운전자와도 같은 것이다.

특히 오늘날과 같이 상업주의 시대에서는 출판사나 공급업자들의 손에 의해서 베스트셀러를 만든다는 사실은 공공연한 비밀이다. 결국 독자는 매스컴에 의해서 책을 사 본 결과라 할 수 있다. 그렇게 될 때 독자가 기대한 마큼 성과를 얻었다면 별문제겠지만 그렇지 않다면 독자는 이미 사기당한 것이다.

그러나 여기에서 독자 개인만의 사기행각으로 끝난다면 문제는 간단하다. 그러나 좋은 작가를 잃는 결과를 낳는다. 쓴다는 것은 직업이며 동시에 양심이기도 하다. 그런데 그 양심이 선택받지 못했을 때 어찌 되겠는가. 그러므로 좋은 작가가 대접받는다는 것은 훌륭한 독자가 있다는 뜻이며 저속한 작가가 존재한다는 것은 상대적으로 그 사회가 저속하다는 것을 의미한다.

그러나 문제는 거기에 있는 것이 아니다. 작가가 작품을 창작하듯이 독자 또한 또 하나의 창조자라는 데 문제가 있다. 왜냐하면 감상 중에 창조가 있고 창조중에 감상이 동시에 이루어지기 때문이다. 그러므로 독자는 훌륭한 작가를 만났을 때 삼라만상의 그 은밀하고도 오묘한 이치가 하나씩 열리고 작가는 훌륭한 독자를 만났을 때 내재된 무한한 비밀이 하나씩 풀리는 것이다. 그래서 우리가 세상을 사는 의미를 부여하고 인생을 어떻게 살아야 하는지에 관한 새로운 문제를 자각하게 된다.

거울이 우리의 얼굴을 비추어 주듯이 좋은 수필은 우리의 삶의 진실을 가르쳐 준다. 사람은 누구나 바르게 살기를 원한다. 그리고 꿈과 희망을 갖는다. 그것을 심어주는 것이 좋은 수필이다. 수필은 우리의 생활 주변에서 일어난 여러 가지 이야기를 형상화시킨 이야기지만 그러나 그 속에는 우리가 살아가는 원리를 언어화한 것이다.

수필을 읽는다는 것은 살아 있는 이 세상 모든 사람을 만나 보는 것과 같은 이치다. 우리가 모든 삶을 다 살아볼 수는 없듯이 모든 사람을 다 만나볼 수 없다. 그렇지만 우리는 수필을 통해서 많은 사람을 만나게 되고 그것을 두루 체험하게 된다. 살아 있는 이 세상의 모든 것을 다 소유할 수 없지만 수필을 통해서 우리는 그것을 소유하게 되고 심미적 가치를 만끽하게 된다.

작품을 읽는 사람이 이런 이치를 알면 왜 글을 쓰느냐고 묻지 않을 것이다. 왜 읽느냐는 어리석은 질문을 할 까닭이 없다. 우리가 함께 인간의 삶을 살아왔고, 지금 살아가고 있으며, 앞으로 살아가리라는 눈인사와 같은 것이 수필이라면 우리는 작가도 언제나 한 사람의 독자가 된다는 각오가 있어야 할 것이다. 거듭 말하지만 작가가 작품을 쓴다는 것은 독자를 전제로 한다. 그러므로 좋은 작품을 쓴다는 것은 그 만큼 좋은 독자를 얻는다는 말이요, 저질의 작품을 쓴다는 것은 저질의 독자를 얻는다는 것이다. 그러나 더욱 중요한 것은 좋은 작품을 생산해내는 작가는 바로 좋은 작가라는 사실이다.

인간들의 마음을 시험해 보려고 하늘에서 신선 한 분이 내려왔다. 그는 사람들을 잔뜩 모아놓고 돌을 가리키며,
"저것이 금이다." 라고 큰소리로 말했다.
그러자 그 돌이 번쩍번쩍 빛나는 금으로 변하는 것이었다.
모여 있던 사람들은 모두 신선의 위력에 놀랐다. 그리고 그의 손가락을 부러워 했다. 이때 신선은 사람들을 둘러보며,
"재물에 욕심이 심하지 않은 사람들은 내가 곧 신선으로 만들어 주리라." 라고 말하였다.
재물을 싫어하는 사람이 있을 리가 없지만 신선으로 만들어 주겠다는 말을 듣자 거기 모인 사람들은 누구도 그 금덩이에 손을 대려고 하지 않았다.
그러나 신선이 잠깐 눈을 돌려 다른 곳을 보자 사람들은 마치 꿀통의 벌떼처럼 엉겨붙어 그 금덩이를 조금이라도 더 가지려고 소란을 피우는 것이었다.
신선은 인간들의 그런 행동을 보고 서글픈 얼굴이 되어 다시 하늘로 돌아가려고 했다. 그러다가 마지막으로 한 번 더 시험해 보려고 그 중에서 가장 정직해 보이는 청년에게,

"내 이 큰 바위를 손가락으로 가리켜 금으로 만들어 줄 터이니 자네가 갖겠나?" 하고 넌지시 물어 보았다.
　청년은 고개를 좌우로 흔들면서,
"아닙니다. 저에겐 이렇게 큰 금덩어리는 필요치 않습니다." 하고 대답하였다.
　신선은 과연 이 청년이야말로 진실한 사람이라고 생각하며 신선으로 만들어 주어야겠다고 생각한 나머지 다시 그 사람에게 물었다.
"당신은 큰 금덩이도 작은 금덩이도 모두 싫다 하니 무엇을 바라는 것이오."
"내 손가락을 신선님 손가락과 바꾸어 주십시오."
　신선은 어이가 없는 듯 웃었다.
"그래야 제가 가리키는 것은 모두가 금덩어리로 변할 게 아니겠습니까?"
　신선은 그만 젊은 청년을 괘씸하게 여겼지만 어쩌나 보려고 손가락을 바꾸어 주었다.
　청년은 좋아서 어쩔 줄을 모르고 펄쩍펄쩍 뛰면서 자기 집으로 뛰어갔다.
　젊은이는 제일 먼저 자기 어머니에게 자랑을 하고 싶어서 어머니에게 손가락을 펴보이며 이야기를 했다. 그러자 곧 어머니가 금덩이로 변해 버렸다.
　이리하여 그 청년은 부모와 형제 모두를 잃고 말았다. 심지어는 배가 고파서 먹을 음식을 갖다 놓고 그것을 먹으려 해도 어느 사이에 금덩어리로 변해 버리기 때문에 끝내는 굶어서 죽고 말았다. 그 청년은 죽으면서 마지막을,
"내 욕심이 적었던들…" 하고 후회하며 눈을 감았다고 한다. (「욕심이 적었던들」)

　이것이 여러 가지 의미를 갖는 비유적 특징으로 이루어진 작품이다. 하나의 이야기를 통해서 독자로 하여금 즐기는 가운데 상상과 정취로써 인간의 삶의 길을 추구하게 된다. 이것이 바로 문학 작품이다. 그러므로 수필을 읽는다는 것은 수필을 쓴다는 것과 같은 일이다. 그러나 이 글에 모든 사람에게 똑같이 어떤 감동을 주는 것은 물론 아니다. 고등학교과 중학교의 감상이 다르고 청년과 노인의 감상이 다를 것이다. 그리고 고등학교 때 깊은 감동을 받지 못했다고 하더라도 어른이 되어서 깊은 감동을 받지 못했다고 하더라도

어른이 되어 새삼스럽게 감동을 받을 수 있다는 것이다. 그러나 거기 상당한 음미적 깊이가 동반되지 않고는 작품으로써 가치성을 잃을 것이다. 따라서 독자는 제2의 창조자라는 것을 염두에 둘 일이다.

4. 수필의 정의

수필이란 '붓 가는 대로 쓰는 글', '자기 고백의 글', '우리보다는 나에 대한 글', '미완의 글', '작가 자신이 드러나 있는 글', '개성적인 문학', '재제가 다양한 문학', '심미적이며 철학적인 문학'이니 하여 제각기 일가를 이루고 있다. 그러나 그것은 코끼리 다리 만지기에 지나지 않는 논리요, 불분명한 논의에 지나지 않는 지극히 위험한 해답이다.

생각해 보라! 정말 '붓 가는 대로 써지는 글'이 있을 수 있을까? 아니, 있다면 그것은 문학이 될 수 없을 것이다. 왜냐하면 '붓 가는 대로 쓴 글'이라면 그것은 이미 창작이 될 수 없기 때문이다. 창작이란 작가의 의도된 글이요, 형상화된 글이다. 그런데 어찌 '붓 가는 대로' 쓴 글이겠는가? '자신이 드러나 있지 않는 글'이나 '개성적인 글'이 아닌 글이 어디에 있는가. 시나 소설을 막론하고 어떠한 이유로든지 작가의 개성이나 작가의 모습이 반영되게 마련이다. 그래서 글은 바로 그 사람이라고 하지 않았던가.

더욱이 이 세상에 시험삼아 써 보는 글은 단 한 편도 있을 수 없다. 우리는 한 줄의 편지를 쓸 때도 자신의 온 정신을 쏟아서 쓰는데 하물며 많은 사람 앞에 내놓는 수필에 있어서야 어찌 소홀하게 다룰 수 있겠는가.

그리고 문제는 또 있다. 유독 수필만이 그 정의를 내리는데 수필(隨筆)의 문자적 해석에 대한 잘못된 출발이다. 그렇다면 소설은 '자잘한 이야기'가 그 정의일 것이요, 시는 '풍류가락'이 그 정의일 것이다. 그러나 논리적으로 그렇지 않지 않는가. 그래서 우선 성급하게 객관적으로 정의를 내리자면 '수필이란 산문문학의 가장 기본적인 문학으로서 인생과 사물의 정취를 통해서 그것을 체현(體現)하고 그 뜻을 묘사하는 것이며, '운문에 대칭되는 문학으로써 시적인 영상을 미적인 표현으로 독창성을 갖는 글이다.'라고 우선 말해 두자. 그리고 수필의 생명의 비의(祕義)를 얻기 위해서는 수필을 사랑하고 아끼는 방법밖에 없다. 그것은 고려청자를 만드는 비법을 글로 전수받을 수 없고 도의 경지에 들어가기 위해서는 자신의 고행 아니면 그 해답을 얻을 수 없는 이치 같은 것이다.

이제부터 수필을 위해서 수필에 대한 그 특성에 대한 새로운 논의를 내 놓아야 한다.[1] 그것만이 수필을 살리는 일이요, 수필이 문학임을 우리 스스로가 인정하는 일이다. 노래하지 못하는 새는 새가 아니듯이 어정쩡한 논의는 논의가 아니다.

가슴에 품은 바를 무한한 우주에 풀어놓고 그것을 생기 있게 생명을 불어 넣어 주는 것이 수필이다. 따라서 우주를 생명화, 인정화하여 인간과의 거리를 단축시켜 신비주의적 색채를 불어넣어 준 것이 수필이며 정감있는 문장으로서 사물을 체현하고 그 뜻을 묘사한 글이 수필이다.

그래서 수필은 화려한 수사와 우아한 내용이 부합되어 새로운 뜻을 낳고, 풍부한 표현, 심오한 내용이 우리들을 끝없는 환상 속으로 몰고 가기도 한다. 때로는 박아(博雅)한 기교와 감미로운 내용이 우리의 영혼을 흔들어 놓기도 하고, 때로는 매혹적인 묘사, 정갈한 문장이 우리의 가슴을 울려 놓기도 한다.

수필은 '곡조 없는 우리의 노래'다. 그래서 풍려한 수사가 있고, 청결한 기교가 있고, 구름 속에 사리가 있고, 안개 밖에 온축된 이야기가 있다. 그리고 매혹적인 가락이 있고, 마음과 이치를 결합시켜 그 틈으로 엿보게 하는 기지가 있으며, 온갖 사고를 집결하고 저울질하는 여유가 있으며, 일의 요체를 잘 포착하여 그 순리를 말하는 조화가 있다. 그러므로 수필은 자연의 혈통에 생

---

[1] 필자는 수필에 대한 새로운 논의를 「수필문학의 구성과 양식」에서 자세히 설명되었다.

명을 불어넣어 주는 일이요 무변한 우주공간에 구멍을 뚫어 숨쉬는 통로를 만들어 놓는 일이다. 그러기 때문에 언어가 말초적인 데로 흐르는 것을 꺼리며 신선한 발상이 없는 평범한 말을 꺼린다.

그러므로 수필을 쓰려면 자연과 인생의 삶의 비의를 체득하지 않으면 안 된다. 다시 말하면 수필가로 자연의 혈통을 꿰뚫어보고 삶의 현상을 투시해야만 좋은 수필을 쓸 수가 있다.

낮은 데서 높은 곳으로 향하는 삶이 미학이라면 그 미학이 곧 수필이다. 따라서 누군가에 의해서 수필의 이론 정립이 빠른 시일 내에 정확하게 이루어지기를 기대한다. 모든 학문이란 그 이론 정립이 내려지지 않고는 학문으로서의 격을 획득할 수가 없다. 그러므로 수필의 이론을 체계적으로 정립하는 일만이 수필을 문학의 든든한 반석 위에 올려놓는 길일 것이다.

수필뿐만 아니라 글이란 쓰는 사람의 개성이나 체질에 따라 여러 형태의 글이 창작되는 것은 너무나 당연하다. 그런데 수필을 연구하는 학자들 가운데는 이 분야에 적잖이 노력을 쏟고 있다. 그러나 한마디로 가장 부질없는 논의가 아닌가 한다.

사색적인 수필, 비평적인 수필, 스케치적인 수필, 담화수필, 개인수필, 연단수필, 성격수필, 사설수필, 또는 중수필이니 경수필이니 하고 나누는 것이 수필하고 무슨 상관이 있겠는가. 이러한 논의들은 수필을 더욱 혼란스럽고 애매하게 만드는 일은 될지언정 수필을 이해나는 데는 하등의 도움이 되지 않는다.

문학이란 이론에 앞서 그 실체가 중요하다. 에세이면 어떻고 수필이면 어떠한가. 그리고 우리에게 수필은 있어도 에세이는 없다는 발상은 또 어디에서 근거한 말인가. 설령 서구의 수필과 우리의 수필이 그 성격상 약간 다르다고 하자. 그러나 그게 무슨 대수인가. 그것은 문화의 차이에서 올 수 있는 현상 아닌가. 그런데 우리에게는 수필은 있어도 에세이는 없다고 한다. 수필은 신변잡기에 지나지 않은 사소한 문장이요, 에세이란 문예적이고 사색적이며 우아한 멋을 지니고 있는 글이라고 한다. 이 얼마나 황당한 정의인가. 우리의 수필에도 사색적이며 문학적인 그러면서 우미의 멋이 있는 작품이 얼마든지 있다. 피천득이나 윤오영의 작품이 그것이요, 김태길, 김시헌, 정진권의 작품이 그것이다. 에세이라 해도 좋고 수필이라 해도 좋다. 그러나 이왕이면 우리 선인이 썼던 수필이라는 말이 더욱 어울리지 않을까.

우리는 찰스 램이나 베이컨의 에세이를 써야만 하는 이유도 없고, 노신이나 주자청의 수필이 전부는 아니다. 몽테뉴의 에세이만이 우리를 만족시키는 것도 아니요, 가드너의 수필이 중요한 것은 아니다. 우리에게는 우리의 목소리가 있고 우리의 환경이 있고 우리의 정서가 있고 우리의 개성이 있고, 우리의 얼굴이 있다.

서구의 에세이에도 '나'가 중심이 되어 있는 글도 있고, 우리의 수필에도 작가의 개성이나 얼굴이 드러나 있지 않는 작품도 있다. 그리고 서구의 에세이에도 신변잡기적인 것이 있지만 우리의 수필에도 그렇지 않은 것이 얼마든지 있다. 문학이란 자로 잴 수도 없는 것이지만 재어서도 안 된다.

소설에 있어서 일인칭 소설이니 삼인칭 소설이니 하는 분류가 의미가 없다. 수필에 있어서도 에세이니 수필이니 하는 분류가 의미가 없으며 담화수필이니 비평수필이니 개성수필이니 하는 분류가 수필의 이해와 문학의 효용에 무슨 의미가 있겠는가. 그리고 그 유형의 분류가 얼마나 모호하고 논리의 일관성을 확보하기가 얼마나 어려운가를 그 수필에 접해 보면 알 수 있을 것이다.

세상에는 매일매일 산더미처럼 수필집들이 쏟아지고 있다. 그 많은 수필집들을 이것은 에세이고 저것은 수필이라 분류했다고 하자. 그리고 이것은 비평적인 수필이고 저것은 강단 수필이라고 갈라 놓았다고 생각하자. 그 분류 기준도 모호할 뿐만이 아니라 수필을 이해하고 감상하는 데 아무런 도움이 되지 않는다는 사실을 기억할 필요가 있다. 어디까지나 수필의 분류는 그 가치가 기준이 될 때 독자에게 유익한 정보가 되는 것이요, 또 그것이 의미 있는 일이다. 그러므로 수필 이론 연구가들은 독자들이 명쾌하고 즐겁게 수필에 접할 수 있도록 좋은 수필과 나쁜 수필의 분류가 무엇보다 시급히 요청되는 일이다. 그 분류작업을 누가할 것인가. 그러나 그것은 어려울 것이다. 그러기 때문에 더더욱 누군가가 해내야 할 과제인 것이다. 그런 사람이 나타나기를 기대해 본다.

5. 문학으로서의 수필

수필이 문학인가? 수필이 문학이라면 어떤 의미에서 그런가?
이에 대한 해답을 내리기 위해서는 먼저 문학이란 무엇인가부터 다시 재론하지 않을 수 없을 것 같다. 문학이란 한마디로 "예술적인 언어의 구조를 말한다."그러면 그 예술이란 무엇인가. 인간의 유희가 바로 예술이다. 우리는 어렸을 때 유희에 대한 많은 경험을 가지고 있을 것이다. 그 가운데 긴 장대를 사타구니에 넣고 말 타는 시늉을 한번쯤 경험했을 것이다. 그리고 그러한 유희는 많은 흥미와 재미를 동반했을 것이다. 그 재미, 그것이 일종의 예술적 행위이다.
그러면 왜 그것이 예술인가? 그것은 유희를 통한 의상(義像)을 객관화하여 구체적인 정경을 만들었기 때문이다. 즉 장대를 타는 정취가 집중될 때 장대는 실재의 장대가 아니라 '정말' 말이라고 하는 창조적인 정경으로 변화하게 되는 것이다. 그 장대는 사실 죽어 있는 물체에 불과하다. 그러나 아이는 그것이 살아 뛰는 생명체인 말과 동일시하는 것이다. 그리고 거기에서 무한한 재미와 함께 그것이 유희라는 사실을 잊은 채 어떤 환상의 세계로 젖어들게 된다. 이렇듯 문학과 예술은 결국 환상의 결과요, 현실에 대한 초월인 것이다. 그러므로 예술과 문학은 하나의 심심풀이 같은 것이요, 삶의 정취인 것이다.
이와 같이 문학과 예술은 손바닥의 앞뒤와 같은 것으로 우리와 함께 늘 존재하고 우리 주위 어디에나 항상 널려 있다. 즉 농부가 모내기할 때 구성지게 불러대는 이앙가도 문학이고, 할머니의 신세타령이나 한숨도 문학이다. 새댁의 시집살이의 흥얼거림도 문학이요, 우리들의 혼이 배어 있는 신화도 문학이며, 선인의 내력을 적은 비문(조동일 교수 역시 한국문학통사에서 비문을 문학에 자리매김 한 바 있음)도 문학인 것이다. 그리고 다정한 친구끼리 술잔을 기울이며 노닥거리는 음담패설도 문학이며, 침몰한 서해 훼리호의 백 선장에 대한 세인의 구설도 문학인 것이다. 훼리호의 백 선장은 이미 수장되었는 데도 불구하고 당시 신문에서는 백 선장이 자기 혼자만이 책임을 회피하기 위해서 튀었다고 신문에 보도된 적이 있다. 이 얼마나 아이러니한 이야기인가. 그래서 우리는 옛날 민요나 구전을 오늘날 소중한 문학으로 간직하고 있고, 백 선장에 대한 화제는 현실감 있는 문학적 콩트로 우리의 가슴에 남아 있다.

이렇듯 우리들의 가슴 트이는 이야기가 문학이요, 우리들의 정서를 대변해 주는 것이 문학이며, 다방에서나 길거리에서 파적을 깨는 화제들이 모두 문학이다. 따라서 오랜 옛날부터 오늘날까지 우리들은 알게 모르게 문학적 활동을 해 왔고 또한 해 나가고 있다. 그런데 문학이 왜 저 높은 곳에 있다고 생각하는가. 아니, 붙잡을 수 없는 어떤 절대 존재로만 여기는가.

그 책임은 작가에게 있다. 그것은 무리하게 작가를 직업적으로 만들어버린 데 있다. 그리고 그 직업의 당연한 결과로써 직업작가만 글을 쓰는 것으로 인식시킨 데 있다. 문학을 여러 장으로 산산조각 내놓은 것은 비평가는 거기에 한몫 거들어 문학을 더욱 이질화시키고 말았다.

그러나 이와 같은 구분이나 권위가 언제까지 갈 수는 없다. 실로 문학이란 우리들의 숨소리다. 우리의 살아가는 이야기가 문학이요, 가치 없는 체험의 기록이 문학이다. 우리들이 먹고 마시고 놀고 뛰노는 가운데 존재하는 것이 문학이요, 방에 앉아서 입담 좋은 사람이 내놓는 우스갯소리도 문학이다. 재주 좋은 말의 반죽만이 문학의 전부는 아니다.

중년이 된 두 남녀가 마주앉아 술을 마신다. 서로가 얼근히 취해 있다. 저의가 환히 들여다보일 정도로 짙은 농담이 오고 간다.
"김 여사, 나를 좋아하는 거지?"
"뭐예요? 나는 임자가 있는 몸이라오."
그러자 말이 채 끝나기도 전에 남자가 하는 말,
"아니, 골키퍼 있다고 공이 안 들어가나?"
이러한 이야기는 흔히 쉽게 들을 수 있는 농담이다. 그러나 이건 축구 시합에 대한 요령이 아니다.
이렇듯 문학은 어디에도 있다. 그리고 그것을 무엇이라고 구분 지을 필요성도 없다. 그런데 사는 무엇이고, 소설은 무엇이며, 수필은 또 무엇인가. 모두가 문학이 아닌가. 그기고 그것들은 인간이 살아가는 여러 가지 정감의 표현이 아닌가. 마음과 정선을 구별할 수 없듯이 문학도 경계가 없다. 사실 오늘날 여성들이 즐겨 입는 반바지가 속옷인가? 겉옷인가? 그것이 겉옷이라면 겉옷의 개념은 어디까지인가. 여인들의 옷부터가 그러하듯이 문학에도 담도 없고 벽도 없다. 아니, 그 경계가 불분명한 것이 문학이고 문학의 장르적 규정을 간단히 못박을 수 없는 것이 문학이다.
하나의 드라마 성격을 지닌 즉 하나의 이야기가 문학이다. 때로는 사회적인 모순에 대한 이야기도 문학이요, 또는 역사의 모순점에 대한 이야기도 문학이요, 개인의 갈등에 대한 이야기도 문학이다. 그것이 하늘 위로 향하건 땅으로 향하거나 껴안은 여인을 향하건 그것은 문제가 되지 않는다. 다만 자신을 초월하고 표현하고자 하는 언어를 초월하는 것이 문학이다. 김기림의 두 작품을 보자.

나의 소년 시절은 은빛 바다가 엿보이는 그 긴 언덕길을 어머니의 상여와 함께 꼬부라져 돌아갔다.
내 첫사랑도 그 길 위에서 조약돌처럼 집었다가 조약돌처럼 잃어버렸다.
그래서 나는 푸른 하늘 빛에 호져 때없이 그 길을 넘어 강가로 내려갔다가도 노을에 함북 자주빛으로 젖어서 돌아오곤 했다.

그 강가에는 봄이, 여름이, 가을이, 겨울이 나의 나이와 함께 여러 번 씩 다녀갔다. 까마귀도 날아가고 두루미도 떠나간 다음에는 누런 모래둔덕과 그리고 어두운 내 마음이 남아서 몸서리쳤다. 그런 날은 항용 감기를 만나서 돌아와 앓았다.

강은 그의 모든 종족과 함께 대지의 영원한 하수도입니다. 아마존, 따뉴브, 쎄느, 라인, 한강, 두만강, 미시시피…… 최후로 저 위대한 땅을 흐르는 양자강.
그렇지만 시민들은 한번도 수도료를 낸 일이라곤 없습니다. 그렇다고 사용을 거절 당한 일도 없습니다. 지금 그는 아침의 들을 달리며, 물레방아를 굴리며, 느껴 울며, 노래하며, 깊은 안개 속에 솥을 굴러 떨어집니다. (「강」)

위 두 편의 글 가운데 어느 것이 시이고 어느 것이 수필인가? 정작 그것을 쓴 작가가 아니고는 구별할 수 없을 것이다. 그것은 두 작품 모두가 특징이 보이지 않기 때문이다. 그러나 「길」은 그의 수필집에 들어 있는 수필이요, 「강」은 그의 시집에 들어 있는 시다.
이렇듯 수필과 시의 구분이 모호하고 유동적인 것이다. 따라서 시와 수필의 개념 정립이 실제적으로 어려운 것이다. 이와 같이 비슷한 작품을 예거하자면 얼마든지 찾아볼 수 있을 것이다.
요즈음 들어 장르의 해체가 가시화되고 있음도 이러한 구분의 모호성 때문이다. 가령, 최인훈의 소설 「소설가 구보씨의 1일」, 「서유기」 같은 것은 소설과 수필의 혼합이며 희곡에 가까운 소설로서는 슈누레의 「나는 너를 필요로 해」 같은 것을 들 수 있다. 시 장르에서는 파울 뷔어의 「엉터리 책」 같은 것은 소설 문장을 시행처럼 잘라서 나열한 것 등이다. 이처럼 문학은 원래 담도 벽도 없는 것이다.
그러면 이미 결론을 얻은 셈이다. 시와 소설이 문학이라면 수필도 문학이요, 시와 소설이 문학이 아니라면 수필도 문학이 아니다. 「계녀가」가 문학이라면 「조침문」도 문학이요, 보카치오가 쓴 「데카메론」이 소설이라면 서거정이 쓴 「태평한화」도 수필이다. 문학과 비문학의 차이는 어디까지이며, 문학성과 문학성이 아닌 것의 차이는 어디까지인가.
　앞에서 장르 구분이 애매모호한 것처럼 문학성 또한 구분이 실로 애매모호한 것이다. 왜냐하면 문학성이란 그 말 자체가 사실상 추상적인 것이다. 그러나 그것을 굳이 한마디로 언급한다면 '재미성'이라고 일단은 말할 수 있을 것이다. 그것은 단순한 기록이 아니라 상상과 감정을 통한 잘 조직된 이야기요, 정제된 미학적 언어 표출이다.
　따라서 수필문학이 문학성이 약하다는 말은 그만큼 문학이 무엇인지 잘 모르는 자의 잘못된 표현인 것이다. 다시 분명히 언급해 두지만 수필문학이 그 어떤 문학보다도 짙은 문학성을 가지고 있음을 강조해 둔다. 그것은 지금까지의 오해에 대한 나의 강한 항변까지를 포함하고 있음을 언급해 둔다. 다음 수필을 읽어 보자.

　　자식은 돈을 벌러 외지에 가서 백골로 돌아오고, 딸은 돈벌이로 호텔에서 웃으며 나온다. 죽은 자식은 잊으면 그만이다. 외국 손님 품에서 시달리는 딸년은 약간 애처롭지만 아침에 웃고 들어오는 얼굴은 역시 해사하다. 그러나 기쁜 것은 돈이다. 판자집이 양옥이 되고 골덴텍쓰 양복에 제법 반반한 신사가 된 것도 다 이 친구의 덕이다. 이래서 역시 돈이 좋다. 유지 신사 축에 들고 사회 명망가의 대열에 낄 수 있다면 약간의 희생은 출세를 위하여, 가문을 빛내기 위하여 잊어야 한다. 냉방에 콧물을 졸졸 흘리며 도사리고 앉아 준치 가시 같기만 했던 잣골 샌님의 후예는 이렇게 변했다. 돈이 더럽다고 젓가락으로 뇌까리던 선비의 후손은 이렇게 황금 앞에 충신으로 변했다. 그리고 소원대로 복을 받아 이제는 남 앞에 어깨가 으쓱해졌다.
　　그런데 어느 날 그는 술을 먹고 체신 없이 목을 놓아 울고 있었다.
　　왜 우느냐고 물었더니 그것은 자기도 모른다는 것이다. (윤오영 「왜 울었던고」)

　얼마나 깊은 통찰력과 애정을 가진 글인가. 수필은 분면 시가 아닌 소설이 아닌 또 하나의 문학작품임을 실감하지 않을 수 없다. 글 속에서 슬프다거나 괴롭다는 말이 한마디도 없다. 아니 그 이상 표현할 말이 없다고 했다. 그러나 우리는 글 속에서 슬픔을, 아니 살아가는, 살아있다는 괴로움을 전편에 느낄 수 있다. 지난 날 고달픈 우리의 현실이 눈물겹다.

작가는 어쩌자고 비윤리적인 어느 아버지에 대한 얘기를 써 놓았을까? 이러한 아버지는 비정의 아버지가 아닌가. 그런데 어쩌자고 이런 글을 써 놓았을까. 그러나 이 글의 맛은 글자 밖에 있다. 마지막 '왜 우느냐고 물었더니 그것은 자기도 모른다는 것이다'에 이 글의 핵심이 있다. '모른다'는 그 말이 이 글에 신비감을 주고 있는 것이다. 새겨 볼수록 얼마나 묘미가 있는 표현인가. 여기에서 백 마디가 무슨 소용 있으랴. 그 한마디, 바로 그것이 문학이다. 이 수필에서 마지막 표현인 '왜 우느냐고 물었더니 그것은 자기도 모른다는 것이다'란 말이 없다면 이 글은 생명을 잃는다. 그런데 수필이 문학이 아니라면, 그리고 문학성이 약하다면, 그는 문학을 모르고 지껄이는 말이다. 수필을 사랑하는 사람들은 수필이 진정한 문학임을 다시 깨달을 것이다.

6. 허구에 대한 오해

옛날에 짚신 장사와 우산 장사를 하는 두 아들을 둔 노파가 있었다. 그 노파는 매일 근심 걱정이 쌓였다. 비 오는 날은 짚신이 안 팔리는 것을 걱정했고, 날씨가 맑은 날은 우산이 안 팔리는 것을 걱정했다. 그렇게 날마다 한숨으로 세월을 엮는 것을 보다 못한 이웃이 이렇게 위로했다.

"할머니! 무엇을 그리 걱정하세요. 비 오는 날은 우산이 잘 팔려서 좋고, 맑은 날은 짚신이 잘 팔려서 좋지 않습니까?"

이 이야기가 사실인지 허구인지 알 필요도 없다. 다만 여기에서 무엇을 말하고자 하는 메시지만 파악하고 있으면 그것으로 족하다.

그러나 여기에서 허구와 사실을 따질 때는 문제는 달라진다. 여기엔 허구도 있고 사실도 있으리라는 생각 때문이다. 우산과 짚신을 파는 두 형제는 있었음직한 사실이다. 그러나 비 오는 날과 맑은 날씨를 두고 날마다 근심에 싸일 그러한 멍텅구리 부모는 없을 것이다. 아마 이 부분은 허구일 것이라 생각된다.

그러나 그게 어떻다는 것인가? 문학은 현실을 그대로 재현하는 것이 아니다. 여기에 수필도 예외일 수는 없다. 소설이 현실의 세계와는 딴 세상을 만들어내는 것이라면 수필은 보다 더 이상적인 현실세계의 창조라 할 수 있다. 그러므로 작품 속에서 허구의 세계는 물리칠 수 없는 부분으로 남게 된다.

그러면 먼저 정진권의 허구론을 살펴보고 다음 이야기를 이어가도록 하는 것이 좋을 것 같다.

    결론적으로 말하여 본인은, 수필 문학이 허구성을 거부해야 할 아무런 이유가 없으며, 오히려 과감하게 그것을 도입해야 한다고 믿고 있다.
    이러한 본인의 견해를 밝히기 위하여 우선 문학의 허구성을 살펴보고, 우리 나라 수필들에 나타나는 허구성의 증거를 한두 가지 제시해 보고자 한다.
    문학 작품을 읽어 보면 여러 가지 다양한 인생이 반영된 것을 볼 수 있다. 그러나 실제의 인생에서 취재는 하지만, 그것들을 수정하고 변형하고 보충하고 하여 새로이 조직하기 때문이다. 이렇게 새로이 조직하는 일, 또는 그 결과(작품)를 허구라고 부른다. 작가가 이렇게 하는 것은, 가령 역사나 전기의 경우와 같이 실제의 인생을 그대로 보여 주려는 것이 아니라, 새로운 인생(세계)을 창조하기 위한 것이다. 따라서 허구는 창조적 활동 내지 창조적 소산이라고 할 수 있다.
    (……)
    따라서 허구적인 성격, 곧 허구성은 문학의 전통적인 세 장르에 공통되는 바탕(문학의 한 특징)이라고 할 수 있다. 문학이 사실의 묘사가 아니라 새로운 세계의 창조적인 한, 이것은 가장 자연스러운 일일 것이다.
    수필은 일기나 자서전이 아니다. 이 역시 새로운 세계를 창조하는 문학의 한 갈래이다. 그렇다면 수필 문학이 허구성을 도입함으로써 그 창조적 지평을 확장해 가야 한다고 믿는다. 다만, 수필문학이 추구해야 할 허구성이 다른 장르의 그것과 같은가, 다른가. 다르다면 어떻게 다른가와 같은 것은 별도의 연구가 있어야 할 것으로 본다.
어떤 한 편의 수필을 보고, 그것이 사실의 기록인지 허구인 것인지 판단하기는 어렵다. 1인칭 관점의 소설도 그럴 것이다. 그러나 희귀하게 나마 판단이 가능한 것이 있고, 또 수필가 자신의 진술에 따라 그 허구여부를 알 수 있는 것도 없지 않다.
(……)
수필 중에는 그 작가의 진술에 따라 그것이 허구적인 것으로 밝혀진 것도 없지 않다. 김소운의 「밥이나 먹어 줄까」, 차배근의 「아빠의 편지」 등은 그러한 예의 하나다. 아니, 본인은 자신의 수필에서 아직 한 번도 허구성을 배제하겠다는 의도를 가져 본 일이 없다. (정진권, 「수필의 허구성」)

정진권의 「수필의 허구성에 대한 글」이다. 우리 수필문학계에서 허구성의 당위성을 주장하는 사람 가운데는 김열규와 정진권을 대표적으로 들 수 있다. 수필문학은 타장르와는 달리 허구와는 완전히 담을 쌓아야 하는 것으로 생각하는 사람이 많다는 것은 수필문학의 영역을 그만큼 협소하게 만드는 일이요, 문학이라는 본령을 망각한 행위이다. 왜냐하면 문학에서 허구라는 것은 바늘과 실과 같은 존재다. 사실이 아닌 것도 허구일 수 있지만 상상도 허구일 수 있으며 사실의 과장도 허구이며 설령 그것이 사실이라 해도 작품으로 표출되었을 때는 그것이 허구에 속하는 것이다. 그리고 선을 이야기하기 위해서는 악을 동원해야 하고 사실을 드러내기 위해서는 거짓을 도입해야 한다. 그러므로 허구를 논한다는 것은 문학을 이해하지 못하는 데서 오는 현상이다. 모든 문학은 사실상 그 자체가 허구다. 창작이나 감상이나를 막론하고 허구가 아니면 문학은 성립될 수 없다. 거듭 말하지만 상상 그 자체까지가 허구라는 것을 잊어서는 안 된다. 어떤 문학이든 사실에 뿌리를 두되 표현은 허구로 쓰인다. 문학은 어디까지나 상상력의 소산이며 공상에 대한 현실화다.

문학에서 허구란 말은 거짓말이라기보다는 문학적 장치라고 해석하는 것이 좋을 것이다. 어떤 작품이든 그것은 작가의 손에 의해서 이야기를 만들어 낸다. 그러므로 창작이다. 여기에서 허구라는 말은 그 다음의 어떤 진실이 존재하면 된다. 그 진실이란 다른 말로 표현해서 문학적 진실이라고 해도 좋을 것이다. 그리고 그 문학적 진실이란 인생에 있어서 어떤 메시지를 말한다. 따라서 허구, 즉 '꾸며낸다는 것은' 그랬으면 좋겠다는 의지의 표상이요, 현실에 대한 탈출구다. 그러면서 사실에 대한 일종의 도구다. 그것은 우리가 살아가는 사실 세계만으로는 문학적 미학을 드러내 놓을 수 없기 때문이요, 현실 그것으로는 우리의 욕구가 채워지지 않기 때문이다. 이것은 문학뿐만 아니라 일상 언어에도 흔치 않게 찾아볼 수 있다.

    백발의 길이가 삼천길에 이른다. (이백)
    봄의 한순간은 천금에 값한다. (소식)
    죽어도 아니 눈물 흘리오리다. (소월)
    간덩이가 부었다. (속담)
    입추(立錐)의 여지가 없다. (『史記』)

이렇듯 일상어도 사실과 불일치한 허풍이요, 무지무지한 거짓말이 다반사로 쓰이고 있음을 볼 수 있다. 오스카 와일드는 "거짓말은 인간의 도구들 중 단연코 가장 위대한 것이며, 이 도구를 사용함으로써 인간은 본능의 울타리 밖으로 나아가서 우주와 시간의 한계에까지 닿을 수 있다."라고 했다. 그리고 촘스키는 '언어기능 속에 선천적으로 존재하는 것이 거짓말을 하는 것'이라고 했다. 이와 같이 인간은 말하는 법을 배움과 동시에 거짓말을 하는 법도 함께 배운다.
    현재 매일 신문이나 TV에 나가는 광고는 거짓말이 공적으로 사용되는 대표적인 예다. 그러니까 우리 일상 생활에 거짓말이 공공연히 사용되고 있는 셈이다. 그래소 W. S. 길버트는 광고란 "거짓임이 뻔하고 믿어지지 않는 내용을 위인적으로 그럴싸하게 만들려는 의도로 사용되는 확증적인 세부묘사"라고 했다. 광고에서 지나치게 무절제한 거짓말은 정부에서 규제하고 있지만 그러나 그것은 극히 일부분일 뿐이다. 그리고 토모스 칼라일에 따르면 나폴레옹은 전쟁중에 허위 전황 보고는 거의 필수적이었다고 한다. 이에 대하여 나폴레옹 자신은 적군을 유인하기 위하여 혹은 아군의 사기를 진작시키기 위하여 필요했다는 등의 구실을 붙이고 있다. 폴스태프는 "일찍이 이 세상은 거짓말에 바쳐져서 그것에 꼭 매여 있다. 거짓말이 없다면 인류는 권태로움으로 죽을 것"이라고 했듯이 거짓말이 없다면 우리의 삶에 있어서 참으로 무의미할 것이다. 우리가 카드 놀이에서 멋진 속임수 또는 잘 꾸며진 이야기가 없다면 산다는 것 그 자체가 혐오스러워지기까지 할 것이다.

이렇듯 거짓말은 모든 사람들로부터 신뢰까지는 얻지 못한다 하더라도 용인되고 있으며 실생활에 충분하게 존재한다. 그런데 일정한 효과로써 사실의 어느 부분이 과장되기도 하고 어느 부분이 생략되기도 한다. 말하자면 작가의 설계에 의해서 보태어지고 빼어지는 것이다. 그건 신문기사나 역사도 마찬가지다. 수많은 역사적 사건과 사실을 사가의 손에 의해서 취사선택해서 재구성하는 것이 역사다. 그러니까 역사 역시 사가의 사색적 판단력과 상상력의 소산이라는 점을 확인할 필요가 있다. 그것은 하나의 사건을 제아무리 객관적 사실로 본다고 해도 그 사건적인 행위의 실체는 인간의 내면세계이기 때문에 어쩔 수 없는 일이다. 우리는 그것을 사마천이 쓴 『오자서』의 기록에서도 허구성이 유서 깊게 적용되었다는 것을 확인할 수 있다.

> 처음에 오자서가 아버지 오사와 함께 죽었더라면 보잘것없는 땅강아지나 개미와 무엇이 다르겠는가. 그런데 소의(小義)에 얽매이지 않고 대치(大恥)를 씻고 이름을 후세에 남겼다.
> 참으로 비장한 일이다. 오자서는 양자강가에서 진퇴양난의 고통을 당하고 길에서 걸식할 때도 잠시라도 그가 지향하는 초의 도읍 영을 잊었겠는가. 그렇기 때문에 은인 자중하여 공명을 이룬 것이다. 의열한 대장부가 아니고서는 어느 누가 이런 일을 해냈겠는가. (사마천, 「사기」)

엄밀한 역사적 기록적 태도를 견지했다는 「사기」도 이럴진대 문학인 수필에 있어서야 허구가 배제된다면 그건 이미 문학임을 거부하는 것과 같은 것이다. 왜냐하면 문학은 속성상 어떠한 경우에도 픽션 즉 허구일 수밖에 없기 때문이다.

따라서 소설은 허구이고 수필은 사실이어야 한다는 논리는 받아들일 수가 없다.

만약에 이런 논리가 성립될 수가 있다면 반대로 '사실은 소설일 수 없고 허구는 수필일 수 없다.' 논리가 타당할 것이다. 그렇다면 널리 알려진 주요섭의「사랑방 손님과 어머니」나 김동인의「발가락이 닮았네」, 그리고 플로베르의「보바리 부인」이나 톨스토이의「부활」같은 소설은 소설이 아닌 수필이 되어야 할 것이다. 그러나 그것을 아무도 수필이라 하지 않을 뿐만이 아니라 이런 유의 소설이 상당수에 이른다는 것을 알아야 한다.

따라서 수필은 허구일 수는 있어도 사실일 수는 없으며 진실일 수는 있어도 단순기록일 수는 없다. 문학에서 허구는 '허구라는 유리그릇으로 왜곡된 가상을 통해서 하나의 진실을 발굴하려는 방법'이며 그 진실이란 '사실 그대로란 뜻이 아니라 허구 같은 여러 가지 변용된 방법을 통하여 예술적 미'를 찾아내는 것을 의미한다.

그러므로 수필의 초점을 '사실'이냐, '허구'냐 하는데 고정시키는 것은 수필을 문학권 밖으로 축출하는 결과밖에 안 되며 또 그것으로 한계를 지으면 수필의 영역이 지극히 협소해서 문학으로서 기능을 발휘할 수 없게 된다. 따라서 모든 창작 행위는 사실과 허구를 넘나드는 가운데 인간을 탐색해 나가고 거기에 의미를 부여하는 것이요, 사실만을 나열한다고 해서 그것이 진실이 되는 것은 아니다.

따라서 '사실'의 테두리를 벗어나지 못하는 수필은 좋은 수필이 될 수 없다. 그것은 우선 많은 상상력과 공상력이 결여되었기 때문이요, 윗물을 흘려버리고 뒤에 남은 침전된 알맹이만을 아우르는 작업이 결여되었기 때문이다. 그러면 문학에 있어서 상상력이 얼마나 소중한가를 진웅기의 수필에서 엿보기로 하자.

 냇물을 따라 걸으면 달이 둘이다. 동그랗던 물 속의 달은 길쭉하게 흔들리다가 부서진 유리의 파편처럼 물 속에 가득 찬다. 그런가 하면 다시 수정같이 고요한 수면을 비친다. 달이 도랑물 위에 비춰지라고 나는 왼쪽으로 오른쪽으로 몸을 옮기면서 걷는다.
 하늘의 달이 검은 수양버들 뒤에 숨었다. 그런데 보니 거꾸로 드리운 물 속의 나뭇가지나 시나브로 흔들리는 그 끝 위에 달이 환하게 빛나고 있다. 그러다가는 또 쫄랑거리는 물 위에서 사정없이 깨어지고 흩어지며 사랑이 부서진 가슴같이 호화롭다.
 가로 흐르던 내가 달과 나 사이에 길이로 뻗으면 사람 하나 없는 먼 둔덕 사이로 붉은 갈물이 한없는 띠를 펼친다.
 들판 여기저기 물이 고인 논이 달빛을 받으면 검은 땅 사이에서 가슴이 저리도록 아름답게 빛난다. 밑바닥의 흙탕은 하나 없고 물만 체념처럼 아름답다. (윤오영 「달빛」)

 아름다운 수필이다. 이 수필은 모두가 상상의 소산이다. 그리고 하나의 거짓이다. 거짓이란 일종의 허구 아닌가. 어떻게 달이 둘이 될 수 있으면 그것이 유리 파편이 되어 물 속에 가득 찰 수 있겠는가. 어디까지나 달은 이 지구상에 단 하나뿐이며 달이 유리 파편이 될 수도, 될 리도 없다. 그러나 문학에서만은 그러한 표현이 가능한 것이다. 감소월은 '나 보기가 역겨워 가실 때는 죽어도 눈물 흘리지 않겠다.'고 했다. 과연 눈물 흘리지 않을 수 있겠는가. 춘향이의 십장가는 모두가 거짓말이요, 흥부전의 박타령도 거짓말이다. 그렇다. 분명 이건 어디까지나 가정법이다. 가정법은 어디까지나 거짓말이요, 그것은 허구다.
 우리가 문학을 한다는 것은 어떤 면에서는 끝까지 참된 거짓말을 찾아나서는 길이라고 할 수도 있다. 거짓말을 통해서 인간 고뇌도 씻어내고 인간이 추구하는 이상향도 찾아나서는 것이다. 그런데 수필을 가지고 그것을 사실 자체이어야 한다 함은 부질없는 일이다. 다음 수필을 보자.

잘 닦여진 길가에 정연하게 서 있는 가로수는 보기에 시원하다. 있을 자리에 한 그루라도 빠져 있으면 결석한 동무의 빈자리를 보는 듯해서 허전하다.
　얼마 전 일터에서 목격한 일이다. 길 건너 모 회사의 중역의 집에서 나온 자가용이 갓 심어 놓은 가로수를 들이맞는 게 눈에 띄었다.
　출근길인지 아이들과 그 중역이 함께 타고 있었다. 운전수가 내려오더니 주위를 살피고는 뽑혀진 가로수를 끌어다가 길 바로 옆에 붙은 허술한 집 대문 앞에다 버리고는 차를 몰고 가 버린다.
　빤히 보고 있던 국민학교 다니는 조카 아이가 나쁜 사람들이라고 달리는 차에 대고 주먹총을 보낸다.
　조금 있자 허술한 집대문이 열리고 재수생 차림의 더벅머리 청년이 나오다 버려진 수양버들을 발견했다.
　청년은 한참을 생각하더니 마침 길을 쓸고 있던 청소부에게 달려가 무어라고 열심히 설명을 하고는 바쁜 듯 떠나는 버스에 오르고 만다.
　쓸기를 마친 청소부는 제자리를 찾지 못하는지 나무를 손수레에 얹고 떠나려는 눈치였다. 그제야 조카애와 내가 달려가 뽑힌 자리를 알려주고 다시 심어, 함께 지주를 매는 것으로 일은 끝났다.
　청년은 나라의 재산이니 제자리에 심어 달라면서 해장값으로 백 원까지 주고 가더라는 것이다.
　담 너머로 보이는 그 집 뜰에 빽빽이 서 있는 손질이 잘 된 정원수가 자꾸 뒤를 돌아보게 하는 것을 느끼면서 나는 청소부의 손을 붙잡고 해장국으로 들어섰다. (조수익「뽑혀진 가로수」)

　이 글은 모두가 '진실'일까. 그것은 아무도 모른다. 오직 작가만이 아는 비밀이다. 그러나 나는 이 글에 반드시 '허구'가 들어갔으리라 믿는다. 그러면 어디에 어느만큼 허구가 들어갔을까. 그리고 허구가 들어갔다면 왜 작가는 그래야만 했을까? 그것은 독자에게 어떤 메시지를 주기 위해서일 것이다. 가로수가 뽑혀진 것은 사실이다. 그리고 청소부가 그걸 심었다는 것도 사실일 수 있으며 조카아이가 주먹총을 놓은 것도 사실일 수가 있다. 그러나 그 청소부에게 더벅머리 총각이 돈을 건네준 것이며 작가와 선술집에 간 것, 그리고 그 가로수를 뽑아 논 사람이 꼭 회사 중역이었을까 하는 데는 작가가 만들어

논 허구일 가능성이 높다. 이유는 이 작품을 살리기 위해서는 구성상 그럴 수밖에 없었을 것이기 때문이다. 이렇듯 허구는 사실을 구체적으로 전달해 주기 위해 꼭 필요한 장치인 것이다.

다음은 김소운의 허구에 대한 창작 경험담을 여기에 적어 본다.

춘천에서 있었던 일을 쓰면서 원주나 천안으로 지명을 바꿔 넣지 못하는 그런 변통성 없는 내 글 (「물 한 그릇의 행복」, p.17)에도 허구 아닌 허구가 얼굴을 내밀 때가 있다. 그런 예의 하나가 「밥이나 먹여줄까……」란 짧은 글이다.

40년도 더 지난 옛날 이야기, 그리고 그 얘기의 무대가 서울이란 것도 틀림없는 사실이지만, 주인공인 H는 실상은 일본 청년이요, 하숙살이하는 그의 친구도 역시 안도오라는 일본인이다. 안도오는 꽤나 이쁘게 생긴 누이동생과 한 하숙방에서 장기 체재를 하면서 渡佛할 노자를 벌고 있었다. 양화가인 안도오가 부유층 일본 부인들의 '오비'(기모노의 띠)에 장미를 그려서 돈 마련을 하고 있는 것을 그의 친구들이 비꼬아, 이름자인 시게루 '오비'를 붙여서 '안도오 오비시게'라고 부르기도 했다.

(……)

어느 여성지가 '증오를 느낀 순간'을 쓰라고 해서 이런 글을 쓰게 된 것이지만 H를 일본인이라고 밝히면서 사연은 복잡해지고 글의 초점은 흐려져 버린다. 무위도식의 식객에서 전화를 걸어서까지 식사 때를 알려 주는 그런 가정은 아마 우리 사회에서는 찾아보기 어려우리라. '꽤나 살림이 넉넉하다는 친척댁'이면 혹시 그런 친절도 있고 전화도 있으리라고 해서 이런 사족이 붙은 것이요, H가 식객 노릇으로 붙어 사는 그 일본인 집은 사실은 친척도 아무것도 아닌 그저 아는 이의 가정이었다.

그러나 이런 허구는 '유리그릇 너머로 왜곡된 가상을 통해서 진실을 발굴하려는 그런 예술성'과는 아무런 상관이 없다. 다만 '증오의 순간'이란 주어진 과제에다 글의 초점을 두었기에 불필요한 가지들을 줄여 버렸다는 하나의 예를 들어 보았을 따름이다. (김소운 「수필의 허구」)

위의 김소운의 수필 창작의 체험담 속에서 우리는 많은 것을 생각했으리라 믿는다. 이와 같이 모든 이치가 둘이 아니요, 하나라면 수필 또한 그 둘레를 벗어날 수 없으리라. 어디까지나 수필이 문학이라면 타문학과 그 궤를 같이 할 수밖에 없을 것이며, 또한 그것이 너무도 자연스러운 일일 것이다. 그런데 수필만을 별도로 허구만을 인정하지 않으려는 데서 수필이 자꾸만 문학권 밖으로 이탈해지는 것이다.

다시 묻고 싶다. 정말 수필은 허구가 용납되지 않는다면 수필가는 사실만을 쓰고 있다는 것인가. 아니, 자신의 추한 내면까지를 속속들이 고백하고 있는지 묻고 싶다.

제3부 수필이란 무엇인가

1. 왜 수필을 쓰는가

　우리는 왜 수필을 쓰는가? 씀으로 인해서 즐겁기 때문이다. 그리고 다른 사람에게도 그와 같은 즐거움을 줄 수 있기 때문이다. 우리는 우리의 삶의 반복에, 세월의 무상함에 고통받고 있다. 우리는 가끔 몹시 기분 좋은 일에 취해 있다가도 머지않아 우리의 생명이 멎게 되리라는 생각에 남몰래 슬픔에 젖게 된다. 신비로운 한 여인과의 대화도, 보람과 긍지를 안겨주는 영광도, 언젠가는 벗어 주어야 한다는 생각에 살아 있다는 그 자체가 무서울 때도 없지 않다.
　우리는 반복된 일상성에 때로는 힘겨울 때가 많다. 맨날 그날이 그날이고 그 햇살이 그 햇살이다. 어제 보았던 그 산, 그 강, 그 얼굴, 그 건물, 그 골목에 권태를 느낀다. 그래서 가끔 어디론가 떠나가 본다. 그러면 그럴수록 더욱 허전해진다. 장마 속의 갑작스런 햇살처럼 은빛 세상은 좀체로 만날 수 없다. 해서 우리는 꽃마차를 타고 미지의 세계를 찾아 꿈꾸어 본다. 그 꿈속에서 인어공주도 만나고 황금빛 찬란한 무대도 만나서 고달픈 마음을 달래본다. 그래서 글쓰는 수필가는 또 하나의 세계를 살아간다.
　우리는 우리 자신이 아픔을 혼자서 견뎌야 하고 세상을 혼자서 헤쳐 나가야 하기 때문에 글을 쓸 수밖에 없다. 우리들의 내면에 어떤 것들이 할퀴고 지나갔는지 아무도 모른다. 더 놀라운 것은 나를 가장 사랑한다는 아내까지도 모르고 있다는 점이다. 그래서 우리의 고독은 더 깊어질 수밖에 없다.

찬바람이 분다. 내 마음을 아프게 긁는 찬바람이 분다. 내 마음이 왜 이토록 차가울까. 겁이 난다. 옆에는 사랑하는 내 아내가 있고 내 아이들이 있다. 심심하면 언제든지 들을 수 있는 라디오가 있고 전축과 TV가 있다. 그런데도 내 마음이 이토록 허전할까. 견딜 수가 없다. 누군가와 대화라도 나누고 싶다. 다이얼을 돌린다. 평소 좋아하던 K도 없다. 그러면 부담없이 얘기할 수 있는 다른 친구는 없을까. 얼른 짚이는 사람이 없다. 내게 이토록 가까운 친구가 없었을까. 정말 외롭다. 그러면 나 혼자 술이라도 한잔할까. 그러나 그만두자. 혼자 술잔을 기울인다는 것은 어쩐지 청승맞다. 술이란 마음에 맞는 사람끼리 주거니 받거니 해야 한다. 그래야만 운치가 있고 술 맛도 난다.

찬바람이 분다. 내 마음이 차다. 뭣 때문에 내 마음이 이토록 썰렁할까. 나도 모르겠다. 아무튼 술이라도 한잔 들이켜야겠다. 이웃에 사는 누구를 불러와야 하나. 그러나 아직 통정할 만한 주우(酒友)가 없다. 참으로 불행한 일이다. 옛날에는 이웃사촌이라 하여 형제처럼 지냈는데 이웃에 술벗 하나 없다. 이사온 지가 근 1년이 다 되어가는 데도 말이다. 내 성격 탓인가. 내 좁은 마음 탓인가.

(······)

인간은 한순간도 고통을 벗어날 수는 없다. 언제나 그림자처럼 따라 다니는 것이 고통이요, 고독이다. 행복과 기쁨이 섬광과 같은 빛이라면 고통과 고독은 쉼없이 흐르는 강줄기다. 이러한 고독을 줄이기 위해 오락이 생겼고 종교가 존재하는 것은 아닐까.

원시인처럼 강이나 숲이나 산을 찾아가서 기도를 드리고 돌더미나 나무 앞에 이마를 조아리고 싶다. 그래서 마음의 평화를 찾고 싶다.

찬바람이 분다. 심장을 긁는 찬바람이 분다. 정말 세상을 살아가기가 무섭다. 아침 출근길에서만도 그렇다. 아무리 생각해 봐도 그녀는 그렇게까지 인상을 쓸 일은 아니었다. 그 아름답고 고운 얼굴에 굵은 인상은 너무나 어울리는 일이 아니었다. 그녀의 몸에 상처가 난 것도 아니요, 그녀의 인격이 침해된 일도 아니었다. 그런데도 역겨운 인상을 위아래로 쓰다니. 아무리 생각해도 세상 살 맛이 없다. 불쾌해서 견딜 수가 없다. 분명 내가 잘못한 것만은 사실이다. 그래서 어쩔 줄 몰라 하는 내가 아니었던가.

그런데 고봉으로 인상을 쓰다니 고의가 아니요, 실수였다는 것을 그녀도 잘 알 것이 아닌가. 사실 엄연히 따지자면 그녀도 잘못은 있잖은가. 그녀의 부주의성도 있잖은가. 웃음 없는 세상. 미소 없는 거리. 아무래도 살 맛이 없다. 따뜻한 인정, 따뜻한 마음은 어디로 가서 찾아야 하나. 정말 살벌하다. 정말 무섭다. 버스에 올라도 차장아이의 볼멘 목소리가 무섭고 관청에 가도 담당 직원의 그빳빳한 목이 무섭다. 직장에 가도 상사의 그 튀어나온 눈알이 무섭고 거리에 나서도 거친 목소리가 무섭다. 시장 바닥에서나 겨우 상인들의 가날픈 미소를 발견할 수 있다. 그러나 어디 그게 진짜 웃음인가. 얼굴 거죽으로 웃는 가짜 웃음이 아니던가. 그래서 더욱 무섭다.

찬바람이 분다. 내 심장을 긁는 찬바람이 분다. 이렇게 내 마음이 차거우면 나는 글을 쓴다. 내가 글을 쓰고 있는 순간만은 마음이 훈훈해지고 아늑해진다. 그리고 아름답고 명랑해진다. 부드럽고 윤택해진다. 그래서 글 아닌 글을 긁적거리고 있는 것이다. 그래서 글을 쓰는 것이다. (졸작「그래서 글을 쓴다」)

봄의 온기 속에서 살아가는 사람은 영하 사십 도 속에서 살아가는 사람들의 아픔이 어떤 것인지 추량할 수가 없다. 그리고 그 온기의 벽면을 뚫고 추위가 서서히 온기를 침입하고 있다는 것을 감지하지 못하는 그들에게 우리는 몸짓을 주어야 한다. 그래서 수필작가는 많은 사람이 같이 살아 숨쉬고 있음을 알려 주는 사랑스러운 존재다.

우리는 모두 함께 살아가고 있다. 그러나 그 가운데 얼마나 독선적이고 위선적으로 살아가는 사람이 얼마나 많은가. 우리는 그들에게 우리의 목소리를 들려주어야 한다. 우리의 목소리가 허공에 떠돌지 않고 그들의 귀에 메아리되어 남게 해야 한다.

세상은 약간씩 모두가 돌았다. 그것을 독자는 너무나 잘 알고 있다. 온통 세상이 병들었는데 작가라고 해서 어찌 멀쩡한 정신으로 살아갈 수가 있겠는가. 정신병원으로 가지 않기 위해서 작가는 글을 써야 한다. 아니, 글을 쓴다.

그래서 작가의 목소리는 때로는 거칠고 때로는 올돋으며 때로는 세상 사람이 흉내내지 못하는 말을 감히 하는 것이다.

우리는 누구나 본디 고운 마음을 다 지니고 있다. 그런데 거친 세상을 살다 보니 그게 무디어지고 헝클어져 있다. 그래서 우리는 보랏빛 아름다운 이야기를 들려주어야 한다. 아름다움을 볼 줄 알고 아름다움을 찾을 줄 아는 시각이 열려 있어야 한다.

우리는 누구와 마주앉아서 담소하기를 즐거워한다. 지나간 가치 있는 경험 담은 수도승의 법문만큼이나 진지하다. 진지한 경험, 진지한 생각은 우리의 삶을 더욱 진지하게 한다.

우리는 들이 있고, 숲이 있고, 내가 있고, 새가 나는 고향 같은 삶을 그리워한다. 거기에서 메뚜기도 잡고, 가재도 잡고, 산새의 울음 소리를 들으며 실타래처럼 흘러가 버린 과거를 생각해 보며 사는 삶을 소중하게 여긴다. 그리고 사는 것이 무엇인지 생각하며 그것을 대담하게 글로 옮긴다는 것은 우리가 할 수 있는 소중한 행위이다. 그래서 우리는 글을 쓰는 것이다.

우리는 우리가 사랑해야 할 가족들마저 넉넉지 못한 부족하고 초라한 마음에서, 그리고 결국 내가 할 수 있는 일이란 지극히 일부분이라는 아니, 차라리 존재해서는 안될 존재라는 사실을 알고부터는 글을 써야만 하는 이유를 발견하게 된다. 충분치 않은 글, 만족하지 않는 글, 채워지지 않는 허전한 글, 그래서 우리는 더욱 가슴이 미어져도, 심장에 피멍이 들어도, 목이 타도, 외칠 수밖에 없고 쓸 수밖에 없는 것이다.

골프를 즐기되 반드시 골프 선수가 되는 것만이 즐거운 일은 아니다. 수필의 경우에도 다를 이유가 없다. 우리는 살아 있을 때까지 생기발랄하게 살아야 한다. 내면으로 움츠러들어 있는 것을 펴고 구부러져 있는 마음을 바로잡아서 그것을 색칠하고 아름답게 꾸며서 어떤 형태를 부여해 주는 것은 우리의 삶을 풍요롭게 하는 일이다.

수필은 사랑하는 이들의 키스와 무엇이 다르랴. 우리는 너나없이 그저 사랑하고 또 그렇게 애무하고자 한다. 이제 더 이상 의심할 필요도 주저할 필요도 없다. 우리 살아가는 확인이 수필을 쓰는 것으로 가능하다는 사실만 인식하면 된다. '밤새 안녕'이라고 너끈히 인사하듯 우리는 쓰는 것을 통해 인사해야만 한다.

2. 수필의 묘미

모두에서 수필이란 무엇인가에 대한 질문을 살펴보았다. 여기에서는 문학적 논의보다는 수필을 감상해보면서 구체적으로 살펴보도록 하겠다. 먼저 피천득의 「장미」를 읽어보자.

> 잠이 깨면 바라보려고 장미 일곱 송이를 샀다.
> 거리에 나오니 사람들이 내 꽃을 보고 간다. 전차를 기다리고 섰다가 Y를 만났다. 언제나 그는 나를 보면 웃더니 오늘은 웃지를 않는다. 부인이 달포째 앓는데, 약 지으러 갈 돈도 떨어졌다고 한다. 나에게도 가진 돈이 없었다. 머뭇거리다 부인께 갖다 드리라고 장미 두 송이를 주었다. Y와 헤어져서 동대문행 전차를 탔다. 팔에 안긴 아이가 자나 하고 들여다보는 엄마와 같이 종이에 싸인 장미를 가만히 들여다보았다. 문득 C의 화병에 시든 꽃이 그냥 꽂혀 있던 것이 생각났다. 그 대는 전차가 벌써 종로를 지났으나 그 화병을 그냥 내버려두고 갈 수는 없는 것 같았다. 나는 전차에서 내려 사직동에 있는 C의 하숙을 찾아갔다. C는 아직 들어오질 않았었다. 나는 그의 화병에 물을 갈아 준 뒤에 가지고 갔던 꽃 중에서 두 송이를 꽂아 놓았다.
> 숭삼동에서 전차를 내려서 남은 세 송이의 장미가 시들세라 빨리 걸어가노라니 누군지 뒤에서 나를 찾는다. K가 내 꽃을 탐나는 듯이 보았다. 나는 남은 꽃송이를 다 주고 말았다. 그는 미안해하지도 않고 받아가지고는 달아난다.
> 집에 와서 꽃 사가지고 오기를 기다리는 화병을 보니 미안하다. 그 꽃 일곱 송이는 다 내가 주고 싶어서 주었지만 장미 한 송이도 가져서는 안 되는 것 같아서 서운하다. (피천득 「장미」)

얼마나 문장이 맑고 고운 글인가. 그 누가 이 한 편의 글을 읽고 취하지 않을 사람이 있을손가. 그러기에 그랬을 것이다. 시인 박희진(朴喜璡)은 피천득의 글을 읽을 때마다 양주맛을 느낀다고……. 그렇다, 짧으면서도 그 속에 은은한 향(香)이 흐르고 향 속에 사람을 취하게 하는 마력이 있다. 많이 마셔야 사람을 취하게 하는 막걸리가 아니라, 조금만 마셔도 취하게 하는 양주맛. 여기에 피천득의 수필의 마력이 여기에 있다. 열 마디를 줄이고 줄여서 한 마디로 표현하고, 한 마디로 표현했어도 백 마디 이상의 많은 뜻을 담고 있는 글, 그래서 그의 글을 읽다 보면 상쾌한 옷차림으로 봄나들이 하는 처녀의 싱그러운 모습을 보는 것 같기도 하고, 아름답고 청초한 신부가 면사포를 쓰고 걷는 신선한 분위기에 젖어들기도 한다. 그만큼 피천득의 수필은 항상 신선하고 깨끗하며 여운이 있다. 여운이란 무엇인가? 우리가 흔히 말하는 문학성이다. 문학성이란 무엇이냐? 독자를 잡아끄는 마력이다. 그러므로 그는 많은 독자를 가지고 있고 한국문단에 수필을 당당한 문학으로 세워놓은 일인자였다. 피천득으로 인하여 한국의 수필이 제자리를 찾았다고나 할까.

그러면 피천득의 「장미」의 결정적인 맛은 어디에 있을까. 남을 배려해 주는 '사랑'이라 할 것이다. 줄 것이 없어 손에 들고 있던 장미를 건네주는 그 마음이 이 작품의 핵심이다. 그러나 그것은 표출적 핵심에 지나지 않는다. 내면적 핵심은 '장미'라는 환상성에 있다. 만약 건네 준 것이 '장미'가 아니고 '국화'라면 과연 본래의 맛을 느낄 수 있을 것인가. 아마도 수필의 맛은 반감하고 말 것이다.

    내가 잠시 낙향해서 있었을 때 일.
    어느 날 밤이었었다. 달이 몹시 밝았다. 서울서 이사온 윗마을 김군을 찾아갔다. 대문은 깊이 잠겨 있고 주위는 고요했다. 나는 밖에서 혼자 머뭇거리다가 대문을 흔들지 않고 그대로 돌아섰다.
    맞은 편 집 사랑 툇마루엔 웬 노인이 한 분 책상다리를 하고 앉아서 달을 보고 있었다. 나는 걸음을 그리로 옮겼다. 그는 내가 가까이 가도 별 관심을 보이지 아니했다.

"좀 쉬어가겠습니다." 하며 걸터앉았다. 그는 이웃 사람이 아닌 것을 알자

"네, 달이 하도 밝기에……"

"음! 참 밝소." 허연 수염을 쓰다듬었다. 두 사람은 각각 말이 없었다. 푸른 하늘은 먼 마을에 덮여 있고, 뜰은 달빛에 젖어 있었다.

노인이 방으로 들리더니, 노인은 방에서 상을 들고 나왔다. 소반에는 무청 김치 한 그릇, 막걸리 두 사발이 놓여 있었다.

"마침 잘 됐소. 농주 두 사발이 남았더니……" 하고 권하며, 스스로 한 사발을 쭉 들이켰다. 나는 그런 큰 사발의 술을 먹어 본 적이 일찍이 없었지만 그 노인이 마시는 바람에 따라 마셔 버렸다.

이윽고

"살펴 가우." 하는 노인의 인사를 들으며 내려왔다. 얼마쯤 내려오다 돌아보니, 노인은 그대로 앉아 있었다. (윤오영)

일찍이 윤오영(尹五榮)은 정(情)이 글을 낳는 것이지 글이 정을 낳는 것이 아니라고 했다. 그러므로 정이 없으면 글이 없다고 했다. 그렇다. 윤오영은 「달밤」에서도 한 폭의 정을 낳았다. 그지없이 맑고 고운 정을…….

우리는 윤오영의 글을 읽으면서 수필이야말로 지식인의 휴식처라는 것을 발견하게 된다. 아니 한 편의 수필이 우리에게 얼마나 큰 감동을 주는가를 알게 된다. 따라서 문장이야말로 생각을 꾸미는 의상이란 것도 실감하게 된다.

평론가 원형갑(元亨甲)은 윤오영의 수필의 언어는 어떤 지식을 이화(異化)하거나 강조, 과장하기 위해서 동원되는 일 없고 오로지 주어진 소재에서 비롯된다고 했다. 또한 그의 언어들은 소재를 투명하게 들여다볼 수 있게 하기 위해서 나와 있는 것 같다. 그러기 때문에 그의 수필을 읽을 때마다 또 하나의 나를 보는 것 같다. 내가 살고 있는 어떤 면, 내가 느끼고 생각하고 있는 어떤 것들을 낱낱이 역력히 찾아보는 것 같다는 것이다. 이 작품은 달빛이다. 그리고 달빛에 취한 분위기다. 그러나 더 중요한 것은 절제성이다. 이 글에서 언어의 절제성을 잃어버렸다면 수필의 맛을 반감하고 말 것이다. '이윽고'라는 세 마디로 절제한 데서 글의 맛과 분위기를 한층 살려내고 있다.

그러면 윤오영은 수필을 어떻게 생각하고 있는가? 그의 수필론을 더듬어 보는 것도 도움이 될 것이다.

"수필이란 가장 오래된 문학형태인 동시에 가장 새로운 문학형태요 아직도 미래의 문학형태인 것이다. 원래 옛날에는 문학이라면은 귀글과 줄글이 있었으니 즉 시와 문(文)이 문학의 두 줄기다. 소설이 등장한 것은 동서양을 막론하고 훨씬 후세에 있어서이다. 수필이란 곧 문에서 발달해 온 것이다. 그러나 수필의 활동은 과거의 모든 문학형태나 인습이나 구속에서 탈피하는 데서 비롯한 것이다. 그러기에 수필을 아직도 미완성 미정립의 문학형태로 보는 사람이 많다. 이것은 일면 정당한 견해요 이 문장이야말로 영원의 미완성을 희망할지도 모른다. 이 진정한 문학 정신을 이해하지 못할 때 수필은 아무나 쉽게 쓸 수 있는 것, 배우지 않고 붓 나가는 대로 쓰는 것쯤으로 생각하기 쉽다. 흔히들 세간의 모든 비문학 작품을 통틀어 수필이라고 하는 까닭에 중수필이니 경수필이니, 담화수필, 고십 수필이니 하는 등등의 명칭이 쏟아져 나오고 있는가 하면 문학인이 아닌 수필가가 배출되고 있는 것이다."

"다른 문학은 마음 속에 얻은 것을 밖으로 펴지만, 수필은 밖에서 얻은 것을 안으로 삼킨다. 그러므로 수필의 대상은 자기다. 결국 수필은 외로운 독백일 수밖에 없다. 이것이 독자를 더욱 잡아 흔드는 것이다. 그러므로 좋은 수필은 독자의 앞에서 자기를 말없이 부각시킨다. 우리는 시나 소설에서는 그대로 그 시나 소설에 경도(傾倒)되고 만다. 그러나 수필에서는 항상 작가의 모습을 느끼게 된다. 이것이 또한 수필의 중요한 특색이다."라고 수필에 대한 신념을 토로하고 있다.

흔히들 수필은 붓가는 대로 쓰여지는 것이라고 하지만 만약 그렇게 쓰여진 글이라면 예술이 될 수 없고 예술이 될 수 없다면 이미 문학은 아닌 것이다. 만약 수필이 문학이 아니라고 할 때 어찌 그 글에서 감동을 자아내고 끝없는 미학적 매력에 젖을손가.

앞 벌 논가에선 개구리들이 소나비 소리처럼 울어대고, 삼 밭에선 오이 냄새가 풍겨오는 저녁 마당 한 구퉁이에 범삼넝쿨, 엉겅퀴, 다북쑥, 이런 것들이 생짜루 들어가 한데 섞여 냄새란 제법 독기가 있는 것이다. 또한 거기 다만 모깃불로만 쓰이는 이외에 값진 여름 밤의 운치를 지니고 있는 것이다.

달 아래 호박꽃이 화안한 저녁이면 군색스럽지 않아도 좋은 넓은 마당에는 이 모깃불이 피워지고 그 옆에는 멍석이 깔려지고, 여기선 여름살이 다림질이 한창 벌어지는 것이다. 멍석자리에 이렇게 앉아보면 시누이와 올케도 정다울 수 있고, 큰 애기에게 다림질을 붙잡히며 지긋한 나이를 한 어머니는 별처럼 머언 얘기를 들려 주기도 한다. 함지박에는 갓 쪄서 김이 무럭무럭 나는 노오란 강냉이가 먹음직스럽게 가득히 담겨 나오는 법이겠다.
　　쑥대불의 알싸한 냄새를 싫잖게 맡으며 불 부채로 종아리에 덤비는 모기를 날리면서 강냉이를 뜯어먹으며 누웠으면 여인네들의 이야기가 핀다.
　　(……)
　　온 집안에 매캐애한 연기가 골고루 퍼질 때쯤 되면 쑥 냄새는 한층 짙어져서 가경으로 들어간다. 영악스럽던 모기들도 아리둥아리둥 하는가 하면 숲풀 기슭으로 반딧불을 쫓아다니던 아이들도 하나 둘 잠자리로 들어가고, 마슬의 여름 밤이 깊어지고 아낙네들은 멍석 위에 누워 생초 모기장도 불면증도 들어보지 못한 채 꿀 같은 단잠이 들어 버린다.
　　쑥은 더 집어 넣는 사람도 없어 모깃불의 연기도 차츰 가늘어지고 보면, 여기는 바다 밑처럼 고요해진다. 굴(洞窟)속에서 베를 짜던 마귀 할미라도 나와서 다닐 상 싶은 이런 밤엔, 헛간 지붕 위에 핀 박꽃의 하이얀 빛이 무서워진다.
　　한 잠을 자고 깬 애기는 아닌 밤중 뒷 산 표곡새 울음 소리에 선뜻해 엄마 가슴을 파고들고, 삽살개란 놈이 괜히 짖어대면 마침내 온 동리 개들이 달을 보고 싱겁게 짖어대겠다. (노천명 「여름밤」)

　　지난날 우리 한국 농촌의 정경이다. 시골에서 자란 40대 중년이라면 이런 모습을 아마 목격하고 경험했을 것이다. 그러나 이러한 향토색이 짙은 놀라운 솜씨를 발휘하기는 그리 쉽지 않으리라. 글은 사랑과 희구만으로 쓰여지는 것이 아니다. 뛰어난 관찰력, 심오한 사색력으로 남다른 표현력을 가질 때 매력과 감동을 주는 좋은 글을 쓸 수 있는 것이다.
　　김자혜(金慈惠) 「그 늙은 인력거군」의 글 한 편을 더 감상해 보자.

　　오늘밤 내 포근한 잠자리가 왜 이리 형틀 위에 누운 것처럼 송구스럽소.

낮의 일을 잊어버리려고 눈을 감고 잠을 청하면 그 인력거군의 늙고 병든 얼굴이 내 머리 속을 파고드는구려!
　오늘따라 나 혼자 집에 남아 있기가 싫어 남편과 함께 대학으로 놀러 나가는 길이었소. 집에서 대학까지 오 리는 착실히 되건만 그 늙은 어수룩한 인력거군은 에누리도 없이 십 전을 불렀소. 북경처럼 인력거 많고 북경처럼 인력거 삯이 싼 데가 세계에 둘도 없을 게요.
　이 늙은 인력거군은 큰길까지 채 나가기도 전부터 기침에 가슴이 메여 뛰지를 못하는 것이었소. 내 인력거가 늦어지는 까닭에 남편의 교수 시간이 늦을까봐 마음이 죄여 나는 '뿌싱'이라고 골을 내고는 인력거를 멈추고 다른 젊고 튼튼한 인력거군을 골라 탔소.
　그 늙은이는 아무 댓구도 없이 내가 주는 동전 세 닢을—세 닢이래야 겨우 일 전 밖에 안 되는 것을 받고서는 그도 싫단 말도 없이 그 젊은 인력거군을 부러운 듯이 바라보며 비슬비슬 길가로 가서 앉는 것이었소.
　(……)
　"그 늙은이 얼마나 줬오?"
하고 남편이 한참이나 가다가 물었소. 그이도 그 원망도 할 줄 모르는 늙은이의 모양이 마음을 불안스럽게 했던 게요.
　"동전 세 닢 줬지요. 대학까지면 십분지일의 반도 못 왔는데—"
하고 나는 억지로 평정한 얼굴을 지었소.
　"한 열아믄 닢 주지 않구. 열 닢이라야 기껏 사 전인걸."
　지금 내 귀에는 아직도 남편의 이 말이 자꾸 배드는 것 같소. '열아믄 닢', '열 닢이래야 기껏 사 전!' 젊은이에게 밀려나가는 그 늙고 병든 설움은 열 닢쯤으로도 어지간히 위로가 되었으련만 거리의 십분지일을 따져 돈을 치러 준 내 너무도 타산적인 마음이 지금에는 몹시 얄밉소, 열 닢! 백 닢이라야 겨우 사십 전! 만일 지금 그 인력거군을 만날 수만 있다면 백 닢의 백배라도 손에 쥐어주고 이 송구스런 가책의 마음을 풀어라도 보겠소. (……)

　김자혜(金慈惠)! 그는 아직 우리 수필문단에 잘 알려져 있지 아니한 작가다. 한때 동아일보 기자를 역임했던 그는 가정에 들어앉아 주부로서 한자리를 지켰다. 그러다 보니 글을 많이 쓰지 못하였고 널리 알려지지도 아니하였다. 그러나 그녀는 일제식민지치하에 살아가는 우리 서민들의 아픔을 남의 아픔으로 여기지 않고 자기의 아픔으로 받아들였던 것이다. 그러한 아픔이 작가의 감정을 통해서 자연스레 토로된 것이다.

우리는 감자혜의 수필을 읽으면서 현실을 떠난 문학이란 존재할 수 없다는 가벼운 충동을 느끼게 된다. 그리고 아름답고 순수한 감정에 빨려드는 감정속에 자신의 인도적 자책에 가슴 저려옴을 어찌할 수 없다.

> 정은 마음의 향이다.
> 정을 이야기하면 마음은 전설로 열리고 지난 시몬의 계절은 진지한 향수(鄕愁)로 이어지는 풍경이다.
> 만단설화(萬端說話)에 한밤을 나도 지루하지 않은 게 정이다. 고요로 다져진 향긋한 차를 들며 정을 이야기하고 풋밤을 묻어 놓고 정을 나눌 땐 멋쟁이 인생이 핀다.
> 세월을 엮어내는 가슴 앞에 백목련 송이마다 그리운 얼굴, 흩날리는 눈발마다 쏟아지는 향수, 다 깊숙이 타고있는 정의 흐름이었기에….
> 정은 아름다운 괴로움이다. 그 놈 때문에 웃어야 하고 울어야 하고 고이한 놈도 더러는 용서해야 한다.
> 세월은 후회를 몰고 오지만 그 정이라는 게 세월만 흐르면 잘칵 붙는다. 쉘리의 「탄식」을 읽으면서 먼 훗날 인생의 후회를 되씹지 말자고 다짐했어도 소용이 없다.
> 아무 것이고 쏟아버리고 싶은 것이 정이고 아무 것이나 숨겨버리고 싶은 것이 또한 정이라면 정은 얼굴 붉어지는 수줍음 같은 것일까? 수줍음이 무슨 죄련가? 괴로운 별리(別離)의 정 아니던가? 또한 아름다운 것도 별리의 정 아니던가?
> 속살 저미는 사랑의 별리일망정 생의 터전에 뿌려진 짜릿한 눈물일지언정 다시 가질 수 있는 것이라면 더욱 예쁘게 승화하여 추억의 한자리로 꾸며 보고 싶다. (김동필 「정」)

읽어보라. 이것을 문학작품이 아니고 무엇이라 할 것인가. 과연 누구나 쓸 수 있다고 생각하는가. 한 편의 서정시를 읽은 듯하다. 그러나 시는 아니다. 짧은 글 속에 「정(情)」을 노래한 김동필(金東必)은 우리의 소중한 서정 수필가다. 그의 수필집 「하얀대화」, 「그리움이 타는 길목」, 「풀잎의 축제」에는 우리의 마음을 짜릿하게 하는 맑은 그의 목소리가 충일하여 독자들의 마음을 흔들어 놓는다.

수필가 김학(金鶴)은 김동필의 수필은 조선 시대의 고결한 기개가 담겨 있고 포근한 고향의 인정이 살아 숨쉰다고 했고, 김영배(金英培)는 "정이 가득하면서도 눈물만은 보이지 않으려 하는 작가"라고 했다.

이상에서 우리는 몇 편의 수필을 감상하였다. 그리고 수필의 흥과 매력은 어디에 있는가를 각자 느꼈으리라. 이것은 수필을 쓰는 데 절대적인 요소로서 수필 창작에 있어서 하나의 원천이 되는 것이다.

최근들어 수필을 쓰고자 하고 또한 수필을 좋아하는 독자층이 자꾸만 늘어가고 있다. 이것은 참으로 다행한 일이다. 그렇다면 수필의 참모습은 무엇이며 수필은 어떻게 써나가야 옳은가를 독자와 함께 탐색해 나가고자 한다.

3. 애매모호한 수필론

수필론에 들어가기 전에 먼저 수필이라는 용어의 개념을 살펴보도록 하겠다. 문헌에 보면 "마음에 하고자 한 바에 조금도 막힘이 없는 것(隨心所欲毫無滯碍)이 수(隨)요 산문(無韻曰筆)을 필(筆)이라고 하였다. 그래서 산문을 잘 쓰는 사람을 필에 능하다고 하였다.

동양에서 수필이라는 말을 처음 쓴 사람은 중국 남송(南宋) 때의 홍매(洪邁 1123~1202)였다는 것은 수필을 공부하는 사람은 이미 다 아는 사실이다. 그는 그의 문집 『용제수필(容齋隨筆)』의 서문에서 다음과 같이 적고 있다.

予習嬾 讀書不多 意之所之 隨卽記錄 因其後先無復詮次 故目之曰隨筆
나는 게으른 버릇으로 책을 많이 읽지 못하였으나, 그때 그때 혹 뜻한바 있으면 곧 기록하였다. 앞뒤의 차례를 가려 갖추지도 않고 그때그때 기록한 것이기 때문에 수필이라고 하였다.

이처럼 붓 가는 대로 생각나는 대로 쓰는 글이 수필이라고 정의를 내린 최초의 문헌이라 할 수 있다. 그러나 여기에서 수필이란 의미는 작가의 겸양의 의미에서 "앞 뒤의 차례를 가려 갖추지도 않고 그때그때 기록한 것이기 때문에 수필이라고 하였다."고 표기한 것이다. 그런데 이것이 수필문학의 이론화로 굳어 버린 것이다. 참으로 안타까운 일이다.

아무튼 수필이란 용어가 우리 나라에서 정작 쓰이게 된 것은 금세기부터이다. 1916년 일본에서 수필의 본질문제를 가지고 다각도로 연구되고 검토되어 수필이란 이름이 널리 쓰인 뒤에 우리 나라에 건너왔다. 그러니까 우리 나라에서는 「수필」이란 이름 대신에 「感想」이라 했다가 1924년 춘원이 ≪조선문단≫에 「義氣論」을 발표하면서 비로소 수필이란 이름이 처음 쓰이기 시작했으며, 그 뒤 1934년 김광섭(金珖燮)으로부터 본격화 되기에 이르렀다.

당초 일본 사람들이 아직 문학으로 정립되지 않은 여러 형태의 문장을 막연하게 수필이라고 했듯이 우리 나라에서도 마찬가지로 서발, 제문, 전기, 우화, 야담, 기행, 서간 등 수록적(隨錄的)이고 수평적인 글을 개괄해서 수필이라 부르게 되었다. 그래서 시, 소설, 희곡 등의 장르에 들지 않는 것이면 무조건 수필이라 보았던 것이다. 여기에 한 몫을 거든 것은 문학가들의 수필론이다. 수필의 개념을 분명히 정의하여 두기 위하여 그들의 이론을 다시 여기에 인용해 본다.

　　　　(1)
　(……) 수필은 산만(散漫)과 무질서의 무형식을 그 특징으로 삼고 있는 것으로 스스로 느끼고 보고 들은 바를 기록하면 되는 것이기 때문에 소설을 소설가가 쓰고 시를 시인이 쓰는 것 같은 한정된 일가(一家)의 자격은 또한 수필은 처음부터 요구하지 않는다.
　다만 자기를 말하는 문장이기만 하면 그것이 곧 수필인 것이요, 사람에게 감상이라는 것이 있는 이상 누구라도 써서 되는 것이 곧 수필인 것이다. 그러나 확실히 이런 점은 있다. ―누구라도 쓰기 쉽고 또 쓰면 되는 것이다. 그러나 확실히 이런 점은 있다. ―누구라도 쓰기 쉽고 또 쓰면 되는 안이한 문장이므로 사실은 남의 눈에 뜨이게 잘 쓰기가 어렵다면 어려운 것이 또한 수필이 아닌가 나는 생각한다.

 수필은 이와 같이 제약도 없으며 질서도 없으며 계통(系統)도 없이 자유롭고 산만하게 쓰인 모든 문장까지도 포함할 수 있는 까닭으로 수필은 흔히 비문학적인 인상을 사람에게 주는 것이지만 사실 문학은 자기의 협애(狹隘)한 영역(領域)안에 수필이라 하는 것이 자유 분방(奔放)하고 경묘쇄탈(輕妙灑脫)하고 변화무쌍한 양자(樣姿)를 포용하기 어려운 감이 없지 않다. (김진섭「수필의 문학적 영역」)

(2)

 수필이란 글자 그대로 붓 가는 대로 써지는 글일 것이다. 그러므로 다른 문학보다 더 개성적이며 심경적이며 경험적이다. 오늘까지의 위대한 수필문학이 그 어느 것이 비록 객관적 사실을 취급한 것이라 하더라도 심경에 부닥치지 않은 것을 보지 못했다. 강렬히 짜아내는 심경적이 아니요 자연히 유로되는 심경적인 점에 그 특징이 있다. 이 짐에서 수필은 시에 가깝다. 그러나 시 그것은 아니다.

 (……) 수필은 달관과 통찰과 깊은 이해가 인격화되된 평정한 심경이 무심히 생활 주변의 대상에 혹은, 회고(懷古)와 추억에 부닥쳐 스스로 붓을 잡음에서 제작된 형식이다. 제작이라 하나, 수필에 있어서는 의식적 동기에서가 아니요 결과적 현상에서이다. 다시 말하면 수필은 논리적 의도에서 제작된 일은 없다. 수필은 써보랴는 데서 시작되어 써진 것이다. 어느 작가가 소설이나 희곡이나 시를 써보랴는 한가로운 마음에서 쓸 것인가. 그것들은 작가에게서 의식적으로 제작되었다. 진실로 제작되었다. 그러나 수필은 한가로운 심경에서의 시필(試筆)쯤에 그치는 본성을 가지고 있다. 정확하게 말하자면 수필은 隨筆되었다고 하고 싶다. 그러므로 희곡이 조직적 활동적이요, 시가 운율적 관조적(觀照的)이라면 수필은 진실한 태도에서 인생을 희롱하는 격이라고 비유할 수 있을 것이다. 이렇게 걷잡을 수 없으면서 그래도 어덴가 한 줄기의 맥(脈)이 있다. 그것이 위대한 정도에 따라 더욱 그렇다. 우리는 사람의 기분이란 어덴가 무책임하게 기복(起伏)하는 듯함을 느끼면서 그 이면에

인격이라는 그림자가 숨어 있음을 본다. 한 개의 영혼 위에 얼마나 많은 기분이 노는가? (……) 이와 같이 수필에는 기분 가운데서 고백된 어둠 속에 흐르는 광선같은 맥이 있다. 여기에 소설이나 희곡같이 깨우지 못하면서도 빛나는 경지가 있는 것이다.

    문학 형식에서 보면 수필에는 소설이나 시나 희곡에서 보는 바와 같은 어떤 완성된 '폼'이 없다. (……) 수필에 있어서는 그 형식을 구하거나 참고하려고 반드시 찰스·램이나 하즐릿드를 찾을 필요성까지는 없을 것 같다. 가장 아름다운 수필을 찾아 우리의 문학적 항심(恒心)을 만족시키며 영양시키려는 점은 찬(讚)하여 마지 않을 바이나, 그 형식의 섭취에 구속될 바는 없을 것이다. 오직 우리는 사로잡히지 않은 평정한 마음에서 마치 먼 곳 그리운 동무에게 심정을 말하려는 듯한 그러한 한가로운 듯한 붓을 움직여서 무의식한 가운데서의 단성(丹誠)으로 한 편의 문장을 써 내면 그것이 수필이 될 것이다. 잘 되었으면 훌륭한 창작으로서의 문학에까지, 못 되면 잡문에까지 상·하의 단계가 지여질 것이니, 그것은 문학으로의 소설·시가 있음에 대하야 흔히 문학 아닌 소설이 있고 시가 있음과 마찬가질 것이다.

    그러므로 형식으로의 수필문학은 무형식이 그 형식적 특징이다. 이것은 수필의 운명이요 또한 내용이다. (……) (김광섭 「수필문학소고」)

    (3)

    (……) 수필은 우선 문학 형식으로 보아 소설이나 시나 희곡과 대조해서 어떤 것인가 하면 다른 것의 명확한 형식에 비하여 수필은 그 형식이 일정하지 않고 자유스러운 것이라는 점이다. 예를 들면 비평적인 논문을 비롯하여 수상록(隨想錄)·서간(書簡)·자서전·서평(書評)·사설(社說) 같은 형식론이 모두 수필류에 속하는 것인데, 말하자면 그것이 어떤 대상에 대한 자기 견해·인상·관찰·신념·편견·공상 등을 자유롭게 표시한 것이다.

    그리고 제재(題材)의 성질로 보아서도 별다른 제한이 없고 그 세계가 광대하다. 인간성에 관한 것이나 관습이나 역사나 예술이나 교육·과학·정치·경제·종교·스포오츠 등의 모든 방면의 것이 수필의 제재가 될 수 있는 것이다. 그 어떤 특정한 내용이나 주제의 의미에 따라 수필을 정의하기는 어려운 일이다. (……)

    그러나 그것이 아무리 산만하고 자유스럽고 해도 우리는 과거 및 현대의 수필에 대한 여러 가지 예를 참조하여 수필의 문학으로서의 기본적인 조건을 몇 가지 생각할 수 있다.

첫째는 그것이 산문으로 씌어진 문학이란 것이다. 예외로 옛날은 포우프의 「인간론(Essay on man)」과 같이 시형식으로 된 평론적인 것도 있으나 현대에 와서는 이미 그런 수필은 존재할 수 없고 원칙적으로 그것은 산문으로 씌어져야 한다.

둘째는 그것이 아무리 무형식이고 개인적이라 하지만 기본적으로 대우성(對偶性·Antithesis)의 문학이다. 말하자면 의견표시이며 대화적이며 교훈적이다. 이것은 수필이 근원에 있어서는 대화에서 시작되었다는 사실과 관련된 뜻이다. 가령 몽테뉴와 같이 자기 개인을 말하는 것을 작자의 근본의도로 삼은 수필에 있어서도 객관적으로 그것은 대화적인 독백의 문학(a conversational monologue in writing)에 불과한 것이다. (백철 「문학개론·수필의 본질」)

(4)

(……) 사실에 있어서 수필은 여러 문학 양식 중에서도 가장 그 형식이 자유롭다. 즉 수필에서는 서정시적 정서나 감흥은 물론 서사시(소설)적 구성이나 희곡적 대화 그리고 비평적 판단작용까지도 다 자유로이 이용될 수 있는 양식이다. 그렇다고 수필이 무양식적…무성격적인 것은 아니다. 서정시적인 정서나 감흥을 가지면서도 서정시가 아니고, 소설적 구성을 가지되 소설이 아니고, 희곡적 비평적 요소를 가지면서도 희곡도 비평도 아닌 데 수필의 독자적인 양식이 있다. 파스칼의 「팡세」로부터 우리 나라의 잡다(雜多)한 신변잡기에 이르기까지를 모두 수필이라고 생각한다면, 수필이라는 문학 양식이 얼마나 다양다상(多樣多相)한 것인가를 알 수 있을 것이다. 그 형식의 무한정한 자유가 오히려 독자적인 한 문학 양식을 이루고 있으므로 인하여 수필은 자신의 성격을 지닌 것이라 할 것이다. (조연현 「수필의 정의와 범위」)

(5)

수필은 한 자유로운 마음의 산책, 즉 불규칙하고 소화되지 않는 작품이며 규칙적이고 질서 잡힌 작문은 아니다. (Johnson)

(6)

수필은 마음 속에 표현되지 않은 채 숨어 있는 관념, 기분, 정서를 표현하는 시도—하나의 시도이다. 그것은 관념이라든가 정서 등에 상응하는 유형을 말로 창조하려고 하는 무형식의 시도이다. 그것은 음악에 있어서의「즉흥곡」과 좀 비슷한 점이 있다. 그것은 시에 있어서 서정시가 차지하는 위치를 산문에 있어서 차지하는 것이다. (H. Read)

문학이란 무엇인가? 예술이다. 예술이란 무엇인가? 의도적으로 미(美)를 창조해 내는 활동이다. 그렇다면 수필이 예술이라 할 때 기술적으로 창조해 내야 할 것이다. 제 아무리, 심오한 철학이 담겨 있는 내용이라도 거기에 정묘하게 조직된 언어구성이 되어 있지 않다면 이미 수필은 아닌 것이다.

수필은 하나의 문학이기 때문이다. 그런데 "수필은 한가로운 심경에서 시필(試筆)쯤에 그치는 본성을 가지고 있다"고 김진섭과 김광섭은 말한다. 수상록, 서간, 자서전, 시평, 사설도 수필이라고 백철과 김동리는 말한다. 그리고 신변잡기에 이르기까지 모든 것을 수필 속에 넣을 수 있다고 조연현은 주장한다.

수필의 정의는 이와같이 붓 가는 대로 써진 모든 글을 수필의 범주 속에 넣었던 것이다. 이러한 이론으로 본다면 결코 수필은 문학이 될 수 없다. 왜냐하면 앞서 지적한 바와 같이 표현형식의 여하에 따라서 문학의 성패는 결정되는 것이다. 따라서 완벽한 표현을 하기 위해서는 각고의 노력이 뒤따름은 물론 치밀한 언어배열의 노력이 따르지 않고는 성공할 수 없는 것이다. 그런데 붓가는 대로 쓰는 글이 수필이라면 이 얼마나 무책임한 말인가. 따라서 그러한 것이 문학이 될 수 있다면 문학으로 성립되지 않은 것이 없을 것이다.

그리고 서구에서 넓은 의미에서 수필과 비슷한 것으로 에세이가 있다. 일부 학자는 수필은 있어도 에세이는 없다며 에세이와 수필을 구분 지으려는 사람이 있으나 그것은 잘못된 발상이다. 왜냐하면 서양의 에세이나 우리의 수필을 읽어볼 때 거기에 크게 차이나는 점이 없기 때문이다. 우리가 문학수필과 잡문을 딱 구분 짓는다는 한계가 모호하듯이 사실상 에세이와 미셀러니의 구분은 어려운 작업이 아닐까.

영문학에 있어서 유달리 중요한 자리를 차지하고 있는 에세이는 포오멀 에세이(formal essay)와 인포멀 에세이(informal essay)로 나뉘어져 있다.
　이 두 종류는 내용과 표현방식에 있어서는 전혀 다른 것으로 그 후자가 우리가 말하는 수필에 해당하는 것이다. (피천득)

　수필이라는 말에 해당하는 외국어는 영어에 미셀러니와 에세이가 있는데 우리 나라에서 흔히 통용되는 수필은 미셀러니에 속하는 것들이라고 할 수 있다. (곽종원)

　두 사람은 수필과 미셀러니를 굳이 구분 지으려 했다. 그러나 우리의 수필은 그 어느 쪽에 속한다고 볼 수 없다. 우리의 수필에는 두 개의 성향을 함께 갖추고 있기 때문이다.
　끝으로 다음 글을 한번 살펴보자.

　　수필은 청자연적이다.
　　수필은 난이요, 학이요, 청초하고 몸 맵씨 날렵한 여인이다. 수필은 그 여인이 걸어가는 숲 속으로 난 평탄하고 고요한 길이다. 수필은 가로수 늘어진 페부멘트가 될 수도 있다. 그러나 그 길은 깨끗하고 사람이 적게 다니는 주택가에 있다.
　　수필은 청춘의 글은 아니오 서른 여섯 살 중년 고개를 넘어선 사람의 글이며 정열이나 심오한 지성을 내포한 문학이 아니요 그저 수필가가 쓴 단순한 글이다.
　　수필은 흥미는 주지마는 읽는 사람을 흥분시키지는 아니한다. 수필은 마음의 산책이다. 그 속에는 인생의 향취와 여운이 숨어 있는 것이다.
　　(……)
　　수필은 한가하면서도 나태하지 아니하고 속박을 벗어나고서도 산만하지 않으며 찬란하지 않고 우아하며 날카롭지 않으나 산뜻한 문학이다.
　　수필의 재료는 생활경험, 자연관찰, 또는 사회현상에 대한 새로운 발견, 무엇이나 다 좋을 것이다. 그 제재가 무엇이든 간에 쓰는 이의 독특한 개성과 그때의 무우드(기분)에 따라 '누에의 입에 나오는 액이 고치를 만들 듯이' 수필은 써지는 것이다. 수필은 플롯이나 클라이맥스를 필요로 하지 않는다. 필자가 가고 싶은 대로 가는 것이 수필행로이다. 그러나 차를 마시는 것과 같이 이 문학은 그 차가 방향(芳香)을 갖지 아니 할 때는 수돗물같이 무미한 것이 되어 버리는 것이다.

    수필은 독백이다.

    (……) 수필은 그 쓰는 사람을 가장 솔직히 나타내는 문학형식이다. 그러므로 수필은 독자에게 친밀감을 주며 친구에게서 받은 편지와도 같은 것이다. 덕수궁 박물관에 청자(靑磁) 연적이 하나가 있었다. 내가 본 그 연적은 연꽃 모양을 한 것으로, 똑같이 생긴 꽃잎들이 정연히 달려 있었는데 다만 그 중에 꽃잎 하나만이 약간 옆으로 꼬부라졌었다. 이 균형 속에서 있는 눈에 거슬리지 않은 파격이 수필인가 한다. 한 조각 연꽃잎을 꼬부라지게 하기에는 마음의 여유를 필요로 한다.

    이 마음의 여유가 없어 수필을 못 쓰는 것은 슬픈 일이다. 때로는 억지로 마음의 여유를 가지려 하다가는 그런 여유를 갖는 것이 죄스러운 것 같기도 하여 나의 마지막 십분지일까지도 숫제 초조와 번잡에 다 주어 버리는 것이다. (피천득)

피천득(皮天得)의 「수필」이란 제하의 한 편의 수필이다. 그런데 이 글이 수필이 아닌 수필론으로 고등학교 교과서에 실려 있다는 사실이다. 정진권(鄭震權)이 이미 지적했듯이 이 글은 누가 봐도 한편의 수필일 뿐이요, 수필의 논거는 아니다. 그런데 이 글이 수필의 논리로 둔갑했다는 사실은 얼마나 어처구니 없는 일인가. 만약에 피천득 말대로 「청자연적, 난, 학, 여인」 등과 같이 다의적으로 수필의 본질을 말한다면 수필의 이론은 끝없이 애매모호한 데로 빠지지 않을 수 없다. 이러한 이론이 정확한 것이라면 수필문학은 결코 문학이 될 수 없다는 함정에 빠지고 말 것이다. 그런데 이 글이 '수필이란 무엇인가?' 하는 물음에 그 대표적인 해답서로 지금까지 약방의 감초처럼 인용되었다. 이 점은 수필을 애호하는 사람으로서 몹시 분노하지 않을 수 없다. 이렇듯 누군가에 의해 수필의 정의가 오도되고 있다.

    이 글을 두고 김윤식은 '수필'이라는 글이 전형적인 메타포이며 '하나의 시를 썼을 뿐'이며 '수필은 수필이며 청자연적은 청자로 된 연적일 뿐'이니 '유아적 사고'라고 지적했다. '교사용 지도서'와는 그 관점과 견해가 판이하다.
"수필은 청춘의 글이 아니요, 서른 여섯 살 중년 고개를 넘어선 사람의 글이며"로 되어 있는데 교사용 지도서는 "학생들이 자신의 개성에 맞는 글을 쓰고, 또한 감상하도록 유도할 필요"가 이 글의 "제재 선정의 취지"라 밝히고 있으며, '수필'이 "정열이나 심오한 지성을 내포한 문학이 아니요, 그저 수필가가 쓴 글"이라고 하였음에 대해 '교사용 지도서'는 "수필의 성격과 특징뿐 아니라" "문학 장르로서의 수필에 대한 명확한 개념", "수필에 관하여 쓴 수필 형식의 평론문" 운운으로 설명하고 있으니 이것이야말로 선후모순, 좌우모순이다.
중요한 것이야말로 '상식'이다. 수필을 "문학이 아니요, 그저 수필가가 쓴 글"이라고 주장하고 있는 '글'을 가리켜 '수필에 관하여 쓴 수필형식의 평론문' '문학 장르로서의 수필에 대한 명확한 개념' 운운하고 있다면 이것은 상식에 어긋난 주장이다.
'상식'에 기준을 두어서 이 글을 살펴보자. 과연 수필은 "청춘의 글은 아니요"인가? 과연 수필은 "그저 수필가가 쓴 단순한 글"인가?
이 글이 주장하고 있는 것을 정반대로 뒤집어 보자.

> '수필은 청운의 글이요, 서른여섯 살 중년고개를 넘어선 사람의 글이 아니며, 정열이나 심오한 지성을 내포한 문학이요, 그저 수필가가 쓴 단순한 글이 아니다.'
> 원문 '수필'과 필자가 정반대로 뒤집어서 '개작한 글'을 비교하고, 그리고 "이며" "아니며"라는 주장의 무의미성, 그리고 청소년의 교재로서는 과연 어느쪽 '주장'이 더 타당한 것인지 검토해 볼 수도 있을 듯하다. (박태순)

현재까지도 '수필의 문학성'에 대하여 세미나를 열고 문예지에서 이에 대하여 특집을 엮고 있는 것도 따지고 보면 이러한 수필의 잘못된 개념의 혼란에서 오는 것이라고 볼 수 있다.
 따라서 이러한 수필이라는 개념상의 해석도 달라져야 할 것은 물론 새로운 이론의 정립이 요구된다. 그래서 필자는 수필이란 해석도 "붓 가는(隨) 대로 쓰는 산문(筆)이라는" 해석하기보다는 "작가가 의도하는 대로 자유롭게 쓰는(隨) 산문"이라고 해석하는 것이 어의상 타당하지 않느냐 하는 생각이다. 왜냐 하면 수(隨)라는 개념은 '맡기다' '의하다' '동반하다' '몸에 지니다' 등의 뜻을 가지고 있기 때문에 작가의 뜻에 의하여 쓰는 산문(散文)이란 해석이 타당하다는 생각이다. 따라서 수필의 명칭에서 오는 어의(語義)가 위와 같이 확고하게 정착될 때 수필의 문학성도 동시에 거론될 수 있을 것이다. 그러나 더 중요한 것은 수필이란 언어적 풀이가 문학의 정의가 될 수 없다는 것을 말해 둔다. 이 점을 독자는 명심해 주었으면 한다.

4. 미래의 문학으로서의 수필

 우리가 수필을 말함에 있어서 부딪치는 문제는 옛날의 많은 산문(散文)을 수필로 잡느냐 하는 것이다.
 한국 수필문학의 연원은 7세기 말(신라 神武王 11, A. P.691)에까지 소급한다. 즉 설총(薛聰)이 신무왕(神武王)을 충간하게 위해 쓴 화왕계(花王戒)를 효시로 이규보의 「동국이상국집」에 수록된 상당한 분량의 산문이며, 이인로(李仁老)의 「파한집(破閑集)」, 이제현(李齊賢)의 「역옹패설(櫟翁稗說)」 등 실로 많다.
 우리 나라 고대 문학에서 소설은 지식인들 사이에는 금기(禁忌)의 문학으로 취급된 반면에 산문창작과 시작(詩作)은 지식인의 중요한 조건의 하나였다. 따라서 산문과 시는 지식인들과 불가분의 관계를 맺어왔다. 특히 산문은 오늘날까지 놀랄 정도로 많이 보존되어 왔다.
 그러나 이러한 작품 가운데는 선인들의 환경에서 우러난 독자적인 의식과 감정이 풍부하게 묘사되어 현대적인 수필의 성격으로 볼 수 있는 것도 없지 않지만 반면에 수필로 보기에 어려운 잡문이 태반을 이루고 있다.

따라서 오늘날 수필문학은 홍매의 수필이나 이제현의 패설이 아니며 매천의 야록이나 유몽인의 야담이 아니다. 홍매(洪邁)의 「용제수필」에서 수필이란 장르의 효시는 될지언정 그 작품을 결코 수필의 범주에 넣을 수 없을 것이다. 그것은 「백운소설(白雲小說)」이 오늘날 소설이 될 수 없듯이 그때 당시의 수필이나 산문이 오늘날의 수필과 동일시 될 수 없는 것이다. 그것은 고대 선인들의 산문이 가치가 없다거나 내용이 빈약하다는 것은 결코 아니다. 다만 오늘날 문학으로서 수필로 볼 수 있느냐 하는 문제다.

흔히들 수필이라면 신변잡기나 기타 너절구레한 글들을 수필이라고 하는데 그것은 문학이라는 말을 염두에 두고 하지 않는 말이다.

오늘날도 춘추전국 시대를 방불케할 많은 산문들이 수필이라는 이름으로 발표되고 있다. 이러한 사이비 수필의 홍수는 고대 수필의 잡다한 세계를 연상케하는 혼란을 일으키고 있다.

이 엄청난 난센스는 수필을 사랑하는 사람이면 몹시 애석해 하는 일이다. 특히 신문이나 잡지는 덮어놓고 수필이 아닌 잡문을 옹호해 주고 감싸준다. 이렇게 될 때 수필의 발전은 암담하지 않을 수 없을 것이다.

해방후 20여 년 동안 수필은 소설과 시와 함께 얼마나 만족할 만한 발전을 거두어 왔던가. 피천득, 이양하, 윤오영 등이 한국 수필을 문학적 수준까지 승화시킨 공로가 아니었다면 그야말로 수필문단은 불모지나 다름이 없었을 것이다.

수필이란 시나 소설이나 희곡으로 다룰 수 없는 고유한 문학형태다. 그래서 문학에서 수필이 존재하지 않는 문학이란 사실상 불가능한 것이다.

윤오영 수필이란 가장 오래된 문학형태인 동시에 가장 새로운 문학형태요, 아직 미래의 문학형태라고 말하였다. 그것은 지금까지 수필이 있어 왔지만 수필다운 수필이 없었다는 말도 되며 수필은 아직도 다른 장르에 비해 무한히 발전될 수 있는 가능성을 가지고 있다는 말로 해석할 수도 있다.

    수필은 발전되고 새로워져야 한다. 여기에 수필가들의 사명이 있고 수필가의 숨가쁜 번뇌와 몸부림이 있어야 한다. 수필은 미래의 문학이다.

5. 수필에 대한 잘못된 인식

    최근 모모 여류 두 분과 한자리에 앉은 일이 있다. 한 사람은 소설작가이고 한 사람은 수필작가였다. 그런데 만나자마자 소설쪽의 여류가 말했다. 작가 경력 30년의 그녀는 모 문학지를 편집 운영하는 중견이기도 하다. "수필전집이 나왔더구만, 수필도 문학인가?" 수필이 문학이 아니라는 말은 농담 겸 진담으로 많이 들어 왔지만 나이 익숙한 수필가 앞에서 정색을 하고 공격하는 바람에 내가 오히려 얼굴이 뜨거웠다. 그리고 그네는 휑 나가 버렸다. "별난 질투구만요." 듣는 둥 마는 둥 나의 말이다.

    이런 '수필도 문학'의 빈정은 실상 많은 시인 작가들이 한번쯤 해보는 자기 우월감의 허약한 군소리다. 그 동안 수필이 일정한 사회적 공인(公認)의 도정(道程)없이 쓰여져 왔다는 한국문단 특유의 사정에서 나오게 된 말일 것이다. 지금도 그러하지만 한국문단에는 작가 코스라는 게 있고, 수필은 이 현실적 카테고리 속에 들어 있지를 못했던 것이다. 그러기 때문에 수필은 이 한자 단어의 뜻이 가리키는 대로 작가이든 아니든 어떤 직업 어떤 분야의 인물이거나 문학상의 구애를 받을 필요 없이 자유롭고 쉽게 쓸 수 있는 일종의 의사문학적(疑似文學的) 교양의 오락이다. 그리고 문학상의 양식적 계약에 구애됨이 없이 쓸 수 있다는 데에서, 따라서 어떠한 교양의 차이에도 불구하고 쓸 수 있다는 데에서 수필이 시인 작가들로부터 수모를 받고 소외되는 것이 아닐까 생각된다. 수필을 문학적으로 평가할 수 없다는 저간의 한국문학의 통념도 이러한 수필의 비문학관에서 비롯됐다고 할 수 있다. 시인 작가들에 있어서 수필이란 함부로 쓰는 낙서와 같은 글이며, 따라서 함부로 내버려서 좋은 글이다. 그래서 걸핏하면 그들은 "수필이니까" 하고 내어버리듯 쉽게 생각한다. 시를 위해서라면 당연하게 생각해도 수필을 쓰기 위해서 여행을 하고 밤을 지새웠다면 버릇처럼 그들은 우습게 여긴다.(원형갑 「피천득의 수필세계」」)

(……) 어느 때 모 잡지사에서 전화가 걸려와서 받았더니
"오 선생님이세요 ? 원고 청탁 받으셨죠?"한다.
"아직 못 썼소." 했더니
"수필쯤 잠깐 쓰시면 될 걸, 뭘 그러세요"한 데에 이르러서는 그만 꽉 질려 버렸다. (……) (오종식)

"수필도 문학인가?"
"수필 그것쯤이야."

하는 기묘하리만치 묘한 생각들이 한국 문단의 언저리에 맴돌았고 지금도 그런 생각을 갖고 있는 사람이 없지 않음을 우리는 안다. 수필도 문학인 것만은 틀림없으나 그다지 문학성을 요구하지 않는 파적거리의 글이면 된다는 것이다. 그래서 수필은 누구에게나 쓰여지고 있다. 실제 소설가가 아닌 시인에게 소설을, 시인이 아닌 수필가에게 시를 청탁하는 일은 거의 없다. 또 있다고 하면 웃어버릴 것이다. 그리고 그 청탁을 정중히 사양할 것이다. 그런데 수필만큼은 누구나 쓸 수 있다고 인식한다. 그리고 그렇게 쓰여지고 있다. 그 실례로 가장 신중해야할 문예지마저 수필난을 시인이나 저명인사에게 청탁하여 지면을 장식하고 있다. 그런데 하물며 다른 상업지야 말해 무엇하랴. 금성출판사에서 발행된『현대한국수필문학전집』만 보아도 거기에는 전문 수필인보다는 정치인이나 기업가 그리고 유명세가 붙은 시인이나 소설가들로 필진이 구성되었다. 그러니 참으로 한심한 노릇이다. 이렇게 될 때 한국 수필문단이 제자리를 잃고 변두리 문학이 될 수밖에 없을 것이다.

사실 수필이란 타장르에 비해 쓰기가 쉬운 것 같지만 어려운 문학이다. 지금까지 세상을 깜짝 놀라게 할 만한 대작이 나오지 않는 것도 수필이 그만큼 어렵기 때문이다.

아무튼 수필의 장르가 공동 영역이 되다시피 한 책임을 먼저 수필가들이 깊이 인식하여 좋은 수필을 쓰는데 남다른 애정을 기울여야 할 것이다. 그것만이 수필은 아무나 쓸 수 있다는 편벽된 관념에서 벗어나게 할 수 있지 않을

까 생각한다.

6. 수필은 끝없는 문학의 이정표

인간이 살아 있다는 것은 무엇을 의미하는 것일까. 생각할 수 있다는 사유(思惟)에서 찾아야 할 것이다. 생각할 수 있다는 이 자연스러운 지각, 과학적이고 실용적이면서 미각적 감각에서 오는 진·선·미 이런 것들로 인간이 살아 있다는 존재를 인정받고 있음을 우리는 잘 안다. 생명은 원색의 덩어리다. 반짝반짝 광채가 나고 살아 움직이는 색깔을 지니고 있다. 눈동자는 검고 푸른 빛나는 색깔을 지니고 있으며 머리카락 또한 흑색이나 황금색의 싱싱하고 윤기 흐르는 생명을 지니고 있다. 그러나 그 생명이 식어가고 있을 때 그 광채를, 그 색채를 점점 잃어간다. 나무를 불태우며 회색빛으로 남듯이, 수필은 이러한 인간의 식어가는 생명을, 잃어가는 정신을 보충하여 주는 끝없는 인생의 이정표다.

인간이 살아가는 가운데는 헝클어진 많은 사상(事象)들이 널려 있다. 그 가운데 인간은 희비가 엇갈리며 고뇌하고 번민하면서 우리 조상이 살아간 그 길을 옳은지 자기 충돌을 빚으면서 수많은 날들을 고뇌의 사슬에 매일 때도 있다.

수필은 이러한 인생의 진로를 빠져나가도록 안식을 주는 문학이다. 물론 소설이나 시가 그렇지 않다는 것은 아니다. 그러나 산업사회를 살아가는 오늘날 간편한 것을 좋아한다. 씻어서 만들어 먹는 식품보다는 물만 붓고 끓여 먹을 수 있는 인스턴트 식품을 찾고, 오랜 시간을 두고 읽을 수 있는 소설보다는 안락의자에 앉아서 즐길 수 있는 텔레비전을 선호한다. 더욱이 시는 독자를 외면한 지 이미 오래다. 문단의 어느 대가가 말한 것처럼 "시는 너무나 독자가 없다. 그건 시대 감정을 붙잡지 못한 탓이다" "자기가 써서 자기가 읽는 게 시다."라고 시의 독자가 없음을 통탄했다. 그것을 시가 어렵다는 것이다. 독자가 이해하지 못하는 말의 유희성에 지나지 않는다는 얘기인 것이다.

이처럼 오늘의 시는 새가 노래하듯이 물이 흐르듯이 노래 불리워지지 않는다. 옛날의 시는 한 줄만 건드려도 감흥을 일으키고 촌부가 읽어도 그 맛에 저절로 엉덩이 가락이 나왔다.

이러한 시를 대신한 문학이 현대 수필이다. 현대 문명이 가져온 사상의 혼란과 상상력의 약탈에 현대시를 빼았겼다면 수필은 그것으로써 독자를 빼앗아와야 하는 것이다. 수필은 짧으면서도 난해하지 않다. 그것은 이치를 이야기하며 사리의 핵심을 찌르는 빈틈없는 글이기 때문이다.

오늘날 사람들은 기계처럼 움직인다. 어제가 오늘이 아니며 오늘이 내일이 아니다. 시간마다 변하고 날마다 달라진다. 그 속에 살아가자니 인간이 기계화가 되지 않을 수 없다. 수필가는 그 속에서 변하지 않는 선량한 시민으로 남는다. 그래서 이 시대의 애절하면서도 간절한 인간 희구의 노래를 들려줄 것이다. 그것은 수필만이 가능하다. 수필은 우화와 왕복의 난해성보다는 솔직과 유창함을 귀하게 여기기 때문이다.

현대인의 메마른 지성에 더욱 높은 차원의 정서를 부여해야 하는 시대적 요청의 문학이 수필이다. 그러므로 수필은 미적 차원이 높은 문학적 예술로 더욱 승화될 것이다.

7. 나의 경험적 수필론

흔히 수필은 붓 가는 대로 쓰는 글이라고 말한다. 그러나 나는 이 말에 전적으로 동의하지 않는다. 수필이란 하나의 작품이다. 작품이란 주제와 소재가 갖추어져 있고 거기에다가 저대로의 의상을 입힌 것을 말한다. 이 말은 하나의 상(想)이 예술적으로 재구성되어야 한다는 말과 같다.

수필은 무형식의 형식문학이다. 즉 일정한 형식이 없다는 말이요, 형식이 외부로 노출되지 않았다는 말이지 전연 형식이 없다는 말은 아니다. 그러므로 아무렇게나 써도 된다는 말은 아니다.

수필은 자연스러운 천의무봉(天衣無縫) 그것이되 여기에 멋스러운 그릇(형식)으로 담겨 있어야 한다. 사실 여기에 수필의 어려움이 있지만, 우리가 누구나 쉽게 쓸 수 있다는 잘못된 생각을 갖기 쉽다.

수필은 항상 진실과 사실이 바탕이 되어야 한다. 여기에서 말하는 진실이란 사실 그 자체를 말하는 것이 아니다. 작자의 렌즈를 통하여 의도적으로 조직되고 구성되어야 한다.

만일 사실 그대로를 독자에게 전달한다면 그것은 수필작품은 아니다. 기사문이나 보고문과는 구별되어야 하기 때문이다. 쌀과 누룩이 하나의 사실이라면 거기에 적당한 제조과정을 거쳐 술을 빚듯 수필도 사실을 바탕으로 저대로의 사상, 감정이 무르녹아 삭혀지고 걸러지는 셈이다. 그래야 문학작품이 된다. '작품'이고자 하는 흙으로 고려자기를 빚어 만든 그 장인들의 솜씨와 정성을 배워야 할 것이다.

내가 수필을 쓸 때 이러한 문학성을 염두에 두고 붓을 든다. 말하자면 걸러낸 진실이다. 그러면서도 이렇다할 작품 한 편을 내놓지 못하고 있다. 수필이 그만치 어려운 글이기도 하겠지만 우선 글재주가 없다고나 할까.

어느 분은 내 글을 읽고 향토적 정서가 물씬거리는 글이라 한다.

사실 나는 수필을 쓸 때 토속적인 그 정감을 쓰려고 노력한다. 그래야만 글이 독자의 심장에 어필할 수 있을 것이기 때문이다. 나의 데뷔작인 「국향」도 그 중의 하나다. 국화는 시골 어느 집에서나 볼 수 있는 꽃이다. 마당 모서리에서도 볼 수 있고 후미진 울타리에서도 볼 수 있다. 그만치 국화는 흔해 빠진 꽃이다. 일부러 가꾸는 꽃도 아니다. 이렇게 천대받는 꽃이면서도 철이 되면 말없이 피어 서리 속에서 고아한 기품을 자랑하는 것이다.

이러한 국화가 좋아 나는 시골에서 전주로 이사오면서 국화만은 잊지 않앉다. 비록 비좁은 뜰이지만 마당가 이곳저곳에 구덩이를 파고 황국, 백국, 홍국 등을 사이사이 심어놓았다. 이것이 여름이 되면서 무성한 잎을 피워 내더니 그해 가을에는 새초롬하게 꽃을 피웠다.

나는 직장에서 돌아오면 이 국화를 완상(玩賞)하는 재미로 여가를 보내곤 했다. 먼빛으로 보기도하고 그것을 가까이 대어도 보고 어루만져 보기도 여러번이었다. 그러나 보면 볼수록 짙게 끌리는 정에 어느 날 상을 얻어 「국향」을 쓰게 되었다.

내 작품 가운데 가장 애쓴 역작이면 역작이다. 그렇다고 수작이라는 얘기는 아니다. 그만치 다른 작품에 비해 온갖 정성을 쏟아 얻은 작품이라는 말이다. 내가 약 서너 달을 머리맡에 두고 틈이 있을 때마다 갈고 다듬었으니 가히 짐작하리라 믿는다. 때로는 내 주변 가까운 사람들에게도 보였다.

「국향」은 그만치 쓰기 어려운 작품이기도 했다. 자칫하면 독자를 깔보거나 시답잖게 볼 수 있는 성질의 글이기 때문이다. 왜냐하면 국화는 누구나 그 청초한 고운(高韻)을 느끼는 꽃이기 때문일뿐더러 많은 문필가들의 손에 의해 고래로부터 찬탄되어 왔었기 때문이다. 그런데 내가 거기에 섣불리 건드렸다가 독자를 피로하게 만들기 십상인 소재인 것이다.

글의 서두는 중요하다. 어쩌면 그 글의 성패가 달려있는 것일지도 모른다. 이 「국향」의 경우, 우선 시각적 영상부터 떠오르게 하는 시작이래야 독자의 관심을 끌 수 있을 것 같았다. 그래서 "홀로 앉아 송엽차를 마시며 굽어보는 국향이 청아롭다"고 했다. 국화를 앞에 두고 차를 드니 국화와 내가 일체가 되는 모습의 그런 암시부터 해본 셈이다.

다음은 국화를 심어놓은 분위기를 나타내고 싶었다. 이것은 국화에 달리는 애정이기도 하다. 말하자면 상황적 흥취라 할까? 그러나 지나치게 자기도취에 빠지면 흥이 죽는다. 그러므로 들뜬 마음을 가라 앉혀야 한다. 되도록 담담한 자세로 써 갔다. 여기서 나만의 국찬(菊讚)은 자칫 과장이 되기 쉽다. 그래서 그 옛날 선인들이 국화를 즐기는 내용으로 엮어 보았다.

그리고 중반부에서 나 자신의 모습을 반영해 보았다. 그래야만 글에 생명력이 있을 것 같았기 때문이다. 찬서리 치는 국화를 들어 나의 진솔을 나타내는, 곧 나 자신의 인생의 고백인 셈이다.

국화의 현재성만 쓰면 문장이 죽는다. 옛추억을 더듬어야 한다. 그래서 지나친 감상이 아닌 그 옛날 어렸을 적 국화에 대한 이야기를 엮어 넣었다.

종결부분에서 다시 국화에 내 자신을 반조해 보았다. 되풀이해서 강조하므로 주제도 살아나고, 그러면서 글의 구성적 기복도 생겨 지루함을 느끼지 않게 되리라는 일거양득의 속셈이었기 때문이다.

한 편의 수필은 시이면서 소설이고 싶다. 그리고 나는 구수한 사랑방 냄새가 물씬거리는 수필도 쓰고 싶다.

8. 좋은 수필이란

1) 읽기에 쉬운 글이어야

수필을 쓰는 사람은 결코 독자를 저버리지 않는다. 독자가 알기 쉽게 주제가 선명하고 초점이 뚜렷한 글이어야 한다. 논리가 통하지 않는 모호한 한 편의 수필에 독자는 결코 박수를 보내지 않는다.

좋은 수필은 부담없이 읽을 수 있는 글이어야 한다. 부담없는 수필은 쉬운 문장을 말한다. 그러나 쉽다고 내용까지 평이해서는 아니 된다. 표현은 쉽되 내용은 깊고 구수해야 한다. 멋있는 문장을 쓰려하지 말고 간결하면서도 짧은 문장 그러면서 그 안에 담고 있는 뜻은 그윽해야 한다. 쉬운 회화체를 사용하여야 하고 알기 쉬운 어구를 써야 한다. 설령 철학적인 유현(幽玄)한 진리라도 표현만은 쉽고 이해가 빠르게 서술해야 한다.

베르그송의 철학책은 소설처럼 쉽고 재미있었다고 한다. 그러면서 그 속에 담고 있는 뜻은 심오했다고 한다. 그래서 많은 독자를 가지고 있었다고 한다.
 글이란 자기의 생각을 다른 사람에게 전달하는 데 그 목적이 있다. 아무리 영양가가 많은 음식이라도 그것을 먹을 수 있도록 적당히 절단하여 접시에 받쳐 놓지 않으면 먹을 수가 없다. 수필도 마찬가지다. 어떤 사람이 글을 읽고 있으면서 "알 수 없는 문장인데……" 하고 중얼거리면서 그 글은 벌써 실패작이라 아니 할 수 없다.
 당(唐)나라 시인 백낙천(白樂天)은 시를 지어 그것을 발표하기 전에 먼저 자기 집 하인에게 꼭 읽어주었다고 한다. 만약, 그 하인이 그 시를 이해하지 못하면 이해할 때까지 몇 번이고 수정한 뒤에 이를 발표했다고 한다.

 우리들이 일상생활에 있어서 어떠한 사람을 보고 교양있는 사람이라 말할 때 우리는 보통 그가 비교적 여유있는 계급에 속하고 있는 정도로 보편적인 지식도 가지고 있으며 그래서 그 사람의 행동거지가 충분히 사교적이어서 체면도 알고 범절도 있는, 말하자면 말쑥하고 세련된 사람을 예상하는 듯싶다. 그러므로 전문대학의 졸업장이나 가지고 있고 일가의 식견을 가지고 매사에 당(當)하며 유행에 뒤지지 않는 맵시 좋은 의복이라도 입고, 거기다가 간간이 영어 마디나 섞어서 왕왕히 시속담이나 하고 보면 이것으로 우리는 그를 범상인의 수준을 훨씬 넘어선 교양인으로 간주한다. 그러나 좀더 세밀히 검토할진대 이것은 교양이란 것을 순수히 외면적으로 관찰한 데서 필연히 결과된 피상적 견해라 할 수밖에 없으니 만일에 교양의 정체가 이와같은 것이라면 그러한 종류에 속하는 교양인의 이상이란 과연 무엇일까. 결국은 그들이 직업적으로 사회적으로 자기 주장을 통용시킬 수 있는 정도의 지식과 능력을 가질 수 있다면 그만이고 그런 의미에서 그들이 소위 한 문명인이될 수만 있다면 그만일 것이다. 이 때 사람은 오직 자기를 주변환경에 순응시켜 나가는 재주만 있으면 그 뿐이요, 그 때 그의 앞길을 막으며 그의 전진을 방해하는 것이란 아무 것도 없을 것이요, 그러한 조건을 구비했는지라 그는 또한 어느 곳에서나 교양인으로서의 인정을 받을 수도 있을 것이다. 그러나 이상과 같은 견해에 대하여 우리가 주의를 요할 것은 세간에는 흔히 이기적 성공만을 위하여 사는 이른 바 영달주의자의 무리가 있다는 것, 그리하여 영달주의자 공리주의자에 속하는 불유쾌한 인간전형이야말로 표면적으로는 교양인과 부합하며 일맥상통하는 점이 있다는 사실이니, 즉 교양 유무의 표준과 증좌를 외면적 인상에 둔다는 심히 위험한 소이가 이곳에 있다. 독일의 유명한 화가요 유우머리스트인 빌헤름 붓슈는 "너는 사람이 입고 있는 조끼만을 보고 그 심장은 보지 않는다"고 일찍이 말한 일이 있다. 참으로 지당한 말이다 할지니, 아름다운 허울이 반드시 좋은 심장을 싸고 있다고는 할 수 없기 때문이다. 공명정대한 비판적 견지에서 본다면, 사실 많은 사람이 얼마 가량 실용적 한계를 넘어섰다고 볼 수 있는 지식과 항상 인기를 모으고 주목을 끌기 위한 정면적인 행동으로 자기 과시를 일삼고 있다는 것은 한심한 일이라 아니할 수 없으니 그 배후에 숨어 있는 가소로운 미숙과 무내용은 도저히 감추려야 감출 수 없는 것이다.

(……)

교양인이란 사람이 그의 전 인간성과 그의 생활실천에 있어서 내적 발달돼 통일에 도달하고 표현하는 곳에서만 있을 수 있는 것이니 혹은 이성 교양, 혹은 심성 교양, 혹은 사회적 교양이 각기 완전의 영역에 달했다 하더라도 그것만으로써 교양의 이상에 도달했다고는 결코 말할 수 없다.

왜 그러냐, 가장 섬세한 영적교양이 완전한 무지와도 병존할 수 있는 반면에 고도로 순치된 정신이 내면적 공허를 배제하지 않으며 결점없는 사교형식의 숙달이 또한 흔히 자기 가정에 있어서의 그의 조야(粗野)를 엄폐(掩蔽)할 수 없기 때문이다. 이 모든 교양적 성분이 가치적으로 균형을 얻은 조화의 협력만이 오직 총체적으로 교양이란 현상을 결과시킬 수 있는 것이니 그러므로 교양이 있다는 것은 두말할 것없이 상술한 바 네 개의 교양형식이 어떤 인격을 통하여 한 개의 통일체를 실용할 수 있음을 의미하는 것이요, 그 사람의 성분성과 일면성에만 관여하는 것은 아니다. 그리하여 교양의 의미와 목적은 우리들이 타고난 소질과 능력으로부터 될수록 다각적인 통일체를 형성시키려는 데 있다. (……) (김진섭)

김진섭은 수필가로서 한국수필문단의 한 자리를 넓게 차지한 사람이다. 그의 문장은 완미(完美)하고 정밀하다. 그러나 난삽한 단어들이 간혹 섞여 문장이 통쾌하지 못한 것이 흠이다. 문장은 물이 흐르듯 통쾌하면서 쉬운 내용이어야 한다. 문장이 이어지는 가운데 리듬이 있고 리듬이 있는가 하면 그 속에 오묘한 뜻이 있고 그러면서 그 속에 윤기 있는 문맥이 군더더기 없이 이어져야 한다. 그러한 글은 독자를 편하게 해 주고 즐겁게 해 준다.

2) 간결하면서도 짧은 글

문장은 가급적 쉽고 간결하게 쓰려고 노력을 한다. 어떤 사람은 수필은 깊은 사색을 요하는 글이므로 현학적으로 어렵게 써서 몇 번을 읽고 나서야 그 뜻을 알 수 있게 해야 한다고 주장하지만, 나의 경우는 그렇지가 않다. 문인이 아닌 사람이 읽어보고도 이 정도 문장이면 나도 쓸 수 있겠다고 생각이 들 정도로 가능한 한 쉽게 쓰려고 노력한다.

또 문장은 간결해야 한다. 필요없는 설명이나 수식어가 많으면 함축성이 사라지기 때문이다. 거꾸로 말하면 아무리 뺄려고 해도 한두 단어도 뺄 데가 없을 정도로 꼭 필요한 말만을 나열토록 하고 있다.

끝까지 독자가 그 작품을 읽도록 문장을 유도해 나간다. 아무리 좋은 작품이라도 독자가 흥미를 잃고 읽지 않는다면 독자를 잃는 글이 되고 만다. 다시 말하면 문장 자체가 재미가 있거나 독자의 공감을 불러일으키는 그런 요소가 숨어 있어야 한다고 느끼기 때문이다. (정덕룡)

"나는 짧은 말과 쉬운 문구를 즐긴다." 이는 처칠의 말이다. 문장은 최대한 압축하여 짧고 간결하게 써야 한다.

수필을 쓰는 데 있어서 주제에 도움이 되지 않는 말은 과감하게 삭제해 버려야 한다. 그러고자 하면 자기가 쓰고자 하는 내용에 대한 자신감이 넘쳐야 한다. 자기도 잘 모르는 어휘를 사용한다던가 자기도 잘 모르는 문제를 전달하려 들면 자연히 표현은 혼잡해 진다. 이러한 문장은 대개 '그리고', '즉', '따라서', '말하자면', '또', '그러나' 등의 접속사가 많이 붙게 되고 '……일 것이다', '……인지도 모른다', '……라고 말했다', '……할 수 있다'. 등의 모호한 어구가 많이 사용된다. 난삽하게 표현한 글은 좋은 수필이라 볼 수가 없다.

헤밍웨이는 독자에게 쉽게 전달하기 위하여 단순 구문(構文)을 썼다고 한다. 다시 말해서 복문(複文)이나 종속문(從屬文)은 매우 드물게 썼다는 것이다.

문장이 길다보면 자칫 주제가 산만해지고 글이 지루하게 된다. 그렇게 되면 독자는 하품을 하게 된다. 간결하게 표현하는 것이 좋다.

창에 드는 볕이 어느 듯 봄이다.
봄은 맑고 고요한 것. 비원(秘苑)의 가을을 걸으며 낙엽을 쥐어본 것이 작년이란 말인가. 나는 툇마루에서 봄볕을 쪼이며 비원의 가을을 연상한다.
가을이 가고 봄이 온 것은 아니다. 가을 위에 겨울이 오고 또 봄이 온 것이다.
그러기에 지나간 가을은 해가 멀어갈수록 아득하게 호수처럼 깊어 있고, 오는 봄은 해가 거듭될수록 연륜이 쌓이고 쌓여 더욱 부풀어 가지 않는가.
나무는 해를 거듭하면 연륜이 하나씩 늘어간다. 그 연륜을 보면 지나간 봄과 가을이 하나도 빠지지 않고 둘레에 남아 글을 긋고 있다. 가을과 봄은 가도 그들이 찍어 놓고 간 자취는 가시지 않고 기록되어 있다. 사람도 흰 터럭이 하나하나 늘어감에 따라 지나간 봄과 가을이 터럭에 쌓이고 쌓여 느낌이 커간다.
(……)
늙어서 봄을 맞으며 봄을 앞으로 많이 못 볼까 슬퍼할 필요는 없다. 그동안 많이 가져본 또 하나 느는 것을 대견하게 생각할 일이다. 산에 오르거나 먼 길을 걸을 때, 십 리고 이십 리고 가서 뒤를 돌아다 보고는 내가 저기를 걸어왔구나 하고, 흐뭇하고 자랑스러운 때도 있다. 그리고 돌아다보는 경치가 걸어올 때보다 놀랍게 아름다움을 발견하는 때도 있다. 다만 지나온 추억을 더듬어 한 개의 진주를 발견하지 못하고 거친 모래알만 쥐어질 때 그것이 슬프다. 보잘 것 없는 내 과거가 항상 오늘을 슬프게 할 뿐이다.
뜰 앞에 한 그루 밀감나무가 서 있다. 동쪽 가지 끝에 파릇파릇 싹이 움돋기 시작한다. 굵은 가지에서도 푸른 생기가 넘쳐 흐른다. 미구에 잎이 퍼지고 꽃이 피고 열매가 맺힐 것이다. 집안 사람들의 기대가 사뭇 크다. 그러나 서쪽 가지에서는 소식이 없다. 나무의 절반은 죽은 가지다. 죽은 가지에 봄은 올 리 없다. 지난 겨울에 잎이 다 떨어지고 검은 등걸만 남았을 때, 혹 죽거나 아니했나 염려도 했고, 봄이 되면 살아나겠지 믿기도 했었다.
하지만, 눈보라 추운 속에서도 한 가지는 생명을 기르며 겨울을 살아 왔고, 한 가지는 그 속에서 자기를 살리지 못했던 것이다. 저 동쪽 가지의 씩씩하고 발랄한 생의 의지. 지난 겨울 석달 동안, 마음속으로의 안타까운 저항, 그리고 남 모르는 분투와 인내! 이에 대한 무한한 경의와 찬사를 보내고 싶다. 봄이 열 번 가면 열 개의 봄을 가을이 백 번 가면 백 개의 가을을 지난다.
　봄을 봄답게 지나온 봄을 회상하며 과거를 잃지 않고 되새기는 것도 우리의 생활을 풍부하게 해 줄지언정 섭섭할 것은 없다.
　다만 봄은 나를 잊지 않고 몇 번이고 찾아 와 세월을 깨우쳐 주었건만 둔감과 태만이 그를 저버린 채 헛되게 늙은 것이 아쉽고 한스러워 다시 찾아주는 봄에 죄의식조차 느낀다. 그러나 이제 발버둥쳐 봐도 미칠 수 없는 일, 고요히 뜰 앞을 거닐며 지나간 봄의 가지가지 추억과 회상에 잠겨 보는 것이다. 오늘 따라 주위는 말할 수 없이 고요하고 따스한 일광(日光)이 백금처럼 빛나고 있다. (윤오영 「봄」)

　간결한 문장이다. 회고와 사색, 정서와 지성이 조화된 글이다. 여운이 있고 표현 또한 참신하다. 밀감나무에 대한 서술은 어느 현실의 암시로서 이 글에 대한 깊이를 더하고 있다. 세상에는 어두운 현실 속에서도 자기를 키우는 사람이 있는가 하면 그것을 이기지 못하고 좌절하는 사람도 있다. 좋은 글이란 미사여구(美辭麗句)를 늘어놓은 글이 아니다. 짧은 글 속에 오묘한 뜻이 있고 짧은 문장 속에 청신한 내용을 담고 있어야 한다. 어두운 현실을 이겨내는 것도 청신한 내용 중의 하나일 것이다.

3) 강한 인상이 풍기는 글

　모든 글이 다 그렇겠지만 수필다운 수필일수록 더욱 강한 인상을 주는 글이어야 한다. 동일한 사물을 말하더라도 남과 달리 느끼고 생각하는 바가 두드러질수록 강한 인상을 준다. 이러한 수필은 생기가 넘치고 피가 도는 살아있는 글이다. 시적인 그윽한 정서가 감돌고 소설처럼 잘 짜여진 이야기가 있는가하면 웃음 속에 날카롭게 번득이는 해학이 있고 가슴을 울려주는 진리가 들어 있어야 한다.

이러한 수필이 되자면 몇 가지 조건이 따른다. 첫째 진실성이 있어야 한다. 글의 감동은 진실성에서 우러나온다. 만 가지 수식어보다 진솔한 한 마디가 우리를 감동케 한다. 문장을 아름답게 꾸미려고 하다 보면 진실과는 멀어질 수 있다. 따라서 그러한 글은 되려 우리에게 불쾌감을 줄 수도 있다.

심장에서 우러나오는 언어, 체험에서 일어나는 말이어야 한다. 글이란 억지로 만드는 데서 시들고 진실 속에서 피어난다. 아무리 잘 만든 조화(造化)라도 살아 있는 한 포기의 들꽃보다 아름답지 못하듯 잘 꾸며진 말보다는 심장에서 나온 말이어야 우리를 감동시킬 수 있다.

다음으로 수필은 예술성을 지니고 있어야 한다. 수필은 실용문이 아니다. 예술문이다. 그러므로 하나의 이야기에 그윽한 향과 운치를 돋을 수 있는 독특한 의상을 입혀 놓아야 한다. 하나의 이야기는 그대로 하나의 이야기가 아니요, 프리즘을 통과된 새롭게 탄생된 이야기어야 한다. 쌀과 누룩으로 술을 빚으면 쌀과 누룩이 아닌 맑고 톡 쏘는 술이 나오듯 감정은 잘 여과된 감정이라야 하고 사색은 잘 발효되고 정돈된 사색이라야 한다. 이러한 수필은 무우드가 있고 풍부한 정조(情操)가 있어서 작가와 독자가 하나로 된다. 문정과 문심으로 맺어지는 애틋한 사랑이 있고 피와 피가 통하는 깊은 교환(交歡)이 있다. 다음 보기에서 그런 수필을 감상해 보자.

> 어느 날 갑자기 귀가 몹시 가렵기로, 나는 새끼손가락으로 귀를 후비었다. 그러나 아무리 애를 써도 손가락 끝이 그 가려운 데까지 닿지 않아 퍽 안타까웠다. 그 때, 나는 내 새끼손가락의 무능을 퍽 탓했다.
> 그러다가 문득 보니, 성냥개비 한 개가 책상위에 흘려 있었다. 나는 얼른 그것을 집어 귀를 후볐는데 그 시원함이란 이루 말할 수가 없었다.
> "과연 네로구나."
> 나는 이렇게 감탄을 발하며 한참 시원 삼매에 침잠했었다. 아, 그러나 누가 뜻했으랴, 그만 그 귀중한 성냥개비가 자끈둥 부러지지 않는가.
> 나는 그 부러진 성냥개비를 창밖으로 짜증스럽게 내던지며, 아무 짝에도 못 쓸 것이라고 욕을 퍼부었다.

결국 나는 귀후비개를 찾기로 하고 서랍을 뒤졌다. 마침 찾을 수가 있었기 때문에, 나는 상쾌한 한때를 즐기면서 귀후비개의 공로를 찬양했다.
　　그러다가 나는 문득 내 새끼손가락을 생각했다. 가려운 때까지 닿지 않는다고 타박받은 손가락이다. 그리고, 성냥개비를 생각했다. 한참 시원할 때 요절해서, 아무짝에도 못 쓸 것이라고 욕을 먹은 성냥개비다.
　　나는 좀 반성하기로 하고, 우선 내가 그들을 타박하고 욕한 것은 정당했나 스스로 물어보았다. 언뜻 정당한 것 같았지만, 나는 참 쉬운 점 한 가지를 잊고 있었다. 그것은 다른 게 아니라, 손가락이나 성냥개비는 결코 귀를 후비기 위해서 만들어진 게 아니라는 사실이었다.
　　나는 새끼손가락의 본래의 임무를 알지 못한다. 그러나, 최소한 이것이 없으면, 성냥개비와 귀후비개를 태산만큼 가졌다 할지라도 나는 손가락 병신임을 면하지 못할 것이다.
　　성냥개비의 임무는 불을 켜는 데 있다. 그러니까 성냥개비가 그 자신의 실수나 못남으로 하여 불을 일으키지 못할 때에만 나는 성냥개비를 욕할 수 있다.
　　이렇게 생각하니 좀 미안스러웠다. 해서, 나는 새끼손가락을 어루만지고, 창밖에 내던진 성냥개비를 주워다가 성냥갑을 찾아 그 안에 잘 넣어 두었다. 반쪽 남은 몸으로나마 한스러움 없이, 그 본래의 기능을 발휘할 수 있는 기회를 가지라고. (정진권「귀를 후비며」)

　　기발한 착상이다. 이러한 착상은 그리 쉽지 않다. 맥맥히 흐르는 문장 속에 우리들이 살아가는 현실의 암시가 있다. 경쾌한 문장 속에 강한 인상을 주는 글이다. 오늘날 우리가 이러한 수필을 읽을 수 있다는 게 얼마나 고마운 일인가. 빈곤하지 않는 문장, 경쾌한 문장, 기발한 착상 그것이 정진권의 수필의 장점이다. 누구나 겪어본 사실, 가끔 느껴본 현실이다. 그러나 이렇게 멋있는 글로써 써보지는 못했던 것이다. 무엇이나 미치는 곳에 글이 있다는 것도 우리는 깨달을 수 있다.

　　일본에서 실제로 있었던 이야기라고 한다.
　　어떤 사람이 집의 벽을 수리하게 위해서 뜯었다. 일본집의 벽이라는 것은 그들의 말로 소위 '오가베'라 하여 가운데에 나무로 얼기설기 대고 그리고 그 양쪽에서 흙을 발라 만드는 것으로서 속이 비어있게 마련이다.
그런데 그 벽을 뜯다 보니까 벽 속에 한 마리의 도마뱀이 갇혀 있더라는 것이다. 그 도마뱀은 그저 보통 갇힌 것이 아니라 어쩌다가 벽 밖에서 안으로 박은 긴 못에 꼬리가 물려 꼼짝도 못하게 갇혀 있더라는 것이다. 집주인은 그 도마뱀이 가엾기도 하려니와 약간 호기심이 생겨 그 못을 조사해 봤다. 집 주인은 놀랐다. 그 도마뱀의 꼬리를 찍어 물고 있는 못이 바로 십 년 전 그 집을 지을 때 벽을 만들며 박은 못이었던 것이다. 그렇다면 어떻게 되는 것일까? 그 도마뱀은 벽 속에 갇힌 채 꼼짝도 못하고 십년을 살아온 셈이 된다. 캄캄한 벽 속에서 십 년간! 그건 정말 놀라운 일이 아닐 수 없다.
캄캄한 벽 속에서 십 년간이란 긴 세월을 살았다는 것도 놀랍다. 그런데 그렇게 꼬리가 못에 박혔으니 한 걸음도 움직일 수 없는 그 도마뱀이 도대체 십 년간이나 그 벽속에서 무엇을 먹고 산 것일까? 굶어서? 그럴 수는 없다.
집 주인은 벽 수리 공사를 일단 중지했다.
"이 놈이 도대체 어떻게 무엇을 잡아 먹는가?" 하고
그런데 어떤가. 얼마 있더니 어디서 딴 도마뱀 한 마리가 먹이를 물고 살금살금 기어오는 것이 아닌가. 집 주인은 정말로 놀랐다.
사랑! 그 지극한 사랑! 그 끈질긴 사랑! 그 눈물겨운 사랑! 그러니까 벽 속에서 꼬리가 못에 찍혀 갇혀 버린 도마뱀을 위하여 또 한 마리의 도마뱀은 십 년이란 긴 세월을 비가 오나 눈이 오나 한결같이 먹이를 물어 나른 것이다.
그 먹이를 물어다 준 도마뱀이 어미인지, 아비인지, 그렇지 않으면 부부간 혹은 형제간인지, 그것은 알 길이 없다. 그러나 그것을 반드시 알아야 할 필요는 없다.
나는 그 말을 듣고 그 숭고한 사랑의 힘에 뭉클했다. (이범선)

기발한 사건에서 착상한 충격적인 수필이다. 표현도 깨끗하다. 윤오영(尹五榮)은 이 글을 짜임새있는 촌필이라 했다. 그리고 말이 간결하다고 했다. '사랑! 그 지극한 사랑! 그 끈질긴 사랑! 도마뱀은 십 년이란 긴 세월을 비가 오나, 눈이 오나 한결같이 먹이를 물어 나른 것이다.'에 이 글의 핵심이 있다. 그렇다 짧은 글속에 오묘한 뜻이 있고 오묘한 인생의 살아가는 진리가 담겨져 있다. 어느 겨울날 들어보는 찬찬한 내용속에 된장찌개 같은 맛이 있다.

4) 즐거움을 주는 글

　수필을 읽는 첫 번째 이유가 즐거움에 있다. 시답잖은 무미건조한 글이라면 누가 그 글을 읽을 것인가. 수필의 최대의 매력(魅力)은 즐거움을 얻는 데 있다. 깊이 있는 내용, 한 자 한 자 잘 다듬어진 문장은 마음을 한없이 즐겁게 한다. 오늘날 조잡한 수필들이 베스트셀러로 읽히는 것도 아나 마음에 즐거움을 주는 그 재미 때문일 것이다. 재미있고 내용 또한 충실하다면 그것은 금상첨화가 아닐까.
　그러나 재미만을 얻기 위해서 에로틱한 문장이나 선정적인 내용을 담는 것은 자칫 품위를 잃기 쉽다. 수필은 최대의 재미를 살리되 문학적 정서를 유지해야 한다. 한번 읽고 나면 싫증을 느끼거나 읽고 나면 시간과 더불어 잊어버리는 수필이란 우리에게 즐거움을 주었다고 할 수 없다. 좋은 수필이란 우리 머리 속에 영원히 기억되는 수필이라고 해야 할 것이다.

　　　　한 달쯤 전의 일이다.
　　　　한 젊은 부인이 찾아왔다. 전부터 잘 알고 있던 부인이다.
　　　　찾아온 목적은 자기 남편을 위한 걱정 때문이었다.
　　　　그 부인의 남편은 서울의 일류 대학교를 졸업했다. 그런데 그는 아버지로부터 물려받은 재산이 많기 때문에 별로 하는 일 없어도 잘 지낼 수 있는 형편이었다. 부동산에서 들어오는 수입으로 자가용을 굴리면서 잘 살고 있다.
　　　　처음 결혼했을 때는 이 부인도 남편의 여유있는 생활을 좋게 여겼다. 매달 5백만원 정동의 고정수입이 있으므로 모든 점에서 여유있고 편히 살 수 있었기 때문이다.
　　　　친구들은 모두가 이 부인의 이러한 팔자를 부러워했다. 아무 걱정도 없이 편안히 잘 살 수 있다는 사실이 얼마나 큰 행복이냐고 했다.
　　　　그러는 동안에 두 애기를 갖게 되고 남편의 나이는 30을 넘기게 되었다.

어느 날 이 부인은 평소의 생각을 남편에게 타진해 보았다. 당신 친구들은 모두 직장에서 열심히 일하고 있는데 당신도 어떤 직장이 있어야 할 것이 아니겠느냐고 의견을 꺼낸 것이다.

남편의 대답은 언제나 비슷했다. 직장에 가 보았댔자 50만 원 정도의 월급인데 지금 수입이 얼마나 좋으냐는 것이었다.

그러나 부인의 생각은 달랐다. 대학 교육까지 받은 사람이 사회에서 무근 일이든 해야지, 부모의 유산만 의지하고 허송세월을 한다면 사는 의미를 어디서 찾겠는가는 뜻이었다. 사람이 일을 하는 것은 꼭 수입을 올리기 위해서만이 아니라, 일이 귀해서 일을 하는 것이 아니냐는 것이었다.

그러면 남편은 의례히 하는 말이 있다. 꼭 직장을 가져야만 일하는 건가는 대답이었다.

이런 대화를 여러 번 나눈 부인은 할 수 없이 나를 찾아 온 것이다.

(……)

결국 그 부인이 얘기하는 결론과 부탁은 다음과 같은 것이었다.

연초에 남편과 같이 세배 겸 우리 집을 방문할 예정이니까 그때 기회가 닿으면 남편의 장래를 위해 직장이나 직업을 갖도록 권고해 달라는 것이었다.

나는 그 부인이 돌아간 뒤에 한참동안 그 부인의 심정을 되씹어 보았다. 남편을 사랑하기 때문에 충분히 가질 수 있는 생각이다. 떳떳한 직업이 없이 40을 넘긴 뒤에는 자녀를 대하기에도 민망스럽고 친구들 사이에서는 열등의식을 느끼게 될 것이며 젊은 세대들 앞에서 자랑스러움을 지니지도 못하게 될 것을 생각한다면 그 부인의 생각은 정당한 것이다.

(……)

그래도 그 남편은 행복하다. 남편을 진심으로 아껴주는 어진 아내가 있기 때문이다.

그러나 아직도 우리 주변에는 남편과 더불어 인생을 즐기면 된다는 식의 사고방식을 가진 가정주부들이 얼마나 많은가. 사랑하는 아들 딸들이 그 남편과 같은 처지가 되기를 원하는 부모의 수는 또 얼마나 많은가.

돈보다는 일의 존귀성을 아는 사회가 속히 되어야 하겠다. (김형석 「아내의 지혜」)

체험에서 나온 경세적인 수필이다. 막연한 관념적 미문보다는 우리 주위에서 일어난 예화가 훨씬 우리에게 생생한 감동을 준다. 내용은 사소한 일에 불과하다. 그러나 긴장미를 띠고 독자를 끝까지 이끌어가고 있다. 이것은 하나의 단일한 이야기를 긴밀하게 구성해 놓은 작가의 뛰어난 솜씨의 탓이리라. 인간은 어떻게 살아가는 것이 바른 길인가를 생각게 한다.

5) 품격이 넘치는 글

사람에게 인격이 있듯이 글에도 인격이 있다. 그것이 바로 글의 품격이다. 품격이 없는 글을 우리가 흔히 속문이라고 한다. 여기에서 글의 품격이란 것이 윤리적인 것만을 지칭하지는 않는다. 유치한 감정의 피력이나 야비한 표현이나 저속한 내용을 말한다. 다시 말하자면 천(賤)하지 않아야 한다는 것이다. 잡된 세상사의 일을 글로 쓰되 그대로 쓰지 않고 밝은 눈으로 여과시켜 품위있게 써야 한다. 이것이 심안이다. 난을 쓰면 여기에 향(香)이 머물러야 하고 인생을 그리되 사랑이 깃들어야 한다. 돌을 노래하면 바람이 머물러야 하고 산을 그리면 계곡의 물소리가 깃들어야 한다. 남녀의 애정을 그리되 일정한 간격이 있어야 하고 지난날의 연정을 묘사하되 고아하고 담백한 그리움이 머물러야 한다. 그것이 글의 품격이다.

상허(尙虛)는 그의 「문장강화」에서 "품위가 있을 것. 그러나 겸허한 경지라야지, 초연해서 아는 체, 선(善)한 체, 체가 나와서는 능청스러워지고, 능청스러워선 오히려 품위는 천해지고 만다."고 했다.

재미있고 솔직하게 쓴다고 해서 천속(賤俗)하게 써도 된다는 말은 아니다. 글을 읽고 나서 오래도록 방향(芳香)이 가슴 속에 넘치는 글이어야 한다. 글을 읽고나면 반드시 글귀에 작가의 고아한 정신세계가 떠올라야 한다. 필자의 정신세계에 대한 공감이기 때문이다. 따라서 빈약한 정신세계를 가지고 좋은 글을 쓰기에는 무리가 아닐 수 없다. 그러므로 자연을 묘사하고 사물의 기밀을 포착하려면 대상에 밀착하여야 하고 사상성이 심원해야 한다. 그러면 그 글은 성공한 글이다.

'농촌에는 물이 있어요. 물 잡수러 오세요. 미큰한 수통물, 찝찔한 펌프물이 아닌…'

이런 편지를 읽고서 석천(石泉)에서 자란 생선같이 싱싱한 순아의 팔뚝을 생각했다.

순박하고 숭글숭글하면서 별로 말수도 없는 소녀가 약간 장난기를 띤 말투로 가끔 나를 놀라게 했다.

이 편지도 어느 세련된 글 솜씨로도 생각 못할 한 마디가 그대로 불쑥 나와 나를 웃기게 했다.

(……)

나는 심심할 때면 순아를 붙잡고 이런 이야기를 듣는 것이 설없이 즐거웠다. 순아는 그 때 열 일곱 살인가 그랬을 것이다.

어느 날 무교동(武橋洞) 다방을 들렸다. 레지가 차를 가져다주는 데 보니 분명 순아다.

'너 순아 아니야. 웬 일이냐?'

하고 물었더니, 씩 웃고는 말이 없다.

때마침 손이 붐벼서 오래 머물게 할 수도 없었다. 나도 바빠서 이윽고 일어서야 했다.

순아의 모습은 많이 변해 있었으나 그 숭글숭글한 태(態)와 아직도 가시지 아니한 순박한 촌티는 남아 있다.

그 후 나는 일부러 그 다방을 찾아 갔다. 순아를 만나보자는 것이었다.

그러나 순아는 보이지 않았다.

순아의 성이 이가(李哥)라는 것을 나는 까닭에 '미스 리'라고 물어도 아는 이는 없었다.

지금 이 다방에 없는 것만은 사실이고 날마다 드나들다시피 하는 레지라 저희끼리도 서로 모르는 모양 같았다. 또 별로 대단치 않게 묻는 낯선 손님의 말에 그 이상 생각해 가며 대답할 흥미도 없을 것이다.

파주(坡州)서도 외딴 마을 살구나무가 서 있는 순아네 초가집을 생각해 본다.

그 집 싸리문 밖에 있는 몇 그루의 당댑싸리와 마당 앞에 옥수같이 흐르는 물, 그 물이 흘러서 고인 우물에서 보리를 대끼고 있는 순아, 웃으며 바가지에 물을 떠주던 그 미끈한 팔, 이런 것들이 생각난다.

사실 순아는 독립된 한 개인이라기보다는 그 집 마당의 살구나무와 싸리

문 밖의 당댑싸리와 맑은 샘물과 한데 있어야 할 배치된 자연의 일부이어야 할 것만 같은 생각이 든다.

(……)

나는 어느 친구에게 끌려서 비교적 조용한 술집을 찾은 적이 있다. 매우 귀엽게 보이는 젊은(어린이라 할까) 여인이 들어와서 술을 따라 주었다.

'너 고향이 파주 아니냐?' 라고 물었더니 '네 어떻게 아세요?' 한다.

'나는 너희 집을 잘 안다. 살구나무 선 집.'

'참 그래요.' 묻는 족족 맞아들어가는 바람에

'너 순아 아니야.' 했다.

'참 어떻게 아세요? 제 이름이 순아예요.' 한다 그래서 나는 올 때까지 그녀를 순아라고 불렀다. 그녀도 친절하기보다도 정숙하게 굴었다. 내가 일어서려니까 언제 또 오려느냐고 물었다.

'글세……' 하고 대답했더니

'이런 데 잘 아니 오시는가 봐.' 하고 제멋대로 판단을 내린다. 왜냐고 물었더니 약주를 잘 못하니까 그럴 것이라는 것이다. 그것은 물론 옳게 본 말이다.

'안녕히 가세요.' 인사를 하고 나서도 내 손을 가만히 쥐며

'순아 잘 있거라, 해 주지 않아요?' 하고 응석 투로 속삭였다. 나는 나오면서 내가 왜 그를 순아라고 했는지, 그녀는 왜 또 순아인 체했는지, 정말 그녀의 이름도 순아이었는지 그런 실없는 생각을 해 봤다.

그러나 내가 순아를 생각하는 것은 단순한 인간인 순아가 아니요, 그 외딴 마을의 자연의 일부로서의 순아다. 그런 까닭에 그 파주 살구나무 집에 순아가 없다면 실로 공허한 풍경이요, 그 배경을 잃는다면 순아 될 게 없다. 그 술집에 순아가 있다 해도 그것은 또 별다른 순아다.

(……)

'농촌에는 물이 있으니 물 먹으로 오라.'는 초대장은 어느 시인(詩人)이 감히 따를 풍류인가.

그런 소녀의 모습이 서울 다방에 나타난다는 것은 자연의 붕괴(崩壞)요, 시인의 운명(運命)이 아닐까.

나는 그 후 파주 그곳이 군대 막사가 되고 많은 처녀들이 놀아나서 서울로 왔고, 미군 부대를 에워싸고 가지각색 벌이로 생활해 가는 사람들과 많은 여

인들의 군상이 한 시장을 이루었다는 말을 들었다.
　이제는 한 폭의 사라진 풍경이다. 그림자나마 이 글에 머물러 있으라.(윤오영 「순아」)

　순아에 대한 상념을 그린 작품이다. 감상이나 값싼 동정에 치우치지 않고 고상한 품위를 유지하고 있다. 다방가나 술집의 순아가 아니고 자연의 일부로서 인격있는 순아다. 교만하지 않고 초연하지 않은 채 인간으로서 순아를 그리는 작가의 고상한 인격을 접하기에 손색이 없다.

　　결혼한 지 그럭저럭 10년이 됐다. 맞선을 보았을 때와는 달리 어느 사이 아내는 늑대가 되어 버렸다. 말하지 않아도 나의 일거일동을 환히 꿰뚫어 본다. 자연히 매력이라고는 느낄 데가 없다. 그렇다고 딴 여자에 이끌려서 그런 것은 아니다. 허리통이 굵어진 것에서부터 매력이 없지만, 한 가지에만은 이끌리지 않을 수 없다. 그것은 공개할 수 없는 매력이다.
　　(……)
　　아무튼 결혼이란 것은 남자가 아내에게 얽매이는 일이다. 10년을 살아오면서 반은 애정이었지만 반은 의무적이라는 느낌이다. 그러나 때때로 아내 이외의 여성의 미를 생각해 볼 때가 없지는 않다. 이것은 남녀간이 서로 같은 생각일지도 모른다. 이런 굴레를 벗어보려는 생각이 결국은 파탄을 몰고 온다. 간혹 보도되는 사례는 그런 이유에서일 것이다. 사회질서 유지를 위해 법으로 규제하는 것일 뿐, 불륜의 속성은 누구에게나 있다고 봐야 하지 않을까.
　　지난 달이었다. 당일로 돌아올 출장길에서, 일을 못다 마치고 할 수 없이 하루를 묵고 돌아왔다. 들어서자 아내의 표정이 심상치 않았다. 그리고 거침없이 말이 나왔다. 혼자서 재미보며 다니라는 얘기다. 놀라운 것은 자기인들 못볼 줄 아느냐며 사뭇 공갈조로 윽박지른다. 버선목이라 뒤집어 보일 수도 없이 그저 변명 아닌 침묵만을 지켰다. (……) (회사원)

　작품 전체에 속기가 더덕더덕한 유치한 문장이다. 특히 '혼자서 재미보며 다녀라'라든지 '자기인들 못볼 줄 아느냐'는 등의 표현 등은 감정이 전혀 걸려지지 않는 비속하기 짝이 없는 표현이다. 이러한 글은 읽기에도 낯부끄럽지마는 읽어도 우아한 맛을 느낄 수가 없다. 수필에 있어서 가장 배제해야 할 요건이다.

6) 솔직하면서도 진솔한 글

  수필의 최대의 매력은 진솔이다. 그러므로 솔직하면서도 구수하게 써야한다. 담담하면서도 거짓없이 자기를 털어 놓아야 한다. 유머스러우면서도 지성적인 감각이 있어야 한다. 그렇다고 공연히 꾸미거나 자기를 내세우는 것은 금물이다. 그것이 수필의 매력을 살리는 길이다. 매력 없는 수필은 이미 수필로써 실격이다.
  과장되지 않은 이야기 속에 번득이는 기지가 있고 그윽한 방향(芳香)이 흐르는 수필이라면 일급이다. 한 편의 수필을 펼쳤을 때 단숨에 읽어버리는 것도 이러한 수필이다. 모든 글들이 다 그러겠지만 우선 재미가 있어야 한다. 재미는 수필의 향(香)이요 맛이다. 그 재미는 지성을 촉구하는 재미요 사랑을 느끼는 맛이다.

    저녁을 먹고 나니 퍼뜩퍼뜩 눈발이 날린다. 나는 갑자기 나가고 싶은 유혹에 눌린다. 목도리를 머리까지 푹 눌러쓰고 기어이 나서고야 말았다.
    나는 이 밤에 뉘 집을 찾고 싶지는 않다. 어느 친구를 만나고 싶지도 않다. 그저 이 눈을 맞으며 한없이 걷는 것이 오직 내게 필요한 휴식일 것 같다. 끝없이 이렇게 눈을 맞으며 걸어가고 싶다.
    이 무슨 저 북구 노르웨이서 잡혀온 처녀의 향수이랴.
    눈이 내리는 밤은 내가 성찬을 받는 밤이다. 눈이 이제 제법 대지를 희게 덮었고 내 신바닥이 땅 위에 잠깐 미끄럽다. 숱한 사람들이 나를 지나치고 내가 또한 그들을 지나치건만 내 어인 일로 저 서백리아(西伯利亞)의 눈오는 벌판을 혼자 걸어가고 있는 것만 같으냐.
    가로등이 휘날리는 눈을 찬란하게 반사시킬 때마다 나는 목도리를 푹쓴다. 이제 그만 집으로 돌아가야겠다고 느끼면서 내 발길은 좀체 집을 향하지 않는다.
 기차 바퀴 소리가 유난히 크게 들린다. 지금쯤 어디로 향하는 것일까. 우울한 차간이 머리에 떠 오른다. 그 속에 앉았을 형형 색색의 인생들—기쁨을 안고 가는 자와 슬픔을 받고 지나가는 자를 한자리에 태워 가지고 이 밤을 뚫고 달리는 열차—바로 지난해 정월 어떤 날 저녁 의외의 전보를 받고 떠났던 일이 기어이 슬픈 일을 내 가슴에 새기게 한 일이 생각나며, 밤차 소리가 소름이 끼치도록 무서워진다.
 이따금 눈송이가 뺨을 때린다. 이렇게 조용히 걸어가고 있는 내 맘 속에 사라지지 못한 슬픔과 무서운 고독이 몸부림쳐 내가 견디어 내지 못할 지경인 것을 아무도 모를 것이다.
 이리하여 사람은 영원히 외로운 존재일지도 모른다. 뉘 집인가 불이 환히 켜진 창 안에선 다듬이 소리가 새어 나온다.
 어떤 여인의 아름다운 정이 여기도 흐르고 있음을 본다. 고운 정을 베풀려고. (노천명)

 사무실 소녀에게 경주행 '새마을호' 승차권을 부탁했을 때, '금연실'로 하라는 말을 깜빡 잊었다. 그러나 사 가지고 온 차표를 보니 다행히 금연실의 번호가 찍혀 있었다. 내가 담배를 피우지 않는다는 사실을 염두에 두고 소녀 스스로의 판단으로 금연석을 선택한 것이리라 짐작하고, 내심 고맙게 생각하였다.
 담배 연기에 대한 나의 피해의식은 거의 병적이다. 담배가 몸에 해롭다는 소리가 그리 요란하기 전까지는 나도 객초(客草)와 재떨이를 준비해 놓고 손님이 오면 내놓는 예절을 지키며 살았다. (……)
 차에 올라서 지정된 자리에 앉았을 때 곧 이어서 옆자리의 승객도 나타났다. 50세 전후의 남자였다. 가방을 들고 뒤를 따라온 젊은이가 짐을 선반에 얹어 놓고 안녕히 다녀오시라며 깊숙한 절을 하였다. 자신만만한 표정으로 '응'하며 고개만 끄덕이는 폼으로 보아 회사 사장이나 고급 공무원일 것이라는 짐작이 갔다.
 옆자리의 승객은 밖에서부터 물고 온 담배를 계속 피우고 있었다. 나는 그것이 못마땅하였다. 담배 연기도 싫었지만, 돈이나 권력이 있는 사람들이 규정을 무시하는 거만한 태도에는 더욱 견디기 어려운 것이 나의 깔고장한 성미이다.

나는 주저하지 않고 말을 걸었다.
"이 칸이 금연실 아닙니까?"
"아닙니다."
그의 대답은 간단하고 무뚝뚝했다. 나는 그럴 리가 없다고 생각했지만, 그의 단호한 어조에 약간 기가 죽어서 더 이상 말을 잇지 않았다. 그러나 옆자리 손님은 피우던 담배를 한두 모금 더 빨고 서둘러 비벼 껐다.
그 뒤에 얼마 안 가서 옆자리 손님은 호주머니를 뒤지더니 은단으로 보이는 것을 입속에 털어넣었다. 꿩 대신 닭을 사용하고 있음을 짐작하고 약간 미안한 생각이 들었다. 그럴 것 없이 담배를 피워도 좋다고 선심을 쓸까 했으나, 다른 여러 승객들의 의사를 무시하고 나 혼자 선심을 쓸 권한이 없다는 생각이 떠올라 잠자코 있었다.
그 뒤에 10분도 못 가서 옆자리의 손님은 다시 호주머니에 손을 넣더니 이번에는 은단 아닌 담배를 꺼내어 불을 당겼다. 나는 모르는 척했다. 나의 양해도 구하지 않고 당연하다는 표정으로 피우는 모습이 좀 못마땅하기는 했지만 참기로 하였다.
그 다음에는 그는 또 한 번 은단을 입에 물었다. 그리고 5분도 안 가서 다시 담배를 피우기 시작했다. 은단이 중간에 들어가니 줄담배라고 말하기는 어렵지만 50보 100보라는 느낌이 들었다. 주위를 돌아보아도 다른 좌석에서는 담배를 태우는 사람이 보이지 않았다. 역시 우리를 태운 객차가 금연실임에 틀림이 없다는 심증이 굳어졌다.
그러나 심증만 가지고는 마음이 놓이지 않았다. 승무원에게 물어서 확인하고 싶은 충동을 느꼈다. (……)
승무원을 찾아갈 일은 또 한 가지 있었다. 좌석의 의자를 뒤로 제끼고 싶었으나, 종전에 탔던 때의 의자와 구조가 달라서 뜻대로 되지 않았다. 평소 같으면 옆자리 승객에게 물어 보는 것이 순서겠지만 담배 연기로 인하여 미묘한 사이가 된 터이라 의자를 움직이는 방법도 승무원에게 물어 보는 것이 마음 편할 것 같았다.
나의 좌석은 객차의 앞쪽에 가까운 곳에 있었다. 맨 뒷좌석까지는 한참 걸어야겠다. 중간까지 걸어갔을 때 저 끝에 빨간 제복을 입은 여자 승무원의 모습이 보였다. 내 예상이 들어맞은 것이 신통해서 기뻐하는 순간 방심이 되었던지, 흔들리는 열차 속에서 겨우 균형을 유지하며 의자 사이를 누비던 내 몸이 기우뚱하였다. 맥주잔을 들고 있던 한 승객 위로 아주 덮칠 뻔하다가 가까스로 몸을 가누기는 했으나, 기겁을 한 맥주잔이 피하는 순간 그것을 든 승객의 무릎 위에 엎질러졌다. 나는 당황하고 비참한 몰골이 되어 미안하다는 말과 함께 머리를 조아렸다. 맥주잔의 중년은 일본사람인 듯, 말을 하지 않고 몸짓으로 괜찮다는 시늉을 하였다.
　맨 뒷좌석에 앉았던 여승무원은 옆자리의 승객과 잡담을 하고 있었다. 나는 먼저 의자의 작동법부터 물어 본 다음에, 금연차가 몇 호 객차냐고 하는 것을 지나가는 말처럼 물어 보았다. 그런데 여승무원의 대답은 나의 기대를 완전히 배반하고 현재 2호차는 남은 좌석이 없다는 말까지 하였다.
　맥이 풀려서 내 좌석으로 돌아오고 얼마 안 가서 열차는 대전역에 도착하였다. 옆자리의 애연가가 선반에서 짐을 내렸다.
　"여기서 내리십니까?"
　"예."
　"아까는 실례가 많았습니다."
　"아닙니다."
　중년 남자의 대답은 무뚝뚝한 가운데 그 태도는 여전히 자신만만하였다.
　(……) (김태길)

　앞의 글은 가벼우면서도 그윽한 맛을 안겨주고 있고 뒤의 글은 해학과 풍자를 안겨주고 있다. 앞의 「설야」는 곱고 청신한 필치로 눈오는 날 저녁의 고독을 술회하고 있다. 정서적 고독이다. 「금연석」은 생활수필로서 기차간에서 담배 때문에 겪은 사건을 조화있게 그렸다. 문장도 곱고 부드럽다. 후반부 결미가 인상적이다.

9. 좋지 않은 수필이란

　좋지 않은 수필이란 좋은 수필의 조건에 위배되는 수필이라고 볼 수 있다. 즉 내용이 저속하고 표현이 미숙한 수필을 말한다. 이러한 수필은 대개 내용이 편협하고 독창성이 없으며 추상적이다. 그리고 독단적이며 독선적이고 비인도적인 표현의 수필을 말한다. 이러한 수필은 순수하고 깨끗한 정성의 흐름을 맛볼 수도 없고 신비롭고 환상적인 수법이나 폭넓은 사색이나 수준 높은 지성적 미감을 맛볼 수 없다. 즉 조화를 잃은 잡글이다.

1) 표현이 졸렬한 글

　아무리 좋은 내용을 담고 있더라도 표현이 졸렬하면 그 글은 문학적으로 실패한 것임은 자명한 일이다. 우리 나라는 입시위주의 교육으로 인하여 작문교육이 제대로 이루어지지 않아서 올바른 문장을 쓰는 이가 드물다. 그래서 쉽게 표현할 수 있고 간단히 몇 마디로 기록할 수 있는 것도 난삽하게 표현하거나, 장황하게 늘어놓아 독자를 괴롭히는 수가 있다. 무엇보다도 문장을 익숙하게 표현하려는 진지한 노력이 필요하다. 수필이란 안이한 감정에 빠지기 쉬운 인간 정신을 일깨워 주는 신선한 생활의 활력소라 할 때, 효과적인 표현으로 독자의 가슴에 전달되지 않는 글은 그 의미가 없는 것이다.

　　　우리 학교 교정 안에는 나이 먹은 버드나무가 성큼성큼 서 있어 버드나무 학교나 되는 듯한 학교 경관이다.
　　　버드나무는 얼핏 습성이 천하고 지저분하여 그 흰털이 바람에 흩어지면 동리 사람들의 의를 상하게 한다.
　　　매달 열리는 반상회에서의 버드나무를 베어달라는 진정 때문에 교사 뒤편 인가(人家) 부근의 나무는 긴 가지를 모조리 잘라내어 아예 다른 나무처럼 돼 버렸으니 억지이다.
　　　교정 안의 버드나무는 서늘하여 학생들의 좋은 휴식처가 되고 의지가 된다. 도심에서 멀리 도망가는 매미소리, 까치 소리를 불러 들여 한층 더 아름다운 학교의 운치를 더해 준다.
　　　나무그늘 벤치에 앉아 친구들과 도란도란 이야기 꽃을 피우거나, 독서도 하고 때로는 깊이 생각하는 학생들의 흥미와 열심을 바라볼라치면 섬연한 여심(女心)을 가꾸어가는 진지한 모습이 엿보인다. 자질구레한 나뭇가지가 조그만 바람에도 유리창을 훑날리는 2·3층 교실수업은 숲속 다락방에서 공부를 하는 숲속 학교의 기색이고 이른 아침부터 저녁 늦게 특별 학급의 수업까지 이어지는 선생님들 고달픈 노고에도 생기를 불러일으킨다.

(……)

또 어느 가을날 점심시간에는 버드나무밑 벤치에서 한 학생이 고독에 잠겨 있는 것을 발견하였다. 가만히 그 쪽으로 가서 말을 건네니 어제 저녁에 읽은 소설의 주인공이 너무나 슬프고 안타까워 공연히 자신도 모르게 슬퍼진다고 눈물을 글썽대어 혼자 앉아 있었다.

그 학생과 더 이야기를 나누고 싶었지만 시작을 알리는 '차임' 소리에 교실로 놓치고 말았다.

감수성이 예민한 아름다운 여고시절이라지만 한 편의 문학작품을 읽고 눈물을 적시는 순수한 감정을 교정 안에서 발견하기는 이번이 처음이었다.

다음 날 그 학생이 읽은 소설을 찾아 읽고 그 학생을 만나러 버드나무밑으로 가보았지만 그 학생을 만나지 못하였다.

주인공이 슬프기도 하였지만 무성한 나뭇잎을 서서히 베고, 섬세한 가지마다 다른 계절을 준비하는 쓸쓸한 버드나무가 그 학생을 더 감상에 젖게 하였는지 모른다.

마음 속에 아담한 버드나무 한 그루를 혼자 심고 가꾸는 다정다감한 학생이라 느껴지며 교정 안의 의젓한 버드나무같이 순량한 여학생으로 성장할 것이라고 믿어진다.

(……)

바람이 없는 날, 푸른 기운을 교정 안에 잔잔히 뿌리는 버드나무는 늘 조용하고 그리움을 만들어주는 여학생들의 정자나무이며, 학생들을 열심히 가르치는 선생님의 위안의 그늘인 것이다.

덩치 큰 5층 교사를 보일 듯 말 듯 파란 자락으로 반만 가리워 수줍은 가지를 흔들어 대는 버드나무는 언제 보아도 정숙한 여인의 숨결같이 평화롭기만 하다.

지난 학년초 우리반 학급회에서는 '까치' 독서회를 만들어 아침저녁으로 버드나무아래 둘러앉아 독서를 열심히 하여왔다.

이제 우리반 까치떼들의 독서소리가 버드나무 위로 '까악, 까악!' 날리게 되고, 졸업도 하여 사회에 나가 여러 곳에서 많은 일을 할 것이라는 생각을 가져보니 버드나무는 학생들의 좋은 장래를 은밀하게 약속하여 주고 예쁜 여학생을 성장시키는 희망의 나무란 생각이 든다. (양×× 「버드나무 아래서」)

핵심을 잡을 수 없이 산만하면서도 표현이 졸렬하다. 특별한 내용도 없는 것을 가지고 너무 길게 늘어놓았다. 애매모호한 내용을 삭제하여 원고지 8매 정도로 줄였으면 한다.

2) 교훈적이며 자기를 내세우는 글

수필의 생명은 정감이다. 정감있는 표현, 정감있는 분위기, 정감있는 뉘앙스를 자아내는 글은 일단 성공한 작품이다.

독자들은 무미건조한 글을 읽기를 싫어한다. 정감에 차 있는 무드있는 글을 좋아한다. 설명적이고 교훈적인 글은 정감을 주지 못한다. 간결하게 쓰되 무우드가 있고 글 밖에 교훈이 담겨있는 글이어야 독자의 심금을 울린다. 직설적이고 단도직입적인 작품은 독자의 감정에 무리를 가하고, 자기 주장을 강하게 나타내는 교육적인 글은 독자의 자존심을 건드린다. 감정에 무리를 가하고 자존심을 건드리는 수필이란 좋은 수필이라 할 수 없다.

　　미인(美人)은 태어날 때부터 생겨진 것이 아니라 창조되는 것이다. 그러나 어떻게 창조하느냐가 더욱 중요하다.
　　화장품의 질 여하에 있는 것도 아니요 미용법의 기술의 고하에 있는 것도 아니요 무엇보다도 마음 여하에 있는 것이며 마음을 아름답게 지니는 것이 언제까지나 아름다움을 간직하는 미용이라고 믿는다.
　　언제나 얼굴에 미소를 가지자. 남자들이 어떻게 볼까? 하는데 목표를 두지 말고 다만 있는 그대로 되었을 때 의외로 여성은 자기의 모습을 찾게 된다.
　　자기 자신의 모습을 찾았을 때 여성은 자연히 여성 본래의 아름다움이 나타난다.
　　(……)
　　여성은 용모의 미에만 의지해서는 안 된다. 지성이 빛나는 미 그것이 우리들이 진실로 희망하는 미이며 사랑에 의하여 심화된 미야말로 여성에게 더욱 숭고한 느낌을 준다. 사랑의 깊이로 매력을 나타내는 용모도 있다.
　　언제나 마음의 화장을 잊지 말라. 마음은 용모에 나타난다. 고귀한 용모는 고귀한 마음과 고귀한 행위에서 나타난다.

　행복감에 빛나는 얼굴만큼 매력적인 것은 없다.

　기쁨은 마음의 화장이요, 용모가 아름다워지기 위해서는 항상 자기의 마음 속에 사랑이 넘치도록 힘써라.

　행복은 누가 가져다 주는 것이 아니다. 자기가 만들어야 한다.

　생명의 미소는 아름답다. 아름다운 얼굴을 지니려면 외부 화장 여하가 문제가 되지 못한다. 내부 의식이 아름다워지지 않으면 안 된다. 남을 미워하거나 원망하거나 하면 아무리 최상의 미인이라도 근육과 피부의 움직임에 추한 그늘이 나타난다.

　아름다운 용모를 가지는 비결은 희망과 이상을 가져야 한다. 기쁨과 즐거움을 지녀야 한다. 더욱 중요한 것은 남을 미워하지 말아야 한다. 불평불만을 간직하여서는 안 된다.

　화장을 전적으로 반대하고자 하는 생각은 아니다. 화장의 농도에 대한 자각이 문제가 된다. 시각도 청각도 점점 둔화되어 간다. 음악의 음도 점점 높아지는 것도 문제 중의 문제이지만 일상생활에서 평소의 화장의 농도가 점점 짙어가는 것도 문제이다.

　피부를 보호하기 위한 한도 내에서 벗어난 짙은 화장은 노후의 피부에 돌이킬 수 없는 손실을 가져온다는 것쯤 상식적으로 알아야 한다.

　자기를 감추고 자기를 숨기고 가장해서 진가를 얻기란 지극히 어려운 것, 허점이나 약점은 쉽게 노출되기 마련이며 뒤늦게 발견된 약점은 몹시 실망을 준다.

　얼굴에 미소를, 마음에 즐거움을 가지자. 이것이 내가 즐겁고 남도 즐거운 미용법이다. (「미(美)」)

　우리는 역사의 방향을 근원적인 차원에서 보고 거기에서 다시 세계적인 시야에서 우리가 처해있는 위치를 돌아보아야 한다. 어디까지나 한국이라는 공간은 세계라는 공간 속에 있는 부분이기 때문이다.

　오늘의 시대는 세계 속의 한국이라는 점을 명백히 하지 않고는 한국문화만을 독립시키고 고립시켜 생각할 수 없다. 우리 문화의 현실과 현재의 문화적 혼란에 대한 뼈아픈 반성과 자각이 심하게 요청되는 실정이다.

　(……)

　인간이 선과 진실을 추구하면서 살아간다는 것은 편리하거나 즐겁거나 이

익이 많은 것보다도 반대로 불편하고 손해가 많고 고통을 당하는 일이 더 많은 것을 알면서도 그것이 진실하기 때문에 오직 진실하다는 이유 하나로 모든 고난과 희생까지도 각오하면서 외로운 인간의 길을 선택하여 살아오신 우리 선조님들의 인생에 대한 지혜가 없었다면 수백 차례의 외국 침략을 승리로 이끌지 못하고 백의민족으로 살아남지 못하고 말살되고 말았을 것이라는 것은 상상하고도 남는 일이다.

역경과 고난 속에서 수 많은 외침(外侵) 속에서 국토를 지켜주신 선조님들의 지혜에 존경과 흠모의 정을 느껴야 한다. 그러나 말로는 선과 진실과 애욕을 부르짖으면서도 행동은 유행과 관습에 순응하고 눈치보면서 아첨과 뇌물로 출세하여 적당주의 밑에 정의와 진실이 짓밟히고 자신에게 이익만 된다면 수단방법을 가리지 않고 치부한 자는 똑똑한 자요 치부를 못하는 자는 무능한 자로 불리워지고 도의를 지켜 진실하게 살려는 사람은 융통성이 없는 샌님으로 멸시를 당하는 일이 하나라도 있어서는 안 된다. 만일 모든 인간들이 자기 이익과 자신의 편리만을 주장한다면 자기 이익을 위해서는 남을 경계해야 되고 자기 주위를 넘어보지 못하게 높은 담을 쌓고 살아야 한다. 이렇게 되면 결국 인간 불신과 인간소외 속에서 우리라는 전체가 파멸되는 결과를 초래하는 길이다.

우리의 현실이 다소 어렵고 부조리한 일들이 있다고 하더라도 나만은 바르게 진실한 인생의 성(城)을 쌓고 고고하신 옛 선비의 자태로서 현실의 십자가를 지고서 국가 백년대계(百年大計)의 기틀을 굳고 튼튼하게 만들기 위해 살아간다는 사명감을 가지고 살아야 한다. (「자신을 아는 길」)

중고등학생들에게 주는 것 같은 교훈적인 글이다. 이러한 글은 일반 독자들에게는 어울리지 않는 글이다. 문장표현도 지루하고 조잡하다. 글을 쓰는데 주의할 일이다.

3) 개성이 없는 평범한 글

수필에는 언제나 남이 아직 표현하지 못한 말, 남이 아직 찾아내지 못한 말을 독창적으로 써내야 한다. 남들이 이미 표현한 말은 싱겁다. 남들이 수없이 반복한 단조로운 문장은 지루하다. 글은 새로운 세계를 발견하여 자아의 렌즈를 통하여 자기의 목소리를 내야 한다. 선인들이 이미 관용어처럼 썼던 것을 새롭게 찾아낸 양 떠들어 대는 신진들의 실수가 발견될 때도 있다.

신선한 자기 목소리를 갖지 못하고 유사한 목소리를 담은 수필들이 있는가 하면 안일한 감상에 빠진 너즈레한 목소리로 독자들을 기만하려는 수필들이 있다. 깊이 반성할 일이다.

> 나는 심술쟁이여서 주위 사람들이 '찬성'이라고 말하면 '반대'라고 말한다. 또 '찬성'에 손을 들라고 하면 '반대'쪽으로 손을 든다. 일부러 그러는 것은 아니고, 왜 그런지 사람들과 틀리는 짓을 하고 싶은 성격 때문인 것 같다.
> 물론 옳고 나쁜 것은 별도로 치고 요컨대 솔직히 말해서 좋은 일이든 나쁜 일이든 간에 나는 남에게 조금이라도 눈에 띄는 것을 좋아하는 때문인 것만 같다.
> 그렇기 때문에 찬성한다는 의견을 낸 사람이 부모이든 친구이든 간에 반드시 한번은 반대 의견을 내세우고 만다.
> 말로 하지 않고 마음속으로 말하는 것도 있다. 대부분의 사람들은 어느 한 사람이 뭐라고 말하면 그 말에 그대로 따라가 버린다.
> 내가 심술쟁이가 된 것은 그런 사람에 대한 반발심에서 나타나게 된 것인지도 모를 일이다. '모든 사람과 똑같이 행동하는 것이 가장 무난하다'라는 말을 나는 싫어한다. 그렇기 때문에 일상생활에서 득을 보기보다는 손해를 보는 일이 아무래도 더 많다.
> 나는 손해보게 된 것을 자랑하고 싶다. '당신들과 똑같은 일을 하다가 실패한 것이 아니라, 내 주장대로 행동하다가 결과적으로 실패하게 된 것뿐'이라는 데 대해 기분이 상쾌해지기까지 한다.
> 그러므로 나는 조금은 나라는 인간을 이해할 수 있는 것이라고 생각한다.
> 어떤 방법이든 간에 자기 자신을 이해한다는 것은 중요한 일이다. 이런 것을 하지 못하는 사람은 외모는 사람이지만 마음은 동물이나 다름없는 것이라고 생각한다. (「××社報」)

추상적이면서 수다스럽다. 함축성도 없고 호소력도 없다. 쐬어있는 사상의 추가 지리멸렬(支離滅裂)하면서도 부자연스럽다. 신선한 감각, 새로운 표현이 한 군데도 없다. 이러한 글을 악문 또는 속문이라고 한다.

기성작가들 가운데도 전통적인 방식에 염증을 느낀 나머지 신기한 방향을 천착하는 경향이 있다. 즉 종래의 전통적인 방식을 뒤집어 놓는 것이다. 하나의 자구(字句)를 전도시킨다든가 위에 놓을 자를 아래로 내려놓는 방식으로 상궤(常軌)를 벗어나게 하여 자기만의 독특한 목소리를 만드는 것이다.

이 세상 모든 초목이 땅에 뿌리를 박고 줄기를 뻗는 데는 공통되지만 그 냄새와 맛이 각각 개성으로 나타나듯 문장도 문자를 통하여 기술하는 데는 공통되지만 그 수사나 기교는 개성에 의해서 나타난다. 대체로 사람마다 그 성정(性情)이 다르고 창작에도 그 방법이 서로 다른 것이다. 그러므로 장기적인 문장의 수련을 통해서 자기의 개성적인 목소리를 찾아야 한다.

4) 무재결한 글

시가 그렇듯이 수필 또한 언어의 절제 속에 탄생하는 것이며 그 작품의 깊이란 그 절제 속에 우러나는 맛이 있어야 한다. 무절제한 언어 구사는 독자에게 혐오감을 준다. 언어의 홍수 속에서 살고 있는 우리에게 무절제된 언어를 제공하는 것은 또 하나의 문자 공해라고 할 수 있을 것이다. 최다의 말을 최소한으로 표현할 수 있을 때 수필의 생명력을 발견할 수 있을 것이다.

구정(舊正)에 성남시에 살고 있는 집안 동생이 자가용 택시를 몰고 왔다. 놀랍게도 고급승용차인데 작년 가을에 구입했다고 한다. 오랜만에 찾아온 동생이지만 나도 모르게 이맛살을 찌푸리고 나무랬다.
이제 겨우 의·식·주를 해결했다는 소식을 작년 이맘때 들었는데 벌써 부자가 되었다는 말인가. 아무리 서울이 돈벌이가 좋다지만 이렇듯 경제성장이 빨리 되었다는 것일까. 시골에만 처박혀 있는 나로서는 선뜻 이해가 가지를 않았다. 아무튼 벼락 부자가 되었다손 치자. 10여 년 전에 잘못 사업에 손을 댔다가 파산을 당하고 수년동안 그저 건달 생활을 하다시피 했던 처지였었다. 그랬던 것이 재기의 계기가 되었던지 성남시로 혈혈단신(孑孑單身) 떠난 것은 5·6년 전 일이다. 성남시로 옮겨간 동생은 선견이 있었던지 그 곳에서 설계사무실을 개소하였다. 신흥도시의 붐에 설계사업이 그대로 적중되어 기반을 구축하고 남부럽지 않게 살고 있다는 말을 들은 지가 일 년밖에 안 되는데 어느새 고생했던 시절을 잊고 나태와 사치가 깃들었다는 생각이 들어 야박스럽게도 정면으로 나무랬다.
  그랬더니 동생은 오히려 나를 보고 우물안 개구리란다. 너무도 세상물정을 모르는 글방 선생님이라고 고소(苦笑)를 머금고 서울 생활을 설명하고 나섰다. 서울에서 사업을 할려면 자가용은 손과 발이라고 전제하고 나서 생활 수단의 필수품이라고 했다. 듣고 보니 하기야 그럴 듯 했지만 나는 시원스러운 실감이 나지를 않았다. 설마하는 생각이 앞을 서기 때문이었다. 이로부터 한, 두달이 흐른 어느 초봄 이른 아침에 벽천화백으로터 전화가 왔다.
  전화의 내용인즉 여러 가지 형편상 자가용 세단을 하나 구입했다는 이야기였다. Y지방대학과 서울에 D대학 등 강의에 나가다 보니까 시간에 쫓기고 작품활동에 막대한 지장을 초래하기 때문에 구입했다는 것이다. 정초에 다녀간 성남시에 있는 집안 동생과는 분야는 다르지만 생활수단의 필수품이라는 점은 동일했다. 상용 생활신조로 삼았던「副族知足이면 有餘足이고 足而不足이면 尙不足이라」는 가난을 자위했던 고어가 오늘따라 웬일인지 무색하게만 느껴졌다. 같은 현주소(예술문화)에서 어떤 사람은 자가용차(세단)를 사는데 날마다 원고지와 씨름했자 답보상태이고 보면 당초 이 길을 선택하지 말았어야 할 일인데 하고 후회마저 해봤다.
  이런 일이 있을 후 얼마 안 되어 대전 M대학에 나가고 있는 박선생이 찾아왔다. 외국관광이 아니고「말레지아」에서 연구발표 모임이 있는데 출국에 앞서 인사차 왔다는 것이다. 이래서 몇 친지들과 장도에 오르는 박선생을 축하하기 위해 저녁식사를 하게 되었는데 박선생이 처음 외국을 가는데서 여러 가지 외국에 대한 상식들을 화제로 삼았다. 모인 사람중에는 이 근래 동남아를 다녀온 분도 있었고 유럽, 아메리카 등 대부분이 외국을 다녀온 체험을 가지고 있었다. 그래서 외국의 사회 경제 문화 예술 등 이모저모의 이야기로 꽃을 피웠다.
  이야기는 외국으로 줄담음 쳤다. 이 근래에 외국에 못간 친지들도 왜정시 일본, 만주, 중국, 남방(동남아) 등을 다녀온 체험들이 풍부했다. 이렇게 되자 외국을 한 번도 못간 나 혼자만이 난감해졌고 우물 안 개구리였다. 친지들이

자랑삼아 늘어놓는 외국의 기이한 풍물들 그리고 술과 여인상 등을 듣고 있
노라니 은근히 화가 났다. 옛날 얼마든지 외국에 갈 수 있었는데 못 가고 말
았던 것이 얼마나 절통한 일인지 모를 일이다. 청년시절 그러니까 왜정시절
얼마든지 외국에 갈 수가 있었는데 못가고 말았다. 그것은 삼대독신으로 외
롭게 태어나신 선친께서 베푸신 배려 때문에 끝내 뜻을 이루지 못하고 말았
던 일들이다. (……) 나의 사정을 잘 아는 친구는 그동안 만주에서 사시는 자
기 숙부에게 나를 만주로 갈 수 있도록 주선을 부탁했는데 그게 잘 되었다면
서 서찰을 꺼냈다. 어제 회답이 왔다는 것이다. 얼마나 고대했던 반가운 소식
이었는가 모른다. 우리는 술을 마시며 면밀하게 계획을 세웠다. 이번이야말
로 꼭 출국하는데 성공을 해야겠다고 굳게 결심을 했었다. 그런데 또 실패를
하고 말았다. 서울역까지는 무사했는데 서울역을 출발해서 얼마 못 가서 지
면이 있는 왜경에 의해 다시 고향으로 되돌아오는 쓰라림을 당했다. 물론 뒤
에서 아버님의 조종 때문에 청운의 꿈은 수포가 되었다. 얼마나 안타깝게 울
며불며 통탄을 했는지 지금도 생생한 추억으로 남아 있다.
 그런지 일 년도 못 되어서 8·15 광복을 맞이하고 얼마 후엔 남·북을 분
단하는 38선이 그어지고 국제정세의 소용돌이 속에서 외국의 꿈은 사라지고
고향에서만 살다보니 결국 우물안 개구리가 되고만 셈이다.
 (……)
 우물안 개구리보다는 몇천 배나 큰 거물인가 적어도 동양 최고최대의 방
죽 개구리가 되었으니 말이요! (「우물 안 개구리」)

 수필 문장에 있어서 무엇보다 정제(精製)와 재결(裁決)이 요구된다. 정제는
문장의 구상을 규범하는 것이고 재결은 군더더기의 말을 제거하는 것이다.
목수가 먹줄로 줄을 긋고 불필요한 부분을 도끼로 깎아내듯 문장에 있어서도
생각을 선명하게 하기 위해서는 정제와 재결 과정을 거쳐야만 좋은 글이 된
다.
 사람이 생각을 기술하는 데는 먼저 문자를 연결해서 구를 만들고 구(句)를
중첩해서 장(章)을 만든다. 그러므로 완전한 문장이 되려면 그것을 구성하는
각 장에 결함이 없어야 하고 각 구에 티가 없어야 한다. 그러한 문장은 정제
와 재결이 된 글로서 우아한 내용이 부합되어 아름다움으로 나타난다.

제4부 수필 창작의 기본 원리

1. 좋은 글쓰기

 누구든 좋은 글, 아름다운 문장을 쓰고 싶지 않은 사람은 아무도 없을 것이다. 그러나 마음대로 되지 않는 게 글이다. 막상 어떠한 경험이나 경험을 글로 쓰려고 하면 대개는 두어 줄 쓰고 나면 생각이 막히고 만다. 그때 자기는 영 글재주가 없는 사람이라고 섣불리 단정하여 버리는 경우가 있다. 이것은 큰 잘못이다. 사실은 그 사람에게 글재주가 없는 경우가 있다. 이것은 큰 잘못이다. 사실은 그 사람에게 글이란 많이 써 보는 가운데 느는 것이요, 문장을 다듬어 보는 가운데 향상된다.
 학문은 근면에 달렸다. 그래서 옛날의 선비들은 송곳으로 머리를 쪼아 가며 공부를 했다. 필력의 함양 역시 그와 같은 노력이 뒤따르지 않고는 소기의 성과를 거둘 수 없을 것이다. 그러기에 그 옛날의 육방옹(陸放翁)은 수천 수의 작품을 남겼지만 8천 수가 넘는 작품을 쓴 뒤에야 글을 발표하고 구양수는 단 다섯 자를 쓰기 위하여 수십 배의 파지를 냈다고 한다. 그만한 정성, 그 많은 노력이 뒤따르지 않고는 결코 좋은 글을 쓸 수 없다.
 그런데 이 세상 모든 사람들은 두서너 달, 몇 편의 글을 써 본 경험을 가지고 자기는 수필을 쓸 수 없는 사람이라고 속단해 버리거나 또는 완벽한 작가인 양 처신해 버리는 경우가 있다. 얼마나 어리석은 행위이며 위험한 생각인가. 이는 글쓰는 사람으로써 지극히 주의해야 할 금기 사항이라 하지 않을 수 없다.

물론 사람이 때에 따라 생각이 잘 풀릴 때가 있고 그렇지 않을 때가 있다. 생각이 막히고 정신이 혼돈될 때는 대개 글이 잘 풀리지 않을 때가 있다. 마음이 맑고 평화로울 때는 글이 술술 잘 풀린다. 이러한 현상은 누구에게나 있는 일이다.

문장 수련에 있어서 무엇보다도 중요한 것은 그 사람의 마음가짐이다. '해 보겠다는 의욕', '기필코 이룩하겠다는 다짐'이 그것이다. 이러한 정신이 선행된 가운데 문장 수련을 하면 반드시 좋은 결과를 얻으리라 믿는다.

그리고 문장 공부를 할 때는 정통적인 작품을 규범으로 삼아야 할 것이다. 뿌리가 든든한 나무는 바람에 흔들리지 않듯이 문장 또한 정통적인 문장으로 본을 삼으면 그 지엽 또한 무성하리라 생각한다. 그러므로 초보자는 반드시 좋은 선생을 찾을 일이요, 좋은 작품을 가지고 공부할 일이다. 아무튼 튼튼히 문장을 익힐 일이다. 대강대강 공부해 가지고 문단에 나서는 것은 본인이나 문단의 명예를 위해서도 지극히 불행한 일이다.

> 소설을 쓰고 있지만 돌이켜 생각해 보면 나는 어려서부터 문장을 쓰는 것을 별로 좋아하지 않았다. 누구나 소녀 시절에는 한 번쯤은 일기를 쓰는 일에 도전을 하기도 하지만 나에게는 그런 경험이 없다.
> (……)
> 그런 내가 왜 문장을 즐겨 쓰는 소설가가 되었을까? 그것은 자라면서부터 무엇인가를 말하고 싶어서였다. 마음속에 떠오르는 생각이라든가. 머리에 떠오른 자기만의 영상들에 대하여 무슨 일이든 하고 싶어진 것이다. 그러한 생각들을 어떤 형태로든 나타내 보고 싶어졌다. 다시 말해서 표현 충동이 발동을 한 것이다. 그때 만약 나에게 붓을 사용할 능력이 있었다면 그림이 되었을 것이다. 악기를 다룰 능력이 있었으면 음악을, 카메라를 다룰 줄 알았다면 사진이 되었으리라. 그러나 나는 그때 펜을 선택했다. 머리 속에 떠오른 영상을

표출하는 데는 문장으로 꾸미는 것이 제일 적합하다고 생각한 것이다.
　목적이 있어서 펜을 쥐었다. 이것이 바로 나의 문장 수업의 동기이다. 우선 쓰고 싶은 것이 있었다. 쓰고 싶은 생각이 문장보다 앞선다. 다 쓰고 싶은 생각을 다그쳐 썼을 뿐이다.
　(……)
　문장을 쓰다가 생각대로 써지지 않을 때는 반드시 소리를 내어 읽어 보았다. 그러면 어딘가 구어로서의 무리한 점을 발견할 수 있다. 부담을 느끼기도 한다. 수필이든 소설이든 타인에게 전하기 위한 또는 설득하기 위한 짧거나 긴 이야기가 아닌가. 다만 쓰고자 하는 것의 테마나 진행에 따라 그 이야기의 진행 방법이나 언어의 선택 방법을 생각하면 되는 것이다.
　이와 같이 문장을 쓰다가 뜻대로 되지 않거나 막힐 때에는 단순하게 소박하게 쓰고자 노력했다. 근본적으로 문장이란 내용과 유리되어 독단으로 존재하는 것은 아니다. 무엇을 쓸 것인가를 결정하고 나면 자연히 문장은 써지게 마련이다. 지금의 나는 그렇게 믿고 열심히 쓰고 있다. (村田善代子 作, 이병남 역 「표현 충동이 일깨운 문장」)

　앞의 글에서 본 바와 같이 유명한 작가도 처음에 글을 쓸 때에는 생각이 잘 풀리지 않아서 곤혹을 겪은 경험을 볼 수 있다. 그러나 부단히 노력하고 부단히 투쟁한 끝에 오늘의 대작가가 되었을 것이다.
　재능은 선천적이지만 그러나 문장의 수련으로 얼마든지 그 선천성을 뛰어넘을 수 있다. 천재가 따로 있는 것이 아니요, 그 노력의 결과라고 볼 때 문장의 수련은 바로 대작가가 되는 첩경이다.
　또한 문장 수련 과정에서 빼놓을 수 없는 것이 독서다. 남의 글을 많이 읽는다는 것은 자신의 정신 세계, 경험 세계를 넓혀주는 척도이기도 하지만 좋은 문장과 접해 볼 수 있는 좋은 기회이기도 한 것이다. 그러므로 독서는 문장 수련의 선행 조건이면서 그 결과이기도 하다. 그리고 작가의 양식이기도 하다.
　그리고 수련 과정에 있어서 자기의 작품을 남에게 읽히고 평을 받는 것은 좋은 방법이 될 것이다. 그러므로 자기와 가까운 주위에 있는 사람과 동호인을 만들어 작품집을 내는 것은 문장 수련의 좋은 한 방법이라 하겠다.

오늘날 잡문은 있어도 수필은 없다는 말은 제대로 수련과정을 거치지 않고 작품을 발표하기 때문에 그러한 말들이 발생하는 현상이다.

그 다음으로 문장의 수련 과정에서 또 빼놓을 수 없는 것이 퇴고와 교정이다. 한 편의 글은 적어도 다섯 번 이상 다듬고 고칠 일이다. 처음부터 한 번 읽어 보고 고치고 또 읽어 보고 고치기를 적어도 5회 이상할 때 필력이 함양된다는 것을 깊이 명심할 일이다.

오늘날 등단한 작가 가운데 아직 문장 수련이 덜된 작가가 눈에 많이 띈다. 등단 후에도 계속 지도를 받으며 공부해야 할 것이다. 내 생각으로는 한 작가가 되기 위해서는 집중적으로 적어도 5년 이상의 수련기간이 필요하다는 생각이다. 물론 작가의 재능에 따라 약간의 차이는 있겠지만, 대작가가 되는 길은 많이 읽고, 많이 쓰고, 많이 생각하는 길밖에 없다는 것을 가슴에 새겨주기 바란다.

2. 창작은 모방에서

제아무리 훌륭한 예술가도 그의 창작은 모방에서 출발한다. 말하자면 모방이 아닌 창작은 존재하지 않는다. 플라톤 역시 창작을 이데아에 대한 모방으로 설명한다. 어린이도 말을 터득하기까지 많은 시행착오의 모방을 거치면서 말을 배우게 된다.

수필 역시 특수한 기교에 이르려면 처음엔 모방을 하는 일이다. 모방은 제2의 창작이다. 우리가 글씨 공부를 시작할 때 서예교사의 글씨본을 가지고 글씨를 익히듯이 수필을 쓰는 일도 남이 써 놓은 글을 모방하는 데서부터 출발하여야 한다.

우리가 만일 아름다운 관광지를 찾아갔다고 하자, 거기에는 맑은 호수도 있을 것이요, 멋지게 자라난 나무며 꽃들이 피어 있을 것이다. 그러나 그것을 막상 붓을 잡고 그리려고 하면 우리가 의도하는 대로 붓이 움직여주지 않듯이 글 또한 마찬가지다. 우리가 예정지에서 보고 느낀 것을 아주 정감있게 표현하고자 했지만 막상 써 놓은 글은 엉뚱한 방향으로 흐르고 만다.

글씨는 근육 활동이 발달되어야 명필이 될 수 있으며, 수필은 정감과 사상이 잘 다듬어져 있어야 좋은 수필이 될 수 있다. 정감은 감정을 떠날 수 없고 사상은 언어를 떠날 수 없다. 그러므로 수필을 쓰기 전에 옛 사람들의 좋은 문장을 익숙하게 읽어야 하며 그것을 소리내어 맛을 즐겨야 한다.

고금을 막론하고 위대한 예술가나 작가는 모방에서부터 시작했다. 미켈란젤로가 그랬고 셰익스피어가 그랬다. 미켈란젤로는 반평생을 로마의 조각을 연구하는 데 소비하였고 셰익스피어는 모방과 개작으로 반평생을 보냈다.

> 시문이 대를 지나면서 변하는 것은 어쩔 수 없다. 일대의 문이 오랫동안 전례를 쫓으면 사람들은 이 말을 용납하지 않는다. 이제 천 수백년이 흘렀어도 일일이 고인의 낡은 어투를 모방해야만 시가 되지 않는가? 그런고로 비슷하지 않으면 시가 되지 않고 비슷하면 나(我)를 잃는다.(詩文之所以代變, 有不得不然者, 一代之文沿襲已久, 不容人忍人皆道此語, 今此千數百年矣, 而猶取古人之陳言――而模倣之, 以是爲詩可乎? 故不似則失其所以爲詩, 似則失其所以爲我). (顧炎武 「日知錄」)

모방의 핵심을 지적한 글이다. 그렇다. 글이란 모방에서 출발하고 모방에서 완숙된다. 하지만 모방이 글의 전부라면 또한 자기 그 글은 자기 글이 아니다. 글이란 모방에서 출발하지만 깊은 영혼의 울림에서 완성되어야 한다. 그리고 그 영혼은 작가의 깨달음, 즉 터득에서 나온다.

우리가 피천득의 수필을 좋아한다고 하자. 그리고 그의 수필들을 무척이나 많이 읽었다고 치자. 그래서 우리가 쓰는 글마다 피천득과 비슷한 글이 되었다고 치자. 그러나 걱정할 필요는 없다. 우리는 우리 목소리가 아닌 피천득의 목소리여도 좋고 이백의 목소리여도 상관없다. 아직 자기의 목소리를 갖지 못한 초보자가 피천득의 목소리를 갖는다는 게 그것마저 갖지 못한 사람에 비해 백번 났다.

그러므로 초보자는 다른 사람의 글을 흉내내고 그 사람의 목소리를 모방하자. 설령, 자기 자신의 스타일을 갖지 못했다고 불안해 할 필요는 없다. 누군가를 모방하고 있지나 않나 해서 부끄러워할 필요도 없다. 수필 뿐만이 아니라 모든 문학이란 사실상 보이지 않는 모방의 연출인 것이다. 대단한 작가라고 해서 하루아침에 구름 속에서 불쑥 여의주를 낚아챈 작가는 이 세상 그 누구도 없다. 그들도 누군가의 작품을 모방하는데서 출발했고 지금도 무엇인가 모방하는 데서 착상을 하고 있다는 것을 알아야 한다. 제아무리 유명한 작품이라도 사실은 누군가의 작품의 등에 얹혀 창작된 것이다. 다만 그 기교와 구멍에 눈치를 채지 못했을 뿐이다. 그러나 어찌 문학뿐이랴. 모든 창작은 반드시 어떠한 이유로든지 모방이 개입되게 마련이다. 다음 글을 참고 삼아 읽어보자.

지난해 청량음료 시장에서 선풍적 인기를 독차지했던 '맥콜'이란 보리 음료의 텔레비전 광고가 한국방송광고 대상을 수상했다. 다른 작품들과 큰 점수 차를 내면서 대상을 차지한 이 광고는 이미 많은 시청자들의 공감을 받았다. 한때 '아하'란 외국 유명 록 그룹의 영상음악 필름과 표현기법이 유사하다는 소문이 자자하였으나 이 광고는 시청자들에게 상품에 대한 이미지를 심어 주는 광고 목표를 초과 달성한 뚜렷한 역작으로 주목을 받았다. 나는 한국 방송광고 대상 심사위원으로서, 또 직접 광고를 만드는 제작자로서 이 광고가 가지고 있는 작품성에 대해 여러 가지 생각해 볼 기회가 있었다. 나를 포함한 방송광고 대상 예심위원들은 항간의 소문대로 이 작품이 모방과 표절에 불과한 것인지 아니면 순수한 창작품인지를 따져 보기 위하여 문제의 '아하' 영상음악 필름을 직접 상영해 보았다. 그리하여 그 광고가 과연 표절을 했는지, 또는 단순히 영향을 받은 정도인지를 공개적으로 토론하고 그 결과에 따라 본심에 올리기로 의견을 모았다.

그 필름을 본 결과 심사위원들은 '맥콜' 광고가 그 영상 음악필름의 영향을 받은 것은 분명하지만 최종적인 결과를 놓고 보면 모방에 그치지 않고 오히려 더 격상된 분위기로 재구성되었다고 판단하여 이 광고의 작품성을 인정했다. 또한 많은 시청자들이 이 광고를 보고 신선한 충격을 느낄 수 있었던 자체를 외면할 수 없다는 의견이 대부분이었다. 그래서 이 광고는 예심을 통과할 수 있었고 본심에서도 예심에서와 비슷한 내용의 토론을 거쳐 심사위원들의 투표에 의하여 대상을 차지했다.

이 경우는 모방과 창작을 구분하는 선을 가늠함에 참고가 되는 주목할 만한 사례가 아닐 수 없다. 어떠한 아이디어도 하얀 백지 위에서 뭉게구름처럼 스스로 피어오르지는 않는다. 인간은 무엇을 보거나 듣거나 만져 보거나 하는 행위를 통해서 그것을 재구성하는 사고를 하게 된다. 더 크게 해보고, 뒤집어 보고, 반복시켜 보고 하는 시도를 통해 새로운 창조의 가능성을 발견하게 된다. 대상을 차지한 맥콜 광고도 이러한 경우로 이해될 수 있는 작품이라고 생각된다. 우리 나라의 상업광고 제작에 종사하는 많은 사람들이 맥콜 광고가 사용한 방법론에 동의하였지만, 이에 반대하는 입장을 가진 사람들도 있었다. 즉, 이 작품이 '아하'의 영상음악 필름과 구별되는 요소가 있긴 하지만 원작과의 연고를 부정할 수 없으며, 우리 나라의 광고 수준을 대변하는 방송광고 대상 수상작이라면 완전한 창작성을 갖춘 작품이어야 한다는 주장이다. (……)

이러한 몇 개의 사례를 보더라도 우리는 모방과 창작을 구별 짓는 것이 어디까지인지 정확히 결론내릴 수 없음을 알 수 있다. 그리고 기존의 작품에 쓰인 아이디어나 상상력을 절대로 다른 사람이 다른 작품에 사용할 수 없다면 모든 예술과 학문의 발전은 크게 위축될 것이다.

(……)

1982년에 나는 서울올림픽 디자인을 위해 해외조사 여행을 했는데, 그때 만난 일본의 디자이너 우사꾸 가메꾸라 씨는 뮌헨 및 멕시코대회의 올림픽 휘장이 자신이 디자인한 도쿄대회의 그것에서 큰 영향을 받았다고 주장했다. 그러나 그의 주장대로라면 오륜 마크 위에 달같이 떠있는 삼태극의 좌우 동형 구도를 갖춘 서울 올림픽의 휘장도 그의 영향을 받은 것이라는 말이 된다. 결국 누구나 자신의 척도를 기준으로 하여 어떤 작품이 다른 작품의 영향을 받았는지를 가늠하고 있는 것이다. (윤오섭 「광고에 나타난 창조와 모방」)

이 글에서도 모방이 하나의 창작임을 우리는 알 수 있을 것이다. 이것은 결국 사람들은 남의 것에서 어떤 착상을 얻게 되는 것이다. 그것은 예술뿐만이 아니고 과학도 종교도 그런 면에서는 같은 길을 걷고 있음을 우리는 알아야 한다.

특히 우리의 한시단(漢詩壇)은 대개 이백이나 두보의 시를 모델로 한 모방작이었음을 알아둘 필요가 있다. 그리고 산문 역시도 마찬가지였다는 사실을 우리는 기억해 둘 필요가 있다. 모방이 결코 수치가 아님을 알고 명문장을 읽어 둘 일이다.

내가 아는 작가 한 사람은 좋은 글을 얻기 위해서 유명한 작가의 수필전집 12권을 필사하는 방법으로 공부했다고 한다. 그리고 필사하면서 마음에 드는 문장은 별도로 메모해 두고 외웠다고 한다. 이렇듯 그는 철저한 모방으로 수필을 공부했고 수필의 작법을 익혔다는 것이다.

    그러나 어떻게 한단 말인가. 지금이나 그때나 글쓰는 일에 무슨 딴 방법이 있으며, 샛별처럼 길을 인도하는 지침이 어디에 있단 말인가. 그런 것은 아무 데도 없었다.

    생각다 못해 나는 닥치는 대로 글을 베끼기 시작했다. 남의 글로 행세한 죄를 벗기 위하여, 다시 죄짓기를 거듭하는 어처구니 없는 일을 저지르기 시작한 것이다.

    그러나 그 길밖에는 달리 방법이 없었다. 무턱대고 베꼈다. 그때 우리 또래가 보는 ≪새벗≫이라는 잡지가 있었는데, 그걸 놓고 그냥 베꼈다.

    제목이 '달'인 글은 '별'로 바꿔 놓고 베끼고, '나무'인 글은 '숲'으로 바꿔 베끼고…… 그러다가 중학생들이 보는 ≪학원≫이라는 잡지를 놓고는 말을 바꾸어 넣어 가면서 베끼고…… 베끼는 것이 지루하면 그 글들을 흉내내서 또 지어 보고……

    (……)

    그러나 나를 옥죄는 의무감 때문에 시작한 일이 차츰 재미가 생기기 시작했다. 그렇게 어렵기만 한 일도 아니구나 하는 생각도 들기 시작했다.

    그러나 남의 것을 흉내내고 있다는 죄책감은 여전히 나를 괴롭혔다. 그것은 거듭 죄짓기였다.

아니다, 그렇지 않다. 그것은 죄가 아니었다. 지금 이 글을 읽는 사람이 아직 어린 학생이라면 나는 그 길을 권하고 싶다. 혹은 글을 어떻게 써야 할지를 모르는 사람이 있다면 그에게도 같은 말을 하고 싶다.

베껴라, 남의 글을 철저히 흉내내라. 그것이 글쓰기의 출발이다.

생각해 보자. 어린이가 세상에 나서 말을 배우고 숟가락질을 배우는 것은 흉내내기가 아니고 무엇인가?

우리가 학교에 가서 배우고, 책에서 배우고, 세상에서 배우고, 부모님으로부터 배우고, 친구에게서 배우는 그 모든 것은 흉내내기가 아니고 무엇인가?

이런 흉내내기를 문화라고도 하고, 전통이라고도 하고, 교육이라고도 한다. 글쓰기도 그와 같다.

다만 자기 목소리를 내고 자기 생각을 가져야 할 때가 되었는데도 여전히 남의 흉내를 낸다면, 그것이 문제가 되는 일이다. 조금만 깊이 들어가 보면 금방할 수 있었기에 사실 글쓰기는 다름아니라 '생각하기'다.

얼마나 솔직한 고백인가. 처음엔 남의 작품을 일부 고치고 다듬는 것으로 글을 썼던 체험도 아마도 이 작가뿐만 아니라 누구나 가지고 있었을 것이다. 필자 역시 대학 일 학년 때 대학 신문에 발표한 「나」라는 수필도 그런 유의 수필이었던 기억이 있다. 그것이 계기가 되어 오늘날까지 글을 쓰게 되었는지도 모른다.

3. 짜임새 있는 문장

짜임새 있는 문장이란 무엇인가? 그것은 조리가 서고 앞뒤가 서로 호응하는 문장을 말한다. 이런 문장은 작품 속에 서로 옹이가 생기거나 괴리가 없이 잘 조화되고 융합된 문장이다. 이를 비유하자면 남녀가 마음을 합하여 서로 한 부부가 되는 모습이며 옷을 지을 때 바늘과 실로 꿰매되 자국 없이 이어가는 것과 같다.

글에서 말하고자 하는 요지가 있다. 이것이 바로 작가의 사상이다. 사상은 그 문장의 골격이 되는 것이요, 그 골격을 도와주는 살이 소재다. 그러므로 소재는 그 골격을 풍성하게 감싸주어야 하고 그 골격을 떠받쳐 주어야 한다.

그런 다음에 여기에 색칠을 가하는 것이 수사요, 음악을 얹어 주는 것이 문장의 템포(리듬)이다.
 그러므로 문장에는 반드시 그 근원이 있고 지류가 있다. 지류는 어디까지나 그 본원을 뒤따라야 하고 지류는 그 본원을 부연해 주고 설명해 주어야 한다. 이런 원칙으로 글을 쓴다면 무수한 갈래도 결국 하나의 귀착점을 얻을 것이다.
 문장 초보자들이 범하기 쉬운 부분이 귀착점을 잃어버리는 경우다. 말하자면 갈피를 잡지 못하는 것이다. 많은 말을 늘어 놓고 그것을 추스르지 못하고 혼란에 빠지는 경우다. 하나의 내용을 살리기 위해서는 아무리 아까운 말이라도 버려야 할 경우가 있고 거북스러운 단어지만 부득이 사용해야 할 경우가 있다. 그러기 때문에 부분적인 수사를 버리고 전체적인 미적 통일을 위해 항상 봉사하는 내용이어야 한다.

> 잘못은 사람과 함께 이 세상에서 온 것이다. 나무나 풀에 잘못은 없다. 잘못은 잘못할 수도 있고 잘못하지 않을 수도 있는 자에게만 주어진 것이니, 잘못은 본래 잘못하지 않을 수도 있는 자로 하여금 잘못하게 하기 위해서가 아니고, 잘못할 수도 있는 자로 하여금 잘못하지 않게 하기 위해서 주어진 것이라고도 할 수 있다. (김××「잘못」)

「잘못」에 대하여 쓴 글이다. 간단한 글이지만 하나의 이야기를 통일성 있게 썼다. 다만 수필 문장으로서 아쉬움이 있다면 분위기가 없다는 것이 흠이지만 그 완결성으로는 조금도 하자가 없는 글이다.
 문장의 전개가 다양한 만큼 그것에 대처하는 작가의 사고도 다양해야 한다. 서술이 너무 간략하면 내용이 허전해지고 너무 지나치면 헷갈리게 된다. 문맥은 글의 혈관이다. 사람도 혈관이 막히면 사지를 제대로 못 쓰는 것처럼 글에 있어서도 마찬가지다. 윤오영은 그 혈관(문맥)을 이렇게 설명한다.

"한마디의 말은 반드시 그 다음 말을 전제로 써져야 하고, 다음 말은 반드시 그 앞의 말을 받아서 존립한다. 필요 없는 말이 중간에 끼면 문맥이 막히고, 있어야 할 말이 빠지면 문맥이 끊어지고, 강한 말이 올 데 약한 말이 오면 문맥에 옹이가 생기고, 직서(直敍)할 때 우회(迂廻)하면 문맥이 혼미하고, 완곡할 때 직서(直敍)하면 문맥이 강박(强迫)해지고, 두 줄기의 말이 병립하면 갈라져서 문맥을 이루지 못하고, 문맥의 순서가 바뀌거나 필연성이 결여되면 문장이 긴밀성을 잃거나 전체의 효과를 상실한다. 한마디로 해서 문맥이란, 글을 짜들어가는 위치와 순서에서 결정한다." (김×× 「말」)

그렇다. 적어도 하나의 문장을 이루기 위해서는 낱말과 낱말이 서로 포옹을 해야 하고 포옹을 한 문장들이 고리를 이루어야 한다. 그럴 때 한 편의 글이 되고 사상을 전달한다.

이런 것에 유의하여 다음 글을 읽어보자. 군더더기는 없는지, 문맥이 막히거나 난삽하지는 않는지 자세히 살펴보도록 하자.

  나는 늘 허기증 같은 갈증을 느끼며 살아가고 있다.
  나를 잘 아는 사람들 중에 더러는 나를 가리켜 골빈 사람이라고 말하는 사람도 있다. 골이 비었다는 것은 칠푼이와 같다는 이야기이기도 하고, 허기증을 느끼는 것처럼 한편 부족한 것만은 틀림없는 사실이다. 호박같이 못생겼다는 사람을 직설적으로 표현한다면 지극히 못생겼고, 보잘 것 없는 인물을 가리킴은 틀림없는 사실이다.
  (……)
  나는 이토록 골이 빈 사람이며 칠삭둥이처럼 부족한 단면이 많아서 남들이 거들떠도 안 보는 칠푼이 인생을 반세기 동안 살아온 것이다.
  그러나 칠푼이 인생이 나름대로 참으로 멋이 있고, 그런대로 낭만이 있고, 또한 인생 철학과 인생 보람이 있음을 강조하고자 한다.
  칠푼이 인생이 칠푼이임을 느끼고, 자신의 부족함을 깨닫고 인정한다면 그것은 칠푼이가 아니다. 자신의 부족함을 모르고 자신의 어리석음을 모르기 때문에 칠푼이는 오늘도 행복하고 즐겁다. 칠푼이는 인생의 삶에 대해 좌절이나 한탄을 모르며, 행복도 기쁨도 칠푼이의 기준에서 만족하는 것이라고 판단한다. 내가 살아가는 나의 지군에서 한평생을 남보다 형편없이 밑지며 적자 인생살이로 반백 년을 살아온 것이다. 그러나 오늘까지 내 이웃과 내 친구, 그리고 내 주변에서 나를 평가한 것처럼 칠푼이 인생을 살고 있다는 것을 못 느끼며 살아오고 있다는 사실이 나의 변명이요, 나의 판단 기준인 것이다.
(……)
칠푼이에게 정상치의 사고력을 지닌 보통 사람과 똑같은 기준이나 행위와 결과를 요구하는 것은, 차라리 요구하는 관(官)이 거꾸로 칠푼이가 아닌가 하고 한참 동안 생각을 하게 된다. 따지고 계산하고 혼자서 엎치락뒤치락하다 보면, 나는 또다시 칠푼이가 되어 결론을 못 내리고 만다. 그래도 나는 늘 자신을 믿고 기대하며 큰 희망을 품고 사는 것이다. 그 희망이 무엇이냐 하면, 칠푼이의 부족분인 삼푼이를 채워 가는 완성 단계인 것이다.
희망을 갖는다는 것, 그 벅찬 희망에 기대를 걸고 어려운 세상을 산다는 것은 참으로 가슴 벅찬 일인 것이다.
(……)
무시 당하면, 아! 무시 당하는 것이 정상이구나 생각하고, 빼앗기면 아! 빼앗기는구나 생각하고, 밑지면 아! 밑지는 게 정상이구나 생각하고, 나는 나를 버리고 잊은 채로 정푼이가 손가락질하는 남이 안 하는 근로 청소년들의 배움터인 사랑의 둥지를 짓느라 평생을 하루같이 후회하지 않으며 칠푼이 변명을 할 수밖에 다른 방법이 없음을 고백하는 것이다.
변명이 필요 없는 칠푼이는 늘 부족한 허기증 속에서 묵묵히 평생을 따가운 시선을 느끼며, 참으로 바보스러운 천막 학교에서 야간 공부를 가르치다가 날이 밝아올 때면 남몰래 칠푼이 생활에 맞는 희망의 미소를 지어 본다.
칠푼이의 생각은 오늘도 또 내일도 이 이상을 뛰어넘을 수 없음을 느끼곤 한다. 못생기면 호박보다 얼마나 더 못생겼으며, 없으면 꽁보리밥과 풋고추, 된장보다 얼마나 더 못하랴.
날개가 돋쳐 날은들 나는 칠푼이의 생활 그 이상을 생각해 보지 않으련다. 이것이 나의 칠푼이 인생의 변인 것이다. (이××「칠삭둥이」)

여기에서 작가는 무엇을 얘기하고자 하는 것일까? 물론 칠푼이에 대한 옹호론일 것이다. 그러나 전달하고자 하는 내용이 횡설수설 갈피를 못잡고 있다. 하나의 주제를 통하여 통일을 이루어야 한다. 요컨대 말을 아끼고 요령있게 표현해야 한다. 특히 넷째 줄 "골이 비었다"의 문장은 대구가 이루어져야 하는데 그것이 형성되지 않았다. 주제와 관련 없는 군더더기는 모두 삭제해야 한다. 문장과 문장이 서로 호응을 얻지 못하고 있는 것은 생각은 간절한데 글을 다루는 기술이 아직 그에 따르지 못하기 때문이다. 그래서 내용이 하나의 줄기를 이루지 못하고 제각기 흩어진 돌멩이가 되어 걸리적거린다. 내용은 간단한데 그것을 잡다한 문장으로 늘어뜨리면 독자들은 혐오감을 느낀다.

특히 학생들에게 공납금을 70%만 받고 있으며 100% 받기를 원하는 관(官)이 칠푼이라는 요지는 이해할 수 없는 내용이었다. 그래서 학교 이야기와 잡다한 내용을 모두 삭제해 버렸다.

아래와 같이 다듬어 보았다.

나는 잘 아는 사람들 중에 더러는 나를 가리켜 골빈 사람이라고 말하는 사람도 있다. 골이 비었다는 것은 칠푼이와 같다는 이야기이기도 하고, 무엇인가 모자란다는 뜻도 되리라. 흔히 못생긴 사람을 호박에 비유하기도 한다. 그래서 인물이 빠지는 여인을 가리켜서 호박꽃 같다고도 한다.

"저 사람 골빈 사람이네."하는 표현은 저 사람 무엇인가 잘못 판단하고 있다든지 또는 모르고 있다든지, 계산 착오라든지…… 하여간에 정상이 아니고 부족한 단면이 있을 때 표현하는 말이다.

나 역시 칠삭둥이처럼 부족한 단면이 많아서 칠푼이 인생을 반세기 동안 살아온 사람이다. 어쩌면 칠푼이는 자신의 인생에 대해 잘 모르기 때문에 좌절이나 한탄을 모르기 때문에 삶 그 자체가 행복한지도 모른다.

나는 비록 지금까지 칠푼이 인생으로 살아왔지만 마음만은 늘 행복하다. 칠푼이에게 정상치의 사고력을 지닌 보통 사람과 똑같은 기준이나 행위와 결과를 요구하는 것은, 차라리 요구하는 그쪽이 거꾸로 칠푼이인지도 모른다. 그러나 따지고 보면, 정상인이라는 무리들은 잘도 '콩밥'을 먹어대지만 칠푼이들은 비록 무시 당하면 당하는 대로, 빼앗기면 빼앗긴 대로, 밑지면 밑지는 대로 살면서도 '큰집'에 가지 않으니 얼마나 복된 일인가.

그토록 천대받던 호박죽이 지금은 일류 호텔식당 뷔페에서 최고 인기라는 이야기도 들었다. 특히 출푼이는 거들떠도 안 보는 속이 꽉찬 부잣집 아낙네들이 지금은 호박죽을 좋아한다니 얼마나 다행한 일인가. 호박죽이 대인기를 끈다는 것은, 진실한 사람이 빛을 발하는 세상이 된다는 의미 같아서 괜히 마음까지 즐겁다.
　칠푼이의 생각은 오늘도 또 내일도 이 이상을 뛰어넘을 수 없을 것이다. 못생겼으면 호박보다 얼마나 더 못생겼으며, 없으면 꽁보리밥과 풋고추, 된장보다 얼마나 더 못하랴.
　날개가 돋쳐 날은들 나는 칠푼이의 생활, 그 이상을 생각해 보지 않으련다. 이것이 나의 칠푼이 인생의 변이라고나 할까. (×××「칠푼이의 변」)

또 다른 글을 보자.

　5, 6년 전 나와 내 안사람이 어떤 우연한 기회에 서예를 하기로 마음먹고 서예학원을 찾아 등록했다. 서예학원을 드나든 지 두어 달 지나면서 서예생들과 서로 얼굴을 익히고 원장 선생님 및 지도 선생님과도 서먹서먹한 감 없이 어울리면서 지도를 받게 되었다.
　어느 날, 원장선생님은 나와 안사람의 글씨를 펴놓고 안사람의 글씨가 월등 낫다고 필법을 따지면서 지적해 줬다. 내심 찔리는 수치를 느끼면서도 한편 상대가 안사람이라는 형언키 어려운 기쁨도 함께 맛보았다.
　(……)
　그런데 나는 다름 사람도 아닌 안사람을 대상으로 열등감을 느끼면서 따라잡을 결의를 불태우는 것일까? 붓을 들어 힘차게 획을 긋다 뜻대로 되지 않을 때는 안사람의 잘 쓴 글씨가 눈앞에 어른거려 힘없이 붓을 놓고 만다.
　이러구러 또 두어 달이 흐른 어느 날, 지도선생님이 우리 내외가 열심히 쓰고 있는 옆에서 불쑥 한다는 말이, "사모님이 허 선생보다 낫구려."하고 밑도끝도 없는 말 한마디를 하고 다른 서예생에게로 시선을 돌리는 것이 아닌가. 나는 또 한 번 뒤통수를 얻어맞은 기분에 팔이 후들후들 떨려 붓이 갈지(之)자 걸음으로 제 길을 찾지 못하였다.
　이때, 힐끔 아내를 쳐다보니 전번과는 달리 얼굴에 홍조를 띠며 야릇한 미소를 머금고 있었다.
　두 번째의 패배의식, 불당긴 수치심이 나를 나락으로 곤두박질 치게 한 그날, 나는 혼자 목로술집을 찾아 소주병을 비우며 못난 필재를 원망하였다. 그런 일이 있은 후 1년여 만에 내 직장이 바뀌어 다른 지방으로 떠나야 했으므로 우리 내외는 붓을 놓게 되었다.

우리 내외를 열심히 지도했던 원장선생 운천거사는 헤어지기가 섭섭하다며 '상락아정(常樂我淨)'이라 쓴 액자를 선물로 주셨다. 그 액자가 몇 년이 흐른 지금도 우리 집 거실에 걸려 있어 이따금 눈길이 그 곳에 닿노라면 문득 지난날이 떠올라 내 귓망울이 화끈해진다.

"무릇 중생들은, 이 몸은 항상 있고, 즐겁고, 나만의 존재를 의식하고, 자기 자신을 청정하다고 생각한다. 그러나 이 네 가지 잘못된 생각은 큰 착각을 하는 것이다."

나는 이 글에서 지난날 안사람에 대해서 질시했던 오심의 부끄러움을 달래보기라도 하듯 그 글의 내용을 '무상과 고뇌와 무아와 부정'을 상대적 개념으로 생각하며 음미해 왔다.

무상에서-불변하는 것은 없다. 늘 변화한다. 어제의 내가 오늘의 내가 아니다. 무엇인가 조금은 변화된 나다. 그러나 늘 현재의 위치에서 모든 문제를 처리하고 그때를 최상의 시간으로 생각하면서 삶을 영위하자고……

즐거움의 상대어는 고뇌다-인생살이가 고뇌라면 그것을 어떻게 여의고 즐겁게 사는 것이 뭣인가? 그 고뇌를 이기는 방법은 마음을 어떻게 갖는가가 중요하다고 부처님은 설파하셨다. 늘 마음 속에서 긍정적으로 생각하고 삶의 폭을 넓혀서 자기의 삶을 꾸려가지고,

무아(無我)란- 천상천하 유아독존(天上天下 唯我獨尊)이라는 말이 있다. 이 땅에 태어나서 무엇보다 사람이 된 것이 가장 귀하고 존경을 받는 존재란 것이다. 그것은 개인의 아(我)가 아니요, 인류 전체의 아(我)이기 때문이다. 그 아(我)를 보면 "너는 즉 나다", "나는 너다"라는 상대적 관념이 있다. 그 속에서 인간은 산다. 이타행(利他行)의 정신에서 부처님이 가르친 무아(無我)를 본다.

이런 것을 다 충족시키려고 부단히 많은 사람과 어울려 부딪치고 뛰고 중상하고 모략하는 행위를 쉴 사이 없이 지속한다.

그것이 인간의 본능이라고 생각하면서 로크의 인생론을 빌면 우리의 의식을 지배하는 세 가지 윤리 법칙은 첫째, 하나님의 법칙 둘째, 자연의 법칙 셋째, 시민의 법칙 넷째, 여론의 법칙을 제시한다.

위 세 가지 법칙을 지켜 나갈 때 그것은 선한 행위가 되고, 모든 인간에게 쾌락을 가져온다고 했다.

이러한 삶을 사는 것이 정(淨)이다. 정(淨)의 상대 개념은 부정(不淨)이며

어진 인자(仁者)의 가르침은 항상 부정(不淨)을 멀리하라 하셨다. 때묻지 않은 삶, 우주의 진리와 더불어 인격화된 삶, 그것과 일치된 삶이 아쉽다.
 우리는 이 우주의 아름다운 조화를 느낄 수 있을 때 평안과 행복의 혜택을 온몸 가득히 누리리라. 악의 부정(不淨)이 아니라 선으로 악을 포용할 수 있는 삶의 사랑이며 자비(慈悲)가 아닌가……
 이 해도 어언 몇 잎 남지 않은 나뭇잎새처럼 하루하루 지워져 간다.
 인간들은 세모(歲暮)라고 하여 새 달력을 만들어 거리와 골목에 걸어 놓고 찌들린 피곤을 윤색한다.
 한 일 없이 한 해를 보내는 나 역시 세모에 들떠 한 잎의 낙엽처럼 굴러가고 있는 작은 생명이지만, 우리 집 거실에 붙은 운천거사의 '常樂我淨'의 글귀를 새기면서 밝아 오는 새 차임을 맞으리라.
 그리고 지난날 내 안사람에게 지녔던 오심의 부끄러운 불씨를 끄고 인자의 청정(淸淨)을 몸소 익히면서 우리 내외가 가는 길을 흐트러뜨리지 않으리라고 세모에 서서 다짐해 본다. (×××「상락아정」)

 이 수필 또한 두서가 없이 전개되었다. 문장 수련이 아직 이루어지지 않았을 뿐 아니라 감정도 여과되지 않았다. 특히 '상락아정'은 '이 몸은 항상 있고, 즐겁고, 나만의 존재를 의식하고, 자기 자신은 청정하다고 생각한다'는 뜻으로 풀이했는데 이해가 가지 않는 부분이다. '항상 즐거운 마음으로 살아가면 저절로 자기 자신의 마음이 맑아진다'는 뜻이 아닐까. 그리고 '무아'는 자기를 잊음이요, 자기 존재를 깨닫지 못함이다. 그런데 유아독존이란 말까지 끄집어다가 해설하는 것은 배를 산으로 끌고 가는 격이다. 요컨대 견강부회의 억설이다. 이런 문장은 쓰지 않음만 같지 못하다.
 또 다른 글을 한 편 보자. 이 역시 문장과 문장이 서로 순서를 이루지 못하고 있다. 제멋대로 끼워진 단추처럼, 그래서 글이 어색하다. 글이란 반드시 한 말이 끝나면 다음의 말을 받아주어야 하고 그 다음 문장은 앞의 말을 받아 주어야 한다. 한 번 관심있게 읽어보자.

 의연하게 자리에 앉아 있는 아내를 보면서 자목련을 그린다.

아내와 나는 5년간의 장거리 교제(?)를 하였던가. 남녘의 하동포구와 북녘이랄 수 있는 서울을 오가는 사랑의 거미줄은 길기도 하였다. 그리고 결혼 후 십수 년의 세월, 우리는 두 딸을 얻었고 자식 낳기를 그만둘까 하다가 한 아들을 얻었다.

그 동안 변변치 못한 이 남편 탓으로 숱한 곡절을 겪으면서도 묵묵하게 살아준 아내다. 어른들의 말씀에 '아내 자랑은 하지 말라'고 하였던가. 그러나 내 아내는 자목련처럼 의연하기에 자랑스럽다.

백목련이 정원수로서 세인의 사랑을 받는다면 야생의 자목련은 나의 사랑이다. 백목련이 도시의 화려한 여인이라면 자목련은 산골 외딴 집의 덤덤하고 수수한 아낙이다. 백목련이 화사한 자태를 뽐낸다면 자목련은 은근한 의미를 간직한다. 대부분의 꽃은 10대의 청춘이지만, 목련은 40대의 여인이라던가. 그 중에서도 자목련을 대하면 아내를 앞에 둔 느낌을 받을 때가 있다.

그것이 나에게는 오래된 인식이다. 군복무중에 아내와 나는 교제를 했으며, 그때부터 자목련에 대한 의미는 남달랐다고나 할까.

동부전선 비무장지대에는 자목련이 많이 피어 있었다. 금강산 혈망봉에도 측백이나 해송에 어울려 자목련이 만개한다고 들었는데 그 곳은 금강산의 줄기라서인지 고산의 기온이 낮은 관계인지 늦게 싹을 틔워 늦게까지 꽃을 피우는 나무이다.

정원의 백목련이 4월의 등불을 밝혀 준다면 잡목만이 무성한 비무장지대의 자목련은 하동의 영희가 북녘 전선의 나를 향하고 있는 듯 나에게 사랑의 불을 밝혀 주고 있었다. 군중 속에서 권위를 인정받는 백목련보다 심산의 고고함을 갖춘 자목련이 더 사랑스러웠다. 겨울에 잎이 다 지더라도 자목련의 봉오리만이 빨간 꽃씨를 굳은 껍질로 싸안고 모진 찬서리를 견디어 낸다. 그러기에 자목련을 두고 거상화(拒霜花)라고 명명한 것이 아닌가.

(……)

풀벌레도 먼 눈으로 바라보는 자목련, 강건한 줄기와 감잎처럼 질긴 잎으로 버티어 선 자목련꽃 이파리도 영희의 귓불인 양 보송보송하여 차마 만지기 두려운 자목련, 그 꽃봉오리는 풀벌레의 속삭임과 산새들의 노랫소리도 모두어 담는다.

그래서 만개한 자목련의 꽃을 대할 때면 숨결이 일렁이곤 하였다. 권위와 위선과 자만은 사그라지고, 오직 숭고함만이 자목련 앞에 다가가곤 하였다. 그러한 자목련을 나는 영희인 양 대화하고 숨쉬며 사랑할 수 있었다.

자목련은 꽃말이 '숭고한 정신'이다. 그렇듯 숭고한 사람을 안고 있었다. 서럽도록 아름다운 전설을 머금고 있다.

옛날, 옥황상제에게는 비단처럼 곱고 부드러운 얼굴과 마음씨를 가진 공주가 있었다. 모든 남성의 선망의 대상이었던 공주는 옥황상제의 뜻과 많은 젊은이의 청을 거절하고 흉악하고 무서운 북쪽 바다의 신을 사랑하였다. 어느 날, 공주는 궁을 빠져나와 바다의 신을 찾아갔다. 그러나 바다신에게는 부인이 있었다. 공부에게는 손댈 수 없는 사랑이라고나 할까. 아무튼 이룰 수 없는 사랑에 괴로워한 나머지 공주는 바다에 몸을 던져 죽고 말았다. 이 사실을 뒤늦게 안 북쪽 바다신은 공주의 시체를 건져 올려 땅에 묻어주고 공주의 외로움을 덜어주려고 자기 아내에게 잠자는 약을 먹여 같이 묻어주었다.

옥황상제는 가엾은 두 무덤에서 꽃이 피어나게 하였는데 공주의 무덤에서는 흰 꽃이, 부인의 무덤에서는 자주색 꽃이 피어났다. 그런데 그리움이 많은 공주의 무덤에서 핀 흰꽃은 봉오리가 모두 북쪽을 향해서 피어오르게 되었다는 전설이다.

비무장지대의 잡목들과 어울려 피어난 자목련의 꽃을 보면서 나는 이 전설이 잘못되어 있다고 느끼게 되었다. 도심의 주택가 담장이나 정원에 피어오르는 백목련은 해를 향해 꽃피우지만 심산의 자목련은 북쪽을 향해 고개 숙여 꽃을 피우고 있었기 때문이다. 그래서 어쩌면 북쪽 바다신은 바닷가의 가난한 어부였을 것이라는 생각을 하게 되었고 공주보다 아내가 남편을 더 사랑하였기에 못다 한 사랑을 그리움으로 불피워 북쪽 바닷가 어부를 향해 고개 숙이고 있는 것으로 느껴졌다.

상상의 비약일까.

나는 또 다른 전설을 만들고 떠돌고 만다.

자목련은 고기잡이 나갔다가 돌아오지 않는 어부를 기다리다가 기다림에 지쳐서 죽은 아내의 무덤에서 핀 꽃이며, 그것은 아내의 혼이라고, 나는 바다의 신인가, 가난한 어부인가. 내 아내는 늘 나를 향해 고개숙여 피어 있다고 생각하면 전설은 곧 나의 이야기일 수도 있다는 착각까지 갖게 된다.

나의 아내가 꽃샘추위를 견디는 자목련처럼 5년여의 장거리 사랑에도 시들지 않고, 숱한 곡절과 역경에도 꺾이지 않고 가정의 어려움도 지그시 견뎌주기에 나는 늘 고마워 한다.

끊임없이 속으면서도 모르는 척 지나고, 고달픔은 웃어 넘기는 나의 아내, 눈물 대신 웃음으로, 울음 대신 노래를 살아주는 자목련 같은 나의 아내.

현실의 아픔을 인고의 껍질로 감싸안고 삶을 사는 것일까. 나의 사랑을 헤아려 허물을 덮어주고 줄기와 잎이 질겨서 어려움도 견디어주는 것일까.
　나는 그런 아내를 가슴에 심은 바다의 신이거나 어부인지도 모른다.(×××「자목련」)

　'백목련이 정원수로서 세인의 사랑을 받는다면'에서 '느낌을 받을 때가 있다.'를 '정원의 백목련이 4월의 등불을 ~ 거상화라고 명명하지 않았는가' 아래에 끼워 넣어 보았다. 그리고 '그것이 나에게는 오래된 인식이다. ~ 남달랐다고나 할까.'를 모두 삭제해 보았다. 그렇게 배치해 놓는다면 조금은 글의 흐름이 자연스럽지 않을까. 조금만 신경썼으면 좋은 글이었을 것이다.

　아내와 나는 5년간의 장거리에서 교제를 하였다. 남녘의 하동포구와 북녘이랄 수 있는 서울을 오가는 사랑의 거미줄은 길기도 하였다. 그리고 결혼 후 십수 년의 세월, 우리는 두 딸을 얻었고 뒤에 한 아들을 얻었다.
　그 동안 변변치 못한 남편 탓으로 숱한 곡절을 겪으면서도 묵묵하게 살아온 아내다. 어른들의 말씀에 '아내 자랑은 팔푼이라'지만 어찌하겠는가 사랑스러운 아내인 것을.
　동부전선 비무장지대에는 자목련이 많이 피어 있었다. 금강산 혈망봉에도 측백이나 해송에 어울려 자목련이 만개한다고 들었는데 그 곳 역시 금강산의 줄기라서 그런지 아니면 고산의 기온 탓인지 늦게 꽃을 틔워 오래도록 피어 있었다.
　정원의 백목련이 4월의 등불을 밝혀 준다면 잡목만이 무성한 비무장지대의 자목련은 하동의 아내가 북녘 전선의 나를 향하고 있듯 나에게 사랑의 불을 밝혀 주고 있었다. 군중 속에서 권위를 인정받는 백목련보다 심산의 고고함을 갖춘 자목련이 더 사랑스러웠다. 겨울에 잎이 다 지더라도 자목련의 봉오리만을 불그스레한 꽃씨를 굳은 껍질로 싸안고 모진 찬서리를 견디어 낸다.
　백목련이 정원수로서 세인의 사랑을 받는다면 야생의 자목련은 나의 사랑이다. 백목련이 도시의 화려한 여인이라면 자목련은 산골 외딴집의 덤덤하고 수수한 아낙이다. 백목련이 화사한 자태를 뽐낸다면 잠족련은 은근한 의미를 간직한다. 대부분의 꽃은 10대의 청춘이지만 목련은 40대의 여인이라던가. 그 중에서도 자목련을 대하면 아내를 앞에둔 느낌을 받을 때가 있다.

풀벌레도 먼눈으로 바라보는 자목련, 강건한 줄기와 감잎처럼 질긴 잎으로 버티어 선 자목련, 이파리도 영희의 귓불인 양 보송보송하여 차마 만지기 두려운 자목련, 그 꽃봉오리는 풀벌레의 속삭임과 산새들의 노랫소리도 모두 어 담는다.

그래서 만개한 자목련의 꽃을 대할 때면 사랑의 숨결이 일렁이곤 하였다. 권위와 위선과 자만은 사그라지고, 오직 숭고함만이 자목련 앞에 다가가곤 하였다. 그러한 자목련을 나는 영희인 양 대화하고 숨쉬며 사랑할 수 있었다.

자목련은 꽃말이 '숭고한 정신'이다. 그렇듯 숭고한 사랑을 안고 있으며, 서럽도록 아름다운 전설을 간직하고 있다.

옛날, 옥황상제에게는 비단처럼 곱고 부드러운 얼굴과 마음씨를 가진 공주가 있었다. 모든 남성의 선망의 대상이었던 공주는 옥황상제의 뜻과 많은 젊은이의 청을 거절하고 흉악하고 무서운 북쪽 바다의 신을 사랑하였다. 어느 날, 공주는 궁을 빠져나와 바다의 산을 찾아갔다. 그러나 바다신에게는 부인이 있었다. 공주에게는 손댈 수 없는 사랑이라고나 할까. 아무튼 이룰 수 없는 사랑에 괴로워한 나머지 공주는 바다에 몸을 던져 죽고 말았다. 이 사실을 뒤늦게 안 북쪽 바다신은 공주의 시체를 건져 올려 땅에 묻어주고 공주의 외로움을 덜어주려고 자기 아내에게 잠자는 약을 먹여 같이 묻어주었다.

옥황상제는 가엾은 두 무덤에서 꽃이 피어나게 하였는데 공주의 무덤에서는 흰 꽃이, 부인의 무덤에서는 자주색 꽃이 피어났다. 그런데 그리움이 많은 공주의 무덤에서 핀 흰 꽃은 봉오리가 모두 북쪽을 향해서 피어오르게 되었다는 전설이다.

비무장지대의 자목들과 어울려 피어난 자목련의 꽃을 보면서 나는 이 전설의 잘못되어 있다고 느끼게 되었다. 도심의 주택가 담장이나 정원에 피어오르는 백목련은 해를 향해 꽃피우지만 심산의 자목련은 북을 향해 고개 숙여 꽃을 피우고 있었기 때문이다. 그래서 어쩌면 북쪽 바다신은 바닷가의 가난한 어부였을 것이라는 생각을 하게 되었고 공주보다 아내가 남편을 더 사랑하였기에 못다 한 사랑을 그리움으로 꽃피워 북쪽 바닷가 어부를 향해 고개 숙이고 있는 것으로 생각했었다.

상상의 비약일까. 나는 또 다른 전설을 만들고 만다.

자목련은 고기잡이 나갔다가 돌아오지 않는 어부를 기다리다가 기다림에 지쳐서 죽은 아내의 무덤에서 핀 꽃이며, 그것은 아내의 혼이라고.
　나는 바다의 신인가. 가난한 어부인가. 내 아내는 늘 나를 향해 고개 숙여 피어 있다고 생각하면 전설은 곧 나의 이야기일 수도 있다는 착각까지 갖게 된다.
　나의 아내가 꽃샘추위를 견디는 자목련처럼 5년의 장거리 사랑에 시들지 않고, 숱한 곡절과 역경에도 꺾이지 않고 가정의 어려움도 지그시 견뎌주기에 나는 늘 고마울 뿐이다.
　끊임없이 속으면서도 모르는 척 지나가고, 고달픔도 웃어넘기는 나의 아내. 눈물 대신 웃음으로, 울음 대신 노래로 살아주는 자목련 같은 내 아내.
　현실의 아픔을 인고의 껍질로 감싸안고 삶을 사는 것일까. 나는 사랑을 헤아려 허물을 덮어주고 줄기와 잎이 질겨서 어려움도 견디어주는 것일까.
　나는 그런 아내를 가슴에 심은 바다의 신이거나 어부인지도 모른다.

　문장과 문장이 서로 화해를 이루지 못하고 있다. 화해에 걸리적거리는 부분을 삭제해 버리면 글은 신선하고 깨끗할 것이다. 우리의 몸에 군살이 돋으면 그것을 제거해야 하듯이 글에서도 필요 없는 부분은 과감이 삭제해 버리는 용기도 있어야 한다. 그것이 글의 생명을 돋우며 피를 돌게 한다.

4. 창작을 위한 상상력

1) 상상의 의의

　인간은 제한된 공간 속에서 살면서도 그 지평을 넘어서고자 하는 욕구를 지닌다. 그 욕구가 바로 상상력이다. 인간은 무한한 상상력으로 하여 이른바 새로운 문화를 만들어 낸다. 그러므로 상상력은 문학에만 국한되는 개념은 아니다. 어찌 보면 우리의 삶 자체가 모두 이에 의존해 왔다고 해도 과언이 아니다.
　우리는 잠자리에서 눈을 뜨자마자 무엇인가를 생각하게 된다. 그것이 상상이다. 오늘은 어떤 좋은 일이 있을 것만 같은 막연하나마 무엇인가를 생각하게 된다. 길 가다가 천금을 줍는 행운의 순간도 상상하게 되고 꽃가마 타고 노래부르는 아름다운 한 소녀를 머리 속으로 상상해 보기도 한다. 무심코 스치는 한 거지의 얼굴에서 그의 출생을 상상해 보고 다정하게 손잡고 걸어가는 젊은 여인의 모습에서도 우리는 그들의 핑크빛 무드를 어떤 질투 같은 마음으로 상상하게 된다.

인간의 삶 속에는 무수한 상상으로 덧칠되어 있다. 한가롭게 공중을 나는 나비에서도 내 자신이 그 나비가 되어 보기도 하고, 잡다한 시비 속에서 자신이 하나의 돌이나 나무가 되어 초연한 삶을 가져 보는 것도 상상해 본다. 방긋 웃는 텔레비전의 영상에 비친 한 배우의 얼굴에서 나 자신이 그와 같은 배역이 되는 꿈을 상상해 보기도 하고 아름다운 전원의 풍경을 바라보면서도 우리는 그 배경과 나 자신의 모습을 여러 가지 투영시키는 작업을 상상해 보기도 한다. 결국 우리의 생활은 상상을 발판으로 이루어지고 상상을 토대로 생활이 계속된다.

이렇듯 상상력은 우리의 생활에 큰 자리를 차지하고 있으면서도 그것이 무엇인가 한마디로 정의를 내리라면 쉽게 내릴 수 없다. 그만치 인간이 말로 설명하기에는 너무 어려운 신비적인 것이 상상이다.

그러나 그것을 굳이 말하자면 정신의 세계라 표현해도 좋을 것이다. 그리고 실재하지 않는 허(虛)의 세계요, 실재하되 현실적으로 가시화시킬 수 없는 세계라 말할 수 있다. 또한 체계화되지 않은 미가시의 세계를 보다 더 구체적이고 체계적인 가시의 세계로 대치해 놓은 것을 상상력이라 할 수도 있다. 아무튼 개울물은 흘러가고 그 물살을 헤치고 아이들은 물장구를 치고 아리따운 미모의 여인은 빨래를 하고 마을에서는 뻐꾸기가 울어대는 장면을 생각하는 것도 상상이다.

우리의 몸이 비록 이승에 머물러 있을지라도 저승에서 영화를 꿈꿀 수 있는 것은 상상력에 의해서 가능하다. 그러므로 우리는 상상력을 통하여 천년이란 먼 시간에서 노닐 수도 있고 미래의 보이지 않는 세계에서 안주할 수도 있다.

이처럼 상상력은 시공을 넘나들 수 있고 눈에 보이지 않는 세계를 가시화할 수 있다. 그래서 우리가 바다에 이르지 아니해도 바다를 꿈꿀 수 있고 동산에 오르지 않더라도 그 하얀 달빛을 바라볼 수 있다.

인간이란 유한적이요, 제한적인 존재다. 하늘을 날 수도 없고 백년, 아니 천년은 더욱 살 수 없다. 그리고 현재의 시공에서 타시공을 절대로 뛰어넘을 수도 없다. 그러나 이 상상력의 배만 띄워 놓는다면 우리는 얼마든지 시공을 초월하여 한 마리의 새가 될 수도 있고, 일대의 영웅이 될 수도 있다. 그리고 귀공자가 되어 별나라 공주의 침실도 기웃거릴 수도 있고, 무한한 힘을 지닌 초인이 될 수도 있다. 이처럼 상상력이 끼치는 효과는 막대할 뿐 아니라 문학에 있어서 정서를 자극시키는 중요한 요소이다.

2) 상상의 원리

모든 예술과 문학은 이 상상에 의해서 싹튼다. 상상력은 창조(창작)의 모태다. 창조란 아직 존재하지 않은, 이 세상에 아직 어떤 형태를 갖추지 않은 그 무엇을 새롭게 만들어 내는 것을 말한다. 그래서 예술작품은 창작이 되는 것이다.

인간에게는 무엇을 이루고자 하는 욕망이 있는데 그것을 다른 말로 꿈이라고 할 수 있다. 그 꿈의 현실화가 바로 상상이다. 그러므로 꿈이 상상력의 씨앗이라면 그 열매는 구체적으로 가시화된 현실이다. 사실, 그 꿈이란 가시화되지 않은 막연한 허상이다. 어찌 보면 터무니없을 수도 있고, 비정상적일 수도 있다. 다시 말하자면 비합리적인 것이요, 비논리적이다. 그리고 체계도 없고, 질서도 없다. 그러면서도 그것이 때로는 아주 합리적이면서도 질서있게 현실화되기도 한다. 이처럼 상상이란 변덕스럽고 마구잡이다. 그런데 여기에서 이성의 통제를 따르는 상상과 그렇지 않은 상상이 있다. 후자를 우리는 흔히 환상이라고 한다. 이렇듯 우리 인간의 삶은 현실과 상상의 이원구조로 이루어졌음을 알 수 있다.

그것은 어쩌면 우리가 영혼과 육체, 이상과 현실, 이승과 저승으로 나누어진 것과 같다. 그러면서도 그것이 둘이 아닌 하나로 이루어진 것과 같이 우리의 삶 또한 육체와 정신을 분리할 수 없다. 그리고 상상과 현실을 떼어놓고 우리의 삶을 이야기할 수도 없다. 따라서 상상이란 사실 바로 우리의 꿈이요, 이상이면서 현실이기도 하다.

우리의 육체는 늘 고달프다. 현실이라는 구속력 때문이다. 윤리적인 구속, 제도적인 구속, 소유적인 구속, 연령적인 구속, 신분과 지식의 구속, 육체적인 구속 등 많은 구속력 속에서 살아간다. 그러니 현실이 늘 불만이고 고달플 수밖에 없다. 여기에서 마음의 위안을 얻고자 하는 것이 일종의 상상력이다. 요컨대 마음을 달래고 흥을 돋우는 일이다. 그러므로 문학은 공중에 한 채의 누각 같은 것을 지어 넣고 그 위에서 청한을 즐기는 일이다. 더욱이 그 누각은 우리의 실생활에 옮겨놓을 수 없는 정신놀음에 불과한 것이다. 그렇게 헛된 것일 수 있다. 그렇다고 다 헛된 것만은 아니다. 우리의 삶의 에너지를 주는 부분이기 때문이다. 그러므로 우리 생활에 제거시킬 수 없는 정신적인 놀음이다. 그래서 현실을 벗어나고 싶어한다. 그것을 삶의 유희라 해도 좋고 생활의 운치라 해도 좋을 것이다. 우리가 호수가에 누각을 지어 놓고 거기에 앉아서 시를 짓고 노래를 부르며 한때를 마냥 즐기듯이 작품을 읽는다는 것은 바로 그러한 정신적인 유희작업이다. 요컨대 문학은 일종의 정신적인 즐거움을 누리자는 데 있다. 문학은 일종의 정신적인 유희요, 놀이다. 그러므로 하나의 작품에는 주옥 같은 작가의 묘성을 들을 수도 있고 눈썹 앞에서 풍운의 조화도 엿볼 수 있는 것이다.

그러면 이를 쉽게 이해하기 위하여 윤오영의 「월화(月華)」를 살펴보고 이야기를 계속하자.

높은 언덕에서 백마를 타고 온 騎士가 활을 쏜다. 살[失]은 바람을 뚫고 시윗소릴 내며 날아간다. 그러나 과녁이 없는 화살이라 허공을 쏘고 흘러가는 낭만의 화살이다.

높은 산에서 火田밭을 일구는 화전민들은 가끔 별똥을 섞으면 남쇠마냥 쫄깃쫄깃하다. 별똥을 먹으면 눈이 샛별같이 밝아진다. 이 말은 내가 엄마 무릎에서 들은 이야기다.

봄볕같이 따뜻하게 쌓인 湖水, 작은 돌섬에는 금발의 미녀가 앉아 일광욕을 하고 있다. 백옥같이 흰 그 살결, 그리고 그 유방, 愁態에 잠긴 고요한 觀世音.

나는 일찍이 人魚의 전설로 아래새긴 한 개의 재떨이를 선사받은 적이 있었다. 소라껍질 위에 금발의 미녀가 앉아 있었다. 나체의 女像인데 하반부만은 비늘이 덮인 물고기였다. 인어가 사람을 보면 부끄러워서 물속으로 숨어버리는 것은 나체가 부끄러운 것이 아니라 하반부가 물고기인 것이 부끄러운 것이다. 고요한 달밤이면 바위 위에 홀로 나와 月光에 몸을 잠그고 그 하반부의 아름다움을 슬퍼하는 것이다.

(……)

푸른 하늘 은하수 돛대도 삿대도 없이 떠가는 하얀 쪽배. 구만리 구름 밖에 님을 찾아가는 외로운 길손. 짓궂은 기사의 화살이 이제 이 배를 쏜 것이다. 사랑의 원한? 질투의 화살? 검정 솔개 떼가 날개를 벌리고 뱃전으로 모여든다. 험악한 공기, 잔디밭에서 야속한 심정, 안타까운 변명을 짜내야 하던 젊은 남녀는 이제 새털 같은 원망, 백지장 같은 자존심을 버리고 포옹의 기회를 얻을 때다. 알고 보면 지극히 간단했다.

아청빛 하늘. 다시 갠 하늘이다.

(……)

"계수나무로 돛을 달고 난초잎으로 노를 저어 허공을 헤쳐가며 달빛을 거슬러 님의 나라 찾아간다." 이것은 天一方에서 님을 그리는 蘇東坡 노래다. 나그네여! 고향이 어디기에 마냥 南天만 바라 명상이뇨? 구중궁궐의 그 님이라면 북천을 바라볼 일이요, 오색이 영롱한 扶桑의 그곳이라면 東天을 향할 것이다. 파초잎 푸른 자락 밑에 마냥 울상에 잠기게 하는 고향의 그 님은 누구뇨.

나에게 만일 진정 사랑하는 님이 있다면 고요한 이 밤에 소리 없이 와 주는 그 여인이다. 님은 나를 찾아와서 마루 저쪽에 그림같이 앉아주면 된다.

나는 님을 맞아 뒷마루 이쪽에 돌부처럼 앉아주마. 님은 뜰앞 나무 밑에 고요히 서 있어도 좋다. 나는 님을 향해 여기에 마주 서 있으마. 그리고 우리 단 둘이서 이 밤이 다하도록 서로 말이 없자. (윤오영 「월화」)

환한 달빛 속에서 온갖 상상으로 가득 차 있는 우수한 수필이다. 애련의 정취도 맛볼 수 있고 고독에 서성이는 착잡한 발걸음도 엿볼 수 있다. 어쩌면 작가 윤오영이 이 글을 쓸 때의 심정은 너무 밝고 고요한 달빛 속에서 심한 외로움을 느꼈는지도 모른다. 그래서 그 빈 가슴을 채워줄 어떤 연인 같은 것을 그리워했을 법도 하다.

사실 너무 밝은 달빛. 그것으로써 우리의 가슴을 울렁이기에 충분한지도 모른다. 그러기에 한 가닥 정서가 절로 흘러넘쳤을 법도 하다.

밝은 달빛이라는 외적 사물에서 어떤 낭만 같은 감정을 만나게 되고 거기에서 한 젊은 기사가 의기양양하게 달리는 의상(意像)을 찾게 된다. 그 기사의 당당한 모습은 어쩌면 꿈꾸는 자기 자신의 모습일 수도 있다. 그러나 돌이켜 보면 이는 환영된 자기다. 결국 짝지울 대상이 없음에 허공에 쏜 화살이 되고 마는 것이다. 아니 그 화살은 엉뚱하게도 푸른 하늘에 떠 있는 은하수란 배를 쏘고 만다. 그것은 원한의 눈빛이요, 질투의 불꽃이다. 여기에서 그는 인간의 성적인 고통을 은근히 상상하게 되는 것이다. 그리고 나아가서 작가는 쉬지 않고 더 많은 것을 상상하게 된다. 달빛 파란 하늘에서 소동파의 그 고향의 임의 모습을 꿈꾸어 보는 것이다. 이렇듯 환한 달빛 속에서 상상은 거침없이 발산하는 것이다. 이 얼마나 확대된 상상력인가.

이처럼 상상력이 움직이기 시작하면 만갈래의 가능성이 다투어 나타나게 되고 보이지 않는 미지의 세계를 한눈에 바라보게 된다. 바다를 바라보면 생각이 바다에 가득 차고 산에 오르면 산에 가득 차는 것이 상상이다. 증언할 필요 없이 상상은 문학의 기초를 이루고 문학을 해명해 주는 길이다. 어떻게 보면 상상은 확대된 이상의 세계이며 우리의 안식의 영토라고 볼 수 있다. 그리고 다른 한편으로는 불만의 주제로 남을 수도 있다. 왜냐하면 상상과 현실의 연결은 결코 좋은 결과만을 기대할 수 없기 때문이다. 한마디로 상상은 부조리한 복합 체계이다.

3) 상상의 유형

상상에는 크게 두 가지가 있다. 하나는 재현적인 상상이요, 하나는 창조적인 상상이다. 일반적인 상상은 대개 전자다. 과거에 보고 듣고 느꼈던 원물의 모상(模象)을 재생시키는 능력을 상상이라고 심리학자 제임스는 말했다. 어떤 사물이 우리의 감각에 체험되면 그것이 우리의 기억 속에 축적되었다가 어떤 계기가 되면 다시 재생된다. 그것이 재연적인 상상력이다. 지각 내지 회상에서 얻어진 상상이 모두 이에 해당된다.

예를 들면 우리가 어제 달빛을 보고 오늘 그 달빛을 회상하는 데 조금도 어제의 그 모양을 바꾸어 생각하지 않는다. 거칠고 난폭한 한 사람의 모습을 보고 그 뒤에도 그런 모습을 연상하는 것은 바로 재현적인 상상이다. 여기에서 '기사' '달빛' '언어' '별똥' '창문' '남녀' 등이 독립해 있을 때는 재현적인 상상에 불과하다. 그리고 그것은 누구나 공통적으로 경험해 보는 일반적인 인식의 사항이다. 이는 지난날의 경험을 통하여 누구나 알 수 있어야 하며 또한 누구나 알 수 있는 인증된 경험이다. 그것이 재현적인 상상이다.

달빛어린 언덕에서 작가가 한 번도 본 적이 없는 백마 타고 오는 기사를 다른 사람이 표현하여 들려줄 때 그것이 어떤 모양을 닮았으리라고, 말하면 우리는 이미 가지고 있던 의상(意像)을 한데 모아 그가 어떻다는 것을 미루어 알게 된다. 이러한 회상이나 이미 지난 의상을 한데 모은 심리활동이다. 그러나 이러한 재현적인 상상을 다시 배합하고 조립해서 전혀 다른 상상을 동원하여 새롭게 나타나는 것이 창조적인 상상이다. 즉 일정한 속성을 지닌 언어, 별똥, 창문, 남녀를 추출하여 아직 다른 사람이 전혀 경험해 보지 않은 새로운 의미를 창조해 낸 것이다.

하얀 달빛 언덕에서 백마를 타고 달에 활을 쏘는 것으로 모습을 상상할 수 있는 것은 오직 윤오영뿐이다. 더욱이 그 달빛 속에서 한 마리의 인어처럼 앉아 있을 외로운 여인을 상상한 것도 윤오영만이 가능한 것이다. 또한 여기에서 하반부의 아름다움을 슬퍼하는 모습을 생각해내는 것은 작가의 창조적인 상상력이다.

이 작품에서 고독이라는 말이 없다. 그런데도 고독이 저절로 드러나 있다. 문학이란 철학과 달라서 추상을 가장 기피한다. 추상의 개념이 작가의 머리 속에 구체적인 의상으로 모두 바뀐 뒤에야 비로소 작품에 표현된다. 예를 들면 '전쟁터의 폐허' 하면 어떤 절실한 정감을 갖기가 어렵다. 그러나 다음과 같이 구체적인 의상(意像) 앞에는 절실한 그 폐허의 정감을 얻게 된다.

> 밤이 되자 전선은 고요하다. 양군(兩軍)은 각각 진지로 돌아간 것이다. 그러나 진중(陣中)은 바쁘다. 내일의 전략, 오늘의 정비, 정보와 연락, 종군 기자들의 분망도 격심하다. 이때 부상한 피난민 중의 한 시인이 있어 홀로 이 격전의 광양을 바라보고 있다. 적막한 달빛, 푸른 잔디밭의 벌레 울음 소리, 그러나 총탄에 맞은 즐비한 시체들, 피비린내 나는 전사자의 시체들, 아가의 공포와 전율도 내일의 공포와 초조도, 자기 자신의 부상의 고통이나 생명의 위험도 즐비한 송장 속의 피아(彼我)의 구별도, 적아(敵我)의 감정도 없다. 오직 천장지구 억만 년의 '인생'의 모습이 그를 엄습해 온다. 은빛 달이 날아와서 그의 머리 속으로 들어온다. 구슬 같은 눈물이 눈썹을 적시며 그의 눈동자는 별이 되어 섬광을 발사한다. 그때 그는 한마디의 시를 토한다. 그때가 곧 그의 지극히 한가한 순간이다. 그를 현실에서 유리된 환자요, 도피적 혹은 고답적 패배자로 낙인 찍어도 좋을 것이다. 그는 현실에 아무 도움도 주지 못할 것이다. 그러나 사람들은 어느 땐가 그의 시를 목마르게 그리워할 때가 있을 것이다. 지극히 한가한 그 시간에.

이렇듯 작품도 추상적인 개념을 구체적으로 진술할 때 그 내용이 신실해지는 것이다.

우리들이 갖고 있는 의상(意象)은 그것이 독립적인 것이 아니고 수많은 경험 속에 끼어들었다가 필요한 것들만이 다시 채택된다. 즉 접전이 끝난 후의 모습 속에는 징소리며, 산새의 울음소리, 바람소리, 사람소리, 물소리, 말소리, 발소리 게다가 멀리서 들리는 개소리도 있었을 것이다. 그러나 소리는 모두 제거된 채 고요, 적막한 달빛, 벌레의 울음소리, 즐비한 시체들, 그 허무 속에서 한 시인을 등장시켰다. 만약에 거기에 널려 있는 잡다한 모든 것들이 한꺼번에 되살아난다면 전쟁 후의 그 폐허의 모습을 절실하게 그릴 수가 없을 것이다.

이와 같이 필요한 요소만을 채택하는 것을 분상작용이라고 한다. 따라서 분상작용이 있는 후에야 선택이 있으며 그 선택이 창조적인 상상이 될 수가 있다. 그러나 분상작용이 선택될 수 있는 것은 연상작용에 의해서 가능한 것이다. 연상은 지각과 상상의 기초로써 문학은 여기에서 그 생명을 얻을 수 있는 것이다.

연상에는 접근과 유사 두 종류가 있다. 달빛의 정밀 속에서 지극히 한가한 시간을 생각해 낸 것을 모든 사람들이 이 시간이면 한가롭기 때문에 그러한 것을 생각해 낼 수 있을 것이다. 한 소녀의 아리따운 모습 속에서 사랑을 느꼈던 젊은 날을 경험을 통하여 다른 젊은이도 그러리라는 연상을 하게 되는 것이 접근 연상이다. 이처럼 내 처지를 미루어 다른 사람의 처지를 상상할 수 있는 것이 접근 연상이다. 따라서 윤오영의 「진간의 경지」를 읽고 한가함을 비로소 생각했을 때는 경험 접근으로 인하여 달밤이면 한가롭다는 것을 생각해 낸 것이다.

우리가 '모란'하면 영랑을 생각해 내고 '진달래'하면 소월이 생각나는 것은 모두가 접근 연상이다. 십자가를 보면 기독교가 생각나고 염주를 보면 불자가 생각나는 것 모두가 이에 해당된다.

다음으로 중요한 것은 유사 연상이다. '銀빛'과 '달빛'은 사실 별개의 개체다. 그런데 그것을 하나의 개념으로 보는 것은 그 색깔이 서로 비슷하기 때문이다. 더욱이 옥순이와 달빛은 전혀 다른 이질의 존재다. 그런데 하얀 옥순이의 얼굴을 보고 달빛으로 생각하는 것도 같은 현상이다. 그리고 깡패인 철이를 보고 그의 다정한 친구인 철수를 같은 개념으로 보는 것은 유사현상이다.

이러한 유사현상 때문에 사물이 인간이 될 수도 있고 인간이 사물로 변할 수도 있다. 사물이 인간으로 변하는 것을 의인화라고 한다. 여기에서 은빛 달이 바로 그것이다. "꽃이 웃으니 소리가 없고 새가 우는데 눈물이 없네" "버드나무는 꾀꼬리를 손님으로 맞이하고 꽃은 나비를 서방님으로 모신다"와 같은 표현은 모두가 의인화한 탁물이다. 이렇듯 유사현상이 탁물 현상으로 변하고 그것이 극도로 발전하며 추상적인 개념으로 대체되어 상징을 낳는다. 말하자면 상징이란 어떠한 이치를 어떤 형상에 깃들게 하는 것이다.

그리고 한 가지를 더 들자면 영적(해석)인 상상이다. 이는 통찰력과 직관에 의해서 얻어지는 상상이다. 우리는 어떤 사물에 의미를 부여하고 때로는 어떤 것에서 의미와 가치를 찾으려고 한다. 바위나 나무 그리고 그것을 인간의 영혼의 의미로 변형시키려 한다. 이것이 해석적인 상상이다.

아무튼 훌륭한 작품일수록 보다 더 확대된 상상력 속에 씌어진 것들이다. 힘차고 깊은 상상은 진지한 정서를 확대하여 위대한 작품을 만들어 내는 것이다.

4) 상상력의 함양(涵養)

상상력의 작용은 실로 미묘한 것이다. 몸은 노동에 시달리면서도 마음만은 꽃밭에 노닐 수 있는 것은 상상력으로 인한 것이다. 이는 인간의 정신과 외적 사상(事象)이 서로 교통하고 서로 교합하는 데서 발생한다.

의지란 정신의 핵심이라면 그 핵심을 전달해 주는 것이 언어다. 따라서 외적 사상이 이목을 통하여 정신에 부딪힐 때 그 책임을 맡고 있는 것이 언어현상이다. 그러므로 언어가 그 기능을 다하자면 학문을 쌓고 지성을 함양시켜야 한다. 그리고 견식을 넓히고 관조의 힘을 길러야 하며 정신을 맑게 하여

이지를 높여야 한다. 또한 아침저녁으로 마음과 정신을 허허롭게 비워 안정을 되찾는 수양이 필요하다. 그런 다음에 수사법을 터득하는 훈련을 거친다면 숙련된 붓을 휘두를 수 있을 것이다. 다시 말해서 상상력의 확대를 위해서 우리는 모든 사물을 대할 때마다 깊은 사려를 잊지 말아야 할 것이다. 그리고 많은 전적을 보는 일도 중요한 일이다.

훌륭한 상상력은 허정 속에서 그 구상이 싹트고 침잠 속에서 풍운의 묘를 얻을 수 있는 것이다. 그리고 그 구상 사고에서 발생하고 언어는 구상에서 싹트므로 상호간에 괴리가 생겨서는 아니 된다. 구상과 사고와 언어가 일체가 되어야 한다. 그러므로 구상이 허약하면 내용 또한 허약하게 되고 표현이 거칠면 그 내용이 혼란을 가져오게 된다.

그래서 옛사람들은 그 구상에 고심을 했다. 사마상여는 붓을 들고 구상하는 동안 그 먹물이 말라 버렸고 양웅은 지나친 구상에 피로에 지쳐 저녁이면 헛소리를 했다 한다. 논리의 일관성, 폭넓은 사고, 공교한 수사는 신선한 구상과 능란한 언어구사에서 얻어지는 것이다.

그러나 글이란 말로 다 표현할 수 있는 것만은 아니다. 설명할 수 있는 부분이 있고 그렇지 못할 부분이 있다. 현자 이윤(伊尹)마저도 그 요리 비결을 다 설명하지 못했으며 명공 윤편(輪扁)은 수레 제작의 오의(奧義)를 다 설명하지 못했다고 한다. 그러므로 설명으로 다 전하지 못할 부분은 독자의 상상에 맡기는 수밖에 없다.

상상력의 함양은 많은 독서를 통해서만이 가능하다. 물론 많은 것을 보고 듣는 것도 상상력을 키우는 요인이 된다. 하지만 상상력을 기르기 위한 스스로의 언어적 노력이 뒤따르지 않으면 안 된다. 그것이 소리이든 의미이든 어떤 대상에 대한 인식을 미루어 새롭게 생각하는 것이므로 그것에 대한 인식의 훈련이 따라야 한다. 유추라는 것도 또 하나의 상상력에서 출발하는 것이다. 상상은 문학뿐만 아니라 과학에서도 필요하다. 오늘날 학문이나 과학이 급격하게 발달된 것도 상상에 대한 인식의 확대에서 얻어진 소득의 결과이다.

5. 전통과 수용

1) 창작과 전통

나 보기가 역겨워
가실 때에는
말없이 고이 보내드리우리다.

영변에 약산
진달래꽃
아름따다 가실 길에 뿌리오리다.

가시는 걸음걸음
놓인 그 꽃을
사뿐히 즈려밟고 가시옵소서.
(……) (김소월 「진달래꽃」)

열쇠가 자물쇠에게 말했습니다.
"나 없으면 넌 아무 소용도 없게 돼. 잠기지도 풀리지도 못하니까. 그럼 어떻게 되지? 제구실을 못하는 건 다 버려지고 말아. 이젠 내말 알아듣겠니?"
자물쇠는 기분이 언짢았지만 한 말이 없었습니다.
그 뒤로 오랜 세월이 흘렀습니다. 열쇠는 아직도 반짝반짝 빛났지만 자물쇠는 낡아서 더는 못 쓰게 되었습니다. 주인은 자물쇠를 버렸습니다. 그리고
"그럼 이것도 필요 없지."
하고는 열쇠도 함께 버렸습니다.
열쇠는 무척도 억울했지만 한 말이 없었습니다. (정진권 「열쇠와 자물쇠」)

이윽고 함 교장이 연단에 올랐다.

만장에 박수가 일어나고 월화도 두어 번 박수했다. 영채는 옳지 부벽루에서 말하던 이로구나 하였다.
함 교장은 위엄 있는 태도로 그윽히 회중을 내려다보더니
"여러분!"
하고 입을 열었다.
"여러분의 조상은 결코 여러분과 같이 마음이 썩지 아니하였고, 여러분과 같이 게으르고 기운이 없지 아니하였고, 평양성을 쌓은 우리 조상의 기상은 웅대하였고, 을밀대와 부벽루를 지은 조성의 뜻은 컸소이다."
하고 감개무량한 듯이 한참 고개를 숙이더니, (이광수 「무정」)

위의 세 편의 글은 각각 그 장르가 다르다. 그 첫 번째는 시요, 두 번째는 수필, 그리고 마지막은 소설이다. 따라서 시는 운율을, 수필은 분위기를 소설은 그 구성을 생명으로 하고 있음은 이미 다 아는 사실이다.

이렇듯 문학에는 그 장르에 따라 그 개념과 내용이 규정되어 있다. 그러므로 그 장르의 선례를 무시할 수는 없다. 말하자면 수필은 수필대로, 시는 시대로, 소설은 소설대로 각각 그 장르의 일정한 전통적인 룰 밑에서 새로운 방식을 추구해야 한다. 만약에 그 방식을 지키지 않는다면 그것은 시도 수필도 아닌 파격적인 문학이거나 또는 탈문학의 문자 행위가 될 것이다. 이렇듯 그 룰에는 법칙이 있을지 몰라도 이를 쓰는 창작의 방법에는 일정한 법칙이 있을 수 없다. 그것은 작가만의 독창성에 의하여 씌어지는 것이기 때문이다. 다시 말해서 그 장르의 형식은 일정한 룰이 있으나 그 창작의 기법은 일정한 규칙이나 형식이 없다. 그러므로 작가만의 개성이나 기능의 여하에 따라 그 기법이 얼마든지 달라질 수 있다.

키가 크지 않은 사람은 높이 솟은 감나무의 열매를 딸 수 없으며 두레박의 끈이 짧으면 샘물을 떠먹을 수 없을 것이다. 그러므로 작가의 넓고 총명한 지혜가 있어야 하고 광활하고 무궁한 사고가 뒤따라야 한다. 다시 말해서 파격적인 사고가 있어야 하고 대담하고 송곳 같은 상상이 있어야 한다.

이 세상의 모든 풀과 나무는 땅에 그 뿌리를 두고 있다. 땅에서 지기를 흡

수하고 하늘에서 햇볕을 받아 자양분을 취한다. 모든 식물은 땅을 벗어날 수가 없고 태양의 품을 외면할 수 없다. 땅이 그 생명의 근원이요, 하늘이 호흡이 터널이다. 이같이 대지를 그 생명의 원천으로 하고 있지만, 그러나 그 맛과 냄새와 그 모양은 각각 다르다. 소나무와 측백나무가 다르고, 고구마와 밀감이 다르다. 탱자나무와 감나무가 다르고, 고추와 대마초가 다르다. 이렇듯 이들은 대지와 태양의 거대한 품속에서 산과 바다, 들과 계곡이라는 장르 속에 살면서도 그 성분과 그 질이 각각 다르다. 사람에게도 개성이라는 것이 있고 그 사람만의 독특한 재능이 있다.

그러므로 똑같은 장소에서 똑같은 것을 보고 쓰더라도 그 작가마다 다른 목소리를 내게 되는 소이가 여기에 있다. 어떤 작가는 질박한 목소리를, 어떤 작가는 풍만한 기교를, 어떤 작가는 화려한 수사를, 어떤 작가는 우아한 작풍을, 어떤 작가는 기려하면서도 과장된 것을 추구한다.

우리는 판에 박은 듯한 작품을 대할 때 답답함을 느낀다. 남이 낸 목소리를 그대로 흉내내고 남이 이미 뱉은 소리를 그대로 반복하는 글을 읽을 때 지루함을 느낀다. 이런 작품은 읽을 만한 흥도 나지 않지만 진부한 목소리가 되려 혐오감마저 준다.

그러므로 우리는 문학 수업에 소홀해서는 안 된다. 고인의 작품을 열람하고 경전을 두루 섭렵해야 한다. 그리고 현대의 작품 또한 멀리해서는 좋은 생각, 좋은 작품을 만들 수가 없다. 다시 말해서 많은 작품을 정독하고 그 문장과 사상을 간파해서 새로운 사상을 창출해 내야 한다.

그러나 분명하게 기억해야 할 것은 모든 책 가운데 그 근간은 경서라야 한다. 나무가 굳건히 뿌리를 박고 있으면 그 열매 또한 풍성한 것과 같이 경전(고전)을 바탕으로 하고 있으면 그 작품은 무궁한 사고의 숲속에 싸일 수가 있다. 그만치 경서란 우주의 항구 불변의 이치와 불멸의 법칙을 서술한 것이요, 사물의 질서에 침입할 수 있고, 성령의 심오한 경지를 통찰할 수 있는 자양분이다. 뿐만 아니라 문장의 골수를 파악할 수 있으며 간결한 가운데 내용이 풍부하고 심오한 사상 속에 문사가 화려해서 취할 바가 많다. 그래서 공자 또한 가죽끈으로 된 『주역』을 세 번이나 헐도록 읽었다지 않은가.

이렇듯 많은 책을 읽는 가운데 전통적인 법칙에 의거해서 자유자재로 좋은 작품을 쓸 수가 있는 것이다. 변혁해서 새로운 목소리를 낼 수 있고 뛰어난 재주로 무지개 빛 찬란한 문체를 구사할 수도 있는 것이다.

다음 글을 보자.

창문으로 비쳐 오는 명랑한 아침 볕, 베갯머리의 책을 이끌어 옛 사람과의 대화 속에서 어느덧 넘어가는 해의 붉은 놀빛을 바라볼 때, 책상머리에 놓여 있는 古石을 들여다보며 정적을 음미할 때, 손(客)은 가고 고요한 밤에 홀로 앉아 마시다 남은 엽차를 다시 끓일 때, 오래간만에 통정하는 친구와 만나 명리와 학구를 떠난 담담한 담화가 구애없이 피어나 어느덧 잠든 것을 잊었을 때, 창 밖에 빗소리는 쉬지 않고 내리는데 문득 서랍을 열고 묵은 편지와 구고(舊稿)를 뒤적거리며 밤을 보낼 때, 뜰에 가득찬 달빛은 호수 같고 하늘과 땅이 하염없이 멀게 느껴질 때, 푸른 교목 우거진 가지마다 요란하던 매미 소리가 뚝 그치자 좌우를 돌아보고 비로소 아무도 없었다는 것을 새삼 느꼈을 때, 무심히 발을 멈추어 어느덧 심산유곡을 깨닫고 맑은 물 흐르는 옆 잔디밭에 주저앉아 맞은편 산부리의 구름을 볼 때, 바쁜 생활에 헤매다가 병으로 한 때를 쉬고 아직도 병여(病餘)의 몸으로 자리에 누워서 희미한 벽을 바라보고 누웠을 때, 나는 이 시간이 유한(悠閑)하다. 유한한 이 시간이 나의 마음을 살찌게 한다.

달밤에 홀로 대밭에 앉아 거문고를 타던 왕마힐(王摩詰)의 유한, 울밑에서 국화를 매다가 하염없이 남산을 바라보고 섰는 도연명의 유한, 이것은 나로서는 엿볼 수 없는 경지다. 천파만랑(千波萬浪)의 바닥에 깔린 해저의 정적이 곧 이것이랄까. 내 일찍이 서해안에서 달포를 머물은 적이 있었다. 산악같이 몰려오는 물결, 은옥같이 흩어지는 물거품, 성난 고래같이 뿜는 격랑, 호탕하고 장쾌한 것은 격동의 바다요, 로맨틱하고 분방한 것은 광란의 해양이라고 생각해 왔었다. 그러나 그제 와보니 단조한 것이 바다요, 고요한 것이 바다였었다. 더욱이 천심 해저의 깊은 정적, 나는 여기서 비로소 만고의 정적을 안고 한 줄기 떨어지는 눈물을 금할 수 없었다. 역시 바다는 유한했다.

(……)
　명경지수(明鏡止水)라는 말도 있다. 티없이 깨끗하고 조금도 동요없이 고요한 마음씨. 혹은 더 나아가 오성(悟性)의 경지를 말하는 것일지도 모른다. 그러나 나는 이 말을 그리 좋아하지 않는다. 어느 구석엔가 체념적인 데가 엿보이기 때문이다. 명경지수는 평면적이다. 깊이가 없다. 생활이 없는 희멀건 정지된 자태로 느껴진다. 유한한 생활이란 수심(水心)의 경지에서 피어나는 글이다. (윤오영 「유한의 시간」)

　이 글을 읽으면서 먼저 느끼는 것은 우선 간결하면서도 그 비유가 심원하고 그 전달력이 풍부한 데 있다. 그러면서도 산봉우리의 구름을 흩어서 비를 뿌린 것처럼 편벽됨이 없이 자연스럽다. 그리고 통쾌감도 준다. 이는 바로 경전을 바탕으로 한 글이기 때문이며 고전의 정기를 흡수한 문체이기 때문이다. 이와 같이 문장은 경전을 자연스럽고도 제대로 습득하지 않으면 어려운 것이다.

2) 원용의 기법

　앞에서 고전(경전)의 중요성을 역설하였다. 그만치 고전은 내용이 풍부해서 우리가 취할 만한 것이 많다.
　윤왕이 희왕을 정벌하려 할 때 그는 한나라의 정치 전법을 인용하여 그의 논리를 세웠고 공자는 문무 우탕의 인정을 근거로 백성들을 설득했다.
　이와 같이 어떤 도리를 밝히기 위해서 금언 성구를 인용하며, 진리를 설파하기 위해 고전을 거론하는 경우가 많다. 그것은 그만치 고전이 가치가 있고 신성하기 때문이며 나아가서 현대인들보다 옛사람들을 우러러보는 심리 때문이다.
　그래서 옛날의 문사들은 고전을 빼놓지 않고 읽었다. 임재 같은 천재시인도 중용을 8백 번이나 읽었고 윤결은 맹자를 천 번이나 읽었다는 사실만 보아도 그들이 얼마나 고전을 가까이했는가를 알 수가 있다.

경전이란 몹시 심오하고 끝없이 넓어서 문장 표현의 보고요, 사고 발생의 신역을 이루고 있다. 그래서 과거 이백과 두보를 비롯 대문장가라면 고전을 취하지 않은 작가가 없었다.

한 순갈의 밥으로 배를 채울 수 없고 한 마리의 오리털로 이불을 만들 수 없듯이 많은 책을 읽어야 한다. 독서란 곧 체험이며 재능과 학식을 기르는 지름길이다.

창작에 있어서는 무엇보다도 재능과 학식이 중요하다. 재능은 내면적인 것이라면 학식은 외면적인 것이다. 전자는 선척적이라면 후자는 후천적인 것이다. 그것들은 동전의 겉과 안 같아서 서로 분리할 수가 없다. 창작에 있어서도 학식은 풍부한데 재능이 결핍되면 동시에 정서의 결핍을 만들고 재능은 풍부한데 학식이 부족하면 동시에 묘사력의 결핍이 와서 좋은 작품이 되지 못한다.

그러므로 많은 독서를 통하여 이를 신장시키는 것이 무엇보다도 중요하다.

따라서 내 경험으로 말하면 잘 쓰기 위해서는 우선 잘 읽을 필요를 느낀다. 동서고금을 막론하고 쓰여진 것은 가능한 한 읽어야 한다. 그 과정에서 언어의 수집, 문장의 리듬, 이론의 전개, 설득의 방법과 같은 기술이 자연히 몸에 붙게 된다.

이러한 기초훈련이 없이는 문장을 쓸 수 없다. 어린이가 어머니와 그 밖에 주변을 싸고 도는 사람들로부터 언어를 배워 가듯이 무엇을 쓰고자 하는 사람들은 우선 주변에서 이미 쓰여진 것들로부터 배우는 것이 중요하다.

나도 하루 중의 반은 읽는 일에 시간을 빼앗기고 있다.

다음으로 할 일은 조사(취재)다. 장미에 대해서 쓰고 싶으면 장미에 대해서 자기의 힘으로 조사해야 한다. 모두를 조사했으면 일생을 걸어서든 혹은 어느 정도 조사하고 그리고 자기의 사념과 체험을 쏟아붓고 천천히 발효시킨다.

절대로 서두르지 말자.

발효한 정신 속에서 써야 할 언어가 뇌를 통하여 생성하고 노력하고 땀을 흘린 만큼 언어는 활활 빛을 낼 것이다.

쓴다는 것은 성심 성의의 노동이라고 나는 생각한다. (마스다 레이고 「잉크병」)

이와 같이 독서를 통해서 창작이 성숙해 갔듯이 우리는 고전을 통해서 지식과 재능을 넓혀가야 한다.

목수는 먹줄에 의해서 선을 긋고 작가는 독서에 의해서 힘을 얻는다. 여름에 들판에서 땀을 흘린 자만이 풍성한 수확을 거둘 수 있고, 높은 산에 오른 자만이 멀리 바라볼 수 있다.

실로 글이란 무궁무진한 것, 어찌 안일한 자세로 글을 쓸 수가 있겠는가. 온축(蘊蓄)과 박학(博學)의 융화를 알고 회고와 방향의 묘를 터득해야 하고 사고가 붓 끝에 호응하고 발상이 문장에 작용해야 한다.

그러나 사실을 원용함에는 논리가 통하는 가운데 그 요령을 얻어야 한다. 그렇지 않으면 글이 시들거나 문장이 걸리적거려 효과를 얻을 수 없다.

"쇼펜하워는 '//偉大한 사람에 둘이 있으니 하나는 육체적으로 위대한 사람이요, 하나는 정신적으로 위대한 사람이라'고 했다. 육체적으로 위대한 사람은 앞에서는 커 보이나 멀어질수록 작아 보이고 정신적으로 위대한 사람은 멀어질수록 커 보이지만 내 앞에 오면 결점도 있고 실책도 있는 나와 같은 범인이다. 이것이 실로 위대한 점이다." 이것은 魯迅의 어느 문장의 첫머리였습니다. 여기서 쇼펜하워의 말은 원뜻과는 아무 상관없이 전부 노신의 말이 돼 버리고 말았습니다. 또 노신은 이것을 인용함으로 아마 오륙 행은 절약할 수 있었을 것입니다. 이것이 인용의 묘미입니다.

"파스칼은 '사람은 생각하는 길'라고 했다. 인간은 약한 존재다. 운명 앞에 갈대와 같은 존재다. 조금만 바람이 불어도 이리 쓰러지고 저리 쓰러지고 한다. 그러나 思考하는 힘에 의해서 능히 인간다운 가치를 발견할 수 있는 自覺的 존재다." 이렇게 시작해서 3백 페이지의 명문을 썼다 합시다. 이것은 파스칼의 해설이요, 자기 글일 수는 없습니다. 이런 글을 쓰려면 글을 쓰지 말고 '사람은 생각하는 갈대'라는 말을 벽에 써 붙이고 때때로 저 혼자 음미해 보는 것이 옳을 것입니다. 고인의 명언이나 고사 전설로 지면을 채우거나, 심하면 고사숙어 해설 같은 것을 해 놓고 자기 글이라고 생각하는 사람도 있습니다. (윤오영 「수필 창작 입문」)

그렇다. 글의 요령을 모르고 쓴 탓이다. 요령을 얻으면 회초리 하나로 여섯 마리의 말을 끌 수 있지만 그렇지 못하면 큰 몽둥이로도 말(馬)를 제어할 수 없다. 그전이나 선인의 말을 인용할 때는 특히 두 가지를 유의해야 한다. 그 첫째는 인용한 말을 해석하는 식이 되어서는 아니 될 것이요 그 다음은 사실을 왜곡 인용하지 말 것이다.

"갈천씨의 음악은 천 사람이 부르면 만 사람이 그에 회답한다. 듣는 사람은 순임금과 우임금의 음악을 멸시하게 되었다"라 한 것이 있는데 이것은 전고의 사실을 잘못 인용한 것이라고 유협은 말했다. 생각건대 갈천씨의 음악은 세 사람만이 화답할 수 있다는 것이다. 그런데 천 사람이 부르고 만 사람이 화답한다는 이야기는 사마상여 스스로가 마음대로 조작한 것이다. 아마 이와 비슷한 사실은 이외도 얼마든지 있을 것이다. 전고(典故)나 남의 글을 인용할 때는 조심성 있게 취해서 우를 범하는 일을 삼가야 할 것이다. 고인의 말을 시의 적절하게 잘 인용하며 시간이란 먼 장막의 안개도 걷히게 될 것이다.

그러면 장대(張垈)의 글로 이 글을 마무리 짓고자 한다.

내가 원중랑의 글을 읽은 뒤에 비로소 과거의 고전 문장이 오늘의 글이 될 수 없다는 것을 알았다. 과거의 고문을 다 털어 버렸다. 그 후 10년간 나는 공안파의 글이 아니면 읽지 않고 공판의 글이 아니면 쓰지 아니했다. 그러다가 담원춘의 글을 읽고 나서 10년간 노심해서 쓴 내 글의 무가치함을 알고 다 술살라 버렸다. 그리고 경능파의 글만을 오직 애독하고 경능파의 글만을 써 왔다. 무릇 7년간을 그렇게 해 왔다. 그러나 나는 차차 그 글에 불만을 느끼고 또 다 불에 태워 버렸다. 그리고 나서 나는 내 자의에만 글을 쓰고, 내가 창조한 글만이 내법이 되었다. 지금 내 글은 오직 내 자신의 글일 뿐이다.

제2장

수필 창작을 위한 해명

제5부 수필 창작의 기본

1. 수필의 연마와 수련

한 편의 수필이 씌어지기까지는 여러 가지 복잡한 요소들이 많다. 그러나 하나의 주제를 향하여 유기적으로 결합하고 통일을 이루는 작업이 무엇보다도 중요하다. 조직하고 통일하는 그 방법을 체득하는 것이 바로 수필을 짓는 첩경이기 때문이다.

흔히 수필을 '붓 가는 대로 쓰는 글'이라고 한다. 그러나 이 말은 문장의 기초 훈련이 이루어지지 않은 채 아무렇게나 써도 수필이 된다는 말은 아니다. 수필은 하나의 언어 예술이다. 예술이란 뜻은 기예(技藝) 즉 기능을 의미하는 말이다. 다시 말해서 하나의 체계화된 고도의 기술이다.

그러기 때문에 어떠한 이야기를 썼느냐가 중요한 것이 아니라 그것을 어떻게 표현했느냐가 중요한 것이다.

그러면 좋은 수필을 쓰기 위해서는 어떤 훈련이 이루어져야 하는가.

"되도록 많은 것을 되풀이해서 읽는다."

이것이 첫째 조건이다. 다음으로

"실제로 작품을 창작해 본다."

이것이 둘째 조건이다.

"많은 작품을 써 본다."
이것이 마지막 조건이다.

2. 독서를 많이 하라

좋은 수필을 쓰자면 먼저 남의 좋은 글을 읽지 않으면 안 된다. 독서는 고기가 물을 얻는 격이요 초목이 봄을 만난 격이다. 고기는 물이 없으면 살 수가 없고 초목은 봄이 아니면 새 움을 틔울 수가 없다.

글을 쓰는데 충분한 독서를 하지 않으면 자유자재로 붓을 휘두를 수 없다. 창작은 모방에서 비롯되고 모방은 독서에서 비롯된다. 처음 독서는 그 글을 배우자는 데 목적이 있지만 독서가 깊어갈수록 그 글을 능가하자는 데 의미가 있다.

'깊은 인상을 주는 글' '맛이 나는 글'은 우선 좋은 글이다. 그런 글을 읽고 또 읽다 보면 저절로 그 글을 감득하게 되고 나중에는 그 글의 묘미를 얻게 된다. 따라서 자기도 그런 묘미를 얻게 되어 글을 쓰는 데 저절로 도움이 되는 것은 말할 것도 없다.

석공이 되자면 먼저 돌을 다루는 법부터 배우듯이 작품을 쓰기 위해서는 많은 독서를 통하여 남의 글을 체득하는 데서부터 시작해야 한다. 독서 없는 창작은 흡사 산에서 고기를 낚는 것과 같다. 윤오영은 독서의 방법을 이렇게 적고 있다.

> 자기가 좋다고 생각한 글이거든 몇 번이고 몇 번이고 싫도록 읽는다. 이것이 유일한 방법이다. 그러지 않고는 좋은 글을 못 쓴다. 왜냐 하면 독서의 첫 단계는 그 글을 따라가려는 노력이요, 둘째는 그 글을 정복하려는 노력이요, 셋째는 그 글을 버리고 앞서 가려는 노력인 까닭이다. 그래서 더 높은 글 또 더 높은 글을 발견하고 애독하고 정복하는 것이다. 그런데 근래 이런 독서법

을 모르고, 욕심만 부려서, 여러 가지 글, 새로운 글을 빨리 많이만 읽으려고 든다. 이것은 바둑을 두는 사람이 한 단씩 한 단씩 윗단과 대결해서 실력을 올려 가지 않고, 여러 사람하고 많이만 두는 복덕방 할아버지의 바둑과 같아서 생전 두어야 그 바둑이다. 우리 나라에서 옛날의 한문장(漢文章)의 대가로 역사에 전하는 분들이 나는 결코 출중한 전재들이었다고 생각하지 않는다. 오직 노력과 공부로 그만큼이라도 성가(成家)한 분들이라고 본다. 그들은 또 글을 몇 번씩이나 읽었다. 옛 기록에서 참고(參考)해 보기로 하자. 개 머루 먹듯 두세 번 읽고 딴 글로 옮기는 요새 사람들과는 엄청난 대조가 될 것이다. 김일손은 한퇴지(韓退之)의 글을 천 번, 윤결은 맹자를 천 번, 노소제는 논어를 이천 번, 임백호는 중용을 팔백 번, 최간이는 한서 중에서 항적전만 만독, 유어우는 유종원의 글을 천독, 그리고 김득신이란 문장가는 원래 둔재였다고 한다. 그래서 사마천의 글을 백이만 일억 일만 삼천 번을 읽고, 자기 당호를 억만제라고 했다. 백이란 요새 활자로 하면 한 페이지 정도가 아닐까 한다. 자기가 따라가지 못하는 좋은 글이면 일생을 두고 읽어도 다하지 않는다.

한 가지 필요한 것은 독서에는 평안(評眼)이 따라야 한다. 아무리 훌륭한 글이라도 만고 최고 수준의 작품이 아닐진대 그 이유로서 어디가 결함이나 부족이나 저급한 데가 있게 마련이다. 이것을 찾아낸다는 것은 자기의 중대한 발견이요, 실력의 높은 약진이다. 하여간 글을 읽지 않고 글을 쓰려는 것은 밑천 없이 장사하려는 것과 같다. (윤오영)

많은 작품에 접하여 정독하고 문장의 규율을 공부하고 요점을 파악할 줄 알아야 한다. 양웅(楊雄)과 같은 재능있는 선비도 자기의 부족을 깨닫고 왕실 도서관에서 독서에 전념한 이후에 작가로서 성장했음을 스스로 술회하고 있다.

독서하는 방법을 잘 터득하여 독서하는 습관을 몸에 익히는 것이 무엇보다도 수필 창작의 주요한 지름길이다.

특히 요즘은 정보 다양화의 사회다. 서점가에 가보면 많은 책들이 산더미처럼 쌓여 있다. 이러한 책을 언제 다 읽을 것인가. 여기에 책의 선택 문제를 고심하지 않을 수 없다. 책을 선택하는 데 윤오영은 몇 가지 기초적인 조건을 제시하고 있다. 글을 읽고 나서 이 글이 나에게 어떤 감격을 주었나, 어떤 정서를 안겨주었나, 어떤 새로운 문제를 제기해 주었나, 이 사람은 무엇 때문에 이 글을 쓰지 않고는 못 배겼나 생각해 봐서 하나도 뚜렷한 것이 없으면 그 글은 읽지 말라고 했다.

다시 강조하거니와 글을 쓰려면 독서를 해야 한다. 맛있는 요리를 만드는 데는 요리 솜씨도 중요하겠지만 그보다는 재료가 풍부해야 한다. 재료의 여하에 따라 맛의 진부를 결정하고 보면 독서가 얼마나 중요한가를 인식하지 않으면 아니 된다. 독서는 곧 창작의 에너지다. 글을 읽지 않고 좋은 글을 쓰려는 사람은 자본없이 사업을 하여 큰 돈을 벌려는 사람과 같다.

명문장이나 좋은 글은 몇 번이고 거듭거듭 되풀이해 읽고 가능하면 암송하는 것이 좋다.

> 두보는 항상 자기 경험에서 말하기를 "만권의 책을 읽으니 마치 신들린 것 같이 글이 잘 써진다"(讀義破萬券, 下筆如有神)고 하였다. 소위 '靈感'이란 바로 杜工部가 말한 '神'이다. 다시 말해서 "만권의 책을 읽는다"는 것은 노력[工夫]이고 "마치 신들린 것 같이 글이 잘 써진다"는 것은 영감(靈感)이다. 두보의 경험에서 볼 때 영감은 노력에서 나오는 것이다. 만일 우리들이 심리학의 도움을 살려 영감을 분석한다 하여도 똑같은 결론을 얻을 수 있을 것이다. (주광잠)

수필을 쓰기 위해서는 먼저 고전문학을 권하고 싶다. 특히 고전문학 가운데 고문진보나 이두(李杜) 시집 같은 것은 꼭 읽어두어야 할 것이다. 음악을 감상하기 위해서나 운동을 관람하기 위해서도 많은 노력을 기울여야 하듯이 좋은 수필을 쓰기 위해서 독서를 많이 해야한다는 것을 더 말해 무엇하겠는가.

독서는 수필의 모태다.

3. 처음엔 흉내를 내라

　수필 작법에는 뚜렷한 비결(秘訣)이 없다. 아니 비결이 전혀 없는 것은 아니다. 이미 앞에서 언급했듯이 쓰고자 하는 욕구와 실행, 그것이 바로 비결이다.
　새가 하늘을 날기 위해서는 수 많은 날개짓을 해 본 뒤에야 하늘을 날 수 있다. 수많은 습작을 해 보지 않고 작품을 쓸 수는 없다. 익힐 습(習)자는 바로 어린 새가 날기를(羽) 거듭(白) '익힌다'는 뜻으로 된 자이다.
　작품을 처음 쓸 때는 모방하라. 모방은 제2의 창조라는 말이 있다. 기성 작가들의 작품의 구성 표현을 눈여겨보고 얼마간 흉내내다 보면 자기 작품이 씌어질 때가 온다. 그러면 윤오영의 「수필입문」에 있는 다음 예문을 보자.

　　"내가 원중랑의 글을 읽은 뒤에 비로소 과거의 고전문장이 오늘의 글이 될 수 없다는 것을 알았다. 과거의 고문을 다 털어 버렸다. 그 후 십 년간 나는 공안파의 글이 아니면 읽지 않고, 공안파의 글이 아니면 쓰지 아니했다. 그러다가 담원춘의 글을 읽고 나서, 십 년간 노심해서 쓴 내 글의 무가치함을 알고 다 불살라 버렸다. 그리고 나는 경릉파의 글만을 오직 해독하고, 경릉파의 글만을 써 왔다. 무릇 칠 년간을 그렇게 해 왔다. 그러나 나는 내 자의에서만 글을 쓰고 내가 창조한 글만이 내 법이 되었다. 지금 내 글은 오직 장대(張岱)의 글일 뿐이다."

　장대(張岱) 자신의 글이 되기까지 얼마나 많은 모방을 했는가. 그는 결국 모방해서 탈피하여 대작가가 되었다. 이렇듯 선인들도 창작을 공부할 때 모방에서 출발했다. 모방은 결코 나쁜 습관이 아니다.
　영국의 러스킨은 예술은 원래 자연을 모방하는데서 일어나는 것이라고 했다. 글을 쓰는 초보자는 남의 글을 모방하는 데서 시작되고 그 모방을 탈피하는데서 창작이 완성된다.
　이미 있는 시귀(詩句)에 자신의 생각을 더 하거나 혹은 그 생각과는 반대되는 생각으로 옛 사람들은 시작(詩作) 공부를 했다. 이것이 바람직한지의 여부는 고사하고 그것을 허물하지 않았던 것을 보면 우리 선인들은 일반적으로 모방을 애호했음을 볼 수 있다.

양웅(楊雄)의 반리소(反離騷)는 굴원(屈原)의 이소(離騷)에서 나왔고 조식(曹植)의 칠명(七命)과 장협(張協)의 칠계(七啓)는 매승(枚乘)의 칠발(七發)에서 나왔으며, 동방삭의 답객란(答客難), 옥양웅의 해조(解嘲)는 송옥(宋玉)의 답초왕문(答楚王問)이란 글에서 나왔고, 한퇴지의 송궁문(送窮文)은 양웅의 축빈부(逐賓賦)에서 나왔다고 한다. 여기서 창작보다 모방이 쉬움을 알겠다.

그러면 옛 사람들의 모방작을 한번 살펴보자.

(1)
원작 : 어젯밤에 달과 동행하였고(昨夜月同行)—杜甫
모방 : 은근한 달이 있어서 더불어 같이 돌아 간다(殷勤有月與同行歸)—陳后山
원작 : 가만히 나는 반딧불이 스스로 비친다(暗飛螢自照)—杜甫
모방 : 나는 반딧불은 원래의 비치는 것을 잃었다(飛螢元失照)—陳后山
원작 : 문장은 천고의 일(文章千古事)—杜甫
모방 : 문장은 평일의 일(文章平日事)—진후산
원작 : 하늘과 땅 사이의 한낱 썩은 선비(乾坤一腐儒)—두보
모방 : 하늘과 땅 사이에 썩은 선비의 몸을 붙였다.(乾坤着腐儒)—진후산
원작 : 차가운 꽃이 다만 잠깐 향기를 피운다(寒花只暫香)—두보
모방 : 차가운 꽃이 다만 스스로 향기를 피울 뿐이다.(寒花只自香)—진후산

(2)
음갱(陰鏗)의 시에, "큰 강은 고요하나 오히려 물결친다(大江靜猶浪)"라고 하였고, 杜詩에는 "江流는 고요하나 오히려 솟구친다(江流靜猶湧)"라고 하였다. 鏗의 시에는, "엷은 구름은 바위 가에서 나오고 초승달은 물결 속에서 오른다(薄雲巖際出 初月波中上)"라고 하였고 杜詩에는, "엷은 구름은 바위 사이에 잠자고, 겨가는 달은 물결 속에서 흔들린다(薄雲巖際宿殘月浪中飜)"라고 하였다. 鏗의 시에는, "냇물 가운데서 뱃노래를 듣는다(中川聞棹謳)"라고 하

였고, 두시에는 "중류에서 뱃노래를 듣는다(中流聞棹謳)"라고 하였다. 鏗의 시에는, "꽃은 산 아래의 바람을 쫓아 온다(花逐山下風)"라 하였고, 두시에는, "구름은 시내를 건너는 바람에 쫓아간다(雲逐度溪風)"라 하였다. 두보가 옛사람의 작품을 습용(襲用)함이 이와 같았다.

(3)
陳正言澕詠柳云 鳳城西畔萬條金 勾引春愁作暝陰 無限光風吹不斷 惹烟和雨到秋深 情致流麗 然 唐李商隱柳詩云 曾共春風拂舞筵 樂遊晴苑斷腹天 如何肯到淸秋節 已帶斜陽更帶蟬 陣盖擬此而作 山谷有言 隨人作計終後人 自成一家乃逼眞 信哉「櫟翁稗說 後集二」

陳正言澕가 버들을 읊은 시에
"鳳城의 서쪽 금실 만 가다
봄 수심 끊다가 어둠으로 가리네
끝없이 훈훈한 바람 끊이지 말고
아지랑이 가는비 가을까지 간직하소."
라 하였으니 情致가 매우 곱다. 그런데, 당나라 李商隱의 버들이란 시에
"진작 봄바람과 함께 잔치에서 춤을 추고,
맑게 개인 동산에 놀아 애를 끊게 하는가?
어쩌면 가을 철이 되도록
지는 별 받으면서 매미 소리 띠울까?"
라 하였다. 陳의 시는 이것의 擬作이다. 황산곡이 말하기를 "남의 흉내만 내는 꾀란 끝내 뒤지니 스스로 일가를 이루어야 핍진한 것이다"라 함이 과연 옳구나. (『역옹패설』)

이렇듯 모방은 수필 창작에만 적용되는 것은 아니고 시나 소설은 물론 미술, 음악, 무용 등 각 예술 부문에서도 초기에 거쳐야 하는 작가의 수련과정이라고 보는 것이 좋을 것이다. 체험담을 쓴 다음 수필을 읽어보자.

소설을 공부한답시고 그에 관한 글을 발표(?)했던 것은 학부 1학년 말이었던 것으로 기억된다. 당시 도서관장으로 계셨던 이박사님께 장용학의「요한 시집」을 읽고, 여러 날 그와, 관련된 책을 뒤적거리며 쓴 글을 드리며 어떻게

써야 좋은지를 여쭸다. 사실 그때 내가 쓴 글이란 것은 여러 저명한 분들의 글을 맘에 드는 부분만을 골라 인용하고 내가 느낀 것을 섞어 적당히 우물쭈물 주물러 놓은 것으로 문학에 대한 열정(?)이 잘못 드러난 것이었다.

얼마쯤 뒤 나는 대학신문에서 나의 글을 읽게 되었다. 나는 깜짝 놀라 학보사로 갔더니 이박사님의 추천으로 게재했다는 것이다. 순간 부끄럽고 창피하여 쥐구멍이라도 들어가고 싶은 지경이었다.

문학에 대한 글을 쓰기 시작한 것은 여기서부터 비롯되었다. 물론 그때나 지금이나 써 놓고 나면, 보여선 안 될 속살을 내보인 것 같아서 부끄러울 뿐이지만, 그래도 그 버릇을 못 버리는 것은 어쩔 수 없는가 보다. (김치홍)

4. 짧은 글쓰기부터 시작하라

글은 쓰는 데서 늘고, 닦는 데서 좋은 글이 써진다. 하나의 꽃나무가 밤이슬을 받아 먹으면 알게 모르게 자라듯이 글쓰기를 반복하는 가운데 훌륭한 수필가가 될 수 있다.

문장에 익숙한 사람이라면 글을 써나가면서 자연히 전후의 맥락이 상호 연결된다. 그러나 익숙하지 못한 사람은 머리에 어지럽게 떠오르는 사항을 갈피를 잡지 못하여 문장이 장황하게 된다. 따라서 초심자는 문장이 어떻게 완성될지 필자 자신도 예측할 수가 없게 된다. 마술(馬術)에 서투른 무사(武士)가 기마병(騎馬兵)이 되어 말을 탔더니 말이 달리기 시작하였다. 이때 옆에서 어디 가느냐고 묻자 "말한테 물어보라"고 했다던 에피소드가 있는 것처럼 문학 초심자는 누구나 겪는 일이다.

그러므로 짧은 수필을 쓰는 것부터 시작하는 것이 좋다. 왜냐하면 짧은 글은 무엇을 어떤 순서로 쓸 것인가 하는 것을 쉽게 구상할 수 있기 때문이다. 따라서 문장도 짧은 센텐스로 산뜻하게 쓰는 게 읽기가 쉽다. 복수의 주어로 술어가 여러 개씩 겹치게 되면 어떤 주어의 술어가 어느 것인지 도무지 알기 어렵게 된다.

이 때문에 읽는 사람은 무슨 말을 하는지 그 의미를 파악할 수가 없어서 혼란을 겪게 된다.

이상적인 문장은 하나의 센텐스가 하나의 의미를 갖도록 하는 것이다. 어떤 학자는 "하나의 센텐스는 가능하면 40자, 많아야 50자로 끊을 것, 그리고 그보다도 더 짧은 것은 무조건 대환영"이라고 말한 적이 있다. 문자은 가급적 짧고 선명한 것이 좋다. 다음 예문을 통해 짧은 문장과 긴 문장을 비교하여 보자.

밤이 깊었다. 무심히 뜰에 나섰다. 그리고, 무심히 하늘을 우러러보았다.
푸른 별빛이 비 오듯이 쏟아지고 있었다. 퍼붓는 별빛 소나기에 피곤한 두 눈이 씻기고 굳어진 얼굴이 젖었다. 어느새 메마른 가슴 안에도 별빛 푸른물이 괴어 있었다.

'하늘은 저리도 아름다웠는데……'
나는 이렇게 중얼거리며 아이들의 그네에 앉았다. 꿈나라에서 별을 딸 아이들의 얼굴과 노랫소리도 내 곁으로 다가와 앉았다.

'저 별은 나의 별
저 별은 너의 별……'
소년은 읍내에 살았다. 큰댁에 사시는 할머니가 보고 싶으면, 읍내에 온 장꾼들을 따라 산골 큰댁엘 갔다. 큰댁 마당가에선 밤 깊도록 모깃불이 탔다. 소년은 할머니의 팔을 베고 멍석 위에 누웠었다. 그 때도 푸른 별빛은 소나기처럼 내게로 쏟아졌다.

"……하는 수 없이 처녀는 그만 못가에다 신을 벗어 놓고, 치마를 뒤집어 썼단다."
"죽으려구?"
"음, 그리고는……"
할머니의 옛날 이야기가 슬퍼지면, 소년의 두 눈에 고인 눈물 속에도 뽀얘진 별들이 잠겨 함께 울었다.

그러다 문득 눈을 떠 보면, 큰어머니와 누나들이 흰 빨래를 다리고 있었다. 다리미의 숯불은 유난히 검붉은데, 어디선가 먼 데서 개가 짖기도 했다. 별빛은 여전히 쏟아지는데…….

밤이 되어 별이 뜨면, 전봇대에 우두커니 기대서는 키큰 아이가 있었다. 마주 뵈는 불 밝은 창에 그리운 그림자가 비치기를 바라면서, 밤 깊도록 그는 서 있었다. 그러다가 안타까우면 하늘을 쳐다보기도 했다.
별빛은 쏟아지는데, 때때로 별 하나가 푸른 꼬리를 길게 그으면서 어디론지 사라져 갔다. 그는, 그 홀로 떨어져 나가는 별이 외로울 거라고 생각했다. 그리고, 그 외로움은 그의 노우트에 비밀히 기록되었다. 글자마다 줄마다 고심과 진실이 가득 차 있었다.
그러면서 그는 다 컸다.
나는 그네에서 일어섰다.
'눈물 속에 별이 와 잠기던 소년, 비밀히 고독을 기록하던 아이……. 그 아름다운 사람들에게, 푸른 별빛이여 영원히 쏟아져라.'
나는 이렇게 중얼거리며 다시 하늘을 보았다. 오래간만에 찾은 나의 성야(星夜)가 아름답게 펼쳐져 있었다. (정진권)

바이올린의 경우를 보더라도 이 악리를 접해 보지 못한 사람은 좀체로 바이올린의 맛을 느낄 수가 없다. 몇 번이고 되풀이해서 듣고 반복하여 켜보는 가운데 바이올린의 진수를 접할 수 있다. 글도 마찬가지이다. 처음에는 어떤 글이 좋은 글인지 어떻게 써야 하는지를 알지 못한다. 그러나 이를 반복하여 읽고 써보는 가운데 글의 맛에 젖어 들 수 있는 것이다.
윤오영은 습작에 대해 다음과 같이 기술했다.

구양수(歐陽修)는 단 다섯 자를 쓰기 위하여 수십 매의 원고를 버렸고 육방옹(陸放翁)은 만수천 수의 글을 쓴 시인이지만 팔천 수가 넘은 뒤에야 남 앞에서 서슴치 않을 시를 쓸 수가 있었다고 술회하고 있다. 이태백(李太白)이 쇠절구공이를 갈아서 바늘을 만든다는 말을 듣고 다시 들어가 공부했다는 이야기는 너무나 유명하지 아니한가. 천재(天才)란 따로 있는 것이 아니다. 노력의 여하에 따라 천재성을 얻는 것이다.
우리는 텔레비전을 통하여 각종 운동선수들의 경기를 관심있게 관전한다. 때로는 흥분도 하고 때로는 응원도 하면서 그 신기(神技)에 박수를 보낸다. 그러나 그들이 어찌 하루 아침에 그런 기술을 습득했겠는가. 적어도 몇 년을 두고 피나는 각고의 훈련끝에 오늘의 영광을 얻은 것이 아닌가. 운동경기가 기능이듯이 창작도 기능이다. 기능은 철저한 수련을 거치지 않고는 훌륭한 연기자가 될 수 없다. 만약에 문학지망생이 운동선수의 십분의 일의 노력만 기울인다면 틀림없이 대작가가 될 수 있으리라 나는 확신한다. 피나는 수련 없이 성공한 예는 동서에 없다.

  습작을 하는 과정에는 여러 가지 방법이 있을 것이다. 매일매일 일기를 쓰는 방법도 있을 것이고, 단편적인 느낌이나 감상을 그때그때 글로 옮겨보는 방법도 있을 것이다. 그러나 그보다는 매일 한 편씩의 작품을 의도적으로 구성하여 남의 글과 비교해 가며 써보는 것이 제일 무난하리라 생각된다. 그리고 시사적이고 관심있는 사건을 글로 구성하여 신문의 독자란에 투고하여 보는 것도 좋은 방법이 될 수 있으며 한 편의 서정성이 깃든 수필을 써서 월간잡지의 독자란에 투고하는 방법도 큰 도움이 되리라 믿는다. 아무튼 자기가 투고한 글이 어디에 게재된다는 것은 상당한 수준에 올라간 글이라고 평가해도 일단은 크게 잘못된 판단은 아닐 것이다.

  다음 글은 독자가 신문에 투고한 글이다. 짧은 가운데 필요한 얘기는 모두 넣었다.

  지금 대학은 주어진 민주화·자율화의 열기 속에서 제자리를 찾지 못하고 표류하고 있다. 학생·교수 모두가 한마음으로 열망하던 이성과 자율이 지배하는 대학의 모습은 간 데 없고, 학생들이 총장선출 투표장에 난입하는가 하면 등록금 납부창구나 은행구좌까지 개설하는 등 대학의 자율 운영의 틀을 스스로 깨뜨리는 사태로까지 발전하여 우리에게 큰 충격을 주고 있다.

  과거의 대학이 외부적인 공권력이나 설립자의 제약과 간섭 속에서 본래 기능인 학문 연구 및 교육의 자주적 결정권을 잃고 있었다면, 오늘의 대학은 학내의 학교 운영 전반에 걸친 교수와 학생간의 대립과 갈등으로 얼룩져 있는 모습을 자주 보여준다.

  교수들은 다시 찾은 자율적 기구인 교수협의회의 역할과 주장을 강조하면서도 총장 선출에 있어서 아직도 재단측 입김을 불식하지 못하거나, 학생들에 대한 학사 운영의 전모나 예산의 규모 및 집행 내용의 공개나 설명에 인색하다.

또 학생들은 대학 운영의 실태 파악을 위한 노력이나 이해보다는 운동권 중심의 학생회를 통한 실력 행사로 반대 의사를 극단적으로 표시하는 등 대학 운영의 주요 문제를 놓고 의견 대립의 평행선을 긋고 있다.

　　이러한 양쪽의 견해 차이는 첫째, 과거 대학이 억압과 통제 속에서 자율적인 운영이나 연구보다는 타율적 학사 운영에 안주하다 보니 갑작스럽게 다가온 민주화·자율화의 분위기에 적절히 대처하지 못한 데 기인하는 것이다.

　　둘째, 보다 근본적인 원인으로서는 교수가 정신적 지도자나 인생 상담자인 스승으로서의 권위 유지가 가능했던 지난 시절과는 달리 고도로 분화되고 전문화된 현대사회 속에서 대학의 대중화가 몰고오는 교수·학생간의 사무적이고 형식적인 인간관계로의 시대적 변화를 대학사회가 제대로 수용하여 체질화하지 못했기 때문이다.

　　현재 대학교육의 주체는 누구이며 운영의 책임 소재는 과연 어디에 있느냐는 국민들의 질책과 비난에 대하여 교수와 학생 모두는 서로의 입지나 발언권 확보를 위한 자기 주장이나 목소리에 앞서, 내적인 반성과 자책의 겸허한 자세로 혼란의 매듭을 풀기 위한 노력을 우선해야 한다.

　　그러나 오늘의 대학이 안고 있는 대립과 갈등의 골이 깊다 하여 서로 외면한다거나 지나치게 과도기적인 일시적 현상으로 치부하려는 안이한 접근자세는 경계해야 한다. 이와 함께 모두가 대학의 주인이요 책임자라는 적극적 자세와 대학 사랑의 뜨거운 가슴으로 이 혼돈과 무질서를 교수·학생간 새로운 차원의 위상 정립의 계기로 삼는 지혜가 있어야 한다.

　　생각건대 대학의 자율은 획일화된 형식적 운영체계 속에서는 결코 신장될 수 없으며, 다양한 목소리나 욕구를 자율적이며 능동적으로 수렴할 수 있는 탄력적인 대학 운영의 제도적인 틀을 마련할 때 가능할 것이다.(<중앙일보> 1989. 3. 5일, 권동원)

　　논지가 분명하다. 호소력도 있다. 모두가 관심 있는 사항은 독자가 반드시 읽는다. 그러면 더 짧은 글을 한 편 보자. 역시 신문 독자란의 글이다.

　　울산 현대중공업은 오늘로 파업 70여 일을 맞이하고 있으나 조만간 해결될 낌새나 진전이 전혀 보이지 않고 있다. 날이 갈수록 노사 쌍방간에 한 치의 양보도 없이 과격한 몸싸움으로 많은 사람들의 부상이 속출하고 있는 극한 상황에 놓여 있다. 국민의 참된 권리와 자유는 의무를 질서를 존중함으로써 돌아오는 것이다. 우리의 당면 과제는 노사 쌍방간의 잘잘못을 탓하기에 앞서 하루빨리 정상적인 조업을 실현하고, 서로간에 명분을 살리면서 반 보씩 후퇴하여 협상 테이블에 앉아 대화로 문제를 해결하는 것이다. 여기에는 승자도 패자도 없다. 우리는 오늘만 사는 것이 아니다. 인내해야 하고 침착해야 할 때다. 로마제국은 하루 아참에 이룩된 것이 아니다. 인내해야 하고 침착해야 할 때다. 로마제국은 하루 아침에 이룩된 것이 아니다. 그러나 그 패망은 순식간에 일어났다.

　2만여 현대중공업 가족들은 그동안 어렵고 힘든 일을 강인한 추진력으로 잘 처리해 왔다. 그러나 그 많은 여경을 이기고 여기서 좌절할 수는 없다. 지금은 강인한 추진력보다 진실된 대화와 양보만이 우리 모두를 승자로 만드는 길이다. 열을 다 챙기려는 지혜보다 하나를 빠뜨릴 줄 아는 우둔함을 노사 쌍방이 보일 때다. 다른 해결책은 없다.

　법과 질서는 국민이 만들었으며, 국민은 스스로 만든 법과 질서를 지켜야 한다. 그리고 지키는 사람은 보호를 받고 지키지 않은 사람은 제재를 받아야 한다. 이것이 진정한 민주주의이다. 법을 집행하는 사람들은 양심에 의거하여 노동자나 사용자가 다같이 평화롭게 일하고 살 수 있도록 법의 위력과 관용을 한꺼번에 베풀어 주길 바란다. (<조선일보> 1989. 3. 1. 안홍모)

짧은 문장으로 한가지 문제를 적절하게 피력하였다. 불필요한 어구를 찾아볼 수 없다. 이렇게 간결한 글을 써보는 연습을 해 보자. 비록 하찮은 글이지만 쓰다보면 좋은 글이 된다. 필자 역시 처음에는 독자 투고란을 이용하여 수필을 습작하였다. 그리고 그 습작 원고를 가지고 첫 수필집을 낸 것이 「길」이다.

　다음 글을 보자. 원고지 3장 분량밖에 안 되는 글이지만 얼마나 진솔한가.

　　햇살을 받아 반짝이며 흐르는 강물을 둑에 앉아서 말없이 바라보았어요. 맑고 평화스러운 아침 공기를 뚫고 들려오는 까치와 참새의 노래 소리, 어제 받은 친구의 편지를 다시 펴 봅니다. 점자(點字)로 서신 교환을 하는 맹인 형제의 편지예요.

'당신을 위해서 언제나 기도드리고 있겠습니다…….'

삐뚤빼뚤 쓴 그 구절에 목이 메입니다. 그의 아름다운 마음에 나의 눈물이 떨어진 자리에 하얀 사랑의 꽃이 싹트요. 활기차고 아름다움이 넘치는 이 세상을 두 눈으로 보지는 못하지만, 그의 마음은 이 세상보다 더 아름다운 것 같아요.

매달 정기적으로 찾아가서 빨래도 해주고 말동무도 되어주는 어느 하반신 마비자 수용소가 있어요. 내가 아는 그 분은 늘상 창 밖을 바라보고 계세요. 저 유리창 밖을 신선한 대기를 마시며 맘껏 달리고 싶은 마음 얼마나 간절할까요?

나 자신도 건강이 매우 부족하지만 그들과는 비교가 안될 만큼 큰 축복속에 살고 있어요. 그들의 휠체어를 밀어 줄 수 있고, 방 바닥에 엎드려서 그나마 몇 시간 걸려서야 겨우 쓰는 편지이지만, 글로써 그들을 위로할 수 있으니까요.

"용서받기보다는 용서하는 자, 이해받기보다는 이해하는 자, 사랑받기보다는 사랑하는 자 되게 하소서"

성 프란치스꼬님의 '평화를 구하는 기도'를 마음 속 깊이 되뇌이며 펜을 듭니다. 오늘은 그들에게 계절의 변화를 알리는 편지를 써야겠어요.(<샘터>1986. 7, 임옥숙)

불우한 이웃을 위해 소리 없이 일하는 한 여성의 사랑으로 가득찬 목소리가 한 편의 아름다운 시처럼 가슴에 잔잔한 감동을 안겨주는 글이다. 좀더 구체적으로 앞뒤를 서술했더라면 훌륭한 수필이 되었을 것이다.

현재 우리나라의 각종 문예지에서는 신인을 추천하고 있다. 이는 작가 지망생에게 보다 좋은 작품을 쓰게 하기 위한 일종의 수련과정으로 보는 것이 좋을 것이다. 작가 지망생은 추천의 문을 통과하기 위해서 적어도 피나는 노력을 기울일 것이니까 말이다.

누군가 몸치장한 것에 변화가 일어난 것을 곧 느끼는 사람이 있는가 하면 잘 모르는 사람도 있는 것이어서, 가령 길었던 머리를 바싹 잘라 쇼트 스타일로 한 여성이 있으면 "어이쿠, 잘 어울리는군요" 하며 관심을 보여주는 남자는 여성에 대한 관찰력이 있는 것이라고 할 수 있고, 또 다른 한편으로 아무런 흥미도 느끼지 않는 남자가 있어 여성이 호감을 가지는 것은 물론 전자이지만, 또 하나의 스타일에 속하는 것은 좋아하게 되지는 않을 것이다.
 어떤 남성이냐 하면, 일에만 열중하는 남자일 때 같이 나란히 앉은 여자의 팔에 또는 손가락에 무엇인가 반짝거리고 있건 말건 알아차리지도 못하게 된다.

 앞의 글은 문장이 간결하면서 말하고자 하는 뜻이 정확하다. 그리고 문학적인 서정성도 짙다. 그러나 뒤의 예문은 주어와 술어가 분명치 않아 무엇을 썼는지 그 의미가 분명치 않다. 앞의 글은 센텐스가 짧아서 시원스러운데 뒤의 글은 센텐스가 길어서 답답함을 느끼게 한다. 이런 식의 글은 피해야 한다.
 다음으로 강조하고 싶은 것은 하나의 글에는 하나의 생각을 써야 한다는 것이다. 즉 어떤 생각을 표현하고자 했는가를 독자가 쉽게 이해할 수 있어야 한다. 여러 이야기를 써넣다 보면 글의 통일성을 잃어버리기 쉽다. 이런 글은 자칫 주어가 행방불명이 되기 쉽고 무엇을 전달하려는 것인지 내용이 애매할 수가 있다. 다음 글을 보자.

 올라가지도 못할 나무에 매달린 열매를 욕심내고, 건너지도 못할 강 저편에 핀 꽃을 욕심내는 것은 부당한 욕심이다.
 공부하지 않고 좋은 학교에 가기를 원하고, 노력하지 않고 출세할 것을 원하는 것도 부당한 욕심이다. 월수입 5만 원의 사람이 월수입 50만 원의 사람과 같은 생활을 하려고 하고, 열의 능력밖에 없는 사람이 백의 능력을 가진 사람과 같은 대우를 바라는 것도 부당한 욕심이다.
 정상적인 인간이면 누구나 욕심이 없을 수 없다. 그러나 욕심이 자기의 분수를 넘을 때 부당한 욕심이 되는 것이다. 부당한 욕심에는 무리가 있고 부작용이 생겨서 때로는 자신을 망치고 가정을 파괴하고 사회에 물의를 일으킨다. 그래서 부당한 욕심은 언제나 고독하고 불안하다.
 바람직한 것은 가능성이 있는 욕심이다. 하루 두 시간 공부하던 것을 네 시간 공부해서 보다 좋은 학교를 지망한다든가, 노력해서 계단적으로 승급하기를 원한다든가, 시간외로 일을 해서 생활을 향상시키려는 따위는 정당한 욕심이다. 부당한 욕심을 버릴 때 우리 사회는 밝아진다. (백만기)

택시를 타고 달릴 때, 운전사에게 "여보시오 운전수, 그리로 가면 어떻허우."하고 주의를 환기시키면 운전사는 열이면 아홉이 못마땅한 눈길로 뒤돌아본다. 하지만 "여보시오 운전수 양반, 그리로 가면 어떻허우." 하고 '양반'자를 붙이면 대개는 순순히 손님의 지시에 따른다.

운전사는 어디까지나 운전사이지 결코 양반이 아닌데도, '운전수'라고 하면 몹시 싫어한다. 그래서 되도록 '양반'자를 붙여서 불러준다.

그런데 운전사하고 아주 친숙한 사이에 있다고 할 순경을 부르려고 할 때는 곤혹을 느끼게 된다. 길을 물으려고 지나가는 순경을 불렀다.

"여보세요 순경!" 그러자 순경은 매서운 눈초리로 내 아래 위를 훑어 봤다. 순경! 하고 불리운 것이 아주 못마땅하다는 표정이다. 그렇다고 '양반'자를 붙이자니 어감상 어색하고, 아들이나 동생같은 사람에게 '아저씨' 하는 것도 우습다.

"아니, 아무 것도 아닙니다." 그냥 되돌아서지 않을 수 없었다. 어색하지 않게 순경을 부를 만한 호칭이 없을까? (정창범)

한 생명을 가진 우주의 만물은 자기의 생을 살아가는데 많은 어려움을 겪어야 한다. 먹을 것을 걱정해야 하고 입을 것을 걱정해야 하고 잠잘 곳을 걱정해야 한다.

시아비 모기가 해질 무렵 나가면서 며느리 보고
"내 밥은 하지 말아라."
"아버님, 왜요?"
"좋은 사람 만나면 잘 얻어먹을 것이고 못된 놈 만나면 맞아 죽을 것이니 내 밥은 하지 말고 먼저들 먹어라." 했다는 이야기도 있다. 모기라는 생명도 먹을 것을 걱정해야 하고 해치는 자를 늘 경계해야 한다. 하물며 인간의 한 세상을 어찌 간단히 말할 수 있으랴.

세상을 살아가면서 살맛나는 때는 정말 짧은 시간일 것 같다. 나는 어제 밤 살맛나는 때라고 느껴지는 것을 일기장에 이렇게 적어 두었다.

휘영청 달밝은 밤 그것도 가을밤, 코흘리던 시절의 추석이야기를 펴면서

풋대추의 감촉을 사랑할 때 살맛이 난다. 희미한 불빛을 타고 사랑하는 사람과 정거장에 내렸을 때 살맛이 난다.

  소슬비 내리는 가을밤. 병풍 아래 대화분을 들여놓고 맑고 향내나는 수필 한 편을 읽어 갈 때 살맛이 난다.

  세속의 먼지를 툭툭 털고 석간수 나는 유곡(幽谷)의 산사(山寺)에서 한 밤을 나며 자연의 숭엄함을 확인하고 나설 때 살맛이 난다.

  무던히도 추운 밤 죽마고우와 만나 겨울의 포장마차 속에서 오뎅국물에 피는 김을 바라보며 소주 한 잔을 따를 때 살맛이 난다.

  사랑하는 사람과 결혼하여 살 때 얼마간 살맛이 난다.

  추억이 있기에 우리 인생은 이렇게 아름다워 질 수 있다는 한 노인을 만나 고단했던 삶의 역사를 들어갈 때 이상히 살맛이 난다.

  남을 위해 좋은 일하고 남몰래 돌아서 홀로 미소 지을 때 살맛이 난다. 다발눈 동화처럼 쏟아지는 동짓달 긴긴 밤, 어느새 밤은 깊어 있어 고요한 향수(鄕愁)로 차 한 잔을 감싸들 때 살맛이 난다.

  출렁이어 좋은 겨울바다를 생각하며 즐거운 여행길에 오를 때 살맛이 난다.

  조용한 심안(心眼)으로 절묘하게 구부러진 화분의 소나무를 볼 때 살맛이 나고, 사랑하는 사람의 편지를 받을 때, 음악에 취했을 때, 새 양복을 입고 나설 때 살맛이 난다. (김동필)

짧은 글 속에 우리에게 많은 것을 생각하게 하고 있다. 우리 주위에서 가끔 느끼고 겪는 일이다. 이렇게 작은 일을 체계적으로 써 놓으면 한 편의 멋진 수필이 되는 것이다. 글을 어렵게 쓰려는 사람들에게 본보기가 되리라 믿는다.

    전쟁은 끝났다. 그는 독일군한테서 도루 찾은 고향의 거리를 돌아왔다. 불빛 희미한 거리를 급히 걸어가고 있었다.

  어떤 매음녀가 그의 손을 붙잡으며 술 취한 듯한 목소리로 유혹의 말을 걸었다.

  "어디 가세요? 나 찾아 오셨죠? 네, 그렇죠?"

  그는 웃었다.

"천만에! 너한테 온 게 아냐. 난 옛날 애인을 찾아 가는 길이야."
그는 여자를 돌아다보았다.
두 사람은 등불 옆으로 갔다. 그러자 여자는 별안간에 "앗!" 하고 부르짖었다. 남자도 무심중 여인을 등불 밑으로 끌고 왔다. 다음 순간 남자는 여인의 두팔을 꽉 부둥켜 쥐었다. 그의 눈은 빛났다.
"요안!"
하고 그는 여인을 와락 포옹했다.

단순 구성이다. 이러한 단순 구성법에 의해서 작품을 쓰면서 독자에게 통일된 인상을 준다. 따라서 짧은 순간에 독자의 주의를 포착할 수 있는 효과를 얻을 수 있다.

인간의 재능은 선천적이지만 문장을 배우는 데는 기초훈련을 신중히 해두지 않으면 안 된다. 우리가 처음 춤을 배울 때 그 기본 리듬을 중요시 하듯이 처음이 가장 중요한 것이다. 한번 잘못 습관화 되면 뜯어고치기가 그리 쉬운 것이 아니므로 정통적인 작품을 규범 삼아 창작공부를 하는 것이 무엇보다 중요하다. 문학수업의 지침은 뿌리를 튼튼히 하는 데 있다.

5. 자료 수집과 메모의 습관화

좋은 자료는 좋은 수필을 만드는데 직접적인 구실을 한다. 수필 가운데 예화는 모두 이 자료에 의해서 씌여진다. 그러므로 자료가 풍부하면 풍부할수록 좋은 수필을 쓸 수가 있다. 그러므로 글을 쓰는 사람은 항상 자료를 모아 두고 소중히 간직해야 한다.

우리가 중요 사항이 있으면 메모하는 것도 일종의 자료를 뒷받침해 주기 위해서다.

사람의 기억력은 한도가 있다. 우리가 길가에서 우연히 들은 대화도 메모로 간직해 두면 좋은 글을 쓰는데 좋은 자료가 될 것이다.

이 세상에는 글 쓴 자료가 무수히 널려 있다. 다만 그것을 찾고 발굴하는 사람에게만 안길 뿐이다.

　당대(唐代)의 소설 두자춘전(杜子春傳)에 주인공 자춘은 화산(華山)에 있는 선도(仙道)하는 노인을 찾아가 정을 어기는 시험을 치르게 되었다. 맹수, 악귀, 미인 등 많은 험준한 시련의 시험을 거치는데 희노애락오욕(喜怒哀樂惡慾) 칠정(七情) 중 여섯 종목은 다 통과했지만 애(愛) 즉 사랑만은 통과를 못 보고 노선인(老仙人)의 설교를 듣고서야 겨우 사랑을 극복했다는 이야기. (김동필)

당대의 소설 두자춘전의 주인공의 이야기는 일종의 자료다. 이런 것을 일일이 기록해 두지 않으면 잊기 쉽다. 자료는 바로 글감이요 글이다.

6. 수필 어휘 훈련

1) 단순 어휘

- 어줍잖다
- 고깝다
- 버겁다(다루기에 힘겹다)
- 꼭두새벽
- 어벙하다
- 끄댕기다
- 앙금(침전물)
- 서슴는다
- 여북해야(오죽)
- 가붓가붓
- 감실감실
- 훔실훔실

- 오싹하게
- 곱씹다
- 강다짐
- 우격다짐
- 매몰스럽다
- 참새찌
- 진솔옷
- 시들해지다
- 공총(이것저것 하는 것 없이 바쁨)
- 그시그시(그때그때)
- 작량하면서
- 안심찮다
- 진배없다
- 보비위
- 생난리
- 북닥이는(북쩍이는)
- 생맥(생기)
- 짓적다(열적다)
- 맥살없이(힘없이)
- 뻴겨나오다
- 돛달은(떠난)
- 맹돌아지면서(토라지다)
- 시설스럽다(수선)
- 먼발치
- 씨식잖다(같잖고 되잖다)
- 생경
- 짜치(남은)
- 내뱉는다
- 으르댄다
- 칙칙하게도
- 종알거리다
- 궁거워(혼자있기가)

- 삽짝(대문간)
- 채근
- 이악스럽다
- 고막손
- 무춤히
- 嘉納(가납)
- 댓바람에
- 눅눅한(산바람)
- 영판
- 실쭉샐쭉
- 실답지 않는
- 새록새록
- 발싸심
- 엉구다(엉기다)
- 주눅든
- 사분사분
- 스란치마
- 암팡지다
- 옹알거린다
- 핼글거리며
- 해실해실
- 궁싯궁싯
- 튼실해서
- 칙살맞다
- 어정뜨다
- 기연가미연가
- 두남둬(버린일)
- (여름을) 엉구다가(제비)
- 무연하게
- 이악하게(악바리)
- 와다닥(질풍처럼)
- 무춤해서(무안해서)

- 걸터듬(얻어먹음)
- 跼蹐(국척)=황송하며 몸을 굽힘
- 炬火(거화)
- 欽喜雀躍
- 奧旨(義) (매우 깊은 뜻)
- 嗤笑(치소)
- 寫手(책을 배껴 쓰는 사람)
- 街談巷語的
- 袂口(몌구)―소매
- 煩語碎辭
- 明言章理
- 月起風牆
- 霞車之戒
- 容喙(용훼)(입을 놀림, 옆에서 말참견을 함.)
- 한껏
- 너끈히
- 자작거리다
- 앙그렇게
- 시앗(첩)
- 아둔(미련하다)
- 게걸(마구 먹으려고 탐심)
- 게걸거리다(천한 말로 불평하다)
- 시거에(다음은 어쨌든 간에 우선 급한 대로)
- 해거름(석양)
- 뱃구레
- 넉걷이
- 삭여대다
- 꼼양이(꼼꼼하다)
- 희떱다
- 애오라지
- 짜장(참, 정말, 과연)
- 오금

- 허위단심(올라와)
- 도리없이
- 오달지다(오지다, 알지다)
- 오던없다(철없다)
- 가시버시(부부간의 낮은말)
- 이윽토록(앓다가)
- 허우대
- 터벅터벅
- 잗다랗다(생각보다 같다)

2) 묘사(서술)적 어휘

- 성에 차지 않는다.
- 찜찜한 반응
- 거푸거푸 새어나오다
- 어쩡쩡한 마음
- 느슨하게 정이 흐른다
- 심드렁한 표정
- 길섶가의 풀잎
- 갈대가 사운거리며
- 객적은 말(어색한)
- 생념을 내다가도
- 시덥지 않은 마음
- 융숭한 대접
- 궁둥이부터 미적미적하다
- 주접든 군상
- 양복이 곤죽이 되다
- 느긋한 연휴
- 머리를 주억거렸다
- 서글서글한 눈
- 퍼질르게 앉다
- 비죽이 웃어보였다

- 온통 얼얼하기만 하다
- 벌름벌름 잘말했다
- 아쭉아쭉 땟국이 쩐
- 밥을 거머넣고 있었다.
- 포도가 실팍해진다
- 맞딱뜨리게 됨은
- 세알거리는(수를 세는)
- 코가 넌덕이 된
- 밤이 퍽 이운 뒤에야
- 스멀스멀 기어가는
- 무서움이 쭉 끼친다
- 알른 알른 보였다
- 입메를 본다
- 뼈가 으스러지게
- 머쓱한 느낌이 든다
- 입성(입은 옷)을 보면
- 눈썰미가 있어서
- 곤혹한 표정
- 노작지근한 소리
- 게적지근한 소리
- 주살나게 싸다니다
- 살지락 살지락 소낙비가
- 체중을 추스르며
- 입안이 헛헛함
- 굼뜬아이(동작느리다)
- 시나브로 저버린 白梅
- 햇볕이 쪼속쪼속
- 쑥죽은 이미 가뭇이 없고
- 너끈히 십년은 얇삭하게
- 밤은 짝없이 고자누룩했다
- 요를 가둥치며 이죽거렸다
- 문이 희읍스럼하게 비친다

- 어머님은 이밥눈 곱게 내려 감은 채
- 나만의 즐기움을 천착한다
- 매미날개같이 손질을 한
- 미소를 쓸어버렸다
- 성깔 사나운
- 인심이 깔끔한 세인
- 미욱하게도 엉뚱한 질문
- 꾸즈므레하다(닭털빛이)
- 보리가 무륵히 팰때다
- 비죽이 웃다
- 술기운에 알쑥해진 눈으로
- 낚아채듯이 빼앗는다
- 땅에 메꽂아 놓았다
- 사내의 너스레가
- 사내가 지분거리자
- 질척질척한 땅
- 간지럽게 들린다
- 추억을 약처럼 갈아마시며
- 엷은 실망감
- 하늘은 연홍색으로 맑았다
- 표정과 시선은 바늘끝 같았다
- 흰얼굴의 고운선
- 가슴이 활랑거려요
- 뚫어진 창구멍모냥 휑해보이다
- ○○이 한눈에 모여든다
- 체내에 흐르는 뜨거운 열기가
- 모든 입술로 빠져나온 것같이 시원스러웠다
- ○○밤은 추위도 모르고 깊어만 간다
- 부푼 가슴이 풀먹은 인조견 저고리를 들고 일어섰다.
- 등줄기가 저리도록 간지러웠다
- 긴 한숨을 꺾었다
- ○○이 어머니의 젖가슴처럼 그리웠다

- 이구석 저구석이 뚫리며 비도 멎고
- 시름시름 개기 시작했다
- 늙어 보이고 불결해 보이는 부인
- 봄을 마시려고
- 맑은 공기를 나긋나긋 씹어본다
- 자위라는 치료제를 어둠에 타먹으며
- 기도하듯 꽃술을 세어본다
- 심심찮게 들려왔다
- 무섭게 빠져왔다
- 아들놈의 궁둥이를 두세 번 토닥거렸다
- 안데르센동화같은 이야기(불가능)
- 전설의 공주 「세라자드」
- 공기가 몹시 달다
- 신데렐라처럼 아름답고
- 11월의 햇살은 흰 말을 타고 달아난다
- 응달 산중턱 눈구덕이 가끔 유리알처럼 반짝반짝 빛살을 쏘아댄다
- 파도가 대열을 이루면서 차례로 해변을 기어 오른다.
- 벌레 모양 스멀스멀 기어오르다 힘이 다하면 밀려나간다
- 청초한 이마를 드러내고 있다
- 눈이 시리도록 푸른하늘
- 시간의 어금니가 물어 뱉어놓은 굵은 선이
- 세월의 사체인 낙엽
- 낮에는 비통한 고뇌의 경련이 일어나다
- 소가 마구 뻗대고
- 빛없는 섬광
- 말끝을 잡아서
- 목탁은 소리가 고와 천지를 일깨우고
- 조증이 나서 견딜 수가 없었다
- 재우쳐 묻고는
- 이미 쏘아버린 말을 거둬들이려고 애를 쓰는 게 분명했다
- 분함을 누르느라고 목소리에 강한 굴곡이 울리었다.
- 땅속의 유황이라도 녹일 듯한 무서운 불길이다(두 사나이의 눈에서는 다같

이 불길이 번쩍)
- 의논성있게 마시고
- 왼쪽 갈비뼈 밑에서 연락이 왔다
- 가슴이 환히 트이도록 즐겁고 만족할 때(거룩한 향연)
- 온몸의 피가 가슴으로 쫘악 모아든다
- 두 이성이 합하여 상대방에게 내 그림자를 찾을 수 있다
- 두 염통이 하나가 된다.
- 여유가 이마를 핥아주는
- 희석되어 왔다
- 난로를 끌어안은 듯이 가까이 한다
- 미지근한 난로의 온도지만 춥고 의지하고 싶은 정을 느낀
- 외로우면 누구나 정이 그립다
- 차가운 볼에 여인의 손길같은 열이 전달된다
- 소년은 종짓굽아 날 살려라 하고 도망
- 물마루(水宗)같은 정념
- 머리카락 뒤에서 숨바꼭질
- (갈매기가) 후닥닥 물을 차고 날아갈 때마다
- 별돌림 노래
- 상앗대질을 (하면서)
- 붉은 빛 저녁노을이 어느 산정의 용마루에 미친 듯이 번뜩일 때면
- 잊었던 옛일이 파노라마처럼 줄곧 느껴진다
- 「시앗죽은 눈물」만큼
- 에누리없는 고리채를 받아가지고
- 나발통은 열어놓고
- 좁쌀 한 섬 두고 흉년들기 바라는 좁은 마음
- 앉은뱅이 용쓰는 식으로
- (김치거리를) 도가리로 팔았다
- 젖버듬이 앉아
- 개울물이 기지개를 펴고 켜켜이 씩씩거리며
- 오구라진 팔다리를 뿌질뿌질 움직이며
- 성미가 마른나무 꺾듯 급하니
- 고만고만한 무리

- 몽환적인 심향
- 재워진(백자의 숨결)
- 양바름한 육송
- (얼굴에) 모닥불을 둘러쓴 사람
- (기차는) 세피아 빛(고동색) 연기를 피우며
- 촉루(觸髏)─맷
- (어린애의 재롱처럼) 옹알거린다
- 마구리 없는 한숨 토하다
- 주름살이 자글자글
- 多辯에서 침묵, 狹量에서 관용, 냉혹에서 仁慈
- 황아장수처럼 소리를 꽥꽥 지른다
- 「이런 재변이 있나」
- 저녁 굶은 시어머니 얼굴
- 늙어 빠진 희무끄레한 태양
- 소 장에 끌려가듯
- 아무래도 계절에 민감한 곤충은 인간일 것만 같다
- 포인세티아의 붉은 꽃잎처럼(공연히 설레는 저녁)
- 치매(癡呆)같은 몌별(袂別)을 느끼다
- 열등의식이 폭력화하지 않는 봄
- 사태(沙汰)같은 한숨을 쏟으며
- 안개같은 봄비가 마냥 지분거리고
- 염치없이 살근거렸다
- 마포바지에 방귀 새어 나가듯
- 안색이 휘주근했다
- 웬일인지 무연(憮然)하기 이를 데 없다
- 물본 기러기 꽃본 나비
- 경운기는 우련한 산길을 기를 쓰고 뛴다
- "쯧쯧 안됐구나"
- 장난감을 빼앗긴 아이처럼 괜히 서글펐다
- 밥상을 들고 가면서 여자는 마음이 세 번 변했다
- 탄타로스의 비극이다
- 손만 내밀면 마실 수 있는 물이 눈밑에서 찰랑대지만

- 손을 내밀면 그만큼 밑으로 내려갔다가
- 완전히 화제를 잃어버린 채 우리는 묵묵히 마주앉아
- 심신을 비끄러맨다
- 어긋물린 사람
- 어엄어엄 흘러간다
- 즐레줄레 들어오면서
- 마구 윽대길 것이다
- 냉혹했던 분위기를 가까스로
- 고분고분 생각해 본다
- 지저분한 생각
- 불쑥 버리고
- 자근자근 씹으면서
- 물구나무를 선다
- (비가) 추적추적 내리더니
- 얼굴빛은 치자(梔子) 빛
- 공부만큼 앞이 캄캄
- 권태가 윽물린다
- 투정질이 아니다
- 데면데면하다
- 허접쓰레기만 먹었다
- 차선책을 뒤스르지
- 고맙고 훈감스럽다
- 너푼너푼 춤추고
- 때꼽재기가 주렁주렁한 알몸
- 천행으로 살았다
- 야젓한 느낌
- 애동대동한 남녀들이 끌어 안고
- 지칫거리고 있는
- 너스레가 스파이크하는 한
- 자연스런 푸념
- 헤무른 체내에
- 풋닥지게 받는 봉급

- 자별스런 사랑
- 향기가 몰락 몰락 밀려왔다
- 슴벅슴벅 바라보다가
- 벌렁벌렁 뛰어갔다
- 상청(喪廳)같은 세월
- 앵한 생각
- 착하다고 생각했던 사람이 천착(舛錯)스럽고
- 쓰렁쓰렁하고 황감스럽다
- 그리 토박한가
- 엉너리(어벌쩍하게 서두름)
- 어저께의 일이 매암돈다
- 허허실로 살아왔다
- 냉갈령을 부렸다(찡그리며)
- 뚱해 가지고
- 샌드위치가 되고만 샘
- 고깝고 떱뜨름한 생각이(구름처럼 깔린다)
- 매초롬한 눈매의 여승
- 손사래치면서 앞장선다
- 느럭느럭 걷는다
- 차람한 망설임
- 도열한 냇둑
- 뭉정 집어 삼키고
- 그말이 무춤 생각났다
- 바늘의 한 뜸 정도도 안 되는 인생
- 은행껍질같이 얇다란 눈까풀
- 속알머리 없는
- 체신머리 없는
- 서글서글한 눈매
- 자그락거리고
- 임임총총(林林叢叢)한 빌딩
- 서향(瑞香)이 푸짐한
- 거악(巨嶽)의 자세

- 필두감각(必頭減却)이면 불도 시원하다
- 위태롭게 걷다
- 곱삶아도(열 번 스무 번)
- 호아 올라가다(江을)
- 쭈뼛쭈뼛해진다
- 애면글면 할는지
- 낮이 짐짓했을 때였다
- 가위눌린 사람처럼
- 해가 설핏한데
- 剪剪하는 바람소리
- 지더린 사람(못난)
- 곰살맞은(좋은 성격) 성격이 못돼
- 걸핏하면 지청구나 주고
- 멀리 둥근달을 건진다
- 나이팅게일 같은 마음(천사)
- 메피스토 펠레스같은 마음(악마)
- 누런 이빨이 수줍음을 잊은 듯
- 오렝셍의 「잊혀진 여자」만큼 처절하다
- 눅눅한 날씨
- 뼈속까지 사무친 군살
- 도토리 키 대기
- 미욱하게도 엉뚱한 질문
- 바람에 불처럼 퍼지다
- 섬돌에 오열하는 빗소리
- 장대같은 비
- 청강수같이 독한 마음
- 가붓한 필치로
- 욱신 욱신 쓰리다
- 이윽고 바라본다
- 아랑드롱같은 미남
- 바늘의 한 뜸 정도밖에
- 추련히(추하게) 사라지는 부인

- 여인의 명주 목도리처럼 아름답다
- 눈을 흡떴다.
- 힘도 먹대우 같다
- 어글어글하게 보이다
- 걸터듬을 해서 비우다
- 주정거리고 싶은 마음
- 웅어하게 내닫는다
- 익모초 씹는 상
- 죽어도 가재는 게편
- 푸짐한 말대접

제6부 수필 창작의 실제

1. 무엇을 쓸 것인가

1) 수필에 있어서 지각

 지금까지 수필을 쓰기 위한 기초 훈련은 어느 정도 되었다. 이제 수필을 써야 할 단계다. 그래서 붓을 들었다. 그러나 '무엇을 쓰나?'에서 막막해 진다. 제목을 정하고 두어 줄 쓰고 나니 쓸거리가 없어진다. 다시 방안을 빙빙 돈다. 그래도 좋은 생각이 얼른 떠오르지 않는다. 그 옛날 작문시간에 글이란 "느낀 대로 본 대로"로 쓰면 된다고 했다. 그러나 실제로 쓰려고 보니까 느낀 것도 본 것도 떠오르지 않는다. 어째서 그럴까. 정말 그동안 보고 느낀 것이 없단 말인가. 그런 것은 아닐 것이다. 우리는 일상생활을 해오면서 얼마나 많은 것을 보고 느끼면서 살아왔는가. 안으로 가정생활로부터 밖으로 나라 안팎의 일까지 수많은 사건을 접해 오면서 살아왔다. 그런데 선뜻 무엇을 쓸까에 대해서는 감히 잡히지 않는다. 문제는 바로 여기에 있다. 글이란 쓰기에 어렵다는 이유도 여기에 있고 글이란 아무나 쓸 수 없다는 이유도 여기에 있다.
 영국의 작가 Leggett는 다음과 같은 말을 했다.

"무엇을 보았느냐가 문제가 아니라 직관과 사색으로 그 본 것에서 어떤 의미를 발견했느냐가 중요한 것이다."

그렇다. 문제는 하잘 것 없는 사물이나 사건에서도 무엇을 찾아내고 어떤 것을 발견했느냐가 중요한 것이다. 우리 주위에 수필에 대한 소재는 무궁무진하다. 생활이 곧 수필이다. 다만 직관과 사색이 없었을 뿐이다. 다시 말해서 찾고 더듬은 애정이 없었던 것이다.

C군은 가끔 글을 써 가지고 와서 보이기도 하고, 나와 이야기하기를 좋아한다. 나도 그를 만나면 글 이야기도 하고 잡담도 하며 시간을 보내는 때가 많다. 저녁을 같이 먹으면서 깍두기를 좋아한다고, 한 그릇을 다 먹고 더 달래서 먹는다. 그래서 오늘 저녁에는 깍두기를 화제로 이야기를 했다.

깍두기는 이조 정종(正宗)때 영명위(永明慰) 홍현주(洪顯周)의 부인이 창안해 낸 음식이라고 한다. 궁중에 경사가 있어서 종친(宗親)의 회식이 있었는데, 각궁(各宮)에서 솜씨를 다투어 일품요리를 한 그릇씩 만들어 올리기로 했다. 이 때 영명위 부인이 만들어 올린 것이 누구도 처음 구경하는 이 소박한 음식이다. 먹어 보니 얼큰하고 싱싱한 맛이 일품이다. 그래서 위에서 "그 희한한 음식, 이름이 무엇이냐?"고 하문하시자, "이름이 없습니다. 평소에 우연히 무를 깍뚝 썰어서 버무려 봤더니, 맛이 그럴 듯하기에 이번에 정성껏 만들어 맛보시도록 올리는 것입니다." "그러면 깍뚝이구나." 하고 크게 찬양을 받고, 그 후 오첩반상의 한 자리를 차지해서 상에 오르게 된 것이 그 유래라고 한다. 그 부인이야말로 참으로 우리 음식을 만들 줄 아는 솜씨 있는 부인이었다고 생각한다.

(……)

그러나 한국 음식에 익숙한 솜씨가 아니면 이 대담한 새 음식은 탄생할 수 없다. 실상은 모든 솜씨가 융합돼 있는 것이다. 이른 바 무법중의 유법이다. 무를 꺽둑꺽둑 막 써는 것은 곰국 건지 썰던 솜씨요, 무를 날로 막도록 한 것은 생채 먹던 솜씨요, 고춧가루를 벌겋게 버무린 것은 어리굴젓 담그던 솜씨요, 발효시켜서 먹도록 한 것은 김치 담그던 솜씨가 아니겠는가, 다 재래에 있어 온 법이다. 요는 이것이 따로따로 나지 않고 완전 동화되어 충분히 익어야 하고 싱싱하고 얼큰한 맛이 구미를 돋구도록 염담을 잘 맞추어야 한다. 음식의 염담이란 맛의 생명이다. 그리고 이것이 한국인의 구미에 상하 귀천 없이 기호에 맞은 것이다. 그러면 되는 것이다. 격식이 문제 아니요 유래가 아니다. 이름이야 무엇이라 해도 좋다. 신선로(神仙爐)니 탕평채(蕩平菜)니 가증스럽게 귀한 이름이 필요 없다. 깍두기면 그만이다. 이 깍두기가 반상(정식) 오첩에 올라 어·육과 어깨를 나란히 하되 오히려 중앙에 놓이게 된 것이요, 위로는 궁중 사대부가로부터 일반 빈사(貧士) 서민(庶民)에 이르기까지 애호를 받고 있는 것이다. (윤오영)

이렇다. 창의적인 수필의 소재는 우리 생활의 주변에 얼마든지 있다. 평범한 데 있고 별것 아닌 데 있다. 소재가 없는 것이 아니라 그것을 찾을 수 있는 안목이 적은 게 탈이다. 깍두기를 만드는 마음으로 수필을 찾으면 되는 것이다. 다시 다음 글을 읽어보자.

길 복판에서 6,7인의 아이들이 놀고 있다. 적발동부(赤髮銅腐) 반나군(半裸群)이다. 그들의 혼탁한 안색, 흘린 콧물, 배두렁이, 벗은 우통만을 가지고는 그들의 성별조차 거의 분간할 수 없다. 그러나 그들은 여아가 아니면 남아요, 남아가 아니면 여아인, 결국에는 귀여운 5,6세 내지 7,8세의 아이들임에는 틀림이 없다. 이 아이들이 여기 길 한복판을 선택하여 유희하고 있다.
　돌맹이를 주워온다. 여기는 사금파리도 벽돌조각도 없다. 그릇을 여기 사람들은 내버리지 않는다.
　그리고는 풀을 뜯어 온다. 풀! 이처럼 평범한 것이 또 있을까. 그들에게 있어서는 초록빛의 물건이란 어떤 것이고 간에 다시 없이 심신한 것이다. 그러나 하는 수 없다. 곡식을 뜯는 것은 금제니까 풀밖에 없다.
　돌맹이로 풀을 짓빻는다. 푸르스름한 물이 돌에 염색된다. 그러면 그 돌과 그 풀은 팽개치고 또 다른 풀과 다른 돌맹이를 가져다가 똑같은 짓을 반복한다. 한 10분 동안이나 아무 말 없이 잠자코 이렇게 놀아본다.
　10분 만이면 권태가 온다. 풀도 싱겁고 돌도 싱겁다. 그러면 그 외에 무엇이 있나? 없다.
　그들은 일제히 일어선다. 질서도 없고 충동의 재료도 없다. 다만 그저 앉아 있기 싫으니까 이번에는 일어서 보았을 뿐이다.

일어서서 두 팔을 높이 하늘을 향하여 쳐든다. 그리고 비명에 가까운 소리를 질러 본다. 그러더니 그냥 그 자리에서 껑충껑충 뛴다. 그러면서 비명을 겸한다.

나는 이 광경을 보고 그만 눈물이 났다. 여북하면 저렇게 놀까. 이들은 장난감이라는 것이 있는 줄조차 모른다. 어버이들은 너무 가난해서 이들 귀여운 애기들에게 장난감을 사다 줄 수가 없었던 것이다.

이 하늘을 향하여 두 팔을 뻗치고 그리고 소리를 지르면서 뛰는 그들의 유희가 내 눈엔 암만해도 유희같이 생각되지 않는다. 하늘은 왜 저렇게 어제도 오늘도 내일도 푸르냐, 산은, 벌판은 왜 저렇게 어제도 오늘도 내일도 푸르냐는 조물주에게 대한 저주의 비명이 아니고 무엇이냐.

아이들은 짖을 줄조차 모르는 개들과 놀 수는 없다. 그렇다고 먹이 찾느라고 눈이 벌건 닭들과는 놀 수도 없다. 아버지도 어머니도 너무나 바쁘다. 언니 오빠조차 바쁘다. 역시 아이들은 아이들끼리 노는 수밖에 없ㄷ가. 그런데 대체 무엇을 가지고 어떻게 놓아야 하나, 그들에게는 장난감 하나가 없는 그들에게는 영영 엄두가 나서지를 않는 것이다. 그들은 이렇듯 불행하다.

그 짓도 5분이다. 그 이상 더 깊게 이 짓을 하자면 그들은 피로할 것이다. 순진한 그들이 무슨 까닭에 피로해야 되나, 그들은 우선 싱거워서 그짓을 그만둔다.

그들은 도로 나란히 앉는다. 소리가 없다. 무엇을 하나, 무슨 종류의 유희인지, 유희는 유희인 모양인데—이 권태의 왜소(矮小) 인간들은 또 무슨 기상천외의 유희를 발명했나.

5분 후에 그들은 비키면서 하나씩 둘씩 일어선다. 제각기 대변을 한 무더기씩 누어 놓았다. 아, 이것도 역시 그들의 유희였다. 속수무책의 그들의 최후의 창작 유희였다. 그러나 그중 한 아이가 영 일어나질 않는다. 그는 대변이 나오지 않는다. 그럼 그는 이번 유희의 못난 낙오자에 틀림없다. 분명히 다른 아이들 눈에 조소의 빛이 보인다. 아, 조물주여, 이들을 위하여 풍경과 완구(玩具)를 주소서. (이상「권태」)

아무 일도 벌어지지 않는 듯한 가난한 빈촌, 죽은 듯이 고요한 정적만이 감도는 듯한 시골마을에 수필 쓸거리가 사실상 있을 것 같지 않다. 그러나 이상은 가난한 시골마을 속에서 슬프고도 재미있는 이야기거리를 찾아내었다.

가난하기에 문화시설도 없고 문화시설이 없기에 놀 수 있는 좋은 시설도 없다.
  그러나 심심하게 그냥 놀 수는 없다. 무언가를 해야 한다. 그래서 농촌 아이들은 싱거운 놀이를 곧잘한다. 여기에 우수가 있고 슬픔이 있으며 웃음이 있다. 그리고 가난한 시골생활의 비애도 있다.
  수필이란 바로 이런 글이다. 그저 무심히 보아 넘길 수 있는 일을 놓고 자기 나름대로의 시각을 부여해서 사상의 의상을 화려하게 입혀놓으면 한편의 멋진 수필이 되는 것이다.
  모든 사물이란 원래가 산만하고 혼란하다. 아니 그 자체의 속성대로 존재할 뿐이다. 나무는 나무대로 들은 들대로 존재할 뿐이다. 그러나 거기에 사람의 지각작용(知覺作用)을 통과한 후에는 비로소 어떤 형상이 나타난다. 무재결된 자연에서 창조된 형상으로 경험에 의해서 얻어진다.

2) 수필에 있어서의 경험적 체험

  수필을 쓰는 데 있어서 경험적 체험만큼 강한 힘을 발휘하는 것도 없다. 체험이 있어야 비로소 사물에 대한 가치 판단을 바르게 할 수 있다. 같은 사건이라도 그 사람의 가치관, 세계관, 인생관에 따라 체험은 상이하다.
  나만의 체험은 나만의 지식이요 나만의 지식은 다른 사라에게 알리고 싶어진다. 따라서 자기의 체험을 구체적으로 그리면서도 독창적으로 쓰면 하나의 훌륭한 수필이 되는 것이다.

>   며칠 전의 어느 걸인(乞人)하나를 보로 아래와 같은 생각을 하였다.
>   독일의 염세 철학자(厭世哲學者) 쇼오펜하우에르는, "시선(施善)이란 걸인(乞人)으로 하여금 그 빈궁상태(貧窮狀態)에서 벗어나게 하는 것이 아니고, 도리어 그 빈궁상태를 연장(延長)하여 주는 것이다"라고 지적하였다. 확실히 일리가 있는 총명한 말이다.

걸인을 근본적으로 그 걸식상태에서 구하지 않고 자기에게 고통을 주지 않는 한도 안에서 푼전척리(分錢隻厘)를 급여(給與)하는 것은 걸인생활을 연장하여 줌만 아니라, 비록 걸인에겔망정 용서할 수 없는 인간적 모욕일 것이다.
　이론(理論) 일방(一方)으로는 어디까지 그러하나, 그 걸인을 근본적으로 구제할 만한 방편이 없는 이 불완전한 사회제도가 완전화(完全化)할 때까지는—완전화한다는 것은 1개의 망상일지는 모르나—고식적(姑息的)이고 불철저(不徹底)하나마 노방(路傍)에서 기한(飢寒)으로 우는 걸인에게, '걸인상태를 연장하는 것이라'하는 엄숙한 주의(主義) 표방하(標榜下)에 본 체도 않고 지나가는 것보다는 푼전(分錢)이나마 주는 편이 낫지 않을까 하는 것이다.
　인생은 주의(主義)와 이론(理論)으로만 사는 것은 아니다. (변영로)

　짧은 수필이다. 과장도 없다. 수식도 없다. 그러나 우리에게 충격을 준다. 우리에게 무엇인가 경고해 주고 있다. 그러면서 친근감이 돈다. 수필의 힘은 다른 어떠한 글보다 이렇게 독특한 맛을 준다.
　다음은 졸작 수필「국향」을 옮긴 것이다.

　　홀로 앉아 송엽차(宋葉茶)를 마시며 굽어보는 상국이 청아롭다.
　　활짝 열어 놓은 서창(西窓)으로 바람결 따라 흘러드는 향기가 벅차서 들었던 찻잔을 자주 내려놓곤 한다.
　　여유 있는 삶을 충분히 누리기 위하여 세 평 남짓한 뜨락에 국화(菊花)를 가득 채운 지 오래요, 그 아름다운 숙기(淑氣)에 끌려 허물없이 가우(佳友)로 사귄 지 수삼 년이다.
　　지금 하많은 하루의 번뇌 속에서 그래도 세속에 초월하면서 안주(安住)할 수 있는 시간이요, 때묻은 마음을 손질하면서 내일을 바라볼 수 있는 옹글찬 순간이다.
　　버려진 자갈땅 척박한 황토벌이라도 국화는 햇볕만 있으면 무럭이 자라서 문득 서리찬 하루아침에 탐스러운 꽃송이를 암팡지게 피워낸다.
　　"한 송이 국화꽃을 피우기 위해 천둥은 먹구름 속에도 또 그렇게 울었나 보다"는 어느 시인(詩人)의 말처럼, 이슬과 바람과 구름과 별빛을 벗삼아 긴 긴 여름을 잘도 참아준 끈기에 국화의 멋스러움이 엿보인다.

일찍이 예기월령(禮記月令)에 나타났고 굴원초사(屈原楚辭)에 예찬하지 않았던가

"국화의 가(佳)는 모란 작약처럼 농염(濃艷)의 가(佳)는 아닌 동시에 하화(荷花)같은 담징(淡澄)의 가(佳)도 아니다. 그의 가(佳)는 풍상(風霜)을 방시(放視)하는 늠름한 영자(英姿)에 있다"고.

나는 국화꽃이 활짝 피어 있는 여염집 뜰가를 지나칠 때면 느슨한 정에 취해 종종 발걸음 머뭇거리곤 한다. 어제도 다가동원(多佳公園)에 오르다가 외인촌 안에 탐스럽게 만발한 국화를 몰래 훔쳐본 적이 있다.

세속의 부귀와 공명을 초개처럼 떨치고 동쪽 울밑의 국화 몇 포기를 꺾어 들고 유연(油然)히 남산을 바라보던 도연명(陶淵明)의 풍류를 닮고 싶어서 일까?

花雖不解語 我愛其心芳
平生不飮酒 爲汝擧一艷
平生不啓齒 爲汝笑一場
菊花我所愛 桃李多風光

푸른 달빛 속에 핀 국화의 고절(孤節)을 내려다보며 문득 정을 토해낸 정포은(鄭圃隱)의 국화탄(國花嘆)이다. 그 뜻도 좋거니와 충신의 심경을 보는 것 같아서 내 집 뜨락의 국화철이면 되읊어 보게 된다.

어떤 이는 눈서리를 외면하는 국화의 숫기(雄)가 마음에 든다고 했다. 그것은 내가 동조하여 침잠(沈潛)하고픈 사연 중의 하나인지도 모른다.

국화는 교만하지도 않다. 또한 화사하지도 않음이 그 천품(天品)이요, 미태(媚態)를 곁들인 유연(柔軟)한 몸짓마저 없으니 일러 단아한 기품이라고만 접어 두자.

새하얀 모시 적삼에 맵시 고운 여인처럼 청순(淸純)한 백국(白菊), 갓 시집 온 새댁이 볼을 붉히며 아미를 숙이고 있는 담심으로 고운 홍국(紅菊), 정갈한 이조(李朝) 여인처럼 백자(白瓷)의 숨결이 재워진 우아한 황국(黃菊), 그래서 일찌기 옛 선비들은 매란국죽(梅蘭菊竹)을 사군자(四君子)에 넣어 오지 않았던가.

가을 바람에 살며시 고개 젓는 국화를 보면 절로 지락(至樂)의 경지에 잠겨드는 자신을 느낀다. 가난하여 콩 이파리를 뜯어 넣고 하늘 비치는 밀죽을

쑤어 먹는다손치더라도 국화꽃처럼 고매(高邁)한 한생을 마치고 싶다. 고뇌하는 인생(人生), 나그네의 차가운 삶의 현실 속에서도 마음이 맑아 삶이 무엇이며 기쁨이 어디에 있는가를 더듬어 깨달을 수 있다면 우리의 여정이 결코 헛된 시간만은 아니라고 자긍(自矜)하게 된다.

높고 푸른 가을 하늘이 한 해의 풍요를 실감나게 해주는 중양절(重陽節), 달빛이 고향땅 산정의 용마루에 미끄러질 듯 번뜩이던 밤이었다. 마당 한가운데에 멍석을 깔아 놓고 햅쌀로 갓 빚어낸 송편을 먹으면서 고아(高雅)한 국향(菊香)에 젖던 시절이 좋았다.

나는 가난하지 않다. 아무것도 가진 것이 없어도 탐스럽게 달린 국화송이를 한눈에 바라보고 있으면 마음까지도 두둑한 부(富)를 얻을 수 있는 것이다. 원래 부라는 것은 뿌리 없는 나무와 같은 것, 가지고 있으면 있을수록 불안한 것이지만 내가 누리는 부는 기도처럼 정결하고 출렁거리는 달빛처럼 맑아서 언제나 누려도 속되지 아니하니 나만이 간직하는 정복(淨福)이라고나 할까?

높고 깊은 골짜기, 비옥하고 넓은 들, 맑은 물과 수려(秀麗)한 산, 그 위에 언제나 깨끗한 마음으로 국화꽃을 앞에 두고 산다면 그보다 더 아름다운 삶이 어디 있겠는가?

많은 사람들은 자기 인생을 즐기기 위해서 여가를 선용하여 취미를 살린다. 나 역시 아름다운 자연의 넉넉한 조화 속에 삶의 내적 리듬을 더듬으면서 국화에 물을 주며 자별스런 기쁨을 오래오래 지니고 싶다.

어젯밤 잠을 설치게 했던 귀뚜라미 소리와 함께 국화향은 곧 거두어 질 것이다. 지내 놓고 보면 침묵에 매마른 차가운 입술을 깨물던 한나절도 잠깐이듯이 청정(淸淨)한 국화의 운치도 없으리라. 그러나 만일 한 가을에 마당가에서 토방 끝까지 운승격고(韻勝格高)한 국향(菊香)으로 도도(滔滔)한 대하(大河)를 이룬다면, 그 담을 넘어 이웃에까지 오붓한 기쁨을 누리지 않겠는가.

명면에는 더 많은 국화를 뜰과 분에 가득가득 담아 아침마다 부러운 시선으로 넘겨다보는 이웃집 영감에게도 한 포기 보내 주리라. 그리고 내집에 자주 놀러 오는 문우 김 형(金兄)에게도 맑은 정을 분에 담아 건네주면서 국화처럼 속기(俗氣)없는 우정(友情)을 오래오래 간직하자고 일러주리라. (拙作)

국화 예찬이 고사를 더듬어 아름다운 삶으로 잘 연결되고 있다. 이 작품을 원형갑은 헐뜯을 데가 없는 완벽된 작품이라고 했고 윤병로는 부드러우면서도 잘 다듬어진 문장이라고 했다.

어제 S병원의 전염병실에서 본 일이다. A라는 소녀, 칠팔 세밖에 안 된 귀여운 소녀가 죽어 나갔다. 적리(赤痢)로 하루는 집에서 앓고, 그리고 그 다음 날 오후에는 시체실로 떠메어 나갔다. 밤낮 사흘을 지키고 앉아 있었던 어머니는 아이가 운명하는 것을 보고 정신을 잃었다. 깨어 보니 죽은 애기는 이미 시체실로 옮겨가 있었다. 부모는 간호부더러 시체실을 가르켜 달라고 청하였다.
"시체실은 쇠 다 채우고 아무도 없으니까, 가 보실 필요가 없어요."
하고 간호부는 톡 쏘아 말하였다. 퍽 싫증난 듯한 목소리이었다.
"아니 그 애를 혼자 두고 방에 쇠를 채워요?"하고 묻는 어머니의 목소리를 떨리었다.
"죽은 애 혼자 두문 어때요?"
하고 다시 톡 쏘는 간호부의 목소리는 얼음같이 싸늘하였다.
이야기는 간단히 이것이다. 그러나 나는 그때 몸서리처짐을 금할 수가 없었다.
"죽은 애를 혼자 둔들 어떠리!" 사실인즉 그렇다. 그러나 그것을 염려하는 어머니의 심정! 이 숭고한 감정에 동정할 줄 모르는 간호부가 나는 미웠다. 그렇게까지도 간호부는 기계화되었는가?
나는 문명한 기계보다는 야만인 인생을 더 사랑한다. 과학상에서 볼 때, 죽은 애를 혼자 두는 것이 조금도 틀린 것이 없다. 그러나 어머니로서 볼 때에는…… 더 써서 무엇하랴? 어머니를 이해하지 못하고, 동정할 줄 모르는 간호부! 그의 그 과학적 냉정이 나는 몹시도 미웠다. 과학 문명이 앞으로 더욱 발달되어 인류 전체가 모두 다 냉정한 과학자가 되어 버리는 날이 이른다면…… 나는 그것을 상상만 하기에도 소름이 끼친다.
정! 그것은 인류 최고 과학을 초월하는 생의 향기이다. (주요섭)

원천적인 인간사회의 문명을 꿰뚫는 격조 높은 수필이다. 다밀한 도시 문명 속에서 우리는 이러한 인간의 비정을 가끔 접할 때가 있다. 과학의 발달에 따라 인간이 기계화되고 인구 급증에 따라 차가워지는 인간사회다.
주위에서 일어나는 여러 가지 사건을 그냥 보고 지나치지 말고 모든 것을 애정의 시각으로 관찰하자. 이기적이고 편협한 정서는 문학적 효과를 거두지 못한다. 객관화되고 거시적일 때 독자들로부터 감동을 받게 된다. 다시 말해서 미적 쾌감을 얻을 수 있다.

그러므로 하나의 체험을 가지고 순화된 감정으로 독창적으로 창조하여 지성을 높여 줄 때 독자들은 자극하고 영원한 문학적 향을 꽃피울 수 있다.

그러면 수필 창작에 대한 체험담을 읽어 보자.

  수필의 세계에서는 삼라만상이 생명을 지니고 있다. 그러므로 돌도 나무도 물도 생각할 수 있다. 또 인간과 자유롭게 대화를 교환할 수도 있다.
  한 떨기의 꽃에서, 길가에 버려진 한 개의 돌에서 우리는 철학과 종교를 터득할 수 있다. 이것은 문학분야에서도 시와 함께 수필만이 갖고 있는 특권이다.
  나는 제법 많은 수필을 쓴 셈이다. 거의가 청탁과 빗발치듯 하는 독촉에 의해서 쓴 것이지만, 그 수필에 담겨있는 내용은 평소에 나눈 자연과의 대화가 많다. 여기에 소개한 「비대한 해바라기」도 그 중의 하나이다. 내가 이 수필을 자천(自薦)하는 것은 잘 되었다고 생각해서도 아니고, 내 마음에 흡족해서도 아니다. 나와 꽃과의 이야기가 좋아서일 뿐이다. 나는 수필을 쓰고 싶을 때가 종종 있다. 그러나 한 번도 쓰고 싶어서 쓴 수필은 거의 없다. 시간에 쫓기우는 신세가 되어서 그렇다. 그러나 이 쓰고 싶은 수필을 작품으로 완성하지는 못 해도 그때마다 나는 쓰고 싶은 수필의 소재나 주제를 수첩에 메모해 두는 버릇이 있다. 그랬다가 어디에서 청탁이 오면 이 메모를 뒤져 가며 정녕 '수필하는' 것이다. 그런데 '해바라기'의 경우는 내 수첩에 메모가 없다. 왜냐하면 해바라기는 항상 내 정원에 서 있기 때문이다. 아침 저녁으로 해바라기를 볼 적마다 나는 '수필을 구상'했고, 또 이야기를 주고 받았기 때문이다.
  그러므로 나의 수필은 일조일석에 되어지는 기적의 산물이 아니다. 항상 머리 속에서 서성거리고 있는 생각의 산물이요 오랜 구상에서 태어나는 결과라는 것이다. 내 붓이 둔하고, 재주가 없어서 표현이 엉성하지만, 나딴엔 오랜 사색을 겪어서 만들어 낸 작품들인 모두 나의 수필이란 것을 변명삼아 이야기해 둘 뿐이다. (장덕순)

우리는 자지가 관심을 가지고 있는 문제에 대해 철저하게 사색하고 일기나 비망록에 적어 두는 습관을 갖는 것이 좋을 것이다.

우리는 일상생활을 항상 여유있는 마음으로 살아가야 한다. 여유가 있다는 것은 생활을 사랑하는 사람이요 풍부한 정서를 간직하고 살아간다는 것을 의미한다. 그러나 고갈된 생활은 메마른 마음, 메마른 정서를 가지로 살아가는 사람이다. 이러한 사람에게는 마음의 여유가 있을 수 없다. 마음의 여유가 없는 사람에게는 아무리 많은 것을 보여 주어도 소용이 없다. 그는 거기에서 아무런 의미도 발견해 내지 못하기 때문이다.

다음 수필을 한 편 감상해 보자.

구두 수선을 주었더니 뒤축에다가 어지간히 큰 징을 한 개씩 박아놓았다. 보기가 흉해서 빼어 버리라고 하였더니, 그런 징이래야 한동안 신게 되고 무엇이 어쩌고 하며 수다를 피는 소리가 듣기 싫어, 그대로 신기는 신었으나, 점잖게 못하게 저벅저벅 그 징이 땅바닥에 부딪치는 금속성 소리가 심히 뒷맛에 역했다. 더욱이 그것이 시멘트 포도의 딴딴한 바닥에 부딪쳐 낼 때의 그 음향이란 정말 질색이었다. 또그락. 이건 흡사 사람이 아닌 말발굽 소리다.

어느 날 초 어스름이었다. 좀 바쁜 일이 있어 창경원 곁을 끼고 걸어 나오느라니까 앞에서 걸어가던 20내외의 어떤 한 젊은 여자가 이상히 또그닥거리는 구두 소리에 안심이 되지 않는 모양으로 슬쩍 고개를 돌려 또그닥 소리의 주인공을 물색하고 나더니, 별안간 걸음이 빨라진다.

그러는 걸 나는 그저 그러느니 보다 하고 내가 걸어야 할 길만 그대로 걷고 있었더니 얼마쯤 가다가 이 여자는 또 뒤를 한번 힐끗 돌아다 본다. 그리고 자기와 나와의 거리가 불과 지척 사이임을 알고는 빨라지는 걸음이 보통이 아니었다. 뛰다싶은 걸음으로 치마 귀가 옹어하게 내닫는다. 나의 그 또그닥거리는 구두 소리는 분명 자기를 위협하느라고 일부러 그렇게 따악딱 땅바닥을 박아내며 걷는 줄로만 아는 모양이다.

그러나 이 여자더러 내 구두 소리는 그건 자연이요, 고의가 아니니 안심하라고 일러 드릴 수도 없는 일이고 해서 나는 그 순간 좀더 걸음을 빨리하여 이 여자를 뒤로 떨어뜨림으로 공포에의 안심을 주려고 한층 더 걸음에 박차를 가했더니 그런 게 아니었다. 도리어 이것이 이 여자로 하여금 위협이 되는 것이었다. 내 구두 소리가 또그닥또그닥 좁아 재어지자 이에 호응하여 또각 또각 굽 높은 뒤축이 어쩔 바를 모르고 걸음과 싸우며 유난히도 몸을 일렁대는 그 분주함이란 있는 미력은 다 내 보는 동작에 틀림없었다. 그리하여 또그닥또그닥 또각또각 한참 석양놀이 내려 비치기 시작하는 인적 드문 포도 위에서 이 두 음향의 속모르는 싸움은 자못 그 절정에 달하고 있었다. 나는 이 여자의 뒤를 거의 다 따랐던 것이다. 2,3보만 더 내어디디면 앞으로 나서게 될 그럴 계제였다.

그러나 이 여자 역시 힘을 다하는 걸음이었다. 그 2,3보라는 것도 그리 용이히 떨어지지 않았다. 한참 내 발뿌리에도 풍진이 일었는데 거기서 이 여자는 뚫어진 옆골목으로 살짝 빠져 들어 선다. 다행한 일이었다. 한숨이 나간다. 이 여자도 한숨이 나갔을 것이다. 기웃해보니 길다랗게 내뚫린 골목으로 이 여자는 휑하니 내닫는다. 이 골목 안이 저의 집인지, 혹은 나를 피하노라고 빠져 들어갔는지는 그것은 알 바 없으나, 나로선 이 여자가 나를 불량배로 영원히 알고 있을 것임이 서글픈 일이다.

여자는 왜 그리 남자를 믿지 못하는 것일까. 여자를 대하자면 남자는 구두 소리에까지도 세심한 주의를 가져야 점잖다는 대우를 받게 되는 것이라면 이건 여성에 대한 모욕이 아닐까 생각을 하며 나는 다음 날로 그 구두 징을 뽑아 버렸거니와 살아가노라면 별난데다가 다 신경을 써가며 살아야 되는 것이 사람임을 알았다. (계용묵)

이 글의 소재는 지극히 평범한 일상사에서 구해온 사건이다. 어쩌면 이와 비슷한 일은 한 번쯤은 경험했을지도 모른다. 이렇듯 우리 생활 주변에는 많은 수필감이 널려 있다는 것을 깨달을 수 있다. 모든 것이 수필 소재요 주제다. 쓰고자 하는 마음, 쓰겠다는 결심만 선다면 우리는 어떤 사소한 일도 결코 보아 넘기지는 않을 것이다.

다음 글을 한번 보자.

민감한 귀와 눈, 흔히 있는 사물에서 무한한 암시를 식별하는 능력, 생각에 잠기는 명상적인 기질, 이 모든 것만 있으면 수필가는 수필 쓰는 일을 시작할 수 있다.

여기서의 귀와 눈·능력·기질 등도 '눈의 훈련'을 거쳐 가진 각자의 렌즈를 통하여 우러나올 수 있는 것들이라고 본다.

주위를 예리하게 관찰하는 '눈의 훈련'에서 수필은 씌어진다고 했다. 수필 창작에 있어서 빼놓을 수 없는 과제라고 본다.

3) 수필에 있어서 정서

어느 문학보다 수필은 정서(情緖)를 요구한다. 그러므로 수필은 정이 풍부한 사람이라야 한다.
　수필가는 무엇보다 사람이 되어야 한다는 말은 사실은 정서가 풍만한 사람을 말하는 것이다.
　애인과 둘이서 사랑을 속삭일 때 사나이가 너무 호주머니만 계산한다면 여성은 "이 사람이 너무 타산적이구나"라는 생각을 지니게 될 것이며 따라서 그에 대한 매력은 반감이 되고 말 것이다.
　수필에 있어서 메마른 이성(理性)보다는 사랑을 속삭일 때처럼 모든 것을 잊고 달콤하게 밀어를 나눌 수 있는 정서를 필요로 한다.
　"글은 정이다"(文之情也)라는 말이 있듯이 메마른 정감(情感), 건조한 정서는 수필에 있어서 배격된다. 친구나 이웃에게 어려움이 있을 때 도와주고 남다른 행동이나 인고(忍苦)에 대한 도덕적인 행위나 시골길에 굴러다니는 하찮은 돌멩이 하나에 따뜻한 애정을 주는 정서는 어쩌면 수필의 생명인지도 모른다.
　그러면 수필에 있어서 정서란 무엇이며 그에 따른 기법은 어떻게 다루어야 하는가를 더 구체적으로 더듬어 보자.
　인간! 그렇다. 인간에게만은 신묘하리만큼 마음이라는 것이 존재한다. 그리고 이 마음은 인간의 정신활동을 지배한다. 그리고 정신적인 모든 현상들은 지(知)·정(情)·의(意) 등 세 가지 통로를 가지고 있다. 이 세 가지 현상 중에 수필(문학)에서 다루는 정서는 주로 정을 통로로 이루어지는 예술이다.
　인간에게 있어서 그의 삶의 원초적인 동기는 무엇보다도 이 정에서 비롯되는 것이다. 사상이나 철학, 그리고 가족까지도 그 밑바탕이 되는 것이 정이고 보면 인간세계에 있어서 인간을 가장 절대적 존재로 인정하게 하는 바탕이라고 해야 할 것이다. 가난하지만 부끄러움 없이 살아가던 것을 고집하던 우리 선비의 사상은 돈보다 정을 앞세웠다. 그래서 인정머리 없는 사람을 가장 싫어하고 미워했던 것이다.
　피부색과 이념을 초월하고 신분과 빈부를 초월해서 서로 이웃임을 인정하는 것은 정이 매개물이 되는 것이다. 그래서 이 정을 바탕으로 해서 총부리를 겨누었던 적군도 사랑하게 되고 숲속에서 뛰노는 산짐승도 사랑하며 무심히 서 있는 길가의 풀섶까지도 사랑하는 마음이 일게 되는 것이다.
　이렇듯 무심한 사물까지도 사랑할 수 있는 정은 인간 심리중에서도 가장 원시적인 요소다. 그러나 그것이 물상(物象)을 사랑하는 데까지 이르기 위해서는 어디까지나 객체를 긍정적으로 받아들이는 데서 가능한 것이다. 다시 말해서 사물과 인체가 하나가 되어 잠시 그 생명을 향수하고 같이 호흡하는 작업에서 이루어지는 결실인 것이다.

　　먼 산의 아지랑이도 이제는 그 희부연 장막을 걷고 새로 장만한 초록빛 봄
　옷으로 산과 들은 지금 한찬 자랑스러운 얼굴로 환히 웃고 있습니다.
　　따뜻한 봄볕에 시냇물 소리도 노래하고 맑은 바람에 나비도 춤을 추며 벅
　찬 생명의 회열감에 젖어 있는 4월은 확실히 축복의 계절입니다.

　여기에서 어떻게 산과 들이 자랑스러운 감정에 빠져 들 수 있으며 시냇물과 나비가 노래 부르고 춤을 출 수가 있겠는가? 사실 산과 들은 감정없는 물상이며 시냇물 또한 무심히 흐를 뿐이다. 그러나 우리는 그러한 물상들에 감정을 불어넣어 그것을 의인화시키는 것이다. 이것을 다른 말로 인격화 내지 정서화라고 해도 좋을 것이다. 즉 인정을 사물에 옮기는 감정이입인 것이다.

따라서 이것은 어디까지나 작가의 정감(情感)에 의해서 얻어지는 것으로 인간의 여러 가지 형태의 동정심이라고 할 수 있다. 그러한 동정심은 인간 내면을 통과하면서 걸러지고 순화된 고차적인 동정심인 것이다. 즉 자기가 객체로부터 얻은 정감, 그것을 다시 객관적으로 발전시키고 반성하여 만든 사실적 형상이되 사실 그대로가 아닌 잘 꾸미고 가꾼 것을 말한다.

옛말에 "집에 있는 꽃은 들에 있는 꽃만 못하다"는 말이 있듯이 인간은 현재보다 과거가 더 아름답고 자신의 처지보다 남의 처지가 훨씬 부러운 것이다. 그리고 사람도 일정한 거리를 두고 바라볼 때 그 인격미에 끌릴 수 있듯이 관찰자의 입장에 설 때 문학적 호소력을 얻게 되는 것이다. 한 그루의 느티나무를 바라볼 때에도 그렇다. 자기 집을 지을 수 있으리라는 실용성으로서의 느티나무가 아닌 한 자연으로서의 느티나무로 인식될 때 우리는 거기에서 더 많은 편안하면서도 미적인 정서감에 안길 수 있는 것이다.

어찌보면 이 세상은 너무나도 아름다운 곳이다. 눈길 닿는 곳마다 미가 넘치고 발길 머무는 곳마다 정이 스미지 않는 곳이 없다. 초생달은 초생달대로 애련한 정취가 깃들고 보름달은 보름달대로 충만한 멋이 있다. 춘풍(春風)은 춘풍대로 설레임의 기쁨을 주고 추풍(秋風)은 추풍대로 향수의 정감을 안겨주기에 풍만한 것이다. 순돌이의 구성진 웃음도 매력이 넘치지만 갑순이의 질투심도 우리의 삶을 풍요롭게 하는 것이다. 그만치 세상은 아름답고 곳곳마다 정이 스미지 않는 곳이 없는 것이다.

그런데 인간이 살아가는 것은 남녀의 짝짓기 외에 별다른 보람을 찾지 못하고 한 덩이의 빠에 더 큰 가치를 부여하는 삶이라면 사실 이 세상을 살아간다는 형극의 길일 뿐이다. 이러한 고갈된 정감은 수필에서 아름다운 정서를 생산해내지 못한다. 사랑과 기쁨으로 우리의 행동을 고취시키고 희망과 열정으로 우리의 영혼을 살찌게 하는 그러한 정감이 정서적 쾌감을 준다.

한 송이의 들꽃을 꺾어다가 자기 화병에 꽂으려는 정서는 수필에 있어서 금물이다. 그것을 멀리 두고 완상하는 자세여야 한다. 다시 말해서 이해득실의 관계에서 탈출하여 관찰자의 처지에서 바라보는 정서라야 한다.

왕희지는 산음(山陰)에 살던 어느날 밤, 첫눈이 산야를 덮고 옥양목처럼 하얀 달이 맑고 환하게 비추자 갑자기 친구 대규(戴逵)가 그리웠다. 곧 그는 조각배를 타고 친구가 마문 염계를 향하여 노를 저었다. 배가 문앞에 당도했을 때 그는 뱃머리를 돌려 되돌아 왔다. 그가 말하기를 흥이 일어 갔다가 흥이 파했으니 돌아왔다(乘興而來 興盡而歸)는 것이다. 이것이 수필의 정이요 맛이다. 겨울밤의 정경이 아름다우니 흥이 돋았고 흥이 돋다보니 친구가 그리웠다. 그래서 친구를 찾아나섰고 흥이 깨지자 다시 뱃머리를 돌려 되돌아왔던 것이다. 눈덮인 겨울산의 정경도 정이요 친구를 찾아나서는 것도 정이다. 잠자리에 든 친구를 깨우지 않기 위해 말없이 돌아오는 것도 정이요 겨울산하를 완상하는 정취도 정이다.

그래서 수필은 첫머리에서부터 정으로 직핍해야 한다. 기상천외의 착상이나 신언기어의 나열보다는 담담한 정을 침착하게 펼쳐야 독자에게 미적쾌감을 준다. 고통스러운 정서와 이기적인 정서는 문학적 미감을 주지 못한다. 곱고 좋은 옷은 아름답게 보이듯이 정(情緖)이 무르녹은 수필은 그만큼 우리의 마음을 포근하게 하여주고 인생에 대한 우리의 삶을 강화시켜 준다.

속절없는 삶의 애정을 5월의 신선한 계절 속에 깨끗이 그려 놓고 있다. 참신한 착상, 온유한 심정, 담담한 호흡이 글의 방향(芳香)을 더하고 있다. 잠시 삶의 갈등(정감) 속에 뛰어들어 고통스러운 순간을 발전시키며 대잔연의 진리를 텃치, 생의 희열감을 얹어 文情(정서)를 더해주고 있다. 따라서 사고의 작용은 유원하고 흥분하지 않는 침착성이 문학적 정서의 깊이를 강화해 주고 있다.

모든 문학이 다 그렇겠지만 특히, 수필은 인간을 실제 생활의 속박중에서 해방시켜 주어야 하고, 인간에게 삶의 여유와 가치를 부여해 주어야 한다. 따라서 고되고 어려운 고난을 이기기 위해서 수필이 쓰여져야 하고 그 수필을 통해서 슬픔과 어둠 속에서 해방되고 양심을 새롭게 하는 도덕적인 정서가 자리를 할 때 문학적 쾌감을 얻을 수가 있다 하겠다.

산업사회, 도시사회에 사는 현대인들이 한결같이 안타까워하는 것이 따뜻한 인정의 상실이다. 가난했던 지난날, 수십 리 길도 멀다 않고 걸어 다녔던 불편한 시대에도 정만은 아끼고 사랑했다. 이러한 현대인들의 향수를 아무렇게나 들어내지 말고 한 자 한 자 다듬어서 안개같이 아련한 정서의 의상을 입혀 준다면 문학적 호소력을 얻을 수 있을 것이다.

수필에 있어서 건전한 쾌감(美感)은 아무래도 손길이 닿지 않는 농촌이나 산촌 또는 때묻지 않는 농촌이나 강촌이나 순후한 인정이 머문, 오염되지 않는 보석같은 인정을 만나는 일일 것이다. 그리고 형제와 같은 뜨거운 우정과 희생적인 행동을 목격하는 일일 것이다.

러스킨은 문학적 정서들을 두 가지 상반된 감정들로 분류했다. 그 하나는 기쁨이나 사랑, 숭앙이나 찬미라 했고, 또 다른 하나는 미움과 공포, 분개와 슬픔이라고 말했다. 이러한 현상들이 꽃피는 봄날에 느낄 수 있는 평온, 낙엽 지는 가을에 느낄 수 있는 고독과 같은 감정들과 일정한 거리를 두고 잘 조합될 때 인간정신으로 승화되고 수필로 하여금 우리들과 어울리는 편안한 정서를 안겨줄 것이다.

수필은 세월따라 많은 독자들에게 더욱 친근해질 것이요, 따라서 정서의 산문이라는 점에서 시와 가장 가까운 문학이라 할 것이다.

어느 날 아내와 같이 육교 위를 지나다가 아버지에게 드릴 선물을 하나 샀다. 아내가 옆구리를 툭 건드리면서 저거 하나 사자고 해서 돌아보았더니 손톱깎기·주머니칼·구두주걱 등을 길바닥에 놓고 파는 가운데 대나무로 만든 등긁이(노인들이 등을 긁는데 쓰이는 기구)가 있었던 것이다.

나는 지금까지 그런 것들을 예사로 보아 왔던 것이다. 확실히 여자들의 눈은 자상한 데가 있다.

아내는 시장에 다녀오면서도 으레 아버지 드릴 과일 같은 걸 사왔다. 언젠가는 아버지 방에 들어서니까 향그러운 냄새가 확 풍기었다. 눈여겨보니 책상위에 어린아이 머리통만큼 큰 유자(柚子)가 한 개 놓여 있었다.

"어멈이 사다 놓더라."
　이런 아버지의 말씀에서 나 자신이 조금은 효도했다는 생각이 들기도 했다.
　사실 나로서는 직접적으로 아버지한테 어떤 효성을 표시할 수가 없었다. 설령 내가 생각해 낸 일일지라도 아내를 통해서 표현해 왔던 거다.
　어려운 시집살이 얘기 중 이런 것이 생각난다.
　나막신을 신고 외벽을 탈 테냐, 홀시아버지를 모실 테냐고 물으면 대부분의 여자들은 전자(前者)를 택하겠다고 답한다는 것이다. 홀시아버지를 모시다는 일이 얼마나 어려운 것인가는 설명이 필요치 않다.
　나의 어머니는 10년 전(1964)에 신장염으로 돌아가셨다. 그후로 나는 아내로 하여금 딸도 없는 우리 아버지를 친아버지처럼 모시도록 당부를 하였지만 마음은 항상 송구스럽기만 했다.
　(……)
　어머니의 유품(遺品)에서 겨우 도민증(道民證) 사진을 발견할 수 있었다. 지금의 주민등록증처럼 비닐 케이스에 들어 있지 않았던 것이라 모습을 선명하게 알아볼 수 없을 만큼 구겨진 것이지만 퍽 소중하게 여겨졌다.

　지난해의 일이다.
　나는 S지(誌))의 원고료를 받아넣고 나오는 길에 광화문에 있는 어느 초상화집에 들러 어머니의 초상화를 부탁했다. 내가 굳이 원고료를 가지고 어머니의 초상화를 맡긴 데는 이유가 있다.
　군에서 제대하고 나와 취직도 못하고 밤늦도록 원고를 쓰고 있자니까 옆에 계신 어머니가 그걸 써내면 돈이 되어 나오느냐고 물으셨다. 나는 고개만 끄덕여서 그렇다고 대답해 드렸던 것인데 그 글이 발표되기도 전에 53세밖에 아니 되신 연세로 이승을 떠나 버리신 일이 뼈에 사무치게 한이 되었다. 글이라고는 「개조심」(猛犬主意) 정도 밖에 해득을 못하시는 어머니가 아들들의 학비를 보태신다고 남의 문전을 기웃거리는 행상의 고달픈 하루하루를 보내시다가 그리 되신 것이다. 더욱이나 문학이 무엇인지는 전혀 짐작도 못하시면서 그저 대단한 것으로 여기시고 거기에다 돈(원고료)이 나온다는 사실에 그토록 대견스럽게 알으셨던 어머니에게 언젠가는 한 권의 책으로 내어 그분의 영전에 바칠 생각을 하고 있다.
　초상화를 찾아다가 우리 아이들에게 보이면서 할머니라고 일렀더니 여섯 살 막내가 할머니 아니라고 했다. 도민증을 발급받기 위해 찍은 사진이라 45세 되시던 때의 모습인 만큼 아이들 눈에는 할머니의 이미지가 부각(浮刻)되지 않는 모양이었다.
　나는 어머니의 초상화를 아버지 방에 걸어 드렸다. 보시고 또 보시더니 고개를 좌우로 흔드시면서 "틀리다!" 하셨다.
　이처럼 자식으로서 듣기 거북한 말씀이 어디 있으랴. 돌아가신 어머니를 어떻게 아버지 앞에 부활하시도록 해드린단 말인가.
　(……)
　많지 않는 돈을 주고 산 등긁이였지만 이번에도 아내를 시켜 아버지한테 드리도록 했다.
　저녁에 자리끼를 들고 아버지 방에 건너갔다가 돌아 온 아내가 즐거운 표정을 지었다.
　그러잖아도 하나 있었으면 해서 찾아보았지만 구할 수가 없었는데 내 눈에는 그것이 보이더냐고 무척 좋아하시더라고 전했다.
　"틀리다!"고 섭섭해 하시기도 했건만 어머니 초상화가 들어 있는 사진틀에는 먼지하나 없이 항상 말끔하게 닦여져 있었던 것이다. 유복녀로 자라 어린 나이에 시집 오셔서 가난한 집 살림살이를 꾸려가시기에 너무 고생만 하다가 돌아가신 어머니 생각이 문득문득 나실 때마다 아버지는 사진틀을 내려서 없는 먼지도 닦고닦고 하신 것 같았다. (박연구)

　경제적으로 궁핍한 생활 속에 아버지를 편하게 모시지 못한 작가의 효성이 글 전편에 흐르고 있다. 작가의 마음이 곧 내 마음인 양 가슴 한 구석이 아파옴을 느끼게 한다. 이렇듯 작가는 아버지에 대한 불효를 직설적으로 표현하지 않고 글 이면에 은은히 담고 있다. 이것이 바로 정서적인 표현이요 작품의 품위다. 다음 이양하 수필을 읽어보자

　나무는 덕을 가졌다. 나무는 주어진 분수에 만족할 줄을 안다. 나무로 태어난 것을 탓하지 아니하고, 왜 여기놓이고 저기 놓이고 하는가를 말하지 아니한다. 등성이에 서면 햇살이 따사로울까. 물짝에 내려서면 물이 좋을까 하여, 새로운 자리를 엿보는 일도 없다. 물과 흙과 태양의 아들로 물과 흙과 태

양이 주는 대로 받고, 후박(厚薄)과 불만족을 말하지 아니한다. 이웃 친구의 처지에 눈 떠 보는 일도 없다. 소나무는 진달래를 내려다보되 깔보는 일이 없고, 진달래는 소나무를 우러러 보되 부러워하는 일이 없다. 소나무는 소나무대로 스스로 족하고, 진달래는 진달래대로 스스로 족하다.
　나무는 고독하다. 나무는 모든 고독을 안다. 안개에 잠긴 아침의 고독을 알고, 구름에 덮인 저녁의 고독을 안다. 부슬비 내리는 가을 저녁의 고독도 알고, 함박눈 펄펄 날리는 겨울 아침의 고독도 안다. 나무는 파리도 옴짝 않는 한여름 대낮의 고독도 알고, 별 얼고 돌 우는 동짓달 한밤의 고독도 안다. 그러나 나무는 어디까지든지 고독에 견디고 고독을 이기고 또 고독을 즐긴다. (이양하)

　나무는 생물이지만 이성과 감정을 가진 생체가 아니다. 그런데 어찌 덕을 지닐 수 있으며 고독을 알 수 있겠는가. 그런데 작가는 나무가 덕을 지녔고 구름에 덮인 저녁의 고독을 안다고 했다. 그것이 수필의 정서다. 즉 나무를 보고 정감을 일으키는 것, 그것이 정서라는 것이다. 그래서 수필가는 모든 사물에서 생명을 향수하고 정감을 느끼고 인정과 도리를 깨닫는 것이다. 한포기 풀, 무심히 굴러가는 돌에서 소중한 생명의 가치를 느끼고 정의를 일으키는 것이다.
　수필가는 정서감이 충만하다는 말은 사랑이 있다는 말이요 사랑이 있다는 말은 아름답다는 말이다. 아름답다는 말은 그만큼 소중한 존재란 말이다. 그러므로 수필은 풍부한 정서를 생명으로 한다. 그것은 인간사를 중히 여긴다는 말이기도 하며 인간을 소중하게 생각한다는 말이기도 하다.

　　오늘 아침 출근길에 문조(文鳥) 한 마리가 죽어서 길섶에 버려져 있는 것을 보았다. 무서리가 내린 강변에 어린 물새 한 마리가 죽어 쓰러진 것을 보고 치마폭에 싸다가 양지에 묻어 주던 소녀가 생각난다. 이듬해 봄에는 그 무덤을 찾아가 풀꽃을 뿌려 주던 그 천사의 동심이 오늘 황량한 내 가슴에 강물로 출렁인다.
　강마을 아이들은 강변의 물소리를 자란다. 강물소리에도 계절이 깃들어 봄이 오고 가을이 간다.

　강물에도 생명이 있다. 추운 겨울 얼음이 겹으로 강 위에 깔려도 강의 어딘가에는 숨구멍이 있다. 이 생명의 구멍으로 강물은 맑은 하늘의 정기를 호흡하며 겨우내 쉬지 않고 흐른다. 겨울의 강물소리는 마음으로 듣는다. 차가운 강바람이 소창(素窓)을 칠 때 떨리는 문풍지에서 문득 오열(嗚咽)처럼 흐르는 강물소리를 듣는다.

　우수가 지난 어느 날 새벽, 찡 하고 나룻터 빙판에 금가는 소리가 나면 비로소 강마을의 한 해는 시작되는 것이다. 강이 풀리면 금조개 빛깔의 겨울강물이 청자빛으로 변해가고 잠에서 깬 물고기들은 꼬리를 쳐본다. 강마을의 봄은 강물의 빛깔과 물소리에서 오는 것일까. 막 껍질을 깨고 난 병아리의 삐약거리는 소리가 강변에서 번져나오면 산과 들은 곧장 강물 빛깔을 닮아간다. 강마을 아이들은 감동과 사랑으로 이 신비로운 질서에 동화되면서 기다림과 설레임으로 봄을 맞는다.

　(……)

　아이들은 강마을에 있어야 할 자연의 일부라 할까. 강물과 모랫벌, 물새와 고기떼, 산과 들, 나룻배와 하늘, 그리고 아이들, 그 어느 하나도 없어서는 안 될 자연의 조화다. 이 자연의 조화에 깊은 애정을 느낄 때 아이들의 마음속에는 고향 의식이 싹튼다. 훗날 뿔뿔이 흩어져 저마다 삶의 길목을 고달프게 걷다가, 어느 날 밤 가슴 속에 흐르는 강물소리를 듣고 문득 향수에 젖으리라.

　여름의 강마을은 조물주의 장난이 허락된 방종(放縱)의 도시라 할까. 목이 타는 한발로 모랫벌을 사막으로 만드는가 하면, 큰 홍수가 나서한 마을을 자취도 없이 쓸어가기도 한다. 그러나 하동(河童)들은 그런대로 마냥 즐겁다. 열사(熱砂)의 강변에서 가뭄을 잊고 마음껏 물에서 노는 것은 즐겁다. 동화속의 왕국을 모래성으로 쌓아 올려, 공상의 날개를 펼쳐 보는 것은 더욱 즐겁다. 홍수가 나면 산마루에 올라, 함성과 군마와 쇠북소리를 내며 밀어닥치는 바다 같은 흙탕물의 장관(壯觀)에 넋을 잃는다.

　(……)

　강마을에는 추수가 없다. 농토가 귀한 이 마을 사람들은 열심히 고기를 잡거나 목기(木器)며 죽세품(竹細品)이며 돗자리를 만들어 추수없는 서러움을 달랜다. 그러나 아이들에게는 풍요한 추수가 있다. 강물은 많은 사연과 그림자를 싣고 끝없이 흐른다. 갈대가 하늘거리는 강변에 모여 앉아 강물의 여로(旅路)를 곰곰이 생각해 보면 어느덧 저마다의 가슴 속에도 강물이 출렁댄다.

강 건너 아득히 먼 산머리로 해가 지는 것을 바라보거나, 구름 사이로 깜박깜박 보이는 기러기떼들을 지켜보는 것, 또는 집에 돌아갈 것을 잊고 바라소리 나는 대나무 숲을 마음껏 배회해 보는 것, 이런 것들이 모두 강마을 아이들에게 지순(至純)의 꿈을 길러 주는 것이리라.

나는 어린 시절을 강마을에서 자랐다. 남해대교(南海大橋)에서 섬진강을 따라 70리, 뱃길로 한 나절을 가면 포구가 있다. 이 H포구 어느 산기슭에 울먹이며 물새 한 마리를 묻어주던 소녀도 이제는 불혹(不惑)의 유역(流域)을 흐르고 있을 것이다. 낙엽으로 지는 세월 속에서 얼마나 많은 애환의 기슭이며 영욕의 여울목을 그녀는 지나갔을까. 사랑도 미움도 서러움과 기쁨도 어쩔 수 없이 흘러간다는 강물의 슬기를 사무치게 느꼈으리라. 강물의 흐름이 곧 여래(如來)의 마음인 것을. (김규련)

강과 물새를 조화시켜 지난날 동심의 세계를 아름다운 꿈으로 몰아가고 있다. 더욱이 물새 한 마리의 죽음을 통해서 풍만한 휴머니즘의 정감을 불어넣어주는 것은 이 글의 모티브라고 할 수 있다.

소중한 것을 발견하는 것도 좋다. 그러나 그보다 더 소중한 것은 사물을 어떤 시각에서 바라보느냐가 더 중요하다. 똑같은 한 그루의 버드나무도 보는 이에 따라 얼마든지 달라질 수 있다. 임학자라면 그 나무의 생태를 따질 것이요, 외로운 여인이라면 춘의를 쉽게 일으키어 옛 애인을 생각할 것이다. 그러나 수필가라면 땅으로 드리워진 휘드러진 가지에서 그야말로 멋들어진 인생의 삶을 연상할지도 모른다. 사물은 아름다움에서 보면 더욱 아름다울 수 있고 무가치한 측면에서 보면 한없이 무가치한 면만 생각하게 될 것이다.

올해 학교를 갓 나온 딸 아이가 취직을 하더니만, 첫 보너스를 탔다고 해서 내 손에다 백금반지 하나를 사다 끼워준다.
이십여 년의 각박한 세월 속에 저를 기르기에 알뜰히도 노고한 엄마의 손부터 먼저 대접을 해야겠다는 것이다.
원래 타고나기도 못생긴 모양이지만, 마른일 진일을 가리지 않고 유달리 부지런을 떠는 성품인지라, 내 손은 정말 쇠갈퀴같이 거칠고 뽄때 없이 아예

반지 같은 장식품은 어울리지도 않을뿐더러, 원래 몸치장같은 것에 그다지 열의가 없기 때문이다. 더구나 손에 대해선 등한하기 짝이 없어 젊었을 때 지녔던 것까지 지금은 어느 서랍 구석에 끼었는지 까맣게 모르고 잊은 지가 오래다.

이러한 내가 뜻밖에도 딸년의 애정으로 곱게 아로새긴 하아얀 반지를 손가락에 끼워 놓고 그 어울리지 않는 모양을 바라보고 앉았으니 무언가 형언할 수 없는 감회에 가슴이 찡 해지는 것이다.

나의 손은 내 인생의 표적인 것이다.

(……)

그러나 내 손이 오늘은 뜻아닌 성장을 하게 된 것이다.

가느다란 쇠붙이의 날카로운 감촉이 손가락을 통해 핏줄을 타고 화안히 애정의 향기를 피우며 심장을 파고들어 온다.

세상에선 사랑하는 사람끼리 인연을 맺을 때, 그 애정의 표시로서 반지를 끼워 주고 맹서하는 그 풍습의 연유를 나는 오늘에야 내 핏줄을 타고 전해 퍼지는 감촉으로써 수긍할 수가 있는 것이다.

반지는 단순히 손가락의 장식품뿐만이 아니라, 그것을 지닌 주인공의 생활 감정의 모습이기도 하다.

(……)

어떤 이는 고상하게, 어떤 이는 화려하게, 혹은 예쁘게 제가끔의 성품과 취미에 따라 장식된 손은 그들의 인격과 교양까지도 척도되는 것인데, 아무 것도 끼지 않는 것이 제격인 나의 못생긴 손은 결국 딸년의 모처럼의 효성도 무색을 당하고 말게 할 것인가 생각하니 애석하기 그지없어진다.

그래서 나는 생각한 나머지 이 어여쁘고 대견스런 딸년의 애정을 밤에 잘 때만 손가락에다 꼭 끼우고 자기로 한다.

하루의 일과에서 풀려나는 밤 시간, 나는 나의 손을 깨끗이 씻고 크림을 발라 곱게 문지르고, 그리하여 하아얀 광채가 도는 백금반지를 끼워 소중히 대접하며 쉬게 할 것이다.

딸년의 효성을 혈맥으로 느끼며 나는 안식의 밤을 행복할 것이다. (이영도)

애연한 정서가 찰찰거리는 수필이다. 딸아이가 사다 끼워준 반지에다 묻어 나온 지난날의 애환이 글의 무드를 이루고 있다. 베르그송이 말한 바와 같이 생명은 시시각각 변화하고 창조하는 중에 있다. 우리는 그 변하는 시점을 찾아 헤매여야 하고 빼앗긴 것들에 대한 갈등을 정신적으로 보상 받아야 한다. 그러므로 수필은 어떤 미사여구로 장식되었어도 정서에서 출발하지 않으면 그 글은 잡문으로 전락하고 만다.

수필에 있어서 문학적 정서, 신비로운 정서의 출발은 수필이 살아남는 길이다. 그러면 끝으로 다음 글을 읽어보자.

> 어린이들이 겨냥한 팔매질의 목표가 하필이면 산비둘기여야 했는지 그들의 심보를 알 길이 없었으나 그들을 나무랄 겨를도 없이 나는 다친 비둘기를 안고 약국을 찾아 달려갔다. 따뜻한 비둘기의 체온이, 그리고 방망이질하는 작은 심장의 고동이 내 가슴으로 전달되어 왔다.
> 약국 사람들은 나를 보고 웃었다. 아이들도 아닌 어른이 돌에 맞아 죽어가는 비둘기 따위를 안고 애태운다고……
> 결국 비둘기는 나의 염원도 헛되이 머리에 반창고를 붙인 채 차디차게 굳어갔다.
> 나는 애 옷 앞섶에 묻은 비둘기의 피를 이내 빨아버리지 못하고 그대로 며칠이고 입고 다녔다. (변해명)

작가의 체험을 통한 하나의 고백이다. 그러나 사실 그대로의 기록이 아니다. 한 송이의 평범한 꽃이라도 꽃으로 인하여 새로운 세계가 창조되는 것이 수필이다. 그것이 바로 수필의 정서다. 한 송이 꽃을 이야기 했을 때 그 이야기로 인하여 또 다른 꽃의 세계를 맛볼 수 있는 것이다. 그러므로 표현이 서툴면 정서가 죽고 만다. 윤오영이 수필은 무우드 문학이라 했듯이 무드는 바로 정서를 말하는 것이다.

그림에서는 색채를 중요시하고 문학에서는 정서를 중요시한다. 색채의 배합에 의해서 산수(山水)의 분위기가 달라지고 정서의 교착(交錯)에 의해서 문학적 향기가 살아난다.

옛말에 남자가 난을 심으면 향기가 반감한다고 하였다. 그것은 남자의 마음에는 여자같은 자상하고 알뜰한 정서가 없기 때문이다. 진술하면서도 부드러운 정서에 감싸인 한 편의 수필은 분명 우리의 혼을 흔들어 놓고 말 것이다.

4) 수필에 있어서 미감

천부의 능력이 없어도 우리는 미(美)를 향수하면서 살아간다. 한 잔의 다향(茶香) 속에서 미를 맛보고 길가는 아가씨의 걸음걸이에서도 미를 느낀다. 호젓한 산사나 강가의 풀꽃에서 아름다움을 느끼고 한 점의 예술품에서도 아름다움에 잠긴다.

우리가 무엇이며 미인지 정확히 말할 수는 없어도 좌절되고 괴로워하는 현실 속에서 아름다움이 존재하는 것만으로도 구령(救靈)된 마음에 잠길 수 있다.

미감과 비슷한 것으로 쾌감이 있다. 그러나 미감과는 그 성질이 다르다. 미감은 비실용성이다. 전자는 의지를 동반하지 않으며 후자는 의지를 동반한다. 그러기 때문에 전자는 소유욕이 없으며 후자는 소유욕이 있다.

여기에 아름다운 한 여인이 서 있다 치자. 그리고 그 옆에 잘 조각된 여인의 나상이 있다 치자. 미감으로만 본다면 돌조각품의 나상이다. 아름다운 여인의 모습이나 동일하다. 그러나 돌로 된 하나의 조각품보다는 자연인의 한 여인이 더 아름다운 것은 성애(性愛)에서 느끼는 어떤 소유욕이 발동하기 때문이다. 배고플 때 한 숟가락의 밥 역시 소유에서 얻어지는 쾌감이다.

미라는 것은 이와같이 직각적으로 얻어지는 마음의 소산이요, 비과학적이다.

   바삭바삭 낙엽을 밟으며, 호올로 단풍 든 산길을 걷는 마음.
   오도독 오도독 발 아래 눈을 느끼면서, 태고적 솔바람의 소리 벗삼아 백설에 싸인 산봉우리를 오르며 우러르는 느낌.
   파릇파릇 잔디의 새싹을 밟으며, 그리운 소월의 진달랫길을 오손도손 오르는 기분…… 그 공기, 그 자연…….
 (……)
 산정에 올라 보라.
 龍飛鳳舞의 모습을 한눈 아래 굽어보며, 아득히 운해(雲海)를 바라보는 호연지기가 있지 않은가?
 일찍이 東波 蘇軾은 이런 산 모습을 다음과 같이 읊었다.
 江上愁心千疊山
 浮空積翠雲煙
 山耶雲耶遠莫知
 煙空雲散山依然
 과히 赤壁賦에 비견할 만한 명시구가 아니겠는가?
 산에는 아름다운 우정이 있다. 이심전심이 있기 때문이다. 그러기 때문에 외롭지 않다. 산사람의 표정에는 그늘이 없는 것이다.
 산에는 아름다운 음악이 있다.
 바람소리, 솔소리……
 시내물소리, 산새소리……
 동서고금을 통하여 이보다 더 순수하고, 아름답고, 위대한 음악이 어디 있을까? 가식이 없다. 다만 초연의 자세, 그대로의 음율일 따름이다.
 산에 오르면 늘 듣는 산의 소리이언만, 항시 그 소리에 도취됨은 어인 일일까?
 그것은 영원의 소리이기 때문이다.
 억겁을 통하여 변치 않는 대자연의 오묘한 소리인 때문이다.
 (……)
 사시(四時)로 빛깔과 자태를 변하여 우리를 그의 품으로 인도한다.
 하양·노랑·파랑·빨강……, 그 현란한 빛깔의 조화 속에서 고아한 미의 극치를 발견한다.
 그러나, 나는 그 변환의 색깔 중에서도 순백을 제일 사랑한다. 백설이 덮힌 산은 영기어린 숭고를 지니고 있는 것이다. 아직 아무도 오르지 않는 흰눈의 산길을 처음으로 올라 보라. 이 마음이야 어이 필설로 다할 수 있으랴?
 (……)
 산은 영원한 향수다.
 고산은 다음과 같은 시조를 읊어 산을 기렸다.

잔 들고 혼자 안자 먼 뫼흘 바라보니
　　그리던 님이 오다 반가움이 이리하랴
　　말씀도 우움도 아녀도 몯내 됴하하노라.

　차원 높은 경지다. 멀리 바라 무언(無言)의 대화를 나누고 있는 의연(毅然)한 고고가 보인다. 절대(絶對)의 향수다.
　(……)
　애오라지, 산이 좋아 산을 찾는 마음이여! 항시 그 마음속엔 짙은 산내음이 어려 있어, 산과 더불어 그 속에서 꿈과 낭만과 초연과, 그리고 심오한 생의 철리를 체득할진저 (……). (박용식 「산과 인생」)

　산이 지니는 미감을 그린 것이다. 의연한 침묵 속에 사시사철 변화가 있고 초탈한 선미가 있음을 여러 각도에서 묘사했다. 그 산을 통해서 인간이 본받아야 할 교훈을 찾는다. 잘 난체하고 쉽게 변질되며 말이 많은 인간사에 빙해 산의 모습은 유쾌한 확인이고 특이한 미감의 부여라 하겠다.
　미란 본래부터 가지고 존재하는 것도 있지만 인정을 얻음으로 미가 탄생하는 것도 있다.
　뱀이나 벌레 같은 것은 누가 봐도 아름답다고 할 수는 없다. 그리고 꽃이나 하늘을 나르는 꾀꼬리를 보고 아름다움을 부정할 사람은 아무도 없다. 전자는 태어나면서부터 미감을 갖지 못했지만 후자는 본래부터 아름다움을 지니고 나온 것이다. 그것은 누가 아름답게 보아 줄려고 해서 아름다운 것이 아니요 추하게 볼려고 해서 추한 것이 아니다. 이것은 시야를 지닌 사람이라면 누구나 인정하는 사실이다.
　그러나 이웃에 사는 갑순이를 갑돌이는 무척 아름다운 시선으로 보는 반면 순돌이는 추한 시선으로 볼 수도 있다. 그것은 그녀의 몸매가 늘씬한다거나 키가 크다거나 작다거나 상과없는 일로서 오직 보는 사람의 감정과 상대방(物理)에서 얻어지는 종합된 감정이다. 그러므로 A와 B는 동질된 미감속에서 가까울 수 있지만 B와 C는 가까이 지낼 수 없는 것이다. 그러니까 미란 완전히 사물에 존재하는 것도 아니지만 그렇다고 무관한 것도 아니다. 미를 얻기라는 어떤 동질성을 얻을 때 비로소 인정을 얻을 수 있게 된다. 제아무리 나이아가라 폭포가 웅장하고 그 규모가 크다고 하지만 거기에서 되려 포악한 이미지를 발견할 수도 있고 그 반대로 그 장엄한 속에서 씩씩한 사나이다운 멋도 발견할 수 있는 것이다. 따라서 우리가 발견한 여인상에서 아름다움을 느끼는 것도 단순한 미 이상의 개체의 이상화를 거쳐 나온 변형된 미라고 보아야 한다.

헤시오도스(Hesiodos)가 전하는 제신(諸神)이 모두 선물을 모아 만들었다는 절세의 미인도 판도라(Pandora)의 본질은 아름다웠지만, 마음은 짐승과 같이 추했다고 한다. 이것은 감각적인 미감과는 다른 인정화(人情化)에서 얻어지는 추(醜)인 것이다.

  수연(水然)스님! 그는 정다운 도반(道伴)이요, 선지식(善知識)이었다. 자비(慈悲)가 무엇인가를 입으로 말하지 않고 몸소 행동으로 보여준 그런 사람이었다. 길가에 무심히 피어있는 이름모를 풀꽃이 때로는 우리의 발길을 멈추게 하듯이, 그는 사소한 일로써 나를 감동케 했던 것이다.
  수연(水然)스님! 그는 말이 없었다. 항시 조용한 미소를 머금고 있을 뿐, 묻는 말에나 대답을 하였다. 그러한 그를 15년이 지난 지금도 잊을 수가 없다. 아니 잊혀지지 않는 얼굴(像)이다.
  (……)
  음력 시월 초순 하동(河東) 악양(岳陽)이라는 농가에 가서 탁발(托鉢)(=동냥)을 했다. 한 닷새 한 걸로 겨울철 양식이 되기에는 넉넉했다. 탁발을 끝내고 돌아오니 텅비어 있어야 할 암자(庵子)에 저녁 연기가 피어오르고 있었다.
  걸망을 내려놓고 부엌으로 가 보았다. 낯선 스님이 한 분 불을 지피고 있는 것이다. 나그네 스님은 누덕누덕 기운 옷에 해맑은 얼굴, 조용한 미소를 머금고 합장을 했다. 그때 그와 나는 결연(結緣)이 되었던 것이다. 사람은 그렇게 순간적으로 맺어질 수 있는 모양이다. 피차가 출가(出家)한 사문(沙門)이기 때문에 더욱 그랬다.

지리산(智異山)으로 겨울을 나러 왔다는 그의 말을 듣고 나는 반가웠다. 혼자서 안거하기란 자유로울 것같지만, 정진하는 데는 장애가 많다. 더구나 출가(出家)가 연천(年淺)한 그때의 나로서는 혼자 지내다가는 잘못 게을러질 염려가 있었기 때문이다.

(……)

육신의 나이는 나보다 한 살 모자랐지만, 출가는 그가 한해 더 빨랐다. 그는 학교 교육은 많이 받은 것같지 않았으나 천성이 차분한 인품이었다. 어디가 고향이며 어째서 출가했는지 서로가 묻지 않는 것이 승가(僧家)의 예절임을 아는 우리들은 지나온 자취같은 것은 알 수가 없다. 그리고 알 필요도 없는 것이다.

다만 그 사람의 언행이나 억양으로 미루어 교양과 출신지를 짐작할 따름이다. 그는 나처럼 호남 사투리를 쓰고 있었다. 그리고 소화기능이 안 좋은 것 같았다.

나는 공양주(供養主)(밥짓는 소임)를 하고 그는 국과 찬을 만드는 채공(菜供)을 보기로 했다. 국을 끓이고 찬을 만드는 그의 솜씨는 보통이 아니었다. 나는 법당과 정랑(淨廊)(변소)의 청소를 하고 그는 큰방과 부엌을 맡기로 했다. 그리고 우리는 하루 한 끼만 먹고 참선만을 하기로 했었다.

(……)

그해 겨울안거(冬安居)를 우리는 무사히 마칠 수 있었다. 그 뒤에 안일이지만 아무런 장애없이 순일하게 안거(安居)를 보내기란 결코 쉬운 일이 아니었다.

이듬해 정월 보름은 안거가 끝나는 해제일(解制日). 해제가 되면 함께 행각(行脚)을 떠나 여기저기 절구경을 다니자고 우리는 그 해제절(解制節)을 앞두고 마냥 부풀어 있었다.

그런데 해제(解制) 전날부터 나는 시름시름 앓기 시작했다. 며칠 전에 찬물로 목욕한 여독인가 했더니, 열이 오르고 구미가 뚝 끊어졌다. 그리고 자꾸만 오한이 드는 것이었다. 해제는 되었어도 길을 떠날 수가 없었다.

(……) 밤이면 헛소리를 친다는 내 머리맡에서 그는 줄곧 앉아 있었다. 목이 마르다고 하면 물을 끓여오고, 이마에 찬 물수건을 갈아 주느라고 자지 않았다.

그러던 어느날 아침, 그는 잠깐 아랫 마을에 다녀오겠다고 나가더니 한 낮이 되어도 돌아오지 않았다. 해가 기울어도 감감 무소식이었다. 쑤어둔 죽을 저녁까지 먹었다. 나는 몹시 궁금했다.

밤 열 시 가까이 되어 부엌에서 인기척이 났다. 그새 나는 잠이 들었던 모양이다. 그가 방문을 열고 들어올 때 그의 손에는 약사발이 들려 있었다. 너무 늦었다고 하면서 약을 마시라는 것이다. 이 때의 일을 나는 잊을 수가 없다. 그의 헌신적인 정성에 나는 어린애처럼 울어버리고 말았다. 그때 그는 말 없이 내 손을 꼬옥 쥐어 주었다.

(……) 그는 장장 팔십 리 길을 걸어가 탁발을 하였으리라. 그 돈으로 약을 지어온 것이다. 머나먼 밤길을 걸어와 약을 달였던 것이다.

자비(慈悲)가 무엇인가를 나는 평생 처음 온 심신으로 절절하게 느낄 수 있었다. 그리고 도반(道伴)의 정(情)이 어떤 것인지도 비로소 체험할 수 있었던 것이다. 그토록 간절한 정성에 낫지 않을 병이 어디 있을까. 다리가 좀 휘청거리긴 했지만, 그 다음날로 나는 기동하게 되었다.

(……)

한동안 우리는 만나지 못한 채 각기 운수(雲水)의 길을 걸었었다. 서신왕래마저 없으니 어디서 지내는지 서로가 알 길이 없었다. 운수(雲水)들 사이는 무소식이 희소식으로 통했다. 세상에서 보면 어떻게 그리 무심할 수 있느냐 하겠지만, 서로가 공부하는 데 방해를 끼치지 않도록 배려하고 있는 것이다.

인정이 많으면 도심(道心)이 성글다는 옛 선사(禪師)들의 말을 빌 것도 없이, 집착은 우리를 부자유하게 만든다. 해탈(解脫)이란 고(苦)로부터 벗어난 자유자재의 경지를 말한다. 그런데 그 고(苦)의 원인은 다른 데 있지 않고 집착에 있는 것이다. 출가(出家)는 그러한 집착의 집에서 떠남을 뜻한다. 그러기 때문에 출가한 사문(沙門)들은 어느 모로 보면 비정하리만큼 금속성(金屬性)에 가깝다.

(……)

내가 해인사(海印寺)로 들어가 퇴설선원(堆雪禪院)에서 안거하던 여름, 들려오는 풍문에 그는 오대산(五臺山) 상원사(上院寺)에서 기도를 하고 있다고 했다. 여름살림이 끝나면 그를 찾아가보리라 마음먹고 있었더니, 그가 먼저 나를 찾아왔다. 지리산에서 헤어진 뒤 다시 만나게 된 우리는 서로를 반기었다. 그는 예(例)의 조용한 미소를 머금고 내 손을 꼬옥 쥐었다. 함께 있을 때보다 안색이 못했다. 앓았느냐고 물으니 소화가 잘 안 된다고 했다. 그럼 약을 먹어야 하지 않겠느냐 했더니 괜찮다고 했다. 그가 퇴설당(堆雪堂)에 온

후로 섬돌 위에는 전에 없이 변화가 일기 시작했다. 여남은 켤레되는 고무신이 한결같이 하얗게 닦이어 가지런히 놓여있곤 했었다. 물론 그의 밀행(密行)이었다.

스님들이 빨려고 옷가지를 벗어 놓으면 어느새 말끔히 빨아 풀먹여 다려 놓는 것이었다. 이러한 그를 보고 스님들은 '자비(慈悲)보살'이라 불렀다.

그는 공양을 형편없이 적게 하였다. 물론 이제는 우리도 삼시 세 끼를 스님들과 함께 먹고 지냈었다. 한날 나는 사무실에 말하고 그를 억지로 데리고 대구(大邱)로 나갔었다. 아무래도 그의 소화기가 심상치 않았다. 진찰을 받고 약을 써야 할 것 같았다.

버스 안에서였다. 그는 호주머니에서 주머니 칼을 꺼내더니 창틀에서 빠지려는 나사 못 두개를 죄어 놓았다. 무심히 보고 있던 나는 속으로 감동했다. 그는 이렇듯 사소한 일로 나를 흔들어 놓는 것이다. 그는 내 것이네 남의 것이네 하는 분별이 없는 것 같았다. 어쩌면 모든 것을 자기 것이라 생각했는지 모른다. 그렇기 때문에 사실은 하나도 자기 소유가 아닐 수도 있는 것이다. 그는 실로 이 세상의 주인이 될 만한 사람이었다.

그해 겨울 우리는 해인사(海印寺)에서 함께 지내게 되었다. 그의 건강을 걱정한 스님들은 그를 자유롭게 지내도록 딴 방을 쓰라고 했다. 그러나 그는 대중과 똑같이 큰 방에서 정진하고 울력(작업)에도 빠지는 일이 없었다.

그러다가 반 살림(안거기간의 절반)이 지날 무렵해서 그는 더 버틸 수가 없도록 약해졌다.

치료를 위해서는 산중보다 시처가 편리하다. 진주(晋州)에 있는 포교당(布教堂)으로 그를 데리고 갔었다. 거기에 묵으면서 치료를 받도록 하기 위해서였다. 사흘이 지나자 그는 나더러 살림 중(安居中)이니 어서 돌아 가라고 했다. 그의 병세가 많이 회복된 것을 보고 친분이 있는 포교당 주지스님과 신도 한 분에게 간호를 부탁했다. 그가 하도 나를 걱정하는 바람에 나는 일 주일만에 귀사(歸寺)하고 말았다.

두고 온 그가 마음에 걸렸었다. 전해오는 소식에는 많은 차도가 있다고 했지만, 그 겨울 가야산(伽倻山)에는 눈이 많이 내렸다. 한 주일 남짓 교통이 두절될 만큼 내려 쌓였었다. (……)

꺾여진 나무를 져 들이다가 나는 바른쪽 손목을 삐고 말았다. 한동안 침을 맞는 등 애를 먹었었다. 한날 나는 조그만 소포를 하나 받았다. 펼쳐보니 파스가 들어 있었다. 어떻게 알았는지 그가 사 보낸 것이다. 말이 없는 그는 사연도 띄우지 않는 채였다.

  나는 슬픈 그의 최후를 되새기고 싶지 않다. 그가 떠난 뒤 분명히 그는 나의 한 분신(分身)이었음을 알 것 같았다. 함께 있던 날짜는 일년도 못되지만 그는 많은 가르침을 남겨 주고 갔다. 그 어떤 선사(禪師)보다도 다문(多聞)의 경사(經師)보다도 내게는 진정한 도반(道伴)이요 밝은 선지식(善知識)이었다.

  구도(求道)의 길에서 '안다'는 것은 '행(行)'에 비할 때 얼마나 보잘 것 없는 것인가. 사람이 타인에게 영향을 끼치는 것은 지식이나 말에 의해서가 아님을 그는 깨우쳐 주었다. 맑은 시선과 조용한 미소와 따뜻한 손과 그리고 말이 없는 행동에 의해서 혼과 혼이 마주치는 것임을 그는 몸소 보인 것이다.

  수연(水然)! 그 이름처럼 그는 자기 둘레를 항상 맑게 씻어 주었다. 평상심(平常心)이 진리임을 행동으로 보였다. 그가 성내는 일을 나는 한번도 본 적이 없다. 그는 한말로 해서 자비(慈悲)의 화신(化身)이었다.

  그를 생각할 때마다 사람은 오래 사는 것이 문제가 아니다. 어떻게 사느냐가 문제인 것이다.

(법정 「잊을 수 없는 사람」)

  수연 스님의 인격에서 얻어지는 미감(美感)이다. 톨스토이는 미적인 사물에는 종교와 도덕이 포함되어 있다고 하였듯이 인간에게서 얻어지는 미는 진과 선을 습득한 과정에서 얻어지는 미라 하겠다. 그러므로 다른 사물의 단순한 미에서 한걸음 더 나아가 덕을 지닐 때 인격미로 나타남을 알 수있다. 따라서 우리가 예술을 감상하거나 어떠한 창조물을 대할 때 단순한 미감만 대하는 즉 인격미와는 전혀 관계가 없는 듯 보이나 사실은 은연중 작품의 내면에 바탕을 이루고 있다고 보아야 할 것이다.

  아무튼 한 그루의 대나무나 소나무는 단순한 나무 이외 그 아무것도 아니다. 그러나 우리가 거기에서 선비의 지조를 부여하는 것은 인정화(人情化)에서 얻어지는 작업이다. 그러므로 이 세상 모든 형상(形相)은 인정을 얻을 때 훌륭한 예술(수필) 작품으로 나타나는 것이다.

5) 수필에 있어서 상상

수필이 엄연한 문학이고 보면 상상 또한 그 기본적인 조건이다. 훌륭한 수필 작품에는 모두가 높고 깊은 상상의 세계가 깃들어 있다. 상상은 체험의 세계를 새롭고 신비롭게 창조한다.

옛 사람의 말에 "몸은 이승에서 살면서 마음은 천국을 꿈꾼다"라 하였다. 이것은 바로 상상력의 작용을 이르는 말이다. 우리는 상상력이 있으므로 해서 미래를 앞당겨 꿈꿀 수 있고 보이지 않는 만리(萬里)의 공간을 넘나들 수도 있다.

나는 꿈에 나비가 되어 이리저리 날아다니며 어디로 보나 나비였다. 나는 나비인 줄만 알고 기뻐했었고 내가 장주(莊周)인 것은 생각 못했다.
곧 나는 깨어났고 틀림없이 다시 내가 되었다. 지금 나는 사람으로서 나비였음을 꿈꾸었는지 내가 나비인데 사람이라고 꿈을 꾸고 있었는지 알지 못하겠다.

장자의 말이다. 인간에게는 정말 놀라운 상상의 힘을 갖고 있다는 것이다. 내가 지금 이 글을 쓰고 있는 동안의 의식도 어쩌면 꿈 속에 일어나는 꿈의 사건인지도 모른다. 우리는 현재에서 과거를 상상하고 과거에서 미래를 상상한다. 그리고 거기에서 참 자아(自我)를 찾아낸다. 또한 찾아낸 자아가 참 자아가 아닌 것을 발견하고 인생의 허무를 느낀다. 톨스토이 작품 '이반 일리이치의 죽음'에서 느끼는 그런 자아다. 자기의 출세만을 위해서 살아온 그는 그것이 자기의 행복이라고 생각했었다. 그런데 뜻하지 않게 불치의 병에 시달리면서부터 자기의 그 동안의 생활이 진실 아닌 허위였음을 깨닫고 견딜 수 없는 고독감을 느낀다. 그래서 자기의 과거를 부정할 수밖에 없는 심리적 갈등에 빠진다.

이렇듯 인간은 사고하는 힘이 있기 때문에 행복도 느낄 수 있지만 동시에 불행을 느끼기도 한다. 이러한 정신적인 불만이 문학을 요구하게 되고 그래서 수필가는 하늘 위에 멋들어진 한 채의 누각을 지어 놓지 않으면 안 되는 것이다.

수필은 知・情・意의 것을 상념(想念)하여 이상・공상・몽상・환상의 것을, 그것이 허상, 망상, 광상의 것이든 실상으로서의 것이든 허상의 것이든, 상상과 혼합되며 화학적 혼합을 이루고 있다가 그대로 빠져나오는 것이다.
(김덕환)

즉 필요한 부분만을 추출하여 주제에 맞게 접근시킨다는 말이다.
수필에 있어서도 다른 문학과 같이 창조적 상상과 재현적인 상상이 있다. 창조적인 상상이라고 해서 결코 무에서 유를 만들어 내는 것은 아니다. 이미 있었던 의상(意象)을 새로이 배합된 것을 말한다. 다음 글을 먼저 읽어보자.

나는 지금 보름달 아래 서 있다.
한 깊은 사람들은 그믐달을 좋아하고, 꿈 많은 사람들은 초승달을 사랑하지만, 보름달은 뭐 싱겁고 평범한 사람들에게 맞는다던가?
한이 깊은 사람, 꿈이 많은 사람도 적지 않겠지만, 그보다는 아무래도 싱겁고 평범한 사람이 더 흔할 게고, 그래서 그런지 보름달을 좋아하는 사람이 더 많은 것 같다. 그리고, 나도 물론 그 중의 한 사람이다.
(……)
내가 가진 새벽달의 기억은 언제나 한기(寒氣)와 더불어 온다. 나는 어려서 과식하는 버릇이 있었기 때문에, 내가 그 하얗게 쌓인 서릿발 밟고 새벽달을 쳐다보는 것은, 으레 옷매무새도 허술한 채, 변소 걸음을 할 때였다. 그리고, 그럴 때 바라보는 새벽달은 내가 맨발로 밟고 있는 서릿발보다도 더 차고 날카롭게 내 가슴에 와 닿곤 했었다. 따라서, 그것은 나에게 있어 달의 일종이라기보다는 서슬 푸른 비수나, 심장에 닿을 얼음 조각에 가까웠다고나 할까? 게다가 나는 잠이 많아서, 내가 새벽달을 볼 수 있는 것은 언제나 선잠이 깨었을 때다. 이것도 내가 새벽달을 사귀기 어려워하는 조건의 하나일 것이다.
새벽달보다는 초승달이 나에게는 한결 더 친할 수 있다. 개나리꽃, 복숭아꽃, 살구꽃, 벚꽃 들이 어우러질 무렵의 초승달이나 으스름달이란, 그 연연하고 맑은 봄 밤의 혼령 같은 것이라고나 할까. 蘇軾의 "봄 저녁 한 시각은 천 냥에 값하나니, 꽃에는 맑은 향기, 달에는 그늘."이라고 한 시구 그대로다. 어느 것이 달빛인지 어느 것이 꽃밭인지 분간할 수도 없이 서로 어리고 서려 있는 봄 밤의 정취란 참으로 흘러가는 생명이 한스러움을 느끼게 할 뿐이다.
 그러나, 그렇단들 초승달로 보름달을 겨룰 수 있으랴? 그것은 안 되리라. 마침 어우러져 피어 있는 개나리꽃, 복숭아꽃, 벚꽃 들이 아니라면 그 연한 빛깔과 맑은 향기가 아니라면, 그 보드라운 숨결 같은 미풍이 아니라면, 초승달 혼자서야 무슨 그리 위력을 나타낼 수 있으랴? 그렇다면, 이미 여건여하에 따라 좌우되는 초승달이 아닌가?
 (……)
 보름달은 온밤 있어 또한 좋다. 초승달은 저녁에만, 그믐달은 새벽에만 잠깐씩 비치다 말지만, 보름달은 저녁부터 아침까지 우리로 하여금 온밤을 누릴 수 있게 한다. 이렇게 보름달은 온밤을 꽉 차게 지켜 줄 뿐만 아니라, 제 자신 한쪽 귀도 떨어지지 않고, 한쪽 모서리도 이울지 않은 꽉 찬 얼굴인 것이다.
 어떤 이는 말하기를, 좋은 시간은 짧을수록 값지며, 덜 찬 것은 더 차기를 앞에 두었으니 더욱 귀하지 않느냐고 하지만, 필경은 이것은 말의 유희에 지나지 않는다. 행운이 비운을 낳고 비운이 행운을 낳는다고 해서, 행운보다 비운을 원할 사람이 있을까?
 (……)
 나는 예술에 있어서도 불완전하며 단편적이며 말초적인 것을 높여 사지 않는다. 그것이 설령 기발하고 예리할지라도, 시간과 공간을 초월한 완전성과, 거기서 빚어지는 무게와 높이와 깊이와 넓이에 견줄 수는 없으리라.
 사람에 있어서도 그렇지 않을까? 보름달같이 꽉 차고 온전히 둥근 눈의 소유자를 나는 좋아한다. 흰자위가 많고 동자가 뱅뱅 도는 사람을 대할 때 나는 절로 내 마음을 무장하게 된다. 보름달같이 맑고 둥근 눈동자가 눈 한가운데 그득하게 자리잡고 있는 사람, 누구를 바라볼 때나 무슨 물건을 살필 때, 눈동자를 자꾸 굴리거나 시선이 자꾸 옆으로 비껴지지 않고 아무런 사심도 편견도 없이 정면을 지그시 바라보는 사람, 기발하기보다는 정대한 사람, 아는 이러한 사람을 깊이 믿으며 존경하는 것이다.
 보름달은 지금 바야흐로 하늘 한가운데 와 있다. 천심에서 서쪽으로 기울어지는 시간은 더욱 길며 여유있게 느껴지는 것이 또한 보름달의 미덕이기도 하다. 나는 여기서 다릿목 정자까지 더 거닐며 많은 시간을 보름달과 사귀고자 한다. (김동리 「만월」)

이 글은 '새벽달', '초승달', '보름달'을 인간사의 여러 가지 비유를 통해 심상을 표현하고 있다. 여기에서 '하얗게 깔린 서릿발', '심장에 닿은 얼음 조각' 같은 말은 바로 창조적인 상상을 이용한 것이다.
　많은 사람들 가운데 달을 보지 못한 이는 아무도 없을 것이다. 수돌이도 보았을 것이고, 순님이도 보았을 것이다. 그러나 새벽달을 얼음조각으로, 보름달을 한쪽 귀도 떨어지지 않은 것으로 보았던 것은 순님이도 수돌이도 아닌 오직 김동리 뿐이었다. 이것이 바로 창조적인 상상이다.
　그리고 재현적인 상상은 지각(知覺)에서 얻어진 의상(意象)이 회상을 통해서 같은 형상(形象)으로 느껴지는 것을 말한다. 일반적으로 상상이란 거개가 재현적인 상상인데 가령 우리가 이미 보아왔던 순돌이란 형상을 지금 회상한다면 원래 그 형상대로 생각하는 상상을 말한다. 연상도 일종의 재현적인 상상인데 강낭콩을 보고 푸른 호수를 생각하고 호수를 보고 남강물을 생각하며 남강물을 보고 논개를 생각하는 것이다. 그러면 다음 글을 읽어보자.

　　요즘 심정이 웬지 들떠 어디론지 거닐고 싶었다. 밤에 뜰에서 바람을 쐬다가 문득 날마다 거닐던 연못이 생각난다. 휘영하게 밝은 달빛 아래라면 사뭇 딴 기분이 나겠지.
　　달이 한 길 두 길 중천에 오르자 신작로에서 떠들썩하던 꼬마들의 웃음도 그치고, 윤(閏)이란 놈을 재우느라 무엇인지 흥얼대던 아내의 자장가를 뒷전으로 나는 살그머니 옷을 걸치고 문 밖을 나섰다.
　　(……)
　　다만 나 홀로 뒷짐을 지고 산책에 나선다. 이 하늘과 땅이 모두 나에게 소속된 것도 같고 아니면 엉뚱한 별세계에 나만 뚝 떨어져 온 것도 같았다. 나는 소요(騷擾)도 즐긴다. 그리고 정적도, 나는 때로 사랑한다. 그리고 외로움도 이런 달밤이라면 나는 어떠한 것도 생각할 수 있고, 어떠한 것도 생각지 않을 수 있다. 대낮에 꼭 해야 할 일도, 꼭 해야 될 말도 지금은 모두 시들한 일들. 혼자 있는 곳엔 이런 자유와 권리를 누릴 수 있어 좋았다. 저 무한한 연꽃 향기와 달빛을 누릴 수 있어 좋았다.
　　(……)

달빛으로 흐르는 물처럼 고요히 연꽃과 연잎에 쏟아지고 있다. 얇디얇은 파란 안개가 연못에서 으스스 일어난다. 잎사귀와 꽃은 어쩌면 마치 우유(牛乳)에다 먹감은 듯 보얗게 아롱져 있고, 어쩌면 가벼운 면사(綿絲)에 가리운 꿈처럼 몽롱하다.

비록 만월(滿月)이긴 하지만, 하늘에 드리운 담담한 회색 구름 때문에 활짝 비추지 못한 것은 오히려 아름다운 흠이 되어 쾌적하기만 하다―꽃잠도 좋지만, 잠깐 동안의 졸음도 한결 맛이 당기지 않는가? 달빛이 높은 나무에 걸려 곧장 들어오질 못한다. 높이 이리저리 얽힌 관목(灌木)들로부터 길고 짧게, 그리고 얼룩진 검은 그림자가 내려온다. 앙상한 귀신의 걸음일까? 거기에다 축 늘어진 버드나무의 성긴 그림자. 마치 널따란 연잎에 그림이나 그리듯이 사뿐히 앉아 있다. 연못에 깔린 달빛은 결코 고르지 않건만, 달빛과 그림자 사이엔 조화를 이룬 선율이 조용히 물결치고 있다.

금시 바이올린 독주라도 들려 올 듯이.

연못의 둘레로는 멀리 혹은 가까이 높고 낮은 나무로 둘러싸였다. 그중에는 버드나무가 가장 많았다. 어떤 쪽으로는 버들이 연못을 이중삼중 포위(包圍)했는지라 침침할 정도였지만, 오솔길 쪽으로는 몇 군데 빈틈이 있어 마치 달빛을 위해 보류해 둔 광장처럼 보였다.

나무 빛은 한결같이 어둠침침했다. 언뜻 보면 한 무더기의 연기나 안개 같았지만, 그 중에도 버들만큼은 녹색 안개 속에 유별나게 드러나 있었다. 나무 끝엔 아스무라하게 먼 산이 띠처럼 걸려 있고, 나뭇가지 틈새마다 새어나오는 등불은 잠에 취한 사람처럼 멍하니 생기를 잃고 있다. 이중에 기운이 펄펄한 것은 나무 숲을 뒤흔드는 매미와 못 속을 장구치는 개구리들. 그러니 떠들썩한 것들은 그들(매미·개구리)뿐, 내마음은 텅 빈 그대로.

나는 문득 채련(采蓮)에 대한 생각이 떠올랐다. 채련은 강남(江南)의 풍속으로 일찍이 육조(六朝)시대부터 성행했던 것을 시가(詩歌)를 통해 알 수 있다. 채련은 누구나 하는 건 아니다. 꽃다운 소녀라야 한다. 그들이 작은 엽주(葉舟)를 타고 거기엔 고운 노래를 싣고 떠난다. 연을 따는 사람이 많다고 할 수는 없지만 구경나온 사람도 적지 않다. 그것은 흥겨운 계절, 풍류(風流)의 계절, 양원제(梁元帝)의 「채련부(采蓮賦)」엔 당시의 풍속이 그림처럼 그려져 있다.

여기 선남 선녀가 모여 두둥실 배를 띄우고

선수(船首)를 천천히 돌리며 술잔을 건네네.
　　살며시 노를 저으며 물풀이 걸리고 뱃전이 몸을 틀면 마름이 달아나네.
　　가는 허리에 찰싹 감친 비단, 돌아설 듯 망설이는 작은 걸음,
　　지금은 봄 가고 여름이 오는 꽃보다 잎이 향그러운 계절,
　　치마를 젖힐까 빙그레 웃고 배가 넘어질까 옷고름 여미네.
　　(於是妖童媛女, 蕩丹心許, 首徐廻, 兼傳羽杯, 櫂將移而藻挂, 船欲動而萍開, 爾其腰束素, 遷延顧步, 夏始春餘, 葉嫩花初, 恐沾裳而淺笑, 畏傾船而斂裾.)

　　당시 연못에 노니던 모습을 짐작할 수 있다. 그러나 이젠 그렇게 향락할 복을 잃었다. 그런가 하면 「서주곡(西酒曲)」 구절이 또 생각키웠다.

　　남당(南塘) 깊은 가을 연밥을 따면, 연꽃은 높아높아 키를 재네
　　고개를 숙여 연밥을 만지면, 연밥은 맑네 물처럼 맑아
　　(采蓮南塘秋, 蓮花過人頭, 低頭弄蓮子, 蓮子淸如水))

　　이 밤도 연을 딴다면, 여기에 연꽃도 이미 내 키를 넘을까? 다만 거기 흐르는 그림자가 보이지 않겠지. 하염없이 그리워지는 강남(江南)이다.
　　문득 고개를 드니 어느덧 우리집 사립문. 살금살금 사립을 밀고 들어갔다. 아무 소리도 들리지 않는다. 아내는 깊이 잠이 들고. (주자청)

　어딘가 거닐고 싶다는 데서 글은 시작된다. 달빛이 글의 무드를 한층 고조시키며 하늘과 땅이 모두 나에게로 소속된 것 같고 엉뚱한 별세계에 뚝 떨어져 온 것 같다는 것으로 상상의 흥은 자리를 한다.
　우희제(牛希濟)의 "푸른 비단 치마가 생각나니 곳곳의 방초가 어여쁘다"에서 푸른 비단치마는 그의 사랑하는 연인을, 방초(芳草)는 그 연인이 입었던 치마색깔을 연상했듯이 여기에서도 넓은 연잎에서 찬란한 무녀(舞女)의 치마를 연상하고 그 무녀의 아름다움에서 하나의 구슬을 연상한 것이다. 그리고 그 연꽃에서 그 옛날 엽주를 타고 연꽃 따는 채련을 즐기던 풍류 어린 모습을 상상해 낸 것이다.

수필은 가공의 미의 세계를 창조해 내는 것이 아니다. 허상이든 실상이든 진실의 바탕 위에 상상력을 정감있게 표현하는 것이다. 실상이든 환상적이든 실상이어야 하고, 허상이든 진실된 바탕 위에 허상이어야 한다. 즉 상상을 가지고 참된 진리를 정감있고 조화롭게 묘사했을 때 수필의 생명은 꽃을 피우는 것이다.

어디 만큼 올랐을까. 노래는 끝났는데 사람은 보이지 않고 차가운 냇물소리 외로운 산봉우리만이 더욱 푸르기만 하다.

위의 글을 읽어보면 서로 상관없는 것 같다. 노래가 끝난 것과 산이 푸르다는 것과 무슨 상관이 있겠는가. 그러나 사람이 없는 산 속에서 쓸쓸한 고독을 볼 수 있고 차가운 냇물소리와 푸른 산은 더욱 쓸쓸하고 고독한 감정을 더해 주기 때문에 상상과 정감이 서로 유기적으로 조화를 이루는 것이다. 이러한 예에서 수필이 얼마나 조화롭게 의상을 상상 속의 완전한 유기체로서 접근할 수 있느냐에 있다. 그러면 상상이 얼마나 중요한가 다음 글을 읽어 보자.

연일 찌는 듯한 더위가 2주째 계속되고 있다. 올해도 삼베 고의에 모시 적삼을 입기로 했다.
삼베옷을 입을 때면 고향의 일이 떠오른다. 텃밭에는 삼이 심어졌고, 할머니와 어머니는 연일 일과처럼 삼베를 낳으셨다.
6월 중순쯤에 삼은 베어낸다. 나무칼로 삼잎을 털어내고, 삼대 길이만큼 크게 만든 양철 가마에 넣어 하룻밤을 쪄낸다. 밤새도록 찌고 나서 아침에 꺼내 놓으면, 동네 아낙들이 품앗이로 삼대 껍질을 벗겨낸다.
이것을 줄에 널어 말려 거두어 두었다가 농사일이 한가해지면 할머니와 어머니는 일을 시작하신다. 말린 삼을 물에 적셔 잘게 쪼개고, 이것을 무르팍에 대고 비벼감아 한 가닥 실이 되게 이어 나간다. 이 작업을 일러 삼을 삼는다고 한다.
한 해 겨울 삼아놓으면 커다란 항아리같은 실덩이가 몇 개 생긴다. 할머니와 어머니는 봄이 되기를 기다리고, 봄이 오면 이 실덩이를 푼다. +형 돌개라는 실감개를 빙글빙글 돌리며 그 돌개에 풀어 감는다. 타래를 만드는 것이다.

이 실타래는 껍질을 벗겨 원사(原絲)를 만든다. 양잿물로 삶은 것을 냇가로 들고나가 빨래를 쳐대듯 빨아대면 실은 비로소 원사가 되는 것이다.

이것을 바딧살에 한 올씩 꿰고, 피워 놓은 불 위를 지나면서 풀칠을 해서 말린다. 이때 도꼬마리라는 것에 감는 것인데, 이것이 삼베를 매는 일이다. 할머니와 어머니는 긴긴 봄날이면 바깥 마당에서 이런 작업을 하셨다.

이제 남은 것은 베틀에 올려놓는 일뿐이고, 이런 작업 중간에는 또 한 가지의 일거리가 있었다. 도꼬마리에 감아올린 것은 날(經)이고, 이 날에 씨(緯)를 넣은 실꾸리를 감는 일이 그것이다. 할머니와 어머니는 밤이 깊도록 꾸리를 결으셨다.

삼베의 품질은 넉 새 베니, 엿 새 베니, 일곱 베니 해서, 등급처럼 말한다. 이것은 바디의 칸살이 넓고 좁음에 따라, 삼베가 곱게 짜여지고 굵게 짜여지는 것을 말한다. 굵고 거친 것일수록 숫자가 높여져 불린다. 내가 입은 옷은 일곱 새 베이지만, 고향의 머슴이 입던 옷은 석 새 아니면 넉 새 베였다.

어머니는 이른 봄부터 늦봄까지 베틀에 올라 베를 짜셨다. 한 필을 짜내는 기간은 보통 2주일쯤으로 기억한다. 이렇게 짜낸 것은 모두 식구들의 옷이 되었다. 어쩌다 남은 것은 장에 내다 팔기도 했다. 그 시절엔 모두가 제각기 삼베를 낳아 입었다. ……「회사원」

위의 글은 무미건조하다. 왜 그럴까. 감미로운 상상이 없기 때문이다. 수필에 있어서 상상은 감흥을 불러일으킨다. 그러므로 상상이 배제된 수필은 독자의 시선을 끌 수 없다. 상상은 지난 날의 경험을 통해 새로운 경험을 체험하게 되는 것이기 때문에 감미로운 것이다.

그러나 우리 머리 속의 무한한 상상을 그대로 기술한다면 그 글은 산만하여 독자가 혼란을 겪게 된다. 쉽게 말하면 외가집 외삼촌을 뵈러 갔다고 하자. 길 가는 가운데 나와 무관한 거지도 보았을 것이고 어떤 노인이나 꼬마나 아주머니도 보았을 것이다. 만일 이러한 모든 의상(意象)들을 외삼촌이란 글에 동시에 부각시킨다면 외삼촌에 대한 상은 반감되고 말 것이다. 그러므로 외삼촌 아닌 다른 상(象)은 여기에서 제거시키는 것이 좋다. 이것을 분상(分想) 작용이라고 한다.

이렇듯 분상작용을 거칠 때 수필은 치밀하게 구성되고 조화된 정감을 낳을 수 있다.

앞에서 읽은 「하당월색(荷塘月色)」에서도 고요한 달빛과 연못가에 드리워진 버드나무 그리고 연못 속의 연꽃만을 부각시켰다. 그래서 글은 산만하지 않고 밀도감이 있으며 독자를 달빛 속으로 흥미있게 끌고 갔던 것이다.

하늘이 많이 보이는 서재가 한 방 있었으면 좋겠다.
가을이면 구슬같이 둥근 쪽빛 하늘이 한 눈에 들어오며, 봄이면 아지랑이가 피어 오르는 들을 바라볼 수 있는 방이라면 얼마나 좋을까, 부드러이 말없이 찾아드는 빗소리를 들으며 독서를 할 수 있는 방, 흰 눈이 펄펄 쏟아지는 하늘을 쳐다보며 사색에 잠길 수 있다면 얼마나 좋을까.
가을날 저녁놀을 끼고 멀리 나는 기러기도 바라보며 종달새가 파아란 보리밭 위에서 노래하는 소리를 들을 수 있는 방이라면 얼마나 좋을까. 한번도 꼭같은 모양을 보여 주지 않는 구름들을 방에서 그대로 바라볼 수 있으며 문풍지가 푸르릉거리는 초겨울 밤, 자정이 넘도록 원고를 쓰고 싶은 방이면 된다.
나는 어려서 하늘과 같이 자랐다. 게딱지같이 좁은 초가집 방이 싫어서 바닷가를 기어다니는 새끼 게 모양 하늘을 보는 나날을 보냈었다.
그때의 그 하늘들이 그립다. 하늘을 못보는 도회지 생활을 오래 해 온 때문일까. 요사이는 유달리 하늘이 보이는 방 생각이 난다.
나는 교수라는 직업을 후회하지는 않는다. 아마 평생을 같은 직업으로 끝내게 되리라고 믿는다. 그러나 교수라는 직업은 한 가지 단점이 있다. 바쁘면 방에 구겨박혀야 한다는 일이다. 남들은 바쁘면 밖으로 뛰어다닌다. 그러니까 육체를 움직이게 되며 자연히 많은 사람들을 만나게 된다. 그러나 나는 바쁠수록 많은 시간을 방에 머물러야 하며, 일이 밀리면 새벽부터 밤까지 같은 자리에 앉아 있어야 한다.
그러므로 벗이 적어지고 대화가 끊어진다. 그러한 정신적 여백을 메우는 방법도 가지가지다. 그러나 나에게 있어 제일 그리운 것은 하늘이다. 하늘은 피곤을 풀어 주며 침묵 속에 무한의 대화를 지니고 있다.
하늘이 보이는 방만 있다면 외로움도 피곤도 잊을 수 있을 것 같다.
나는 아직껏 내 방다운 방을 가진 일이 없었다.
중학을 끝낼 때까지는 6,7명의 가족이 북적대는 단칸방에서 자랐고, 학창 시절의 대부분은 일터에 머물거나 빛도 없는 하늘도 없는 북향 구석방에서 보냈다. 6·25 동란과 환도 후의 주택난은 나에게 내 방다운 방을 허락지 않았다.
8년전 나는 동생들의 손을 빌어 토굴 흙집 한 칸을 지었다. 찾아오는 손님들은 개집이나 닭장인 줄 알지만 나에게는 처음 가져 본 서재였다.
(……)
그래도 나는 그 유리창도 없고 하늘이라고는 목을 내뽑아야 동전닢만큼 보이는 방에서 일곱 권의 책을 썼다. 그 대가로 지금은 무던히 넓은 하늘이 보이는 방으로 이사를 왔다.
그러나 지금 보는 하늘은 내가 보고 싶은 하늘의 10분의 1도 못 된다.
하늘이 보이는 서재가 한 칸 있었으면 좋겠다.

오래 이야기해도 권태를 느끼지 않는 친구가 있었으면 좋겠다.
나는 성격상 친구를 많이 못가지도록 되어 있다. 한꺼번에 여러 친구를 대할 줄도 모르며, 사람들이 모여 있는 곳에 오래 머물 인내력도 부족하다. 뿐만 아니라 어려서부터 수줍고 소심했기 때문에 내가 앞서서 친구를 삼고 이끌어 가는 편이 못된다. 언제나 친구는 하나, 많으면 둘쯤이어야 하는 것으로 알아 왔다.
이렇게 살아온 나에게도 두 사람의 좋은 친구가 있었다. 그중 한 친구는 세상을 떠났고 가장 가깝던 친구는 이북에 있다.
북에 있는 H형은 참으로 좋은 친구였다. 정열이 있었고 신념에 살았다. 불의에 대하여 강하기도 했지만 눈물도 아는 정의 소유자였다. 십 년을 믿고 존경했으며 사랑해 왔으니 친구 중의 친구가 아닐 수 없다.
(……)
그러던 H군이 공산주의가 되었고 지금은 북에서 사상적 활약을 하고 있다 한다. 나는 그 친구를 생각할 때마다 사랑에 배반당한 여성같은 심정을 느낀다. 사랑하게 때문에 밉고 밉기 때문에 사랑하는 기구한 운명이다.
그 친구마저 떠난 뒤에는 더욱 정신적 고독을 느낀다. 때로는 세상에 나홀로 있는 것 같은 생각이 든다.

(……)

그러니까 외로움은 점점 깊어만 간다.

그 고독을 이기기 위해서라도 독서, 사색, 산책, 저술에 몰두한다. 그러나 이러한 시간들이 길어짐에 따라 생활은 더욱 외로이 깊어만 간다.

사상과의 대화, 그림, 음악을 통하여 매워 보는 마음의 여백은 고독의 폭을 넓혀 주며 그 깊이를 더해 주는 경우가 많다.

(……)

사색하는 사람들이 모두가 고독했던 것 같다. 몇 해 전 암살당한 케네디는 "미국의 대통령은 누구보다도 고독한 사람이다"라고 말했다 한다.

가장 크고 무거운 문제를 홀로 판단해야 하는 사람만큼 고독한 사람은 없다.

그런데 학문을 하며 사상에 사는 사람은 언제나 자기만의 문제를 가져야 한다. 그러니 끝없는 고독이 뒤따를 수밖에 도리가 없다.

참으로 한 사람의 친구가 그립다. 오래 이야기하며 즐길 수 있는 벗이 그립다.

가난한 이 땅의 백성들이 즐겁게 잘 사는 것을 한 번 보았으면 좋겠다.

내가 우리나라에서 제일 가난한 사람이 될 정도로 모두들 잘 사는 것을 보았으면 얼마나 좋을까.

몇 해 전 여름. 외국 여행에서 돌아온 뒤부터는 더욱 깊이 이런 생각에 잠기곤 한다. 화란의 농촌을 보았을 때도 생각은 한국에, 로마의 아파트촌들을 그대로 서울에 옮겨놓을 수 있다면, 이스라엘의 희망과 근면 정신을 우리들 마음속에, 프랑크푸르트 상점들에 진열해 놓은 기계 견본들도 종로 거리에, 스위스의 기계 공장들과 호숫가의 꽃시계도 서울에, 라인강의 부흥을 한강으로, 이런 생각을 잊을 수가 없었다.

우리도 다른 나라들과 같이 잘 살 수 있다면 얼마나 좋을까.

(……)

백두산에서 한라산까지의 높은 봉우리, 깊은 골짜기, 비옥한 들, 맑은 바다, 구슬 같은 물이 흐르는 강물, 그 위에 마음마저 아름답고 뜻조차 깨끗한 흰 옷 입은 동포들이 서로 돕고 사랑하며 산다면 그보다 더 즐거운 백성이 어디 있을까. 이렇게 맑은 하늘 밑에 사는 사람들의 머리는 얼마나 맑고 좋으며, 어디보다도 좋은 기후를 가진 이 백성들의 마음은 얼마나 착할 것이며, 가장 아름다운 경치 속에 사는 민족인데 그 역사 또한 얼마나 청아하고 신비로운 것일까.

　나는 존경하는 선배 한 분이 세계 여러 나라들을 다녀 보니까 속히 조국으로 돌아가,

　"여기가 바로 내 나라, 내 땅이었구나!"

하고 부둥켜 안고 싶다던 이야기를 지금도 기억하고 있다.

　나도 꼭같은 심정이었기 때문이다.

　이렇게 가난한 백성들이 언젠가는 즐겁게 잘 사는 것을 볼 수만 있다면 얼마나 기쁠까. (김형석)

김형석의 「세 가지 욕심」이란 수필이다.

상을 재워서 가라앉힌 담담하면서도 품위가 드러나 있는 글이다. 황량한 들판에서 한폭의 풍경화를 그려낸 듯 그 많은 욕심 가운데 분상작용을 거쳐 필요한 성분만을 추출한 그림 같다.

수필에는 추상이 있으되 그 추상이 공허함을 주어서는 아니 된다. 수필은 이치와 상을 다 소중하게 여기기 때문이다.

'세 가지 욕심'은 욕심이라기보다 한 자연인으로 돌아가고 싶은 작자의 순후한 마음이다. 그래서 이 작품 속에서 깊숙하고 그윽한 인정과 도리를 느낄 수 있고 그 마음이 우주와 통하는 새로운 생명의 아름다움을 발견할 수 있다.

이와 같이 상상이 극도에 이를 때 몰아 일체의 경지에 드는지도 모른다.

상상력은 인간의 정신과 외적 사상과 교호작용(交互作用)에서 일어나게 된다. 즉 정신을 장악하는 의지와 외적 사상을 판식하는 이목이 상호교접될 때 언어로 표출되는 것이다. 그러므로 사고에서 상상이, 상상에서 언어가 생겨나는 것이다.

인간의 상상력이 한번 발동하면 실로 천단만회를 불러일으킨다. 인생을 더듬으면 충만한 사색이 넘쳐 흐르고 산하를 더듬으면 풍부한 감정이 시공(時空)을 치닫는다.

그러나 막상 상상력의 실체를 잡아 글로 옮겨 쓰려고 하면 뜻과 같이 되지 않는다. 그것은 평소 상상력의 실체를 간직하는 훈련이 잘 되어 있지 않기 때문이다. 그것은 견식과 지성을 기르며 쓸데없는 악심(惡心)을 지양하고 노정(盧精)한 관조의 힘을 연마함으로써 가능하다.

6) 수필에 있어서 내용

인간이란 것, 아니 살아간다는 것, 그 자체가 어쩌면 근심 걱정의 연속인지도 모른다. 살아가자니 우선 먹어야 하고 먹기 위해서는 일자리를 구해야 한다. 장가를 들어야 하고 장가를 들었으면 자식을 낳아야 한다. 그리고 그 자식을 가르쳐야 하고 맛있는 음식을 주고 좋은 옷을 입혀야 한다. 이러한 조건들이 만족스럽게 이루어졌을 때 우리들의 삶은 기쁨으로 차지만 그 가운데 어느 한 가지라도 자기의 뜻에 만족스럽게 안겨지지 않을 때 잘잘한 걱정과 근심으로 남는다. 아니 인간의 끝이 없는 욕망은 만족스럽게 채워질 리가 없다. 그러므로 인간이 살아간다는 자체가 행복의 결격사유가 되는지도 모른다.

수필가는 언제나 이러한 인간의 내면문제와 부딪치며 대화를 해야 한다.

고독할 때나 슬플 때, 그리고 몹시 기분이 유쾌하고 즐거울 때도 살아가는 의미에 대해서 찾아내야 하고 그것을 다시 나름대로 포용할 수 있는 사색의 나래를 펼쳐야 한다. 그러므로 수필가는 때로는 철학자여야 하고 때로는 시인이면서 소설가가 되어야 한다.

누구나 겪는 일상적인 사실들, 누구나 느낄 수 있는 평범한 사상에서 수필가는 인간의 삶의 본질과 아름다운 미지의 세계를 찾아내야 한다. 그러므로 수필가는 인생의 진리에 충실한 것인 만큼 그가 살아가는 삶 또한 충실할 수밖에 없다. 수필이란 자기 표현의 문학이며 자기 고백의 문학이기 때문에 어느 문학보다 그 인간의 진실을 요구한다. 자기를 재통합하여 만들고 자기를 재료로 만든 음식이기 때문에 허구를 배제한다.

인간에게는 누구에게나 양면성이 있다. 하나는 천사적인 면이요 하나는 악마적인 면이다. 수필가는 이 두 언덕을 설왕설래하면서 독자들에게 쉽고 흥미로우면서도 무엇인가 가슴에 와 닿는 얘기를 들려주어야 한다. 물론 그 이야기는 현실 그대로 복사된 이야기가 아닌 새롭게 재현실화시킨 이야기여야 한다. 그러므로 여기엔 화려한 동심과 상상으로 채워졌던 먼 날의 추억이 담겨 있고 자연과 생활에서 얼룩진 아픔도 있으며, 실수담이나 허점을 담은 정담이 있고, 원망으로 점철된 세월과 미련 속의 만년설처럼 시원하고 달콤한 향수도 있다.

수필이란 결국 인생의 엘레지일지도 모른다. 쌓이고 쌓인 생명의 문을 열어 주는 진실하고 완곡한 인생의 내면이 드러나 있다. 그래서 순수하고 고결한 삶을 닮은 내용은 더욱 빛이 나는 것이다.

　　　계절 중에서 내 생리에 가장 알맞은 계절이 겨울이다.
　　체질적으로 소양(小陽)인 데다 심열(心熱)이 승(勝)하고 다혈질(多血質)이다. 매양 만나는 이들이 술을 했느냐고 묻도록 얼굴에 핏기가 많고 침착 냉정하지 못해 일쑤 흥분을 잘한다. 아무리 추운 날씨라도 김나는 뜨거운 것보다는 찬 음식을 좋아한다. 남국(南國)에서보다는 눈내리는 북국(北國)에 살고 싶다.
　　그러면서도 유달리 추위는 탄다. (……)
　　그런데도 나는 그 외투 없이 네 번째 겨울을 맞이한다. 무슨 심원(心願)이 있어서, 무슨 주의 주장이 새로 생겨서 그러는 것은 아니다. 외투 두 벌은 도둑맞았고, 서울 갈 때 남에게 빌어 입고 간 외투 한 벌조차도 잃어버리고 그러고 나니 외투하고 실랑이하기가 고달프고 귀찮아졌다. 그냥 지낸다는 것이 한 해, 두 해—벌써 네 해째이다.
　　겨울의 즐거움을 모르고 겨울을 난다는 것은 슬픈 노릇이다. 하기야 외투뿐이랴—가상다반(家常茶飯)의 일체의 낙(樂)이 일시 중단이다. 그러나 돌이켜 생각하면 가난하고 군색한 것이 나 하나만이 아니길래 도리어 마음 편하기도 하다.
　　벌써 십여 년—채 십오 년까지는 못 됐을까?
　　하얼삔(哈爾賓)서 사오백 리를 더 들어간다는 무슨 현이라는 데서 청마(靑

馬) 유치환(柳致環)이 농장 경영을 하다가, 자금 문제인가 무슨 볼 일이 생겨 서울에 왔던 길에 나를 만났다. 이삼 일 후에 결과가 시원치 못한 채 청마는 다시 북만(北滿)으로 되돌아가게 되었다.
 눈이 펑펑 내리는 날이었다. 역두(驛頭)에는 유치진 내외분—그리고 몇몇 친구가 전송을 나왔다.
 영하 사십 도의 북만으로 돌아간다는 청마가, 외투 한 벌 없는 '세비로' 바람이다. 당자는 태연자약일지 모르나 곁에서 보는 내 심정이 편하지 못하다. 더구나 전송 나온 이중에는 기름이 흐르는 낙타 오바를 입은 이가 있었다.
 내 외투를 벗어 주면 그만이다. 내 잠재의식은 몇 번이고 내 외투를 내가 벗기는 기분이다. 그런데 정작 미안한 노릇이 나도 외투란 것을 입고 있지 않았다.
 발차 시간이 가까웠다.
 내 전신을 둘러보아야 청마에게 줄 아무것도 내게는 없고, 포켓에 꽂힌 만년필 한 자루가 만져질 뿐이다. 내 스승에게서 물려받은 프랑스제 '콩크링' —요즈음 '오터맨' 따위는 명함도 못 내놓을 최고급 만년필이다. 일본안에도 열 자루가 없다고 했다.
 '만년필 가졌나?' —불쑥 묻는 내 말에, 무슨 뜻인지도 모르고 청마는 세비로 주머니에서 흰 촉이 달린 싸구려 만년필을 끄집어내어 나를 준다.
 그것을 받아서 내 주머니에 꽂고 '콩그링'을 청마 손에 쥐어 주었다.
 만년필은 외투도 방한구도 아니련만, 그때, 내가 입은 외투 한 벌을 청마에게 입혀 보낸다는 그런 기분이었다.
 오륙 년 후에 하얼삔에서 청마와 재회했을 때, 그 만년필을 잃어버리지 않은 것이 고마웠다. 튜우브를 내가 맡아 오게 되었다. 튜우브를 넣은 지 얼마 못 되어 그 '콩그링'은 내 집 안사람이 잠시 가지고 나간 것을 스리가 채갔다.
 한국에 한 자루밖에 없을 그 청자색 '콩그링'이 혹시 눈에 뜨이지나 않나 해서, 만년필 가게를 지나칠 때마다 쑥스럽게 들여다 보고 한다. (김소운)

 소박하고 진실한 우정이 담긴 글이다. 이 글을 읽고 났을 때 독자들은 저마다 나에게도 그런 우정이 있었는가 자문해 볼 것이다. 수필에는 이렇듯 고결한 정(情)이 배어 있어야 한다. 인간의 삶의 본질은 정이다. 정이 없는 수사어는 삭막하다.

인간이란 다른 동물과는 달리 삶 자체를 관찰 내지 비판하는 사고의 힘을 가졌다. 이 사고의 힘이 수필에 있어서 내용이 된다. 그러니까 정서와 상상이 작품의 구성적 요소라면 내용은 작품의 주제를 살리는 의상이다. 그러므로 아무리 정서와 상상이 풍부하더라도 내용이 빈약하면 품위없는 기생오라비의 모습과 같은 것이다. 즉 실속이 없는 가난한 살림살이라는 것이다.

수필문학의 원조라 일컬을 수 있는 몽테뉴가 수필가는 정을 지니지 못하고는 좋은 수필을 쓸 수 없다고 한 것은 이런 이유에서다. 수필은 정을 지향한다. 우리가 관찰하고 경험하는 모든 사실들 중에서 보편적인 영역을 골라내자면 작자 자신이 인간적인 향취에 스며들지 않으면 아니 된다. 그런 의미에서 수필의 내용은 내 자신을 형상화하는 언어활동의 대표적인 것이다. 여기에서 내 자신은 어떤 사상(事象)에 대한 친화감을 말하는 것이다. 그러므로 수필은 내 자신을 사랑하며 나 아닌 또하나의 나를 사랑하는 글인 것이다.

"나는 가난한 탁발승(托鉢僧)이오, 내가 가진 거라고는 물레와 교도소에서 쓰던 밥그릇과 염소젖 한 깡통, 허름한 요포(腰布) 여섯 장, 수건, 그리도 대단치도 않은 평판(評判) 이것뿐이오."

마하트마·간디가 1931년 9월 런던에서 열린 제2차 원탁회의(圓卓會議)에 참석하기 위해 가던 도중 마르세이유 세관원에게 소지품을 펼쳐보이면서 한 말이다. K·크리팔라니가 엮은 『간디어록(語錄)』을 읽다가 이 구절을 보고 나는 몹시 부끄러웠다. 내가 가진 것이 너무 많다고 생각되었기 때문이다. 적어도 지금의 내 분수로는.

사실, 이 세상에 처음 태어날 때 나는 아무 것도 갖고 오지 않았었다. 살 만큼 살다 이 지상의 적(籍)에서 사라져갈 때에도 빈손으로 갈 것이다. 그런데 살다보니 이것저것 내 몫이 생기게 된 것이다. 물론 일상에 소용되는 물건들이라고 할 수도 있다. 그러나 없어서는 안될 정도로 꼭 요긴한 것 들만일까? 살펴볼수록 없어도 좋을 만한 것들이 적지 않다.

(……)

나는 지난해 여름까지 이름있는 난초(蘭草) 두 분(盆)을 정성스레 정말 정성을 다해 길렀었다. 3년 전 거처를 지금의 다래헌(茶來軒)으로 옮겨왔을 때 어떤 스님이 우리 방으로 보내준 것이다. 혼자 사는 거처라 살아있는 생물이라고는 나하고 그애들 뿐이었다. 그애들을 위해 관계 서적을 구해다 읽었고, 그애들의 건강을 위해 하이포넥슨가 하는 비료를 바다 건너가는 친지들에게 부탁하여 구해오기도 했었다. 여름철이면 서늘한 그늘을 찾아 자리를 옮겨주어야 했고, 겨울에는 필요 이상으로 실내 온도를 높이곤 했었다.

이런 정성을 일찍이 부모에게 바쳤더라면 아마 효자소리를 듣고도 남았을 것이다. 이렇듯 애지중지 가꾼 보람으로 이른 봄이면 은은한 향기와 함께 연둣빛 꽃을 피워 나를 설레게 했고, 잎은 초승달처럼 항시 청청했었다. 우리 다래헌(茶來軒)을 찾아온 사람마다 싱싱한 난(蘭)을 보고 한결같이 좋아라 했다.

지난해 여름 장마가 개인 어느 날 봉선사로 운허노사(耘虛老師)를 뵈러간 일이 있었다. 한낮이 되자 장마에 갇혔던 햇볕이 눈부시게 쏟아져 내리고 앞개울물 소리에 어울려 숲 속에서는 매미들이 있는 대로 목청을 돋구었다.

아차! 이때에야 문득 생각이 난 것이다. 난초를 뜰에 내놓은 채 온 것이다. 모처럼 보인 찬란한 햇볕이 돌연 원망스러워졌다. 뜨거운 햇볕에 늘어져 있을 난초잎이 눈에 아른거려 더 지체할 수가 없었다. 허둥지둥 그 길로 돌아왔다. 아니나 다를까 잎은 축 늘어져 있었다. 안타까워 안타까워하며 샘물을 길어다 축여주고 했더니 겨우 고개를 들었다. 하지만 어딘지 생생한 기운이 빠져버린 것 같았다.

나는 이때 온몸으로, 그리고 마음속으로 절절히 느끼게 되었다. 집착(執着)이 괴로움인 것을. 그렇다, 나는 난초에게 너무 집념해버린 것이다. 이 집착에서 벗어나야겠다고 결심했다. 난(蘭)을 가꾸면서는 산철(僧家의 유행기)에도 나그네길을 떠나지 못한 채 꼼짝 못하고 말았다. 밖에 볼일이 있어 잠시 방을 비울 때면 환기가 되도록 들창문을 조금 열어놓아야 했고, 분(盆)을 내놓은 채 나가다가 뒤미쳐 생각하고는 되돌아와 들여놓고 나간 적도 한두 번이 아니었다. 그것은 정말 지독한 집착이었다.

며칠 후, 난초처럼 말이 없는 친구가 놀러왔기에 선뜻 그의 품에 분을 안겨주었다. 비로소 나는 얽매임에서 벗어난 것이다. 날을 듯 홀가분한 해방감. 삼 년 가까이 함께 지낸「유정(有情)」을 떠나보냈는데도 서운하고 허전함보다 홀가분한 마음이 앞섰다. 이때부터 나는 하루 한 가지씩 버려야겠다고 스스로 다짐을 했다. 난을 통해 무소유(無所有)의 의미같은 걸 터득하게 됐다고나 할까.

(……)

　　소유욕은 이해(利害)와 정비례한다. 그것은 개인뿐 아니라 국가간의 관계도 마찬가지. (……) 만약 인간의 역사가 소유사(所有史)에서 무소유사(無所有史)로 그 향(向)을 바꾼다면 어떻게 될까, 아마 싸우는 일은 거의 없을 것이다. 주지 못해 싸운다는 말은 듣지 못했다.

　　간디는 또 이런 말을 하고 있었다. "내게는 소유가 범죄처럼 생각된다……" 그가 무엇인가를 갖는다면 같은 물건을 갖고자 하는 사람들이 똑같이 가질 수 있을 때 한한다는 것, 그러나 그것은 거의 불가능한 일이므로 자기 소유에 대해서 범죄처럼 자책하지 않을 수 없다는 것이다. 우리들의 소유관념(所有觀念)이 때로는 우리들의 눈을 멀게 한다. 그래서 자기의 분수까지도 돌볼 새 없이 들뜨게 되는 것이다. 그러나 우리는 언젠가 한번은 빈손으로 돌아갈 것이다. 내 이 육신마저 버리고 홀홀히 떠나갈 것이다. 하고 많은 물량일지라도 우리를 어떻게 하지 못할 것이다.

　　크게 버리는 사람만이 크게 얻을 수 있다는 말이 있다. 물건으로 인해 마음을 상하고 있는 사람들에게는 한 번쯤 생각해 볼 말씀이다. 아무 것도 갖지 않을 때 비로소 온세상을 갖게 된다는 것은 무소유(無所有)의 역리(逆理)이니까. (법정)

　소유에서 오는 기쁨도 있지만 무소유에서 오는 기쁨도 있다. 소유에서 오는 고통도 있지만 무소유에서 오는 고통도 있다. 그러면 그 기쁨과 고통이란 무엇이란 말인가? 그것은 각자 내면에 있다. 이와 같이 수필은 자기 내면을 관조하는 문학이다. 그러기 때문에 시보다 산뜻하고 소설보다 감미롭다.
　적응하기 어려운 세상살이에서 인간의 내면에 침잠하여 불후의 명작을 남긴 사람이 많다. 셰익스피어가 그랬고 톨스토이가 그랬다. 인간들은 무엇이나 번민하고 생각하지 않으면 안 된다. 수필의 내용은 그러한 깊이 있는 인간의 번민이어야 하고 고결한 순수성의 정체를 드러내는 내용이어야 한다. 자기 과장이나 허식, 위선이나 거드름을 피우는 내용은 배격한다. 수필은 작가와 독자가 동참하는 글이기 때문에 더욱 그러한 것이다. 그리고 또 한 가지 주의하지 않으면 안 될 사항이 있다. 제아무리 문학적으로 성공한 수필이라도 엄격한 도덕률의 위배는 작품의 손실을 가져올 수 있다. 위대한 작품은 이것을 져버리지 않는다. 수필의 내용에 있어서도 이것을 잊어서는 안 된다. 아무리 생동적이고 충실한 사상(事象)에 대한 묘사일지라도 인격에 대한 단순한 묘사라면 그 작품의 미는 반감하고 마는 것이 수필이다. 그만큼 수필은 자연과 인간을 보는 주관이 간접적으로 잘 드러나 있는 것이다.

은하수를 우리말로 미리내라고 한다. 미리내의 미리는 용의 옛말이고, 내는 천(川)의 우리말로서 미리내는 용천이라는 어원을 갖는 말이라 하겠다.
내가 자란 시골서는 보통학교 아이들이 기차를 몇 번 봤느냐가 큰 자랑거리였다. 학교를 가려면 철로를 건너야 되는데 기차는 하루에 세 번 오갔었다. 아이들은 기차를 본 횟수를 늘이기 위해 꼭두새벽에 일어나 달려가기도 하고 막차를 보려고 밤 늦게까지 철로에서 기다리기도 한다. 그리고 기차에서 얼마큼 가까운 거리에서 있었느냐가 큰 자랑거리였다. 하루는 셋이서 새로운 기록을 내려고 기차 오기를 기다리었다. 선로가에 아이들이 있는 것을 보면 기적을 울리기 때문에 숨어 있다가 지날 때 바싹 다가서야 된다. 기차가 굽이를 돌아 갑자기 나타났다. 뛰어 나왔다. 순간 고막을 찢는 듯한 기적소리와 함께 의식을 잃었다. 정신을 차렸을 때에는 함께 있던 사내애들은 온 데 간 데 없고 은하가 울먹이며 옆에 있었다. 책보를 풀어 찬물에 적셔 머리에 대어 주고 있었다. 참으로 고마웠다. 학교서 뒤늦게 오다가 기적소리와 함께 쓰러지는 것을 보고 달려 왔다는 것이다. 함께 있던 우 아이는 도망쳐 버렸다. 그 후로는 기차 꿈을 자주 꾸었다. 검은 연기를 뿜은 기차가 레일을 벗어나 논이고 밭으로 도망치는 나를 쫓아오는 바람에 깜짝 놀라 깨곤 했었다. 은하라는 소녀는 나의 짝이었다. 우리 마을에서 오 리가량 더 가야 되는 마을에 살았다. 청소나 양계 당번도 한반이고 누룽지까지 가져다 나눠먹는 사이였다. 은하가 하루는 자기 생일이라고 인절미를 싸가지고 와서 공부시간에 책상 밑으로 몰래 주는 것이었다.
선생님이 칠판에 산수 문제를 푸는 동안 큰 인절미를 하나 개 얼른 입에 넣었다. 도시락 뚜껑이 마루바닥에 땡그랑 떨어졌다. 선생님이 돌아 보신다. 난 고개를 못들고 목이 메어 넘기지도 못하고 뱉지도 못하고 절절 매었다. 학교서 돌아오는 길이다. 은하와 나는 레일 양쪽 위에 올라서서 떨어지지 않고 걷기 내기를 하였다. 지는 편이 눈깔사탕 사내기다. 저녁놀을 등에 져서 그림자가 전신주만큼 퍽 길다. "우리는 언제나 저 그림자같이 크나?" 내가 말했다. "크지 않고 이대로면 좋겠다" 은하가 말했다. "넌 크는 것이 싫니?" 난 이상해서 물었다. "싫지는 않지만 크면 헤어지게 되지 않니" 은하의 대답이었다. 나는 은하의 눈을 바라보다가 그만 레일을 헛디뎠다. 그날 눈깔사탕은 내가 샀다. 은하의 고운 눈동자도 이렇게 눈깔사탕같이 달까.

6학년으로 올라가는 봄방학이었다. 양계 당번이어서 학교엘 갔었다. 당번은 아홉 명인데 사내아이가 여섯 명, 계집애가 세 명이었다. 사내아이들은 아침에 나와 닭장 청소와 모이를 주었다. 그런데 계집애들은 코빼기도 나타나지 않는다. 알고 보니 뒷동산 양지바른 잔디밭에 앉아서 노래를 부르며 재잘거리고 있었다. 사내애들은 약이 좀 올랐다. 계집애들을 골려주기로 의논이 되었다.

허물벗은 뱀 꺼풀을 뒷동산에서 찾아 내었다. 철사에 뱀허물을 꿰어 계집애들의 길게 늘어뜨린 머리다래에 꽂기로 한 것이다. 계집애들 앞에서 사내애들이 거짓 싸움을 벌였다. 나는 철사에 꿴 뱀 허물을 갖고 뒤로 몰래 기어들었다. 사내애들의 거짓 싸움은 더욱 커졌다. 계집애들은 사내애들의 싸움에 정신이 팔렸다. 그 기회를 이용해서 머리다래에 꽂아놓는 데 성공했다. 나는 돌아와서 사내애들의 싸움을 말리었다. 계집애들에 선생님이 찾는다고 했다. 정말이냐고 다짐이었다. 그렇다고 했다. 한 계집애가 일어나다 뱀! 하고 소리 질렀다. 어디! 한 계집애가 놀랐다. 머리!

뱀허물이 달려있는 계집애는 비명을 지르며 쓰러졌다. 사내애들은 당황한 나머지 당번 선생님한테 가서 계집애가 죽었다고 했다. 까무러쳤다는 일본말을 몰라서 그냥 죽었다고 한 것이다. 당번 선생님은 하야사라는 일본선생이었다. 선생님이 오셔 팔다리를 주무르고 강심제 주사를 놓는 등 겨우 깨어나게 했다.

내 짝인 은하가 까무러친 것이다. 그후 은하는 학교를 쉬게 되었다. 너무 놀라서 심장이 약해졌다는 것이다. 아무리 잘못했다고 빌어도 용서해 주지 않을 것 같다. 은하의 고운 눈동자가 이제는 퍽 무섭게만 보일 것 같다. 너무 장난이 심했다고 뉘우쳤다.

한 달이나 가까이 쉬다가 은하가 학교에 나왔다. 핼쓱해졌다. 난 미안해서 어찌할 바를 몰랐다. 은하는 전과 다름없이 나를 대해 주었다. 고마웠다. 정말로 좋은 은하라고 생각되었다. 나는 은하에게 사과하는 뜻에서 복숭아를 선물하기로 마음 먹었다. 뒤뜰에 있는 복숭아를 몰래 따야 한다. 할아버지한테 들키면 꾸중이 이만저만이 아니다. 밤에 따서 학교가는 길옆 풀섶에 숨겨

됐다가 아침에 학교갈 때에 가져가리라. 베적삼을 한 손으로 움켜쥐고 한 손으로는 복숭아를 따서 맨살에 잡어 넣었다. 땀과 범벅이 되어 복숭아 털이 가슴과 배에 박혔다. 따끔거리고 얼얼하고 화끈거려 잠을 이룰 수가 없었다. 앓는 소리도 못하고 밤새도록 혼자 꿍꿍거렸다. 그렇지만 은하가 복숭아를 받고 기뻐할 것을 생각하면 아무렇지도 않게 생각되었다.

　졸업식을 며칠 앞두고 난 갑자기 고향을 떠나게 되었다. 내일 새벽차로 서울에 간다고 은하에게 말했다. 은하는 정말이냐고 물으며 퍽 섭섭해 하였다.

　(⋯⋯)

　사춘기에 접어들면서 은하는 나의 가슴 깊이 꿈과 별을 심어 놓았다. 계집애 하면 고 귀여운 별을 생각하고 그 별과 비교하게 되었다. 편지를 쓰고 찢기가 수백 번 지금껏 소식 한 번 전하지 못한 쑥빼기인 나였지만.

　(⋯⋯)

　15년만인가 처음 고향엘 다니러 갔었다. 숙부님은 아직도 건강하시다. 동생들에게 우선 은하의 소식을 듣고 싶었지만 다른 사내애들의 소식을 물은 다음 이름도 모르는 척 알아보았다. 시집을 가서 잘 산다는 것이었다. 강 건너 마을에 사는데 다음날 방문할 할머니댁 바로 옆집에 산다는 것이다. 방문을 그만 두기로 하였다. 은하가 지금은 가정주부로서 모습이 퍽 달라졌다고 짐작은 가지만 내가 지니고 있는 인생은 열세 살 때이고 귀엽게 반짝이며 웃음 짓는 눈동자의 소녀인 것이다. 외로울 때나 목숨을 건 전쟁터에서도 하늘의 은하수를 바라보며 그 귀여운 눈동자를 찾았던 것이다.

　할머님댁에 가서 그 옆집에 사는 그네를 볼지말지 하지만, 만약 만나게 된다면 열세 살 때 박힌 아름다운 꿈과 별이 산산히 깨어질 것만 같아 그만 두기로 한 것이다.

　어느 해, 목련화의 봉오리가 부풀어 터진 날 새벽, 우리집에서는 하나의 새 생명이 태어났다. 이제나 저제나 하고 밖에서 서성거리던 나는 의사의 말을 듣고 저절로 입가에는 미소가 떠오르는 것이었다. 첫 애기는 아들이었기 때문이기도 한다.

　낳은 지 사흘째 되는 날 저녁, 잠자는 아기를 바라보고 있었다. 아가가 눈을 반짝 떴다. 순간 아가의 눈동자가 별같이 빛나는 것이 아닌가. 나는 한참 동안 황홀해서 멍했다. 그렇게도 수없이 찾고 그리던 별을 바로 내 귀여운 딸애의 눈에서 찾아낸 것이다. 딸의 이름을 미리내라고 지어야겠다. 밤하늘을 수놓은 별밭은 온통 내 귀여운 딸애의 눈동자로 가득 차 반짝거리고 있었다.

(서정범)

　지난날 추억으로 채워졌던 동심이 하늘의 미리내로 그려져 있다. 지순한 동심의 순간을 엿볼 수 있다. 수필은 이렇게 그것이 과거이거나 현재이거나 꾸미지 않은 진실을 얘기할 때 호수처럼 깊고 아늑하다.
　수필을 이해하고 분석하기에 앞서 작가의 정신을 존중하는 것은 수필의 진실을 말하는 것이다. 인간 정신은 합리적인 질서와 사고보다는 원초적 혼돈과 무질서 상태에 복귀코자 하는 심리가 있다. 그 복귀코자 하는 성향 그것이 잘 정제된 사실 속의 진실이어야 하는 것이다. 수필에 있어서 이것을 배반할 때 수필은 소설이 되거나 아니면 시가 되고 만다.
　수필은 인간을 실제 생활의 속박 중에서 해방시켜 주는 미(美)를 담고 있는 내용이어야 한다. 사람은 항상 자신의 처지는 불만스럽게 생각하고 늘 타인의 처지를 부러워한다. 그 부러워하는 것은 정신적인 기갈이다. 그 기갈을 채워주는 것이 좋은 내용을 지닌 수필이다.

7) 수필에 있어서 사상

　우리들이 수필을 쓰는 것은 무엇인가(사상)를 독자에게 전달해 주기 위한 것이다. 물론 문장을 쓰는 구체적인 목적은 인간 생활에 있어서 여러 측면에서 찾아볼 수 있겠지만 수필에 있어서만은 인간 존재의 의미, 삶에 가치를 부여하는 일, 자연적인 미의식을 전달하여 쾌감을 부여하는 일 등 작가만이 가지고 있는 어떤 생각(사상)을 독자에게 전달해 주고자 하는 것이다.
　모든 대상은 작가의 시각에 따라 여러 가지 형태로 나타난다. 우리 주위에는 산도 있고 물도 있으며 구름도 무심히 흘러간다. 그러나 구름이나 산이나 바람이 작가의 시각을 얻어 비로소 그 존재가 인간에게 확인받는다. 흐르는 강줄기의 아름다움도 그 강줄기를 보는 일에서 비로소 이루어지고, 한 마리의 새소리를 듣는 일에서 성립될 수 있는 것을 주의하지 않고서는 새소리가 아름다움으로 성립될 수도 없고, 그것이 작품으로 남지 않는다. 이처럼 보는 일이란 작가의 주관화(사상화)된 세계를 말한다.

수필에 있어서 주제가 내용으로 구체화되면 그 주네는 작가의 렌즈를 통하여 어떤 변형을 가져온다. 어떤 사람이 그대로 실사된다면 그것은 이미 문학작품은 아닌 것이다. 그러므로 미적 가치를 부여하는 수필에 있어서 작가의 상상력에 의해서 새로운 가치를 부여하여 작가의 사상으로 나타나서 배열된다.

"창변엔 항상 산이 고여 있고 바다가 서려 있고 시가 있고 서러운 눈물이 있다."는 김동필의 글(수필)은 결코 과학적인 기술은 아니다. 그것은 작가의 정서를 통하여 탄생한 주관(사상)적 표현이다. 다시 말해서 그것이 과학적 기술로는 모순된 표현이나 수필에 있어서는 적절한 표현인 것이다.

그것이 작가가 가지고 있는 억압된 욕구이든 작가의 불안, 위기, 슬픔, 희열, 만족 등이 감상자를 공감시키는 것은 자기의 마음을 실험실로 삼아 추출하고 확대시킨 작가의 본래 모습(사상)을 형상화시킨 것이다.

세상을 살아가는데 욕구가 있고 좌절이 있게 마련이다. 우리가 가지는 꿈이며 가끔 가져보는 공상이며 생활하는데 부딪치는 난관 등은 우리들의 욕구의 산물이다. 그런데 그 욕구 중에서 어떤 장애로 실현되지 못한 것들이 있다. 자기로선 최선이라고 믿고 있는 것이 사회에서는 받아들여지지 않는다. 참으로 자기의 욕구가 완강한 거부를 받는다. 아름다움을 동경하면서도 현실로는 아름다워지지 않는다. 누군가를 격렬하게 사랑하지만 이루어지지 못한다. 이상이나 희망이 하나같이 벽에 부닥친다.

이같은 욕구불만은 다시 작가의 내부의 대립이나 갈등을 거쳐 작품으로 나타날 때 반드시 작가의 사상이란 옷을 입게 된다.

그리하여 욕구불만은 다시 작가의 내부의 대립이나 갈등을 거쳐 작품으로 나타날 때는 반드시 작가의 사상이란 옷을 입게 된다.

그리하여 수필가는 저 땅과 이 땅, 저 하늘과 이 하늘, 신과 인간, 우주와 대지를 왕래하는 자유로운 존재로 삶이 무엇이며 인간이 무엇인가를 작품으로 나타내어 우리의 미움과 우둔함을 해소하고 자유와 화합을 거쳐 쾌활한 공기를 우리의 심장에 공급한다. 곧 우리에게 생기를 주고 삶의 힘을 강화시켜 주고 지혜와 용기를 던져주고 우리의 영혼을 숭고하게 하여준다.

특히 스피디한 현대에 있어서는 최대한 짧게 취해진 글을 요구하고 있다. 그것이 독자의 나태심 때문이라는 것은 차지하고, 짧은 시간에 작가의 인격과 여러 생물의 존엄성을 환기시키고 사람들로 하여금 자유스럽게 즐거이 다른 사람들을 위하여 자기를 희생시키게 할 수 있는 힘을 얻으려는 심리가 수필을 요구하게 된다. 따라서 수필은 극히 단편적이기는 하지만 인간 삶의 내면세계(사상)를 매력적으로 독자에게 접근시켜 주고 있다.

그러면 김열규의 「어느 원의 교훈」을 읽어보자.

    10㎝ 앞쯤은 헤엄쳐 가고 있던 그가 갑자기 이상해 보였다. 허우적거리고 있는 것 같았다.
    급히 다가간, 내 눈 앞에서 그는 필사적으로 허방대고 있었다. 그것은 익사 직전의 다급함이었다.
    아무 생각도 없이 내가 먼저 손을 내밀었다. 그의 손이 내게로 뻗쳐 왔다. 그 순간이었다. 나는 반사적으로 손을 빼고 뒤로 물러섰다. 그리고는 소리를 쳤다.
    "주물러, 쥐난 다릴 주물러!"
    나는 연거푸 고함을 쳤다.
    그가 알아들은 것 같았다. 크게 숨을 들이키더니 천천히 가라앉으며 다리를 주무르기 시작했다. 그것은 싸움이었다.
    주무르고 떠오르고 자멱질하고는 주무르고……. 그가 그렇게 사투(死鬪)를 벌이는 사이 나는 그가 미치지 못할 곳에서 원을 그리며 돌고 있었다.
    그리고는 연신 소리를 쳤다.
    "주물러라, 주물러라!"
    그러기를 얼마나 오래 했을까.
    그의 사지가 비로소 천천히 물에 일직선으로 뜨기 시작했다.

이제 쌍무에 이긴 것이다. 물살에 거꾸로 누운 그가 숨을 크게 내뿜을 때마다 물보라가 작은 분수처럼 흩어졌다.

그제서야 나는 천천히라기보다 쭈뼛거리며 그에게로 가까이 갔다. 큰 대자로 뻗은 그의 다리를 천천히 주물러 주었다.

"살았구나."

나는 얼결에 그렇게 중얼거리고 있었다.

해안까지 약 1km. 헤엄쳐 나간 그 물길을 그를 앞세우고 되짚어 돌아왔을 때 둘은 탈진한 채 언제까지나 모래사장에 뻗어 있었다.

이것은 내가 중학교 초학년 때 겪은 사건이다. 그때의 친구 H와는 소식이 끊긴 지 오래나 고향의 P시 옛동리엘 가면 틀림없이 다시 만날 것 같은 생각이 든다.

이 기억은 되살아 날 때마다 나를 괴롭힌다. "뒤로 물러서서 원을 그린 것이 무어냐?" 그런 물음 없이는 이 기억이 떠오르지 않기 때문이다.

허우적거리고 있는 그에게 내 손이 잡히면 둘 다 죽는다. 하니까 둘 다 살려면 간격을 두고 그에게 소리쳐 비상책을 쓰게 하는 것이 현명하고도 합리적인 일이다. 이런 생각 때문에 나는 더 이상 그에게 다가 들지 않을 원을 그리면서 허방대는 그를 멀리다 두고 있었던 것일까?

아니면, 겁이 났던 것일까? (……) 하필 왜 그와의 사이에서만 꼭 이런 흉한 사건이 연거푸 일어난 것일까. 그것은 내게 가하여진 의도있는 집중적인 시험이 아닐 수 없었다. 우연(偶然)이 가져다 준, 나의 내심(內心) 깊은 곳에 우연이 던져 준 이 두 사건은 벗지 못할 절대적인 사슬이 되어 나를 얽매고 있다. 그것은 사람이란 어떻게 해서 우연의 노예가 되는가를 일러 주고 있기도 한 것이다.

(……)

물에 빠진 그 녀석을 주고 줄행랑을 놓았던 그날 저녁 그의 집에서 전갈이 왔다. 그의 어머니가 나더러 친구 H에게로 놀러 오라는 것이었다. H는 과일이며 과자 접시 앞에 천연스레 앉아 있었다. 어떻게 돌아 왔는지는 미처 얘기도 않는 채. 그는 낮동안의 사건을 그의 부모들에게 발설치 말라고 당부하는 것이었다. 물가 놀이란 언제나 우리들의 금기(禁忌)였기 때문이다. 나는 종시 접시에서 과자커녕 눈깔사탕 하나 잡을 수가 없었다. (김열규「어느 원의 교훈」)

삶과 죽음의 공간에서 찰나적이며 극적인 운명의 모순을 작자는 「圓」속에 담담히 터치하고 있다. 모든 사람에게 적용될 수 있는 찰나적인 체험은 생존하고 싶은 본능에 매달리다 모두가 희생당하는 흔한 교류속에서 작가가 겪어야 하는 아픔은 윤리와 우정이라는 틀 속에 심한 갈등을 느끼고 있음을 볼 수 있다. "나는 종시 접시에서 과자커녕 눈깔사탕 하나 집을 수가 없었다"에서 작가에게 비치는 무한한 정의(情意)를 살려내는 그의 참모습을 대할 수 있다. 그것이 작가의 사상이라 해 좋을 것이다.

하이데거는 「예술작품의 근원」에서 반·고호(Van Gogn)의 「농부의 구두」(1886년 작)라는 그림을 들어 예술의 특성을 밝히고 있다. 이 그림에서 우리는 이 구두가 어디에 놓여 있는지 어디에 속하고 있는지 알 수 없다.

> "이 구두의 닳아버린 내부의 검은 구멍에서 농부의 고달픈 걸음을 볼 수 있다. 이 구두의 거치른 무게 속에는 변화없는 똑같은 밭고랑을 궂은 날을 헤아리지 않고 오고간 이 주인의 강인성을 나타내고 있다. 대지의 습기가 가죽에 흔적을 남기고 있고, 밑창에는 해 저문 저녁의 숲길을 걸어오던 고독이 아로새겨져 있다. 구두 속에는 대지의 말없는 환호 소리와 익은 곡식의 선물을 전하는 대지의 정적과 거울이 되어 황폐한 휴한지(休閑地)에 퍼져있는 대지의 알 수 없는 절교(絶交)가 아롱거리고 있다. 이 구두는 먹을 것의 확실성에 대한 불평없는 염려와 곤경을 다시 극복하였다는 말없는 즐거움과 해산 내의 안타까운 몸부림과 죽음의 위험에서 오는 전율을 묘사하고 있다. 이 구두는 대지에 속하고 있고, 농부의 아내의 세계에서 보존되어 왔다. 이 보존된 예속에서 이 도구(道具)가 생겨서 자족(自足)에 이르렀다."

도구의 생명이 사용에 있다면 떨어진 구두는 쓸모없는 물건에 지나지 않는다. 그러나 예술에 있어서는 한 켤레의 구두의 모습 그대로를 보지 않고 그 이면을 통하여 어떤 진실을 캐내지 않으면 안 된다. 따라서 그 이면은 작가의 사상을 통하여 그것이 요리되어 독자에게 놓인다.

뉴만(Neuman)은 "문학은 언어에 의한 사상의 표현을 뜻한다. 그리고 사상이라 할 때 나는 관념, 감정, 추리와 기타 인간 정신의 다른 작용을 뜻한다"고

하였듯이 수필이란 결국 작가의 사상이나 감정을 그리는 것이라고 볼 때 그 사상은 작가의 정서란 매개를 통해서 사상으로 나타난다. 그래서 수필을 읽어보면 작가의 철학이나 사상 내지 성격까지도 샅샅이 알 수 있는 것이다.

    나는 어려서부터 돈의 귀함을 모르고 자라왔다. 그것은 내가 부잣집 아들이었기 때문이 아니다. 오히려 그와는 반대로 퍽 가난한 집안의 형편속에서 자란 셈이다. 그러나 아버지는 항상 여유만만하게 생애를 즐기시며 사셨던 것 같다.
    시사(詩社)를 만들어 친구분들과 매달 시회(詩會)를 열 때면 유달산을 찾아가셔서 하루 종일 시를 지으며 술잔을 돌리시던 일이 지금도 기억난다.
    그때 나는 벼룻집과 방석을 들고 따라가서 그런 신선놀음이 결코 그림속에만 있는 것이 아님을 느꼈던 것이다.
    그런 아버지의 체질이 내게 유전되었는지, 자라면서 별로 물질적인 욕심에 사로잡힌 적은 없었다. (……)
    꽤 오래된 일이다. TV에서 기획 방송으로 카메라에 잡힌 인간 심리와 행동 양상을 녹화 방송한 적이 있다. 만 원짜리 지폐 한 장을 길거리에 떨어뜨려 놓고 통행인들의 조건반사적인 행태를 카메라로 잡는 일이었다. 그 때 땅바닥에서 돈을 줍기 위하여 취하는 사람들의 갖가지 모습에서 시청자들은 낯이 뜨거운 경험들을 했다. 누구 한 사람 그냥 지나쳐 가버리는 사람이 없었다. 남이 볼까봐 슬그머니 또는 잽싸게 집어들고 줄달음치는 인간들의 추태가 거기에 비쳐진 것이다.
    돈은 그렇게 사람을 추악하게 만드는 마력을 가지고 있다. 돈 때문에 살인을 하고, 돈 때문에 의리가 끊어지고, 돈 때문에 인격이 허물어지는 것이라면 과연 돈은 저주받을 요물임에 틀림이 없다. (……)
    돈 자체는 귀한 것도 천한 것도 아니다. 오직 그 돈을 가지고 쓰는 사람에 따라서 참가치가 드러난다. 금액의 많고 적음에 그 가치가 있는 것이 아니라 그것의 사용 방도에 따라 귀천이 구분되는 것이다.
    백만금의 부질없는 낭비는 돈을 천하게 쓰는 것이지만, 은전 한 닢이라도 보람되게 썼다면 귀하게 사용한 것이다.
    이렇게 말하고 보니 돈에 대하여 너무 왈가왈부한 것 같다. 예로부터 선비는 너무 돈 이야기를 안 한다고 들어왔다.
    다행하게도 나는 좋은 일자리가 있고, 식구들과 더불어 의식주를 걱정하지 않으면서 살아간다. 이것은 하느님이 내게 허락하신 청복이라고 여기며 감사한다.
(……)
앞서 말했듯이 사람이 돈을 쫓아다닐 것이 아니라 돈이 사람을 따라오도록 해야 한다. 그러자면 자연히 돈을 잊고, 오직 맡은 일에 충실을 다하며 검소하게 최소한도의 물질적인 생활로 자족할 줄 알아야 한다. (……) (이상보)

현대 사회의 물질만능 풍조 속에서 안빈낙도(安貧樂道)의 세풍을 그리워하는 작가의 청빈한 사상이 깃들어 있는 작품이다.
수필은 오직 작가가 보여줄 수 있는 가치 있는 것만을 골라 작가의 사상을 통하여 골라낸다. 그러므로 좋은 수필은 현실 속에서 이상을 구현시키는 것을 궁극적 목적으로 삼는다.

2. 글이란 무엇인가?

글이란 무엇인가? 한마디로 표현하자면 음성언어를 문자언어로 나타낸 것이 글이다. 그러나 좀더 구체적으로 표현하자면 인간의 생각이나 느낌을 문장을 통하여 체계적으로 전달하는 행위라고 할 수 있다. 말하자면 우리의 정신문화의 소산이 바로 글인 것이다.
글쓰는 일은 오늘날 우리 생활의 필수적 행위로 등장하였다. 제아무리 매체가 다양하게 발달하였다고 해도 우리는 글쓰는 일에서 벗어날 수는 없다. 일기문에서부터 편지문, 호소문에 이르기까지 복잡한 현대를 살아가자면 다양한 글쓰기를 하지 않으면 안 된다. 그만큼 글은 우리의 생활과 밀접한 관계를 맺고 있다.
더욱이 수필 같은 문예문은 인간의 정서를 맑게 해 주고, 감정을 조절하여 줄 뿐만 아니라, 인간의 사고의 깊이를 더해 주고, 행동을 신중하게 해준다. 그리고 더 나아가서는 우리에게 많은 상상력과 즐거움까지 안겨주기도 한다.

따라서 우리는 글을 씀으로써 높은 차원의 문화적 생활을 영위할 수가 있고, 인생의 의의와 삶의 가치를 향상시킬 수 있다. 그러므로 질 좋은 삶을 갖자면 우선 글쓰기를 몸에 익히지 않으면 아니 될 것이다.

1) 글과 사고

언어는 인간의 사상과 감정을 전달하는 수단이요, 하나의 매체다. 따라서 인간의 일상 생활은 언어로 시작되며 언어로써 상호간의 정보 전달이 이루어진다. 나의 생각과 느낌을 상대방에게 전하고 나 또한 상대방의 의사를 언어나 문자로써 전해 준다. 그러므로 언어가 없다면 인간은 한시도 살아갈 수가 없을 것이다.

언어네는 음성언어와 문자언어가 있는데 음성언어는 시간과 공간의 제약을 받지만 문자언어는 그런 제약에서 벗어날 수 있다. 그래서 우리는 중대한 문건을 영원히 보관하기 위해서는 문자언어를 빌린다.

아무튼 우리는 느낌과 생각이 일분 일초도 머무르지 않고 늘 우리의 두뇌 속에서 바쁘게 움직인다. 그것을 조리있게 글로 써놓았을 때 좋은 문장이 되는 것이다.

2) 문단이란

글이란 여러 개의 단락들이 모여서 하나의 중심사상을 나타내는 구조물이다. 단락은 하나의 문장으로 이루어지는 경우도 있으나 대부분 둘 이상의 문장이 모여서 이루어진다. 형식상으로는 문장이 모여서 단락을 이루고 단락이 모여서 문단을 만들며, 내용상으로는 주제에 종속된 사상 또는 화제의 작은 단위다. 그러므로 한 편의 글이 잘 되려면 단락의 구조가 서로 긴밀하면서도 충실하게 전개되어야 한다. 주제가 전체 글의 핵심이라면 소주제는 단락(문단)의 핵심이다. 따라서 소주제는 글 전체 주제에게 갈라진 가지와 같은 것이므로 단일한 개념이라야 한다. 그리고 한 문단의 시작은 반드시 들여쓰기로서 보여지는데 다음 새로운 행이 시작되기 이전까지를 말한다. 다음 그림 <1-1>과 그림 <1-2>는 들여쓰기로 시작하는 문단의 예다.

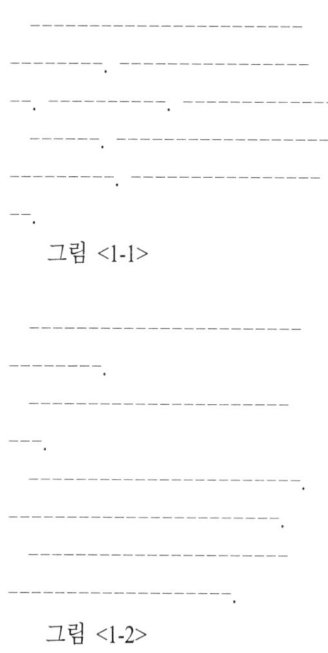

하나의 단락은 문장과 글 전체를 이해하기 위한 기초 작업으로서 들여쓰기로 구분하는데 한 단위의 사고 내용을 다른 사고 내용과 구별해 놓음으로써 글 전체의 구성관계를 명확히 하기 위해서이다. 이에는 형식에 의한 것이 있고 내용에 의한 것이 있다. 그러나 무조건 형식과 내용만을 가지고 나눌 수 없는 것이며, 형식과 내용의 일치 여부를 살펴볼 필요가 있다.

그리고 글의 내용 중 사물이나 대상, 혹은 시간・장소・인물・사건이 바뀔 때, 문장에서 추상적인 이미지가 구체적인 이미지로 또는 이와 반대로 구체적인 이미지가 추상적인 이미지로 전환할 때, 관점·논점·입점·시점·단락 등이 바뀔 때, 대화의 화자가 바뀔 때 단락이 구분되는 경우가 많다. 또한 문장이 역접으로 이어질 때, 시간의 흐름이 바뀔 때 단락이 많이 바뀌는 경우가 많으므로 유념해야 할 것이다.

한 단락이 바뀔 때마다 그 문단의 소주제가 충분히 다루어지도록 구획이 지워질 때, 글의 짜임새가 알뜰하게 된다.

다음 글을 읽고 문단의 개념에 대하여 생각해 보자.

단락이란 말이 언제부터 많이 쓰였는지 모른다. 어떤 사건의 결착을 뜻하는 "일단락을 짓는다"는 표현이 한결 우리 귀에 익숙하다. 글을 쓸 때 사고의 흐름을 일단 끝내고 다른 생각을 시작하는데 이때 사고나 감정의 리듬이 반영된 현상이다. 그런데 근자 우리 글에서는 이 단락의 개념이 소멸되어 가고 있다. 두어 줄 끌고 가다가는 행을 바꾸는 것이 일반적인 관행이 되어 가고 있다. 이것은 단행본보다 잡지에서 현저해지는데 신문에서 시각적 편의로 출발된 관행이 보편화된 현상이라고 여겨진다. 그러나 파기되어야 할 경박하고 얄팍한 관행이다.

문체란 단순히 어떤 생각에 장식적 수사를 가함으로써 일어지는 것은 아니다. 그것은 사고와 관념의 진행을 드러내면서 한편 사고의 진행에 어떤 방향을 지어주게 마련이다. 단락도 마찬가지다. 그것은 사고의 호흡과 리듬을 반영하면서 일변 그것을 조성한다. 두어 줄마다 행을 바꾸는 글은 지속적인 사고에 역행하는 글이다. 치밀하고 꾸준한 사고의 진행보다도 이리 갔다 저리 갔다 하는 산만한 사고나 느낌을 반영하고 또 그것을 조장한다. 사건을 보도하는 신문기사는 별도이지만 일단 어떤 느낌이나 생각을 개진하는 글에서는 권장할 수 없는 품성이다. 일정한 사고의 단위가 없기 때문에 짤막한 수상은 몰라도 여타의 글에서는 피해야 옳다. 글짓기 훈련에서도 가장 먼저 강조되어야 할 국면이기도 하다. 대체로 단락의 개념이 서 있느냐 않느냐에 따라서 글쓴이의 진실성이나 성실성을 가늠할 수 있다고 말할 수도 있다.

글을 써서 팔아오는 사이 가장 불쾌한 경험으로 남아 있는 것은 함부로 줄을 바꾸어 '단락'이 파괴당했을 때의 곤혹스러움이다. 조그맣다면 조그만 일이지만 신경에 거슬리고 불쾌한 것은 어쩌는 수 없다. 형용사 하나 관형사 하나 잘못 붙임에 따라서 격이 떨어지는 것이 글 세계의 오묘한 이치다. 단락도 마찬가지다. 지면의 편의를 위해서 글쓴이의 의도나 신경 따위는 무시해도 좋다는 지극히 비민주적인 발상법이 밑에 깔려 있다는 것을 생각하면 결코 조그마한 문제가 아니다. 그것은 소규모인 대로의 자의적인 권력 남용이고 이렇게 조그마한 권력 남용의 축적은 한 사회를 경직되고 전횡적인 사회로 만든다고조차 말할 수 없다. 그래서 평소 반농 반진으로 긴 단락이 또렷한 책은 대체로 믿어도 좋다고 말하고 있다. 지속적인 사고에 역점을 둔 저자나 그러한 저자의 뜻을 거스르지 않은 출판사라면 믿어도 좋다는 뜻에서이다. (유종호 「이런 책을」)

다음은 각각의 문단이 하나의 화제만을 포함하고 있는 예문들이다.

「예문 1」
　흔히들 문학을 시간 예술이라 부른다. 시간 예술은 멘딜로우의 말처럼 그 성질상 자신이 존재할 일정한 길이의 시간을 요구한다. 따라서 소설이 일정한 길이의 시간을 갖는다는 것은 자명하다. 소설은 시간과의 관계가 다른 어떤 문학 장르보다 밀접하다. 멘딜로우는 "시간은 소설의 모든 면, 즉 주제, 형태, 그리고 매체인 언어에까지도 영향을 끼친다"고 말한다. 게오르크 루카치에 의하면 서사시와 희곡이 시간에 대해 단지 외적인 관계만을 갖는 데 비하여 소설은 내용을 이루는 실질적인 관계를 갖는다고 한다. (「시간」)

「예문 2」
　사회보장이란 말을 들으면 스웨덴을 생각하고, 스웨덴이라고 하면 사회보장 제도를 생각한다. 그만큼 사회보장 제도가 스웨덴에 있어선 썩 잘 되어 있다고 한다. 영국의 사회보장을 '요람에서 무덤까지'의 보장이라면, 스웨덴의 그것은 '태아에서 무덤까지, 사생아를 합쳐서'라고 표현해야 한다. 다시 말하면 그물처럼 얽혀 있는 사회보장법으로서 국민은 보호받고 있다. 뿐만 아니라 이 사회보장은 감옥에 갇혀 있는 사람에게까지 혜택을 주고 있다. (이병주 「어떤 흥미와 교훈」)

다음 문단들을 잘 살펴보고, 한 문단이 한 가지 화제 중심으로 통일성 있게 쓰여 있는지 알아보자.

　① 흔히 대학을 상아탑 또는 낭만이 흘러 넘치는 곳이라고 하던데 내가 받은 첫인상에는 그런 것이 도무지 없었다.
　그보다 내가 받은 인상이 낭만적인지도 모르겠다. 하여간 나는 머리를 자주 갸우뚱하였다. 학생들 중에는 표면적인 학생생활에서 낭만을 찾으려는 경향이 없지 않았다.
　노래와 춤과 담배와 술, 그리고 데이트 등에서 젊은 날의 낭만을 맛보려고 한다. 그것은 형이하학적이요, 이상이 없는 향기가 없는 낭만이요, 속물주의자의 낭만이다. 대학의 낭만은 적어도 한두 번쯤은 인생의 목적, 신의 존재 유무, 국가와 민족 내지 인류의 방향에 대한 자문 자답이 있어야 한다. 그것들에 대한 사색은 젊은 날의 고귀한 고뇌요, 인생의 체험이다. (학생의 글 「대학」)

　② "배움에는 때가 있다"라는 말을 우리는 간혹 듣게 된다. 그 말 속에는 배울 수 있을 때에 열심히 더 하라는 의미가 내포되어 있음을 알 수 있다. 학문의 길에 있어서도 더욱 그러하리라.
　우연찮은 기회에 우리말 작문 강좌가 있음을 알게 되었다.
　첫 모임을 갖고 학생들과 교제를 나눈 후, 직접 습작에 임했을 때에 나의 느낌과 각성은 매우 컸었다.
　주어진 주제를 앞에 놓고 쉽게 글감이 떠오르지 않아 전전긍긍하였고 그저 피상적으로 알고 있던 얄팍한 지식으로서는 전체적인 문장을 완성시켜 나가기에는 역부족임을 절감했다.
　오랫동안 글쓰기에 소홀했던 원인도 있었겠지만 사고와 감각이 무뎌진 탓이 컸으리라 생각된다.
　아무튼 나는 선택을 한 것이다.
　좋은 글을 쓰고자 그리고 그러한 훈련을 통해 자신의 세계를 좀더 알차게 구축해 보고자 하는 의지를 갖고 시작해 보고자 한다. 그러기 위해 선행되어야 할 작업이 있다.
　먼저 적극적으로 사고하는 습관과 주위의 사실들에 관심을 보여 항상 생각하는 이유를 갖도록 해야겠다. 그리고 뿌옇게 희미해진 사실들을 확실히 하여 진정한 나의 것으로 활용할 수 있도록 노력을 게을리하지 말아야겠다.
　이러한 계획과 결심들이 때를 만난 나의 각오들이다.

열심에 열심을 더해 볼 생각이다. (학생의 글 「글을 쓴다는 것」)

3) 문단과 글의 관계

　문단은 하나의 통일된 작은 단위다. 단어가 모여 문장이 되고, 문장이 모여 문단이 되고, 문단이 모여 글이 되는데 문단은 바로 한 편의 글이 되기까지의 단위이다. 그러니까 단락은 주제 전개를 실현하는 분절적 구성 단위이다. 다시 말해서 소주제에 의하여 통일된 하나의 마무리진 덩어리이다.
　따라서 단락은 문장 구성의 리듬감과 율동감, 내지 문장의 변화와 입체감을 준다. 그리고 문단은 그 표현상으로는 구성의 단위요, 그 전개상으로 보면 분석적 단위이다. 그러나 단락의 구분은 칼로 무 자르듯 그렇게 뚜렷한 것은 아니다. 어디에 초점을 두느냐에 따라 달라질 수 있다. 그리고 문단은 문장의 측면에서 보면 전체를 적당한 부분으로 분할하는 방법이요, 재료를 배열하는 수단이며, 주제를 뒷받침하는 논점이다.
　그리고 그 길이는 주제에 따라 다양하나 내용이 단순할 경우에는 길이가 짧고, 내용이 복잡할 경우에는 자연히 길어진다. 하지만 문단의 길이가 너무 짧을 경우에는 주제를 충분히 다룰 수 없고 너무 긴 경우에는 자칫 내용이 혼미할 수 있으므로 주의하여야 한다. 대개 한 문단에 쓰여진 낱말의 수는 평균 169 낱말이 일반적이다.

　　「예문 3」
　　형식 단락
　　"그럼 공부를 하면 잘할 수 있다는 말을 믿나?"
　　라고 다시 묻는다.
　　"그럼요!"
　　그는 서슴없이 확신감을 갖고 대답한다.
　　"그런데 왜 공부를 안하지?"

"하기가 싫은 걸요."

「예문 4」
의미 단락
다듬이 소리를 떠올리면 마음은 저절로 열리고 나는 어느덧 소년이 된다.

 소년은 다듬이 소리에 가끔씩 잠을 설치곤 했었다. 휘영청 달 밝은 밤이면 더욱 그랬다. 거기엔 알 수 없는 이별의 곡조 같은 서러움이 묻어 있었고 내 어머님의 그리움 같은 빛깔이 녹아 있었다.
 내 사촌 누이가 시집가지 전날이었다. 온 집안 식구는 큰집 안체에 모여 다듬이 소리로 밤을 이었다. 겨울의 찬바람을 타고 그 소리를 장안에 잔뜩 퍼졌다. 왜 그랬던가. 나는 그때 눈물이 나와 견딜 수가 없었다. 사촌 누나가 괜히 미워지기까지 했다.
 내 소년 시절엔 골목마다 다듬이 소리가 흔했었다. 계절이 바뀔 때마다 어김없이 다듬이 소리도 함께 동반했었다. 어쩔 때는 온통 장안을 매운 적도 있었다. 그것은 여름날의 매미 소리 그것이었다. 한여름 매미가 억세게 울어대듯이 다듬이 소리도 그렇게 장안을 메웠었다.
 초등학교 2학년 때였던 것 같다. 초가을 달빛은 폭포처럼 쏟아지고 있었다. 정말로 아름다운 밤이었다. 눈꼽만한 먼지도 보일 것 같은 밤이었다. 달이 너무 밝아 무섭기까지 했다. 그런데 그때였다. 뉘집에선가 난데없는 다듬이 소리가 들려 왔었다. 그러나 그것이 오늘날 내 미련의 장터쯤으로 남는 것은 무엇일까.
 다듬이 소리는 계절의 소리요, 경사의 소리였으며, 명절의 소리요, 이별의 소리였었다. 할아버지 아버지의 회갑날이 친척의 혼인날이 머지 않았음을 알리는 소리였고 추석이나 설이 다가왔음을 예지하는 가슴 설레임의 소리였다. 그리고 사랑하는 임을 떠나 보내기 위한 별리의 소리요, 그리운 이를 맞이하는 영접의 소리이기도 했다. 한양으로 벼슬길 따라 떠나는 임의 전도를 다듬 듯 그렇게 옷감을 다듬었고 거기에 정인의 사랑도 함께 묻어 놓았다.

우리의 어머니들은 다듬이질을 할 때마다 응어리를 풀고 몸살을 풀고 이야기를 풀 듯이 한을 풀었고 가슴속의 사랑을 풀었다. 실가리를 엮어내듯이 백목련 송이마다 그리움을 풀어냈고 흘러내리는 빗물마다 쏟아지는 한을 잘근잘근 부셔댔으며 아내로서 어머니로서 거기에 사랑과 정성을 풀었다. 그래서 그 소리는 기묘한 음과 색으로 교색(交色)되었고 끊어질 듯 이어지는 리듬 속에 화음과 조화를 이루었다.

노래꾼의 노래는 목청이 좋아야 한다. 그러나 그것도 삼창이며 더는 싫다. 하지만 다듬이 소리는 들어도 들어도 싫지 않다. 늘어지는가 하면 자지러지고 자지러지는가 하면 늘어지는 가락이 있었다. 언제나 들어도 정감이 갔다. 그것은 어쩌면 내 어머니의 숨결과 시름이 묻어 있어서 그런지도 모른다.
다듬질은 혼자서도 하고 둘이도 한다. 그러나 혼자하는 다듬이질은 흥이 없다. 그리고 그 소리도 둔탁하다. 그렇지만 둘이 마주앉아서 하는 다듬이질은 소슬한 비 소리 같은 맑은 음향이 있고 라일락 짙은 잎 사이로 밝은 달빛 같은 아련함이 있다.
이제 다듬이 소리는 그 어디에서도 들을 수가 없게 되었다. 세월은 그것을 필요없게 만든 것이다. 그래서 내 아내는 아이들에게 어머니의 따뜻한 숨결을 심어 주지 못하고 있는지도 모른다. (「다듬이 頌」)

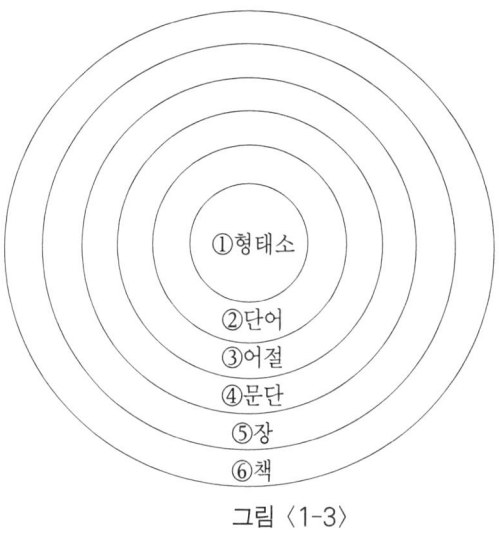

그림 〈1-3〉

철수가 이야기책을 읽었다.　--------문장
철수 / 가 이야기책 /을 읽었다. ---단어③
철수가 / 이야기책을 / 읽었다. ---어절②
철수 / 가 / 이야기 / 책 / 을 / 읽 / 었 / 다. ---형태소①

3. 문단의 구성과 전개

1) 하나의 문단은 하나의 중심 생각(주제)만을

　한 문단 안에는 작은 대상의 범위만을 써야 한다. 많은 내용을 쓴다는 것은 무리일 뿐 아니라 글을 혼미하게 한다.
　다음 <그림 1-4>와 <그림 1-5>를 보자.

 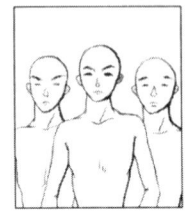 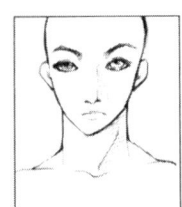

그림 〈1-4〉

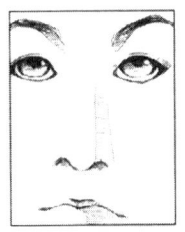 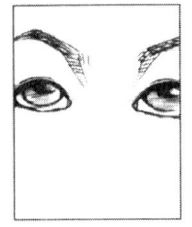 

그림 〈1-5〉

2) 문단의 통일성

한 문단에는 하나의 소주제를 발전시키고 뒷받침할 수 있는 목표만을 가짐을 원칙으로 한다.

다음 <예문 5>는 통일성이 없는 문단이고 <예문 6>은 통일성이 있는 문단이다.

<예문 5>
거의 다 잊혀 가던 오철수 목사가 나를 찾아왔을 때 반갑기도 하고 신기하기도 한 것은 순전히 그 바바리코트 때문이었다. 그는 벨트까지 맨 회색 바바리코트에 굵은 털실로 짠 밤색 조끼며 올백으로 기름을 발라 곱게 빗어 넘긴

희끗거리는 머리칼이 조금 낯설기도 했지만 끝이 뾰족한 반짝거리는 구두까지 60년대의 완벽한 신사 모습 그대로였다. 나는 잊고 있던 소중한 장난감을 되찾은 기분으로 한참 동안이나 대화를 잊고 그의 멋있는 모습을 바라보고만 있었다. (라대곤 「친구를 보내 놓고」)

<예문 6>
나의 아버지는 스쿠루지를 능가하는 구두쇠이다. 어릴 때 어려운 환경 속에서 힘들게 공부하신 탓인지 돈과 관련된 모든 것을 지나치게 아끼신다. 전기, 물은 물론 가스에 이르기까지 아껴 쓰라고 잔소리하신다. 나에게 있어서 공부보다 힘든 일은 아버지에게서 돈을 받는 일이다. 어쩌다 돈이 필요하게 되면 아침부터 부산을 떨어야 한다. 아버지 구두도 닦고, 등도 두드려 드리고, 이불도 개고, 옷도 준비해 드려야 그제서야 아버지는 눈치를 채시고는 "돈 필요하냐? 옛다! 500원. 아껴 써라." 하신다. 너무 적다고 투덜대면 아버지께서는 인심을 쓰시는 듯이 500원짜리 동전은 거두어 가시고, 1000원짜리 지폐를 내놓으신다. 이처럼 너무나도 아끼시는 아버지의 모습에서 난 늘 나의 씀씀이에 대해 반성해 본다.

3) 일관성과 연속성

문단의 각 부분이 논리적인 일관성이 매끄럽게 연결되는 것이 연속성이다. 따라서 단락은 주제를 뒷받침하는 소재가 되어야 하며 문장과 문장이 상호 긴밀한 연속성을 가지고 논지가 전개되어야 한다.

4) 서·본문·결의 적절성

우리의 인체는 물론 모든 사물은 반드시 머리와 몸 꼬리 세 부분으로 되어 있다. 글도 마찬가지다. 서론에서는 주제를 제시하고 본문에서 그 주제에 대해 상세히 논의하며 말미 부분에서는 그 논의를 완성하여야 한다.

⟨그림 1-6⟩

⟨그림 1-7⟩

5) 문단 전개는 일반화가 아닌 구체화

문단을 전개해 나갈 때는 한 문단에서 일반적이거나 많은 것을 논의하지 말고 정확하고 구체적이게 그리고 확실하며 상세하게 논의해 나가야 한다.

```
┌─────────────────┐
│   일반적 진술    │
└─────────────────┘
┌─────────────────┐
│   일반적 진술    │
└─────────────────┘
┌─────────────────┐
│   일반적 진술    │
└─────────────────┘
┌─────────────────┐
│   일반적 진술    │
└─────────────────┘
```

〈그림 1-8〉

```
┌─────────────────┐
│  일반적인 진술   │
└─────────────────┘
  ┌─────────────┐
  │  구체적 진술 │
  └─────────────┘
    ┌───────────┐
    │더 구체적 진술│
    └───────────┘
     ┌──────────┐
     │좀더 구체적 진술│
     └──────────┘
```

〈그림 1-9〉

제7부 수필 창작 어떻게 할 것인가

1. 수필 창작과 구성

　이것은 그다지 신기한 표제는 아닌 것이다. 이 제목은 대개의 제목이 그러하듯이 싫증이 난다. 그것은 마치 달걀은 어떻게 먹어야 된다는 것을 할머니들에게 가르치는 것이 자기들의 의무라고 생각하는 대학교수와 같은 따분한 노릇이기 때문이다.
　나의 생각으로서는 그 순서는 보편적으로 다음의 몇 가지 항(項)을 포함한다고 하겠다.
　즉, 어떻게 줄거리를 짜고 어휘를 선택하며 문절은 명료하게 하며, 문절은 일치 통일되고 적당한 주제(테마)를 선택할 것이고 대학 1년생의 지혜를 가져라, 이것이다.
　바른대로 말해서 대학교수들은 대개가 작문의 제일 원리를 어기고 있으니 그들은 자기의 사상을 절대로 명료하게 표현하지 않는다.
　문장은 그들이 출판자에게 편지를 써서 그들의 소원을 솔직히 고백하듯이 쓰면 좋을 것이다.
　즉, 다음과 같이,

편집부 선생에게.

당신께서는 저의 약간의 재정난을 도와 주실 수 없겠습니까? 저의 아내는 벌써 병원에 입원한 지 석 달이나 되었습니다.

의약비와 세탁비, 우유대, 각종 비용의 지불해야 할 지불 통지서가 밀려 있습니다. 당신께서는 이 사정을 양찰하실 줄 믿습니다. 약간의 금전을 도와 주셨으면 대단히 감사하겠습니다. 저는 하나의 어린이 아버지로서와 아내의 남편으로서 당신에게 애원을 합니다.

저는 책을 한 권 쓸려는 생각을 가지고 있습니다. 인스피레이슌이 허락지 않습니다. 저는 저의 스파릿(Spirit)이 떠오를 때까지 기다려서 쓰겠습니다. (임어당)

　　　　　　　　　당신의 친구…… 올림.

사람에 따라서 특별한 훈련을 거치지 않고도 생각나는 그대로를 글로 옮겨 놔도 훌륭한 한 편의 수필을 만들어 놓는 사람이 있다. 그러나 대개의 경우 훈련이나 부단한 노력 끝에 어떤 경지에 이르기 마련이다.

"글을 쓴다는 것은 하나의 요술이라 생각할 사람이 있을지 모른다. 요술쟁이가 기묘한 재주를 피우듯이 누구나 다 아는 언어를 매재(媒材)로 하여 누구나 다 아는 문자로 적은 것인데 그것이 만인의 심금을 울리고, 감동시키고, 새로운 지식을 요령있게 전달한다.

(……)

좋은 글을 쓰려면 우선 언어에 대해 특히 많은 어휘에 대해 알고 있어야 한다. 그러나 연령과 지식정도가 같은 사람들은 대체로 자기의 모국어에 대해 비슷한 어휘력이 있음을 명심해 두자. 또 아무리 모국어에 익숙한 사람이라도 글을 쓸 때 좌우에 사전을 비치해 둔다는 점도 아울러 기억해 둘 일이다.

직선적인 사고를 버릇들이는 것도 좋은 글을 쓰는데 없어서는 안 될 요소이다. 잡념이 많으면 글을 쓰기 어렵게 된다. 생각을 한줄기로 모으는 일, 아무리 작은 사건의 전말(顚末)이라도 그것을 논리적으로 생각하는 버릇을 가진다면 직선적 사고란 별로 어려운 조건이 아닐 것이다.

넓은 사회적 경험도 좋은 글을 쓰는 바탕이 된다. 견문이 넓어야 많은 어휘가 비로소 생명을 얻고 운용될 터전을 얻는 것이다. 독서를 통해 얻어지는 경험과 이 사회적 경험의 차이점이 무엇인가를 판단한다는 것은 중요한 능력 중의 하나일 것이다." (심재기)

이상과 같이 수필을 쓰는데 특별한 방법이나 절대적인 절차가 있는 것은 아니다. 많은 노력과 관심이 작가의 능력을 판가름한다.

옛날 왕충(王充)은 가는 곳마다 벼루를 놓고 글을 썼고 조숙통(曹叔痛)은 언제나 붓을 품고 다니면서 창작에 전념했다고 한다. 연중 내내 그것에 심로(心勞)해 왔고 시시각각으로 고뇌에 사로 잡혀 온 것이다.

그만큼 글이란 어떤 방법보다도 노력과 관심이 글의 성패를 좌우한다고 할 수 있겠다. 그러나 지금까지 일반적으로 수필을 쓰는데 기본적인 절차는 다음과 같다.

1. 먼저 착상을
2. 주제 설정
3. 소재의 선택
4. 자료의 수집과 정리
5. 작품의 구성
6. 초고 작성
7. 퇴고와 교정

1) 먼저 착상을

"구슬이 서말이라도 꿰어야 보배"라는 말이 있다.

수필을 쓰는데 이 말처럼 중요한 말은 없다. 제아무리 좋은 글감이 있더라도 쓰지 않으면 소용이 없는 것과 같이 글을 쓰고자 할 때 먼저 착상이 이루어지지 않으면 안 된다. 그러므로 작품을 쓰기 전에 머릿속에 떠오르는 어떤 귀중한 착상을 그때그때 정리하여 구상에 착수하여야 할 것이다.

착상의 단계에 소나무를 생각했다면 쓰기 전에 소나무가 지니는 특성에서부터 느껴지는 운치에 이르기까지 통일된 유기체로서의 전체를 상상(想像)해내야 한다. 그러니까 착상이란 아직 주제가 잡히지 않은 초입단계로서 글을 쓰고자 하는 동기라고 해도 과언이 아니다. 즉 작품이 이루어지려는 가장 귀중한 모티브요 창작의 첫발디딤이다.

　그런데 착상은 자칫 찰나적인 계기나 순간적인 충동으로 그쳐버리고 마는 경우가 없지 않다. 그러므로 쓰고자 하는 작가의 강한 의욕과 근면이 무엇보다 요구된다 하겠다. 따라서 '착상한다는 것'은 한 부분의 완성이 아닌 하나의 계기요 단순한 출발이기 때문에 작품의 유효성을 지니기 위해서는 충분한 노력이 뒤따라야 하는 것이다. 착상이 이루어진 다음에 작품의 주제를 설정하는 작업이 시작되어야 할 것이다.

　착상을 다른 말로 쓰고자 하는 의미를 일이라고 할 것이다. 글을 쓰고자 하는 의미가 확정되면 그 글에 대한 주제와 제재를 어떻게 처리할 것인가 하는 동시에 작가의 머리에 확립될 것이다.

　구슬도 많으면 하찮은 돌로 착각하기 쉽고, 쓸모없는 돌도 때로는 구슬과 같이 보일 때가 있는 것처럼 작가의 착상은 작가만의 생각이나 체험을 효과적으로 처리할 수 있는 계기가 될 것이다.

　이런 착상은 글쓰는 이의 취향이나 관심, 생활환경, 성격이나 학문 정도에 의해 달라질 수 있다.

　인간은 사회를 떠나 살 수 없다. 사회속의 체험을 인간 정신으로 승화시키는 그러한 정신이 수필 착상에 정착될 때 사람들의 마음을 움직이리라 생각한다.

2) 주제의 설정

　"한 편의 글을 쓸 경우, 우리는 언제나 무엇에 대하여 글을 쓰겠다는 뚜렷한 목적을 설정하게 된다. 목적 없는 행동, 목적 없는 생활, 목적 없는 인생이 있어서도 아니 되고 또 있을 수 없는 것처럼 '목적 없는 글'도 있을 수 없다. 간혹 목적 없는 일시적인 행위가 있을 수는 있겠지만, 글의 경우에는 절대로 목적 없는 글이 있을 수 없다. 우리는 반드시 우리가 설정한 목적에 맞추어 글을 쓴다. 이것이 글을 쓰는 목적, 곧 우리가 글 속에서 나타내고자 하는 의도, 이것이 글의 '주제'이다.

한 편의 글은, 그것이 기냐 짧으냐에 관계없이 그 속에 우리들의 사상이 표현되어 있다. 그 사상의 핵심을 주제라 생각해도 좋다. 흔히 글의 내용과 글의 주제를 혼동하는 수가 있다. 내용이 글을 구성하고 있는 실질적인 알맹이라고 한다면 주제는 그 알맹이가 (주로 독자의 처지에서) 우리들에게 주는 의미이다. 그러므로 그것은 당연히 내용으로부터 만들어지는 것이지만 내용 그 자체는 아니고 내용을 독자의 처지에서 재해석하고 의미를 부여하여 만들어낸 일종의 이념을 주제라고 한다. 달리 표현하면 내용의 이념화(理念化), 또는 내용의 추상화(抽象化)라고 할 수 있다.

> 우리는 춘향전의 내용을 "춘향이가 만난(萬難)을 무릅쓰고 자기의 사랑을 성취하였다"고 요약할 수 있다. 이 요약된 내용으로부터 우리는 "진정한 사랑은 어떤 경우에도 현실화하여야 마땅하다"는 생활철학적 명제를 얻게 된다. 이 명제가 춘향전의 작품가치를 결정하는 가장 중요한 이념적 요소라고 판단된다면, 그러한 사람에게 있어서 춘향전의 주제는 "참다운 사랑은 성취되어야 한다"는 것이라고 말할 수 있는 것이다." (심재기)

한 편의 수필을 쓰기 위해서는 먼저 주제를 설정하는 일이 중요하다. 주제를 확실히 잡아야만 쓰고자 하는 의도가 바로 설 것이요 다음으로 그에 따르는 소재를 선택할 수가 있을 것이다. 그리고 작가도 쓰고자 하는 문장에 통일을 기할 것이다.

주제는 그 글의 핵이요 초점이다.

주제를 보통 독일어로 테마(Thema)라고 하고, 영어로는 시임(theme), 서브젝트(subject), 토픽(topic) 등이 쓰인다. thema는 학생들에게 부여하는 작문 또는 논문의 뜻으로 쓰이고, subject는 테마와 같이 거의 일치하는 좀 넓은 뜻으로 쓰인다. 토픽은 화제인데, 주제와 같을 수도 있으나, 이야기의 재료나 사항을 의미한다.

주제와 비슷한 말로 제목(title)이 있다. 제목은 서명, 작품명, 문장의 이름이다. 제목을 논제, 제명(題名), 문제, 표제라고 한다.

주제와 소재는 다르다. 주제가 하나의 작품 배후에 숨어 그들을 지배하고 이끌어 간다면 소재는 그 주제를 살아 움직이게 하기 위하여 봉사하는 숨은 일군이라 하겠다. 그러므로 소재를 풍부하게 모아 작품을 쓰는 것은 그 주제를 보다 뚜렷이 하기 위한 것이다. 따라서 소재는 그 주제가 선명히 살아날 때 그 임무를 충실히 이행했다 할 것이다.

페르샤왕 미젤은 죽음이 가까워지자, 한 가지 소망이 있었다. 즉 그는 '인간의 역사'가 무엇인가를 알고 싶었다. 그래서 그는 신하들에게 인간의 역사에 대해서, 소상하게 기록해 놓은 서책을 구해 오라고 영을 내렸다.

신하들은 왕명이 내려지자, 정성을 다하여 마침내 6,000권의 역사책을 구해서 12마리의 낙타에다 싣고 왕궁으로 들어왔다.

"폐하, 이 서적들을 보시면, 인간의 역사가 무엇인 줄을 알게 되옵니다."

"아니, 이 방대한 서적을 언제 다 읽겠느냐? 그 양을 줄이도록 하라."

이리하여 신하들은 그 6,000권의 역사책 중에서, 가장 중요하다고 생각하는 것만을 골라서, 그 수는 500권으로 줄여졌다. 그러나 왕은 이번에도 호통을 쳤다.

"내가 죽음 앞에 다다랐는데, 그 500권을 언제 다 읽겠느냐? 다시 그 수를 줄여라."

왕명이 떨어지자 사학자들은, 인간의 역사가 가장 잘 적혔다고 생각되는 단 한 권의 책을 추려 냈다.

"아, 이 미련한 사람들아, 한 권인들 내 병든 몸으로 어찌 그것을 읽어 내겠느냐? 인간의 역사가 무엇인가를 몇 마디로 간추려서 내게 들려 달라."

사학자들은 그 마지막 한 권을 놓고, 문장을 간추려서 마침내 인간의 역사를 가장 잘 나타낸 세 마디를 가려 냈다.

"폐하, 인간은 나서, 고생하다가, 그리고 세상을 떠났습니다. 이것이 인간의 역사이옵니다."

위의 예화에서 보는 바와 같이 주제는 그 글이 응축되고 응축되어서는 남는 하나의 정수(淨水)인 것이다.

그러므로 주제는 처음부터 독자에게 전달되는 것이 아니다. 암시와 복선의 사이사이에 얹혀 있다. 다시 말해서 대낮에 물체를 보듯 그렇게 드러난 것이라면 그 글은 좋은 글이라 할 수 없을 것이다. 문학 작품의 경우, 작가가 지니고 있는 인생관이나 사회관, 자연관이 작품의 주제로 드러나는 것이 상례다. 그러므로 어떠한 주제를 주로 취급하느냐에 따라 그 작가의 사상이나 인생관 등을 알 수 있다. 톨스토이는 주로 인도주의를, 와일드는 탐미주의를 작품의 주제로 취급하는 것 등이 바로 그것이다. 이것은 인생을 재현하려는 문학작품에 있어서 작가의 인생관이 자연스럽게 개재되는 것이지 뚜렷한 목적의식에서 이루어지는 것은 아니다. 왜냐하면 주제는 어디까지나 암시에 의해서 체득되는 것이기 때문이다.

  나는 하루에 담배를 두 갑씩 피웠다. 다른 사람에게 몇 개비 빼어 주었다 하더라도 삼십 개비 이상을 피운 셈이다. 그러자니 목이 따갑고 기침이 났다. 그래서 가족과 동료들에게 앞으로 한 주일 동안 담배를 끊겠다고 선언을 했다. 한 주일 끊어서 자신이 생기면 아주 끊고 도저히 못 참을 지경이면 다시 피울 심산이었다.
  담배를 끊은 첫 날 밤이었다. 책상에 앉아서 무얼 좀 쓰는데 글이 영 풀리지 않았다. 생각나는 것은 오직 담배 뿐, 담배 한 대만 피우면 글이 장강처럼 흘러나올 것만 같았다. 담배를 두 갑 피우면서도 실개천 같은 글밖에 못 썼던 것은 생각하지 않고……. 그러나, 금연을 선언한 지 하루도 못되어 아이들 앞에서 다시 담배를 피울 수는 없었다. 나는 하는 수 없이 소주 한 모금 김치 한 조각씩으로 입을 달래면서 글을 썼다. 그러다 보니 글도 다 마치기 전에 취하고 말았다. 내가 글 쓰는 일을 포기한다면 모르지만, 실개천 같은 글이나마 계속 쓰려면 담배는 역시 피워야겠다는 생각을 했다.
  (……)
  나는 가슴이 점점 답답해 왔다. 천근 쇳덩이가 누르는 것 같았다. 퇴근 때 동료들과 대포 한잔 하는 것은 온종일 속썩인 가슴이나 한번 후련히 씻자는 것인데, 그런 자리에 가서 오히려 가슴이 더 답답해진다면 이건 차라리 가지 않은 것만 못한 일 아닌가? 나는 역시 담배를 피워야 할 것 같았다.

그러다 보니 어떻게 간신히 한 주일이 지났다. 담배는 역시 피워야겠다고 마음먹고, 그러나 과하면 안 되어 특별한 일이 없는 한, 두 시간에 한 대씩만 피우겠다고 또 선언을 했다. 특별한 일이란 가령 처음 만나는 사람을 사귀는 일 같은 것이다. 시한은 물론 한 주일로 정했다.

그 며칠 후였다. 참 오랜만에 만나는 고향 친구 한 사람과 술 한 잔을 하게 되었다. 그는 나에게 담배를 권했다. 나는 조금 있다 피우겠다고 하고 연방 시계를 들여다 보았다. 무슨 약속이 있느냐고 물었다. 하는 수 없이 사정을 말하고, 두 시간에 한 대씩 피우니까 기침도 안 나고 밥맛도 좋더라는 말도 했다. 그러자 그는 웃으면서 말했다. "야, 어리석은 사람아, 사람의 몸은 기계가 아니라 유기체야, 갑자기 평형이 깨지면 어떻게 되는지 아나? 기침 안나고 밥맛이 좋아지는 대신, 자네 몸의 어느 안보이는 한쪽 구석이 무너지고 있다는 사실을 알아야 해. 담배를 줄여도 서서히 줄이게." 나는 이 말을 듣자 정말 그럴 것 같았다. 어째 심장이 전보다 더 뛰는 것 같고, 얼굴이 붓는 것도 같도, 잠도 깊이 들지 않는 것 같고…….

그래서, 하루에 한 갑 정도는 피워야겠다고 고쳐 생각했다.

그리고 또 일 주일 지났다. 내가 위에 적은 이야기를 내 친구 한형에게 했더니, 그는 웃으면서 이렇게 말했다.

"의지가 약하면 무슨 변명인들 못하겠나?" (정진권)

일상 통념에서 벗어난 참신한 주제다. '끊었던 담배에 연연하는 마음'을 가볍게 시사하고 있다. 우리 주위에서 흔히 볼 수 있는 일이다. 그런데도 신선감이 있다. 하나의 주제를 향하여 효과적으로 표현한 작품이다.

주제가 결정되지 않으면 글이 되지 않는다. 그것은 필자가 무엇을 쓸까 망설이고 있다는 것과 같다. 그러므로 참신하고 선명한 주제를 선택하는 것은 무엇보다 필요하다. 주제는 흥미있고 관심이 있는 것일수록 좋다.

① 독자에게 관심과 흥미가 있는 주제
② 필자가 관심을 가지고 있으면서도 자기가 자신있게 다룰 수 있는 주제
③ 한 편의 글에서는 하나의 주제만을 선택

④ 광범위한 주제를 피하고 한정적인 주제 선택
⑤ 참신하면서도 선명한 주제

이렇게 주제가 결정되고 나면 그 글을 어떤 방향으로 쓸 것인가를 생각하여야 한다. 글이란 그 방향에 따라 재미있게도 또는 재미없게도 되는 것이다. 한 편의 글을 더 감상해 보자.

새 옷으로 단장한 산과 바다가 서로 자태를 뽐내며 유혹하는 계절이다. 다녀왔거나 떠날 사람들의 피서 이야기가 연일 고막을 따갑게 하는 여름이다.
(……)
선풍기를 튼다. 삽상한 바람도 잠깐일 뿐, 후덥지근한 바람이 온몸을 칭칭 휘감는다. 선풍기나 에어콘이 없던 어린 시절의 여름 풍경이 주마등처럼 스친다.

내 고향 동구 밖에는 당산이 있었다. 수백 년 됨직한 아름드리 거목이 그늘을 드리운 채 서 있고, 그 아래로는 밋밋한 바위덩이가 듬성듬성 놓여 있다. 그곳에는 초록빛 잎새들이 일구는 청량한 바람과 여름의 성악가인 매미들의 간드러진 노래가 어우러져 여울진다. 더위를 삭이기에는 안성마춤의 상설 피서지다.

이글거리는 태양이 중천에 솟아 오르면 논밭에서 비지땀을 뿌리며 일하던 이웃들이 점심을 때우고 당산으로 모여든다. 조무래기부터 할아버지까지 다양한 계층이다.

부채로 장단을 맞추며 청아한 목청으로 시조를 읊조리는 노인, '장군!' '멍군!' 장기 삼매경에 빠진 젊은이들, 고누를 두며 깔깔거리는 어린이들, 입담 좋게 한담을 즐기는 장년들, 드르렁드르렁 코를 골며 낮잠으로 피로를 푸는 머슴들……. 이 땅의 어느 농촌에서나 흔히 볼 수 있는 여름 정경이다. 그때 노인들은 거개가 방구부채나 쥘부채를 들고 다녔다. 부채는 휴대가 간편한 수동식 선풍기였던 것이다.

어른들이 다시 들녘으로 떠나 버리면 심심해진 꼬마들은 소일거리를 찾는다. 원두막을 기웃거리며 참외나 수박서리도 하고, 메뚜기나 매미, 잠자리를 잡으러 쏘다니며 흥건히 땀에 젖는다. 그러다가 개울로 달려가 물놀이를 즐긴다.

어둠이 나래를 펼 즈음 집에 돌아가면 어느새 뜨락엔 모깃불이 피워져 매캐한 연기를 내뿜는다. 식구들은 마당에 펴놓은 멍석 위에 둘러앉아 저녁을 먹고, 출출해지면 삶은 옥수수나 감자로 여름밤의 미각을 즐긴다. 재수가 좋은 날이면 우물 깊이 담가 둔 수박을 꺼내 먹기도 한다.

멍석에 드러누워 초롱초롱한 밤하늘의 별을 헤다가 스르르 잠에 빠지면 어머니는 삼베 홑이불을 덮어 주고 밤이 이슥토록 부채로 살랑살랑 바람을 일궈 주신다. 더위도 식혀 주고 모기도 쫓아 주려는 찐득한 모성애였던 것이다.

부채는 여름철 우리네의 필수 도구였다. 식구대로 부채를 마련하는 것이 예사였다. 그러기에 예로부터 단오(端午)의 선물은 부채요, 동지(冬至)의 선물은 달력이라고 했는지도 모른다.

부채는 단순히 더위를 쫓는 데만 요긴하게 쓰인 게 아니었다. 폭포수아래서 3년 독공(獨功) 끝에 목청을 틔운 명창들도 부채를 들어야 흥이 나서 노래를 부를 수 있었고, 천군만마를 호령하던 제갈량(諸葛亮)도 부채를 들어야 지휘관으로서의 체통이 섰다. 남원 광한루에서 그네 타는 춘향이를 가리키며 데이트를 주선하라고 방자를 다그치던 이 도령의 손에도 부채는 들려 있었고 혼례식장에서 신랑 신부가 얼굴을 반쯤 가리던 것도 부채였다. 너울너울 춤을 추는 무희(舞姬)와 푸닥거리를 하는 무당의 손에도 어김없이 부채는 들려져야 했다.

부모의 병구완을 위하야 한약을 달이는 때도 부채는 있어야 했고, 임진왜란 때 동래성을 지키다 순절한 송상현 부사가 그 부친에게 유서를 써보낸 것도 부채였다. 부채살 마디만큼이나 많은 사연이 담겨진 게 부채다.

조선시대 전주를 비롯한 부채 명산지 고을 수령들이 부채를 진상하고, 임금이 단오날 관원에게 부채를 하사한 풍속이 예사일은 아니다. 어진 바람을 일으켜 백성들의 마음을 시원하게 보살펴 주라는 무언의 뜻이 담겨졌던 것이다. (김학)

우리 선인들이 즐겨 사용했던 부채의 공덕을 기린 것이다. 정자나무 그늘에 앉아서 부채질을 하는 한 촌로의 얼굴을 대하는 듯 구수한 시골냄새가 나는 글이다.

3) 소재의 선택

수필을 쓴다는 것이 즐겁게 느껴지지 않는다면 수필을 쓰고자 나니 할 것이다. 즐거움을 가진다는 것은 자발적으로 참여하는 원동력이다. 그 원동력은 바로 쓰고자 하는 의미 즉 소재의 선택에서 출발한다.

    소재를 만났을 때 수필은 시작이 된다. 그러나 소재에서 오는 충동만으로 수필이 된다고는 볼 수 없다. 스스로 쓰고자 하는 의미가 무엇인가를 일단 생각해 보아야 한다. 쉽게 말하면 남이 읽어서 의미가 있겠느냐 하는 것이다. 여기서 말하는 의미란 도덕적이거나 윤리적인 것을 말하는 것은 아니다.
    인간은 사회를 떠나 살 수는 없다. 어느 시대이든 그 사회 속에 소속돼 살고 있으며, 삶은 사회적 유대와 인간정신에 의해 지탱되어 간다. 수필에는 그런 정신이 담겨져야 한다. 다시 마하면 인간끼리의 공감하는 세계다. 수필이 신변 잡담의 차원을 넘어 문학의 영역이고자 하는 이유는, 이러한 요소가 직접 간접으로 들어 있는 것을 뜻한다.
    수필에는 일정한 형식이 없다. 도덕적 가치개념으로 생각하지 않아도 된다. 그러나 그렇다 해도 무엇 때문에 썼는가를 모르게 쓴 글이 있다. 이 말은 독자를 설득해야 한다던가 요구해야 한다는 뜻이 아니다. 조그마한 애깃거리밖에 안 되는 소재일지라도, 그것을 통해 세상을 보는 눈과 생각하는 것이 인간적일 때, 수필이 가치를 지닌다는 얘기다. 이웃과의 사랑·고뇌·연민·시대적 우수(憂愁) 또는 비분(悲憤) 등이 내부에서 연소되어 나올 글이면, 이것이 독자에게 공감을 주는 글이며 의미를 지니는 글이 된다. (윤모촌 「쓰고자 하는 의미」)

인간이면 누구나 다시 다 생활해 나간다. 그러나 그 생활이란 게 다 같은 동질적 영역의 생활은 아닌 것이다. 바둑에 관심을 기울인 사람은 생활에서 바둑의 묘수만을 찾기에 급급할 것이요 상업에 종사하는 사람은 새로운 상술로 돈을 모으는 방법만을 연구할 것이다.
    수필에 있어서도 그 생활의 원리를 벗어날 수 없다. 수필을 쓰기 위해 많은 시간을 소비하고 세밀한 관찰과 노력을 기울일 때 수필은 써지는 것이다. 우리가 차를 타고 출근하는 것, 회사에서 사무처리하는 것, 일손을 멈추고 동료와 잠시 머물러 휴식을 취하며 대화를 나누는 것, 그것이 바로 수필의 소재가 되는 것이다. 수필이란 비범한 데 있는 것이 아니라 평범 속에서 비범을 찾는 데 그 묘가 있다.

그러므로 수필을 쓰고자 하는 사람은 사물에 대한 통찰력을 지니지 않으면 아니 된다. 구름이 일고 해가 뜨는 것, 돌 하나 구르고 나뭇잎 하나 떨어지는 것을 그대로 보지 않고, 거기에서 어떤 의미를 찾아내는 생활태도를 길러야 한다. 찰스램이 그 대표적인 수필가다. 그는 일상적이고도 가장 평범한 소재들을 가지고 아주 환상적이고도 유머러스한 수필을 남겼다. 수필의 묘미는 그러한 평범 속에서 번득이는 진리를 발견해 내는 일이다.

그런데 어떤 수필은 소재의 나열만으로 그치고 끝나는 경우가 있다. 소재를 통해서 어떤 의미 즉 주제를 전달해야 하는데 그러하지 못한 수필은 수필이라 할 수 없다. 그러면 다음 수필을 한번 읽어보자.

  가벼운 등산복 차림으로 전주와 남원간 4차건 확 트인 도로를 달린다.
  쾌청한 가을 날씨가 복된 사람들의 마음을 혼든다.
  푸른 하늘이 솜방석처럼 폭신하게 느껴진다. 가을은 천고마비(天高馬肥)의 계절이라고 누가 말했는가.
  절친한 두 형님들과 단풍놀이 가는 마음이 흐뭇하다.
  늘 입버릇처럼 덕이란 베풀어야 한다고 강조했던 자신이 오늘을 실행하고 있다. 남의 덕으로 사는 사람이 되지 말고 자신이 남에게 덕을 베푸는 사람이 되어야 한다. 또한 옛말에 이르기를 나무는 큰 나무 덕을 못보고, 사람은 큰 사람 덕을 본다고.
  나는 덕인(德人)이 되고 싶다.
  이런 복된 날이 나를 기다리고 있는 줄을 전혀 몰랐다.
  (……)
  남원을 지나 육모정에 당도 하였다.
  춘향이 묘가 있는 곳이다.

소나무가 무성하고 울창하며, 짙은 녹색으로 눈 앞에 다가선다.
우리 한국의 나무이다.
남서쪽을 향하여 오던 길을 내려다본다. 골골이 산안개가 꽃안개로 보인다.
꽃동네 산가족이 내 발아래 있으니, 천하여장군이 된 듯이 대범해진다.
'만산홍엽 단풍나무 골골이 서 있으니, 산신령 생신잔치 오늘이 아니온지, 온 산이 토한 무지개 향기에 취한 듯한 이 마음.'
즉흥시 한 수가 된다.
가을 하늘도 얼굴을 붉히고 땅도 낙엽으로 따뜻하게 옷입고 있다.
산중턱에 앉아 도시락을 펴놓고 정담으로 밥맛이 더욱 좋다.
「구운몽」에 성진이가 팔선녀와 구름 위에서 즐겼다는 즐거움이 이런 적이 아니었는가. "백호빛이 세계에 쓰이고 하늘꽃이 비같이 내리더라." 이런 구절이 떠오른다. 인간은 본래 '공수래(空手來)에 공수거(空手去)'라고 하였는데, 이 좋은 배경을 못보고 세파에서 헤어나지 못하면 백년 한이 아닐까.
뱀사골이었다.
(……)
넉넉한 마음으로 아름다움을 사랑하는 만물의 영장이 되어야지!
마음이 온통 단풍 색깔로 흠뻑 물들어 고운 물이 발끝가지 줄줄 흘러내릴 것만 같다.
촉촉이 젖어 오는 감흥에 취하여 눈을 감았다. 차창으로 들어오는 오색바람이 감미롭게 느껴진다.
만산홍엽을 입속에 머금고 집으로 돌아왔다. (×××「만산홍엽」)

위의 글을 읽고 과연 독자가 무엇을 얻을 수 있겠는가. 아무리 읽어도 무엇을 말하려 하는 것인지도 알 수 없을 뿐만 아니라 '만산홍엽'을 드러내는 정감도 전혀 맛볼 수가 없다. 이러한 글은 소재의 나열에 지나지 않은 글로서 졸문이다.

수필은 작자의 체험과 사유가 한덩어리가 되며 소재를 요구하게 된다. 물론 그 소재는 주제와 관련있는 소재여야 하고 또한 관련을 지은 소재여야 한다. 주제를 만족시키지 못하면 그 소재는 과감히 버리고 다른 소재를 선택해야 한다. 여기에서 선택 받은 소재를 제재라고 한다.

　소재는 쉽게 발견되는 수도 있지만 며칠씩을 두고도 찾아내지 못하는 경우도 있다. 이럴 때는 독서를 하는 것이 좋다. 독서를 하다보면 의외로 쉽게 자기가 원하는 소재가 떠오르는 수도 있다.

　공자는 도(道)라는 것은 잠시도 우리 곁에서 떠나지 않는 것이라고 했다. 수필의 소재도 도(道)처럼 우리와 잠시도 떨어져 있지 않다. 다만 스스로 보다 알차고 보람있게 살아가고자 하는 자만이 찾을 수 있을 뿐이다. 인간애, 인류애, 나아가서 삼라만상에 대한 애정을 지닐 때 모든 것이 글의 소재로 부각되어진다. 내가 찾아내고자 했던 인생의 모습이, 내가 추구하고자 한 삶의 모습이 시각적으로 나타나는 것이다. 소재는 부단히 찾는 자만이 찾아낼 수 있다.

　그런데도 소재 즉 쓸거리를 잡지 못하는 이유는 우리가 관심을 잘 갖지 않기 때문이면 신기하고 특별한 사건이나 경험만을 찾기 때문이다. 글이란 이러한 신기한 사건이나 특별한 경험만이 좋은 소재가 되는 것은 아니다. 우리가 단순하게 듣고 보고 들은 평범한 사실이라도 신선한 발상을 가하면 감미로운 수필이 되는 것이다. 그것은 마치 거친 닥나무는 흔해 빠진 하나의 초목에 불과하지만 그것이 가공된 결과 윤이 나는 종이가 되는 것과 같다.

　인상이 뚜렷하고 좋은 글을 쓰려면 보고 들은 소재 중에서 취사선택을 하여 독자에게 깊고 새로운 문제점을 안겨주면 싱싱한 수필이 될 것이다.

4) 작품의 구성

(1) 구 상

　무엇을 쓰냐가 결정되었다. 그렇다고 원고지에 무조건 옮길 수는 없는 것이다. 주제를 끌고 나갈 재료의 배열을 구상하여야 한다. 그렇다고 너무 주도면밀하게 구상하는 것은 되려 흠이 될 수 있다. 줄거리를 짜고 거기에 가지와 잎사귀를 어떻게 붙일 것인가를 대략 머리에 그린다. 생각이 얼른 떠오르지 않을 때는 며칠을 두고 구상하는 것도 좋다. 그러나 구상하는 데 다음 세 가지의 기준을 잊어서는 아니 된다. 먼저 표현코자 하는 의도에 의해서 아우트라인을 정할 것이며 다음은 주제에 적합한 소재를 찾을 것이며 끝으로 요점을 잘 표출할 수 있는 표현 방법을 찾아야 한다. 그런 연후에 집필에 착수하면 문장의 앞뒤가 서고 간결하면서도 해박한 언어로 뜻을 전달할 수 있다.

  일단 작품을 마무리지어 보낼 때까지는 온통 작품생각 때문에 안절부절한다. 일을 할 때나, 술을 마실 때, 또는 늦저녁 잠에 들 때까지도 '무엇을?' '어디서 표현해서 쓸 것인가?'를 생각하느라고 이리저리 골똘히 숙고를 해보았지만, 쉽게 구상이 되지 않을 때는 며칠이고 똑같은 생각을 반복하곤 한다.
  그러다가 머릿속에 구상을 하는 작업이 끝나면 다음 날 아침에는 어김없이 써내려가 매듭을 짓는다.
  구상을 하는 일은 일 주일도 걸리고 때로는 보름이나 한 달까지 걸리는 경우가 있지만, 쓰는 작업은 한두 시간이면 끝난다. 그것은 미리 구상을 다 해 놨기 때문이다. (정덕용)

 잡지사에서 필자에게 원고 청탁을 할 때 충분한 시간을 두고 하는 것도 그 작품에 대한 구상을 하도록 하는 데 있다.
 우리가 집을 지을 때도 미리 설계도를 작성하는 것과 같이 글에서도 전체의 골격만은 구상한 다음 붓을 드는 것이 바람직하다. 즉 설계도는 문장의 질서를 세우는 일이요, 글의 호흡을 조절하는 일이요, 글의 강약을 배치하는 일이요, 글의 반복을 피하는 일이다.
 문맥이 모호하다던가 글의 전체가 엉성한 것은 구상을 하지 않았기 때문이다.
 마지막으로 다음 글을 읽어보자. 이 글은 어느 회사에서 사원들에게 '글을 쓴다는 것'이란 제목을 가지고 백일장을 실시했는데 거기에서 장원한 작품이다. 체험을 보다 구체적으로 기했더라면 하는 아쉬움이 있지만 그런대로 초심자의 수필로서는 크게 흠잡을 데가 없다. 독자에게도 도움이 될 것 같아서 여기에 인용한다.

텔레비전 계(界)는 분초를 다투는 사회이지만, 글을 더디 쓰는 지필(遲筆)을 간판으로 내세워 유명해진 사람이 있다. 바로 H여사이다.
담당자는 전화로 성화같이 재촉을 하면 H여사는 태연히 대답한다.
"지금 겨우 다섯 장을 쓰고 있는 중이에요. 힘이 들어 죽겠군요. 테마가 너무 어려워 그래요."
사실은 한 장도 쓰지 않았으면서 이렇게 거짓말을 한다. 이렇게 거짓말을 하는 것으로써 자기 손에 쇠사슬을 묶는 것이나 다름없이 되곤 한다.
대만에 갈 때만 해도 원고 마감 날짜는 이미 옛날에 지났는데도 한 장도 쓰지 않고 있었다.
공항 로비라든가 비행기 안에서라도 쓸 작정이라고 친구들에게 말하기도 했는데 도무지 쓰려는 기색을 보이지 않았다.
현지에 도착하자 관광이니 뭐니 하며 돌아다니기만 했다. 어떤 친구가 그녀의 그런 행동을 보다못해 H여사에게 물어보았다.
"원고는 한 장도 쓰지 않고 놀러왔는데 실컷 놀기라도 해야지"
"괜찮아, 일부러 여기까지 놀러왔는데 실컷 놀기라도 해야지."
H여사는 아무렇지도 않다는 듯한 표정이었다.
고국으로 돌아가기로 한 하루 전날 밤 호텔에서 H여사는 책상 앞에 앉았다. 그리고는 모든 것을 토해내기라도 하듯이 마구 원고를 휘갈겨 썼다.
원고지를 한 장 한 장 힘차게 젖혀대는 소리가 밤새도록 들려 친구는 한잠도 잘 수가 없었다.
H여사는 관광 여행을 즐기는 한편으로는 원고를 써야 한다는 일을 한시도 머리에서 잊지 않았던 것인지도 모른다.
써야 할 내용이 자기 속에서 충분히 발효되기를 기다리고 있었던 것으로 여겨진다.
나는 H여사의 집필 태도를 모방하면서 회사에 제출해야 할 레포트를 3일, 4일 식으로 미루었다. 그렇게 미루다가 H여사처럼 단숨에 써버릴 작정이었다.
그러나 쓸 만한 재료는 끝내 속에서 발효되지를 않았다. 나는 "지필은 함부로 모방할 것이 못 된다."

그렇다. 구상이 쉽게 되지 않을 때는 시간을 두고 기다려 보는 것도 좋은 방법이다. 그러다 보면 자기도 모르는 사이에 새로운 영감이 떠오르기도 한다.

영구의 소설가 윌리엄 서머세트 모옴(1974~1965)은 소설을 논하는 책에서 스탕달은 자기 머리로 플롯을 구상할 수 있는 능력이 없었다 하지 않았는가. 그러고도 세계명작을 냈다면 사실 구상이란 수필에서 대단히 중요한 사항은 아닌지도 모른다. 수필에 있어서 치밀한 구상보다는 어떠한 주제를 어떻게 살릴 것인가 하는 정도의 구상이면 족하다고 생각한다. 글을 일단 써놓고 그 써놓은 글을 수정 가필하면서 구성하는 방법도 좋다. 필자는 하나의 주제가 주어지면 며칠을 두고 글을 착상한 다음 일단 붓을 든다. 그리고 초고를 손질하면서 작품을 재배치하는 과정을 겸하고 있다.

옛날 어느 목수가 효자 비각을 세우는 공사를 맡았다. 그러나 목수는 며칠이고 나무 토막만 자르고 있었다. 이것을 본 주인은 목수가 하도 의아스러워서, 그 잘라 놓은 나무 토막 몇 개를 몰래 감추어 놓았다.

그런데 그 목수는 며칠 뒤 나무 자르기를 그만두고, 그가 자른 나무 토막을 세는 것이었다. 산더미처럼 쌓인나무 토막을 또 세고 또 세고 하더니, 고개를 갸우뚱거리며 우거지상을 했다. 이 광경을 본 주인이 왜 그러느냐고 목수에게 물어봤다.

"나으리 마님, 제 정성이 부실해서, 이 비각을 짓지 못하겠습니다. 이 이름난 효자 비각을 세우는데, 어찌 저의 이 부실한 정성으로 세울 수 있겠습니까? 소인 이대로 물러갈까 합니다."

"아니 도대체 그게 무슨 소리오? 정성이 부실하다니오? 도무지 이해가 안 되는군요?"

"나으리 마님, 들어 보세요. 소인이 이 비각을 지을 설계를 머리 속에 짜 놓고 그 설계대로 나무 토막을 잘랐는데, 지금 세어 보니 두 토막이 모자랍니다. 이런 부실한 정성으로서야 어찌 그 비각을 세우겠습니까?"

이 말을 듣자, 주인은 얼른 숨겨 놓았던 두 토막의 나무 조각을 내어 놓으며, 숨겨 둔 이유를 밝혔다. 그러자 목수는 그때서야 회심(會心)의 미소를 짓고는, 잘라 놓은 나무토막으로 비각을 짓기 시작하였다. 그리고는 며칠 뒤에 깜짝 놀랄 만한 비각을 준공했단다. (윤오영)

위의 예문에서 보는 바와 같이 붓을 들기에 앞서, 무슨 내용을 어떻게 펼쳐 나갈 것인지 대체적인 줄거리를 만들 필요가 있다.

이와 같이 하나의 작품을 체계화하여 유기적 통일체가 되도록 수미(首尾)를 일관시키고 상호 괴리가 생기지 않도록 조직이 완성되면 붓을 들어도 좋다.

구성에 있어서 일찍이 유협은 사상, 감정을 문장의 중추로 삼고 소재를 골격으로 하며 언어를 피부로 하고 윤율을 성기(聲氣)로 삼은 연후에 수사를 정돈해야 한다고 했다. 다음 작품을 감상해 보자.

인류가 문명한 생활을 한다는 것으로 다른 동물보다 우등하다고 자랑하지만 거기에는 한 가지 착각이 있는 성싶다.

(……)

발명하고 창안하는 능력은 사람만의 특유한 것이라고 하겠으나, 비행기나 텔레비전을 이용한다고해서 이것을 문명 생활이라고 한다면 원숭이가 제주인하고 같이 비행기를 탔다고 해서 원숭이 역시 문명 생활하는 것이라고 평가해 주어야 할 일이다. 하필 원숭이 뿐일까. 파리나 빈대 같은 충류도 그것이 어떠한 제대로의 의식을 가졌다면 이 역시 문명 동물이라고 해서 틀림없을 것이다.

(……)

고대 희랍 사람들은, 이민족은 어떤 것이든 몰아서 「바아바리야」, 즉 야만이라고 호칭하였고, 옛날 한족(漢族)들도 새외(塞外)의 민족들을 동이(東夷)·서융(西戎)·남만(南蠻)·북적(北狄) 이렇게 사분해서 야만시하였는데, 그러한 관념은 일종의 자부심에서 생겨난 것이렸다. 어떤 기록에 보면, 남방 소위 야만인들은 서양사람들이 목에 맨 넥타이를 보고 「그거 답답하지 않느냐」고 한다는 것이다. 문명과 야만의 구별이란 별로 대단한 것이 아니고 결국 소질상의 상대적·정도적 차이밖에는 더 될 것 없는가 싶다.

(······)
한때 성행하던 털목도리를 생각해 보라. 그것이 옴이 올라서 병사 혹은 총을 맞아 죽은 짐승의 것이든 간에 그것이 최신 유행이라고만 하면 쥐·여우·너구리의 털 할 것 없이 애호했었고 남편들을 졸라댔던 것이다.
문명의 탈을 쓴 야만은 얼마든지 있다. (오종식 「원숭이와 문명」)

봄비가 조용히 내리고 있다.
우윳빛 얼굴로 환하게 핀 목련꽃이 바로 바르르 떨며 울먹이고 있다.
(······)

비와 눈물로 아롱거리는 꽃잎이 너무나도 고결한 임종 때의 어머님 얼굴 같기만 해서 물끄러미 쳐다보고 있는데, 뚝 하고 꽃 한 송이가 떨어진다. (······)
나는 아직도 시간을 초월한다는 의식 속에서 살고 있는 것일까. 꽃이 다 떨어진 목련나무 가지에는 새 잎이 파랗게 돋아 줄기찬 의욕으로 자라고 있는데, 나는 현재의 내 시간에 안착할 수 없는 안타까움에 몸부림칠 뿐이다. (······) 그러던 어느 날, 작품 마감일을 알리며 격려를 보내는 스승님의 전화 목소리에서 불현듯 아버님의 음성을 듣고 진정제를 먹은 환자처럼 조용히 앉아서 먹을 갈기 시작한 것이다. (······)
5월이 왔다. 손바닥만한 목련 잎새가 무성하게 자라서 온통 하늘을 가리고 있다. 초여름 훈풍이 리듬처럼 경쾌한 덕수궁 뜨락에는 연초록빛 잎새들이 강한 생명력으로 나부끼고 있다. (고임순 「여명」)

위의 두 편의 수필은 소설이 가지는 제약도 시가 가지는 운율적인 특성도 없다. 그러나 붓 가는 대로 아무렇게나 쓰여진 글이 아님을 볼 수 있다. 앞의 글은 "문명의 탈을 쓴 야만은 얼마든지 있다"는 말을 하기 위해서 처음부터 조직적으로 구성했음을 알 수 있다.

그리고 뒤의 글은 목련을 통하여 자기가 깨닫지 못했던 완성의 의미를 터득했음을 암시하고 있다. 그 구체적인 것으로 여기에서 목련은 꽃이 지는 목련과 돋는 목련, 하늘을 가리는 목련으로 분류하여 주제를 상징화하고 있다.

수필을 쓴다는 것은 고삐를 잡고 채찍을 휘두르는 마부와 같은 것이다. 최후까지 일관된 가락으로 말을 몰지 않으면 안 되듯이 글을 쓰는 가운데 중간 부분에 문장이 유치(幼稚)하면 그 글은 옹이가 생기고 마는 것이다.

"쓸 때는 생각나는 대로 연습장에다 줄줄이 써내려 간다. 쉽게 써내려 가면 이래도 되는 건지, 이런 게 소위 글이라고 하는 건지 의문도 생기고 불안도 생긴다. 그런 것에 조금도 구애받지 말고 물흐르듯 써내려 가면 된다.

일단 쓰고 싶은 대로 다 쓰고 난 뒤에 며칠 후, 다시 읽어보면 군더더기가 눈에 띄게 마련이다. 그러면 또, 거침없이 가지치기를 해준다. 원래 하고자 하는 주제에서 이탈되거나 한 것은 수정 보완해 나간다.

제목이나 소재에 따라서 잘 써지는 것도 있지만 영 진도가 안 나가는 경우도 있다. 그럴 때는 다른 사람의 수필집을 읽어본다던가 특히 철학적 에세이들을 훑어보면 다시 기름칠이 되어 흘러내린다. 왜 그러냐 하면 선배 수필가들의 고뇌들도 지금 이 시간 우리가 느끼는 고뇌들과 크게 다르지 않기 때문이다. 물론 고민의 내용이나 성격은 다르겠지만, 인간적인 근원의 문제는 비슷하기 때문이다.

수필의 분량은 대개 원고지 15매(2백자 기준) 안팎이 된다. 대학 공책으로 3~4쪽 정도의 분량이다. 그러나 습작기에는 원고지에 번거롭게 쓸 필요가 없다. 외부에 투고할 때만 원고지에 정서를 하고(요즘은 타이핑이나 워드프로세서를 이용하는 사람이 많다.) 문학공책 같은 것을 준비해서 꾸준히 써 나가는 것이 좋다. 중요한 것은 문장숙달이기 때문에 그때그때 스스로 제목을 정해서 문학공책에 쓴다." (신일재)

(2) 구성의 실례

① 사건적인 구성과 관념적인 구성

수필 구성에는 사건적인 구성과 관념적인 구성이 있다. '사건적인 글은 읽는 사람이 쉽게 이해가 되고 또 감동이 된다. 그러나 관념적인 글은 무슨 말을 하는지 중심이 안 잡히고 심한 경우 하늘의 구름을 잡는 듯이 어지럽다. 관념적인 글보다 사건적인 글이 훨씬 실감있게 느껴지는 이유는 간단하다. 바로 리얼리즘 때문이다. 다시 말하면 사건 위주로 쓴 글들은 실감이 느껴지지만 관념적인 글들은 몽상으로 이해된다. 또 사건적인 글은 쓰는 사람 자신도 지루하지 않게 얘기가 전개되지만, 관념적인 글은 쓰는 사람 자신도 무슨 말을 하는지 모르게 공허해진다. 물론 기성 문학가가 된 상태에서는 관념적인 글을 쓰더라도 중심도 잡히고 포괄적인 문제들을 다룰 수가 있다. 사건적인 글은 구체적 사건은 잘 알지만 반면에 포괄적인 문제를 다룰 수 없는게 단점이다.

더욱 좋을 수 있다면, 사건적인 것을 중심으로 관념적인 것을 적당히 조성한 글이다. 그렇게 되면 사건적인 리얼리즘과 관념적인 포괄성까지 조화를 이루어 좋은 글이 될 수 있을 것이다. (신일재)

다음에서 사건적인 글과 관념적인 글을 보자.

    달밤에는 들판에 나가고 싶었다.
    들판에 나가면 달빛이 거느리는 고요 속에 빠지곤 했다.
    달이 부는 고요의 피리소리…… 온 누리에 넘쳐 마음속으로 흘러드는 피리소리. 고요초롬도 해라. 달빛보다 더 밝고 깊은 고요가 어디 있을 수 있으랴. 누가 달빛의 끝까지 고요를 풀어 놓았을까. 고요의 끝까지 달빛이 밀려간 것일까.
    달밤의 고요는 냉수 한 사발처럼 그저 담담한 고요가 아니었다. 우주의 몇 광년 쌓인 고요, 달의 영혼이 비춰진 숨결이었다.
    (……)
    달빛, 그리고 고요…… 달빛 고요에 돌아눕는 들풀 몇…… 은하(銀河)가 흐르고 있었다. 달이 부는 피리소리…… 영혼의 피리소리. 옷을 벗는 나무들의 하얀 피부가 보이고 풀잎 위에서 밤새도록 벌레들은 무슨 말들을 하고 있는가. 옷을 벗고 있는 나무들의 말들이 들렸다.
    고요도 하나의 큰 소리일까. 세상을 가득 채우는 노래일가. 몇 천 년 아니 몇 만 년의 그리움을 풀어 엮는 노래일 듯싶었다.
 실개천을 따라 줄지어 선 미루나무들……, 이웃한 나무들끼리 달빛 속에 내외간처럼 정다와 보였다.
 달빛 속에 숨죽인 몇 만 년의 고요, 고요 속에 눈을 뜬 달빛, 그 무한한 은유법을 보고 있었다. 시·공을 뛰어넘는 …… 눈맞춤 같은 마음의 표현을 보고 있었다.
 (……)
 내 마음에 오래오래 달빛 고요가 머물러 있길 원하지만 내 마음은 늘 욕심으로 가득차 빈 뜨락을 만들 수가 없었다.
 마음이 어지러우면 어머니는 눈을 감으시고 천수경을 외시지만 난 달빛고요를 생각했다. 달빛과 고요 속에 잠기면 차라리 가난이 더 홀가분해지고 포근해졌다.
 덕유산의 달빛 고요는 나를 행복하게 해 주는 신비였다. 영혼을 맑게 해주는 그리움이었다. (정목일 「달빛 고요」)

 아직도 생각날 때마다 눈물지는 일이 있습니다. 그 때 평양으로, 어디선가 곡마단이 왔는데, 그 중에도 나 어린 내 호기심을 제일 끄는 것은 인도 어느 산에서 잡아 왔다는 큰 뱀이었습니다. 그것이 어찌도 보고 싶던지 여쭈어 보아야 소용없을 줄은 뻔히 알면서도,
 "할만, 나 돈 닷돈만!" 하고 말해 보았습니다. 그때 입장료가 소학생은 반액으로 오전이었습니다.
 할머님은 언제나 꼭 같은 대답으로
 "나 한 량만 다고, 내 닷 돈 주께."
하시면서 열쇠 한 개밖에 든 것이 없는 주머니를 뒤집어 보여 주었습니다.
 그러나 내가 그때는 왜 그리도 미련했던지요. 생판 억지를 써야 별 수없을 줄을 뻔히 알면서도 그래도 그냥 울고불고 야단을 하였습니다. 그날 종일 밥도 안 먹고, 소리쳐 울었습니다. 종내 그 뱀 구경은 못하고 말았으나, 거의 매일 그 서어커스단 문 앞에 가서 그 휘장에 걸어 놓은 뱀잡이 그림을 어찌도 치어다보았던지, 아직도 고 뱀과 그것을 잡은 벌거벗은 토인들 그림이 눈 앞에 선합니다.
 그 후 십여 년이 지난 작년 가을, 오래 해외에 있던 나는 어른이 다 되어 집으로 돌아왔습니다. 마침 형님 집에 올라와 계신 할머님은 서울서 뵈었는

데, 하루는 집안에 아무도 없고 할머님과 나와 단둘이 있을 때, 할머님은 주머니를 뒤적뒤적 하시더니 가운데 구멍이 뚫린 오 전짜리 백동전 한 푼을 꺼내 주시면서,

"옛다! 자, 이제라두 뱀구경 가거라!"

하시는 그 목소리는 떨리었습니다. 그 때, 나는 할머님 무릎에 엎디어 실컷 울었습니다. 나는 그 백동전을 가지고 다닙니다. 지금 만리 타향에 있으면서도 그 백동전을 꺼내 볼 때마다 내 눈에는 눈물이 빙그르 돌군 합니다. (주요섭 「할머니」)

② 단순구성과 복합구성

구성에는 단순구성과 복합구성이 있다. 단순구성은 사건의 진전이 단순한 것으로서 한 이야기만으로 꾸며진 것을 말하고 복합구성은 두 개 이상의 이야기를 합해서 쓴 작품이다. 두 개 이상의 이야기에는 주(主)가 되는 이야기가 있고 부차적으로 따라오는 이야기가 있는데 부차적인 이야기는 주가 되는 이야기를 어디까지나 보조하는 데 그친다.

이 밖에도 산만구성과 긴축구성이 있다. 전자는 행동의 통일이 없기 때문에 그 선후를 분간하기 어려우나, 후자는 유기적인 연락을 맺고 있기 때문에 질서정연한 구성미가 있다. 그러나 이러한 구성은 어디까지나 주제를 완전무결하게 전달하는 데 있기 때문에 구성에 필요한 여러 조건들과 적의하게 유기적인 관계를 맺어야 한다.

수필가 서정범의 구성의 실례를 다음에서 들어보자.

내가 글을 쓸 때 먼저 생각하는 것은 이 글이 재미있는 글이 될 수 있는지를 생각한다. 재미없는 글이라면 누가 시간을 허비하여 읽겠는가. 이왕 쓸 바에야 많은 독자가 재미있게 읽기를 바라는 심정은 누구나 같은 것이다. 재미란 남이 못 보는 것을 보거나 남이 못 듣는 것을 쓸 때 재미있는 글이 될 것이다. 그렇다고 해서 꼭 기발한 것을 써야 한다는 것은 아니다. 지금까지 남의 것에 대한 새로운 해석이어야 된다는 말이다. 그러므로 있어온 이야기가

아니라 나만이 보고 나만이 느끼고 나만이 듣고 나만이 생각한 것이어야 할 것이다.

어느 분은 내 수필을 읽고 무척 소설적이라고 하는 분이 있다. 사실 나는 수필을 쓸 때 소설과 시를 조화시킨 것을 쓰려고 의도하는 때가 있다. '미리내' (≪현대수필≫ 1집)가 바로 그 시도다. 수필은 산문에 속한다. 그러므로 수필이 문학이 되려면 산문정신이 있어야 한다는 것은 두말할 것도 없거니와 좋은 소설, 좋은 희곡의 밑바닥에는 시정신이 깔려 있는 것이다.

그러므로 좋은 수필이 되려면 시정신이 깔려 있어야 된다고 본다.

'관'은 (≪현대문학≫ 2월호 1971) 원고지 17매짜리가 제목은 '관'인데 16매까지는 순 낚시이야기를 쓰고 마지막 한장에 가서 관의 이야기가 나오면서 끝을 맺게 된다.

독자는 읽어가면서 관이야기는 나오지 않고 뚱딴지 같은 이야기만 나오니까 의아해 하다가 마지막에 가서 그래서 관이라고 하는 제목을 붙였구나 하는 생각을 가지게 된다.

이것은 독자에게 글을 읽는 재미를 한층 돋구는 효과를 노린 것이다. 「흉터」도 그런 면을 고려해서 제목을 붙였다. 우리가 글을 읽을 때 제목과 관련해서 조금 읽으면 아 이것은 무엇을 쓰려고 하는 것이로구나 하는 생각을 하겠다. 독자가 읽어가면서 새로움을 느끼며 예측할 수 없는 글일 때에는 작가가 독자를 이끌고 가는 글이라고 하겠다. 독자가 작가를 이끌고 가는 글보다 작가가 독자를 이끌고 가는 글이 더 재미있다고 하는 것은 두 말할 것도 없다. 독자가 작가를 이끌고 간다면 그 글은 통속적으로 떨어질 가능성이 많다.

수필은 플롯이 없는 글이라고 하는 분이 있지만 없는 자체도 하나의 플롯이 될 수 있다. 재미있고 효과적으로 전달하기 위해서는 플롯이 필요하다고 여겨진다.

어느 글이든지 마찬가지로 끝부분이 중요하지만 나는 끝부분이 생각나면 단숨에 써 내려가게 된다. 그러므로 내 글은 마지막 부분을 쓰기 위해서 모든 게 집중된다고 하겠다.

그렇다고 해서 재미있기만 하면 수필이 되는 것은 아니다.

그 재미있는 이야기를 통해서 무엇을 보여 주어야 할 것이다. '미리내'에서는 물들지 않은 어린 시절의 꿈을 오늘의 성인들이 그대로 지니고 있다면 오늘의 사회가 보다 밝고 아름다운 꿈이 꽃들이 피는 세상이 될 수 있지 않을까 하는 생각을 하면서 쓴 것이다.

「흉터」에서 윤노인의 죽음을 어떻게 볼 것인가.
빅톨·유고도 그런 말을 했지만 사람은 항상 싸움의 연속이다. 자연과의 싸움, 사람과의 싸움, 자기 자신과의 싸움이 계속되고 있는 것이다. 윤노인은 자연과의 싸움에서 졌지만 자기와의 싸움에서 이긴 분이다.

소재가 수필이 되도록 앞뒤 순서를 가려 상호 연결시키는 가운데 주제가 숨어 있어야 하고 문장이 상호 모순되지 않도록 잘 조직되어 있어야 한다는 것이다.
다음은 윤오영의 구성이다.

수필은 그 작품마다가 창작인 까닭에 작품이란 곧 새로운 형태를 조성한다는 뜻이 된다. 일률적인 방법은 없다. 그러므로 하나의 작품에 대한 해설이 하나의 자기 작법과 작품의 예가 될 것이다. 최종의 목적은 소설로 쓴 시가 아니면 시로 쓴 철학이지만 이것은 이상일 뿐이다. 그러나 방향은 항상 그것을 모색해 보는 것이다. 그리고 시적 이미지와 소설적 표현을 어떻게 조화시키느냐가 항상 추구하는 수련과정이 된다. 아래에 졸작「광한루기」의 해설을 붙임으로써 수필 노우트로 삼고자 한다.
기행문과 수필은 같지가 않다. 수필은 집중된 '폼'을 이루어야 한다. 사경(寫景)은 과장이 없는 사실이어야 하며 부질없이 미화하다가 농담을 잃지 말아야 한다. 정경구도의 묘를 얻으면 상승이다.
시작에서 풍경보다 전설이 강함을 말함으로써 일편의 내용은 이미 결정된다. 다음은 문에 들어서자 눈에 보이는 즉경이다. 작은 정자들을 일일이 묘사하거나 설명하면 광한루가 죽는다. 오작교하면 이미 설명이나 묘사가 필요없다. 그것은 그 이름이 경보다 강한 까닭이다. 다음은 누상(樓上)의 경이다. 처음에는 물과 숲과 섬을 정적으로 잡고, 이어 대숲을 동태에서 파악한다. 이것이 표현의 기동성이다. '보기 좋다' 정도로 표현해 둔 것은 위의 '아름답다'의 농담을 위해서다. 赤壁賦云云은 허사인 접속부사를 실사로 대치한 것이니 문장의 견실을 취한 것이다. 그러나, 황산대첩비의 강구(强句)가 없으면 그 말은 진부해진다.
'문학의 힘이란 위대하지 아니한가'는 평이한 결구다. 그러므로 오작교의 비탄으로 향(響)을 내야 문장이 기복을 얻어 생동한다.

다음은 이미 춘향각에 왔다. 춘향각의 묘사는 평범하기 쉽고 춘향의 화상에 대한 통속적인 묘사는 아취(雅趣)를 상하기 쉽다. 다만 분향하는 문전의 모습으로 족했다. 돈을 놓고 절한 것을 분향으로 바꾼 것은 문아(文雅)하기 위해서다. 고추같이 매운 열녀를 들어 전설의 진실성을 부각시킨다. 여기서 비로소 춘향전을 중심으로 한필(閑筆)을 농할 여유를 찾았다. 그러나 템포가 느리고 길어졌다. 그러므로 되풀이해서 강조하므로써만 문세(文勢)가 살아난다.
　목침의 예가 그것이다. 정념이 맺히면 목침에서도 피가 흐른다는데 춘향의 전설에 생명이 없으랴 하는 뜻이니 전문의 강조다. 춘향각을 보고 그대로 나오면 문정(文情)이 아니다. 잠시 머뭇거리고 둘러 봤어야 했다.
　(……)
　마침 장구 소리가 들여온다. 이것이다. 유구한 전설 속에서 헤매던 심서(心緖)는 문득 자신의 순간으로 돌아온다. 유구(悠久)와 순각(瞬覺), 이것이다. '구름은 먼 마을로 떠가고 경내에서 가무를 익히는 장구 소리가 등 뒤에 들려온다'는 것이 그 표현이다. 밀집한 사건으로 긴밀한 구성을 꾀하고 농담과 기복으로 호흡을 조절하며 정서를 은은히 매만져 하나의 새로운 형태를 만들어 보려는 것이 이 작품의 유의점이요, 약 7면에 열 네 마디 건을 담았으니 최소 지면에 최대로 많은 내용을 압축 수용하여 완만한 문사를 피하고 정서를 눌러가며 이미지를 살려 보려고 노력한 것이요, 단편소설의 수법과 시적 표현을 조화시켜 보려고 시도한 것이다. (윤오영 「정경구도의 묘」)

　문장의 전개가 다양한 만큼 그것에 대처하는 작가의 사고도 다양해야 한다. 서술이 너무 간략하면 내용이 허술해지고 반대로 서술이 지나치면 내용이 헛갈리게 된다. 그러므로 지엽은 어디까지나 근간에 의해 서술해야 하고 으뜸된 줄거리를 총괄하는데 힘내야 한다.
　수필가 김시헌도 그의 구성을 이렇게 말했다.

　'하늘'이라는 제목을 주어서 글을 쓰라고 한다면 그때부터 '하늘'에 대한 생각을 해 보아야 한다. 이것은 제재를 먼저 결정해 놓고, 주제를 그 속에서 찾는 순서라고 할까?
　그러나 대개의 글은 주제를 먼저 결정하는 것이 바른 순서라고 할 수 있다. '무엇을 쓸 것인가?' 하는 의도가 정해져야 그 의도를 충족시키기 위해서 소재를 생각하게 된다. 소재는 '무엇으로 나타낼 것인가?'의 물음에 해당되는 분야라고 할까?

　이 세상의 삼라만상은 소재가 될 자격을 가지고 있다. 그러나 주제가 요구하는 의도를 따라 그 많은 소재는 선택을 받게 되어서 주체와 관련이 있는 일부분만이 글 속에 동원된다. 이때에 동원되는 소재를 특히 제재라고 말한다.

　소재가 결정되면 우선 그것이 가진 속성을 분석해 보아야 한다. 그 소재안에 어떤 철학이 잠재되어 있는가? 주제를 만족시키기 위한 어떠한 종류의 진실이 그 안에 가로 놓여 있는가를 살펴보면서 주제와 강한 인연을 가진 부분을 추출해 내야 한다.

　몸소 체험해 본 소재면 더욱 자신을 가지고 그 글을 쓸 수 있고 생소한 소재라면 그때부터 직접 체험의 기회를 만들어 볼 수도 있고 아니면 새로운 관심을 주어서 그 소재가 내포하고 있는 여러 속성을 찾아낼 수밖에 없다.

　(……)

　글도 마찬가지로 애정이 가 있던 소재여야 제재로서 선택될 기회가 생기고 또 그 소재에 대해서 이야기할 수 있는 내용이 풍부해질 수 있다.

　작가가 어떤 소재에 관심을 보내느냐 하는 문제는 인생관과 사상과도 관계가 깊지만 그 범위는 생활의 폭을 말하기도 한다. 수필이든, 시든, 소설이든, 소재가 풍부하다는 것은 생활이 풍부하다는 것을 의미하며, 그것은 나아가서 폭넓은 작품을 쓸 수 있는 기저가 마련되어 있다는 것을 이야기하기도 한다.

　그런데 여기 한 포기의 노송이 있다고 하자. 그 노송을 바라보는 사람이 비극적인 인생관을 가지고 있다고 한다면 노송에서 어떤 철학을 찾아낼 것인가? 모르지만 그는 아마 노송에서 다가오는 생명의 종말을 생각하고 허무를 느낄 것으로 안다. 그러나 낙관적인 인생관을 가진 사람이 노송을 쳐다보았다면 인생의 여유있는 결실을 연상하고 그것에서 어떤 종류의 낭만을 가져볼 것이다. 물질위주의 인생관을 가진 사람이 만약에 노송을 보았다면 그 나무에서 얼마만치의 돈이 나올 것인가를 계산적으로 볼지 모른다. 이는 같은 종류의 소재일지라도 각자 다른 것을 찾아내는 한 예가 된다.

　몇 천 년을 두고 수많은 문인들이 글을 써 왔다. 그렇다면 아직 다루어 보지 못한 새로운 소재란 없을 것이 아닌가? 한데도 사람들은 새로운 글을 쓰기 위해서 자기의 천분을 끊임없이 닦는다. 그것은 소재의 새로움을 찾기보단 소재를 바라보는 눈에 새로움이 있다는 것을 믿고 있기 때문이다.

　사람들은 인생을 살아가면서 많은 체험을 가슴 속에 축적해 간다. 그 축적은 때로 표면에 유하기도 하지만 대개는 깊은 속에 숨어서 자취를 감추어 버리는 숨은 체험의 흔적이 바다 속의 돌멩이처럼 어떤 때 사람들의 손에 잡혀서 밖으로 올라오는 수가 있다. 한 알의 체험이 가슴 밑바닥에서 고개를 들자면 그만한 어떤 충격이 주어져야 한다.

　(……)
　수필의 소재는 글에 바로 이용되는 경우가 많다. 소설과 시는 소재가 우회되어서 이용되기도 하고, 상징되어서 이용되기도 한다. 하지만 수필은 '본 대로 느낀 대로' 직접 글 속에 얼굴을 내민다.

　(……)
　한 사람의 미식가에게 맛이 있는 요리를 제공하기 위해서는 우선 질이 좋은 요리의 재료를 선택해야 한다. 재료가 나쁘면 요리사의 솜씨가 좋아도 그 힘을 다 나타내지 못한다. 무우, 배추, 고추, 마늘, 파 등 수많은 재료중에서 무엇을 자기 요리의 재료로 끌어오느냐? 이것은 요리사의 생각에 달려 있다. 재료의 배합을 고루 잘해서 한 작품을 완성해 놓으면 그 안에 맛이 생기고, 향기가 생긴다. 맛이 있고 향기가 있는 작품은 따라서 영양가치도 있다.

　미식가가 아니라 해도 이왕이면 누구나 향기좋고 맛좋은 요리를 먹고 싶어한다. 그래서 소재를 잘 선택한다는 것은 좋은 수필을 쓰기 위한 기초조건이 되는 것이다. (김시헌「소재와 충격」)

　문장의 구성을 잘 하면 이질적인 사상(事象)도 단추와 구멍처럼 서로 조화를 이루는 반면에 구성이 서투르면 같은 단어라 할지라도 밥에 돌처럼 갭이 생기는 것이다.

　구성에 있어서 유의할 점은 맥락이다. 내용의 맥락이 통하지 않으면 그 글은 반신불수가 되어 버린다. 육두마(六頭馬)의 힘의 강약은 각각 다르되 하나의 마차를 끄는데 일사불란하게 끌고가듯, 하나의 주제를 향해 많은 소재를 배합하되 요소별 내용들로 제자리를 잡아 써나가야만 된다. 구성의 예를 보자.

　조지훈은 그의「승무」를「시의 원리」에서 다음과 같이 말했다.

① 무대 묘사를 뒤로 미루고, 직입적으로 춤추려는 찰나의 모습을 그릴 것.
② 그 다음 무대를 약간 보이고, 다시 이어서 휘도는 춤의 곡절로 들어갈 것.
③ 그 다음 움직이는 듯 정지하는 찰나의 명상의 정서를 그릴 것, 관능의 샘솟는 노출을 정화시킬 것.
④ 그 다음 유장한 취타에 따르는 의상의 선을 그리고, 마지막 숨과 음악이 그친 뒤, 교교한 달빛과 동터 오는 빛으로써 끝맺을 것. (조지훈「시의 원리」)

다음 구성을 비교해 보자. 좋은 구성이란 전달하고자 하는 뜻이 정확하고 명확하게 표현되는 것이다.

① 나는 아침 일찍 집을 나와 학교로 갔습니다. 가는 길에 외삼촌을 만났는데 돈 백 원을 주었습니다. 오전 공부를 마치고 점심을 먹었는데 반찬이 참 맛이 있어 어머니께 감사했습니다.
② 점심시간이 되자 도시락을 열었다. 반찬이 무척 맛있었다. 그 순간 나는 어머니에 대한 고마움이 가슴에 가득했다. 그리고 보니 오늘 아침 등교길에서 만난 외삼촌 생각이 났다. 외삼촌은 돈 백 원을 주셨다.

(3) 구성의 종류

① 시간적 순서에 따른 구성

이 구성 방법을 가장 초보적인 방법으로서, 일의 발생, 진행 등의 시간적 경과에 좇아서 글의 줄거리를 엮는 방법이다. 사건의 인과관계나 또는 논리적인 관계에 따라 이야기가 진행되는 것이 아니요, 시간의 순서에 의해 재생하는 방법을 쓰기 때문에 자연해 글의 동기는 인상이 약하다. 그러기 때문에 처음부터 끝까지 읽어도 특별히 기억에 남는 게 없다.

정진권은 시간적 질서에 따른 구성을 시간의 흐름에 따르는 구성, 시간의 흐름에 역행하는 구성, 현재에서 있다가 과거를 다녀오는 구성 등으로 나눈 바 있다.

주로 일기, 체험기, 역사, 기행문, 회의의 경과 등 서사문에 비교적 많이 사용하고 있다.

선생님 네 분과 함께 나도 구례역에서 내렸다. 화엄사까지의 길을 물으니 이십 리 길이 넘는다고 한다. 서쪽 하늘에 걸린 해를 바라보며 우리 일행은 마차를 탔다. 구례읍을 지나 반 시간 남짓하여 마차에서 내려 걷기를 시작했다. 길가에 띄엄띄엄 가려진 볏가리는 늦어가는 가을의 햇발을 원망이나 하는 듯이 쓸쓸하고 추레하게 서 있고, 옹달진 산밑 동네에는 기다란 연기가 몇 줄기 하늘까지 오르고 있어 산촌의 풍경을 더욱 아름답게 꾸미는 것 같았다. 나는 돌에 걸어 채일까 봐 조심조심 걸어서 화엄사 입구에 이르렀다. 이 근방을 지키고 계시는 순경아저씨 몇 분을 발견하고 그 수고에 새삼스레 고개를 숙였다.

화엄사에 닿았다. 어두운 송림 속에서 이따금 이름 모를 새 소리가 들려올 뿐 사방은 죽은 듯이 고요하다. 주지스님을 찾으니 노승 한 분이 나오신다. 선생님께서 인사를 하시고 뭐라고 말씀하시니 처음에는 좀 당황한 기색이 보였으나 곧 그도 친절하게 맞아 주셨다.

"으아 참!"

놀라운 소리가 나도 모르게 내 입에서 나왔다. 절에 가면 크고 넓은 방이 있다는 말도 들었고 더러 보기는 했으나, 이같이 크고 넓은 방이 있을 있다고는 생각조차도 못했던 것이다. 안내하는 스님의 말을 들으면 300명은 넉넉히 쉴 수 있다고 한다. 방 한가운데에 촛불이 하나 켜 있었으나, 저쪽 벽은 무엇이 무엇인지 알아보지 못할 만큼 희미하게 어둡다.

(……)

이윽고 새벽은 스님들의 경 읽는 소리와 함께 활짝 밝아졌다. 고요한 절 옆으로 흘러가는 낡은 골짜기 물로 세수를 하였다. 기분이 상쾌하여 그대로 있을 수가 없어서 "야아"하고 고함도 질러보고 바위에 부딪치며 흘러가는 물과 같이 달려도 보았다. 주지스님의 안내를 받아 대웅전으로 갔다. 정면에는 세 분의 부처님이 엄연히 앉아 계시다. 어느 부처님보다도 어마어마하게 큰 부처님이다. 첫눈에 그 어떤 무거운 힘으로 머리를 짓누르는 것 같아서 나는 머리가 숙어짐을 어찌할 수 없었다.

대웅전을 나섰다. 스님은 푸른 가을 하늘 아래의 지붕 위에 마침 참새가 오락가락 날고 있는 각황전을 가리키며 각황전은 우리나라 제일의 목조건물인 국보라고 가르쳐 주신다. 과연 우리 나라 제일이라고 자랑하여 부끄럽지 않다고 생각되었다. 그 건물이 일천 삼백 년 전에 이루어진 순 목조건물로서 건축기술이 발달된 오늘날 사람들이 감히 흉내도 못 낼 만큼 굉장한 규모로 지었음을 눈 앞에 보고, 기계의 힘을 꿈에도 생각조차 못했을 그 당시의 수고를 생각하니 우리 조상의 피땀이 기둥 하나 기와 한 장에까지 엉기어 있는 것만 같았다. 각황전 안에 모셔 놓은 부처님은 육중한 건물에 비교하여 격에 맞지 않게 작다는 서운한 느낌을 주었다. 법당 가운데에 세워진 둥근 기둥을 두 팔을 벌려 안아 보았다. 세 아름이 되고 남았다.

아침 식사를 마치고 밖으로 나왔다. 유달리도 명랑한 햇발은 이글이글 타는 듯한 단풍으로 가을을 찬미하고 있는 것 같았다. 단풍을 한 가지 꺾어 들고 노래를 부르며 선생님을 따라 구층암과 천불보전을 구경하였다. 내려오는 길에 빨간 감이 주렁주렁 매달린 감나무 가지 하나를 목에 걸고 문득 곁에선 나무를 쳐다보았다. 열 한 알이 입을 벌리고 웃고 있었다. 보지 못했던 귀여운 열매를 따 가지고 내려와 스님께 여쭈어 보았더니 동백나무 열매라고 하신다.

우리 일행은 점심 전에 화엄사를 나섰다. 산길을 따라 흘러가는 골짜기 물은 바위와 숨바꼭질이나 하는 듯이 숨었다간 나오고, 나왔다간 숨는다. 흐르는 물에 우리도 한 몫 끼고 싶었다. 넓적한 바위에 앉아서 보퉁이를 풀어 놓고 군입정을 하며 짙어가는 산중의 가을을 마음껏 즐길 수 있었다. 앉아 계시던 선생님이 일어서시며 옛 시조를 읊듯이 "잘 있거라 화엄사야, 같이 가자 벽계수야" 하고 부르시었다.

숲 속에서 들려오는 구슬픈 나무꾼의 노래를 들으며 우리 일행은 발길을 재촉했다. (강건영 「완주국교」)

아침, 낮, 저녁의 시간 순서에 따라 구성된 일기문이다. 시간의 순서에 따라 배열되었기 때문에 사건이 평범해질 수밖에 없다.

② 공간적 구성

이 방법 역시 시간적 순서와 같이 사물의 공간적 배치에 따라 글의 줄거리가 진행되는 것을 말한다. 어떤 지점에서 옆의 지점으로 시각의 이동에 의해 서술하는 구성법이다. 시간적 구성방법이 서사적 진술에 의존한다면 공간적 구성은 묘사적 진술이 중심을 이루다고 볼 수 있다. 그것은 사물의 모습이나 장소를 눈에 보이도록 자세히 그려내야 하기 때문이다. 가령, 어떤 집안을 묘사하려면 '대문, 문간방, 마당, 안채' 등의 순서로 이동하여 그려 나가는 것이다. 또는 이와 반대로 안채, 마당, 문간방, 대문 등의 순서로 그리기도 한다. 이 구성법은 시간적 구성과는 무관한 공간적 배치 상황을 나타낼 때 쓰이는데 인물 묘사에도 자주 쓰인다. 이러한 구성법은 생물의 형태나, 지세(地勢), 기계의 구조, 단체의 기구나 조직 등을 설명이나 암시할 때 쓰인다.

산성 서문안으로 발을 옮기면 백제 시조 은조왕을 모신 사당이 있다.
곧, 일장산 서북 중부에 있다. 병자호란 때 인조대왕이 이 산에 농정해 계실 때 지으신 제전(祭殿)이다.
다시 숨을 헐떡거려 산성의 최고봉을 올라가면, 이것이 곧 450미터 되는 일장산의 꼭대기다. 고색이 창연한 서장대가 있고, 대상엔 무망대 석자를 쓴 현판이 달려 있다. 병자호란을 잊지 말자는 뜻이다. 40평이나 되는 넓은 터전을 차지한 집으로, 아래 위층 장엄한 건물이다. 영조조에 유수 이기정이 건축한 것이니, 현존한 산성 속에 가장 그 규모가 큰 집이다. 수어사가 구운복(具運服), 밀화구영(密花具纓)으로 장대에 올라, 칼을 빼어 수만 군병을 호령하던 곳이다.
탁 열려진 안계(眼界)는 일모(一眸)에 경성, 양주, 양평, 고양의 모든 산천이 내려다보이고, 희멀끔 인천 바다엔 석조(夕照)가 끓어올라 시뻘건 불덩이 같다. 다시 눈을 가까이 돌려 발 아래 한강을 굽어보니, 무심한 듯 유심하고 한가로운 듯 바쁜 두어 척 고깃배가 돛대에 바람을 배불리 싣고 그림같이 돌아든다. (박종화 「남한산성」)

서울역에서 남으로 향하여 한강 인도교를 건너가면, 한편으로는 흑석동으로 넘어가는 언덕길이 뻗었고, 우편으로는 사육신 무덤이 있는 산을 돌아 영등포로 향한 아스팔트길이 플라타너스 가로수의 그늘을 받고 들어 갔다. 노량진 장터를 지나면 바로 왼편으로 넓은 오르막길을 아침 저녁으로 오르내리는 산 너머 사람들은 이 고개를 아리랑고개라고 한다. 산 너머 사람들이라고 하며 마치 두메산골 사람으로 관념할지 모르나, 이 아리랑 고개를 넘나드는 사람들은 대개가 서울 장안에 직장이 있는 공무원이나 사무원인, 양복을 입은 한국의 지식인들이다. 처음으로 아리랑 고개를 올라선 사람이라면 깜짝 놀랄 것이다. 플라타너스 가로수가 우거진 넓은 길이 우로 갈라져 내려가고, 종로 화신 앞 같은 로터리가 있기 때문이다. 이 로터리로 해서 동서남북으로 갈라진 십자로 길가로는 주택영단, 꼭 같은 형의 특호 주택이 즐비해 있다. 이 로터리에서 서로 향한 길을 내려가면 또 아담한 로터리가 있다. 여기에서 동으로 관악산을 바라보는 가로수가 늘어선 길 한복판으로 맑은 산물이 흘러 내리는 개천이 있다. 이 개천 양편으로 수양버드나무 늘어진 가지가 푸른 바람을 받고 실가지를 개천에 적신다. 멋진 길이 이러한 데 있으리라고는 상상 못할 것이다.

　이 로터리 길을 기점으로 주택이 좌우로 줄지어 아득히 보이는 산허리까지 뻗치었다. 잔잔하게 계곡을 타고 자리잡은 꼭 같은 형의 특호주택, 꼭 같은 형의 갑호주택, 꼭 같은 형의 을호주택이, 줄줄이 좌우로 마치 전차 기갑 사단이 푸른 기를 꽂고 관병식장에 정렬하여 서 있는 것 같은 감정이다. 관악산의 줄기가 병풍처럼 천여 호의 주택을 둘러쌌다. 이 주택촌을 상도동이라 한다. (김광식 「2132호 주택」)

③ 논리적 구성

　시간적 공간적 구성은 자연적 여건에 따르는 구성인데 반해, 논리적 구성은 술리적 여건에 따르는 구성법이다. 이 구성법은 원인, 이유와 결과, 귀결이 논리적 필연성을 갖고 전개되는 것이기 때문에 인과식 구성이라고도 한다.

　시간적, 공간적　순서에 따르는 구성법 이외의 모든 구성법은 이 논리적 구성법에 속한다. 논설문이나 설명문 등에 적합한데 이 구성 방법에는 연역적 방법과 귀납적 방법이 있고 이 밖에도 점층법, 열거법, 포괄법 등이 있다.

　그러나 문장 구성법을 잘 기억한다고 해서 글이 써지는 것은 아니다. 글은 늘 쓰고 생각하고, 그리고 독서하는 것이 제일 좋은 방법이라 하겠다.

헌법상 정당을 적극적으로 규정하기 시작한 것은 독재정권이 정당한 국가와 불가분의 일체라고 보고, 이를 이용하여 일당국가를 형성한 데서부터이다. 이 유형에는 나찌스 독일이며 파쇼 이탈리아며 소련 헌법들이 있다. 이들 헌법에서는 정당은 국가기관으로 되어 있으며, 독재정권의 유지 수단으로서 이용되었던 것이다.

제2차대전 후의 헌법들은 파쇼정권들이 타 정당을 해산시킨 경험을 살려, 복수정당제도의 보장을 헌법상에 규정하기에 이르렀다. 이러한 유형 중에는 이탈리아 헌법 등의 정당 가입의 권리를 보장한 헌법형과, 또 반민주적 정당을 해산함으로써 민주주의적인 복수정당제도를 유지하려는 서독 기본법 등의 헌법형이 있다.

후자의 유형에 속하는 것으로는 브라질 헌법, 프랑스 제5공화국헌법, 1961년 터키헌법 등이 있다. 우리 헌법에서는 제2공화국헌법 제13조 2항에서 위헌정당의 해산규정을 두었으며, 1962년 헌법개정에 의하여 제75조의 소위 정당조항을 두고 있다. (김철수 「새 정당법은 위헌이 아닌가」)

5) 기교와 수사

(1) 수사는 진실성에 바탕을 두어야

미술은 형체에 의해서 전달되고 음악은 성음(聲音)에 의해서 전달된다. 그러나 문학은 감성이 문자로 바뀌어져 전달된다. 그러므로 미술은 색체가 그 생명이라면 음악은 곡조가 생명이요 문학은 정서가 생명이 된다.

수필문학은 인간의 정서를 어떻게 전달했느냐에 따라 독자에게 주는 감동이 달라진다. 가령, "울고 있는 소녀"와 "흐느끼는 소녀"는 독자에게 주는 정감이 사뭇 다른 것이다. 이렇듯 정감을 일으킬 수 있도록 글을 꾸미거나 감동을 자아낼수 있도록 묘하고 아름답게 표현하는 기술이 곧 수사(修辭)다. 따라서 수필문학에 수사가 얼마나 중요한가를 알 것이다.

노자(老子)는 "아름답게 꾸민 말은 진실성이 없다."고 하였으나 막상 그가 저술한 『도덕경(道德經)』을 읽어보면 그가 얼마나 수사에 뛰어났는가를 알 수 있다. 황소가 최치원이 지은 황소격문을 읽다가 침상에 내려 앉았다는 일화는 널리 알려진 이야기지만 정서의 면면(綿綿)함이 펼쳐지는 수사는 실로 사람의 마음을 매혹적으로 끌고 가는 것이다. 그러나 수사가 지나치게 남용되면 되려 글을 손상하는 경우가 있다.

수사는 어디까지나 자기의 심정을 표현하기 위해서 필요한 것이지 미문(美文) 즉 수사(修辭)를 위해서 심정을 작용시켜서는 아니 된다. 다시 말해서 마음속에 축적된 어떤 생각이 저절로 터져나와야 하는 것이요 심정을 표현하기 위해서 수사가 불가불 필요한 것이다. 그런데 요즘 작가들 가운데는 울적하지 않은 마음을, 즐겁지 않은 회포를 구차스럽게 온갖 수사를 동원하여 작품을 쓰는 경우가 없지 않다. 이것은 어디까지나 작품을 위해서 감정을 조작한 상태이기 때문에 작품이 대개 지나치게 화려하되 질서가 없고 매혹적이되 진실성이 결여되어 있다. 그러므로 도시의 삶을 추구하면서도 전원을 노래한다든지 부귀를 지향하면서도 절제를 읊은 것은 작품을 면면히 뜯어보면 진실을 발견할 수가 없는 것이다.

수사는 얼굴의 화장과 같다. 아무리 아름답게 얼굴을 꾸며도 본래의 얼굴을 감출 수는 없는 것이다. 그러므로 글은 본래의 성정에 근본한 것이다. 쓰고 싶을 때의 한마디 말, 표현하고자할 때의 간결한 말은 수사를 한층 우아하게 한다. 수사는 문장을 아름답게 꾸미는 데만 그 목적이 있는 것이 아니라 작가의 사상 감정을 충분히 전달하는 데도 있다. 따라서 문장은 어디까지나 간결하면서도 진실성 있게 정확히 전달하는 데 수사의 본 뜻이 있음을 강조해 둔다.

(2) 수사법은 과장이 아니다

"수사학(修辭學)이란 어떠한 경우를 막론하고 설득을 위한 모든 수단을 고찰하는 기능이다."라고 아리스토텔레스는 일찍이 수사의 정의를 내린바 있다. 이로 미루어 보면 수사의 방법은 고대 그리스 시대부터 그 중요성이 인식되어 온 셈이다.

또한 "수사"란 "언사(言辭)의 수식(修飾)"이라고 풀이할 수 있다. 말과 글을 아름답게 꾸미기 위한 여러 가지방법이 곧 수사법이다. 그러기에 수사학은 일찍부터 서양에서는 변설술(辨說術)의 하나로 간주되어 "언(言)"에 치우친 나머지 궤변에까지 발전하기에 이르렀고 동양─주로 중국─에서는 "사(辭)"에 기울어져 시문(詩文)의 작법을 위해 연구되고 발달되어 왔다.

한때 수사법이 수식이나 기교로만 생각된 적도 있다. 그리하여 형식적인 꾸밈에만 치우친 것도 사실이지만, 수사법이 "정확한 설득(전달)을 위한 모든 수단을 고찰하는 기능"이라고 볼 때, 수사법은 현대 문장에서도 중요한 위치를 차지한다.

(……)

특히 정확하게 전달되어야 하고, 참신한 표현으로 신선한 감동을 불러일으키게 하는 문장에서, 표현 기술은 더욱 더 불가결의 요소가 될 수밖에 없다. 오늘날과 같이 전달의 범위는 확대되어 가는 반면에 언어의 기능은 점점 퇴색해가는 추세 속에서, 문장과 표현 기술의 관계는 더욱 밀접한 상관성을 갖게 되는 것이다.

그러나 수사법이 표현 기술로서 아무리 무거운 비중을 차지한다 하더라도 문장에서 첫째가는 선행 요건(先行要件)이 되는 것은 아니다.

문장 표현에서의 수사법은 어디까지나 논리적 요건이나 문법적 요건같은 기초적 요건의 상위에서, 이를 더욱 정확하게 하고 강조하고 아름답게 꾸며서 참신하게 전달하기 위하여 동원되는 기능인 것이다.

요컨대 수사법은 미사여구를 가지고 겉만을 수식하는 화장법이 아니라, 일상적인 표현을 토대로 하여 이를 더욱 정확하게 강조하고, 변화있는 표현으로 참신하게 전달되도록 여러 가지 수단을 강구하는 기능이므로, 예로부터 이에 대한 많은 연구가 있어 왔다. 종래의 분류에 따르면 크게 은유법, 강조법, 변화법의 세 가지로 나누고, 그 안에 약 60여 종의 방법이 있다. (서울대 출판부 「문학작문」)

6) 취향과 작풍(作風)

(1) 글은 마음(개성)의 표현

글은 바로 그 사람이라는 말도 있거니와 언어라고 하는 것은 바로 그 사람의 보이지 않는 마음의 구체적인 표현이다.
그러므로 마음이 날카로우면 말도 날카롭고, 마음이 부드러우면 말도 부드럽게 마련이다. 그러므로 아름답고 품위있는 말을 하고 좋은 글을 쓰기 위해서는 우선 자기의 마음부터 살펴보고 스스로 깨달아 성찰하는 자세가 필요하다.
(……)
자기의 마음을 살펴보았으면 그 다음에는 스스로 닦아야 한다. 그릇도 닦아야 빛이 나듯이, 마음도 닦아야 빛이 나기 마련이다. 어떻게 하면 마음을 반질반질 윤기 자르르하게 닦아서 언어의 빛을 낼 수 있을 것인가.
여기에 접목(接木)이 요구된다. 우리들에 앞서서 일찍이 아름다운 글을 쓰거나 품위있는 말을 하고 간 분들의 언어와 접해야 한다. 성경이나 불경은 물론 훌륭한 언어요, 시성(詩聖)의 시나 악성(樂聖)의 음악, 그리고 화성(畵聖)의 그림도 역시 아름다우면서도 위대한 언어이다.
타고르, 릴케, 프랑시스 잠, 헤르만 헤세, 에밀리 디킨슨의 시를 읽어보라. 그리고 언제나 우리와 함께 있어 접하기 쉬운 김소월, 윤동주, 김영랑, 신석정의 시를 읽어 보라. 그리고 할 수만 있으면 베토벤, 슈벨트, 모짤트, 바하, 쇼팽의 음악을 들어보기도 하고, 밀레, 고호, 고갱, 레오나르도 다빈치의 그림을 감상해 보라.
그 성스럽고도 신비로운 언어와 만나게 될 것이다. 결국은 그처럼 차원높은 언어를 닮아감으로써 그 아름답고도 품위있는 언어를 닮아 인격을 도야해 가면서 표현으로서의 기교를 살려 간다면 반드시 좋은 글을 쓸 수 있게 될 것이다. (황송문 「국어의 향기」)

(2) 재능과 취향에 따라

세상에는 평범한 재능을 가진 사람과 준수한 재능을 가진 사람이 있고 강직한 기질을 가진 사람과 유약한 기질을 가진 사람이 있다. 이러한 것은 천부적인 것으로 문학에 있어서 취향으로 작용하고 취향에 의해서 작품이 형성된다.

　문학에 있어서 가장 중요한 것은 작가의 취향이다. "글은 곧 그 사람이다"는 말에 작가의 취향을 두고 한 말이다. 취향은 사람에 따라 각각 다른 것으로 노력에 의해서 이룩된 것은 아니다. 작가마다 자기 특유의 취향이 있게 마련인데 취향 사이에는 뚜렷한 장벽이 있을 수 없지만 막상 자기가 가지는 취향을 뛰어넘기란 어려운 일이다. 그러나 문학작품에 통달한 작가는 여러 사람이 가지는 취향을 총괄하는 경우도 없지 않다. 그러나 그것은 어디까지나 인정의 변화에 통달하고 철학과 문학에 정통하여 문체를 자유자재로 쓸 수 있는 다음에 가능한 것이다.

　문학의 방법은 다기(多岐)하여 사람이 제각기 좋아한 바를 좇는 것이다. 문학의 대가라도 그 진수를 다른 사람에게 가르쳐 줄 수는 없는 것이며 배우는 사람 역시 배울 수 있는 것만은 아니다.

　공작은 아름다운 빛깔을 지녔지만 멀리 날지 못하는 것은 그 자신의 힘이 결여되었기 때문이요 참새의 빛깔은 보잘 것 없지만 하늘을 비상하는 것은 자신의 굳센 의지가 있기 때문이다. 사람에게 있어서도 취향은 이와같은 것이다. 기벽스러운 작품 쓰기를 좋아하는 사람이 있는가 하면 기려한 작품쓰기를 으뜸으로 치는 사람도 있다. 문장은 논리적인데 함축성이 부족한 작품을 쓰는 사람이 있고 설득력은 있는데 문장의 부연이 빈약한 사람이 있다. 대개 다채로운 사고력을 가진 사람은 부연을 잘하고 논리적인 재질을 가진 사람은 함축을 잘하게 된다. 이러한 것은 다 그 사람의 취향에 따라 작품이 다르게 나타난다.

　작가의 작품에는 대개 전아한 작품, 유연한 작품, 간결한 작품, 명쾌한 작품, 화려한 작품, 장려한 작품, 신기한 작품, 경미한 작품이 있다.

　이와 같은 작품은 재능과 취향에 따라 다르게 나타난다. 그러므로 창작에서는 창작의 주체를 확대하는 신선한 작품을 갖는 것이 무엇보다도 중요하다 하겠다. 다음에서 몇 개의 작품을 보기로 하자.

제사 때 향을 피우는 이유가 무엇이냐는 질문을 받았다.
상가에서 향을 피우고 분향하는 것은 시체에서 나는 냄새를 중화하기 위해 한다고 하지만 제사 때는 시체가 없으니 향을 피울 필요가 없지 않으냐고 할 수 있겠다.
옛날에 섣달 그믐 날에는 방 안팎에 불을 켜 잠을 자지 않고 밤을 밝힌다.
(……)
상가에서 분향하는 것 외에 촛불도 켜 놓는다.
사람의 생사도 신의 것이니까 시체의 근체에는 잡신이 우글거린다고 옛사람들은 생각하였을 것이다.
불을 켜서 그의 잡신들을 쫓아내는데, 그 의미가 있다.
결혼식에 촛불을 켜고 제사때 촛불을 켜는 것도 바로 잡신의 접근을 방지하는데 있다.
향은 왜 피우는가? 향은 불에 타야 그 냄새가 퍼진다. 그 퍼지는 냄새는 멀리까지 구석구석까지 갈 수 있다. 그리고 그 냄새를 내는 근원지에는 불이 있다.
냄새나 연기가 날 때에는 불이 거기 있기 때문에 잡귀들이 연기나 냄새만 맡고도 접근을 못한다고 하겠다.
무녀들의 신당에 촛불을 켜는 것이나 향을 피우는 것도 바로 그러한데 있다.
외래종교의 의식 때도 보면 분향을 하며 연기를 피우는데 바로 그게 잡귀를 쫓아내는 의미가 있다고 하겠다.
어떤 무녀는 향 대신 담배를 피워서 놓은 분도 있다.
요즘은 차의 뒷꽁무니에서 나오는 기름 타는 냄새, 굴뚝에서 나오는 연탄 타는 냄새와 기름 타는 냄새가 거리를 메우고 있다.
그 냄새와 연기 때문에 나무가 병들고 사람이 병들고 있다.
그런데 그러한 엄청난 연기와 냄새 때문에 우리를 괴롭히는 잡귀는 물러갔는지.
'神'자를 풀어보면 '示'와 '申'은 번개불의 상형문자다.

신이란 번개불 '申'로 보여 '示' 주는 것이 신인 것이다.
중국사람들의 생각으로서는 불빛이 곧 신이었던 것이다.
빛이나 불은 신을 물리칠 수 있는 힘을 지녔기 때문에 좋은 신이 된다고 하겠다.
요즘은 과학의 발달로 빛과 불이 밤에도 대낮과 같이 밝아 운동을 할 수 있을 정도로 발달되었다.
결국 빛과 불을 만들어 냈다는 것은 사람이 신을 만들어 냈다는 이야기가 될 것이다.
인간이 그만큼 우리를 괴롭히는 잡귀로부터 우리의 마음은 밝아지고 깨끗해졌는지. (서정범「냄새」)

(……)
겨울의 수렁 속을 헤어나온 새가 잿빛 강물을 찍어내듯이 낮게 드리워 배회하는 나루터에서 눈이 부석부석한 사공은 어린 아들과 함께 나루를 건너갈 손님을 기다리고 있었다.
강물 저쪽 마을에서 햇나물과 버들강아지를 장터로 팔러 왔던 아주머니들, 어머니께 드릴 박하사탕과 제사상에 올릴 북어를 사기도 했지만 학교에 입학할 딸아이가 새고무신을 받고 기뻐할 생각에 뱃길이 더디다고 생각할 만큼 그들이 탄 나룻배는 병풍같이 이어진 산을 배경으로 넘실거리며 흘러갔다.
이따금 도회의 길목에서 철을 앞당겨온 봄나물과 버들강아지를 보며 지금은 든든한 다리가 놓였다는 고향의 나루터를 생각해 본다.
문명의 해독에서 벗어나려는 도시인들이 춘곤(春困)을 막아보려고 생수를 찾고 신선한 채소를 탐해 보지만 어릴 때 나루를 건너오던 아주머니의 바구니에 담긴 것처럼 싱싱한 것을 어찌 기대할 것인가.
밀리고 부딪치며 상처입은 이들이 계절이 바뀔 때마다 새로운 변화의 계기를 삼으려고 시도해 보지만 점점 어떤 울 안에서 자신을 거두고 마는지도 모르겠다.
강물 저쪽 마을사람들이 이쪽 도회에서의 삶을 꿈꾸며 밭을 갈고 땅을 일궈 가꿔온 푸성귀와 곡식, 이쪽 도회사람들의 얄팍한 속셈과 눈가림으로 만들어진 물건들로 봄날 장터는 흥청거렸다.
겨우내 안 보이던 할아버지 걸인이 장터 양지쪽에서 김이 무럭무럭 나는 국밥을 먹고 나선 주섬주섬 낡은 옷가지를 하나씩 팽개쳐 버리고 어디론가 다시 떠나버린 모습이 깊게 다가온다.

낡은 것을 하나씩 하나씩 버리고 허망한 집착에서 벗어나서 훨씬 자유롭고 담담하게 자신을 바라보고 싶다.

(……)

나루터의 사공이 어린 아들에게 강물 젓기를 가르쳐주고 세상을 보는 눈을 틔워주려고 쌀쌀한 꽃샘바람에도 함께 데리고 다니듯이 우리에게 믿음직한 계절의 길목을 터줄 손길은 어디에서 기대할 것인가.

신비롭고 경이로운 체험을 기대하면서도 바람부는 겨울 강가에서 꺾이지 않고 견디어온 갈대의 아픔을 잊고 있는 우리에게 봄은 싱그러운 삶의 길목만을 틔워주진 않을 것이다.

햇것으로 봄앓이를 막기보다는 콘크리트 보다 단단하게 둔화(鈍化)된 가슴에 부질없는 객기 아닌 생기를 되찾게 하고 싶다. 깊은 산골짜기 바위틈을 녹아서 흘러온 맑고 시원한 물, 그 청순한 맛으로 넘쳐나려는 열기도 다스려야 한다.

(……)

나룻배 위에서 강가 저쪽마을 아줌마가 귀한 품종의 씨앗을 가슴에 품고 다가올 계절의 꽃과 열매를 그려보며 가는 동안, 강물은 얼음이 풀린 저쪽 기슭의 물과 만나며 더욱 세차게 흘렀으리라.

칭얼거리며 먹기 싫어하던 씀바귀나물을 권하시던 할머니의 모습이 떠오른다. 옛어른들이 입맛으로부터 봄을 맞으려던 낡은 습관을 탓하면서도 어쩔 수 없이 되풀이해야 되나 보다. (유혜자「봄의 길목」)

셰익스피어가 "약한 자여, 그대 이름은 여자이니라"고 말한 것은 그 정곡(正鵠)을 찌르지 못했다는 점에서 참으로 애석한 노릇이다.

여자는 남자보다 강하다.

여자가 남자보다 오래 사는 것은 상식.

남자들은 이미 어머니 뱃속에서부터 '약한 자'로 낙인 찍혀 태어난 것이다. 수태율로 볼 때 남자수가 20~50퍼센트 가량 많지만 그 태내의 사망률이 높기 때문에 출산율은 남자 106, 여자 100으로 줄어드는 것이다.

유전병인 경우 여자에게는 그 병을 일으킬 염색체가 두 개 필요하지만 남자에서는 한 개로도 족하다.

여자의 기초 신진대사율은 남자보다 6~10퍼센트가 낮으니까 그만큼 에너지면에서도 여자는 남자보다 부자라고 할 수 있다.
　절해 도도에 표류한 남녀 중 으레 살아남은 쪽은 여자다. 혹한 극지에서 얼어죽지 않는 쪽도 여자다.
　이러한 극한 상태에서 사람들은 제 몸을 갉아 먹으면서 연명한다. 여자들이 살아남는 것은 그 무지하게 널따란 궁둥이 때문이란다.
　(……)
　심리학적으로 여자는 남자보다 강하다.
　2차대전 중 런던이 독일 공군의 폭격으로 쑥대밭이 되었을 때, 정신병 환자는 남자에서 70퍼센트나 더 많았다는 이야기다.
　극한사태에서 더욱 잔인해지는 것도 여자, 그것은 매달 월경을 통해서 피를 보기 때문이라고 한다.
　어떻든 여자는 남자보다 강하다.
　(……)
　가끔 팬 레터라는 걸 받는다.
　시시한 글이나마 읽어주는 사람이 있구나 싶어 살맛이 나는데 더군다나 데이트까지 신청하는 여성들이 있고 보면 그야말로 장밋빛 인생. 그러나 그 데이트에는 아직 한 번도 응하지 않았다. 실물을 보면 실망해서 울지 모르니까…….
　최근에도 또 한 장 받았다. 이번에는 울건말건 한 번 만나 볼까, 부푼 가슴으로 봉투를 뜯었다.
　지난밤 갑자기 내 남편이 반란을 일으켰어요. 자정이 넘어 곤드레만드레 술 썩는 냄새를 내뿜으면서 구겨진 신문뭉치를 내동댕치면서
　"이놈아, 너는 오늘부터 전쟁이나 하란 말이다!"
　고래고래 소리를 지르더니 그냥 쓰러져 드르렁드르렁 코를 골지 않겠어요? 일찍이 없었던 일, 큰 변이 났구나 싶어 그 활자도 시원찮은 신문을 뒤적거려 보니…… 오라, 당신! 당신이 바로 내 남편을 망쳐 놓았단 말이에요.
　당신은 의학이다, 심리학이다 하면서 진짜인지 가짜인지 모르는 숫자를 늘어놓고 우리들, 이 우아하고 가련한 여자들이 남자들보다 강하다고 주장했지만 그건 억지, 터무니없는 억지란 말이에요.
　학문이란 진리를 탐구하는 것, 내가 학교 교사로 있을 때 조사한 바에 의하면 악력의 경우, 중학교에서 남자는 여자보다 32~44퍼센트나 강했고, 고등학교에서는 남자는 11.3킬로그램이나 늘어났는데 여자는 2.4킬로그램 밖에

늘어나지 않더란 말이에요. 그래도 당신은 여자가 남자보다 더 강하다고 주장하겠습니까?
　까마득한 석기시대부터 남자들은 돌을 깎아 창 칼을 만들어 짐승을 잡아다 우리들, 이 나약한 여자들을 먹여 살려 왔답니다.
　시래깃국 한 번 제대로 먹여주지 못하는 주제에 밤낮 '먹여 살린다'고 큰소리만 치고 있으니…….
　우먼파워의 기치 아래 우리가 나서는 것도 결국은 당신네들에게 콩나물국이나마 한 번 제대로 먹여보겠다는 자비심에서라는 걸 아세요.
　월경혈을 보기 때문에 여자들이 더 잔인하다고? 그래서 그걸 없애느라고 그렇게까지 염치없이…….
　그리고 또 뭐, 여자들에게 전쟁을 시킨다고?
　좋아요, 정 그렇다면 우린 당신네들에게 선전포고를 하겠어요. (이장규「여와 남」)

　하늘이 맑게 갠 날 경복궁을 찾았다.
　(……)
　두 손은 뒤로 짚고 몸을 젖히고 앉아 푸른 창공을 배경으로 까마득히 휘어오른 지붕 처마를 바라보며 섬세한 붓으로 서슴없이 그어올린 그 곡선의 아름다움에 새삼 감심하고 있었다.
　그러다가 문득 날씬하게 추어치켜진 처마끝 모서리에 눈길이 닿았다. 알 수없이 찌릿한 감동이 물살처럼 가슴에 번져왔다. 저 뾰족한 처마의 끝, 그 예감이 있어 처마의 선(線)이 한층 더 아름다운 곡선으로 부각될 수 있는 게 아닐까.
　예각은 화려한 헤어스타일을 연출해 낸 미용사처럼, 성공한 무대의 뒷스탭들처럼 언제나 곡선 속에 숨어 앉아 그 곡선을 빛내주고 있었던 것이다.
　한국의 모든 미(美)는 곡선으로 집약되어 표현된다는 말을 많이 들었다. 고궁의 처마선은 물론, 박물관에 들어서서 보는 온갖 것들, 작은 호리병 하나에서까지도 우리는 흐르듯 고운 곡선을 손쉽게 볼 수 있는 것이다. 자취만 남은 고도(古都)의 구석구석에서도 절묘한 곡선미와 쉽사리 마주쳐지곤 한다.
　뿐이랴. 멀찍이 물러앉은 고향 산들도 기암절벽보다는 부드러운 능선이 태반이요, 꿈결에도 마음 적셔오는 귀향에의 길목은 언제나 꼬불꼬불 실오리길인 것이다.

석굴암 본존불상의 눈에 빛나는 안광이 없이 그냥 둥그렇게 뜬 눈이었다면 자비한 모습은 사라지고 멍청한 표정이 되지 않았을까. 곡선미의 극치라는 다보탑에서 곡선을 연결시킨 모서리가 둔화된다면 두루뭉술하니 곡선의 생명을 잃었을 것이다. 회색빛 분위기에 회색 승복을 입은 스님의 어깨에 걸쳐진 붉은 가사는 색감으로 파격(破格)을 준 감각적 예각일 것이다.

부드러운 산마루의 능선은 한 그루 노송(老松)이 솟아 있어 액센트를 이루고, 조그만 초가지붕 한 귀퉁이엔 오똑하게 솟은 굴뚝이 있어 초라함보다는 정겨움이 앞선다. 수더분하고 늘어지기만 하는 시골 생리에 끈기와 집념과 어쩌다의 저돌을 불어 넣는 액센트이기도 하다.

(……)

입혀 세우고 멀찍이서 보면 아리잠작한 저고리와 여유로운 치마로 해서 안존하기만한 한복에도 그 속에 섶끝, 동정끝과 같은 예각이 숨어 있듯 한없이 한가로운 조상의 얼에서도 그 속에 번쩍 빛아는 예각을 본다.

수줍고 수줍어 다소곳이 아미 숙인 규중처녀의 앞가슴에서 찰각이는 은장도의 생리이다. 평생을 황소같이 묵묵하던 여인네가 우차직 유사시에는 그 가문과 정도, 자식들을 지켜내기에 표독스럽도록 독기(毒氣)에 찬 여인네로 변해서 은장도를 뽑아 잡는 그런 면모이다.

백결선생의 방아타령은 비참한 현실을 슬쩍 휘어 능추어 낭만으로 승화시킨 곡선 같은 풍류이거니와 속에는 세속을 초월하려는 꼿꼿한 예각이 번득이는 것이다. 그것은 눈발 속에 핀 한 떨기 매화의 처연함이며, 잔잔히 흘러 그은 묵화의 난잎속에서 끈기있게 솟구치는 생명을 낚아 올릴 줄 아는 빛나는 예지이기도 하다.

(……)

어떤 이는 사람이 살아가는 과정(세월)을 흐르는 물에 비유하기도 한다. 물이 흐르는 길에는 곳곳에 예기치 않은 복병들이 숨어 있다. 울퉁불퉁한 바위가 있어 회오리치는 거친 물살이 되기도 하고 깊이 파인 웅덩이가 있어 소용돌이가 되기도 하고, 또 가다보면 천야만야한 낭떠러지가 있어 웅장한 폭포가 되기도 한다. 고요한 흐름에 변화를 주는 예각들의 작희이다.

사람의 일생에도 곳곳에 이런 예각들이 도사리고 있어 인생살이라는 한 과정을 다채롭게 무늬지어 준다. 그것은 가슴저리는 기쁨일 수도 있고 뼈마디가 녹아나는 슬픔일 수도 있겠다. 또 생의 저 밑바닥으로 굴러떨어질 것 같은 좌절일 수도 있겠고, 세상을 훌쩍 뛰어넘을 것 같은 환희일 수도 있을 것이다.

아무런 자극도 없이 그저 둥글둥글 그렇게만 살아가는 생애라면 무슨 맛에 무슨 신명으로 세상을 그렇게 열심히 살아 보려는 의욕을 느낄 것인가.
고궁의 용마루 끝에 어느새 해가 설핏이 빗겨 있다. 무수한 예각으로 하여 기쁘고 괴로웠던 나의 지난날을 돌이켜 본다. 그 예각들은 나의 생을 철들게 하고 깊고 넓게 생각해 보며, 사는 의미를 어렴풋이나마 일깨워 준 매듭매듭이였음이 고마워진다.
파아란 하늘을 찌르듯 산뜻하게 휘어 올라간 지붕 모서리를 새삼 신기한 눈으로 바라보며 잔디에서 일어나 스커트 뒷자락을 훌훌 털었다. (정재은 「예각」)

고향이 가고 싶기도 하고 가기 싫기도 하듯이 과거는 그립기도 하고 마음 아프기도 하다. 그리운 빛깔을 뜨기 때문에 과거는 그 인력으로 자주 회상이 되는 것인가. 그러나 거기에는 괴로운 기억이 기다리고 있다가 찾아 가는 사람을 아프게 찔러 주기도 한다.
아니 실제는 그리운 일보다 아픈 일이 더 자주 회상이 되는 것을 보면 과거는 그 아픔을 맛보라고 자꾸 회상 속으로 찾아오는 모양이다. 고향은 언짢은 기억이 싫으면 안 찾아갈 수도 있으나 과거는 저 편에서 불청객처럼 멋대로 찾아드니 피할 길이 없다. 전쟁터에서 포탄이 무시로 떨어지듯이 아픈 기억은 예고도 없이 날아와 터져 한참을 사람을 얼얼하게 만들어 놓는다.
(……)
사람이 직선으로 걷기를 그만 두면 원을 그리게 된다고 할까. 피로에 지쳐 목표를 상실하게 되면 과거로 눈길이 돌아가게 된다. 가치 추구를 포기하고 새로운 정신적 양식을 먹기를 그만두게 되면 마음은 과거라도 끌어내어 되씹기 시작한다고 하겠다.
(……)
현실에서는 항상 부지런히 이익을 추구하고 목표를 좇으며 살아야 하는 것으로 알았는데 회상에서는 정반대의 잣대가 나를 다시 재기 위해서 기다리고 있다. 현실에서는 내가 빼앗기로 놓쳤던 일들의 분함과 아쉬움보다 남의 것을 빼앗으며 줄 줄 몰랐던 일들이 더욱 괴롭고 아프다. 그 때는 내가 끼친 그들의 아픔을 잘 모르고 지내왔는데 이제 생생하게 되살아난다. 남이 내가 되고 내가 남이 되어 내가 받은 아픔은 뒷전으로 밀려나고 내가 그들에게 주었던 아픔이 새로 내 아픔이 된다.
 과거의 회상에 붙들린 사람은 과거가 현재처럼 숨쉬며 산다. 과거가 현재 못지 않게 소중하며 현재의 중요성은 색이 바랜다. 그 바람에 빛깔이 희미한 현재를 보잘 것 없이 살다가 과오를 저질러 그는 다시 뒷날의 회한 거리를 장만하게 된다. 그는 현재의 착오는 대수롭지 않은 것이다. 그러나 세월이 지나 놓고 보면 이것이 그의 또 하나의 아픔이 되는 것이 아닌가.
 (……)
 잘못 산 과거는 영광의 빛을 지우고 살아 갈 의욕을 잠식하고 회환의 늪으로 사람을 빠뜨린다. 회상은 밀어내고 또 밀어내도 우리를 후려치고 또 후려친다. 지옥이란 것이 따로 없다 해도 그와 비슷한 것이 이미 마음속에 마련되어 있는 것이다.
 회상이 괴로워서 백일몽에 빠져 봐야 헛일이다. 마치 자기가 지난 날 눈부신 성공을 거두고 남에게 아픔이 아니라 기쁨을 준 것처럼 과거 위에 눈부신 빛깔을 덧칠해 보아야 금방 깨고 나면 과거는 원래의 색깔이 조금도 바래지 않고 고스란히 거기 남아 있다. 개인의 과거도 한 나라의 역사처럼 지울래야 지울 수 없는 것이다. 시간이 흘러도 도금(鍍金)을 해도 빛깔은 지워지지 않으며 진실은 가려질 수가 없다.
 과거는 뇌의 한쪽을 척출해서라도 떼어낼 수 있다면 그러고 싶게 끈질기다. 그러나 과거를 잘라내자면 그 사람의 인간성 자체를 잘라내야 하지 않을까. 과거는 외부의 사건도 지나간 일도 아니고 그 사람 자체가 되고 있는 것 같으니.
 회상을 피하자면 차라리 묘 속에 들어가는 것이 나을 것 같다. 묘는 사람의 육신을 묻는 곳이라기보다 그의 회상을 묻어주는 것이다. 아니 그렇게까지는 안가더라도 죽음의 한기가 주위에 떠돌게 되면 회상의 매서운 추궁에서 풀려난다고나 할까. 그것에 의해서 자기의 과거의 빚을 갚을 수 있다고 느껴지기 때문에.
 가장 좋은 것은 물론 잃어버린 목표를 새로 찾는 일일 것이다. 그러나 과거가 자기를 주장하며 그것을 막으려 드니 무척 힘드는 일일 것이다. 애당초 그가 목표를 잃은 것은 과거의 아픔 때문이었으니까. 새 가치를 찾아내면 과거 지향의 원운동이 서서히 가지 지향의 직선운동으로 바뀌려나. (진웅기「회상의 사슬」)

7) 퇴고와 교정

수필을 짓고 마지막 손질을 하는 것이 퇴고다. 퇴고야말로 글을 완성시키는 마지막 과정이다. 제아무리 완벽한 글도 더듬어 보면 반드시 퇴고할 부분이 발견된다.

헤밍웨이는 「노인과 바다」를 펴내기까지 2백여 번이나 고치고 다듬고 하였다고 한다. 그런데 우리들이야 더 말해 무엇하겠는가.

퇴고할 때는 다음 네 가지 원칙을 따르는 것이 좋다.

  첫째, 빠진 부분과 보완해야 할 부분
  둘째, 불필요한 부분이나 지나친 부분
  셋째, 글의 전후의 맥락과 연결 및 강조 관계
  넷째, 낱말 사용의 적절성 여부

이상 네 가지를 바탕으로 퇴고하면 손색이 없으리라 믿는다.
다음 예문을 보자.

  그는 마구 버럭 화를 냈다. 높이 솟아오르듯이 비명이 올라갔다. 먼발치로
  보고 있는 여자들에게 K의 얼굴을 들여다보았다.

  그는 화를 버럭 냈다. 비명이 났다. 먼 발치로 K의 얼굴을 보았다.

여기에서 '솟아오르듯이' 보고 있는 여자들에게 '들여다' 등은 삭제해 버렸다. 일종의 군살이다. 그리고 '올라갔다'는 '났다'로 고쳐 보았다. 수식을 지나치게 많이 사용하거나 치밀하게 하지 않으면 글 전체가 죽는다.

써 놓은 글은 바로 발표하지 말고 하루 저녁 머리맡에 두었다가 다시 읽어 보고 보내는 것이 좋을 것이다.

어느 잡지사 편집자가 어느 작가에게 청탁했던 원고를 받아들고 차 안에서 그 원고를 읽어 보았다.

그랬더니 형용사라든가 접속사를 마구 지워버린 흔적이 역력히 보였다. 말하자면 극히 간결한 문체를 만드느라 애를 쓴 흔적이 있다. 그 소설에서 깎은 부분(괄호 안)이 이런 것이다.

이 예문에 잘 나타나고 있는 바와 같이 쓸데없는 군살을 빼면 글은 생생해진다.

형용사는 상태와 성질을 나타내는 말이기 때문에 지나치게 사용하면 글 전체가 정적(靜的)인 인상을 주게 된다.

작용이나 움직임을 나타내는 동사 쪽이 전체에 동적인 느낌을 주는 작용을 하는데 대해 형용사는 반대 효과를 주게 된다.

특히 감정을 나타내는 형용사가 많아지면 주관적인 내용이 되기 쉽고 설득력도 약해진다.

문학작품인 경우에는 형용사의 사용 방법이 기술로서 중요한 것이 되지만, 일반 문장에는 되도록 피하도록 한다. (가야편 「문장 어떻게 써야 할까」)

서기 800년 경, 당(唐)나라 시인 가도(賈島)는 어느 날 나귀를 타고 가다가, 시 한 수를 지었다. 그것은 "이응(李凝)의 유거(幽居)에 제(題)함"이라는 시였다. 그런데 그 시 중에는, 다음과 같은 시구(詩句)가 들어 있었다.

  鳥宿池邊樹 새는 연못가의 보금자리에 잠들었는데
  僧推月下門 스님은 달빛 어린 사립문 살며시 미네

그러나 가도는 '승추월하문'의 '추'자가 마음에 들지 않았다. 그래서 그는 다시 생각하던 끝에, 두드릴고(敲)자를 넣어 '승고월하문'이라 하고 읊조려 보았다. 그것이 좋을 것만 같았다. 그러나 가도는 얼마 아니 가서 아까의 그 밀추(推)자에 애착이 생겼다. 그래서 그는 '추'자로 할까, '고'자로 할까 하고, 골똘히 그것만을 생각하면서 손으로 미는 시늉도 해 보고, 손으로 두드리는 시늄도 해 보았다.

　이런 생각에만 열중하며 나아가는데, 문득 그 무엇에 부딪칠 것만 같아서, 소스라치며 앞을 바라보니, 참으로 뜻밖의 일이 벌어지고 있었다. 그것은 경윤(京尹, 읍장과 같은 벼슬)의 행차였으며, 가도의 노새는 이미 그 행차의 선두와 부딪치고 말았다.

　이리하여 가도는 경윤 앞에 끌려 나갔다. 그러자 가도는 경윤에게 깊이 사과를 했다. 이때 경윤은 가도에게,

　"왜 이상한 손짓을 하면서 그렇게도 무엇에 골몰했느냐?"고 물었다. 가도는 자기가 실례를 하게 된 자초지종(自初至終)을 이야기하지 않을 수 없었다. 그 이야기를 다 듣자, 경윤은 잠깐 생각하더니, "그건 추(推)자보다도 고(鼓)자가 더 나은 걸" 하였다. 이 경윤은 다름 아닌 당송(唐宋) 8대 문장가 중의 제1인자인 한퇴(韓退之)였다. 이리하여 가도는, '승추월하문'을 '승고월하문'으로 한 것은 물론이지만, 두 사람은 이런 일이 인연이 되어, 그 뒤 오래도록 시우(詩友)가 되었다.

　이 일화를 토대로 하여 그 후부터, 지어놓은 문장이나 싯구를 다듬고 보충하는 일을 '퇴고'라고 일컫게 되었다.

　사고나 언어는 정신작용의 기능으로서 존재한다. 따라서 퇴고의 요령은 사람마다 꼭 같을 수는 없다 하겠다. 글을 많이 짓다보면 자기 나름대로 퇴고 요령이 생길 것이다. 그러나 퇴고는 일반적으로 오랜 시간을 두고 살펴보는 것이 큰 실수가 따르지 않는다.

　조식(曹植)은 누구보다 뛰어난 문장을 썼지만 그가 쓴 「무제(武帝)의 애도사」에 "존령(尊靈)은 영원히 칩거(蟄居)하시다"라 했고 명제(明帝)의 송(頌)에는 "성체(聖體)는 가볍게 한다"라 표현하여 후세인의 지적을 받고 있다. 즉 "가볍게 한다"에서는 어딘지 나비같은 생각이 들며 "영원히 칩거(蟄居)하시다"에서는 자못 곤충같은 생각이 들기 때문에 고귀한 신분을 가진 분에게 이런 표현을 사용할 수가 없다는 것이다.

그러므로 퇴고에 있어서는 주제를 부각시키기 위해 글의 짜임이 잘 되었는지, 용어와 문장의 단락과 단락은 서로 유기적으로 잘 처리되었는지, 주제는 선명한지를 잘 살펴보아야 할 것이다.

2. 수필 창작의 종자와 씨

1) 종자는 수필의 씨앗

종자란 무엇인가? 작품의 씨앗이다. 씨앗이 있어야 생물이 태어난다. 씨앗은 모든 생물체의 원천이요, 생명의 모태다. 수필이 있어서도 그 씨앗이 발아되어야 한다.

수필은 인간의 사회 활동 중에서 발아하는 꽃이다. 그러므로 문학이란 그 문화의 꽃이요, 그 사회의 모습이다.

우주에는 시간과 공간이 존재한다. 태양이 은하계 안에서 쉼임없이 흐르고 그러한 태양을 지구는 끊임없이 돈다. 여기에서 시간이 흘러나오고 공간이 존재한다.

그래서 봄이 되면 만물이 저저로 새싹을 내밀고 많은 사람들은 그것을 찬미한다. 새로움에 대한 가슴 벅찬 형상이다. 코스모스의 얼굴에서도 다알리아의 얼굴에서도 가슴 벅찬 기쁨을 느낀다. 이름 모를 잡초와 아름다운 백합이 얼굴을 내밀기까지는 누군가가 이 대지에 꽃씨를 뿌렸기 때문이요, 풀씨가 바람에 뿌려졌기 때문이다.

그런데 말이다. 봄이 되면 왜 대지는 따뜻해지는 것일까? 그리고 작년에 피었던 그 꽃들이 그대로 피어나는 것일까? 지구가 둥글어서? 그렇다면 모든 만물이 다 그러한 것일까?

그런데 소나무와 동백나무는 겨울이 되어도 끄떡없다. 그렇다면 겨울이라 해서 모든 초목이 다 시드는 것은 아니지 않는가. 왜 그럴까? 우리는 모른다.

그것은 신만이 안다. 그래서 신비다. 그러고 보면 이 세상은 신비 아닌 것이 없다. 그저 봄이 지나면 여름이 오고 가을이 되면 낙엽이 진다. 그리고 겨울에는 흰 눈이 내린다. 얼음은 미끄러우며 꽃은 아름답다. 그리고 박쥐와 뱀은 징그러우며 살결 고운 여인은 아름답다. 그리고 사람은 죽음을 앞두고도 재물을 탐내며, 아집과 고집 속에서 많은 사람들이 헤매인다. 생각해 보면 참으로 신비스럽지 않은 것이 없다.

그리고 또 있다. 남녀노소 빈부 귀천을 막론하고 떨쳐버릴 수 없는 사랑에 대한 본능. 그 모든 것들의 실체는 과연 무엇일까? 우리는 그 실체에 얽매여 꼼짝달싹 못하고 살아간다. 그것이 옳은가 그른가는 그 다음 문제다. 아무튼 그것에 얽매여 꼼짝달싹 못한다. 그래서 거기에서 벗어나고자 종교를 찾는다. 그러나 그 종교도 그것을 해결해 주지 못한 채 또 하나의 죄의식에 묶이고 만다.

그러나 우리는 그 이유를 몰라도 좋다. 겨울이 지나면 어김없이 봄이 오고 새싹이 움트고 새는 노래하는 것처럼 세월은 흐르니까.

그런데 조금은 이상하지 않은가. 봄이 되면 왜 그런지 우리 자신도 모르게 무작정 좋다. 좋다는 그 이유는 무얼까. 날씨가 풀려서 좋고 꽃이 피어서 좋은가? 새들의 노랫소리가 흥겨워서 좋은가? 아니면 울렁거리는 아지랑이의 숨소리가 있어서 좋은가? 그 좋은 감정, 좋은 정서의 실체는 무엇인가?

확실히 봄의 계절은 누구에게나 좋은 것만은 사실이다. 우리가 그 이유를 굳이 따질 필요는 없다. 우리가 지금까지 그렇게 살아왔듯이 앞으로도 그렇게 살아가면 된다. 좋다는 그 감각만으로도 우리는 좋다. 행복이랄 것까지는 없다손 치더라도 봄이면 한 송이 꽃처럼 우리의 가슴도 아름답고 봄바람처럼 우리의 마음이 부드러운 것만으로도 좋다.

그 기쁨. 그 아름다움. 우리는 그것을 손으로 붙잡을 수도 없고 눈으로 볼 수도 없다. 그렇다면 그것은 공(空)이 아닌가. 공이라면 그것은 없는 것과 같지 않은가. 그렇다면 무(無)란 말인가. 그러나 결코 무는 아니다. 분명 기쁨과 아름다움이 있는데 어떻게 무라고 하겠는가. 아니, 봄이 갔다고 해서 봄이 없다고 할 수 없듯 기쁨을 볼 수 없다고 해서 기쁨이 없다고 말할 수 없는 일이 아닌가.

 이 세상 모든 사물들도 이유 없이 생성되었다가 소멸되고, 소멸되었다가 생성된다. 자아(自我)라는 개체도 그렇다. 자신이라는 존재는 언젠가는 흙으로 돌아간다. 그렇다고 해서 내가 아주 없어지는 것일까. 나로 인한 또 다른 생명이 태어나 삶을 살아가고 있는 것은 또 다른 나를 만든게 아닐까. 아니, 공(空)이란 없는 것이 아니라, 무한한 창조를 의미하지 않는가? 공(空)에는 공(工) 자가 들어 있다. 이 공(工)은 무엇인가를 만들어 낸다는 생산의 의미가 들어 있는 글자이다. 그렇다면 공은 없는 것이 아니라 있다는 것이 아닌가. 그렇다면 이 세상은 무(無)인가? 유(有)인가?

 이렇게 볼 때 세상에는 무한한 신비가 있다. 그것을 다른 말로 이치라고 해도 좋고 신의 섭리라 해도 좋다. 아무튼 이 지구에는 생성의 이치가 있고, 소멸의 신비가 있다. 선의 섭리가 있고, 악의 원리가 있다. 이것인가 하면 저것이요, 저것인가 하면 이것이다. 아기는가 하면 지고, 지는가 하면 이긴다. 살았는가 하면 죽고, 죽었는가 하면 살아 있다. 욕구에 대한 원리, 파괴에 대한 원리, 재미에 대한 원리, 미에 대한 원리, 애모에 대한 원리, 상승에 대한 원리. 이 세상에는 많고 많은 원리가 있다.

 이러한 원리, 이러한 이치, 이러한 신비, 그것은 글의 종자가 된다. 수필이란 종자로부터 피어난 한떨기의 아름다운 꽃이다. 일상에서 얼마든지 우리는 수필의 종자와 만난다. 단돈 만 원이 아까워 남에게 점심 한끼 대접하지 못한 구두쇠가 그 돈을 고스란히 남겨 놓고 죽은 얘기도 수필의 종자요, 길 인도에 뛰어든 자동차에 중상을 입었다는 이야기도, 시장을 가다가 어이없게도 도둑으로 오해받는 경우도 수필의 씨앗이 된다. 결혼식 그좋은 날에 신부가 어떤 사고로 혼례식을 올리지 못한 일이며 건강을 회복하기 위해 새벽 기도회를 다녀오다가 불의의 사고를 당해 일찍이 하나님의 품속으로 먼저 간 일도 수필의 종자다. 수필의 종자는 바로 이러한 우연의 이야기요, 우리가 살아가면서 겪는 일상의 이야기요, 삶의 모순에 대한 이야이가.

모든 문학이 그렇지만 수필 역시 일상에서 얼마든지 우리는 수필의 노래와 만나고, 수필으 얼굴과 만나고, 수필의 몸짓과 만난다.

다방에서 우연히 돈뭉추를 주웠다거나 택시 안에서 우연히 지갑을 줍는 일도 있을 것이며 시장을 가다가 몇십 년 만의 지기지우를 만나 그의 진지한 삶의 이야기도 달을 수 있었을 것이다. 길 가다가 한 마리의 거미가 잠자리를 채 먹는 광경도 보았을 것이요, 자동차의 맞부딪치는 충돌 속에서도 용케도 사람은 다치지 않고 자동차만 박살이 난 현장도 보았을 것이다. 수필은 바로 이러한 우연의 이야기요, 우리가 살아가면서 겪는 일상의 이야기다.

모든 식물이 종자로부터 싹이 트고 무성한 가지가 뻗으며 아름다운 꽃을 피우는 것처럼 수필 또한 종자로부터 형상의 꽃이 피어나고 그 열매를 맺는다. 우리가 길을 가다가 말뽕을 밟았거나 남의 자동차를 빌려 탔던 이야기도 전부 수필의 종자가 된다. 때로는 억울하고, 분하고, 기분 나쁜 일게 되고, 사촌이 논을 사면 배가 아플 때도 있을 것이다. 사람도 때로는 얼마간의 심술도 있고, 사랑도 있고, 봉사도 있고, 희생도 있고, 시기도 있다.

2) 종자는 수필의 싹

수필은 종자에 기초한다. 그리고 그것은 현실 생활에 의해서만 필요한 자료들을 선택할 수 있다. 그 선택된 이야기는 종자의 요구에 맞게 설정되어야 하며 종자를 형상적으로 꽃피울 수 있게끔 조직되어야 한다. 그래야만이 정연한 줄거리로 엮어서 유기체와 같이 조화롭게 구성할 수 있다.

그리고 그 종자가 꽃피우려면 종자에 체현되어 있는 삶의 문제를 제기하고 무엇이 진정 옳은 삶인가 하는 암시를 주어야 한다. 그리고 그것이 종자 속에서 저절로 무르녹아서 자연스럽게 형상적으로 표출되어야 한다. 그렇게 될 때 독자들은 그 작품에서 커다란 감화력을 받을 수 있다.

하지만 좋은 종자를 골라 잡고도 그것을 구현해 내는 문장력을 갖지 못한다면 의미 없는 이야기만을 늘어놓게 될 것이다. 형상화란 종자에 의하여 규제할 것은 규제하고 전개할 것은 전개할 수 있는 문장력을 지녀야 한다. 그것은 목수가 집을 지을 때 필요 없는 부분을 잘라내는 일과 같은 것이다.

아무튼 인간이 존재하는 곳에 생활이 있고 생활이 있는 곳에 반드시 이야기가 있다. 인간을 알기 위해서는 그 생활을 알아야 하고 그 생활을 알기 위해서는 그 이야기를 통해야 한다. 따라서 그 이야기를 적는다는 것은 생활을 그린다는 것이요, 이야기를 엮어내는 일은 인간을 알기 위한 수단이다.

문학이란 바로 그 생활이란 종자를 형상적으로 잘 뿌려서 아름답게 보여주는 일이요, 좋은 수필이란 그 내용의 흥미있고 재미있는 이야기를 말한다. 여기에서 형상이라는 말은 예술적이란 말로 대체(代替)해도 좋을 것이다.

인간의 생활은 인간의 얼굴만큼이나 다양하다. 그리고 그 내용도 모래만큼이나 풍부하다. 풍부한 만큼 고유한 내용과 그 특징을 가지고 있다. 그러므로 그 특징과 다양성을 바탕으로 정원에 잘 뿌리고 가꾸는 일이 무엇보다도 중요하다.

그렇게 저렇게 대학을 다니다가 대학을 그만둔 깜찍하게 생긴 아가씨가 소공동에 있는 '비서실 다방'의 레지로 온 것은 오늘이 3일째 되는 날이다.

그런데 이 다방의 단골손님들 중에는 아주 명랑하고, 그래서 어쩔 수 없이 다방측으로부터 인정을 받는 친구가 있었다.

이 친구 외모야 그럴듯하다. 뚱뚱한 사장타입으로 몸으로 항상 정장을 하고 있었는데도 약간은 흐트러진 멋까지 느낄 수가 있다.

그의 까만 싱글의 왼쪽 깃엔 금배지가 항상 빛나고 있었다.

점심때가 되자 이 친구 또 나타났다. 어제부터 칭얼거렸지만 이번에 온 아가씨가 제일 힘들 것 같았다.

오늘도 깍듯이 인사만 하고 여전히 뽀로통하고 냉정하다.

"야! 나는 블랙으로."

마담은 일부러 새로운 아가씨에게 차 심부름을 시켰다.
차를 가지고 가자 슬쩍 허벅지를 만진다.
"아니, 왜 이래요?"
하고 체면이고 뭐고 없이 소리를 빽 지르자 손님들의 시선이 한곳으로 집중한다.
너무도 뜻밖이라 멍하다가 갑자기,
"아니, 뭐 이런 게 있어!"
"손님이 먼저 추근거렸지 않아요!"
한동안 이런 투의 말다툼이 절정에까지 올랐다.
"지가 뭔데, 손님이면 손님이지 사람을 업신여기고 깔 봐."
"그래, 나는 손님이다."
"손님이면 다냐! 손님이면 손님답게 정중해야지."
마담이 보다 못해
"이분은 우리 집 단골이셔."
"단골이면 다요, 사장이면 다고, 돈이면 다야! 지가 뭐야!"
이 친구 열이 올라 왼쪽 깃에 단 금배지를 치켜들고,
"그래 나는 국회의원이다."
"뭐, 국회의원이면 다냐?"
"그래, 너는 다냐면 다냐!" (「다냐면 다냐」)

이 작품의 종자는 우리 주위에서 흔히 볼 수 있는 사건들이다. 내용도 간단하고 이야기도 평이하다. 어느 작품에서 보는 것처럼 치열한 사건도 전쟁 같은 격동적인 스릴도 없다. 아주 하찮은 이야기요, 그냥 스쳐 갈 수 있는 작은 사안이다. 그런데도 내용이 진지하고 우리의 가슴을 누르는 힘이 있다. 그러면서도 흥미가 있다. 그것은 간단한 이야기를 잘 형상화시켜 우리에게 어떤 문제를 던져주고 있기 때문이다.

거듭 말하거니와 수필의 종자는 형상화의 씨앗이다. 따라서 종자의 질에 따라 좋은 수확을 거둘 수 있다. 그리고 농부의 씨 뿌리는 솜씨도 뛰어나야 한다. 씨 뿌리고 가꾸는 것은 그 농부만의 노하우이듯이 형상화 역시 작가의 노하우다. 우리 생활이 다양한 만큼 형상화도 다양할 수 있다. 그러나 한 가지 주의할 것은 종자의 성향에 맞게 지질을 융합시키고 화합시켜야만이 그 씨앗이 발아되고 성장하여 절정을 이룰 수 있으며 그 넝쿨이 둘레를 이루어 진진한 결과로 이어져 맛스럽고 흥겨운 수확을 거둘 것이다. 그런데 종자가 요구에 알맞은 생활을 끌어들이지 못하면 형상이 메마른 골짜기로 흘러들어 종자가 꽃피울 수 없게 된다. 종자가 꽃피우지 못했다는 것은 결국 내용이 꽉 짜이지 못하고 이야기 줄거리가 상호 긴밀성을 유지하지 못했다는 말이다.

대채 초심자가 범하기 쉬운 일이 이야기의 긴밀성과 생동감을 잃는 일이다. 다시 말해서 이야기의 초점을 잃어버리는 일이다. 이야기가 산만하게 되면 내용이 선명하지 못하고 그 주제도 흐트러진다. 그 원인은 잘 짜이지 못한 데서 오는 결과다. 그렇게 되면 흥미있는 분위기를 명백하게 보여줄 수 없게 된다. 그러므로 가능한 한 하나의 주제 아래 하나의 이야기만을 선택하는 것이 좋다.

종자를 예술적으로 잘 구현하기 위해서는 무엇보다도 그 종자 자체에 내재되어 있는 사물 관계 또는 인간 문제에 고리를 물고 있어야 한다. 예를 들어서 흐르는 물과 구름은 덧없음이라면 산과 들은 영원함이다. 그러나 그 흐르는 물에서도 반복성이 있고 일시성도 있으며 영원성도 있다. 다만 그 물에서 그 종자에 따라 그 하나를 취해야 한다. 그래야만 이 종자가 내세우고 있는 여러 가지 문제에 해답을 줄 수 있을 것이다.

수필이란 실생활로 가득 차 있는 일종의 생활의 꽃이다. 따라서 여러 가지 이야기 줄거리는 꽃의 줄기이며 이파리와 같은 것들이다. 그러므로 그 이파리와 줄기는 어디까지나 꽃을 피워내는 데 절대적인 몫을 해내는 데만 쓰일 때 그 임무를 완수할 수 있을 것이다.

    게으르기가 천하에 둘도 없는 늙은이 한 사람이 날라리 보따리를 등에 걸머지고 지팡이를 뚜벅거리며 길을 걸어가고 있었다.
    이 늙은이는 매우 배가 고팠다. 등에 걸머지고 가던 보따리에서 떡을 꺼내 먹으면 되었지만 팔을 올리기가 싫어서 그대로 걸으려니까 반대쪽에서 갓을 쓰고 모시 한복을 점잖게 차려입은 한 노인이 이쪽으로 오는 게 보였다. 게으름뱅이 늙은이는 마음속으로 '옳다, 저 사람에게 부탁을 하자.' 하고는
"여보시오, 노인장. 내 등에 있는 보따리 속에 맛있는 떡이 들어 있는데 그 떡을 꺼내서 내 입에 집어 넣어주면 노인장에게 떡 세 개를 드리리다. 좀 꺼내서 물려주시오."
하고 부탁을 하니 그 노인장 하는 말이
"여보시오, 그런 소리 하지 마시오. 난 지금 갓끈이 풀어졌어도 그것을 매기 싫어서 그냥 걸어가고 있는데, 아니 남의 보따리를 풀어서 떡을 물려 줄 생각이 나겠소?"
하고 그대로 지나가 버렸다.
떡을 지고 가는 늙은이가 그 노인을 자세히 살펴보니 정말 갓끈이 풀어져서 금세 갓이 떨어질 듯 하는데도 고개를 살랑살랑 흔들면서 걸어가는 모습이란 정말 꼴볼견이었다.
늙은이는 그 노인장을 향하여,
"별 게으른 늙은이 다 보겠네."
하고는 배고픔을 참으면서 계속 걸어갔다. (「게으름뱅이」)

여기에서 느낄 수 있는 것은 종자를 꽃피워 내기 위해서 이야기를 일관성 있게 그려냈다는 점이다. 그리고 그 속에 메시지를 넣었다는 점이다. 암시적인 메시지는 많은 생각을 동원하게 된다. 여기에 등장하는 인간은 많은 모순성을 지니고 있다. 그래서 평이한 내용 같지만 비범이 있고 하찮은 내용 같지만 보배가 들어 있다. 이것은 어쩌면 나 자신의 이야기며 우리들 모두의 이야기인지도 모른다.
사람은 사람으로부터 대접을 받고 사람은 사람으로부터 굴욕을 받는다. 그래서 우리는 사람을 사랑도 하고 사람을 미워도 한다. 사람을 업신여기기도 하고 사람을 존경하기도 한다. 사람은 사람과 친하면서도 가장 사람을 무서워도 한다. 그래서 그것을 조절하고자 도덕을 만들어 놓았고 규범을 만들어 놓았다. 따라서 인간은 그 규범과 도덕에 굴복하고 순종하면서 살아야만 한다. 그렇지 않을 때 비도덕적인 인간이 된다. 그래서 우리는 부지런해야 하고

남을 사랑해야 한다. 이것은 인간이 가질 수 있는 기초적인 도덕이요, 사회의 규범이다.

앞의작품이 심도있게 받아들여지는 것은 우리들의 내면을 잘 투영시켰기 때문이다. 이렇듯 스쳐갈 수 있는 하찮은 내용이지만 이야기를 잘 형상화시켜 놓으면 미학적 견인력이 발생한다.

수필은 물론 모든 작품은 현실 속에 그 기초를 두고 있다. 그렇다고 감동적인 생활사건이나 사실들을 그대로 옮겨 놓는 것으로 수필이 되지는 않는다. 물론 우리 주위에는 기적과 같은 현실이 없지도 않으며 그것들을 그대로 늘어놓아도 우리들의 심금을 울리는 감동적인 이야기들이 있을 수도 있다. 그리고 그것들이 좋은 수필이 되는 예도 있을 수 있다. 그러나 그것은 그리 흔치 않은 일이다. 수필은 어디까지나 형상화 속에 작가가 말하고자 하는 의미가 부여되고 아름다운 꽃을 피울 수 있게 된다. 그러므로 작가는 종자를 가지고 그것을 재구성하여 예술적으로 새롭게 조직하여 새로운 그릇에 옮겨 놓는 솜씨가 있어야 한다.

현실 생활은 수필작품의 터전이고 모체이기는 하지만 생활 그 자체가 곧 작품은 아니다. 만일 그렇게 된다면 우리는 작품을 창작할 필요를 느끼지 못할 것이다.

3. 수필의 종자와 상호관계

1) 수필의 종자와 소재

① 이치의 다양성

글감을 소설에서는 소재, 논문에서는 자료, 일반문장이나 수필에서는 재료(화제)라 한다. 그리고 숫자상의 통계치나 실험상의 자연과학에서는 데이터라

한다. 그러나 수필에서는 보통 그냥 '글감' 내지 '제재' 혹은 '화재'라고 한다.
 이러한 것들을 다른 말로 종자, 또는 씨앗이라고 한다. 그야말로 씨앗은 글의 밑감이 된다. 말거리가 있어야 시비를 걸 수 있듯이 글거리를 잘 탐색해야 글이 된다.
 잘 탐색된 씨앗을 가지고 결정된 주제에 따라 글거리를 배치해야 한다. 그러니까 모아진 씨앗을 잘 선택하고 그것을 씨앗의 성격에 따라 논에 심을 것은 논에 심고 밭에 심을 것은 밭에 심어야 한다. 그리고 봄과 여름의 주제를 잘 구분하여 여름 씨앗은 여름 씨앗대로 봄 씨앗은 봄 씨앗대로 정원에 뿌려야 한다. 그 뿌리는 작업이 바로 글의 얼개, 구성이다.
 사실 수필 쓰기가 어렵다는 것은 씨앗이 없어서가 아니라 무엇을, 어떻게 심을 것인가를 결정하지 못하기 때문이다. 그러므로 몸에 지닌 씨앗을 어떻게 처리하느냐 하는, 탐색은 작품의 원동력이라 하겠다.
 그러면 명창 권삼득이란 이야기를 가지고 만든 수필을 보자.

 판소리 명창 권삼득은 전북 완주군 구억리 양반 내언의 둘째 아들로 태어났다. 어려서부터 글공부에는 게으르고 창극조 부르기에만 신명이 났다. 장성해서도 마찬가지였다. 드디어 온 고을에 그의 이름을 모르는 건 귀머거리들뿐, 그가 나타났다 하면 시장바닥이 텅텅 비었고, 애를 낳던 여자들도 튀어나와 놀 판이었다. '명창 권삼득'-이름은 산을 넘고 골을 누볐다.
 그러나 집안에선 골칫거리였다-소위 양반 가문에 명광대가 나타나다니! …… 숙의 끝에 가문회의를 열었다. 아니나 다르랴, 회의의 결과는 그의 생명을 끊고 가문의 이름을 보존키로 결정되었다. 충격받은 어머니는 앓아서 눕고, 고을 안팎에선 동정의 소리가 소용돌이쳤다. 그러다 드디어 결행하는 날이……. 삼득은 뭇사람 앞에서 마침내 거적에 덮씌웠고, 옆에는 커다란 왕작두가 준비돼 있었다.
 어머니는 지혜를 짰다. 죽는 아들이니, 마지막 소원 하나 들어주고 죽이자고, 그러라고 허락되어 물은즉,
 "마지막 가는 길이니, 노래 한 자리 하고 갈랑께요."
 드디어 거적 밑에서 들려 오는 피맺힌 가락! 거적 아닌 땅에서 울려 오는

애절한 한! 마지막 유언의 명창 앞에 눈물짓는 가족과 관중들!
　관중들의 하소연에 겨운 가문들은 다시 회의를 열고 번안 '작두 사형'을 보류하고, 대신 족보에서 그를 제명키로 하고 추방명령이 내려졌다. 저승의 현관에서 돌아온 그는 그 멋들어진 고운 가락으로 강산을 누비며 명창 광대로 종신했다.

　하나의 전해오는 이야기를 가지고 실로 멋진 한 편의 수필을 만들었다. 그 어머니의 아들을 살려내려는 착상도 기발하고, 이를 글거리로 수필을 만든 솜씨도 기발하다. 많은 글거리, 즉 씨앗을 가지고 있다는 것은 좋은 글을 쓸 수 있는 기법이기도 하다.
　다음은 이곡의 「차마설(借馬說)」이다. 역시 조그마한 사물의 이치가 한 편의 수필 속에 들어 있다.

　　내가 집이 가난해 말(馬)이 없어서 가끔 빌려서 타곤 했다. 여위고 둔한 말은 걸음이 느렸다. 그래서 급한 일이 있어도 감히 채찍질을 가하지 못하고 조심조심 탈 수밖에 없었다. 그런 말은 곧 넘어질 것 같아서 개울이나 구렁을 만나면 내려서 걸어가야 했으므로 몹시 불편했다. 그러나 발이 높고 귀가 날카로운 준마는 너무 잘 달려 의기양양하게 마음대로 채찍질할 수 있어서 좋았고 고삐를 놓고 달리면 언덕과 골짜기가 획획 스치는 게 평지처럼 심히 장쾌하였다. 하지만 빨리 달리다 보니 너무 위태로워서 떨어질 것 같은 아차 하는 순간이 있어서 근심스러웠다.
　　아, 사람의 마음이 옮겨지고 바뀌어지는 것이 이와 같지 않을까. 남의 물건을 빌려서 사용하는 것도 이와 같거늘 하물며 참으로 자기가 가지고 있는 것이야 더 말해 무엇하겠는가.
　　사실 사람이 가지고 있는 것 가운데 어느 것 하나 빌리지 아니한 것이 없다. 임금은 백성으로부터 힘을 빌려서 높고 부귀한 자리를 가졌고, 신하는 임금으로부터 권세를 빌려 은총과 귀함을 누리며, 아들은 아비로부터, 지어미는 남편으로부터, 비복은 주인으로부터 힘과 권세를 빌려서 쓰고 있다.
　　그 빌 바가 또한 깊고 많아서 대개는 자기 소유로 하고 끝내 반성할 줄 모르고 있으니 어찌 미혹한 일이 아니겠는가.

그러다가도 혹 잠깐 사이에 그 빈 것이 도로 돌아가게 되면 만방의 위에 있던 임금도 짝 잃은 지아비가 되고, 백숭(百乘)을 가졌던 집도 외로운 신하가 되니, 하물며 그보다 더 미약한 자야 말할 것이 있으랴. (이곡「차마설」)

삼라만상이 다 수필이 됨을 우리는 여기에서 본다. 말을 빌려 타면서도 그는 사물의 이치를 터득해낸 것이다. 사물에는 반드시 좋은 점과 나쁜 점을 동시에 함유하고 있다. 성질이 급한 사람은 실수가 따르는 반면 쉽게 생각하고 일의 추진력도 있다. 그러나 그 반대인 사람은 실수는 없으나 가슴에 오래도록 간직하는 반면에 일의 추진력이 약하다. 자동차를 급히 몰면 빠른 것은 좋으나 사고의 위험이 높고 느리면 위험도는 적으나 시간이 더디다. 이러한 사물의 이차가 작품의 종자가 된다.

'낙동강' 수계에 연한 1천만 인구가 분뇨와 폐수를 마시게 됐다고 난리들이다. 오행으로 따지면 분뇨는 본시 흙과는 상생 관계를 유지하지만 물과는 상극 관계에 있다. 상생 관계에 있는 분뇨가 흙과 섞이게 되면 식물을 생장시키는 영양분을 만들어 인간에게 좋은 결과를 제공하지만 상극 관계에 있는 물과 섞이면 그 물은 사람에게 독소적인 영향을 미칠 수밖에 없다.
인문이든 축분이든 간에 모두 물과 함께 처리되고 물 속으로 직접 들어가게 만든 현재의 분뇨처리 방식으로는 상극 관계의 결과를 생산할 수밖에 없다. 상생 관계를 생산하는 모형은 자연의 순환체계를 잘 터득한 인간이 알고 있는 터인데 왜 그러한 방향을 포기했는가. 필연적으로 생산되게 마련인 분뇨를 흙과 섞이게 하는 방식을 생활에 이용할 생각은 왜 하지 않는가.
그것은 더러운 것이라는 생각이 은연중에 굳어진 탓이다. 물로 깨끗하게 씻어 내리는 것이 합리적이라는 생각을 하게 된 사람들이 분뇨를 쓰레기로 간주한 결과 빚어진 것이고 그것이 이번 식수사태를 초래했다. 분뇨도 자원이다. 그것은 썩은 뒤에 비료가 되어 식물의 성장을 담보할 뿐만 아니라 발효 과정에서 발생되는 천연가스로 에너지를 생산할 수도 있다.
대단위 아파트단지에서 수입된 가스저장고를 설치할 것이 아니라 분뇨처리조를 설치함으로써 수질오염도 방지하고 천연가스도 얻어 쓰는 방식은 어떨까. 아파트값 하락을 우려해 눈살 찌푸리는 사람도 있겠지만 냄새 좀 맡으면 어떤가. 후손을 위해 토양도 보존되고 지금 당장 무공해 농산물도 먹을 수 있고 환경과 건강 오염의 위험도 없고 얼마나 효과가 큰가 생각해 보자. 환경처는 관련부처와 협의해 대단위 아파트단지에 단지별로 '천연가스생산시설'의 의무설치를 추진하는 것이 바람직하지 않을까. (전경수「분뇨도 자원」)

상생과 상극의 이치다. 이러한 이치를 활용하는 것이 자연의 순리다. 순리를 살린다면, 독극물도 약이 된다. 음식에도 때가 있다. 호박죽은 겨울에 제맛을 내고, 닭고기는 여름에 제맛을 낸다. 인간의 삶에 있어서 그러한 순리가 작용한다. 이러한 자연의 이치가 수필의 절대적인 종자가 된다.

종자는 즉품의 씨앗이요, 핵이다. 코스모스는 코스모스 꽃을 피우고 장미는 장미꽃을 피우듯이 수필의 종자는 작품의 내용을 규제하고 그 글의 살이 된다. 수필은 하나의 문자행위다. 그러나 그것은 단순한 문자행위가 아니요, 유기체의 문자행위다. 유기체는 생명이 있다. 뼈와 살이 있고 혈관이 있다. 그리고 그것이 유기적으로 통일을 이루고 있다. 종자가 살아나기 위해서는 이렇듯 한 편의 수필도 유기체가 되어야 한다.

동의보감을 펴낸 이조시대 한의학의 진수, 허준 선생이 어느 날 지방 나들이를 갔다.
날이 저물어 조그만 마을에 머물게 되어 이런 생각 저런 생각을 하다 늦게 잠자리에 든 선생은 다급한 목소리에 잠을 깼다.
"선생님! 우리 집사람 좀 살려 주십시오."
새벽녘에 들이닥친 마을 사람의 딱한 사정을 들어 보니, 자기 아내가 산기가 있으나 사경을 헤매고 있다는 것이었다.
한양에서 멀리 떨어진 곳에서 묵고 있던 선생은 약재도 없고 시간도 없어 뾰족한 처방이 떠오르지 아니하여 난처한 표정을 지었다.
한동안 생각에 잠겨 있던 허준 선생은 참으로 묘한 처방을 내렸다.
"앞뜨락의 풀섶에 가면 아직 이슬이 남아 있을 테니 깨끗한 이슬 한 모금을 받아 들게 하시오."
이야기를 들은 마을 사람은 어리둥절했지만 그의 영험성을 들어 믿고 있었기에 급히 이슬을 한 모금 받아 산모에게 먹였다. 물론 산모는 무사히 아이를 출산했고 모두 건강했다.
 이윽고 허준 선생이 마을을 떠난 뒤 한참 지나 그 마을에 비슷한 일이 생겼다.
 다만 산기가 지난번과는 달리 새벽녘이 아닌 해질녘에 시작되었다. 과거의 경험을 알고 있던 마을 사람들은 이슬의 약효를 믿고 있었던 터라, 산모에게 선생의 이슬 처방을 권했다.
 그러나 깨끗한 저녁 이슬을 받아 먹은 산모와 아이는 모두 죽고 말았다.
 허준 선생의 처방은 아침 이슬은 '풀어지는 것(解)' 저녁 이슬은 '맺히는 것(結)'과 같은 원리에 의한 것이었던 것이다.
 결국 같은 이슬이라도 아침 이슬과 저녁 이슬의 효능은 다르다는 이야기다.
 우리가 겪고 있는 여러 문제도 폭력과 같은 '저녁' 이슬로 엉키게 하는 것보다는 대화와 같은 '아침' 이슬로 풀어나가야 할 것이다. (「아침 이슬로 풀어나가야」)

 얼마나 신비로운 이야기인가. 이러한 사물의 이치는 우리에게 많은 것을 생각하게 하고 인생에 깊이를 더해 준다. 극도의 도를 얻지 못하면 우리들이 알 수 없는 세계가 자연의 이치다.
 수피라는 음악가는 "노래라는 것은 90% 듣기이며 음치는 있을 수 없다"고 했다. 몸 전체로 듣는다면 우리의 몸은 음악으로 채워진다는 것이다. 글의 종자를 얻어내기 위해서는 항상 주위에 귀를 기울이고 사물을 세세히 살핀다면 얼마든지 글의 종자를 발견할 수가 있다. 항상 자신에게 귀를 기울이고 타인에게 귀를 기울이고 사물에 귀를 기울인다면 종자를 캘 수 있을 것이다. 귀를 기울인다는 것은 사물을 수용하는 것이요, 그 진실에 접근하는 일이다.
 수필을 비롯해서 모든 문학이란 인간의 정신 활동의 산물이다. 그러므로 생활이 그 종자의 알맹이가 된다. 우리는 종종 타인들의 삶은 아름답다고 여기면서 우리 자신의 삶은 형편없는 것으로 생각하는 때가 없지 않다. 우리는 우리가 손에 쥐고 있는 보물을 깨닫지 못하고 다른 곳을 찾아다니는 바람에 그것을 잃고 만다. 우리는 우리 자신에 그리고 우리 자신 밖의 세계를 바라볼 수 있는 시선을 키워야 한다. 우리가 있기에 그들도 있고 우리가 풍요롭다면 그들도 풍요로운 것이다. 그것은 내가 사는 곳에 서리가 내리면 그 곳에도 서리가 내리고 내가 거처하는 곳에 양풍이 불면 그 곳에도 양풍이 부는 이치와 같은 것이다.

 길거리에서 튀김떡을 팔고 있는 사람이 있었는데 어느 날 도학자가 와서 떡을 사먹은 후에 한숨을 내쉬며
 "떡 맛 좋습니다. 그런데 아까운 기름이 많이 들겠군요. 나 같으면 술법을 이용하여 기름이 안 들게 할 수 있는 방법을 알고 있는데 나중에 가르쳐 주지요."
 떡장수는 그 말을 곧이듣고 떡을 더 주면서
 "돈은 안받겠습니다. 그리고 마음껏 더 잡수세요."
 다음날도 도학자는 보자기를 들고 다시 찾아왔다. 떡장수는 그에게 돈 한 뭉치를 주면서
 "얼마 안 됩니다 용돈에 보태 쓰세요. 그런데 기름이 안들고 튀기는 법을 가르쳐 주세요."
 "여기에서는 곤란한데요. 저쪽으로 갑시다. 사람들이 없는 데서 가르쳐 줄 테니까요."
 떡장수는 사람이 없는 데까지 따라갔다.
 "저 기름이 안 들게 하려면 말이오. 앞으로 튀김떡을 팔지 말고 희떡을 팔면 됩니다." (「튀김떡」)

 어떤 늙은 내외가 살다가 할멈이 먼저 병을 얻어 죽었다. 노인은 세월이 흐르는 동안 고독에 못이겨 가끔,
 "나이는 먹어도 아직 정정하니 젊은 여자라도 얻었으면……."
하고 달 밝은 밤이면 그러한 말을 혼자 중얼거렸다. 그런데 생각만 할 뿐이지 아들과 손자 앞에서 차마 말을 못하고 있었는데 하루는 먼 친척되는 여자 한 사람이 와선
 "영감, 여자 하나 얻어 좀더 즐겁게 지내지 않겠어요?"
하는 것이었다. 노인은 속으로 기쁨을 감추지 못하고

"상대방 여자는 몇 살이나 되는데?"
"한창 나이죠."
"한창 나이라. 그러면 이팔을 말하는가?"
"그래요. 바로 이팔이에요. 어떻게 알으셨어요?"
그리하여 홀아비 노인은 재취를 하였다. 그런데 첫날밤에 보니 이팔의 처녀가 아니라 머리가 파뿌리같이 흰 백발의 노파가 아닌가. 노인은 화가 잔뜩 나서 중매쟁이를 만나
"왜 날 속여. 한창 나이의 여자라고 해서 얻었는데 노파가 아니냐 말이야. 자네는 눈이 있나 없나?"
"속인 건 아니오. 한창 나이가 맞아요. 이팔이 맞단 말이오."
"저 노파가 이팔이야?"
"이팔 십육이 아니라 이팔 즉 팔이 두 개인 팔십팔이란 말이오." (「이팔(二八)」)

어떤 사람이 손가락 끝에 물을 묻혀 탁자 위에다 '나는 임금이 되련다.'하고 장난 삼아 썼다.
평소부터 그와 사이가 나쁜 사람이 이것을 눈여겨보고 있다가 그가 떠나자 곧 탁자를 메고 관가로 달려갔다. 그가 반역을 꿈꾸고 있다고 말할 생각이었다.
땀을 뻘뻘 흘리면서 관가에 도착한 그는 가까스로 탁자를 땅 위에 내려놓고 관원이 나오기를 기다렸는데 그 동안 탁자 위의 글은 햇볕에 말라버려 흔적조차 남아 있지 않았다.
급히 신고할 게 있어 사람이 달려왔다는 보고를 듣고 동헌에 나온 현령은 커다란 탁자를 앞에놓고 땀을 닦고 있는 그 자를 보고 물었다.
"네가 바로 급히 신고하러 왔다는 자인가?"
"아니올시다. 마침 집에 탁자 하나 있기에 사줍사 하고 메고 왔을 뿐입니다."
하고 그는 대답했다. (「고발」)

"댁에서 전세방을 놓는다기에 왔는데요."
"댁의 식구는 몇이나 되죠? 그리고 자녀들도 몇이나 됩니까?"
"우리 애들은 일찍이 공동묘지에 갔어요. 지금은 아무도 없고 내외뿐이랍

니다."
"좋아요. 애들이 없으면 됐어요."
조금 후에 이사를 한다고 부산을 떨면서 이사를 왔다. 이사 오는 식구가 어찌 많았던 주인이
"애들은 없다고 하더니 어찌 그렇게 많소?"
"애들이 일찍이 공동묘지에 놀러갔다 돌아와서 지금 이사를 왔습니다."
(「전세방」)

병신 중에 상 병신 세 사람이 길을 걷고 있었다.
그 병신 세 사람은 하나는 애꾸눈, 또 한 사람은 절름발이, 하나는 언청이었다.
한참 시골길을 걷다가 어느 마을 골목에 접어들어 대궐같이 큰 부잣집 앞을 지나게 되었다.
그 길가의 부잣집 창문에서 아주 예쁜 처녀가 병신들이 걸어가는 모습을 바라보고 있었다.
세 병신들은 자기들의 흉한 꼴을 처녀에게 보이기가 싫어서 절름발이가 먼저 말하기를
"아차, 개똥을 밟았는 걸……"
하면서 한 발을 쳐들고 껑충껑충 뛰어 지나갔다.
그러자 이번에는 코가 쭉 찢어진 언청이가 하는 말이
"에그, 그 땅에 웬 구린내가 이렇게 나노…… 아이 더러워……."
하면서 눈을 비비며 동료들의 뒤를 쫓아가더라고……. (「병신들」)

짤막짤막하지만 네 개의 이야기 속에는 많은 의미가 들어 있다. 「튀김떡」과 「이팔」에는 분수 없는 인간의 욕심을 담았고 「전세방」에서는 요즈음의 세태를 반영했으며 「병신들」에서는 과장된 인간의 실체를 그렸다.
사실 오늘날같이 사기꾼들이 활개를 치는 것도 튀김장수 같은 심리를 이용하기 때문이며 우리 사회가 웃지 못할 코미디가 존재하는 것도 「이팔」을 꿈꾸는 노인과 같은 사람들이 존재하기 때문이다. 대통령의 자격이 없는 사람이 대통령을 꿈꾸는 것도, 국회의원 자격이 되지 못하는 사람이 국회의원

을 꿈꾸는 것도 이팔을 생각하는 그 노인과 무엇이 다르겠는가. 그리고 어린 아이가 많다고 해서 전제방을 얻을 수 없는 가난한 부부가 얼마나 힘들었으면 그런 꾀를 동원하지 않으면 안 되었을 것인가.

그리고 「병신들」은 보다 더 솔직하지 못하고 자기를 숨겨가면서 살아가는 인간의 이중성이라 해도 좋을 것이다. 사실 우리 인간 모두는 어쩌면 이러한 병신이 되어 살아가는 또 하나의 병신인지도 모른다.

위의 간단한 콩트 같은 수필은 말의 재미성도 있지만 인간에게 무엇인가 들려주고 그것을 자각케 하는 메시지가 담겨 있는 수필이라는 데서 새로운 맛을 느낄 수가 있다. 이렇듯 수필의 종자는 인간의 숨소리가 담긴 것이면 무엇이든지 될 수 있다.

② 나와 남의 화제성

수필에 있어서 이야깃거리는 흔히 자신의 체험이어야만 하는 것으로 잘못 오해하는 사람도 없지 않다. 이것은 수필을 편협하게 만드는 잘못된 생각들이다. 이야깃거리, 즉 종자는 자신의 체험담일 수도 있고 타인의 체험한 것에서 얻어질 수도 있다. 그것이 어느 것이든 상관없다. 그리고 그것이 사실이든 허구이든 채택되면 모두가 허구로 된다. 작품이란 논픽션이 아니기 때문이다. 그리고 채택되게 되면 남의 이야기도 작가 자신의 이야기가 된다.

친구들끼리 술집이나 한가한 곳에 모이게 되면 여러 가지 이야기들이 화제에 떠올리게 된다. 그 가운데는 자신의 이야기를 하는 사람도 있고 남의 얘기를 자신의 이야기처럼 전하는 사람도 있다. 그리고 그 이야기 자체가 사실일 수도 있고, 사실 자체에 근거를 두고 적당이 뺄 것은 빼고 보탤 것은 보태서 재미있게 이야기를 전달해 주는 사람도 있다. 따라서 듣는 사람은 그것이 사실인가 또 누구의 이야기인가를 문제 삼지 않는다. 다만 중요한 사실은 즐거운 분위기에 싸이면 모두가 만족한 사실이다. 그리고 그 자리의 이야기는 모든 사람의 이야기이면서 내 이야기가 된다.

그러므로 수필에 있어서도 타인의 이야기와 내 이야기가 따로 없다. 남의 이야기도 내가 채록해서 적당히 형상화시키면 내 이야기가 되는 것이다. 그것은 그 이야기들이 인간의 보편적인 삶의 문제에 밀착되었기 때문이다. 말하자면 세상의 모든 이야기는 나의 이야기이면서 타인의 이야기이고, 결국 우리 모두의 이야기이기도 하다. 이것을 우리는 '자아의 세계화' EH는 '세계의 자아화'라고도 한다. 이렇듯 인간은 문학을 통해서 '인간과 인간', '인간과 사물'의 관계에 대한 끊임없는 탐구가 이루어지고 긴밀한 관계가 형성된다.

그러한 탐구를 하는 사람을 수필가라고 한다. 수필가는 내 개인의 이야기이면서 모든 사람들의 이야기이고 모든 사람들의 이야이가 내 개인의 이야기이기도 하다. 그러나 여기에서 잊어서는 안 될 것은 그 이야기가 갖는 재미성이다. 그것을 어떻게 재미있게 그 구성의 틀을 짜고 형상화하느냐 하는 데 그 작품의 질이 결정된다.

한 편의 수필 가운데는 하나의 이야기가 구체적인 사실일 수도 있고 미래에 대한 상상일 수도 있고 근거 없는 공상일 수도 있다. 그러나 그것을 어떻게 현실성 있게 올려 놓느냐 하는 형상화에 따라 작품이 될 수도 있고 그렇지 못할 수도 있다. 만약에 그것이 허무맹랑한 이야기라면 그 속에 이색적인 즐거움을 넣어 주어야 한다. 그리고 거기에 우리가 그것을 간과해 버릴 수 없는 어떤 메시지가 깃든다면 그것 또한 좋은 수필로 자리잡을 수 있을 것이다. 다음 수필을 보자.

어떤 스님이 길을 가다가 한 여인을 만나게 되었다. 그 여인의 매끈한 어깨에 날씬한 허리며 탄력있는 엉덩이를 본 스님은 욕정이 솟았으나 어떻게 해볼 계책이 없었다. 얼마 동안 그녀의 뒤를 따라가다 궁리 끝에 말을 걸었다.
"여보시오, 낭자! 왜 불제자 앞에서 함부로 방귀를 뀌시오?"
하고 호통을 쳤다. 그러자 여인은 힐끔 뒤돌아보더니 망측한 생트집에 얼굴을 붉히며
"아이, 스님도! 제가 언제 방귀를 뀌었다고 그러세요?"

"시치미 떼지 마시오. 불제자를 깔보면 부처님께서 노하셔요."
하고 스님은 여인을 책망하였다. 그래도 여인은 굴하지 않고 끝까지 대들었다. 이렇게 뀌었다드니 안뀌었다느니 입씨름을 하며 가다가 스님이 제안을 했다.
"그렇다면 저기 부처가 있는 곳에 함께 가서 알아봅시다."
하고 말하자 여인도 이에 응했다. 그래서 으슥한 숲속으로 여인을 데리고 간 스님은 강제로 여인을 눕히고 욕심을 채웠다.
두 사람이 극음을 맛보고 서로 헤어지게 되었다. 스님이 얼마를 가자니 그 여인이 뒤쫓아오며 소리쳤다.
"스님, 또 뀌었는데요." (민담 중에서)

위의 이야기는 있을 법하지도 않은 너무 허무맹랑한 이야기다. 방귀를 가지고 스님과 길 가는 여인과 그러한 일이 벌어질 리도 없지만 설령 있었다손 치더라도 그렇게 쫓아올 여인도 없을 것이다. 이는 분명 허구요, 가상적인 이야기다. 그렇지만 거기에 어떤 진실이 있다. 그 진실은 무엇인가? 전달되는 메시지 곧, 인간의 이중성이다.

이렇듯 수필에 있어서 종자는 형상을 통하여 밝혀지는 만큼 화제 전개의 기본 체계인 내용을 잘 조직하고 구성하는 것이 종자를 잘 키우고 길러내는 중요한 토양이 된다.

수필의 흥미는 인간의 생명력과 가치를 자각하는 데 중요한 요인이 있다. 위의 수필에서 우리가 예술적 흥미를 느끼고 우리들을 정서적으로 공감시키는 것도 인간의 이중성에서 오는 가리워진 비밀 때문이다.

수필은 이처럼 본질상 인간에 대한, 보다 더 솔직하고 진실하게 접근하기 때문에 다른 문학에 비해 더욱 친근감을 느낀다. 인간의 매력 있는 성격, 생활 철학에서 얻는 비밀스러운 맛, 인간 깊숙이 감춰진 내밀한 비밀, 그것이 곧 예술적 흥미요, 문학의 가치이기도 하다.

수필도 다른 문학처럼 그 기능이 인간에 대한 이야기, 인간생활에 대한 이야기라면, 인간과 그 생활을 떠나서 수필은 존재할 수 없다. 그러므로 작가란 모름지기 하찮은 내용을 감동적인 내용으로, 일상성인 내용을 문학적인 내용으로, 평범한 내용을 흥미 있는 내용으로, 심드렁한 내용을 살아 있는 내용으로 창조하고 조직하는 능력을 가지고 있어야 한다.

사건을 미학적으로 잘 구성하고 조직하는 것은 종자를 형상적으로 꽃피우는 일이다. 그것은 조직된 이야기들을 사실주의적으로 진실하게 그리되 그것이 그대로의 사실주의가 아닌, 잘 형상화된 것이라야 한다.

③ 야담의 이야기성

수필을 크게 나누면 화제성과 묘사성으로 분류할 수 있다. 전자가 이야기 줄거리를 빈틈 없이 짜는 데 그 키가 있다면 후자는 시적인 분위기를 살리는 데 성패가 달려 있다.

표현하고자 하는 이야기가 잘 짜이지 못하면 읽는 과정에 이해할 수 없는 것들이 생겨나거나 제대로 전달이 되지 않아서 결국 글을 다 읽고 나서도 그 내용이 석연치 않게 된다. 그렇기 때문에 호제성의 수필에 있어서는 이야기 줄거리를 규모 있게 엮어 놓는 것이 무엇보다 중요하다.

그러니까 작가가 나타내고자 하는 하나의 사건을 선명하고 확실한 화폭에 담아 놓아야 한다. 그것은 줄거리의 짜임새가 논리적으로 잘 조화를 이루는 일이다. 다시 말하면 이야기를 빈틈 없이 잘 조직해야 하고 사건들을 잘 배열해야 한다.

수필도 소설과 같이 하나의 이야기가 일정한 틀을 가지고 있다. 즉 사건이 발생하는 서두 부분과 그것이 점차 발전하는 전개 부분, 그리고 이야기를 해결하는 말미 부분으로 이루어진다. 따라서 이야기의 진행 과정을 사건의 발생, 발전, 해결의 삼단계로 체계있게 짜 놓아야 한다.

과부 2대가 살고 있었다.
시어머니 과부가 며느리 과부에게 만약 음란한 생각이 일어나면 머리카락을 뽑아서라도 참아야 한다고 매일 가르쳤다. 이 말에 따라 며느리 과부는 욕정이 일어도 꾹꾹 참고 지냈는데 어느 날 시어머니가 매일 밤마다 이웃집 하인 덕쇠와 통정을 하고 있다는 걸 알게 되었다.

"저는 머리카락을 뽑으면서 참는데 시어머니께서는 어찌 그럴 수 있습니까?"
하고 항의를 했다.
시어머니는 그 말을 듣고 머리에 쓴 가발을 벗었다. 머리카락이 하나도 없었다. (「야담」)

"과부 2대가 살고 있었다"가 서두 부분이라면 그 다음이 전개 부분이요, 시어머니는 그 말을 듣고 가발을 벗은 부분이 말미 부분이다.
이렇듯 한 편의 글은 하나의 사건에 기초하여 일정한 틀 속에 구성된다. 따라서 그 구성이 형상성을 발휘할 수가 있을 때 예술적인 기능을 나타낼 수 있다. 그런데 앞뒤가 맞지 않게 아무렇게나 마구 쏟아내는 말이 사람들을 설득시키지 못하는 것과 같이 수필에 있어서도 논리적으로 맞물리지 못하고 극적으로 짜이지 못한 작품은 예술적 의도를 구체적으로 형상화시키지 못한다.
형상 구성의 요소로 되는 사건들은 헤아릴 수 없이 많을 수도 있다. 그러나 작품의 전개에 놓여 있는 사건은 하나다. 피천득의 수필「나의 사랑하는 생활」은 돈, 촉감, 웃는 얼굴, 색깔, 소리, 냄새, 미각, 집, 차림새, 대인 관계 등 모두 열 개의 형상 구성의 요소로 되어 있다. 그러나 전일적인 사건은「사랑하는 생활」그 하나다. 그리고 정진권의 수필「막내의 입학식」역시 이야기 줄거리는 작가의 지난 유년의 추억에 기초하고 있다. 그러나 여기엔 유년의 여러 사건이 융합되어 예술적 형상을 이루고 있다. 즉 막내의 입학식에 대한 사건 제시, 작가의 초등학교 시절의 무서웠던 추억, 국기에 경례를 하는 아이에 대한 상상, 자랑스럽게 생각했던 작가와 그의 아들의 모습, 애국가를 부르는 아이의 모습에 대한 상상, 애국가를 부를지 몰랐던 자신의 추억, 교장 선생의 훈화, 축하하는 분위기, 주제의 제시 등 수없이 많다. 여기에는 주인공 막내가 국기에 대한 경례를 하는 사건도 있고, 애국가를 부르는 귀여운 모습도 있고, 입학식이 끝나고 나서 엄마의 손을 잡고 재잘거리며 귀가하는 사건도 있다.

이렇듯 한 편의 수필 작품은 이야기 줄거리가 사건에 기초하여 엮어진다. 따라서 형상을 구성하고 있는 여러 개의 사건은 개별적이면서 작품 자체가 기초하고 있는 전일적인 사건으로 통일을 이루고 있다. 그러므로 전일성을 떠나서 사건의 진전이 이루어질 수 없다.

그리고 사건의 발생(서두), 발전(전개), 해결(말미)의 단계들을 소설과는 달리 작가가 임의로 재미있게 다각도로 설정할 수는 있다. 그리고 그 구성의 단계를 4단계 내지 5단계 또는 병렬과 직렬 등 다양화할 수 있다.

우리의 생활은 실로 다양하다. 그리고 여러 가지 일들과 서로 연관들을 이루고 있다. 이 여러 가지 연관들을 본질의 특징들을 찾아내어 생활의 계기들과 서로 유기적으로 잘 맞물릴 때 다양한 생활들이 합쳐져 하나의 전일적인 형상화로 나타난다. 복잡하고 다양한 생활 속에서 어떤 계기들을 찾아내어 특징지어 주는 것이 곧 문학이요, 수필이다.

    아름답고 날씬한 아가씨가 비키니 수영복을 입고 수영을 갔다.
    그 미녀는 남자들의 시선을 끌려고 남자들이 있는쪽으로 유연하게 수영을 하다가 그만 수영복이 터지고 말았다.
    남성들의 시선이 집중되자 당황한 그 미녀는 엉겁결에 안내 푯말로 그 곳을 가렸다.
    그것을 지켜 본 남자들의 시선은 일제히 휘둥그레졌다. 미녀는 그 푯말에 '남자 전용 수영장'이라 써진 것을 보고는 엄마야! 소리지르곤 얼른 다른 푯말로 바꿔 가렸다. 그러자 남자들이 일제히 입을 벌리고 침을 질질 흘리고 있는 게 아닌가. 다시 푯말을 보았더니 '수심 2미터'였다. 미녀는 번개같이 다른 푯말로 바꿔서 가렸다. 그랬더니 이번에는 어린애들까지 침을 흘리는 게 아닌가. 거기에는 '대인 3,500원 소인 1,500원'이었다. 당황한 미녀는 얼른 또 바꿔 가렸다. 그랬더니 주위의 남자들이 흩어지는 게 아닌가. 푯말의 내용인즉 '수영시에는 반드시 수영모자를 씁시다.'

여러 가지 폿말로 성의 본질을 특징 지우고 있다. 그리고 여러 가지 계기들이 서로 유기적으로 고리를 물고 있다.

이 글의 전개 부분은 미녀가 수영장에 간 데서부터다. 발전 단계는 여러 가지 폿말 사건이다. 그리고 해결 단계는 수영 모자로써 현대인들의 성의 개방을 은근히 꼬집고 있다. 여기에서 보는 바와 같이 작품에 설정된 사건이 내적 연관을 이루는 가운데 인간들의 본질적인 고리들을 올려놓고 있다. 작품에 설정된 여러 가지 폿말들의 내용들이 서로 잘 맞물려져 있지 못하고 제 갈래로 뻗어나가게 되었다면 전일적인 사건 체계가 이루어질 수 없었을 것이다. 그러나 비록 우스개로 만들어 놓은 이야기지만 논리적으로 빈틈없이 이야기가 조직되고 짜여졌음을 볼 수 있다.

해방 전 일이다.
운동 시합에서 야기된 불상사로 H중학과 J중학은 앙숙의 사이가 되어 있었다. 양교 학생들은 만나기만 하면 싸움질이었다.
이 소문은 장안의 학생 사회에서 모르는 자가 없을 만큼 파다하게 퍼져 있었다.
그런 어느 날, 당시 K중학 1학년이었던 내가 경복궁 뒤켠의 현무문 앞길을 지나 고갯길로 올라가다가 편쌈질하는 학생들과 마주치게 되었다. H중학생 두 명과 수염 깎은 자국이 제법 파란 일본인 중학생 세 명이다. 우리 학생들이 몰리고 있다. 이때 J중학생 세 명이 올라오다가 이 광경을 보았다.
"H다."
소리치며 달려들어 온다.
J들이 아니더라도 고전인데 큰일났다. 그들은 H의 상대가 일본인 학생들임을 알아차리자 어찌 된 영문일까? 다짜고짜로 일본인 학생들에게 주먹질, 발길질을 퍼붓는다. 일본인 학생들은 늘씬하게 얻어맞고 삼방으로 달아났다.
H켠에서 고맙다고 한다. J켠은 큰일날 뻔했다면서 옷에 묻은 흙을 털어준다. 앙숙끼리인데도 남에게 매 맞게 둘 수는 없었던 것이리라.
보고 섰던 내 콧잔등이 시큰해졌다.
그 후, 내가 중학 3학년이 되던 해다. 진충보국이니 미영격멸이니 하는 따위의 띠를 어깨에서 허리께로 비스듬히 두르고 일장기를 든 전문 대학생들

백여 명이 서울 역두에 모여 있었다.
모두가 학도병에 끌려가기 위해서다. 그들도 전송객도 한결같이 비통한 얼굴들이었다. 이때 군중 속의 누군가가 '봉숭아'를 선창하기 시작했다.
"울밑에 선 봉숭아야 네 모양이 처량하다."
일경의 저지도 아랑곳 없이 그 노랫소리는 삽시간에 퍼져 간다.
"길고 긴 날 여름철에……"
목메인 소리들, 비분에 찬 소리들, 그것은 갈수록 울부짖음으로 바뀌어진다. 나도 따라 부르며 울었다. 암만 소리쳐 불러도, 주룩주룩 눈물지으며 불러도 시원치가 않았다. 나라 잃은 젊음들의 한맺힌 각혈과도 같은 그때의 그 노랫소리가, 아니 그 울부짖음이 상기 내 귓전에 쟁쟁하다.
그 얼마 후에 8·15가 왔다. 우리 중학생들도 좋아라 미쳐 날뛰었다.
태극기란 것을 난생 처음으로 대하는, 반 이상 왜인이 되고 만 우리들이었건만, 어찌나 좋은지 잠잘 줄을 몰랐다.
조국이 무엇인지 잘은 몰랐지만 그것을 되찾은 기쁨이 어떠한 것인지는 잘 안다. 상금 그때의 그 감격이 내 뇌리에 생생하다.
(……)
조국이란 말은 어른들 중에서도 거짓말 잘하는 어른들이 주로 쓰는 그들만의 상투어이고, 겨레란 것은 사리사욕에 눈이 뒤집힌 못난 군상을 지칭하는 말이라 여기게까지 되었다.
연륜과 함께 기성세대에 대한 나의 불신감은 고조되어 갔었고 그런 시계 속에서 나는 십여 년을 넘게 마치 몽유병자처럼 방황하며 살아가고 있어야 했다.
한때의 유행어에 '웃기네'란 말이 있었지만 매사가 다 '웃기네'였었다.
상록수적인 일꾼을 보고도, 애타게 호소하는 계몽 연설을 듣고도 모두 '웃기네'였었다. '암만 그래 봐라, 이젠 안 속는다'는 외가닥 생각이 두터운 각속으로 자신을 파고 들게 했던 것이다.
그렇게 닫혔던 내 마음의 문이 해외 여행을 자주 하면서부터 스르르 절로 열리게 되었으니 희한한 일이다.
집을 떠나 보아야 집의 고마움을 아는 것같이 나라도 겨레도 그 곁을 떠나 멀리서 바라볼 때, 정작 그것이 얼마나 소중하고 그리운 것인가를 깨닫게 된다.
조국 속에서 미처 느끼지 못하던 조국을 멀리 떠나와서 절감하게 되었고,

겨레 속에서 별로 느끼지 못하던 겨레의 정을 멀리 떨어져서 저리도록 느끼게 되었다.
(……)
작년 일이다.
제네바 대학을 보고 나오다가 공원의 노천 카페에 앉아 쉬고 있었다.
40여 명의 아가씨들이 줄을 짓는 둥 마는 둥 하며 들어오고 있었다.
동양인들이다. 그러니 으레 일본 아가씨들이리라. 이리로 가까이 오고 있는 그녀들을 보며, 나는 우리 아가씨들 생각에 젖어든다. 단체로 해외 관광을 즐기고 있는 저들에 비할 때 우리 아가씨들은 가엾다. 저만한 나이들이면 그 일부가 대학엘 다닐 게고, 많은 수는 공장과 농촌에서 일하고 있을 게다.
나는 혼자 이런 생각들을 하며 그녀들을 멍청히 바라보고 있었다.
그런데 그 중 한 아가씨가
"서울에서 오셨어요?"
한다. 나는 내 귀를 의심하며 벌떡 일어섰다. 그렇다니까 여남은 명이 우르르 몰려온다. 헤어스타일을 보고 평양이 아님을 알았다면서 눈에 눈물들을 글썽인다. 어찌 된 일이냐니까 서독에 와 있는 간호원들이라 한다. 홍은동에 산다는 아가씨, 약수동에 집이 있다는 아가씨, 대전에서 또는 부산에서 왔다는 아가씨……. 덥석덥석 껴안아 주고 싶은 충격을 가까스로 누르며 손에 손을 맞잡는다. 나도 그녀들도 목이 메어 말이 잘 이어지지 않는다. 부활절 휴가를 이용해서 로마로 가는 도중 잠깐 들렀다는 것이다.
고생스럽지들 않느냐니까 눈물에 젖은 눈동자들을 반짝이며 살래살래 고개를 젓는다. 장하다. 겨레의 딸들이여. 이역 만리에서 서러움과 외로움을 견디며 있는 그 갸륵한 의지가 장하다. 나는 이들 앞에 겨레의 어른들을 대신해서 숙연히 고개 숙인다.
"부디 몸조심들해요."
"아저씨도요."
우리는 젖은 눈으로 손을 저으며 그렇게 헤어졌다.
뉘엿뉘엿 석양의 재를 넘는 이역 땅에서 나는 겨레의 정을 가슴 뿌듯이 느끼며 혼자 그 자리에 돌처럼 서 있었다. (김우현 「겨레의 정」)

여기에도 여러 개의 개별성을 지닌 사건들이 모여 하나의 이야기를 이루고 있다. 그러나 그 사건들은 어디까지나 큰 줄기에서 벗어나지 않고 있다. H중학과 J중학과의 앙숙 관계도 학도병에 끌려가는 이야기도 외국여행에서 느낀 것도 모두 조국애란 본 줄기로 흡수되고 있다.

이와 같이 서로 다른 내용과 의미를 가지고 있는 여러 가지 생활들의 사건이 내적으로 튼튼히 맞물려 하나의 일관된 흐름을 이루게 될 때 좋은 수필이 되는 것이다.

다음으로 또 하나 주의할 것은 언어의 절약이다. 우리가 불필요한 말을 많이 하는 사람을 일러 잔소리꾼이라고 한다. 이 잔소리는 그 사람의 인품을 떨어뜨릴 뿐만 아니라 다른 사람으로 하여금 정신적인 피해를 입게 한다. 수필에 있어서도 마찬가지다. 쓸데없는 말을 쓰는 것은 그만큼 작품의 질을 떨어뜨릴 뿐만 아니라 다른 사람으로 하여금 정신적인 피해를 입게 한다. 수필에 있어서도 마찬가지다. 쓸데없는 말을 쓰는 것은 그만큼 작품의 질을 떨어뜨릴 뿐만이 아니라 독자로 하여금 피곤하게 한다.

  6·25 때의 일이다. 공산 치하로 넘어간 어느 마을에 목사 열한 사람이 있었다. 무신론을 주장하는 공산군은 열한 명의 목사를 잡아들여 매일 고문을 했다. 극심한 고통 속에서도 목사들은 한마음으로 기도를 했다. 그러나 고문이 점점 심해지자 목사들은 낙담하기 시작했다. 공산군은 마지막으로 믿음을 버리면 살려주겠다고 은근히 그들을 시험했다.
  얼마 후 마을엔 국군이 진격해 왔고 공산군은 다시 북으로 쫓겨 올라 갔다. 그런데 당시 고문을 받던 열한 명의 목사 중에 한 사람만이 살아남게 되었다. 마을 사람들은 살아남은 목사를 믿음을 지키지 못한 사람으로 손가락질하며 온갖 험담을 했다. 그리고 죽은 열 명의 목사는 모두 끝까지 믿음을 지킨 순교자로 많은 존경을 받았다. 살아남은 목사는 사람들의 비난과 따가운 눈총 속에서도 여전히 하나님의 제단을 지키며 초라하게 늙어 갔다.
  수십 년이 흐른 어느 날, 따뜻한 햇살 아래 앉아 있는 목사에게 그를 유일하게 믿고 따라왔던 신자가 물었다.
  "목사님, 저는 목사님이 믿음을 버릴 사람이 아니라고 생각합니다. 그때 끝까지 믿음을 지키지 못한 무슨 사연이라도 있습니까?"

목사는 굳게 다물었던 입을 열었다.

"나는 믿음을 끝까지 지켰네. 그때 다른 목사님들도 기도를 하며 믿음을 지키려 했지. 그러나 결국 모진 고문을 이기지 못한 그들은 굴복하고 말았지. 그러자 이번엔 공산군들이 믿음을 버린 목사님들을 배신자라고 소리치며 그들을 죽음으로 몰고 갔네. 그리고 나는 믿음을 지켰으니 석방해 준다고 했네. 훗날 성인이 된 그 열 분의 명예를 내가 사실대로 말해 훼손할까 봐 지금까지 말을 하지 않고 있었던 것이네."

다른 사람들의 불명예를 감추기 위해 평생을 오해와 차가운 눈총 속에서 살아온 목사의 얼굴은 성인의 얼굴처럼 성스럽게 변해 있었다. (「진짜 성인은 누구」)

여기에서 목사들이 살기 위해서 믿음을 버린 사실을 직접적으로 서술한 부분은 단 한 마디도 없다. 그러나 우리는 한 사람의 목사만이 믿음을 버리지 않았음을 알 수 있다. 뿐만 아니라 열 사람의 목사들이 왜 죽었는가를 우리는 문맥을 통하여 알 수 있다. 이같이 글이란 시시콜콜 설명하지 않아도 그 분위기로 하여금 판단할 수 있게 하는 글이 좋은 글이다. 따라서 하나하나 모두 해설해 주는 글은 하급이라 해도 무방할 것이다.

2) 종자와 주제

우리는 자기 자신을 파악할 줄 모르는 사람을 흔히 주제 파악도 모르는 사람이라는 말을 쓴다. 주제는 그 글의 핵이요, 중심이다. 그런데 주제가 없는 글이 있다. 그런 글은 주인이 없는 물건과 같다.

우리가 글 한 편을 읽을 때도 가장 먼저 그 글의 주제를 찾는 일이다. 주제를 통해서 그 작품이 전체적으로 우리에게 전하고자 하는 내용을 알 수 있다. 그 작품에서 마음에 전해오는 느낌과 교훈, 작가의 사상을 잘 연결시켜 보면 그 작품의 주제를 알 수 있다. 주제는 작가가 말하고자 하는 내용이다. 소크라테스의 어릴 적 일화는 글의 주제를 이해하는 데 좋을 것 같다.

그리스의 철학자 소크라테스의 어머니는 산파였고 아버지는 석공이었다. 자연히 소크라테스는 어릴 때부터 아기가 태어나는 것과 멋진 조각들이 만들어지는 것을 자주 보았다. 어머니를 따라다니며 막 태어난 아기를 보고 신기해 했고 아버지 일터에 가서는 방금이라도 울부짖을 듯한 사자를 보며 놀라워했다.

어느 날 소크라테스는 아버지 일터를 찾았다. 돌무더기 가운데서 일하는 아버지를 유심히 쳐다보다가 소크라테스는 아버지에게 물었다.

"아버지, 참 이상해요, 어떻게 어머니는 이웃집 아주머니네 가서 그렇게 예쁜 아기를 만들어낼까요? 없던 아기가 갑자기 생겼잖아요."

아버지는 방긋 웃었다.

"아니란다. 얘야. 아기는 그냥 생겨난 것이 아니란다. 이미 아주머니 뱃속에 있었다. 다 자란 아기가 자기 엄마 뱃속에서 답답하다고 우는 소리를 엄마가 듣고는 아이가 이 세상으로 잘 나올 수 있도록 도와 주는 것뿐이야."

어린 소크라테스는 고개를 끄덕이며 또 물었다.

"아버지, 아버지는 어떻게 사자며 여신상을 만들어내나요? 그저 거칠고 흉한 돌덩어리로 어떻게 아름다운 여신상이며 용감한 사자를 만들어 낼 수 있느냐구요?"

"사자도 여신도 돌덩어리 속에 살아 있단다. 내가 멋진 갈기가 휘날리는 사자를 조각하려고 돌덩어리를 갖다 놓으면 돌 속에서 사자는 울부짖는다. 돌 속에서 답답하다고, 자기를 자유롭게 해 달라고, 나는 그 사자의 외침을 따라 그를 가둔 돌덩어리를 깬단다. 그를 자유롭게 해 주려고 애쓰는 거야. 그러면 흉한 돌덩어리 속에 갇힌 사자가 제 모습을 드러내는 거란다."

어린 소크라테스는 그 말을 곰곰 새겨 들었다.

나중에 그가 어른이 되어 많은 젊은이들이 따르는 스승이 되었을 때 학문하는 방법으로 '산파술'을 이야기했다. 아기를 잘 낳도록 하는 기술이란 뜻이다. 즉, "너는 아무것도 몰라." 또는 "이건 이거야."라고 말하는 대신 자연스럽게 묻고 대답하게 함으로써 공부하는 사람 자신이 자기의 무지를 깨닫도록 하는 방법이다. 그는 다른 사람에게 무엇을 가르치려고 애쓰기보다는 그 사람 속에 있는 것을 이끌어내는 데 힘썼다고 한다.

이미 존재해 있는 것을 자연스럽게 꺼내는 것, 소크라테스의 학문하는 방법은 우리가 주제를 찾는 것과 마찬가지이다. 우리가 글을 읽을 때 그 글에서 말하고자 하는 가장 중심된 생각을 찾는 것은 이미 있는 아기를 조심스럽게 세상으로 나오게 하는 것과 같다.
　글의 주제는 글 밖에서 누가 말해 줘서 아는 것이 아니라 작가가 말하고자 하는 것이 무언지 곰곰 생각하며 글을 읽을 때 자연스레 우리 머리와 가슴에 다가온다. 사자가 나를 꺼내 달라고 울부짖듯 무언가를 전해 주고자 하는 작가의 외침이 들리는 것이다. (강혜원 외 『교실밖 국어 여행』)

　주제는 작품 속의 모든 생각이나 내용을 대표한다. 그리고 종속 주제는 주제에 지배되는 생각들이다. 이 글은 '자신의 정신'이 주제다. 학문하는 방법은 자기 자신에게 있는 것이요, 타인에게 있는 것이 아니라는 것이다. 그 어머니가 아기를 받는 것도 아버지가 사자를 만드는 것도 오직 그 투철한 직업에 대한 의식에 있다는 것이다. '사자', '아기'는 모두 보조 주제다.

제8부 수필 어떻게 읽히게 할 것인가

1. 읽히게 하는 요건

1) 매력있는 제목

 모든 사물에는 반드시 이름이 있다. 식물에도 이름이 있고 동물에도 이름이 있다. 우리는 가게를 찾을 때도 먼저 그 이름을 보고 찾는다. 책방에 가서도 마찬가지다. 책을 고를 때 호기심 나는 제목이 있으면 먼저 손이 가게 된다. 그만치 책의 제목은 사람의 얼굴과 같다. 그 첫인상이 좋으면 전체의 성격까지도 짐작하듯이 글의 제목도 이와 같아서 매우 중요한 구실을 한다. 제목 가운데 '무제(無題)'니 '실제(失題)'라 한 제목도 보았을 것이다. 그것은 좋은 제목이 생각나지 않아서 그랬던 것이다. 그만큼 제목을 붙이기란 쉬운 일이 아니다.
 어느 일간지에 '외제선호병(外製選好病)'이란 제하의 수상을 쓴 글을 보았다. 이러한 글은 신문 기사의 표제와 같아서 누가 그 글을 읽으려 하지 않을 것이다.
 왜냐하면 그 제목만 보아도 그 글이 어떠한 내용인지 이미 다 알고 있기 때문이다. 좋은 제목은 독자에게 흥미를 일으키게 하고 읽으려는 의욕을 불러 일으킨다.

　글에 있어서 제목 또한 상품의 상표와 같아서 매우 중요하다고 생각된다. 이름은 흔히 그 모든 것을 대표한다고 한다. 때문에 사람도 태어나면 그 이름을 아무렇게나 짓지 않고 작명가에 의뢰한다. 이름이 좋으면 부귀영화를 누릴 수 있다는 속설이야 그만 두고라도 어떤 회사는 상표만을 양도하는데 수억을 받고 파는 경우가 있다. 그리고 어느 영화에서는 제목이 표절이라고 해서 시비가 붙는 것도 보았다.

　나의 경우도 그렇다. 제목을 내용 이상으로 중요시한다. 제목은 바로 그 글의 얼굴이 아니겠는가? 호기심 나는 제목. 그러면서도 야하지 않고 무게있는 제목을 고르기 위해 고심하는 때가 한두 번이 아니었다. 멋진 제목이란 아름다운 처녀의 얼굴 같아서 독자들의 시선을 저절로 글 속으로 끌어들이기 때문이다. 그래서 글을 써 놓고 기발한 제목을 생각도 해 보고 사전에 적당한 제목이 쉽게 떠오르지 않아 며칠을 끙끙거리다 원고 독촉이 급박하기에 나도 모르는 사이에 방송국측에 제목 없는 원고를 넘겨준 실수를 저지른 일도 있다.

　그러나 제목이 신선하면서도 호기심나는 것은 좋지만 과장이 있어서도 안 된다고 생각된다. 어떤 글은 제목이 거창해서 읽어보면 제목에 비해 내용이 너무 빈약한 것을 발견하게 된다. 이것은 흡사 저질 상품을 과대 광고하는 것과 무엇이 다르겠는가.

　나의 데뷔작인「국향(菊香)」의 예를 들어 보겠다. 처음에는 '국화(菊花)'라 할까 생각해 보았다. 그러나 제목이 너무 평범한데다가 '국화'란 제하에 쓰는 글이 너무 많음을 알았다. '국화향기'는 어떨까 생각해 보았다. 역시 응축미가 없어 보였다. '국화냄새'는 더더욱 산만해 보였다. 그래서 생각해낸 것이 '菊香'이었다. '아직도 못다 한 말'은 처음에는 '소인 없는 편지' '파도 위에 띄우는 편지' '주인없는 편지' 등을 생각해 보았다. 그러나 마음에 들지 않아 '그래도 못다한 말'로 했다가 나중에 '아직도 못다 한 말'로 정했다. 아무튼 이 책명이 좋아서 그런지 어쩐지는 몰라도 나의 저서 중에서 제일로 많이 나간 책이다.
　나는 가급적 제목은 상징적이면서도 독자들의 기억에 오래 오래 남을 수 있는 것으로 붙이고 싶다. 언젠가 나는 S교수의 수필「관(棺)」에 관한 이야기가 나오는 것을 보고 제목의 의미를 깨달은 적이 있다. 수필에 있어서 바로 이러한 제목이 좋지 않을까 한다.

　다음 글을 한번 읽어보자. 제목이 얼마나 중요한 위치를 차지하는가를 알 수 있을 것이다.

　　흰 수염을 쓰다듬으며,
　　노인이 껄껄거리며 웃는다.

　　이 싯구에 '노인'이라는 제목을 달게 되면 그것은 노인의 모습을 노래하는 것이 됩니다. 하지만, '옥수수'라는 제목을 붙이면, 이미 껄껄거리고 웃는 노인은 옥수수로 화하여 흰 수염은 노인의 수염이기보다 옥수수의 은빛 수염으로 바뀌게 됩니다. 그러나, 만일 '수도꼭지'라는 제목을 붙이면 노인의 모습은 보다 환상적인 것이 됩니다. 흰 수염은 수도꼭지에서 쏟아지는 흰 물줄기로 변하고, 껄껄거리며 웃는 노인의 모습은 물을 콸콸 뿜어내는 수도꼭지의 상태를 상징하여 유쾌하고도 유우머러스한 기분이나 감정 상태조차 표현하게 됩니다. (박목월「제목」)

　제목은 전달을 위주로 하는 기사문이나 설명문 및 논문의 경우와 표현을 위주로 하는 예술문(藝術文)의 경우에 근본적으로 차이가 있다. 전달을 위주로 하는 글은 선명하고 분명한 제목이 좋고 예술문은 정조(情調)와 운치가 있는 것이 좋다.
　주로 제목을 붙이는 유형을 찾아보면 다음과 같다.

① 주제를 집약한 것.
② 화제(토픽)를 나타낸 것.
③ 중심인물을 가리킨 것.
④ 본문 중의 중요한 사항을 나타낸 것.
⑤ 인상적인 것을 나타낸 것.
⑥ 상징적인 것.
⑦ 글의 줄거리 또는 인물명을 나타낸 것.
⑧ 내용의 일부 또는 전체를 나타낸 것.
⑨ 분위기를 나타낸 것.
⑩ 문장의 목적을 내세운 것.

이상과 같은 방식에 따라 제목을 붙인다. 그러나 제목을 붙일 때, 첫째, 내용과 너무 동떨어진 것은 피해야 하며, 둘째, 평범하지 않고 특색있는 제목을 택할 것이며, 셋째, 간결하고 선명한 제목을 붙여야 한다.

그러면 알렉상드로 뒤마 페르(Alexandre Dumas Pere)가 '몽테크리스토 백작'을 써 놓고 표제를 붙이는데 고심한 그 실례를 보자.

그는 이 소설이 나오기 3년 전인 1842년, 이탈리아의 피렌체에 망명(亡命) 중이던, 나폴레옹의 동생 제롬을 찾아간 일이 있었다고 한다.
그때, 뒤마는 제롬의 아들과 함께 배를 타고 엘바섬에 갔다 오는 길에 괴상한 바위섬 하나를 목격했다고 한다. 그래서 뒤마는 뱃사람에게 그 섬이름을 물었더니, '몽테크리스토 섬'이라고 대답했다고 한다. 당시 그 섬에는 사람이 살지 않았으나, 13세기에는 승원(僧院)이 있었다. 그러나 터키군이 이 섬에 침공했을 때, 승려들이 달아나면서 섬 어딘가에다 보물을 감추어 두었다는 전설이 전해 오는 섬이라는 것이었다.
뒤마는 그 섬 이름의 어감(語感)이 좋을뿐더러, 재미나는 전설까지 전해져 오므로, 제로에게 함께 여행한 기념으로 '몽테크리스토 섬'이란 제목으로 소설을 꼭 쓰겠다고 약속을 했다고 한다. 그러나 소설을 다 써 놓고 막상 제호를 붙일 때, '몽테크리스토 섬'이라 붙이려고 하니 마음에 들지 않아, 고심하던 끝에 '섬'대신 '백작'을 붙이게 되었다고 한다.

이리하여 이 소설이 출간되자, 파리에는 새로운 유행어가 생겨났다. 즉, 이 소설의 제명인 '몽테크리스토'란 말이 어감이 좋다 하여 파리 시민들은 무엇이든 마음에 들고 좋은 것이면, 다 이 "몽테크리스토!"라고 하고, 큰 황소를 보아도, "아, 몽테크리스토!" 하고 감격해 마지않았다고 한다. 이 소설은 내용도 재미있지만, 그 제명으로써도 성공한 보기라 하겠다.

제목은 글의 종류나 장르에 따라 다르겠지만 상징적이고 암시적이면서 친근감이 있는 제목이 무난하다 하겠다. 우리가 미술작품이나 꽃꽂이 전시회에 가서 제목을 보게 되는 것도 그 작품의 내용이나 의도를 파악하기 위해서 살펴보는 것이다. 제목을 정해놓고 원고 청탁을 한 경우가 아니고는 작품을 완성해 놓고 제목을 붙이는 것이 좋을 것이다. 그러나 제목이 야하거나 비윤리적인 것은 피하는 것이 좋다.

    나는 어느 때 하루 일을 마치고 덕수궁을 찾아 간 적이 있습니다. 파란 잔디가 유난히 눈에 들어왔습니다. 그것을 나는 '고궁의 잔디는 석양에 물들어 쪽빛으로 빛났다.'고 써 봤습니다. 그때 고산의 '푸른 것이 버들숲가 우는 것이 뻐국이가' 하는 시구가 떠올랐습니다. 그래서 곧 '고궁에 들어서니 잔디가 파랬다.'로 고쳤습니다. 일전에 남원 광한루를 보고 나오다가, 장구소리를 듣고서, '장고 소리가 등 뒤에 들려 온다'는 말로 끝을 맺었습니다. 그것은 서정주의 '광화문'이란 시 끝 구에 '낮달도 파르란이 떠고 있다'는 솜씨를 감탄할 기억이 작용했었다고 생각합니다. '염소'라는 글을 쓴 적이 있었습니다. 염소의 걸음걸이를 굽 높은 하이힐을 신고 종종걸음치는 여자로 비유했습니다. 추후에 읽어보니 도무지 마땅한 표현이 못됩니다. 그러나 달리는 비유할 걸음이 없습니다. 이때 연암의 삼액(三厄)이란 말이 생각났습니다. 우리 나라 사람이 망건 쓰는 것을 두액이라고 하고 청녀(淸女)들의 전족(纒足)하는 것을 족액(足厄)이라고 풍자했습니다. 여기서 전족한 청녀의 걸음을 생각하게 된 것입니다.
    우리가 어렸을 때는 열 살만 돼도 남녀간의 내외가 대단했습니다. 내진외가로 일가집 누이가 있었는데 방학 때 찾아가면 서로 인사를 했으나 매우 스스러웠습니다. 그 처녀가 다홍 속적삼을 방에 걸어놨다가 나한테 들키고, 그것이 무안하고 부끄러워서 숨고 나오지 못하던 그 모습이 좀처럼 잊혀지지 않습니다. 지금 젊은이들에게는 좀 이해 안 되는 감정이겠습니다. 이것을 써 보려고 생각한 지는 오래면서도 쓰지 못했다가, 어떤 기회에 '홍삼(紅衫)'이란 제목으로 썼습니다. 써 놓고 보니 도무지 생각한 것과는 같지 않아서 집어 치웠습니다. 그 후에 가와바따(川端東成)의 글에서 다음과 같은 글을 봤습니다. 한 이웃에 사는 소년소녀가 비 오는 날 도중에서 만났습니다. 소년은 우산을 받았고 소녀는 우산이 없었습니다. 그래서 둘이 한 우산을 받고 왔습니다. 그 이튿날 날이 들었습니다. 어제는 우중이라 이 생각 저 생각 못했었지마는 날이 개서 우산을 전해 주려고 생각하니 어제 일이 부끄러웠습니다. 대개 이런 내용이었습니다. 그런데 제목이 우산이 아니고 '娘'이었습니다. 나는 아차 했습니다. 우산이나 홍삼은 계기요, 주제가 아닙니다, 제목을 홍삼으로 한 것이 실수요 고장이었습니다. 그래서 나는 홍삼을 '소녀'로 고치고 글도 다시 수정했습니다. 모파상의 소설이 배경의 묘사에서 곧잘 전편의 무드를 잘 살렸으나 호손은 항상 서두가 길어지지 아니할 수가 없었습니다. 우선 그 집을 가자면 논뚝 밭뚝으로 상당히 오래 가게 됩니다. 그 들어가는 시작을 어디서부터 써야 옳을지 도무지 서두가 만만치 아니했습니다. 그때 송강의 '재 넘어 성 권농 집에 술익단 말 어제 듣고'의 시조가 떠올랐습니다. 옳다, '재 넘어로 해 버리자'하는 생각이 났습니다. 그러나 간단한 말로 이 고개의 이미지를 어떻게 살릴까 하는 것이 문제였습니다. 이때 떠오른 것이 내가 어려서 고개 넘어 글방에 다닐 때, 항상 인상적이었던 방석 소나무였습니다. 그래서 나는 다음과 같이 첫머리를 쓸 수가 있었습니다. '고개 위에는 방석 소나무가 하나 서 있다. 여기까지 오면 다 온 셈이다.' 그러고 나니 마음은 일사천리로 글이 풀렸습니다. 써 놓고 보니 처음의 16페이지던 글이 9페이지로 줄어들며 어느 정도 마음에 들었습니다. 잘 쓰지도 못하는 제 그를 예로 든다는 것은 쑥스러운 일이지만 편리하기에 예로 든 것입니다. 시간도 다 되었으므로 별로 참고도 아니 되실른지 모를 말씀으로 여러분의 귀중한 시간을 소비하고 이 더위에 고생을 끼쳐 드려 미안하게 생각하며 이것으로 말끝을 막습니다.
(윤오영 「수필의 이론과 실제」)

그러면 실제로 작품을 감상하면서 제목에 대하여 살펴보자.

진정 할 수만 있다면, 지금 당장 숨통 터지는 이 도시를 떠나고 싶다. 새의 날개라도 달고 미련없이 훨훨 날아가고 싶다.
　교통이 좀 불편하면 어떠랴, 버스가 하루 걸려 1회 왕복한다고 해도 좋다. 시장이 20마장쯤 되어도 좋고 큰 비가 오면 옴짝 못하는 그러한 외진 곳이라도 상관없다.
　창문을 열지 않아도 청풍명월(淸風明月)이 절로 들고 울타리가 없어도 마음 푹 놓고 살 수 있는 곳이면 된다. 그리고 마을 뒤로는 천년비경(千年秘境)이 깃든 울울창창한 숲과 산이 있고, 언제나 보고 또 보아도 질리지 않는 기암괴석(奇巖怪石)이 그림처럼 펼쳐 있었으면 좋겠다. 거기에 마을길 옆으로 사시사철 마르지 않는 시냇물이 줄레줄레 흐르고 이곳저곳에서 멧새들의 합창까지 공짜로 들을 수 있다면 그 아니 좋겠는가.
　그러나 이런 곳에서 나 혼자만의 외진 삶은 죽어도 싫다. 마을이 그리 크지도 작지도 않은 20여 호가 오순도순 살았으면 한다. 하찮은 된장찌개라도 서로 나누어 먹을 줄 아는 인색하지 않은 사람들이 서로 사랑하고 서로 돕는 그러한 이웃이 있었으면 좋겠다.
　마을은 뉘집이나 초가집이었으면 좋겠고, 내 집은 마을 한가운데 널찍한 터를 잡고 있었으면 한다.
　마을 중간쯤에 공동 우물이 하나쯤 있어야 하고, 그곳에서 아낙들의 입을 통해 마을 소식도 어둡잖게 아내를 통해 들었으면 좋겠다.
　마을 사람들은 부업으로 길쌈을 했으면 한다. 여름이면 모시베를 짜고, 겨울이면 무명베를 낳아 도시로 비싼 값에 팔아 궁색하지 않은 생활을 누렸으면 좋겠다. 그래서 밤이면 집집마다 산을 찌렁찌렁 울리는 베짜는 소리와 다듬이 소리를 함께 들을 수 있다면 그 아니 멋스러우랴.
　집은 초가삼간에 사랑채가 딸렸으면 좋겠다. 안채와 조금 떨어진 사랑채는 대패질을 하지 않은 자연목 그대로 자연미를 살려 지은 집이었으면 한다.
　나는 이곳에서 넓은 공간에 책들을 가지런히 보기 좋게 쌓아 놓고 읽고 싶은 책을 마음대로 읽고 그리고 나를 찾아주는 손님을 반가운 마음으로 맞이할 것이다. 그리고 방 하나는 응접실이라 이름지어 고급 강화도산 화문석을 깔아 놓을 것이며, 서재는 통나무로 된 의자와 책상을 손수 짜놓을 것이다.
　갱지로 도벽이 된 방 적당한 곳에는 고풍스런 고서화를 몇 폭 걸어두고 싶고 밖에는 나무에 '명월당'이라 새겨서 걸어 놓고 싶다. 여기에 목침을 베고 잠이 들다 새벽 닭 홰소리를 듣고 일어나서 글 읽는 재미까지 붙인다면 그 아니 좋을까.

　넓은 뜰에는 감나무, 배나무, 복숭아, 앵두, 포도, 모과, 자두, 대추, 사과, 살구, 은행이 철따라 주저리 주저리 열리고 거기에 초당(草堂) 주위의 화목마저 때 맞추어 더북더북 청향(淸香)을 토한다면 그 아니 좋겠는가.

　뒤뜰에는 바가지로 떠마실 수 있는 생수가 철철 넘쳐 흐르고 그 하류에 그물을 받아 연못을 만들고, 수련(水蓮)덮인 호수에 어별(魚鼈)이 뛰논다면 이게 분명 선인의 삶이 아니고 무엇이겠는가.

　밥상에는 언제나 신선한 산나물과 싱싱한 물고기가 오르고, 식사 후에는 과일즙과 따끈한 작설차를 마셨으면 한다.

　옷을 회색 두루마기에 무명 바지 저고리가 좋겠고, 하얀 버선발엔 만월표 흰 고무신을 신고 싶다. 여기에 낮에는 낚시를 드리우고 밤에는 책을 읽으며, 근심걱정 모르고 아내와 내가 병없이 곱게 늙어가는 행복까지 누린다면 더없는 정복이리라.

　마을에는 나의 말벗이 될 수 있는 좋은 친구가 서너 명 있었으면 좋겠다. 그들은 바둑이 일 급쯤 되고 시작(詩作)도 문외한은 아니며 난(蘭)을 가꾸는 취미 또한 수준급이었으면 한다. 그리고 술도 적당히 마실 줄 알며 진한 농담 속에 해학이 절로 넘치는 재치있는 친구도 끼었으면 더욱 좋겠다.

　가끔 먼곳에서 심심찮게 불원천리(不遠千里) 나를 찾아주는 문우들이 있었으면 좋겠다. 그들은 2,3일씩 묵어 가면서 시도 짓고 고담준론도 펴면서 떠나갈 듯 웃음소리가 산골을 뒤집어 놓는 것도 좋으리라. 그리고 손수 가꾼 무공해 과일이며 산나물을 더북더북 싸주는 재미까지 누린다면 그 아니 호강이랴.

　세월이 흘러도 흐르는 것을 모르는 무진한 기쁨 속에 내가 좋아하는 취미생활을 하면서 욕심없이 신선처럼 살고 싶다. 그리고 때로는 촛불을 밝혀 놓고 인생을 생각하고, 때로는 별빛 가득히 흐르는 산길을 거닐면서 음풍영월(吟風詠月)을 하고 싶다. 거기에 전설처럼 피어나는 그리움을 가슴에 안고 산다면 그 아니 즐겁겠는가. (졸작「전설처럼 피어나는 그리움을 안고」)

　요새는 결혼식을 끝낸 후 피로연 대신 기념품을 한 상자씩 안겨 보내곤 한다.

　얼마전 친지의 결혼식에서 예쁘게 포장된 비누상자를 받아왔다.

　(……)

어쨌든 재미있는 선물임에는 틀림없다. 애들도 좋아라 이것저것 주물러 보는 폼이 한꺼번에 다 써보고 싶은 모양이다. 나 역시 그렇다. 어느 것을 먼저 쓸 것인가? 학? 과일? 그렇잖으면 유리알? 그러다 애들 쪽에서 먼저 결론을 내렸다. 학으로 하자는 것이었다.

애들다운 결론이었다. 새를 좋아하는 애들이라 학의 모양이 제일 마음에 들었는가 보다.

다음날 아침 그렇게 게으름만 피우던 애들이 저마다 먼저 세수를 하겠다고 승강들이다.

"거 참 잘 됐구나."

나는 속으로 빙그레 웃었다.

애들은 한 번 칠할 것도 두 번 세 번, 끝 녀석은 비누를 만지작거리며 신기한 듯 세수대야 앞에서 떠나려 들지를 않는다.

학의 몸뚱이에서 거품이 나오는 것이 암만해도 신기한 모양이다.

그날부터 애들은 유달리 부지런해졌다. 학교서 돌아오기만 하면 곧 윗도리를 벗어 던지고 세수를 하는 것이다.

그래서 그런지 전보다 훨씬 멀끔해지는 것 같다. 거참 기특한 일도 다 있지.

비누 모양 하나로 이렇게까지 달라지다니…… 진작 그런 비누를 사왔으면 했다. 그런데 그 비누가 애들뿐만이 아니라 꼼(우리집 개 이름)에게까지도 인기가 있었던 모양인지 어느 날 개가 그 비누를 덥석 삼켜 버렸다.

참 별일도 다 보았지.

그놈의 개, 때 묻은 몸뚱이 속을 씻어내고 싶은 모양인가?

모두 한바탕 웃었다.

비누하면 생각나는 일이 있다.

십 년도 더 된다. 스무남은 살 때 어머니와 같이 동생을 면회하러 거제도(巨濟島)에 갔었다. 그때 동생은 육군 중위였고 조달감실에서 일하고 있었다.

거제도 하면 부산서 배를 타고 꽤 오래 가야만 했다.

그 지루하던 항로(航路)는 지금 생각해도 염증이 난다.

(……)

우리가 배에서 내렸을 때는 손과 옷에 온통 기름 투성이었다.

비누를 꺼내어 바닷물에 손을 씻어야만 했다. 비누가 통 피지를 않는다.

비누가 맥을 못 춘다. 참 답답한 노릇도 다 있지.

바닷물이라 그럴 수밖에.

난처함 표정을 지으며 돌아서려는데 누가 눈앞에 누우런 비누를 쑥 내미는 것이었다. 나는 그를 쳐다 보았다. 군인이었다.

"이 비누를 써 보세요. 바닷물에도 거품이 잘 풀립겝니다. 해수용 비누니까요."

누우런 그 비누는 바닷물에도 거품이 잘 일었다. 군용(軍用) 비누였다.

미끈미끈하던 기름이 쏙 벗겨졌다.

나는 손바닥이 간지럽도록 비누를 굴려가며 닦고 또 닦았다.

흰 손바닥이 푸른 물 속에서 희죽 웃으며 거품을 뿜어 올리는 듯했다.

저 멀리로 밀려 내려가는 거품은 더러운 때와 시름을 한꺼번에 싣고 떠나가는 것이었다.

이 조그만 화학작용(化學作用)으로 말미암아 희맑아진 내 손! 나는 신기한 듯 손바닥을 유심히 들여다보았다.

우리는 그 군인과 더불어 방축길로 넘어섰다. 방향이 같고 해서 동행했다. 기나긴 방축길을 걸어가며 우리는 이 얘기 저 얘기 나누었다.

사변 때 뿔뿔이 헤져 가족의 거처를 알 길 없다던 그 군인의 표정은 서글펐다. 이름 모를 그 군인은 지금쯤 어디서 무엇을 하며 어떻게 지내고 있는지?

빌려 주었던 그 비누냄새를 나는 아직 잊을 수가 없다. 투명했던 그 손바닥에 묻었던 그 냄새를, 세상모르던 그 손바닥에 묻었던……

그러나 나는 지금 인생의 중턱에 서서 때에 절어 가는 여윈 내 손바닥을 본다. 연륜(年輪)으로 그어진 자국에 찌든 때를 벗겨 버릴 그 어떤 비누는 없을는지?

그 풋풋하고 때 묻잖았던 시절이 새삼 그리워진다. (김자림 「비누」)

앞의 작품은 복잡하고 을씨년스러운 도시 공간 속에서 살아가는 현대인의 삶을 상극적으로 터치하고 있는 작품으로 우리가 추구해야 할 삶의 방향을 제시하여 주고 있다. 그런데 제목이 '내가 추구하는 삶'이 아니고 '전설처럼 피어나는 그리움을 안고'이다.

그리고 뒤의 작품은 제목이 말해주는 것처럼 비누에 얽힌 여러 가지 추억담을 쓰고 있다. 이와같이 제목을 보고 곧바로 작품의 내용을 파악할 수 있는 것은 기사문으로서는 적당할지 모르지만 수필문의 제목으로는 적당하다 할 수가 없을 것이다. 수필이 제목은 무언가 암시적이면서도 포괄적인 내용을 띠고 있는 것이 좋지 않을까 한다. 그러므로 '비누'보다는 '연륜의 때' 또는 '그 풋풋한 시절'이 수필 제목으로서 적당하지 않을까 생각한다. 다음 작품을 읽어보자.

    봄이다. 말이 없던 나무와 풀, 산과 들, 그리고 생명이 없는 돌멩이와 담벽까지도 신선한 생명으로 꿈틀댄다. 개나리 진달래가 그렇고 버들개지 미루나무가 그렇다. 없던 잡초가 푸르름을 딛고 쑥쑥 나와 부드러운 정감마저 준다.
    인간은 누구나 꿈을 안고 살아간다. 오늘보다 내일, 그리고 모레가 나아진다는 신념이다. 세상의 어지러운 일, 가슴 아픈 일도 이 꿈으로 인하여 참아낸다. 그러므로 꿈이 없는 생활은 죽음이요 무의미한 생이다. 봄은 바로 이러한 꿈의 계절이다. 모진 역경(逆境)뒤엔 큰 축복이 오듯이 춥고 음침한 지난 겨울을 지낸 그 이유만으로도 봄은 분명 꿈의 계절이 아니겠는가.
    꽃을 보는 마음은 즐겁고 기쁘다. 가을은 슬픔처럼 타오르는 꽃빛이라면 봄은 생동감이 넘치는 꽃빛이다. 그래서 가을은 사색적(思索的)인 계절이요 봄은 무엇인가 부풀어오르는 계절이다. 그래서 '새로운 생명을 탄생시키는 것이 봄이라면 '다시' 인생을 음미하는 것이 가을이다.
    봄은 마음을 들뜨게 한다. 가리웠던 커튼을 젖히고 창문을 열면 터질 듯 밀려오는 춘풍이 가슴을 설레게 한다. 먼 옛날 아름다운 추억이 떠오르고 어디론가 무한정 달려가고 싶어진다. 그리고 누가 시키는 것도 아닌데 하는 일이 바빠지고, 누가 부르는 것도 아닌데 산으로 들로 나가고 싶어진다.
    이럴 땐 시시컬컬한 얘긴들 어떠랴. 그저 봄의 안온한 훈김을 쬐면서 마음속 찌꺼기를 씻어 버리는 것으로 족한 것.
    봄은 어머니의 눈빛이다. 부드러운 햇살이 그렇고 새로운 생명의 잉태가 그렇다. 우리가 물이 없어 살아갈 수 없듯 어머니 품이 없이 이 세상에 태어날 수가 없다. 어머니는 우리의 심장이요 마음이다. 그러기에 봄이면 어머님이 더욱 그리워지는 것이 아니겠는가.
    (……)
    어머니의 품에 안겨 집으로 갈 때 어머니에게서 풍기던 특유한 그 냄새, 머리 기름 냄새 같기도 하고 화장 냄새 같기도 한 달콤한 그 냄새가 참 좋았다. 그런데 지금은 왜 그러한 어머니의 좋은 냄새를 맡을 수 없을까?

봄의 미(美)는 움직이지 않는 것 같으면서도 움직이는 데 있다. 아직도 겨울이 저만큼 있는가 싶은데 봄이 앞에서 미소짓고 있고, 녹슬은 심장에 봄이 깡충거리는가 했는데 어느덧 여름으로 접어들고 버리는 봄, 겨울과 여름 사이에 잠깐 쉬었다가 가 버리는 나그네 같은 계절이다.

그래서 봄은 청춘(青春)에 비유되는 것은 아닐까. 잠깐 스쳐가 버리는 한 젊음. 하여 더더욱 그립고 아쉽기만한 지난 세월.

봄은 여인의 계절. 겨울의 옷차림은 보온에 그 목적이 있는 것이라면 봄의 옷차림은 그 미(美)에 있다. 여인이 꽃이 되고 꽃이 여인(女人)이 되는 계절이 봄이다. 그래서 예부터 봄은 여성의 계절이요 가을은 남성의 계절이라 했던가.

(……)

이골 저골 온통 꽃잔치다. 바라보기만 해도 마음이 넉넉해지고 살아있다는 생의 소중함을 느낀다. 한 점 바람에도 감사스럽고 한 포기 풀잎에도 고개 숙이고 싶은 마음이다.

저 무성한 복사꽃이 고맙고 하늘이 그지없이 경외(敬畏)스러워진다. 모든 것이 폭에 담은 그림이요 신의 음성이다. 운치가 있고 조화가 있다. 그러면서도 신비롭다. 그 속에 서 있는 나의 존재까지도 신비롭기만 하다.

도스토예프스키는 말했다. 인간은 악에 더 매력(魅力)을 느끼는 본능을 가졌다고…… 그렇다. 삶 그 자체는 일종의 악이다. 자기가 존재하기 위해선 그 누군가가 피해를 입어야 하는 것. 그러기에 욕심을 부려 살려는 자는 봄의 뜰 앞에 나와서 생명의 신비를 배워야 한다. 겸손을 배워야 한다.

(……)

그런데 지금 나는 어떤가. 오욕칠정(五慾七情)에 매달려 끙끙대지는 아니한가. 생각해 보면 너무너무 상처투성이인 차마 볼 수 없는 나의 나상(裸象).

맨손으로 와서 빈손으로 가는 인생이라면 빈 마음으로 살아갈 수는 없을까. 이제부터라도 꽃바람이 부는 창문을 열어 놓고 봄의 겸손을 배워야겠다. 그리고 마지막 잎새를 그리는 마음으로 살아가는 지혜를 터득하리라. 그래서 봄의 햇살처럼 새로운 기상을 맑은 바람처럼 향기를 실어오는 삶을 누리리라. (졸작 「마지막 잎새를 그리는 마음으로」)

벌써 2년이 넘도록 아버지를 뵙지 못했다. 지금도 가슴을 허비는 것은 내 아버지의 그 뒷모습이다.

　그 해 겨울, 별안간 내 할머니께서 돌아가신데다가 내 아버지께서 실직마저 하셨으니, 우리 집의 불행은 겹으로 닥친 셈이었다.

　(……)

　할머니와의 사별과 아버지의 실직은 참으로 우리의 앞길을 참담하게 하는 것이었다. 그러나 그 헛간 같은 집에 그냥 머물러 있을 수는 없었다. 아버지께선 난징(南京)으로 가 직업을 구하셔야 했고, 나는 뻬이징으로 가 학업을 계속해야 했던 것이다.

　그래서 우리는 함께 난징으로 갔다. 난징에서는 친구의 만류로 하루를 쉬었고, 이튿날 오전에 푸코우(浦口)로 건너가 오후에 뻬이징행 기차를 타기로 했다.

　(……) 막상 내가 떠날 무렵이 되자, 도저히 안심이 안 되시는지 자꾸만 머뭇거리셨다. 사실 그때 내 나이 스물이나 되었고, 또 뻬이징에도 벌써 두어 차례나 왕래하셨던 나머지라, 아버지께서 그토록 염려하실 것은 없었다. 그런데도 아버지께선 볼일을 제쳐놓으시고 친히 나를 배웅하기로 결정하셨다. (……)

　아버지는 나더러 도중에 짐을 조심하고 감기 안 들게 주의하라고 말씀하셨다. 그리고 또 판매원을 붙들고 나를 잘 보살펴 달라고 연신 허리를 굽히며 당부하셨다. 나는 속으로 세상물정에 어두우신 아버지의 순박하심을 비웃었다. 그들은 겨우 돈이나 아는 사람들, 왜 그렇게 쓸데없는 부탁을 하실까? 그리고 한편으로는 나도 나이 스물인데 설마 내일 하나 처리하지 못할까 하는 생각도 했다.

　"아버지, 이제 들어가세요" 아버지는 창 밖을 내다보며 무슨 생각에 잠기시더니만,

　"애! 귤이나 몇 개 사올 테니, 여기서 가만히 앉아 있거라" 하고 말씀하셨다.

　플랫폼 저쪽 울타리 밖으로 장수 서넛이 손님을 기다리고 있다. 저쪽 플랫폼으로 가려면 철로를 건너야 했다. 그런데, 그리로 가려면 이쪽 플랫폼을 뛰어내려서 저쪽 플랫폼의 벽을 기어올라야 했다. 그것은 뚱뚱하신 아버지로선 여간 힘드시는 일이 아니었다. 마땅히 내가 가야 할 걸 한사코 당신이 가시겠다고 하시니, 어쩔 수 없었다.

　까만 천으로 된 둥근 모자를 쓰시고, 마고자에 진한 쪽빛 무명 두루마기를 입은 아버지께선, 좀 기우뚱하셨지만, 조심스럽게 허리를 굽히고 플랫폼을 내려가셨다. 그러나 철로를 건너고 저쪽 플랫폼의 벽을 기어오르실 때의 모습은

여간 힘들어 보이는 게 아니었다. 아버지께서 두 손을 플랫폼 위의 시멘트 바닥에 붙이고, 두 다리를 비비적거리며 위쪽으로 발버둥쳐 올라가시다 순간적으로 왼편으로 기우뚱하실 때, 아, 이 아들의 손엔 땀이 흥건했다.

나는 그때, 아버지의 뒷모습을 본 것이다. 나도 모르게 뺨을 적시는 뜨거운 것이 있었다. 나는 얼른 그것을 닦았다. 아버지께 들킬까 봐, 그리고 남이 볼까 봐 두려웠다.

내가 다시 창 밖으로 눈길을 돌렸을 때, 아버지께선 빨간 귤을 한 아름 안고 이쪽으로 오고 계셨다. 이번에는 먼저 귤을 홈 위에 놓고, 조심조심 플랫폼을 기어 내려와서, 다시 그 귤을 안고 철로를 건너오셨다. 이만큼 오셨을 때 묻은 흙을 툭툭 털면서 가벼운 한숨을 쉬었다. 그리고 곧 밖으로 나가시면서

"나, 이만 간다. 도착하면 곧 편지하여라!" 하고 말씀하셨다. 승강구를 내려 몇 걸음 옮기더니만 다시 뒤를 돌아보시며,

"들어가라. 아무도 없는데……" 하고 말씀하셨다. 아버지의 뒷모습이 인파(人波)에 묻히자, 나는 자리로 돌아왔다. 눈물은 또 한 번 쏟아졌다.

요 몇 년 동안, 우리 부자는 각각 타향에서 동분서주해 봤지만, 집안은 갈수록 기울어 갔다. 젊었을 적에는 살림을 일으키려 혼자 타관 하늘을 떠돌며 일도 많이 저지르셨지만, 노경에 들어 이렇게 참담하게 되실 줄이야 누가 알았으랴! 또 당신은 쓸쓸한 만년이 주는 괴로움을 어떻게 견디셨을까? 그래서 사소한 집안일에 지나친 분노를 토하시기도 하였다. 물론 나에게도 지난날처럼 인자하시기만 하진 않으셨다. 그러나, 뵙지 못한 이 2년 동안, 아버지께선 나의 지난 잘못은 모두 잊으시고 오히려 나와 내 아이들 걱정만 하셨다. 어느 날인가, 나는 뻬이징에서 아버지의 편지를 받은 일이 있었다.

"늙은 몸이지만, 그런대로 지낸다. 다만 어깻죽지가 무거워 젓가락을 들거나 붓을 잡기에 불편하구나. 아마 갈 날도 멀지 않은 모양이다."

여기까지 읽었을 때, 왈칵 솟은 나의 눈물방울엔, 마고자에 그 쪽빛 두루마기를 입으신 아버지의 뒷모습이 굴절되고 있었다. 아, 다시 뵐 날은…….
(주자청 「뒷모습」)

앞의 글은 졸작 '마지막 잎새를 그리는 마음으로'요 뒤의 작품은 주자청의 '뒷모습'이다. 전자를 '새봄을 맞이하여' 뒤의 작품은 '아버지'로 제목을 붙일 수도 있을 것이다. 그러나 그렇게 될 경우 독자들은 우선 작품을 읽어버릴 재

미를 잃어버리고 말 것이다. 제목은 될 수 있는 한 평범한 것보다 비범한 것이 독자들의 호기심을 불러일으킨다는 것을 잊어서는 아니 될 것이다.

끝으로 다음 작품을 한 편 더 감상하자.

가을이 되면 내 고향의 들과 산에는 이름 모를 풀꽃으로 성시(盛市)를 이룬다.

그 누구도 기다려 주지 않고 그 누구도 손잡아 주지 않는 고아같은 풀꽃, 그러나 철이 되면 어김없이 찾아와 피었다가 말없이 시드는 풀꽃, 굳이 그 이름 알아 무엇하랴. 보아주는 이 없어도 원망할 줄도 모르는 풀꽃인 것을.

무구한 질푸른 하늘 아래 무한한 공간 속을 땅의 후박을 가리지 않고 아무데나 흐드러지게 피어나는 풀꽃. 자신의 운명(運命)마저도 원망할 줄 모르고 자연에 수순(隨順)하는 풀꽃. 나는 그 꽃이 좋아 어릴 때 산이며 들을 망아지처럼 얼마나 쏴 다녔던가. 때로는 그것을 어루만져주기도 하고 때로는 코끝에 대고 그 향에 취해 보기도 했었다.

파아란 달빛 후미진 모퉁이에 아프도록 외롭게 피어난 고운 풀꽃, 어쩐지 나는 그 꽃을 바라볼 때마다 한(恨)많은 내 아버지를 생각했었다. 왜 그랬을까.

우정은 떨어지면 만나고 싶고, 물건은 없으면 더 갖고 싶다던가. 그러나, 풀꽃은 호젓한 고독이 베어 있어 그 고독을 사랑하고 싶은 것이다. 그래서, 비오는 날 우산도 없이 그 산길을 자꾸만 걷고 싶은 것이 아니겠는가.

니이체가 그랬던가.

"삶의 이유를 가지고 있는 자는 어떻게 해서든지 살아갈 수가 있다."라고. 그렇다. 풀꽃은 혹한의 겨울도 잘도 참아내고 서러운 풍상도 인종(忍從)하는 것이다. 그것은 흡사 눈비 가리지 않고 해가 뜨면 들에 나가 일하고 해가 지면 잠자리에 드는 내 아버지의 모습이 아니던가.

그 많은 잡초 속이 비정한 인간세계라 한다면 저 풀꽃은 그것을 딛고 일어선 기품있는 한 도인(道人)이라고나 할까.

너무 야멸차게 세련된 시정(市井)의 손때가 묻지 않아서 좋고, 상술에 부대끼고 닳아진 화상(花商)의 잇속이 염색되지 않아서 좋다.

어느 날 새벽 산길을 걷다가 나는 그만 발걸음을 멈추고 하마터면 소리지를 뻔 했다. 좁쌀만 한, 정말로 아주 작은 풀꽃이 덤불에 가려 햇볕도 제대로 받지 못한 채 그렇게 피어 있었다. 헤쳐보니 너무나도 고운 분홍 빛깔. 어떤 몹쓸 인연으로 이렇게 천형의 틀 속에 갇혀 있어야만 하는가. 와락 끌어안고 한없이 울어주고 싶었다.

또한 풀꽃에는 고향을 떠나온 나그네처럼 깊은 슬픔이 깔려 있다. 바람에 알게 모르게 고향으로 실어 보내는 애틋한 여심(女心), 그러면서도 너무도 담담한 선인(禪人)다운 그 표정.

누가 그랬던가. 꽃을 보면 마음이 맑아진다고. 그러나, 도시의 길거리에서 볼 수 있는 수돗물 먹고 자란 꽃이 어찌 사람의 마음을 맑게 하리요. 그것은 흡사 사람의 손에 만들어진 마네킹 같은 것. 그래서 들길 풀꽃을 바라보면 탁한 마음이 청허(淸虛)해지고 우울한 마음이 쾌적해지는 게 아니겠는가.

바람이 불면 부는 대로 눕고, 비가 내리면 내리는 대로 맞는 풀꽃. 밟으면 밟힌대로, 꺾으면 꺾인 그대로 순종하는 풀꽃.

별이 내리는 외딴 길에서 유성처럼 마음을 태우며 이룰 수 없는 사랑에 순종하는 풀꽃. 나는 그 꽃에서 내 아버지의 모습을 읽는다. 아버지의 가슴에 파도처럼 밀려오는 고독과 인종(忍從)과 그리고 한(恨)을 본다.

아버지는 학교라고는 문턱에도 가 보지 못한 목불식정(目不識丁)이시다. 풀꽃이 그 누구의 보살핌을 받지 못했듯이 아버지는 부모로부터 사랑을 받지 못했다. 그래서 늘 어머니께서는 공평하지 못한 시부모님의 처사에 불만이셨다.

아버지는 일만 알았다. 새벽 다섯시만 되면 어김없이 일어나 쇠죽을 끓여 주었다. 그리고, 동이 트면 들에 나가 일을 하다가 땅거미가 진 후에야 돌아오는 성실한 일꾼이었다. 하얀 무명옷을 입고 일하시는 아버지의 모습을 보고 나는 들에 한떨기 외로운 풀꽃같다고 생각했다.

아버지의 손은 풀잎처럼 거칠고 뿌리처럼 강인했다. 추운 겨울날 맨손으로 땔나무를 해 오셨고, 그 넓은 들밭도 아버지 손에 가꿔졌다. 무엇이든 아버지의 손이 닿기만 하면 말끔히 치워졌다. 들에 핀 풀꽃(野生花)처럼 그렇게 보호받지 못한 손이었다.

혹시 마을 사람들이 공동으로 쉬는 날이라도 그냥 있지 않았다. 무엇인가 했다. 마당에 나가서 두엄도 장만하기도 했고 장작을 패기도 했다.

그러한 아버지가 어느 날 한숨을 쉬며 집에 돌아왔다.

"이 까망눈, 까망눈이 웬수야……."

아버지는 이불을 쓰고 울었다. 그날 이후 아버지는 더욱 일만 알았다.

논일, 밭일, 산일 등을 억척스럽게 일만 했다. 한잠도 쉬지 않고 담배를 입에 꼰아 문 채 일만 했다.
  어느 날 내가 새참을 가지고 들에 갔을 때, 아버지는 나를 보시더니 "너는 다음에 아버지 같은 농사꾼이 되어서는 안 돼." 짤막하면서도 투박한 말 한마디……. 나는 그때 그것이 무슨 뜻인지를 몰랐었다.
  아버지는 내가 학교에 다니는 걸 자랑스럽게 생각했다. 내 통신표의 성적이 떨어져도 관계하지 않았다. 학교 다닌다는 그 사실만으로 만족했던 아버지.
  아버지는 욕심도 없었다. 언제나 남이 좋다는 대로 했다. 그래서 어머니께서는 늘 그것을 마땅찮아 했다.
  아버지는 성실한 농군이었다. 사람의 관심을 갖지 못하는 풀꽃처럼 그 누구의 시선을 끌어보지 못한 채 평범한 농군으로 풀꽃처럼 살아왔다.
  나는 그런 내 아버지를 두고 언제부터인가 「노인과 바다」을 떠올리곤 했다. 고기를 낚는 일 외에 아무것도 생각하지 않는 것 같던 그 노인.
  그래 「노인과 바다」…….
  그 노인은 바다의 이름없는 풀꽃이 아니었던가.
  그런 그 노인이 내 아버지가 아니던가. (졸작 「노인과 바다」)

어떤가. 왜 작자는 '내 아버지'라고 제목을 붙이지 아니한 「노인과 바다」로 했을까를 생각해 보아야 할 것이다.

 2) 효과있는 서두

  서두는 그 글의 성패를 좌우한다. 아무리 좋은 내용이라도 서두가 신선하지 않으면 독자는 책을 미처 읽기도 전에 덮어버리기도 한다. 그래서 글 쓰는 사람은 서두에 많은 고심을 하게 된다. 원고용지를 가장 많이 찢어버리게 되는 것도 이 서두에서다.
  서두는 단거리 경주에서 그 출발과 같다.

시작이 중요하다. 첫 머리 한 마디가 전편을 밀고 나가기 때문이다. 자기가 그 글을 써 보려고 느낀 동기가 있을 것이다. 그 정서(情緒)에서부터 출발하면 가장 좋다. 예를 들면, 어제 북한산성으로 소풍을 나가서 본 단풍의 아름다운 것이 생각나서 아침에 일어나자마자 글을 쓴다고 하자. 그러면 '단풍이 눈 앞에 벌겋게 비친다'는 데서부터 시작하면 그 출발히 청신하고 어제 하루의 단풍놀이가 즐거운 회상으로 나타나 전편의 정서가 살지만 어제 아침에 출발하던 데서부터 시작해서 도중의 풍경을 그려가면서 단풍의 아름다움으로 들어가면, 비정서적인 기록이 되고 말 것이다. 글을 쓰게 된 느낌의 현재에서부터 붓을 든다. 이것이 가장 쉬운 듯하면서 실제로는 어렵다.

글은 솔직한 정서의 표현을 요구한다. 그러나 붓은 비정서적인 기록으로 향한다. 쓰는 사람의 머리에는 정서가 차 있기 때문에 이지적인 무미건조한 기록을 하고 있으면서도 자기는 자기대로 정서를 느끼고 있다. 그래서 이것을 깨닫지 못하기가 쉬운 것이다. 문장의 대가라도 가끔 그런 실수를 범한다. 남의 글은 지적하기가 쉬워도 제 글은 깨닫기가 어려운 것도 자기 정서에 스스로 사로잡혀 있기 때문이다. 그러기에 자기의 글도 훨씬 묻어 두었다가 다시 읽어 봐야 알게 된다.

서두에 설명이나 서론을 늘어놓지 말 일이다. 그것은 극히 문장의 정서를 죽이고 청신한 기분을 헤친다. 문학이란 정서가 가장 소중한데, 설명이나 서론은 비정서적이기 때문이다.

(……)

고사나 명구(名句)의 인용문으로 기구(起句)를 삼는 예를 많이 본다. 이것은 가장 쓰기 쉬운 방법이다. 그러나 전편이 그 영향을 받아 개선적인 내용을 살리기가 어렵고 청신한 방법이 못 되는 경우가 많다. 피하는 게 좋다.

안개같이 시작해서 안개같이 사라지는 글은 가장 높은 글이요, 기발한 서두로 시작해서 거침없이 나가는 글은 재치있는 글이요, 간명하게 쓰되 정서의 함축이 있으면 좋은 글이다. 그 어느 것을 취하든 느낀 동기에서 선명하게 붓을 들면 큰 실수는 없다.

서두를 살리기 어려운 또 하나는, 서론은 안 쓴다 해도 서론적 요소는 피할 수가 없다. 즉 무두무미(無頭無尾)하게 댓바람 말을 끌어 낼 수 없으니 무엇인가 한 마디 하게 된다. 그러나 꼭 필요한 내용이나 정서의 함축이 없는 말은 단 한자라도 들어가지 않도록 하려는 것이 우리의 욕심이다. 더욱이 서두에서 있어도 고만 없어도 고만인 말을 쓰고 싶지는 않다. 여기서 첫 마디가

시적이거나 기경(奇警)하거나 깊은 정서의 함축에서 오는 말이거나 한다면
이를바 없지만 그것은 반드시 기피할 수 없는 것이고, 일부러 생각해 얻으면,
그 아래가 순순히 계속되지 않는 법이다. 그런 까닭에 될 수 있는대로 긴 허
두를 붙이지 말고 간명하게 시작하되 전편에 대한 암시적인 기틀이 되도록
유의하고 이론적인 말을 피해야 한다. 한 마디로 해서 느낀 대로, 직접 써 나
가면 된다. 이리저리 만들어 보려는 데서 잡치는 것이다.
　여러 사람의 글을 많이 읽어보고 그 득실점을 유의하여 살펴보면, 스스로
터득이 될 것이다. (윤오영 「서두의 득실」)

　문장은 읽히지 않으면 가치가 없다. 이 서두는 바로 읽히게 하는 감미료다.
쓴 약에 당의를 입히듯 서두도 그래야만 한다.

　문장의 첫 구절—글쓰는 이는 누구든지 경험하는 일이겠지만 글에 있어서
최초의 一句같이 중요한 것은 없을 것이다. 최초의 一句—이것을 얻기 위해
서 말하자면 모든 문장가의 고심초사는 자고로 퍽이나 큰 듯 보이고, 그만큼
이 一句는 문장의 가치에 대해서도 결정적인 노력을 가지고 있다. 이 곳에 문
장을 있게 만드는 데 흰 원고지의 유혹도 확실히 무시할 수는 없지만, 어디서
자연히 때늦어 솟아 나왔는지 모르는 이 최초의 일장같이 문장인에게 창조의
정력을 일시에 제공하므로 의해서, 팔면이문(八面弛紊)을 하게 하는 요점도
없을 것이니 백 사람의 문장가를 붙들고 물어 본다면 그 중에 여든은 가로되
이 최초의 일장이 얼마나 고난에 찬 최초 최시(最始)의 문장적 위기를 의미하
는 동시에, 그의 모든 준비를 발전시키는 가장 중요한 지도자임을 말하리라.
훌륭하게 만들어진 물건이 중간에서 혹은 말단에서 잘되기 시작할 리야 없겠
고, 좋은 결과 좋은 발전을 위해서 시작이 지난하다는 것은 또한 당연한 일이
지 문장이 매양 좋게 시작된다면 그 다음은 거저 먹기라 할까. 요컨대 다음
문제는 논리적으로 그 방향만 그것이 가야 될 길만 잃어버리지 않도록 하는
데 있기 때문이다.
　여기서 우리는 문장의 도는 근본적으로 발단의 예술임을 주장할 수 있으
니 모든 문장이 첫대목을 가지고 자기의 내용과 형식을 암시할 뿐 아니라, 자
신의 본질적 가치까지 결정해 줌을 따라, 독자에게도 그것이 자연 결정적인
작용을 주게 되는 것은 우리들의 일상 경험하는 일이다. 자미가 있건 없건 간

에 우리로 하여금 문장 전편을 읽게 하는 힘도 첫대목의 됨의 여하에 있음은 물론이려니와, 첫대목이 언짢기 때문에 읽다가 치우게 되는 소설도 이 세상에는 얼마나 많은가. 말하자면 문장 최초의 일절은, 필자 자신을 소개하는 명함이라고도 할 수 있는 것이니, 이를 통해서 우리가 그 문장 전편, 그 작품 전체의 구조와 분위기를 엿보기는 대단히 수운 일이다. (김진섭 『문학사담』)

글 쓰기는 발단의 예술이다. 관광을 가기 싫어하는 사람을 설득하여 마음을 돌리게 하는 서두는 바로 그러한 힘을 가지고 있다.

나에겐 언제나 이 서두 1행 여하에 그 작품의 成·不成이 따르게 된다. 서두가 마음에 맞지 않는 것을, 시일 관계로 그대로 되겠지 하고 진행을 시키다가는, 번번히 실패를 본다. 실로 이 서두 1행에 내용을 실린 작품의 형식이 결정되는 일이니, 이 서두에 소홀할 수가 없다. '시작이 반'이라는 말이 있지만, 나의 창작에 있어 시작이 전부라 해도 과언이 아니다. 시작만 되면 시간이 허하는 한 쉼이 없다. 이 서두 1행 때문에 살이 깎인다. 8·15 이후 내가 들었던 붓을 놓고 침묵을 기키기 무릇 이태거니와, 구상까지 다 되어 있는 것도 이 서두를 내지 못해 머리 속에 그대로 썩어 나는 게 4~5개나 된다. (계용묵 「침묵의 변」)

글을 써 본 사람이면 누구나 다 느낄 것이다. 문장의 서두가 잡히지 않아서 끙끙대는 것도 바로 이 서두다.

    서두는 글의 첫머리입니다. 그저 글의 순서에 의하여 처음에 놓이는 부분이 아닌 글 쓰는 생각을 본격적으로 펴기 위한 준비 단계라고 생각하면 좋습니다.
    서두가 지니는 주요한 성격과 기능은 첫째, 읽는 이에게 흥미를 가지게 하고 글을 읽으려는 의욕과 충동을 불어 넣는 것과 둘째, 앞으로 어떤 내용이 전개될 것인가를 암시하여 주는 것입니다.
    첫머리는 곧 글의 첫인상입니다. 사람을 사귀는 일에 있어서도 첫인상이 매우 중요하듯이 글에서도 마찬가지입니다. 글의 서두에 개인적인 변명이나 주어진 제목과 주제에 관하여 불평하는 내용, 혹은 상식적인 이야기를 길게 나열하는 것은 결코 좋은 인상을 주지 못합니다.

　서두를 쓰는 데는 원칙적으로 어떤 제한이나 구속이 있을 수는 없습니다. 자기의 개성, 글의 성격에 맞게 다양하게 전개시켜 나가되 앞에서 언급한 서두가 지니는 두 가지의 주요한 성격과 기능은 반드시 포함시켜야 합니다. 그러면 다음에 몇 가지 좋은 서두의 예를 보도록 하겠습니다. (이진훈)

첫머리를 잡아 놓으면 실타래가 슬슬 풀리듯 마음 먹었던 대로 글이 써진다. 그 본보기를 여기에 옮겨 본다. 서울 사대부국 4학년 학생의 글이다.

　　따르릉…….
　　신호등에 파랑불이 켜졌습니다. 이번엔 이쪽편이 길을 건너가는 차례입니다. 길게 늘어섰던 자동차들이 부르릉하고 굴러 가기 시작하였습니다. 참 많은 자동차들이 지나오고 지나가고 합니다.
　　여기는 을지로 네거리입니다. 많은 사람과 많은 자동차들이 오고가는 무척 번잡한 네거리입니다.
　　따르릉…….
　　이번에는 이쪽 신호등에 빨간불, 저쪽 신호등에 파랑불이 켜졌습니다. 저쪽이 길을 건너가는 차례입니다.
　　덕수초등학교 빼지를 단 일곱 살 여덟 살 조무래기 아이들 한 패가 뭐라고 재잘거리면서 걸어오다가 발걸음을 멈췄습니다.
　　"얘들아 빨강불이 켜졌어. 지금은 못 건너가는 거야."
　　하고 한 아이가 말했습니다. 조무래기 아이들은 이 봄에 국민학교 1학년이 되었나 봅니다. (이현숙 「네거리에서 본 일」)

사진을 보는 것 같은 글이다. 특히 "학교에서 나온 우리들은 을지로 네 거리에 왔습니다. 마침 건너가라는 파랑불의 신호등이 켜졌습니다." 이렇게 쓰기 쉽다.

　그러나 여기에선 이러한 군더더기를 거두절미하고 "따르릉……" 신호등 바꿔지는 수리부터 내어서 글맛을 돋구었다.

우리는 어떤 글을 대했을 때 처음 몇 줄에서 흥미를 느끼지 않으면 다른 문장으로 눈을 옮겨버리기 마련이다. 학생들의 레포트나 시험답안지에서도 역시 그렇다. 그러므로 처음 서두에서 독자를 사로잡아 끌고 가지 않으면 안 된다. 독자를 유혹하는 것은 서두에 있다. 일종의 여인의 매력 같은 것이라 해도 좋다. 어떤 이는 안개처럼 시작해서 안개같이 끝나는 글이 일급이라 했는데 이 안개란 말은 그 글에서 끌리는 어떤 매력 또는 격조 높은 흥미라 해도 좋을 것이다.

「안나 카레니나」는 톨스토이의 대표작 중의 하나이다. 이 작품의 서두에 대하여 다음과 같은 에피소드가 전해지고 있다.

톨스토이는 어릴 때 어머니를 여의고, 큰 아주머니 품에 자랐다. 하루는 이 노부인이 앓아 병석에 눕게 되었다. 온 가족이 간호를 하였다. 열 살쯤 되는 톨스토이의 맏이가 노부인을 위하여 푸시킨의 소설을 읽어주곤 하였다. 어느날 노부인은 푸시킨의 미완성 소설(斷片)을 듣다가 잠이 들었다. 소년은 책을 덮어 두었다. 때마침 톨스토이가 병실로 들어와서, 무심코 그 작품을 읽었다. 첫 줄을 읽자마자 톨스토이는 감탄하였다.

―푸시킨은 역시 위대한 소설가다. 소설을 이렇게 시작해야 한다.

푸시킨의 「단편」 첫 줄은 "손님들이 마을에 있는 저택으로 몰려왔다"라는 것이었다. 톨스토이는 대뜸 독자를 사건의 중심으로 끌어넣는 서두에 감탄한 것이다.

―놀라실 게 아니라, 당신도 시험해 보시구려.

옆에 있던 부인이 권하였다.

―오오.

톨스토이는 곧 서재로 달려가, 구상 중이던 「안나 카레니나」의 첫줄을 쓰게 되었다.

수필은 시나 소설과 마찬가지로 하나의 의미를 탄생시킨다. 그러한 의미를 어떻게 어떠한 방법으로 독자들에게 전달해 주느냐 하는 것은 중요한 의미를 가진다. 특히 글의 첫머리 몇 줄은 글의 성격, 독자의 이상, 흥미, 문장의 방향을 결정하는 중요한 구실을 하게 된다.

수필의 서두는 글의 내용이나 성격에 따라 다를 수도 있고 쓰는 사람의 취향이나 개성에 따라 다를 수 있기 때문에 서두를 어떻게 쓰는 것이 좋다고 간단하게 설명할 수 있는 성질의 것이 아니다. 그러나 일반적으로 서두는 쉬우면서도 흥미롭고 간결하면서도 자연스러운 것을 으뜸으로 꼽을 수 있다.

지금까지 사용된 서두를 조사해 보면 여러 가지 형태를 발견할 수 있는데 그 가운데 몇 가지만을 여기에 인용해 보겠다.

① 색다른 의견 제시나 사람의 흥미를 끄는 서두

보통사람이 생각해 내지 못하는 의견이나 남다른 생각 또는 충격적인 어구로 시작하는 방법인데 이는 독자를 깜짝 놀라게 할 수 있는 신선감이 있다.

사람은 행복한 맛에 사는 것이 아니라 행복을 추구하는 맛에 산다. 추구할 것이 없는 사람은 극히 불행한 사람이다. 불행한 사람은 또 불행에서 벗어나기 위해 산다. 사람은 그래서 다 같이 살아 왔다.

윤오영의 수필 「생활의 정」의 첫머리다. 슬픔과 기쁨으로 얼룩진 무늬를 짜며 살아가는 인생살이의 감정을 고백한 글이다. 눈물과 웃음의 아롱진 무늬, 이것이 인생의 문제이며 바로 생활의 정이라고 작자가 말했듯이 서두에서 이 글의 전체를 암시하고 있다.

어린 아이들은 흔히 어른들의 어린시절의 이야기에 흥미를 갖는다. 한번도 만나본 일이 없는 전설적인 존재인 증조부나 증조모에 관한 이야기에 상상의 나래를 펴보고 싶어 한다. 간밤에 나의 어린 것들이 그들의 증조모 필드 할머니의 이야기를 듣고 싶어 내 곁에 모여든 것도 그러한 심리적 작용에서였을 것이다. 증조모는 노우퍼크에 있는 거대한 저택에 살고 있었다. 그곳은 최근에 민요로 해서 어린이들에게 널리 알려진 바 있는 저 비극적인 사건의 현장이었다.

"찰스·램의 수필 「꿈속의 아이들」의 서두다. 지금은 남의 아내가 된 젊은 날의 애인, 그녀와 결혼했더라면 혹시 태어났을지도 모르는 두 아이들을 꿈속에서 데리고 노는 환상적 수법으로 대뜸 서두를 시작하고 있다."(김승우) 처음부터 차분한 분위기 속에 흥미있는 이야기로 독자를 끌고 간다.

  땅속의 조상은 말 한마디 없어도 묘 위에 자란 풀들이 자손을 부른다. 일년 내내 발걸음도 않던 자손도 풀을 벨 때가 되면 묘를 찾게 된다. 풀은 묘를 보호하지만 베지 않으면 길로 자라 묘를 황폐시킨다. 무심한 자손도 차마 그대로 둘 수가 없지 않은가.

진웅기의 수필 「성묘(省墓)」의 첫머리다. 사람이 죽으면 무덤으로 남는다. 자손들은 그 무덤을 찾아 성묘를 가게 되고 그리고 세월따라 그 자손도 죽어가게 되고 무덤마저 황폐화되어 지켜주는 자손을 잃고 만다. 글의 서두가 암시하듯 죽은자와 산자와의 이중적 거리감을 잘 말해주고 있다. 인생무상이라고나 할까. 삶의 어떤 본질적인 요소가 글 전체에 깔려 있다.

② 유명한 말이나 속담, 격언, 일화, 명언 등을 인용하는 서두
 이것은 자칫 잘못하면 인용한 어귀의 해설이나 설명에 그치고 말 위험성을 갖고 있다. 그러므로 인용에 주의를 기하지 않으면 안 된다.

  쇼펜하우어는 "위대한 사람이 둘이 있으니 하는 육체적으로 위대한 사람이요, 하나는 정신적으로 위대한 사람이라"고 했다. 육체적으로 위대한 사람은 앞에서 커 보이나 멀어질수록 작아 보이고 정신적으로 위대한 사람은 멀어질수록 커 보이지만 내 앞에 오면 결점도 있고 실책도 있는 나와 같은 범인이다. 이것이 실로 위대한 사람이다.

노신의 수필의 첫머리다. 쇼펜하우어의 말을 인용했으면서도 그 말의 원뜻과는 상관없이 전부 노신의 말이 되고 말았다. 이것이 인용의 묘체요 묘리다.

그런데 만약 다음과 같이 인용했다면 어떻게 되었겠는가.

　　쇼펜하우어는 "위대한 사람이 둘이 있으니 하나는 육체적으로 위대한 사람이요, 하나는 정신적으로 위대한 사람이라"고 했다. 인간은 육체와 정신이 있다. 육체적으로 위대한 사람은 자기를 내세우지만 정신적으로 위대한 사람은 자기를 숨긴다. 육체적으로 위대한 사람은 정신은 썩었지만 위대한 사람은 육체는 졸렬해 보이지만 정신속에는 무한한 만석이 가득 차 있다.

이렇게 장장 수십 장의 글을 썼다면 이는 이미 쇼펜하우어의 말이요 글 쓴 작가의 말은 아니다. 이런 글을 쓰려면 쓰지 않는 것이 좋다. 고인의 말이나 고사로 지면을 채우는 일은 특히 삼갈 일이다.

　　석가모니는 일찍이 "천상천하에 유아독존"이라는 말을 했다. 통속적으로는 천상천하에 자기가 제일이라는 뜻으로 전하고 불가에서는 각성즉불의 경지로 설명하려고 한다. 그러나 나는 인간 석가모니가 그의 찾을 수 없는 고독감을 표현하려는 절규의 소리이었다고 생각한다. 어떻게 그것을 아는가? 이제 텅 빈 마음으로 오락가락하다가 우뚝 서 있는 내 그림자를 보고 이것을 깨달았다. 내 옆에 길게 나 있는 ……, 아니 누워 있는 저 그림자는 확실히 외로웠다. 달은 끝없는 푸른 하늘 위에 화경같이 매달려 있고.

윤오영의 「고독감」의 서두다. 석가모니의 고독감을 빌어서 인간의 고독을 노래하고 있다. 인간은 살아가면서 인간에게서 사랑을 찾고 희망을 갈구한다. 그러나 거기에서 얻지 못하면 자연에서 그것을 찾으려 한다. 그래서 산을 찾고 물을 찾는다. 그러나 찾지 못하는 그 공허는 결국 고독으로 남는다. 그래서 석가의 「유아독존」의 육성이 더욱 그리울 수밖에 없는 것.

檻草結同心
將以遺知音
春愁正斷色

春導復哀吟

春服을 달아입고 거리에 나서니, 4월 남풍에 옛 명기(名妓) 설도의 시한 수를 띄우고 싶다.

김동환의 수필 「춘복(春服)」이다. 봄은 어김없이 돌아왔건만 한번 간 임의 소식은 제비따라 오지 않고 이 가슴만 아프게 하는구나. 산뜻한 봄 속에 찬란한 기쁨보다는 짙은 우수가 서려 있음을 엿볼 수 있다.

③ 사실과 사건, 생각 등을 거두절미하고 쑥 끄집어내어 쓰는 서두

실제로 있었던 일이나 때때로 일어난 사건 및 생각 따위는 사람의 주위를 끌기 쉬운 성질을 가지고 있다. 만일 사건이나 사실이 유우머러스하거나 신기하면 서두의 효과는 더욱 높아질 것이다.

자식은 돈을 벌러 외지에 가서 백골로 돌아오고, 딸은 돈벌이로 호텔에서 웃으며 나온다. 죽은 자시근 잊으면 그만이다. 외국 손님 품에서 시달리는 딸년은 약간 애처롭지만 아침에 웃고 들어오는 얼굴은 역시 해사하다. 그러나 기쁜 것은 돈이다.

윤오영의 수필 「왜 울었던고」의 서두다. 현실을 떠나서 생활이 없고 생활을 떠나서 수필이 있을 수 없다고 볼 때 수필은 바로 생활문학일지도 모른다. 세상을 살다가 보면 눈물이 없을 수 없고 왜 우느냐고 자신에게 묻는다면 그것은 자신도 모를지도 모른다. 그것이 우리의 삶이 아닐까.

어떤 사람이 한번 넘어지면 삼 년만에 죽는다고 고개에서 넘어졌다 일어섰다 하기를 수백 번 하고 있었다. 마침 지나가는 나그네가 그 이유를 물었더니 내가 여기서 천 번만 넘어져도 삼천 년은 무난히 살겠으니 동박삭이 되고파 그런다고 말했다 한다.

앞의 글은 법정의 「나의 과외독서」의 서두요 뒤의 글은 김동필의 수필 「오래 살아야 하는가」의 서두다. 전자는 순수한 동심 속에서의 아름다운 삶을 추구한 것이고 후자는 비록 짧게 살다가 죽더라도 조심없이 살다가 죽는 게 바람직한 삶이라는 것이다.

④ 장소나 시간, 분위기, 자연, 환경, 인물묘사 등으로 시작하는 서두 본문과 관련이 있는 재미있는 재료를 가지고 서두를 장식하는 것이다.

    한동안 뜸하던 꾀꼬리소리를 듣고 장마에 밀린 빨래를 하던 날 아침 다래헌에 참외장수가 왔다. 노인은 이고 온 광주리를 내려 놓으면서 단참외를 사달라고 한다. (법정 「(신시)서울」)

    해방 전의 일이다.
    운동시합에서 야기된 불상사로 H중학과 J중학은 앙숙의 사이가 되어 있었다. 양교 학생들은 만나기만 하면 싸움질이다. (김우현 「겨레의 정」)

    목련이 하얀 손수건으로 눈물을 찍어내고 있던 지난 여름 어느 토요일 오후, 비는 하염없이 내리고 있었다. 간밤부터 비실비실 내리기 시작한 비가 어느새 장대처럼 굵어졌다. (김학 「우산 그 사랑의 밀실」)

    아내는 아들과 한 상에서 저녁을 먹고 있었다. 머리가 희끗희끗하고 이 빠진 두 볼이 들어가서 늙은이가 다 되어 보였다. 원래 이가 좋지 아니해서 여러 개 해 박았지만, 해 박은 이가 상하고 또 몇 개 더 빠져서 이제는 틀니를 해야 할 판이다. (윤오영 「치아」)

⑤ 가정적 설문, 문제점 제시, 호소적인 것, 대화나, 독백, 고전의 출전을 밝히는 것, 강조하고 싶은 것 등을 제시하는 서두
    이것은 쓰기 쉬운 방법이나 참신하고 산뜻한 맛이 나지 않는 게 흠이다. 수필의 서두는 일정한 제약이 없다. 그러나 서두는 장황한 것보다는 간명

하게 시작하는 것이 좋다. 그리고 정서적인 문장이 훨씬 참신하고 신선하다. 무미건조한 서두는 우선 처음부터 독자를 잡치게 만든다. 한마디로 느낀 대로 솔직하게 쓰면 된다. 지나치게 인위적으로 만들려면 글이 서두에서부터 시든다.

한 편의 수필은 서두가 무리하지 않게 자연스럽고 순조로우면 가장 무난한 서두가 아닌가 한다.

3) 여운있는 결말

글의 끝맺음 또한 서두와 마찬가지로 중요하다. 사람을 사귀다 보면 첫 인상은 그렇게 호감이 가지 않던 사람이 마지막 헤어질 때 인간적인 아름다움을 안겨주듯 글도 그래야만 한다.

한 편의 영화를 보고 오래오래 기억에 남는 부분도 대개처럼 부분이 아니고 마지막 장면이다. 마지막 부분이 여운을 남길 때 그 글은 일단 성공한 글이라 하겠다.

> 최후에 받은 인상은 기억에 남는다. 그 표현이 절실하면 할수록 그 여운이 가슴 깊이 스민다. 작은 일에서나, 큰일에 있어서나, 조금 차원을 달리해서 사람의 한평생에 있어서나, 끝맺음 최후의 잘 잘못이 그 일생의 성패를 말하는 것과 같이 글도 끝맺음은 어렵고 또 중요한 부분이다.
> 글의 서두가 그 글의 전체를 예측케 하듯, 결미도 글의 전체에서의 비중이 크다. 맺음이 잘 정리되지 못했을 때 그 글의 공소(空疎)를 느낀다.
> 주제를 정해 설정된 사상을, 순서에 따라 서술하는데, 문맥이 서로 뜻이 닿고 통일된 생각—사상에서 쓰여졌을 때, 무리없이 맺음을 지을 수가 있다. 그러나 실감없는 추상적 또 개념적으로 쓸 때는 그 맺음에 있어서도 여간 거북하지 않음을 본다.
> 수필이란 자체가 그런 것이지만, 너무 흥분한다든지 이론에 치우친다든지, 지나치게 냉냉하다든지 하면 흥미라 할까, 쓰고자 하는 것을 써서 실감을 갖

게 할 수가 없다. 혼히들 밀도 짙은 내용이란 말을 하는데 홍분 고조 또 훈시적인 것이 짙은 밀도라고 볼 수 없다. 다시 말해서 이렇다는 식의 결론도 아니고, 이러해야 된다는 교훈도 아니고, 이런 것이라는 탄식도 아닌, 은은한 가운데 뜻이 있고 끝이 뜻을 음미케 한다면 글 전체가 머리에 깊이 남는다.

사람들 사이에 섞여 놀 때 너무 말이 많거나 그 반대로 아무 말이 없거나, 지나치게 홍분하거나 이상스러울 정도로 감상적이거나 하면 헤어질 때도 정겨운 인사가 나오지 않는다. 격하지도 않고 냉랭하지도 않은 은은한 정이 풍기는 따뜻한 체온의 악수가 헤어진 다음에 정겨움이 오래도록 남는다. 그와 같은 의미에서 수필의 맺음도 조용하고 은밀한 여운이 감동을 준다.

(……)

결미어와 절필은 뜻이 다르다. 글의 끝맺음과 죽기 직전에 쓴 글, 뜻이 달라도 이만 저만 아니다. 그러나 왠지 아련하게 똑같이 내 가슴에 닿는다.

생각을 그려 어느 정도의 철학이 담긴 글을 남기고 간다면, 글을 아끼고 살아온 내 인생의 결미어가 되지 않을까. 나로서는 복된 죽음이라 하겠다.

쓰다가보니 비약도 이만저만이 아닌 결미어가 되고 말았다.

한 폭의 동양화가 오래도록 뇌리에 영상되는 것은 그 여백미가 주는 여운 때문이다. 마찬가지로 한 편의 영화가 오래까지 기억되는 것은 그 라스트신이 멋지게 처리되었기 때문이다.

어느 분은 수필을 일컬어 여백의 예술이라고 했다. 이 여백미가 충분히 발휘되려면 결미의 처리가 훌륭해야 되는 것임은 두말할 필요가 없다.

어떤 이들은 서두를 쓰기가 어렵다고 하지만 나는 결미를 어떻게 쓸 것인가에 고심한다. 용을 다 그려놓고 마지막에 정(睛)을 찍는 일이 지난하듯이 한 편의 수필을 거의 써놓고도 결미 한 구절이 생각나지 않아서 며칠을 서랍 속에 묵혀두기도 한 경험이 없지 않다. 길을 걸어가거나 차를 탔을 때나 화장실에서도 내 생각은 거기에 가 있기가 십상이다. 그러다가 실로 번개처럼 붙잡히는 결구가 생각나서 멋지게 마무리를 하고 났을 때의 쾌감, 나는 이 쾌감을 맛보기 위해서 수필을 쓰는지도 모른다.

(……)

수필에 있어서도 잡문과 문학이 대개 끝부분에서 갈음되는 것 같다. 생활과 신변적인 소재를 가지고 얘기를 전개한 수필도 마지막에 가서 하나의 사상이나 철학이 부여되어 작품으로서의 승화를 이루는 걸 혼치 않게 발견할 수 있다.

(……)

　글에 있어서도 분수를 지킬 필요가 있다. 자기 역량에 합당한 이야기를 자신있게 써야 그 글을 읽는 사람도 긍정이 가고 미소도 짓게 된다.
　각자에 따라서 서두를 잘 끌어내는 사람, 마무리를 잘 짓는 사람이 있지만, 이는 어디까지나 비교적 그렇다는 것뿐이지, 처음은 엉터리같이 썼는데 끝이기가 막히게 잘된 작품이란 있을 수 없다.
　서두를 어떻게 시작하느냐에 따라서 글의 방향은 이미 설정된 거나 같기 때문에 그 흐름은 어떻든 하구에까지 다다르기 마련이다. 흘러가는 과정에서 조그만 냇물이라도 잘 받아 들여야 하구에 가서는 배를 띄울 만큼 풍부한 수량을 확보할 수 있다.
　어떤 땐 결미가 수월하게 써지기도 한다. 이런 경우는 서두나 전개에 애를 먹지 않고 슬슬 잘 풀려나갔을 때 결미도 역시 꿍꿍대지 않고도 써진다.
　내가 싫어하는 결미는 교훈조나 당부하는 투의 글이다. (……)
　설령 설교 냄새가 풍긴 수필을 썼을지라도 결미는 당부형을 지양하고 자기 자신도 아는 것이 적고 부족한 점이 한 두가지가 아닌 만큼 사실은 스스로에게 독백한 것이라는 등의 언사로 마무리를 짓는게 무난한 수법이 아닌가 한다. 남을 욕하려는 의고로 쓴 글이라도 마지막엔 자기 자신에게 화살을 돌려버리는 게 후회가 없을 것이다.
　주어진 제목은 '결미고'이지만 한편의 글이 되려면 그 나름의 기승전결이 있어야 한다. 처음부터 자신이 없는 걸 쓰자니까 결미가 신통치 못한 글이 되고 말았다. 그러나, 이 글에서만은 끝이 마음에 안들어도 꿍꿍대는 고역은 면하고 싶을 따름이다. (박인구 「여운을 남겨야만」)

　이 글에서 보는 바와 같이 결미는 그 글의 뒷맛을 강하게 남겨 주고 있기 때문에 작가들이 마음을 쓰고 있음을 볼 수 있는데 서두에서와 마찬가지로 여러 가지 방법이 있다.

① 여운에 의한 결말

　마침 시간이 되었는지 부탁한 자동차가 왔기에, 나는 소녀와 작별하고 자동차에 올랐다. 가매못 옆을 지나면서 나는 어릴 적에 상여가 나갈 때 상두가를 구슬프게 불러서 길컨에 늘어선 구경군들까지 울게 하던 그 넉살좋은 사나이와, 유달리도 꽹가리를 잘 치고 춤을 잘 추던 농악군 사나이를 생각하며, 흘러가 버린 그들이야말로 진짜 예술가인지도 모른다는 혼자말을 뇌었다. 거리의 악사들—멀리 맑은 공기, 푸른 들판을 흔들어 주며 노파가 부르던 노랫소리가 들려오는 듯. (박경리 「거리의 악사들」)

　청량리 역으로 가니, 춘천에서 막 열차가 닿았다고 하면서 많은 발자국 소리가 들렸다. 그 중에는 술에 취해 비틀거리는 발자국 소리도 들리고 있었다. 그리고, 오후로 접어든 가을의 햇살이 나의 등에 한가로이 내리쬐고 있었다. (공덕룡)

　"그럼 당신은 내 것 대신 다이아몬드의 목걸이를 샀다는 거죠?"
　"네? 그럼 당신은 통 몰랐나요? 정말 꼭 닮아 있었으니깐요"
　마틸드 부인은 흡족한 미소를 띠웠다. 포레스티에 부인은 감동하여 마틸드 부인의 손을 잡았다.
　"마틸드 부인, 아이 너무 미안해서 이를 어쩌나? 그때 내가 빌려드렸던 목걸이는 500프랑 정도밖에 안 되는 가짜였었는데." (모파상 「진주목걸이」)

　요 몇 년동안 우리 부자는 각각 타향에서 동분서주 해 봤지만 집안은 갈수록 기울어 갔다. 젊었을 적에는 살림을 일으키려고 혼자 타관 하늘을 떠돌며 일도 많이 저지르셨지만, 노경에 들어 이렇게 참담하게 되실 줄이야 누가 알았으랴! 또 당신은 쓸쓸한 만년이 주는 괴로움을 어떻게 견디셨을까? 그래서 사소한 집안일에 지나친 분노를 토하시기도 하였다. 물론 나에게도 지난날처럼 인자하시기만 하진 않으셨다. 그러나 뵙지 못한 이 2년 동안 아버지께선 나의 지난 잘못은 모두 잊으시고 오히려 나와 내 아이들 걱정만 하셨다. 어느 날인가 나는 빼이징에서 아버지의 편지를 받은 일이 있었다.
　"늙은 몸이지만 그런 대로 지낸다. 다만 어깨쭉지가 무거워 젓가락을 들거나 붓을 잡기가 불편하구나. 아마 갈 날도 멀지 않은 모양이다." 여기까지 읽었을 때 왈칵 솟는 나의 눈물방울엔, 마괘자에 그 쪽빛 두루마기를 입으신 아버지의 뒷모습이 굴절되고 있었다. 아 다시 뵐 날은……. (주자청 「뒷모습」)

여운을 남기는 종결은 꽃의 향기처럼 오래도록 가슴에 남는다. 할 말을 다 하지 않는다는 것도 하나의 여운을 남기는 것이다. 상상도 하나의 무언의 말이기 때문에.

② 본문 요약 결말

　　대체 우스운 것은 출장이라든가 출장비라든가 하는 그 표제이다. 부탁을 받고 지껄이려고 가는 나에게 출장이라는 것은 사전에도 없는 말의 사용법이다. 나와 아무 관계도 없는 어느 지방의 교육위원회가 어째서 나에게 출장을 명령했겠는가. 관청에서는 그러한 회계의 조작이 필요한 것이 틀림없다.
　　그러나 가령, 외국에서 사람을 초청할 때에도 관청에서는 역시 일상이라든가 출장이라든가 하는 청구서에 사인을 받을 것인가. 참으로 해괴한 세상이다.
　　우리 아버지는 '듣는 귀신'이라고 하리만치, 라디오를 즐겨 듣고 있었다. 라디오를 틀어 놓은 채, 졸기를 잘해서 시끄러울 것이라고 여겨 라디오를 끄면, 순간 눈을 뜨고 화를 내곤 하였다. (……)
　　그 후에 나는, 만주 치치하르에서 <전선의 장병과 후방을 맺는다>라는 프로그램에서 자작 자연의 라디오 드라마를 방송했다. 당시 만주에 있던 부대에서 하사가 되어 있던 나는 연대 명령으로 군대 생활의 한 단면을 드라마로 엮어, 그 속의 중대장이 되어 출연했었다.
　　당시 '방첩'이라는 것이 까다로워서, 고향에 전보도 칠 수 없었다. 나는 치치하르의 아는 사람에게 전보를 부탁하여 고향집에 알려 달라고 했으나 결국 연락은 되지 않았다.
　　듣는 귀신인 아버지는 나의 방송이 있는 것은 전혀 모르고, 그날도 라디오를 틀어 놓은 채로 있었으나 선잠을 자고 있는 동안에 드라마는 끝나 버렸다. 우연히 나의 방송을 알게 된 친척들도 아버지가 듣고 있지 않을 리가 없고, 오히려 방해가 된다고 사양하고 있다가 방송이 끝난 다음에 '지금 들었습니다만'하는 전화를 걸었다. 그것을 안 아버지는 몹시 후회했다고 하는데, 할 수 없는 노릇이었다.
　　출정 후 사년 만에 아들의 목소리가 만주에서 전파를 타고 왔다. 그것을 '듣는 귀신'인 아버지만이 듣지 못했던 것이다.

전문은 강연료를 출장비라고 쓴 것을 비웃는 풍자적인 종결이고 후문은 '요컨대'로 논지를 요약하여 종결을 맺는 종결법이다.
　문장 구성은 결말을 위한 진행이라는 말이 있다. 아무리 서두가 참신하고 매력적이라 하더라도 결말이 싱거우면 글의 맛은 죽고 만다. 특히 수필에 있어서 문학성은 그 결말에 있지 않나 생각된다. 다음 작품의 결말을 보자.

③ 암시적인 결말

　　내가 상해에서 본 일이다.
　　늙은 거지 하나가 전장(錢莊—돈 바꾸는 집)에 가서 떨리는 손으로 일원짜리 은전 한 잎을 내 놓으면서
　　"황송하지만 이 돈이 못쓰는 것이나 아닌지 좀 보아 주십시오."
　하고 그는 마치 선고를 기다리는 죄인과 같이 전장 사람의 입을 쳐다본다.
　　전장 주인은 거지를 물끄러미 내려다보다가 돈을 두들겨 보고 "하—오"(좋소) 하고 내어준다. 그는 "하—"라는 말에 기쁜 얼굴로 돈을 받아서 가슴 깊이 집어넣고 절을 몇 번이나 하며 간다. (……)
　　뒤를 흘끔흘끔 돌아다보며 얼마를 허덕이며 달아나더니 별안간 우뚝 선다. 서서 그 은전이 빠지지나 않았나 만져보는 것이다. 거치른 손가락이 누더기 위로 그 돈을 쥘 때 그는 다시 웃는다. 그리고 또 얼마를 걸어가다가 어떤 골목 으슥한 곳으로 찾아 들어가더니, 벽돌담 밑에 쭈그리고 앉아서 돈을 손바닥에 놓고 들여다보고 있었다. 그가 어떻게 열중해 있었는지 내가 가까이 간 줄도 모르는 모양이었다.
　　"누가 그렇게 많이 도와 줍디까?" 하고 나는 물었다. 그는 내 말소리에 움칠하면서 손을 가슴에 숨겼다. 그리고는 떨리는 다리로 일어서서 달아나려고 했다.
　　"염려 마십시오. 뺏어가지 않소" 하고 나는 그를 안심시키려고 하였다. 한참 머뭇거리다가 그는 나를 쳐다보고 이야기를 하였다.
　　"이것은 훔친 것이 아닙니다. 길에서 얻은 것도 아닙니다. 누가 저 같은 놈에게 일원짜릴 줍니까? 각전(角錢) 한 잎을 받아 본 적이 없습니다. 동전 한 잎 주시는 분도 백에 한 분이 쉽지 않습니다. 나는 한 푼 한 푼 얻은 돈에서 몇 잎씩을 모았습니다. 이렇게 모은 돈 마흔 여덟 잎을 각전잎과 바꾸었습니

다. 이러기를 여섯 번을 하여 겨우 이 귀한 대양(大洋) 한 푼을 갖게 되었습니다. 이 돈을 얻느라고 여섯 달이 더 걸렸습니다."

그의 뺨에는 눈물이 흘렀다. 나는

"왜 그렇게까지 애를 써서 그 돈을 만들었단 말이요? 그 돈으로 무엇을 하려오?"

하고 물었다. 그는 다시 머뭇거리다가 대답했다.

"이 돈, 한 개가 갖고 싶었습니다." (피천득 「은전 한 닢」)

④ 꽁트적인 결말

내가 H부인을 알고 지내게 된 것은 햇수로 따지자면 금년이 28년이나 된다. 정확히 말하자면 27년 하고 곧 3개월이다.

처음 H부인을 대했을 때, 봉오리진 동백꽃이 막 피어나는 듯한 그러한 아기자기한 아름다움이라곤 한 군데도 찾아볼 수 없었다. 그렇지만 다래꽃마냥 그렇게 소박하고, 온돌마냥 은근한 모습에서 되려 마음 땡기는 어떤 호기심 같은 것을 느꼈다.

H부인의 고백에 따르면 그것이 그럴 수밖에 없었던 연유를 얼른 깨달을 수가 있다.

그러니까 H부인이 시골에서 자란 탓도 있겠지만 그보다는 부인의 부친께서는 지나칠 정도로 봉건적이었다. 부인의 부친은 항상 자녀들에게,

"남녀는 한데 섞여 놀지 말고, 횟대에 함께 옷을 걸지 않으며, 수건과 빗을 함께 쓰지 않으며, 문 밖의 이야기를 문 안으로 들이지 않도록 한다."

는 등의 아주 까다롭고 엄격하게 가르쳐 왔다. 만약 그것을 어겼을 때는 온 집안이 벌집을 쑤셔 놓은 것처럼 살벌했다는 것으로 보아 얼마나 엄격한 가정이었는가를 알 수가 있다.

그러니 출랑거리며 마을길을 쏘다닌다는 것은 상상할 수도 없는 일이었고, 마음 놓고 동네 우물가에 퍼드러지게 앉아 이야기한번 제대로 못해 보고 자랐다는 것이다. 친구네 집에 놀러 가려고 해도 꼭 허가를 얻어내야 했기 때문에 찾아오는 친구가 드물었다.

그래서 그런지 부인의 성격은 활달하지 못했고, 대인 관계 또한 서글서글한 편이 아니다. 그 흔해 빠진 계모임이니 동창회니 하는 것 등 밖에 다니기를 꺼려하는 것만 보아도 그녀가 어떠한 성품인가를 쉽사리 알아차릴 수가

있다.
　한번은 처녀 시절, 친구와 함께 건넛마을에 심파이 구경을 갔다가 아버지의 눈에 띄어 얼마나 호되게 야단 맞았는지, 그 뒤부터는 아예 문 밖을 나갈 생각을 하지 않았다는 것이다.
　부인이 결혼할 때만 해도 사실 결혼이 무엇인지도 모르고 부모님께서 시키시는 대로 순순히 따랐다는 것이다. 그것이 자식의 당연한 도리인 줄 알았다는 부인의 말이다. 요새 아이들 같으면 남자는 어떻고 결혼이란 뗳다는 등 알 것은 다 알았겠지만 부인은 무어가 무언지조차 모르고 결혼식을 올렸다는 것이다. 그래 막상 시집살이를 해보니 낯설고 얼떨떨해서 신혼의 단꿈마저 모르고 살았단다. 특히 남편이 어찌나 부끄럽고 어려운지 남편의 얼굴 한번 제대로 쳐다보지 못했다는 거다. 남편 앞에서는 떨려 밥숟갈도 제대로 못했다니 가히 짐작할 만하지 아니한가.
　H부인은 지금까지도 남편을 하늘처럼 오직 순종할 뿐, 감히 어긋나는 행동을 생각조차 못해 보았다는 것이다. 그렇게 오직 순종과 양보와 인내로 살아와서 그런지 요즘 세상에 한번 태어나 보았으면 하는 생각을 가끔 갖게 된다는 것이다. 그것은 남편 어려운 줄 모르고 마음대로 웃고 떠드는 젊은 새댁들이 그렇게 부러울 수가 없다는 것이다. 그러면서도 무엇이 부족해서 언뜻 하면 토라지고 남편한테 대드는 현대 여성들을 보면 세상이 이렇게도 달라질 수 있을까 생각한다는 것이다.
　언젠가 한번 H부인은 몹시도 서러운 때가 있었다고 한다. 그리고 남편이 원망스럽기까지 하더란다. 오직 자식과 남편만을 위해 일해 온 자신에게 어느 날 남편이 10년은 더 늙어 보인다며 짜증스럽게 말하더란다. 그래서 부인은 이제 자기도 비싼 화장품도 사고 옷도 사 입어야겠다 마음먹고 백화점에 들렸으나, 차마 사지 못하고 시장에서 값싼 T셔츠만 사왔다는 것이란다. 그러면서 집안에서 여자가 절약하지 않으면 그 집 살림은 뻔하지 않겠느냐는 경제론까지 폈다.
　H부인은 50을 바라보는 나이지만 남편의 큰소리에도 지금껏 말대꾸 한번 하지 못했다. 부인의 말에 따르면 혹시라도 말대답을 하고 싶어도 자식들의 교육상 참기도하지만, 그보다는 이로 인해 버릇이 들면 어쩌나 하는 마음에서 속으로라도 욕질 한번 해본 적이 없다는 것이다. 비록 솜털같이 작은 일이라도 반드시 남편의 뜻에 따라 일을 처리해 왔다는 것이다. 사소한 것이라도 남편을 속이다 보면 방자한 마음이 들게 되고, 그렇게 되면 나중에는 남편을

업신여기는 마음이 생기게 된다는 것이다.
 H부인은 남편이 20여 년간이나 공직생활을 했는데도 봉급을 얼마나 받는지 정확히 모르는 것만 보아도, 얼마나 조심성 있게 살아왔는가를 알 수 있다. 남편이 월급봉투를 지금까지 관리하는 사실을 미루어 보아도 요즘 세상에서 좀처럼 보기 드문 부인인 것만은 틀림없다.
 웬만한 집 여인들은 주부가 응당해야 할 밥짓기와 빨래마저도 고되다고 가정부를 두니 어쩌니 하는 판에, 부인은 남편과 6남매의 뒤치다꺼리를 하면서도 불평불만은커녕 그것이 주부의 당연한 도리가 아니겠느냐고 말하는 것이다. 내 집안일을 어찌 다른 사람 손에 맡길 수 있겠느냐는 것이다.
 이렇듯 H부인은 매사에 만족하였고 궁정적이었다. 그런데 어느날 갑자기 나에게 다가서더니 뜻하지 않게 긴 한숨을 내쉬는 것이었다. 그러면서 헛살아 온 게 아니냐고 되묻는 것이었다. 부인의 말인 즉, 지금까지 고생도 모르고 그저 일 귀신이 되어 살아왔는데 생각해 보니 남편한테 죄만 진 것 같다는 것이었다. 다른 부인처럼 똑똑하고 잘났다면 복부인이 되어 남편을 크게 도왔을 터인데, 모아 놓은 재산이 없으니 어쩐지 부인 자신의 잘못인 것 같은 생각이 든다는 것이다. 그러면서 부인은 시기 질투하지 않고 남편 받들기를 손님 모시듯 집안을 화평하게 하는 것만이 여자의 도리인 줄 알았는데 그게 아닌 것 같다는 것이다.
 나는 H부인의 말을 들으면서,
 "부인의 남편이야말로 참으로 세상을 헛살아온 헛개비요, 당신은 이 세상에 가장 소중한 보배스러운 아내요."
 하고 중얼거렸다.
 그 시원한 눈망울에 향그러운 그 옛날의 모습을 찾아볼 수 없는 H부인은 이 세상에서 나와 가장 가깝게 지냈다. 그녀는 나의 아내이기 때문에.
 (졸작 「H부인」)

 피천득의 「은전 한 잎」은 우리에게 시적감동을 주는 작품으로 마지막 구절 "이 돈 한 개가 갖고 싶었습니다"가 오래도록 우리의 마음을 묶어두고 있다. 그리고 「H부인」 역시 마지막 종결귀 "그녀는 내 아내이기 때문에"라는 말로 작품의 문학성을 더해 주고 있는 것이다. 이와 같이 제목은 작품의 문학성과 작품의 품위성까지 첨가해 주고 있는 것이다. 그러면 윤오영의 작품 한

편을 더 보자.

　　나는 가끔 침울중에 빠지는 수가 있다. 그 날도 공연히 침울해서 다방에 나와 앉았으나, 몇몇 친구들의 이야기에 귀를 기울이기보다는 탁한 공기가 꽉 차 있는 방안의 침울함을 느끼면서 따분한 맞은편의 벽만을 바라보고 있었다. 그렇다고 먼저 일어설 용기도, 또 일어서서 갈 곳도 없었다.
　　친구들이 한 잔 하러 간다고 몰려 나가기에 나는 아무 뜻 없이 그들의 뒤를 따라갔다. 청진동을 거쳐서 골목길로 이리저리 한참을 돌아들어 갔다. 골목으로 골목으로 자꾸 꼬부라져 걷는 것도 싫지 아니했다. 어느 납작한 들어앉은 술집으로 들어갔다. (……) 술 따르는 여자도 몇 따라 들어왔다. 나는 처음이지만 다른 사람들은 다 익숙한 사이인 듯했다. 처음부터 웃음을 띠고 유난히 인사성 있게 반기며 들어오는 환한 얼굴이 하나 있었다. 어딘지 어질고 천진해 보이는 여자였다. (……) 이름을 물었더니 행화(杏花)라고 했다. "낙화야 펄펄 날아라. 호사스럽게 지는구나. 웃으며 피었다 웃으며 날아라." 가끔 섞어 부르는 이 노래는 가장 좋아하는 흥겨운 가락인 듯했으나 나는 처음 듣는 노래였다.
　　…… 나는 그 집을 나오면서 침울했던 기분이 후련하게 가시는 것 같았다. 그 이튿날 나는 친구들을 움직여서 다시 행화를 찾았다. 그러나 마침 휴일이었던지 대문이 닫혀서 쓸쓸히 돌아왔다.
　　한 이주일이 못 돼서 나는 친구들과 행화네 주점을 다시 찾았다. 내 침울증을 풀어 보려고 들어서자 주인마담은 반기면서 예의 구석방으로 안내했다. 그러나 웬일인지 분위기가 일변한 것 같았다. 술상을 들여왔으나 행화는 들어오지 아니했다. (……) 행화 안 들어오느냐고 물었더니 행화는 가고 없다고 했다. 어디로 갔느냐고 물었더니 마담은 잠자코 방으로 들어왔다. 사람의 일이란 모른다면서 내게 다음과 같은 이야기를 들려주었다.
　　행화가 여기 와 있게 된 것은 넉 달 전이었다. 오던 날부터 가는 날까지 한 번도 낯을 붉힌 적이 없고, 항상 웃는 낯으로 사람을 대하는 천진한 아이였다고 한다. 어느 손님에게를 들어가든지 친소가 없이 그렇게 기분좋게 노는 까닭에 싫다는 손님이 없었고, 왔다가 가는 손마다 기분 좋게 놀다 갔다는 것이다. 우리가 가던 그 날 저녁은 그 중에도 가장 유쾌하게 놀던 날이었다는 것이다. 손님이 가신 뒤에도 흥이 나서 "낙화야 펄펄 날아라……" 하며 제 방으로 들어가기에 모두들 "세상에 시름 모르는 인물은 행화뿐이라"고 했다는 것이다. 그런데 이튿날 아침에 아무 기척 없기에 들어가 봤더니 이불을 푹 덮고 죽은 듯이 누워 있기에 열고 보니 정말 죽어 있더라는 것이다. 깜짝 놀라 의사를 부른다. 뒤에 경찰이 온다, 야단이 났지만, 머리맡에 약봉지가 있어 자살로 판명은 됐으나, 그 이유를 알 길이 없다는 것이다. 누구한테 연정을 쏟은 일도 없고, 그렇게 마냥 즐겁게만 보이던 아이가, 알다가도 모른 일이라는 것이다. (……) 다만 간단히 몇 잔 마시고 나와서 친구들과 헤어졌다. 그러고는 밤길을 타박타박 걸어 왔다. "행화야 펄펄 날아라, 호사스럽게 지는구나. 웃으며 피었다 웃으며 날아라" 하던 그 가락과 훤한 그 웃는 얼굴이 떠올랐다. 그 때는 미처 느끼지 못했지만, 이제 생각하니 그 흥겨워 노래 부를 때 한편짝으로 일그러지던 그 입귀가 어딘가 그의 내심적 암시를 보여 주었던 것만 같다. 낙화가 눈이 되고 눈이 낙화가 되어 펄펄 날리는 환상의 밤길을 밟으며 나는 집으로 오고 있었다. (윤오영 「행화」)

2. 읽히게 하는 장치

1) 승부는 앞부분에

(1) 서두의 중요성

어느 잡지사 편집 기자는 날마다 날아오는 원고 뭉치 때문에 골치를 앓았다고 한다. 그런데 그 가운데 되지도 않은 원고를 계속 보내 오는 독자가 있었다. 물론 게재될 리 없었다. 그러나 어느 날 그 독자로부터 한 통의 편지가 날아왔다.
"사기꾼, 기자의 자격이 없는 사람"
그러자 화가 난 그 기자는 답장을 썼다.
"나는 쉰밥은 혀를 대어서 상했다면 끝까지 먹지 않는다."고.

그렇다. 편집자가 작품을 고를 때나 책방에서 책을 살 때도 다 읽어보고 사는 사람은 없다. 처음 몇 행만 읽어봐도 그 글의 수준이나 성격을 알 수 있다.

> 나에겐 언제나 이 서두 1행 여하에 그 작품의 성, 불성(成, 不成)이 따르게 된다. 서두가 마음에 맞지 않는 것을, 시일 관계로 그대로 되겠지 하고 진행을 시키다가는, 번번히 실패를 본다. 실로 이 서두 1행에 내용을 살릴 작품의 형식이 결정되는 일이니, 이 서두에 소화할 수가 없다. '시작이 반'이라는 말이 있지만, 나의 창작에 있어 시작이 전부라 해도 과언이 아니다. 시작만 되면 시간이 허(許)하는 한 쉼이 없다. 이 서두 1행 때문에 살이 깎인다. 8·15 이후 내가 들었던 붓을 놓고 침묵을 지키기 무릇 이태이거니와, 구상까지 다 되어 있는 것도 이 서두를 내지 못해, 머리 속에 그대로 썩어나는 게 4~5개나 된다. (계용묵의 「침묵의 변」)

계용묵은 이름있는 우리 나라 소설가다. 그런데도 그 역시 서두 한 줄 때문에 고심했음을 볼 수 있다. 이렇듯 서두는 작가에게 있어서 퍽 부담스러운 부분이다.

항해사가 첫 출발시 어떠한 방향으로 뱃머리를 돌리느냐에 따라서 정착지가 달라지듯이 서두 역시 글의 전편을 좌우한다. 그러므로 서두에 실패하면 그 글도 실패로 돌아가고 서두에 성공하면 그 글도 성공한다. 그만치 서두는 중요하고 그 글의 운명이 좌우되는 부분이다.

그래서 김진섭은 일찍이 "서두는 가장 중요한 지도자요, 필자 자신을 소개하는 명함"이라고 비유했다. 결국 수필의 성패 그 발단이 여기에 있다는 말이리라. 다시 말해서 수필은 '발단의 예술'인 것이다.

아무리 좋은 글이라도 서두가 신선하지 않으면 독자는 곧 책을 덮어 버린다. 그렇게 되면 제아무리 좋은 내용이 담겨있더라도 소용이 없다. 독자를 잃어버린 글은 큰 의미가 없을 것이다.

글을 쓰다가 원고용지를 가장 많이 버리는 부분도 이 서두요, 진땀을 흘리며 실랑이를 많이 부리는 부분도 이 서두에서다. 그만치 모래밭에서 잃어버린 바늘을 찾는 것과 같이 고되고 힘든 작업이 서두이다.

우리가 글을 얼마쯤 쓰다가 마음에 들지 않아서 그걸 휴지통에 버리고 되돌아와서 다시 쓰는 경우가 있다. 그것은 출발이 잘못되었기 때문이다. 서두는 너무 덤비거나 흥분해서는 안 된다.

양주동은 그의 저서『문주반생기(文酒半生記)』에서 처음에는 장편소설을 써 보려했다고 한다. 그러나 원고지를 펴놓고 막상 쓰려고 했으나 서두가 풀리지 않아 여러 날을 고심했으나 붓을 들지 들지 못했다고 한다. 생각다 못한 그는 고금의 명저 백 권을 읽은 뒤에 다시 집필하려 했으나 끝내 서두가 잡히지 않아 그만두었다고 한다.

앞의 계용묵의 고심이나 김진섭의 이야기나 양주동의 실패기는 모두 서두 때문이었고 보면 얼마나 서두가 중요한가를 잘 알 수 있을 것이다.

(2) 서두의 요령

① 관심과 흥미를 불러일으킬 것

서두는 무엇보다도 독자의 관심과 흥미를 불러일으켜야 한다. 그러므로될 수 있는 한 무거운 문제를 다루는 것을 피하는 것이 좋다. 설명이나 서론을 늘어놓는 것도 역시 삼갈 일이다. 그 역시 정서를 죽이는 것이기 때문에 흥미나 관심을 끌 수 없을 것이다.

흥미는 참신한 내용을 의미하며 관심은 모든 사람들이 요구하는 내용이다. 아무리 좋은 내용을 담고 있더라도 독자의 관심을 끌지 못하면 그건 사장된 보물과 같다.

잠시 조용한 시간을 이용하여 찾아온 친구와 다방에서 그 동안에 밀린 정 담으로 시간을 보내고 있는데 미스 김이 심상치 않은 얼굴로 나에게 다가왔 다. 그리고 K라 하며 호령호령하는 수화기를 내려놓고 왔다는 말을 전했다. 별로 죄를 졌다고는 생각지 않으면서도 우선 미스김의 얼굴처럼 찌푸려지지 않을 수 없었다. 나를 빨리 바꾸라는 명령조의 상대편 신분이 K라는 데서 더욱 그러했다. (이철호 「똑똑한 사람」)

문장에 기교를 부리지 않았고 기이한 장면도 없다. 그러면서도 이야기 내용 속에 우리가 빨려들어 간다. 그것은 그 다음 내용에 대한 기대와 흥미를 주기 때문이다. 이는 우리가 한 통의 편지를 받고 그 속에 어떤 내용이 씌어 있을까, 떨리는 손으로 겉봉을 뜯는 연인과 같다. 우리가 연속극에서 다음 장면이 기대되어 그 시간에 맞추어서 채널을 돌리듯이 수필 서두 또한 그 다음 내용이 이끌리어 계속 책장을 넘기도록 유도하고 있다. 이런 서두는 그 다음 내용에 이끌리다 보면 어느덧 한 권의 책을 모두 다 읽고 말게 될 것이다.

"또 한 해가 가는구나." 세월이 빨라서가 아니라 인생이 유한(有限)하여 이런 말을 하게 된다. 새색시가 김장 삼십 번만 담그면 할머니가 되는 인생. 우리가 언제까지나 살 수 있다면 시간의 흐름은 그다지 애석하게 여겨지지 않을 것이다. 그러기에 세모(歲暮)의 정(情)은 늙어가는 사람이 더 느끼게 된다. 남은 햇수가 적어질수록 일 년은 더 빠른 것이다. (피천득 「송년」)

"또 한 해가 가는구나"는 얼마나 가벼운 표현인가. 그리고 "새색시가 김장 삼십 번만 담그면 할머니가 되는 인생"이란 표현은 얼마나 신선한 맛이 나는가. 앞말은 전혀 읽는 이에게 부담감을 주지 않으며 뒷말은 새로운 어감이 독자를 사로잡는다. 그러면서 한 해를 마무리하는 시점에서 누구나 세월의 덧없음에 잠시 잠겨보게 한다. 인간이면 누구나 느껴보는 공통된 허무다. 그리고 누구나 세모에 지난 한 해를 더듬어 보고 싶은 어떤 욕구를 충족시켜 주는 데서 우리의 관심을 끈다. 인생에 대한 문제는 누구나 아담한 정취를 불러일으킨다. 그래서 기교가 없어도 빠져든다.

② 파격적인 서두도 필요하다

사람은 매일 일정한 틀에 의해 살아간다. 아침 잠자리에서 일어나면 서둘러 일터로 간다. 그리고 저녁이면 다시 보금자리를 찾아온다. 이렇듯 매일 같은 일상의 반복에서 때로는 어떤 염증을 느낄 때도 있다. 그래서 가끔은 그런 틀에서 벗어나고 싶어할 때가 있다. 밤늦도록 고래고래 소리질러 춤도 추며 노래도 불러 보고 누구와 마음속의 응어리도 풀어보고도 싶어진다.

글도 마찬가지다. 때로는 그런 파격을 필요로 한다. 어떤 틀에서 벗어남으로써 신선감을 불러일으킬 수 있다. 그것은 어떤 자극이라 해도 좋고 어떤 변화라고 해도 좋다.

와트(Walt)는 일찍이 "어떤 글이든지 머리, 중심, 결말 또는 서론, 본론, 결론을 갖추어야 한다는 공식의 노예가 되었다면 그 속박에서 벗어나라"고 했다. 때로는 3단 구성의 일정한 틀에서 벗어나 보는 것도 좋은 일이다. 사실은 이러한 일정한 틀이 아리스토텔레스의 오해에서 기인된 것이다.

　　불볕이 내리쬐지 않는다면 우리의 여름은 얼마나 싱거울까? 그러나 불볕만 있고 소나기가 퍼붓지 않는다면, 우리의 여름도 또 얼마나 답답할까? 여름이 정말 여름일 수 있는 것은 바로 이 불볕과 소나기가 있기 때문이다. (정진권 「따로따로 떨어지기」)

　　꽃다운 진이는 올해 열일곱.
　　조용히 소리내어 선인의 글도 읽고, 휘휘 흠뻑 붓을 적셔 꿈결 같은 시도 짓고, 원앙을 수놓으며 등잔도 바라보고, 청포 입은 도련님 그리다가 고개도 숙이고…….
　　그러던 어느 날이지요. 문 밖에 들리는 구슬픈 요령 소리, 진이를 그리다가 애타 죽은 총각의 상여가 움직이질 않네요. 어허, 못 잊어 못 가는 북망산천이라. (정진권 「동행」)

일상의 서두와는 좀 다른 파격이 있다. 전자는 의문형으로 글을 시작했고 후자는 진이 이야기로 글을 시작했다. 다른 글에서 볼 수 없는 신선미가 있다. 종래의 진부한 서두보다는 좀더 색다른 서두가 아닌가. 문학이란 어떻게 효과적으로 전달하느냐에 그 목적이 있다면 그 다양한 방법을 생각해 볼 일이다.

③ 기발한 언어로 시작하라

누구나 깜짝 놀랄 말, 누구나 손뼉칠 수 있는 서두면 이런 글은 우선 성공한 글이다. 서두는 좋은데 본문이 마음에 들지 않는 작품은 없다. 그만치 서두가 잘 다져진 글은 본문 역시 튼튼하게 마련이다.

> 오월은 금방 찬물로 세수를 한 스물한 살 청신한 얼굴이다.
> 하얀 손가락에 끼여 있는 비취가락지다.
> 오월은 앵두와 어린 딸기의 달이요, 오월은 모란의 달이다.
> 그러나 오월은 무엇보다도 신록의 달이다. 전나무의 바늘잎도 연한 살결같이 보드랍다. (피천득 「오월」)

얼마나 맑고 깨끗한 서두인가. 그러면서 얼마나 기발한 착상인가. 손가락에 깨끗하고 금방 찬물로 세수한 스물한 살의 비유도 옹골차다. 이렇듯 좋은 서두는 처음부터 우리의 영혼을 뒤흔든다. 우리의 심장을 뛰게 한다.
우리는 언제나 새롭고 참신한 말을 찾아야 한다. 사람들의 영혼을 뒤흔드는 말을 발굴해야 한다. 언제나 연구하고 언제나 탐색해야 한다.

> 사람은 행복한 맛에 사는 것이 아니라, 행복을 추구하는 맛에 산다. 추구할 것이 없는 사람은 극히 불행한 사람이다. 불행한 사람은 또 불행에서 벗어나기 위해 산다. 사람은 그래서 다같이 살아왔다.
> 옆에서 사람이 죽는 것을 보고 인생이란 참으로 허무하구나 하면서도 자기만은 아직도 오래 살 것같이 믿는다. 못 믿을 자기 앞만을 믿고 산다. 나이 칠십이 넘어 수명의 바닥이 보인다는 것을 빤히 알면서도 결코 내일이나 모래 죽으리라고 생각하지 않는다. (윤오영 「생활의 정」)

우리에게 사색을 주고 우리에게 삶의 깊이를 주는 서두다. 이런 서두를 읽을 때 우리는 한 잔의 숭늉맛을 느낀다. 아니 어떻게 살아가야 하는가 하는 삶의 방안에 흥분하게 마련이다.

④ 안개꽃같이 시작하는 글

안개꽃! 무언가 우리에게 아련함을 주는 꽃이다. 보이지 않는 기대와 희망이 살아 있는 꽃이다. 무언가 아름다운 그림자가 커튼을 친 것 같고 무언가 많은 사연이 담겨 있을 것만 같다. 그것은 어쩌면 안개란 그 묘한 이름 때문일까, 아니면 너무도 어리고 나약하면서도 섬세한 그 꽃에서 풍기는 분위기 때문일까. 아무튼 안개꽃은 우리에게 무한한 꿈과 낭만을 주고 아련한 기대와 미지의 희망을 준다.

이런 안개꽃 같은 서두는 누구나 좋아한다. 고아 담백해서 소녀도 좋아하고 나이 든 중년도 좋아한다. 말하자면 호수와 같은 서두요, 푸른 초원과 같은 서두다. 이런 서두는 그야말로 시적 분위기요, 솔바람 같은 분위기다. 그래서 이끌리게 마련이다.

  달맞이꽃이 피어나는 강둑에 앉아 피리를 불고 있는 사람이 있다.
  귀 열고 들어 주는 이 없고 한 곡조 불러 달라 청한 이도 없건만, 그는 달빛이 이슥한 밤이면 풀숲에 누워 밤이 지새는 줄도 모르고 애절하게 피리를 불고 있다. (반숙자 「회림(會林)의 달」)

  겨울의 밤공기를 가르는 완행열차가 요란을 떨고 지난 지도 오래다. 간간이 들려오는 개 짖는 소리가 방안을 더욱 고요하게 이룬다. 허한 마음이다. 밖엔 소복소복 흰 눈이 쌓이고 있다. 창을 밀쳐 보니 홀로 지키는 가로등의 멍청한 졸음 아래, 활처럼 휜 나뭇가지가 탐스런 눈송이를 무겁게 이고 있다. 난 고독한 시인이 되어 눈 빛깔의 예쁜 언어들을 모아야겠다고 벼르고 있다.
(김동필 「눈 내리는 창가」)

우리에게 얼마나 아련함을 주는가. 그러면서 온통 시적 분위기에 쌓이게 하지 않는가. 아니 꽃덤불 속에 졸고 있는 어떤 불빛 같은 서두다. 이렇게 마음을 잡아 끄는 서두를 찾는다는 것은 이미 성공한 작품이다.

⑤ 일인칭과 명사로 시작하는 서두

그밖에 '나'라는 일인칭으로 시작하는 서두다. 이런 서두는 비교적 쉽게 그 뒤가 이어진다. 그리고 '나'라고 꼭 못 박지 않는 '나'로 시작하는 서두 역시 무난하다.

　　나는 그믐을 사랑한다. 그믐달은— (나도향 「그믐달」)

　　워낙 성미가 게을러서 문 밖에 나가기를 즐겨하지 않는 데가— (양주동 「路邊雜技」)

그리고 '언제 어디서'로 시작하는 것도 무난하며 글의 제목을 명사로 잡았을 때면 그 명사로 시작하는 방법도 있다.

　　어제 B병원 전염병실에서 본 일이다.
　　A라는 소녀, 칠팔 세밖에 안 된 귀여운 소녀가— (주요섭 「미운 간호부」)

　　명옥이는 그 허술한 주제를 그렇게 변명조로 설명하였다. (한무숙 「명옥이」)

　　봄이었다. 삼월이었다. 강남에는 봄이 유난히 일찍이 왔다. (김광주 「양자강 연암」)

가능한 한 서두는 짧은 문장으로 쓰는 것이 무난하다. 첫 서두가 길면 독자를 혼란스럽게 만든다. 그것은 흡사 만나자마자 길게 사설을 늘여 빼는 사람과 같아서 인상이 좋지 않다. 그러므로 서두는 짧으면서도 산뜻하게 쓰는 것이 좋다. 그렇다고 너무 어렵게만 생각할 일도 아니다. 가벼운 서술로 독자의 호기심을 자극하는 내용이면 무난하리라 믿는다.

2) 인상이 강한 문장

문장을 쓸 때는 정성을 기울여서 써야 한다. 조사 하나에도 부적절하거나 흠집이 있어서는 안 된다. 절벽을 오르는 마음이 필요하다.

옥도 많으면 돌로 보이며 돌도 귀하면 옥으로 보인다. 좋은 문장이란 수식이 적당히 안배되어야 하고 호흡이나 정감도 깃들어 있어야 한다. 과는 미진한 것보다 못하다. "마치 물이 산골짜기를 흐르면서 꼭 흘러가야 하는 데는 흐르고, 멈춰야 하는 곳은 멈추는 것과 같다"고 한 소동파의 말이 그것이다.

문장에는 여러 가지가 있다. 천박한 문장, 논리적인 문장, 명석한 문장, 번다한 문장, 노골성 있는 문장, 심오한 문장, 정묘한 문장, 간략한 문장, 해박다채한 문장, 굴곡이 있는 문장, 화미한 문장, 옹졸한 문장 등 실로 헤아릴 수 없이 많다.

허리끈이 적당해야만 편안하듯이 정돈된 문장이라야 독자를 편안하게 한다. 항시 정도를 이탈하는 일이 정서의 떠오름에 맞추어 글을 써야 옹이가 없다.

문장은 "눈으로 보면 비단의 수가 되고, 귀로 들으면 관현의 묘음이 되며, 입으로 맛을 보면 달아서 기름진 진미가 되고, 몸에다 치면 향기 그윽한 향초가 되어야 문장의 극치에 다다른다."고 유협은 일찍이 말했다. 하나라도 조화를 이루지 못하면 전체가 뒤틀린다는 것을 깊이 명심할 필요가 있다.

(1) 살아 있는 문장

문장 표현에서 말을 다듬는 까닭은 논리를 좀더 명확하게 하기 위해서인데 글을 함부로 꾸미고 기괴하게 늘어놓으면 마음의 논리는 구름에 가려 버리고 만다. 비취털 낚시줄에 계수나무 껍질로 만든 떡밥을 달면 고기가 모여 드는 것이 아니라 도리어 도망가 버린다.

"말이 겉꾸밈 속에 묻혀 버린다."라고 한 말은 이것을 두고 한 말이다. (『문심조룡』)

이 구름 삼 년 걸려서 짓고
한 번 읊으니 두 줄기 눈물이 흐른다. (가도)

한 줄기 만약 마음에 흡족하게 느껴지면
만사에 언제나 근심을 잊게 된다. (두보)

유협의 주장에서 보는 바와 같이 부질없이 꾸미고 복잡하게 만들다 보면 문장이 시든다. 살아 있는 문장은 두보의 문장에서처럼 간단하면서도 쉬운 문장이어야 한다. 그러면서도 그 속에 혼이 들어 있어야 한다. 이런 문장은 우리의 가슴속에 꽉 차오른다.

기성 수필작가 가운데도 요란스럽게 꾸미기를 좋아하는 작가가 없지 않다. 그러한 문장은 얼핏 보면 근사한 것 같지만 찬찬히 훑어보면 훑어볼수록 실속이 없다. 실속이 없는 문장은 열매 없는 꽃과 같다. 제아무리 이름있는 작가라도 열매가 없는 문장이라면 좋은 글이라고 볼 수가 없다.

여러 사람에게 감동을 받게 하려면 우선 문장이 쉬우면서도 살아 있어야 한다. 문장이 살아 있자면 말이 살아 있어야 한고 말이 살아 있자면 그 말이 진실에 차 있어야 한다.

말을 쏟아 놓는다고 해서 문장이 되는 것은 아니다. 자기 말을 써야 하고, 자기 목소리를 써야 하고, 자기의 진실이 들어 있어야 하고 자기 혼이 내포되어야 한다.

오늘날 많은 사람들의 글을 대하다 보면 실로 낯부끄러운 모습을 쉽게 접할 수가 있다. 말이 되지도 않는 문장을 적어 놓는가 하면 주제가 없는 문장도 있다. 글을 쓴다고 해서 다 문장이 되는 것이 아니다. 그러므로 수십 번 다듬고 다듬어서 좋은 작품만 골라 발표할 일이다. 좋은 작품이란 사람들이 읽어서 유익하고 감동을 줄 수 있는 글이다.

초보자들은 문장을 잘 다듬어 쓴 작가들의 글을 읽어야 익혀야 할 것이다. 그것이 좋은 문장을 만드는 길이다.

(……) 바람이 분다. 눈이 내린다. 찬바람은 고향 그리는 마음을 산산조각으로 부숴뜨리고 고향의 꿈조차 못 꾸게 한다. 고향에는 이런 바람소리가 없었지.

(……) 고향으로 돌아가고자 하는 마음도 낭하의 여울에 가로막히고, 또한 여울물 소리에 사라져 버리고 만다. 차라리 잠이나 자리라, 잠이나 자리라, 깨어나도 재미없는 세상살이, 너무도 잘 알기에.

그 누가 서글픈 악부의 서글픈 노래를 뒤적이고 있는가? 바람도 쓸쓸하고 비도 쓸쓸하다. 이 밤도 등잔불 사그러져 가고 하루도 다 지나가려 한다. 무슨 일로 마음이 울적해지는지 모른다. 잠들어도 무료하고, 술 취해도 무료하다. 설사 꿈을 꾼들 사교례로 간 적이 한 번인들 있었던가?

시름도 사라지지 않고 있는데, 가을의 쌀쌀한 기운도 멈추지 못하고 거세어져 가기만 한다. 여섯 굽이 병풍 속의 산과 깊고 깊은 정원과 정원 속의 집. 날마다 바람 불지 않으면 비가 내린다. 비 온 뒤 울타리 밑에 핀 국화 향기가 싱그럽다. 오늘이 중양절이라고 사람들은 말한다. 고개 돌리면 가을날의 쓸쓸한 구름과 저녁 무렵의 나무 잎새가 시야에 들어온다. 황혼녘에 무한한 사념 속으로 젖어든다. (「납란사」)

문장이 쉬우면서 맛이 있다. 그리고 경쾌하면서 중후하다. 그런 가운데 인생공환(人生空幻)의 비애가 깃들었다.

글쓴이는 황실의 근친이며 귀족의 자제다. 젊은 날 그는 청운의 꿈을 이루었다. 그런데 세상에 흥미를 잃어버린 것이다. 아니 심한 고독에 휩싸인 것이다. 그것은 어쩌면 인간의 원초적인 고독인지도 모른다. "무슨 일오 마음이 울적해지는지 모른다"는 표현이 그것이다. 무엇이라고 딱 꼬집어 말할 수 없는 고독, 이건 제아무리 부귀공명을 누리고 있더라도 누구에게나 찾아오는 고독이다. 그것을 그는 느끼고 있는 것이다. 담박하면서도 농밀한 이 글에는 작가의 혼이 들어 있음을 볼 수 있다.

(2) 생소화한 문장

문학이란 어떤 면에서는 현실을 반영하는 것이 아니라 현실 세계를 새로운 주목의 대상으로 이끄는 데 있다 해야 할 것이다. 그러므로 작품을 쓸 때는 가능하면 우리의 습관적 인식을 어떻게 혼란시키느냐에 따라 그 작품의 신선도가 다르다.

오늘 날 수필이 신변잡기적인 것에 머물거나 수필이 문학이냐 비문학이냐는 시비도 사실은 수필문장의 생소화의 결여에 있다 할 것이다.

수필은 허구가 아니라는 말에 집착하다 보니까 사실의 기록이 곧 수필이라는 말로 인식되었다. 그러다 보니 수필의 생소화 과정을 놓쳐 버리는 수가 많다. 그러나 사실의 기록이 수필이라면 이것은 문학이 될 수 없다. 왜냐하면 문학이란 정서와 사상을 상상을 빌어서 문자로 표현한 것이기 때문이다.

그러므로 수필에서도 시나 소설에서처럼 일상어를 다양한 말로 변용시키는 기법, 즉 생소화가 무엇보다도 필요하다. 엄격히 말해서 우리의 삶에서 분리시켜 자기 충족적인 것으로 인식시키는 작업이 선행되지 않고는 문학으로 접근시키기는 어려운 것이다.

인간이란 유아기를 거쳐 중년과 노년기를 살다가 죽는다는 것은 누구나 다 아는 사실이다. 이것은 낯익은 사실이요, 아침에 일어나 세수를 하는 일이나 진배없는 당연한 사실이다. 그 당연한 것을 진리인 것처럼 쓴다면 그것은 문자 행위는 될 수 있어도 문학적 행위는 될 수 없다. 문학이 되자면 같은 사실이라도 생소화를 거쳐야만 그 빛을 발할 수 있다. 하나의 돌멩이가 보석이 되는 과정과 같은 것이다. 가령 사람을 두고 "어렸을 때는 네 발, 어른이 되어서는 두 발, 늙어서는 세 발을 딛고 다니는 것"이란 표현은 하나의 생소화시켜 놓은 표현이다. 이렇게 생소화될 때 비로소 문학적 접근이 되는 것이다.
이렇게 생소화를 거칠 때 우리가 평소 생각했던 인간에 대한 모습보다 더 많은 것을 암시받을 수 있다. 첫째 생물학적 변용의 모습을 회화적으로 볼 수 있을 것이요, 둘째로는 인간이 늙어지면 태어날 때의 그 원점으로 돌아간다는 것이고, 셋째로 인간의 본질인 죽음이란 비극성을 건져낼 수 있다.

들녘 여기저기에 사나운 암수 짐승들이 펴져 있음을 본다. 꺼멓고 검푸르고 햇볕에 탄 이들은 달라붙어 끈질기게 땅을 파고 파 뒤집고 한다. 이들은 또렷하게 알아들을 수 있을 성싶은 목소리를 가지고 있으며 일어설 때 보면 사람의 얼굴을 가지고 있다. 사실 이들은 사람이다. 이들은 밤이면 제 굴을 찾아 들어가고 거기서 검은 빵과 물과 뿌리로 목숨을 부지한다. 이들은 다른 사람들로 하여금 씨뿌리고 일하고 거둬들이는 일을 하지 않아도 살 수 있게 해 준다. 따라서 이들은 자신이 심은 빵에 굶주리지 않을 권리가 있는 것이다.

처참하게 살아가는 농민의 모습이다. 문학이란 구체성을 요구한다. 여기에서 "인간 이하로 살아가는 농민"이란 말로 대신한다면 아무도 감동받을 수 없을 것이다. 구체성이 없기 때문이다. 그렇다고 "꺼멓게 탄 얼굴로 매일 땅만 파는 그들"이란 표현도 일상성의 말을 크게 뛰어넘지 못한다.
여기에서 우리가 볼 수 있는 것은 습관적인 지각이나 인식을 뒤집어 놓았는 데 있다. 보이는 사물을 낯설게 표현함으로써 사물들을 더욱 새롭게 인식 가능토록 하는 것이다.
이렇게 언어를 극적으로 인식하게 함으로써 습관적이고 무의식적인 우리의 지각이나 반응을 새롭게 갱신시켜 준다.
우리는 수필을 쓸 때에 "소리 없는 아우성"이라는 표현처럼 종래 용인되지 않았던 보다 충격적이고 색다른 방법으로 생소화를 거칠 때 문장이 신선하고 글 작품 또한 문학적 생명을 얻는다.

이지러는 졌으나 보름을 갓지난 달은 부드러운 빛을 흐뭇이 흘리고 있다. 대화까지는 팔십 리의 밤길, 고개를 둘이나 넘고 개울을 하나 건너고 벌판과 산길을 걸어야 된다. 길은 지금 긴 산허리에 걸려 있다. 밤중을 지난 무렵이나 쥐죽은 듯이 고요한 속에서 짐승 같은 달의 숨소리가 손에 잡힐 듯이 들리며, 콩 포기와 옥수수 잎새가 한층 흐뭇한 달빛에 숨이 막힐 지경이다. 붉은 대궁이 향기같이 애잔하고 나귀들의 걸음도 시원하다. 길이 좁은 까닭에 세 사람은 나귀를 타고 외줄로 늘어 섰다. 방울 소리가 시원스럽게 딸랑딸랑 메밀밭께로 흘러간다. (이효석 「메밀꽃 필 무렵」)

"보름을 갓지난 들이 부드러운 빛을 흐뭇이 흘리고 있다." "짐승 같은 달의 숨소리가 손에 잡힐 듯이 들리며", "피기 시작한 꽃이 소금을 뿌리듯이" 등의 문장은 생소화의 현상이다. 말하자면 작가의 주관에 의해 변질된 자연이다. 그의 감동적인 눈빛은 무심한 달빛도 사나운 짐승 소리처럼 보인 것이다. 그리고 하얀 메밀꽃이 소금을 뿌려 놓은 듯 그의 가슴속에 젖어든 것이다. 이런 표현은 사실로 보면 모두 거짓말일지 모른다. 그러나 문학에서는 그것이 허용되는 것이다. 바로 이런 점 때문에 문학이 산다면 생소화를 거치지 않은 문장은 사실 수필 문학에서 배제되어야 할 요소라고 할 수 있다.

(3) 명쾌하고 정감이 넘치는 문장

일찍이 공자는 "사달이이의(辭達而已矣)"라고 했다. 말은 그 목적을 이루면 그만이라는 것이다. 그 목적을 이루기 위해서는 먼저 문장이 명쾌하고 그 말이 분명해야 할 것이다. 그러나 수필 문장은 명쾌한 것으로 그 임무를 다한 것은 아니다. 글이 정감이 있어야 한다. 수필은 생명의 표현이다. 정감은 바로 생명의 리듬이다.

정감은 마음이 사물에 대하여 일어나는 격동이다. 모든 예술은 정감의 되비침이며 그 표출이다. 그렇다고 모든 정감이 다 예술이 되는 것은 아니다. 설익은 정감은 예술이 될 수 없는 것으로써 객관화를 거친 정감만이 정취있는 문장으로 남는다. 풍부한 문학적 정감에서만 신선한 문장이 나온다.

이 땅의 소년들은 버들개지를 좋아했다. 그래서 봄이 좋았다. 버들피리 불며 그들은 봄을 즐겼다.
봄에도 삼월이면 산마다 봉우리마다 진달래가 붉게 피었다. 연분홍 핏빛 진달래가 좋았다. 그래서 소년들은 버들피리를 불며 산으로 올라갔다. 버들개지가 하늘거리는 강가며 냇가, 진달래가 붉게 피는 산과 언덕! 거기서 소년들은 조국의 은혜를 비로소 느끼고 조국에 대한 사랑이 싹트기 시작했던 것이다.
고사리 같은 손에 붉은 진달래가 쥐어지고 앵두빛 입술에 버들피리가 닐릴닐릴거리면 어느 나라 소년도 부럽지 않던 그들이었다.
소년이 자란 청년들은 피리는 불지 않아도 진달래는 꺾지 않아도, 조국의 강산이 한결 그립고 고맙고 그 품에 안겨서 꿈을 길렀다. 그들의 꿈은 한 번도 조국의 품을 벗어난 일이 없고, 그 꿈을 이룩함이 그들의 보람이요, 조국에 대한 보답이라 생각했다.
그러나 이처럼 우리들의 소년이 또 청년들이 고맙게 여기고, 아끼고, 지키고 그에게 영광을 돌리려던 그들의 조국은 무참하게도 무수한 그들의 목숨을 이 봄에 사정없이 앗아가고 말았다. 3·15, 4·19 서울에서, 부산에서 또 마산에서……, 조국에 대한 사랑을 너그럽게 받아들이고 줄기차게 길러주지 못한 썩어빠진 마음보들의 실책이 아니었을까? 아니거든 잘 죽었다 할 사람 어디 한번 나서보라!
가지가 썩고 병들어 꽃봉오리들은 지는가? 조국의 이 봄은 원통하기만 하다. 우리들의 소년이 우리들의 청년이 옹기종기 모여 앉아 혹은 홀로 앉아서, 봄을 즐기고, 사랑을 속삭이고 이상을 가다듬어야 할 그 산 그 언덕의 연연한 잔디 밑에 피어 보지도 못한 채 그렇게도 허무하게 묻혀 버리고 마는가. 생각하면 조국아, 차라리 붓이 너를 통곡한다. (김정한)

이 글은 '이야기'가 없다. 다만 감정을 물붓듯 쏟아놓은 것 뿐이다. 이와 같이 수필도 시처럼 형상화된 감정만으로 한 편의 글이 될 수 있다.
읽어 보면 얼마나 명쾌하면서도 활달한가. 그러면서도 힘이 있고 정감이 넘실거리는가. 얼핏 보면 감정에 빠진 것 같지만, 그러나 사실은 이와 정반대이다. 시대의 특수한 역사적 조건하에서 불의에 대하여, 정의에 대하여 적극적으로 부르짖고 있음을 볼 수 있다.

조국은 우리들의 영혼이다. 그리고 우리들의 영원한 삶터다. 그래서 이 땅에서 살아가는 우리들은 버들피리 불며 행복할 수 있었다. 철따라 꽃피고 새 우는 산하는 우리들의 꿈의 동산이요, 보금자리다. 이렇게 아름다운 조국의 품안에서 자라난 소년과 청년들은 그 강산의 꽃같이 늘 행복했었다. 그런데 그 아름다운 꽃이 피어나지도 못하고 피를 흘려야만 하는 비통한 역사에 대하여 터지는 울분을 작자는 추스르지 못하고 있다.

이 글의 앞머리에 "버들개지가 하늘거리는 강가며 냇가, 진달래가 붉게 피는 산과 언덕!" 이것은 모두가 정감이다. 소년들이 조국의 은혜를 비로소 느끼고 조국에 대한 사랑이 싹트기 시작했던 것도 정감이요, 피어나지도 못하고 시든 것도 포함된 정감이다.

이와 같이 이야기가 없는 시적 분위기이든, 또는 화제성이든, 인생에 대한 깊은 추구이든 공감하고 감동을 얻을 수 있는 것이면 수필이 된다.

(4) 독창적이며 맛이 나는 문장

대부분의 책은 한 번 읽으면 그만이다. 그런데 두 번 아니 세 번 읽고 또 읽어도 맛이 나는 문장이 있다. 이런 글은 대개 성서나 논어 같은 경전들이거나 고전들이 대부분이다. 이런 고전들은 말의 반복이 없고 군더더기나 너스레가 없다. 말이 간단하면서도 깊이가 있고 그러면서도 상징적이고 독창적이다.

오늘날 수필이 잡문으로 대접받는 이유도 군더더기나 너스레를 늘어 놓는 글이 많기 때문이다. 태산에 비가 내려 천지사방을 적시는 생명수가 된다면 어찌 수필을 잡문으로 대접할 수 있겠는가. 우리의 영혼을 울려 주고 우리의 가슴을 울려 준다면 모든 이가 수필을 아끼고 사랑하리라. 수필이라는 게 밥 먹고 이 쑤시는 이야기만을 늘어놓고 있기에 잡문 시비를 하고 있는 것이다.

모름지기 수필가들의 자각이 요청된다.

작은 산언덕으로부터 서행하기 백이십 보, 황죽을 격하여 패환 울리는 소리 같은 물소리를 듣고 마음이 즐거워진다. 벌죽하여 길을 열어가며 나아가니, 저 아래로 소담이 보이는데, 물빛이 더할 수 없이 청렬하다. 모든 돌들이 바닥까지 맑게 보인다. 언덕 가까이에는 바윗돌 아래를 굽이 돌아 다시 솟구쳐 올라서 작은 섬이 되고, 바위섬이 되고, 다듬잇돌이 되고, 바위가 된다. 푸르른 나무와 비취빛 덩굴은 이리저리 뒤덮혀 자라고 있고, 들쑥날쑥하며 지면을 뒤덮고 있다. 조그마한 못 속에 물고기가 백여 마리는 됨직한데, 모두 하늘을 날며 아무것도 의지함이 없는 것처럼 보인다. 햇살이 밑바닥까지 꿰뚫은 채 비치고 있고, 그림자가 바윗돌 위에 깔려 있다. 혼연한 가운데 움직이지 않다가 홀연히 멀리 사라지기도 한다. 오고 가고 하다가 갑자기 한데 모이기도 하는 것이, 마치 헤어지는 자가 서로 즐거워 하는 듯하다. 못의 서남쪽을 향하여 바라보니 강이 뱀처럼 꾸불꾸불하게 휘감기며 돌아가는 것이 아른아른하게 보인다. 강언덕은 마치 개의 이빨처럼 서로 엇갈려 있는데, 그 원천이 어딘지 알 수 없다. 못가에 앉아 보니, 사면은 대나무들이 둥글게 서로 환형을 이루면서 자라고 있다. 인적이 없어 쓸쓸한 느낌이 주위를 감돌고 있다. 마음이 쓸쓸하고 가슴 깊이 외로움이 젖어든다. 주위는 적적하고 그윽하다. 그 분위기가 너무나 맑고 고요하여 오랫동안 거할 수 없어 글을 써서 남기고 물러간다.

맑게 개인 아침, 아름다운 정경(양신미경)이란 어떤 날씨이며, 산수, 자연의 아름다움을 감상하고 인생사의 즐거움을 누리는 마음(상심락사)이란 그 누구의 뜨락 속에 있는 것이던가? 아침에 날아간 새들은 저녁이 되어 피곤할 때 돌아올 줄 알며, 구름과 노을은 아름답게 배가 떠 있다. 비단병풍 속의 사람이 그윽히 바라보는 이 화창한 봄날의 경치를 귀히 여기지 않을 수 있을 것인가? 청산은 두견새가 목을 놓아 울어 붉게 물들게 하였다. 덩굴나무 저 너머로 저녁노을이 취한 듯 붉게 타오르고 있다. 모란꽃이 좋다 한들, 봄이 돌아가고 있는데 어찌 미리 자리를 잡고 있을 것인가?

두 문장을 보라. 얼마나 도도하게 물 흐르듯이 자연스러운가. 그림이 무엇인가를 그리는 데 있다면 문장이란 사물의 형상을 헤아려 그 참된 모습을 취하는 데 있다. 억지로 그것을 그려 나가기는 어려운 일이 아니다. 그러나 그것을 참되고 진실된 모습으로 그리기란 그리 쉽지 않다. 비슷하게 그린 것은 모방은 될 수 있어도 창작은 아니다. 창작이란 사물의 진면목을 취해 오는 데 있다.

그렇다고 정확한 형사(形寫)가 결코 진실이 아니며 진실은 그 내재적인 그 의미를 취하는 데 있다.

이 글은 자연환경에 대하여 얼마나 세부적으로 그러면서도 그 운치까지를 잘 관찰하였는가를 볼 수 있다. 산이 어떠하고, 돌이 어떠하고, 그리고 그것을 멀리 보면 어떠하고, 가까이서 보면 어떠한가를 그려 놓았다. 얼마나 그 속에서 사물의 독특한 개성을 찾아내는 데 뛰어났는가.

3. 글이 돋보이게 하는 창작법

1) 글이 돋보이게 하는 비결

나는 이 글을 쓰면서 때로는 회의하고 때로는 부질없음을 느낀다. 사실 글이라는 것이 어떤 교본 같은 것이 과연 필요한 것인가에 대한 의문이 일었기 때문이다. 사실, 글에 동원된 여러 가지 수사법이나 기교는 애초에 학자들에 의해 만들어진 것이 아니라 사람들이 이미 언중에 사용한 것을 정리해 놓은 것에 지나지 않는다. 요컨대 글의 창작 기법을 굳이 배우지 않더라도 우리는 누구나 그것을 사용하고 있다는 사실이다. 굳이 내가 이 말을 집고 넘어가는 뜻은 다름이 아니다. 글이란 어떤 이론에 의해서 쓰는 것이 아니라, 스스로 노력하고 스스로 터득한다는 말을 하기 위해서다.

요즈음은 수필의 홍수시대라고 해도 될 만치 많은 수필이 쏟아진다. 그 가운데 읽을 만한 수필은 과연 몇 편이나 될까? 아마 그러한 수필은 손가락을 꼽을 만치 그리 많지 않을 것이다. 그러면 우리의 시선을 끌고 우리의 가슴을 울려 주는 수필, 즉 돋보이게 하는 수필의 비결은 무엇인가. 우선 독자들에게 즐거움과 흥미를 주는 수필이다. 수필의 생명은 독자들의 가슴을 울려 주는 데 있다. 수필이 즐거움을 주는 것은 그것이 모방에서 나온 것이기 때문이다. 모방이란 바로 즐거운 행위인 것이며 즐거운 행위란 유희와 같은 것이다. 그 유희는 뛰어난 쾌감일 수도 있겠고 호기심의 만족일 수도 있겠다. 그리고 인간 구원의 문제일 수도 있겠고 사랑의 아름다움이나 슬픔, 인간의 운명일 수도 있겠다. 아무튼 아슬아슬하거나 신비한 얘기, 허무주의적 삶의 고발 같은 것은 더욱 우리의 가슴을 친다. 그래서 다음 말이 궁금하여 손을 놓지 못한다. 수필이 이러한 흥을 가질 때 그 글은 돋보인다. 재미가 있다. 물론 여기에 유창한 흐름, 직접성, 자연의 오묘한 이치에 대한 감각까지 곁들이면 더욱 흥미감이 있을 것이다.

(1) 정서적인 분위기

일찍이 윤오영은 수필의 생명은 분위기라고 했다. 분위기는 어찌 수필에서뿐이겠는가. 분위기 있는 장소에서는 사랑이 싹틀 수도 있고, 분위기 있는 사람에게는 진한 정을 느낄 수도 있다. 그래서 우리는 커피 한 잔을 마시기 위해서도 분위기 있는 장소를 택한다. 분위기는 우리의 정서를 돋우고 우리의 마음을 휘어잡는다.

수필은 객관적 진리를 밝혀내는 것이 아니라 인간의 미묘한 감정을 분위기 있게 표현하는 데 역점이 있다. 이때 사용하는 언어는 함축적인 언어라야 분위기를 살려낼 수 있다. 그리고 분위기는 가능한 한 서정성을 띤 애수적인 것이면 좋을 것이다. 여기에 향토적인 정서를 가미하면 더욱 돋보일 것이다. 사랑하면서도 사랑의 테크닉을 몰라 놓치고 만 황순원의 소나기처럼 애수적인 분위기는 그 글을 감칠나게 한다. 소년과 소녀는 언제부터인가 서로 좋아

했다. 그러나 서로 사랑한다고 말하기엔 어쩐지 어색하다. 그렇다고 좋아한다고만 말하기엔 더욱 난감하다. 아무튼 이들은 서로 사랑하고 있다. 그러나 서로가 애정 표현을 하지 못하고 만다. 어느 날 그들은 냇가에서 우연히 만나는 것으로 이야기는 전개된다. 그러나 사실은 이미 가슴속에서 오래도록 사랑이 싹터왔던 그들이다. 그렇게 좋아하고 그렇게 애절한 그들의 사랑이 소나기 내리는 분위기 속에 잘 그려졌다. 이 소설이 많은 사람으로부터 사랑받는 것은 바로 분위기 묘사 때문이다. 사랑이 감질나는 것도 그 두 사람에게 안타까운 시선을 보내는 것도 이 분위기의 묘사력 때문이다.

문틈으로 새어드는 햇빛이 장판 위에 금줄을 그어 놓았다. 돌아앉은 아우가 몸을 앞으로 꾸부렸다 폈다 할 때마다 이 금색 줄은 머리 위로 어깨 위로 다시 장판 위로 이동하고 있었다. 아우는 파란 항아리, 노랑 항아리, 다홍 항아리들을 앞에다 놓고 이리 옮겨 보고 저리 옮겨 보며, 마치 어린애들이 완구를 가지고 놀 듯 즐기고 있었다. 윗목에는 어린 두 조카가 꾸부리고 앉아 있었다. 여기는 깨소금을 담고, 여기는 고춧가루를 담고, 여기는 후춧가루를 담고 (……) 색을 맞추어 찬장 위에 벌여 놓고 살겠다는 것이다.
　내 계수는 삼계월 전에 수도병원에 입원해 있었다. 아우는 사랑하는 아내의 병을 구완하기 위하여 갖은 노력을 다 기울였고 매일 밤을 병원에서 지냈다. 그는 자기의 몸을 완전히 잊고 오직 아내의 병에만 열중해 있었다. 나는 직업을 잃고 몸마저 극도로 쇠약하여 아우의 방을 지켜주고 있었다. 땀이 비오듯 하는 무더운 방에서도 문도 열기가 싫었다. 아우도 저러다가는 함께 가는 것이 아닌가 불길한 생각이 들었다. 우리 가족에게는 무슨 불길한 운명의 검은 그림자가 엄습해 오는 것만 같았다. 차라리 모든 것이 빨리 종말이 났으면 싶었다. 너무 지루하다.
　계수의 병은 이미 구제할 길 없다는 판단이 난 지가 오래다. 오직 아우만이 그것을 믿지 아니할 뿐이다. (……) 부활의 기적을 염원하고 있었다. 그러나 슬픈 것은 현실이다. 시체는 운구되고 친척은 모여서 울고 초상은 치러야 했다. 아우는 멍하고 있다가 헉하고 쓰러져 울고 말았다. 그러나 그는 금세 일어났다. 모든 초상 준비에 바빴던 까닭이다. 그는 또 장례 준비에 열중했다. 정성스럽고 세심했다. 그러면서도 그의 마음은 허공에 떠 있었다. 모두가 꿈

속에서 움직이는 것 같았다. 아마 그가 정말 슬펐던 것은 장례가 끝나고 난 뒤였을 것이다. 차차 현실을 진실로 받아들였을 때는 오직 멍하니 허탈감에 잠겨 있었다.
    그는 어제 오래간만에 자리에 누웠었다. 숙면이라기보다도 오히려 혼수상태에 들어갔다. 그는 어린 자식들을 생각했다. 앞으로 어린 자식들을 키우며 살아가야 할 것을 생각했다.
    아침에 그는 세수를 하고 풀대님으로 문 밖으로 나갔다. 멀거니 서서 먼 산을 바라보고 있었다. 조무래기 어린것들이 길에서 달음질을 하고 있었다. 그는 한참 보다가 어린애들을 따라 넓은 행길로 가고 있었다.
    얼마 후에 그는 한길 노점에서 색 항아리를 사 가지고 들어왔다. 색 항아리가 얼른 눈에 띄었던 모양이다. 지금 그것을 방바닥에 벌여 놓고 즐기고 있는 것이다. 색을 이리저리 맞추어 보며 있는 것이다. 문틈의 햇볕이 색 항아리 위에 또 금줄을 옮기어 놓고 있었다. 그것이 더욱 신기한 모양이었다. 참 곱다고 혼자 감탄하며, 이윽고 나를 돌아다보고 "색깔을 이렇게 맞추어 보니까 참 이쁘지요."하고 어린애같이 웃었다. "응! 참 이쁘다."하고 웃어 보이려다 나는 눈물을 감추지 못해 돌아눕고 말았다. 스스로 아픔을 참고 제 마음을 달래고 있는 그 모습을 차마 볼 수가 없었다. (윤오영「비심」)

    玉環 한 짝 보내오니, 이것은 이 몸이 소녀 때 갖던 물건이외다. 님의 옷자락에 달아 주옵소서. 옥같이 고운 님의 정, 고리처럼 돌고 돌아 끝나지 마옵소서. 자문죽의 한 벌, 색실 한 타래 곁들여 보냅니다. 눈물 흔적, 대 위에 있고, 시름 겨운 심사 실마리에 얽혔사오나, 물건 보시고 이 뜻 짐작하소서. 변변치 못하오나 눈물 맺힌 정성으로 올리는 아녀자의 마음. 길이길이 안녕하소서. (「회진기」)

    앞의 글은 윤오영의 「비심(悲心)」이요, 두 번째의 글은 「회진기」의 일부분이다. 얼마나 분위기 있는 작품인가.
    문틈으로 새어드는 햇살이 전체 분위기를 장악하였고 그 아래 궁글리는 항아리며 철없이 뛰노는 어린아이들로 하여금 애수적인 분위기를 더했다. 실로 죽음이란 아픈 것이다. 그러나 살아남은 사람은 더욱 아픈 것이다. 살아 있는 사람이 그의 죽음을 슬퍼하지 않는다면 어찌 그 죽음이 서러울 리 있으며 지켜보는 이 없이 혼자만의 승자라면 어찌 기쁨이 있을 수 있겠는가. 양지가 기분좋게 느껴지고 음지가 음산하게 느껴짐은 우리의 심성이 하늘에 그 바탕을 두고 있기 때문이며, 서정적이면서 애수적인 것이 우리의 마음을 회집하는 것은 인간의 심성이 인정에 그 뿌리를 두고 있기 때문이다. 「회진기」 역시 이음법으로 아련한 분위기를 실감나게 잘 살려내고 있다.

(2) 인생에 대한 신선한 반항

사르트르는 작품을 탄약을 잰 권총에 비유했다. 따라서 창작은 곧 권총을 쏘는 일이라 했다. 그러므로 작가는 쏠 것을 택한 이상 정곡을 겨누어 쏘아야 한다고 했다. 어린애처럼 아무렇게나 재미로만 쏘아서는 아니 된다는 것이다.

오늘날 많은 수필들이 있다. 신문이나 잡지 어디에서도 수필을 발견할 수가 있다. 그런데 아무렇게나 쏘아댄 화살처럼 무슨 의미로 썼는지도 모를 작품이 많다. 우리의 삶을 좀더 가치 있는 삶으로 만들기 위해, 또는 가난하고 억눌릴 자들에게 용기를 주기 위해, 사랑에 굶주린 자들에게 위안을 주기 위해 수필은 신선한 반항이 주어져야 한다. 여기에서 반항이란 작가에게 있어서 도전의 대상이요, 현실 응시의 강한 눈빛이며 현실 참여의 자기 확충이다.

수필은 인생의 질문에 대한 해답이 주어져야 한다. 높은 삶의 가치를 부여하고 존재 양상에 대한 엄숙한 해답이 있어야 한다. 그저 그런 이야기요 세수하고 밥먹는 수다분한 군소리가 되어서는 아니 되고 참신성을 잃어버려서는 안 된다. 참신성은 조화로움 속에 독특하면서도 자연스러운 가운데 알맹이가 있는 글이다. 그것은 사물을 새로운 관점에서 보는 것이요 늘 보아온 세계를 새로운 관점으로 조명하는 일이다. 다른 말로 인생의 해석을 새롭게 경험시키는 가업이라고 할 수 있으며 새로운 의미 부여를 하는 것이라 할 수 있다.

참신성이란 새로움의 제시, 신선한 목소리, 상투적인 탈피다. 낡디 낡은 상투적인 이야기, 상투적인 서술을 피하고 참신한 이야기 언어를 쓰면 내용도 참신할 것이다. 여기에 인생에 대한 진지한 해답이 있다면 더 말해 무엇하겠는가.

내가 나서 자란 집 뜰에는 늙은 수유나무가 있어, 봄이면 제일 먼저 노란 꽃으로 몸을 장식해 살아남의 기쁨을 알렸고, 여름이면 새파랗고 윤기나는 잎들로 덮어 온통 집안을 생기로 넘치게 만들었으며, 가을이면 다시 까맣게 늙은 가지에 새빨간 열매를 달아 생명의 신비로움을 넌지시 알려 주었다. 어쩌면 고향에 들를 적이면 나는 늘 이 나무를 찾아가고는 했다. 확실히 내가 찾아간 곳은 내 생가각 아니라 이 수유나무였던 것이다. 사실 고향은 내게 봄, 여름, 가을로 빛깔이 바뀌는 이 나무의 의미로 남아 있는 부분이 많던 것이다. 한데 전에 가보니 나무가 보이지 않는다. 가을에 나뭇잎만 많이 떨어져 귀찮기만 하고 도무지 쓸모가 없어 베어 버리고 말았다는 것이다. 또 개울가에는 큰 느티나무가 한 그루 서 있었다. 그 그늘은 우리가 한여름에 목욕을 하고 나와 땀을 들이던 곳이요, 나무의 몸통과 가지는 우리들의 손때와 많은 얘기들로 얼룩져 있는 것이었다. 이것도 논에 너무 넓게 그늘을 드리워 농사에 지장을 준다서 베어 없애고 말았다.

수유나무는 나뭇잎만 떨궈 귀찮기만 하고 느티나무는 그늘만 크게 드리워 농작물이 햇빛을 못받게 해서 해로우니 베어 없애는 것도 어찌보면 크게 잘못된 짓은 아니니라. (……)

내 생가의 그 수유나무는 적어도 백 년이 넘게 마을 사람들과 함께 살아온 나무요, 봄, 여름, 가을, 철따라 꽃과 잎과 열매를 주면서 마을을 아름답게 꾸며 사람들에게 기쁨과 꿈을 주던 나무다. 또한 개울가의 그 느티나무는 몇백 년을 눈비와 바람에 버텨온 나무로, 마을 사람들의 고달픈 삶에 위안과 휴식을 주던 나무다. 여기서 꼭 재목이 되고 먹이가 되는 것만이 나무의 실용성일까 하는 점을 한번 생각해 볼 필요가 있을 것 같다. 당연한 얘기지만 사람은 의식주만으로 살지 못하기 때문이다. 지금도 시골 촌로들 가운데는 백 년도 못 사는 사람도 정령을 가졌는데 몇백 년을 사는 나무가 어찌 정령이 없겠느냐며, 나무의 영이 사람한테 옮겨와 사람을 착하고 순하게 만들어 주며, 바로 이것이 나무의 효용성이라고 말하는 사람이 많다. 소박한 애니미즘이라고 웃는 사람도 있겠지만, 모든 것을 오로지 돈과 연결시켜 생각하는 야박한 세상에서 오히려 나무의 쓸모를 올바르게 보고 있는 것 같아, 신선하게 받아들여진다. (신경림 「나무의 효용성」)

문장이 소탈한 가운데 참신성이 있다. 흔히 볼 수 있는 나무를 예찬해 놓은 글과는 다르다. 한국 어디에서나 볼 수 있는 느티나무다. 그렇지만 거기에서 나무의 정령을 발견하는 사람은 그리 많지 않다. 문장이 비록 깔끔하지는 않지만 참신한 시선이 인생에 대한 진지한 물음까지 주었다. 한 그루의 나무 속에서도 진정한 나무의 가치를 오용되게 인식하는 현실이 서글프다는 생각에 앞서 비통하다는 마음을 갖게 한다.

(3) 노래하는 수필

같은 글이지만 시를 읽을 때와 산문을 읽을 때는 느낌이 다르다고 말한다. 시에서는 가락이 느껴지지만 수필에는 그렇지 않다고 생각하기 쉽다. 시에는 곡조를 붙여 노래를 만들 수 있지만 산문은 곡조가 없다고 생각한다. 그러나 그것은 잘못된 생각이다. 수필에서도 얼마든지 시적 분위기를 느낄 수 있다. 물론 시적 분위기를 염두에 두고 썼을 때를 두고 하는 말이다. 그래서 좋은 수필은 곡조를 붙일 수도 있고 노래가 되어 읽힌다.

우리는 좋은 수필을 대하다 보면 아름다운 정서를 맛보면서 쉽게 암송이라도 할 수 있을 것 같은 마음의 충동을 일으킨다. 그것은 잘 조화된 리듬이 있기 때문이다. 그러므로 돋보이는 수필은 노래하는 수필이어야 한다. 그런 수필은 우선 읽기에 부드럽고 감칠맛이 난다. 음악적인 정서가 청각을 통해 쾌감을 불러일으키면 내용이 저절로 조화를 이루기 때문이다.

그러므로 시에만 운율이 필요하다는 생각을 버려야 한다. 시에만 리듬이 있는 것이 아니다. 수필에도 리듬은 있다. 음악적인 어휘, 함축성 있는 시어의 발견이야말로 수필을 순수하고 아름답게 순화하는 길이다. 이러한 수필을 시적 수필이라고 해도 좋을 것이다. 따라서 좋은 수이라면 이러한 운율적 리듬감을 어김없이 갖추고 있다는 것을 인식해도 좋을 것이다.

복사꽃이 피었다고 일러라. 살구꽃도 피었다고 일러라. 너희 오래 정들이고 살다 간 집, 함부로 함부로 짓밟힌 울타리에 앵두꽃도 오얏꽃도 피었다고 일러라. 낮이면 벌 떼와 나비가 날고 밤이면 소쩍새가 울더라고 일러라.
　　(……)
　　복사꽃 피고, 살구꽃 피는 곳, 너와 내가 뛰놀며 자라난 푸른 보리밭에 남풍은 불고 젖빛 구름 뽀오얀 구름 속에 종달새는 운다. 기름진 냉이꽃 향기로운 언덕, 여기 푸른 잔디밭에 누워서, 철이야 너는 너는 늴늴느리 가락맞춰 풀피리나 불고, 나는, 두둥실 두둥실 봉새춤 추며, 막쇠와, 돌이와, 복술이랑 함께, 우리, 옛날을, 옛날을, 뒹굴어 보자. (박두진 「어서 너는 오너라」)

　박두진의 글이다. 이를 굳이 시라 말할 필요가 있을까. 작가는 이 글을 수필로 발표했는지 시로 발표했는지 확인해 보지 않아서 알 수 없지만 한 편의 수필이라고 해도 그 누가 부인하랴. 그 리듬의 흐름은 저절로 우리의 심장에 녹아듦을 발견할 수 있다. 이렇듯 시적 리듬은 글의 맛을 청신하게 해준다. 아니 그 음악적인 리듬 때문에 글의 맛이 저절로 고와진다. 그래서 수필에서도 가능하면 그 리듬을 염두에 쓰는 일은 작품에 생명을 주는 일이다.

　　(……) 바람이 분다. 눈이 내린다. 찬바람은 고향 그리는 마음을 산산조각으로 부숴뜨려 고향의 꿈조차 못 꾸게 한다. 고향에는 이런 바람소리가 없었지.
　　(……) 고향으로 돌아가고자 하는 마음도 낭하의 여울에 가로막히고, 또한 여울물 소리에 사라져 버리고 만다. 차라리 잠이나 자리라. 잠이나 자리라. 깨어나도 재미없는 세상살이, 너무 더 잘 알기에.
　　그 누가 서글픈 악부의 노래를 뒤적이고 있는가? 바람도 쓸쓸하고 비도 쓸쓸하다. 이 밤도 등잔불 사그러져 가고 하루도 다 지나가려 한다. 무슨 일로 마음이 울적해지는지 모른다. 잠들어도 무료하고, 술 취해도 무료하다. 설사 꿈을 꾼들 사교에로 간 적이 한 번인들 있었던가?
　　시름은 사라지지 않고 있는데, 가을의 쌀쌀한 기운도 멈추지 못하고 거세어져 가기만 한다. 여섯 굽이 병풍 속의 산과 깊고 깊은 정원과 정원 속의 집. 날마다 바람 불지 않으면 비가 내린다. 비 온 뒤 울타리 밑에 핀 국화 향기가 싱그럽다. 오늘이 중양절이라고 사람들은 말한다. 고개 돌리면 가을날의 쓸쓸한 구름과 저녁 무렵의 나무 잎새가 시야에 들어온다. 황혼녘에 무한한 사념 속으로 젖어든다. (「미의 역정」)

산문이 아니라 한 편의 시 같은 분위기다. 아니 저절로 어깨까지 으쓱해지는 느낌이다. 시적 리듬 속에 내용이 잘 녹아들어서 한 폭의 풀씨를 키우고 있다. 그래서 그 풀씨는 바람에 흐느적거리며 대지를 붙잡고 있는 것 같은 환상까지 불러들인다.

달이 밝다. 쓸어 담을 수 있을 만큼 무량한 월광이다. 나는 지금 술을 담근다. 모과주다.
낭자히 흘러 넘치는 달빛이라 모과의 누런 빛이 더욱 은근히 고웁다. 이리저리 눈짐작을 하면서 코를 흥흥거린다.
병 바닥에 깔리듯이 조금 남은 묵은 술을, 병을 비우며 한잔 따라 마신다. 귀뚜라미 소리 푸르다.
잘 썰어지지 않은 모과라 손을 베기 일쑤건만 가을에 담그는 모과주는, 그 향기와 달빛으로 얼마나 아름다운지 해마다 치르게 되는 연례행사다.
게다가 가슴을 베어낼 듯이 시린 이 달빛 때문에 나는 벌써 진달래 술 한잔에 홍그러워진다.
이럴 때는 나는 한없이 넉넉하다. 왕비도 부럽지 않은 밤이다. 이 순하고 너그러운 잔치.
(……)
내가 술을 담글 때는 아무도 나를 방해하지 않는다.
그 행사가 너무 신성해 보여서인지, 제멋에 취하고 행복해 하는 모습이 조금 철없이 보여서인지, 이럴 때 도취된 내 모습을 아무도 방해하려 들지 않는다. 물론 되도록 한갓진 날을 택하기도 하지만, 대체로 방해받지 않는다.
나는 술을 잘 담근다.
술을 담그기도 좋아하지만, 술을 좋아한다.
도를 넘지 않는 취기는 일생의 멋을 더해 주기에, 나는 술을 즐긴다. 술처럼 인간을 너그럽게 하는 마술사가 또 있을까.
인간이 신과 만날 수 있는 다리가 있다면, 그것은 예술과 술이 아니겠는가.

(유희남 「삶의 향기 바람에 날리며」)

　얼마나 문장이 유창한가. 그리고 봄날 복사꽃 활짝 핀 정원을 걷는 것만큼이나 아름답다. 게다가 따뜻한 정서, 그 말알이 살아 꿈틀거리는 것 같은 청신함. 이 모두는 이 글에 음악적인 리듬 때문이다.
　베를렌느가 "음악은 장미꽃과 같다"고 했듯이 리듬감 있는 언어는 생생하게 피어오르는 장미꽃처럼 그렇게 아름답고 곱다. 이와 같이 언어가 갖는 음조는 단순한 음악적인 리듬감만을 유지하는 것이 아니라 그 이상의 감각을 갖고 있다는 것을 이해하지 않으면 안 된다. 즉 어떠한 모티브를 갖고 있는 것이다. 그것은 여러 가지로 해석할 수 있으나 인간이 본래 가지고 있는 운율의 감정의 재생이라 생각할 수 있을 것이다.

(4) 사랑의 아름다움

　이 세상에 사랑처럼 아름답고 매력있는 것이 또 있을까. 사랑은 향기나는 꽃이라고나 할까. 그처럼 곱고 그처럼 아름답다. 향기 높은 곳에는 나비가 따르게 마련이요, 미려하고 때깔 고운 여인에게는 남성이 따르게 마련이다. 여성과 남성은 음과 양이 되어서 서로 끌어당긴다. 그것은 자연의 이치다. 그래서 어디서나 사랑 얘기를 듣고 또 뜯지만 싫증이 나지 않고, 늘 가슴차다. 아니 언제나 우리의 호기심을 자극한다.
　사랑은 인간 속에 있는 삶의 크나큰 원동력이다. 그래서 우리는 누군가를 사랑하지 않고는 견딜 수가 없다. 보고 싶고 그리워하는 것은 그만치 삶이 벅차 있다는 증거다. 그러므로 동서 고금을 막론하고 사랑은 있어 왔고 있어야 했다. 우리가 꽃 송이를 그리워하는 것도 같은 이치가 아니랴.

　　더벅머리 선머슴이 고향을 바라보는 노을진 포도밭, 구름과 햇빛이 만났다. 흩어지는 저 언덕에 오늘도 그대를 기다리는 내 가슴은 탑니다.

지치도록 가슴 조인 발자욱이 대문 아래 돌길이 모래성을 이룬 지금, 애끓는 사랑의 푸른 하소를 당신 곁에 혼연히 띄웁니다.
　문득, 부지런한 시간 속에 잠깐 생각도 하고 기둥에 외로이 몸을 세워 그대를 오래 그리워합니다. 지난 봄, 동풍이 실실 봄비를 몰고 올 땐 마음 홀로 그대를 따라 나섰고, 작년 겨울 흰 눈발이 그렇게도 창변을 날아들 땐, 여러 날 밤을 그대 생각에 바쳤습니다. 어제도 녹슨 철길을 혼자 걸으며 그대에 젖어 있었고 오늘 밤 은하수의 흰 날개 밑으로 작은 별들이 모이면 나의 베갯잇이, 그대를 사랑하는 눈물로 흠뻑 뿌려질 것입니다. (……) (김동필 「달밤에 쓴 편지」)

　누군가의 곁으로 쉽게 가까워지고 정감이 간다. 한때 낙양의 지가를 올렸던 모 대학 교수의 「야한 여자가 좋다」라는 수필이 지가를 올렸던 것도 따지고 보면 이러한 데서 나온 심리가 아닐까.
　희망은 희망을 자꾸 낳듯이 사랑은 사랑 속에서 행복이 듬뿍 들어 있다. 행복한 사람이란 누군가를 사랑하는 사람이다.
　사실 사랑이란 그리움이라면 우리는 늘 사랑에 굶주릴 수밖에 없다.
　그래서 이 세상 사람들은 한도 많고 눈물도 많은지도 모른다. 그러므로 사랑은 먼 여행인지도 모른다.

(5) 신기성 있는 이야기

　마지막으로 수필이 신기성 있는 이야기가 독자의 관심을 끈다는 사실을 유의할 필요가 있다. 신기성 있는 이야기란 대중성을 벗어난 특이한 소재를 말한다. 그것은 어쩌면 있을 수 없을 법한 이야기를 형상화한 수필이다. 이러한 수필은 우선 재미도 있고 오래도록 우리의 기억에 남는다. 다음의 수필에서 그것을 느낄 수 있다. 내용이 좀 길지만 한 편의 수필을 읽는다는 마음에서 전문을 인용해 보겠다.

1년에 다섯 번이나 직장을 옮기고 마침내 하체에 신경성 마비를 일으켜 집으로 꼼짝 못하고 누워 있는 환자를 하나 알고 있다.

환자는 부유한 실업가의 딸로서 필자가 만났을 당시 25세의 창백하고도 눈이 큰 아가씨였다.

그녀 아버지가 찾아와 이야기한 바에 의하면 하루아침에 두 다리가 움직이지 않는다고 해서 병원에 가서 X레이도 찍고 그밖에의 검사를 했어도 신경계나 관절에는 아무 이상이 없다는 것이다. 그래서 모 정신과에 입원을 해서 치료를 받았지만 별 차도가 없어서 퇴원을 했고 이어 집에서 누워만 있다는 것이었다.

필자가 환자를 만났을 때 환자는 응접실에 나와 안락의자에 다리를 쭉 뻗치고 앉아 있었다.

다리를 굽혀 봤다. 무릎의 관절이 쇠뭉치처럼 꼿꼿하게 굳어 있었다.

"아프지 않습니까?" 필자가 다리를 다시 휘어 보며 물었다. 환자는 고개를 저었다. 무감각 상태였다.

"학교는 어딜 나왔죠?"

"S대 가정과예요."

이렇게 해서 시작된 그녀와 그녀 부모의 대화에서 필자는 다음과 같은 그녀의 이력을 알아냈다.

그녀는 이 집의 무남독녀였다. 어머니는 이 아가씨를 낳고 수술을 받은 뒤 애가 없다.

하나밖에 없는 딸을 데리고 학교에 갔다가 딸과 함께 집에 돌아왔다. 아버지도 틈이 있을 때마다 차를 몰고 학교에 가서 딸을 데리고 돌아왔다. 이런 생활이 초등학교 졸업 때까지 계속되었다.

아이가 하나밖에 없으니 어머니는 한가했을 것이다. 그 덕에 어머니는 꼭꼭 자모회장으로 뽑혀서 일을 했고 그 일에서 사는 보람을 느낄 정도였다. 아니, 사실은 어느 쪽이 학생인지 모를 정도로 부인은 학교에 붙어살았다.

이러니 딸의 성적이 나쁠 리가 없었다. 아니 나빴다면 어떻게든 올려 놓았을 것이다. 딸은 1, 2등을 다투며 졸업을 했다.

그런데 어찌된 셈일까? 담임 선생님께서 장담하면서 보낸 일류 중학교에 떨어진 것이다. 사애는 거기에서만 멎지 않았다. 2차에서도 떨어졌다.

그러나 돈은 어디다 쓰랴! 딸을 위해서 쓰는 일만이 가장 보람이 있다고 생각한 부모는 보결로 입학을 시켰다. 그리고 중학교 담임선생님에게도 끊임없이 찾아다녔다.
 그 결과 역시 중학교에서도 1, 2등을 다투게 되었다. 그런데 어찌된 셈인지 고등학교에 또 실패를 했다. 아니 대학에서도 실패를 했다. 말하자면 대학까지 고스란히 보결 입학인 셈이었다.
 "학교 시절에는 정말 여왕처럼 군림했어요. 속으로는 질투하는 얘가 있었는지 모르지만 겉으로는 정말 저를 모두 떠받들어 주었어요."
 사실 그랬을 것이다. 공부도 잘했고 부유했고 또 부모가 늘 찾아다니니 선생님도 아껴 주셨을 것이다.
 그러나 문제는 거기에 있었다. 부모, 학교 친구, 선생님 등 그녀가 알고 있는 모든 사람에게 귀여움을 받았던 그녀는 어느 결에 자기 중심적으로 귀족적인 성격으로 발전해 간 것이었다.
 "혹시 1, 2등을 받은 건 보아준 덕이라고 생각지 않으십니까?"
 환자는 잠시 창백한 얼굴에 수치심을 보였다가 곧 지웠다.
 "글쎄요, 사실은 요즘에 그런 생각을 해요, 자꾸 찾아다니니까 얼굴을 봐서 그렇게 해 준 것 같아요."
 환자는 잠시 생각하다가 치부를 시인했다.
 "그렇지 않다면 번번이 입학 시험에 떨어질 리가 있겠어요?"
 "대학에서의 전공은 취미에 맞았나요?"
 "아녜요, 빈자리가 그뿐이라고 해서……."
 환자는 얼굴을 붉혔다. 그래서 필자는 이 환자를 괴롭히고 있는 것이 열등감이라는 것을 알고 화제를 직장생활로 옮겼다.
 "졸업하고 직장을 가졌다는데……."
 "네, 놀기가 뭐해서요."
 "재미있었나요? 돈벌이가 목적은 아니었을 테니까!"
 "재미있었으면 왜 다섯 번이나 옮겼겠어요!"
 "다섯 번이나?"
 필자는 놀랐다. 그토록 여러 번 얘기를 했어도 직장을 다섯 번이나 옮겼다는 말은 처음 들었기 때문이다.
 "그걸 왜 감추셨죠?"
 "사실은 창피했어요."
 환자는 고개를 숙였다. 눈물이 글썽해 있었다.
 그 후 필자는 그녀의 직장생활을 알아낼 수가 있었다.

그녀는 스물셋에 졸업했다. 시집갈 나이도 아니고 해서 직장이나 갖겠다고 하자 아버지가 쾌히 승낙했다.

그녀는 처음에 제약회사 경리로 취직을 했다. 그러나 그 일은 그녀의 소질이나 취미에 맞지 않아 한 달도 못되어 그만두었다. 다음에는 어느 개인회사 사무원으로 일했다. 그러나 주위 사람들이 성미에 맞지 않아 그만두었다고 했다.

이런 식으로 여러 곳을 전전했지만 마음에 맞는 직장은 없었단다.

"요즘 세사에 취직하기도 힘들 텐데 잘도 옮겼군!"

"모두 아버지 힘이었어요."

딴에는 그렇다. 아버지의 얼굴을 봐서도 거절을 못하는 회사들이 있었을 것이다.

"그래도 비교적 마음에 드는 회사가 하나쯤은 있었을 법한데요?"

필자가 물었다. 환자는 의례적으로 얼굴을 붉혔다가 대답을 했다.

"마지막 직장이……."

"무슨 직장이었죠?"

보세 가공을 하는 회사였다고 한다. 여기서 별로 특기가 없어서 막연히 이일 저일을 하는 사무원이었다고…….

"그런데 왜 전 남의 호감을 못 얻는지 몰라요!"

환자는 마침내 문제의 핵심을 꺼냈다.

"호감을 못 얻다니, 그럴 리가 있습니까."

필자가 짐짓 물었다.

"모두 절 싫어해요!"

"남자 사원까지도 말입니까?"

"네……."

"그럴 리가 없을 텐데요, 미스 박은 예쁘고 귀족적이어서……."

"그 점이어요, 저보고 모두 오만하다고……."

"혹시 다리가 마비되기 전 무슨 일이 있었는지 기억납니까?"

필자는 차츰 문제를 파고 들어갔다. 그러나 환자는 고개를 저었다.

모두 잊고 있었던 것이다. 어머니에게 대신 물었다.

"글쎄 밤 열 시가 넘었는데 저 아이가 비를 흠뻑 맞고 들어오지 않겠어요? 우산 살 돈쯤은 있을 텐데 웬일이냐고 물어도 대꾸없이 제 방에 들어가더니 다음날은 열이 나기 시작해서 한 사흘 몹시 앓았죠. 그러더니 다리가 **뻣뻣하**

다고……."
며칠 뒤에 필자는 다시 환자에게 물었다.
"비를 흠뻑 맞고 들어왔는데 우산 살 돈이 없었나요?"
"아뇨!"
"그럼 택시가 없었나요?"
"아녜요!"
환자는 도무지 긴 대답을 하려 하지 않았다.
"그럼 화가 났었나요?"
"그랬어요!"
마침내 환자가 시인을 했다.
"왜 화가 났었죠?"
환자는 울음을 터뜨리고 그날 일을 얘기했다.
그녀가 가장 오래 있었던 마지막 직장, 거기라 해서 그녀의 오만성이 없어진 것은 아니었다. 그녀는 여전히 자기 중심적이고 거만했지만 그녀가 호감으로 대하던 남자 사원이 하나 있었기 때문에 비교적 오래있게 된 것이었다.
직장에서 여태 그녀에게 친절을 베풀어준 사람은 없었다. 아니, 사장 '빽'으로 들어왔다고 아무거나 시켜 먹는 그녀를, 또 기회 있을 때마다 신경질을 부리는 그녀를, 더구나 사장에게 모든 것을 일러바친다는 인상을 받는 그녀를 좋아하는 사람은 없었다. 그때마다 그녀는 자기의 매력 없는 성격을 재확인하고 직장을 옮겼다.
그런데 마지막 회사의 미스터 주라는 사원은 그녀에게 호의를 베풀었다. 그녀가 해 달라는 일을 척척 해 주었고 그녀의 기분을 알아 재빨리 불만을 풀어 주었다.
그러는 사이 그녀는 미스터 주를 좋아하게 되었고 좋아하게 되자 그를 더욱더 의지하게 되었다. 그러나 그녀가 누구를 의지한다는 건 화풀이를 해도 괜찮다는 뜻이었다. 그녀는 여태 부모에게 그래 왔기 때문이다.
그런데 그 날 그녀는 미스터 주에게 모처럼 저녁을 먹자고, 말이 안 떨어지는 것을 간신히 꺼냈다. 미스터 주는 의외로 머리를 긁적이며 곤란한 표정이었다.
"사실은 선약이 있어서……."
뜻밖의 거절에 그녀는 발끈했다.
"좋아요, 제가 귀찮다 이거죠?"

그녀는 종일 일도 않고 미스터 주가 보라는 듯이 짜증만 냈다.
"도대체 누굴 만나는 거죠?"
그녀는 퇴근하고 그를 붙들고 시비조로 물었다.
"아니, 그럼 난 미스 박의 하인 노릇만 해야 하나요?"
"그럼, 여태 제게 시중드는 기분이었군요?"
그녀는 몸을 획 돌려서 지나가는 택시를 세웠다. 그러자 남자는 안 되었다는 듯이 같이 타 주었다.

그러나 저녁을 먹으면서도 그녀는 계속 짜증만 냈다. 이번에는 자기보다 먼저 식사를 끝냈다는 것이 트집이었다.
"저희 아버지는 내가 다 먹을 때까지 수저를 놓지 않아요……."
그녀는 그런 생각이었다. 그러자 남자가 쏘아붙였다.
"잘 산다고 사람을 얕보지 말라고! 사사건건 손안에 가지고 놀려고만 드는데?"

사내는 벌떡 일어섰다. 어쩌면 그녀를 좋아하고 있으면서도 그녀의 오만에 기분이 상해 있는지도 몰랐다. 그러나 그녀의 판단은 직선적이었다. 벌떡 일어나 나가는 사내가 자기를 좋아할 리가 없다고 생각했다. 몰려오는 수치심, 절망감에 그녀는 음식점을 뛰어나왔다. 그리고 무작정 거리를 헤맸다. 비가 쏟아지기 시작했다. 그러나 그대로 맞았다. 죽고만 싶었던 것이다.

그 후 그녀는 다리가 마비되었다. 도저히 그 직장에 다시 나갈 용기가, 면목이 없었던 것이다. 나가지 않기 위해 최선의 방법, 그것은 다리가 마비되는 길이리라! 다섯 번이나 옮긴 직장에 안 나갈 명분(?)이 그 길밖에 없었던 것이다. 이제 그녀는 직장에 나가랄 사람도 없게 되었고 그러기에 자기에게 호감을 갖지 않는 사원들과도 만날 필요가 없으니 열등감도 느낄 필요가 없었다. 더구나 좋은 일은 "시잡 안 갈래요!" 하는 그녀의 소원이 이루어진 것이다. 그녀는 시집가서 남편의 시중이나 들고 살 자신이 없었다. 이 세상 어디에고 부모처럼 자기를 받아 줄 사람이 없는 것이고 보면 이렇게 마비된 채 부모와 같이 사는 것이 바람직한 일이었다.

그러나 그녀는 모르고 있었다. 부모가 아무리 딸을 사랑한다 해도 딸이 병신이 되어서까지 집에 있기를 바랄 사람은 없다는 사실을…….

얼마 후 필자의 주문대로 미스터 주가 병문안차 그녀를 찾아와서 그때 일을 사과했을 때 그녀의 다리가 조금씩 움직이기 시작했다는 것은 납득이 갈 것이다.

결국 전직중은 현대인의 불안을 대변한다. 잦을수록 더욱 초조하다는 뜻이요, 좌절감과 열등감이 누적된다는 표시이다. 어디 전직증 환자뿐이랴? 한 곳에 오래 붙어 있는 직장인도 붙어 있다는 그 자체가 못났다는 식의 열등의식으로 그를 자극한다. 승진하지 못해도 불안하고, 자꾸만 승진을 해도 불안한 직장인, 그들의 불안은 바로 현대인의 병리라고 해도 틀림없다. 경쟁 사회가 빚어낸 현대인의 병리……. (김용략 「일 년에 직장을 다섯 번이나 옮긴 오피스걸」)

이렇듯 세상에는 상식을 뒤엎는 놀랄 만한 이야기들이 우리 곁에 있다. 그것들은 신비롭고 경이로우며, 호기심을 준다. 그리고 그 속에서 어떤 신비 같은 것을 느낄 수 있고 환희와 의미성도 찾을 수 있다. 그만치 이 지구에는 각기 다른 양상의 인생이 살아간다는 얘기도 되겠지만 그 보다는 신의 영력을 감지할 수도 있다. 아무튼 신기한 이야기를 찾아 쓰는 것도 독자들에게 좋은 선물이 될 것이다. 그래서 세상은 더욱 살맛나는지도 모른다.

2) 경이로움의 정체

오늘날 수필문학이 제자리를 바로 서지 못한 주요 원인은 무엇일까. 아마 그것은 허구에 대한 두드러기 현상 때문이 아닌가 한다. 게다가 더욱 딱한 일은 사실의 기록이란 것, 즉 그것은 있었던 일 그 자체만을 모사해야 된다는 잘못된 수필관 때문이다.

수필이 문학이고 보면 그것은 엄연한 창작이다. 따라서 창작이란 것, 곧 창조를 의미하는 것이고 창조는 이 세상에 오직 단 하나밖에 없는 새로움을 제작하는 일이다. 그러므로 신이 천지 자연을 창조했듯이 작가만이 어떠한 질서나 법칙에도 얽매이지 않고 새로운 세계를 창조할 수 있다. 그래서 글쓰는 사람을 작가라고 한다.

그러므로 수필이 어떤 사실의 기록적인 것에 그쳐야 한다면 그것은 창작이 될 수 없다. 왜냐하면 문학은 단순 전달에 그 목적이 있는 것이 아니라, 존재 가능한 인물을 창조하고 우의적인 상상력을 동원해서 작가가 의도하는 바를 전달할 수 있어야 하기 때문이다. 수필 또한 문학인 이상 여기에서 예외일 수는 없다.

　예술이란 예(藝)는 원래 풀과 나무를 가꾸고 기르는 기술이란 의미를 간직하고 있다. 그리고 그 기술은 그만이 간직하고 있는 독특한 재능일 수도 있었으며 그만이 보유하고 있는 창조적인 상상력일 수도 있다.

　그러므로 수필의 창작은 어디까지나 있었던 그대로를 기록하는 것이 아니라, 우리 주위에서 보고 느끼는 사실을 바탕으로 어디까지나 현실밖의 것들까지 추구해야 하고 요새 같은 무한한 환상과 황홀감이 주어져야 한다. 여기에서 환상이나 황홀감이란 황당무계하거나 허무맹랑한 이야기가 아닌 누구나 공감할 수 있는 내용을 말한다. 그러므로 그 환상은 현실에 매듭지어진 것으로써 인간을 보다 아름답고 착하게 하는 내용을 말한다.

　인간의 꿈과 욕망은 이루어질 수도 그렇지 못할 수도 있다. 그러나 그것의 실현 가능성은 그다지 큰 문제가 되지 않는다. 다만 우리가 그것을 바랄 수 있고 그것을 꿈꿀 수 있다는 사실 자체가 더 중요하다. 그래서 꿈꿀 수 있다는 것은 행복한 것이다. 그러나 그 꿈, 그것은 어디까지나 현실이 아닌 이상이요, 상상의 세계다. 그래서 우리는 구름을 탈 수도 있고, 나비가 될 수도 있으며, 무지개를 건널 수도 있는 것이다. 그래서 문학은 아름다운 창조의 세계다.

　그런데 수필이 존재했었던 사실만의 기록이어야 한다면 어찌 되겠는가. 그것은 이미 예술이 될 수 없는 것이다. 허구람 꿈과 상상을 현실화시킨 바로 그것이다. 현실적 의미를 갖지 않는 실재가 수필이어야 한다는 생각은 그 차원을 달리해야 한다. 실재는 문학화시킬 수 있는 길, 이것이 바로 허구요, 상상의 세계다. 따라서 그 허구는 물리적 법칙을 초월하는 것이요, 현실적 제약에서 벗어난 것이다. 그러므로 수필에 있어서 허구는 수필문학을 수필답게 하는 장치일 수는 있어도 그것을 제외시킬 수는 없는 주요한 요소인 것이다.

장자가 나비가 되고 나비가 장자가 될 수 있는 것도 어디까지나 허구요, 무한한 환상 덕분이다.

장자의 소요유에 나오는 곤이란 고기는 북녘 바다에 살고 있다. 그 크기는 몇천 리나 되는지 알 수 없으며 이 고기가 변한 것이 붕이란 새다. 붕의 등 넓이는 몇천 리나 되는지 알 수 없다. 힘차게 날아오르면 그 날개는 하늘을 가득히 메운 구름과 같다.

이는 장자가 만들어 낸 허구의 세계다. 그러나 누구나 이 이야기를 듣고 황당무계하다고 하지 않는다. 왜냐하면 여기에서 독자는 구속받는 인간의 현실세계를 비웃고 있는 장자의 심오한 속뜻(우)을 이미 터득하고 있기 때문이다.

여기에서 장자는 권력과 신분, 도덕과 권위, 삶과 죽음, 가난과 부유속에서 살아가는 인간을 질타하며 이러한 구속에서 초월하여 완전히 자유로워질 때 인간은 참으로 행복할 수 있다는 것이다.

이같은 견지에서 박지원의 「호질」도 엄연한 한 편의 수필인 것이다.

도학자연하는 북곽 선생과 동리자라는 수절과부와의 추행을 통해 인간의 이중성을 고발한 것이요, 선비들의 위선적인 내면을 풍자한 작품이다. 특히 호랑이를 통해 인간을 나무라는 수법은 기발하다. 수필에 있어서도 이러한 장치는 얼마든지 가능한 것이요, 또한 그러한 방향으로 수필이 쓰여져야 할 것이다.

여기에서 북곽 선생과 수절과부와의 밀애는 우리 주위에서 흔히 찾아볼 수 있는 사건이다. 그러한 사실의 바탕 위에 호랑이라는 허구를 등장시켜 작가가 의도하는 바를 상징적으로 나타내었다. 이것이 바로 문학이요, 수필이다. 다음 수필을 보자.

귀는 왜 둘일까?
나는 작년 봄에 낙서삼제(落書三題)라는 글을 쓴 일이 있다. 제목 그대로 낙서한 것 셋을 묶어 본 것이다. 다음에 옮기는 것은 그 중의 하나이다.

토끼에게,
그 동안 잘 지냈지? 나도 별 탈 없이 지내고 있어.
네가 경주에서 나에게 진 것을 퍽 안타까워한다는 이야기를 들었어. 하지만 안타까워할 것 없어. 잠깐의 실수였을 뿐이야. 너의 실수 때문에 내가 이긴 것, 사실은 나도 별로 영광스러울 것 없어. 우리 다 잊어버리기로 해.
그럼, 이만 줄이겠어. 잘 있어.
모년 모월 모일
너의 친구 거북이 씀.

나는 이 낙서 편지를 쓰고 퍽 만족스러웠다. 평소에 못마땅하게 생각해 오던 거북이가 제법 의젓한 모습으로 드러났기 때문이다.
내가 거북이를 못마땅하게 생각한 이유는 두 가지이다. 하나는 절대로 이길 수 없는 경주에 아무 거리낌없이 응했다는 점이다. 이것은 그가 미련했거나 요행을 바랬기 때문일 것이다. 다른 하나는 잠든 경쟁자의 곁을 아무 기척도 내지 않고 지났다는 점이다. 아무리 야박한 세상이라도 이것은 그리 떳떳해 보이진 않을 것이다.
그러므로 거북의 승리는 별로 영광스러울 것이 없는 것이다. 미련하지 않으면 요행이나 바랬을, 그리고 아무리 보아도 떳떳하지 못한 거북이가, 그러나 이제는 그 사실을 깨달은 것이다. 체면상 자신의 두 가지 결함은 편지에 언급하지 않았으나, 그의 승리가 영광스러운 것이 아니라고 말한 점, 그리고 다 잊자고 한 것은 확실히 그의 성숙해진 한 모습이라고 할 것이다.
나는 거북이의 이 편지를 읽으며 한동안 미소를 금치 못했다. 그러다가 문득 토끼를 생각했다. 토끼가 이 편지를 받아 보면 무슨 생각을 할까? 토끼도 이 편지를 읽고 거북이가 제법 의젓해졌다고 생각할까?

거북이에게,
편지 고마워. 나도 별일은 없어. 하지만 마음은 하루도 편하질 못해.
너는 다 잊자고 했지만, 어떻게 내가 그 일을 잊을 수 있겠니?
잠든 나를 그냥 두고 살금살금 간 너도 너지만, 나를 잠재운 그 이솝이라는 작가의 흉계를 나는 용서할 수 없어. 아마 그는 교훈을 준다는 미명 아래 세인의 찬사를 받았겠지. 하지만 상대도 되지 않는 게임을 그렇게 조작하다니, 어떻게 그런 일이 있을 수 있니? 그 일 때문에 내 후손들이 영원히 불명

예를 안고 살 것을 생각하면 가슴이 찢어지는 듯해. 너는 제법 철든 소리를 하지만, 나는 너처럼 그렇게 쉽게 잊을 수는 없어.
　이만 쓰겠어. 잘 있어.
　모년 모월 모일
　토끼 씀.

　토끼는 어쩌면 이런 답장을 썼을지도 모른다. 거북이에게 대해선 다소 냉정한 인상을 주지만, 그런대로 그의 한스러움에 대해선 공감이 가기도 한다.
　부엌에 가면 며느리 말이 옳고 안방에 가면 시어머니 말이 옳다고 한다. 며느리 말만 들어서도 안 되고 시어머니 말만 들어서도 안 되는 것이 인생인가 보다. 그래서 귀는 둘일까? (정진권 「귀는 왜 둘일까」)

　이렇듯 문학이란 현실의 대응물이기도 하지만 현실을 초월하는 상상력의 모체이기도 하다. 그러므로 경이로움으로 우리를 안내하는 수필이라야 좋은 수필이다.
　그런데 항간의 수필 가운데는 불고기 먹고 이 쑤시는 그렇고 그러한 이야기들이 대부분이다. 이것은 잡문일 수는 있어도 적어도 격을 갖춘 수필은 아니다. 너무도 당위적인 것은 바둑의 수가 될 수 없듯이 수필에서도 마찬가지다. 밥 먹으면 배부르는 것은 당연한 것이요, 비 오면 옷이 젖는 것은 너무도 선명한 이치다. 이러한 이야기를 수필이라고 쓰는 작가가 우리 주위에 너무도 많다. 문학이 그런 군소리만을 늘어놓는다면 무슨 의미가 있겠는가.
　사람의 마음 언저리에는 자연의 세계를 초월하려는 감각을 지니고 있다. 신비적 감각, 이상향의 감각, 피안의 향수 등 실로 사색의 향은 아침 햇빛으로 찬란하게 물들어 있다. 그것을 우리는 감동적 생명이라 표현해도 좋을 것이다.
　따라서 우리에게 감동적인 생명이 충만할 때 우리의 삶은 훨씬 값지고 보람 있을 것이다. 다음 수필을 한번 읽어보자.

겨울의 밤공기를 가르는 완행열차가 요란을 떨고 지난 지도 오래다. 간간이 들려오는 개 짖는 소리가 방안을 더욱 고요하게 이룬다. 허한 마음이다. 밖엔 소복소복 흰 눈이 쌓이고 있다. 창을 밀쳐보니 홀로 지키는 가로등의 멍청한 졸음 아래, 활처럼 휜 나뭇가지가 탐스런 눈송이를 무겁게 이고 있다. 난 고독한 시인이 되어 눈 빛깔의 예쁜 언어들을 모아야겠다고 벼르고 있다.

(……)

오늘밤의 향수는 찬란한 밤거리에 네온 사인을 볼 때 느끼는 향수와 다르다. 더 훨씬 진한 향수다. 핑크빛 삶으로 이끌어 주는 어떤 미소가 언젠가 미덥게 밑바닥을 자리했기에 난 이맘때쯤이면 눈 내리는 창가의 고향을 아프게 그리워하는 것일까? 아니면 지난날의 바래간 추억이 밤에 창가에 너무도 애련히 아롱지는 사열일까?

눈빛에 젖어 삼라만상이 침잠의 세계로 빠져가던 밤, 눈빛이 달빛을 삼키던 밤, 앙상히 말라 간 흩어진 가지가 목놓아 추위에 떠는 심야(深夜)의 늪에서, 불이 마지막 사위어 가는 화가의 한가롭고도 부담없는 담소를 즐기며 고향의 어린 시절을 보냈었다. 그날 밤에 어머니의 젖무덤마냥 여기저기 쌓인 눈밭을 밟으며 참새를 잡아 새탕을 즐겼다.

지금, 아랫목에 두 발을 모두고 앉아 소반에 담아진 귤 한 개를 까고 있다. 나만이 누릴 수 있는 행복한 시간일까? 창턱에 쌓이는 눈빛에 취해 이렇게 흥얼거리고 있다.

사랑의 연가가 그리운 가슴에 사랑의 준비가 되듯이 이 밤에 불러 보는 창가의 오붓한 노래가 마음밭에 가장 순한 숨결로 번져 영원한 내 인간 수업의 지주로 군림할 것 같다.

겨울은 정지요, 무덤이라고들 한다. 정지 속에 적묵(寂默)함을 배워 좋고 무덤 속에 전설이 아련하여 좋다. 그저 함박눈이 수북수북 쌓이면 좋다. 천부의 백설 앞에 철저히 심화된 고독은 없어도 괜찮다. 애정과 회한의 눈물이 없어도 좋고 미인의 가슴처럼 유려하지 않아도 좋고 다만 조금은 서툴지 않게 대지에 고루고루 뿌려주면 만족할 것 같다.

그러나, 그 속엔 수없는 태고의 고요가 잠겨 있다. 그래 나는 시정 어린 설경 속에 격조 높게 창가에 기대고 있다.

(……)

온 누리가 백설로 은세계를 이룬 지금, 다시 창문을 열어 본다. 특유의 추위가 무서운 바람도 없이 피부 속으로 파고든다. 저렇게 흰 눈이 펑펑 쏟아지고만 있는데…… 저 속엔 혼탁한 세류(世流)에 번질 위선은 하나도 없다. 순백이다. 흰 세계로 다듬어진 품속에 내 몸을 던져 놓고 순백의 지순한 감정을 숙명으로 맞고 싶다. 저 흰 눈을 사랑하는 사람은 진실한 삶이 가져다 주는 막혀 버린 절망과 고뇌 안에서 숙명을 사랑하며 살아야 하지 않았던가?

 어떤 불행과 번뇌도 이 밤의 숙연한 감각 앞에는 아름다움으로만 승화한다. 이 밤이 새면 내일 아침 영창에 내 입김이 서려 빙화의 멋이 가슴에 와 닿을 줄 알지만 그냥 이대로 잠을 이룰 순 없다. 흰 눈 쌓이는 창가에 혼자 있는 연습을 더 익혀야겠다.

 만화방창한 봄날이나 비추(悲秋)의 시부에서도 느끼지 못한 이 고고한 한 허리의 밤을 눈 내리는 창자게 홀로 기대어 보내련다. (김동필 「눈 내리는 창가」)

 현실과 상상이 서로 왕래하면서 눈 내리는 날의 정취감을 살리고 있다. 단숨에 밀어붙이는 듯하면서도 무한한 환상이 곳곳에 진주알처럼 박혀 있다. 눈 오는 날, 포장마차의 애수, 유유히 흘러가는 사람들의 인파, 무궁한 향수의 세계와 그리움은 작가의 상상의 세계요, 겨울이라는 세계, 그리고 눈 내리는 모습은 현실이다. 어딘가 엉켜붙어 정담을 나누는 이들의 모습, 무엇인가 동경하는 사람들의 아련한 정취가 꿈틀거리고 있다.

 황홀감이 넘치는 수필은 일급의 수필이다. 그러므로 문장과 내용 또한 풍성해야 한다. 언어의 꽃송이는 영롱해야 하고, 그 소리는 음악이어야 하며, 내용은 꿈과 환상과 이상이 깃들어야 한다. 모든 사물이 아름답게 놓여 있어야 하고 무한한 정취감이 곱게 펼쳐져 있어야 한다. 장자가 만들어 낸 환상이나 연암이 만들어 낸 인물이 수필 속에서도 나타나야 하며 그 같은 영역의 확대가 수필의 운신을 활발하게 하는 일이다. 그리하여 수필을 통하여 인생의 새로운 향기를 맡을 수 있어야 하고 무한한 꽃길을 걸을 수 있는 정취가 깃들어야 한다. 그 곳에서 노래하고, 그 곳에서 춤을 출 수 있게 해야 하고, 아침 무지개와 석양 노을에 심취할 수 있는 황홀함이 있어야 한다.

 인생의 고민은 인간의 유한에서 나오고 인간의 고통은 현실의 괴리에서 나온다. 수필은 바로 이러한 고민과 고통을 덜어주는 유희물이 되어야 한다. 그러므로 쏘일 바람이 있어야 하고, 바라볼 달빛이 있어야 하고, 시원한 물줄기가 있어야 한다. 거기에 몸을 담을 수 있는 한 채의 누각이 깃든다면 더 없이 좋으리라.

한 편의 수필을 창작하는 마음이나 읽는 마음은 모두 어린이가 되어야 한다. 그러므로 죽마(竹馬)를 타는 재미가 있어야 하고 그 죽마는 정말 달리는 것 같은 착각의 황홀감이 깃들어야 한다. 카프카의 「변신」이 있어야 하고 오스카 와일드의 「살로메」가 있어야 한다.

환상은 감미롭고 현실은 쓰다. 그리고 환상은 언제나 불가능한 저편 세계다. 그러기에 수필에 있어서 환상은 더욱 요구되는 것이다. 그것은 메마른 마음을 채워 주는 단비와 같은 것이기에 그렇다. 환상적인 수필, 그것은 바로 예술적인 수필이 아닐까.

(1) 개성있는 작풍(作風)

글은 그 사람의 이지이며, 그 개인의 사상과 가치관의 잠재성을 거쳐서 나타난다.

"글은 바로 그 사람이다"라는 말은 바로 이를 두고 이르는 말이다. 그리고 그것은 그 사람의 개성을 두고 하는 말이다.

그러니까 의식적이든 무의식적이든 그 사람의 개성이 표현되게 마련이다. 따라서 작가가 그리는 작품은 작가 자신의 복제라고 해도 과언이 아닌 것이다.

사람에 따라서 재주가 뛰어난 사람과 그렇지 못한 사람이 있으며 기질이 강직한 사람과 그 반대의 사람이 있다. 그리고 학식의 깊이와 그 사람의 습속(習俗)의 인격적 고아와 비천이 있다. 이러한 것들은 그 사람의 개성과 관련이 있는 것들로서 어떠한 형태로든지 작품 속에 기탁되어 나타나게 마련이다.

따라서 사물에 대한 예리한 관찰이나 표현도 그 사물에 접근하는 자기 나름의 안목이며 그 사람의 개성이다. 그러므로 개성이 강한 사람은 아주 사소한 일에서 어떤 가치를 찾아내고 일상 보아넘기는 일에서 새로운 의미를 찾아낸다.

우리가 흔히 볼 수 있는 바다와 같은 글이나 강과 같은 글, 또는 호수와 같은 글이나 조수와 같은 글도 그 사람의 개성에서 나오는 결과이며 산문에는 능숙하지만 운문을 다루지 못하고 운문에는 능숙하나 산문을 다루지 못하는 것도 그 사람의 개성에서 나오는 결과인 것이다.

그러므로 옛날 소명윤(蘇明允)은 시를 짓지 못했고, 구양영숙(歐陽永淑)은 부(賦)에 능하지 못했으며, 증자고(曾子固)는 운문에 미숙했으나 산문에는 능숙했던 것이다. 그래서 사람에 따라 잘하는 장르와 그렇지 못하는 장르가 있는 것도 모두가 그 사람의 개성에서 비롯되는 것이다. 그러므로 자기가 비교적 능한 장르를 선택해서 글을 쓰는 것도 창작의 좋은 지름길이라 할 수 있다.

글을 보면 그 사람의 성격을 볼 수 있다는 것도 개성에 따라 사고방식과 표현이 근본적으로 다르기 때문이다.

예를 들면 글이 섬세하면 성격이 약한 사람이요, 글이 허황하면 자기 과시가 있는 사람이요, 글이 음탕하면 비루한 사람이요, 글을 지나치게 꾸미면 탐욕스러운 사람이며, 글이 가벼우면 얕은 사람이요, 글이 공허하면 속이는 성격을 가진 사람인 것이다.

그리고 글이 신(神)에서 우러나온 사람이 있고 기(氣)에서 솟아나온 사람이 있으며 정(情)에서 온 글이 있다. 신이라는 것은 신기하다는 말로 그 무궁한 변화를 예측할 수 없는 글이고, 기라는 것은 그 사람의 강한 기질이 나타나 강한 의지의 글이며, 정은 무한한 정취를 느낄 수 있는 아릿한 글이다.

이렇듯 작가의 재능과 기질은 개성과 불가분의 관계에 있으며 내용의 실천은 학식과 관계가 있다. 따라서 문학의 세계가 구름과 파도처럼 변화가 무쌍한 것은 이 개성에 의한 것이며, 이 개성은 여러 형태의 작품을 만들어 내는 것이다.

그렇다면 이 개성이란 영원불변하는 것인가? 그렇지 않다. 우리가 수양으로 인격을 가꿀 수 있듯이 이 개성 또한 후천적 노력으로 변화시킬 수 있다. 그러므로 문장을 배우고 창작을 수련할 때 기초훈련을 신중히 하지 않으면 안될 것이다.

예를 들면 경전을 모범으로 공부한 작품은 전아의 미가 흐를 것이며 굴원의 초사(楚辭)를 모델로 공부한 작품은 화려한 윤택이 반짝인다. 그러나 착상이 비속한 작품이나 내용이 정제되어 있지 아니한 작품은 함축미가 결핍되어 작가의 성격을 잘못 길들이게 할 수 있다. 그러므로 좋은 작품을 모범으로 하지 않으면 안 되는 이유가 여기에 있다.

그것은 자기가 무성하지 않은 나무에는 그늘이 없고 억센 파도에는 잔물결이 없는 것과 같은 이치다. 나무를 깎아 도구를 만들거나 집을 지을 때 그 처음이 중요한 것은 어떤 도구가 이미 완성되고 건축물이 완공된 뒤에는 그것을 다시 헐어서 만들 수 없는 것과 같이 글도 이미 굳어지면 고칠 수가 없다. 그러므로 처음부터 창작 수업을 정통적인 작품을 본으로 삼아야 하고 올바른 습작방법을 터득해야 한다.

올바른 방법에 따라 공부하게 되면 저절로 지엽이 무성하게 번져가고, 그 사색도 원만하게 회전될 것이다. 그것은 올바른 뿌리의 고착이요, 기름진 터전의 밭갈기와 같은 것이다.

개성에 따라 쓰여지는 작가의 작품을 유협이 나눈 것을 보면 다음과 같다.

전아한 작풍, 신기한 작풍, 유연한 작풍, 명쾌한 작풍, 화려한 작풍, 간결한 작풍, 장쾌한 작풍, 경미한 작풍 등 여덟 가지로 나누었다.

(2) 전아한 작풍(作風)

일찍이 유협은 "성인의 감별력은 일월과 같이 밝고, 그 신비한 영묘성은 신과 같다"고 말했다. 그러므로 성인의 감별력은 문장을 통해서 그 빛이 찬란하며 그 영묘성은 경전을 통해서 후세에 길이 전한다. 이렇듯 성인의 작품은 문장이 규범에 맞고 그 사고는 사물에 합치된다. 그래서 우리는 그것을 읽고 배운다. 좋은 문학작품을 배우는 것도 이와 마찬가지다.

전아한 작풍은 바로 이러한 고전에서 그 법식을 구한 것으로써 아담스럽고 우아한 문장을 말한다. 이러한 작풍은 대개 도덕지향적이며 정묘한 생래의 지성, 예지의 세계로서 논리가 문장을 형성하고 빼어난 기질이 표현을 구성하는 작풍이다.

일본 작가 茶川龍之介가 중국 고전의 여러 이야기를 현대풍으로 바꾸어 풍자적으로 썼듯이 고전을 현대적 감각으로 수필을 쓰는 것도 좋을 것이다.

> 임술(壬戌)해 가을 7월 기망(旣望)에 소자(蘇子) 객(客)과 배를 띄우고 적벽 아래 노닐다. 청풍은 서서히 불어오고 물결은 일지 않으니, 술을 들어 손에서 권하며 명월의 시를 외고 요조(窈窕)의 장을 노래한다. 조금 있으니, 달이 동산 위에 나타나 두우(斗牛)의 사이를 배회하더라. 백로는 강에 비끼고 물가 빛은 하늘에 닿았다. 일위(一葦) 가는 대로 맡겨 만경의 망연한 데를 건디어 가노라니, 호화여 허공을 타고 바람을 탄 것만 같아 그치는 데를 알지 못하게쓰며, 표표히 세상을 잊고 독립하여 우화(羽化)해서 등선하는 것 같더라. 어시(於是)에 술을 마시고 즐기기를 심히 하다. 뱃바닥을 두드리며 노래를 부르니, 노래에 가로되, 계수나무 삿대와 목란 돛대는 공명을 치고 유광을 거슬러 오른다. 아득히 나는 생각하되 미인은 하늘 저쪽에 바라본다고. (소동파 「적벽부」)

강물에 배를 띄워놓고 즐기는 선비의 기풍이 잘 드러나 있다. 바람과 강, 그리고 달을 벗삼아 적벽의 아름다운 경치와 자연과의 일체화하려는 제물(齊物)의 철학이 유려한 철학으로 잘 결부되어 생동감 있게 표현된 작품이다.

(3) 기사적(奇事的) 작풍(作風)

신기란 새롭고 기이한 것을 말한다. 이는 전아와 반대의 개념으로써 고풍을 무시고 새로운 창의를 중요시한다. 다시 말해서 상궤(常軌)를 벗어난 어떤 기발성을 존중하는 작품이다. 카프카의 작풍 같은 것이 그것이다. 그의 작품은 야릇한 긴장감을 자아내게 하는 괴이한 데가 있다. 그의 소설 「빈신」은 독충이 이 소설의 주인공이 되고 있다. 사람이 독충이 된다는 것은 참으로 맹랑한 발상이다. 그런데도 이 작품을 읽어가면 갈수록 빨려들어가는 것은 이야기 속에 현실의 상황이 담겨있기 때문이다.

　　일본에서 실제로 있었던 이야기라고 한다.
　　어떤 사람이 집의 벽을 수리하기 위해서 뜯었다. 일본집의 벽이라는 것은 그들의 말로 소위 '오가베'라 하여 가운데에 나무로 얼기설기 대고, 그리고 그 양쪽에서 흙을 발라 만드는 것으로서 속이 비어 있게 마련이다.
　　그런데 그 벽을 뜯다 보니까 벽 속에 한 마리의 도마뱀이 갇혀 있더라는 것이다. 그 도마뱀은 그저 보통 갇힌 것이 아니라 어쩌다가 벽 밖에서 안으로 박은 긴 못에 꼬리가 물려 꼼짝도 못하게 갇혀 있더라는 것이다. 집 주인은 이 도마뱀이 가엾기도 하려니와 약간 호기심이 생겨 그 못을 조사해 봤다. 집 주인은 놀랐다. 그 도마뱀의 꼬리를 찍어 물고 있는 못이 바로 십 년 전 그 집을 지을 때 벽을 만들며 박은 못이었던 것이다. 그렇다면 어떻게 되는 것일까? 그 도마뱀은 벽 속에 갇힌 채 꼼짝도 못하고 십 년을 살아온 셈이 된다. 캄캄한 벽 속에서 십 년간! 그건 정말 놀라운 일이 아닐 수 없다.
　　캄캄한 벽 속에서 십 년이란 긴 세월을 살았다는 것도 놀랍다. 그런데 그렇게 꼬리가 못에 박혔으니 한 걸음도 움직일 수 없는 그 도마뱀이 도대체 십 년간이나 그 벽 속에서 무엇을 먹고 산 것일까? 굶어서? 그럴 수는 없다.
　　집 주인은 벽 소리공사를 일단 중지했다.
　　'이 놈이 도대체 어떻게 무엇을 잡아먹는가?' 하고 그런데 어떤가. 얼마 있더니 어디서 딴 도마뱀 한 마리가 먹이를 물고 살금살금 기어오는 것이 아닌가. 집 주인은 정말 놀랐다.
　　사랑! 그 지극한 사랑! 그 눈물겨운 사랑!
　　그러니까 벽 속에 꼬리가 못에 찍혀 갇혀버린 도마뱀을 위하여 또 한 마리의 도마뱀은 십 년이란 긴 세월을 비가 오나 눈이 오나 한결같이 먹이를 물어 나른 것이다.
　　그 먹이를 물어다 준 도마뱀이 어미인지, 아비인지, 그렇지 않으면 부부간 혹은 형제인지, 그것을 알 길이 없다. 그러나 그것을 받으시 알아야 할 필요는 없다.
　나는 그말을 듣고 그 숭고한 사랑의 힘에 뭉클했다. (이범선 「도마뱀의 사랑」)

　신기한 작품이라기에는 약간 부족하지만 아무튼 좀처럼 생각해 낼 수 없는 작품이다. 인간도 아닌 도마뱀의 행동은 우리 인간들이 본받고도 남을 만한 일이다. 영화에서도 현실에서는 불가능한 얘기들을 주제로 삼는 경우가 있다. 이러한 기발한 발상을 가지고 수필에 접근해 보는 것도 좋으리라 생각된다.

(4) 유현(幽玄)한 작풍

　사물의 이치 또한 아취가 헤아릴 수 없을 만큼 깊은 작풍이다. 신기한 술(術)을 덧붙여서 자연의 이치를 말한다. 번잡한 것이 흠이나 향기와 빛깔이 곱고, 그 문장은 한없이 우아하다. 가까운 것을 표현하면서도 비유된 것은 심원해서 내용이 풍부하다. 깊은 가르침을 배울 수 있는 것이다. 초자연적인 가르침을 띤 것을 바탕으로 한다.

　　아버지와 아들이 표고버섯목을 세우고 있었다. 반나절이나 지나 점심을 먹으려고 일손을 놓는데 아들이 차곡차곡 기대에 세워진 표고목을 휘이 둘러보며 물었다. "아버지, 맨 처음에 기댈 나무가 없으면 저 많은 것을 어떻게 다 세웠을까요?"
　　아버지가 수건으로 아들의 윗도리를 털어주며 말했다.
　　"그래, 뿌리 깊은 나무 은덕에 수많은 표고목이 기대어 사는구나. 그런데 애야, 근본만은 흠양하다가 쉬이 지나쳐 버리는 은혜로운 대상이 있다는 사실을 알아야 한다."
　　"아버지 그것이 무엇인데요?"
　　"네가 만약 통나무가 되어 조금 전 맨 마지막에 기대어 놓은 통나무에 기대어 서 있다면 너는 지금 누구에게 의지하고 서 있는 거지?"

"그야, 바로 앞에 있는 통나무요"
"바로 그 말이다. 천지를 창조했다는 하나님을 절대적으로 믿는 종교인이 자기를 낳아서 길러 준 부모를 섬기지 못한다면 어떻게 될까? 네가 매 식사 때마다 먹는 밥 한 숟갈에도 같은 의미가 담겨 있는 거란다."
우리는 길지 않은 생을 살면서도 많은 사람의 은혜를 입고 산다. 내가 이 자리에 서기까지에는 수많은 사람들의 보이지 않는 은혜가 있었음을 알고 감사해야 할 것이다. (「은혜」)

우리가 살아가는 이치를 깨우쳐 준 글이다. 새겨볼수록 유현한 맛이 난다고나 할까. 이러한 작품은 우리들이 살아가는 데 큰 가르침이 되어 준다. 이런 글을 쓰자면 사물을 보는 눈이 예리해야 하고 표현이 날카로워야 한다. 그렇지 않으면 훈화조의 글로 빠지기가 쉽다.

(5) 명쾌한 작품

글이 조리가 있고 분명하다. 그러면서 밝고 말끔하며 논리에 설득력이 있다. 여기는 수사나 미사 여구가 필요없이 의사 전달에 치중하는 것을 주로 하기 때문에 수필문장으로는 적당치 않다. 일종의 논리적인 글이라고나 할까.

문득 나도 소설을 쓰고 싶다는 생각이 들 때가 있다. 하기야 무척 소설을 읽으면서 문학을 하고 싶다던 과거도 있었으니까 그럼직도 한 일이다. 그러나 물론 그러한 생각이 떠오르면 부질없는 생각이라고 지워 버린다. 사람이 전문의 길을 걸어가게 되면 더듬어 보는 눈이나 논리, 그리고 문장이 그렇게 고정되고 만다. 좀처럼 그렇게 굳어진 습성을 벗어나기 어렵다. 그렇게 자신을 타일러도 굳이 쓰고 싶은 소설이라고 머리를 드는 생각이 있다. 이것은 요즈음 더욱이 자주 머리 속에 일어나는 충동이다. 그래 무슨 소재로 쓰고 싶단 말인가 하고 자문자답해 본다. 대답은 이렇다. 어떤 개인상담소의 상담역을 가정해 본다. 그리고 그가 맡은 중요한 일이란 자살에 대한 충동을 못 이겨 찾아오는 사람을 타이르는 일이다. 매일같이 그는 삶의 허무, 고통, 인간의 배반, 증오에 대한 설교에 가까운 뼈저린 이야기를 듣는다.

상담을 하고 도와주는 카운슬러는 물론 그러한 사정을 듣고 그것을 지도할 수 있는 초연한 입장에 설 수 있어야 할 것이다. 그러나 만약 그 카운슬러가 사실은 누구보다도 자살에 대한 욕구를 간절히 지니고 있는 사람이라고 하면 어떨까. 사람의 허무, 쓰라림, 무의미에 대하여 누구보다도 뼈저리게 느끼고 있으며 자살에 대하여 매혹을 느끼고 있으면서도 자살을 선도하는 직업에 종사한다는 말이다. 그러한 마음의 움직임을 숨기고 자살 선도의 방식을 되풀이하여야 한다. 공감만이 아니라 아직 자살에 대한 논리가 미흡하다고 보충이라도 하여 주고 같이 통곡이라도 하고 싶으면서도 그들에게 그러한 심정을 초극하는 공염불이 되풀이한다는 것이다.

(……)

구원을 받아야 할 것은 다른 누구가 아니라 바로 자기 자신임에도 불구하고 남을 구원하는 사람으로 자기가 행세하여야 한다면 이 안타까움을 어떻게 할 것인가. 구원의 메시지를 공염불인 줄 알면서도 되풀이한다. 그렇게 하게끔 운명지워졌기 때문에 하는 데 불과하다. 이와 같이 오늘날 남을 구원하여야 하는 자리에 있거나 남을 지도하여야 할 자리에 있다는 것은 어떤 내면적인 필연성에서 온 것이 아니라 다만 직업에 지나지 않는다. 자신이 그렇게 믿건 안 믿건 그렇게 전할 수밖에 없다. 정말 편지를 전하는 우체부에 지나지 않은 것 같다. (지명관 「자화상」)

자기 자신에 대한 이야기를 담담하게 적고 있다. 자신의 이야기는 잘못하다 보면 자화자찬에 빠지기가 쉽다. 그러나 이 글에서는 시종 겸손을 잃지 않고 있다.

(6) 화려한 작풍

비유와 수식을 구사해서 여러 방면에 광채를 내는 정감적인 작풍이다.

한마디 한마디에 회화적인 색감과 음악적인 운율을 갖는다. 되도록 화장을 많이 한 글로써 아기자기한 맛이 있다. 그러나 자칫 저속해질 우려가 있는 게 흠으로 남는다. 왜냐하면 짙은 화장은 잘못하면 술집 마담으로 오해받을 수 있으니까 말이다.

아, 밝다. 쓸어 담을 수 있을 만큼 무량한 월광이다. 나는 지금 술을 담근다. 모과주다.
낭자히 흘러 넘치는 달빛이라 모과의 누런 빛이 더욱 은은히 곱다. 이리저리 눈짐작을 하면서 코를 흥흥거린다.
병 바닥에 깔리듯이 조금 남은 묵은 술을, 병을 비우며 한잔 따라 마신다. 귀뚜라미 소리 푸르다.
잘 썰어지지 않은 모과라 손을 베기 일쑤건만 가을에 담그는 모과주는, 그 향기와 달빛으로 얼마나 아름다운지 해마다 치르게 되는 연례 행사다.
게다가 가슴을 베어낼 듯이 시린 이달빛 때문에 나는 벌써 진달래 술 한잔에 흥그러워진다.
이럴 때는 나는 한없이 넉넉하다. 왕비도 부럽지 않은 밤이다. 이 순하고 너그러운 잔치.
마룻바닥은 도마와 정갈하게 닦은 모와 광주리, 설탕통과 소주병이 편안하게 널브러졌다. 그것은 전혀 구도나 청결을 고려치 않아 오히려 즐비한 화구처럼 각자의 개성을 드러내며 나열돼 있다. 제멋대로 거기 있다.
내가 술을 담글 때는 아무도 나를 방해하지 않는다.
그 행사가 너무 신성해 보여서인지, 제 멋에 취하고 행복해 하는 모습이 조금 철없이 보여서인지, 이럴 때 도취된 내 모습 아무도 방해하려 들지 않는다. 물론 되도록 한갓진 날을 택하기도 하고, 대체로 방해받지 않는다.
나는 술을 잘 담근다.
술을 담그기도 좋아히자만, 술을 좋아한다.
도를 넘지 않는 취기는 일생의 멋을 더해 주기에, 나는 술을 즐긴다. 술처럼 인간을 너그럽게 하는 마술사가 또 있을까.
인간이 신과 만날 수 있는 다리가 있다면, 그것은 예술과 술이 아니겠는가.
(유희남 「신을 만나게 하는 한잔의 술」)

문장이 수려하다. 그리고 작가의 재주가 번뜩인다. 술을 담그는 과정이 시적 미감을 수놓아졌다. 달밤, 술을 담그며 음악을 듣는 기분이다. 말하자면 미녀를 곁에 두고 노래를 부르는 격이라고나 할까.

(7) 간결한 작품

되도록 간결한 자구(字句)로 호리에 이르기까지 간단하게 요약 분석한다. 이 작품은 어구가 근소하고 의미가 충실하며 여운이 많은 데 있다. 그러나 극단에 이르면 뜻을 모르게 될 염려를 가지고 있다. 군소리가 없고 구절이 짧고 비유나 수식이 거의 없는 것이 장점이나 자칫 개념적인 문장이 되기 쉽다.

> 나는 일찍이 어느 어촌에서 살아, 밀물을 여러 번 구경했다. 끝없는 해천이 늠실늠실 울걱이며 호호탕탕하게 밀어닥치는 그 조수. 지금도 눈에 보이는 듯하다. 나는 가슴이 벅차 오른다. 삽시간에 팔 메타를 상륙해 오는 그 조수의 진격! 나는 그 해심으로 뛰어들어 가서 그 조수와 같이 상륙해 보고 싶은 감격적인 충동을 느낀다. 수천 수백만의 흰 물결이 거침 없이 진격해 오는 그 승승장구의 호탕한 행진! 나무토막 같은 대어가 두둥그러지며 조스의 밀려오는 모습이 물 속에 보인다. 그러나 조수를 타고 들어오는 그 대어를 아무도 잡으려 가까이하려는 자가 없다.
> 이윽고 조수는 나갔다. 팔 메타의 개흙밭이 검을 뿐이다. 조수 지나간 자리는 오직 팔 메타의 개흙으로 물들은 황폐한 광야가 놓여 있을 뿐이다. 나는 문득 허탈감을 느낀다. 개흙 밭에 서서, 푸른 하늘을 우러러 볼 때, 이유 모를 눈물이 돈다.
> 조수에 밀려왔다. 개흙밭에 던져 있는 조개들이 물거품을 마신다. 어촌의 부녀들이 종구리를 들고 나와서 조개를 줍고 있다. 방게들은 재빠르게 허둥지둥 개흙에 굴을 파고 숨어 버린다. 그러나 사람들은 굴마다 손으로 뒤져서 방게를 잡고 있다. 조수 나간 뒤의 개밭의 풍경이다.
> 일진일퇴란 말이 있지만 그 밀려오는 기세는 어찌 그리 장했으며 그 지나간 자취는 어찌 그리 처참하뇨. 밀물! 아, 밀물이었던 것이다. (윤오영 「밀물」)

어느 바닷가에서 밀물을 보고 쓴 글이다. 간결한 사실적 묘사가 뛰어난 작풍이다. 바닷물의 흐느적거림을 영상으로 보는 느낌마저 든다. 짧으면서도 바다의 정경이 한눈에 들어온 작품이 신선하다.

(8) 장쾌(壯快)한 작품

논리의 차원이 높고 작품을 다루는 솜씨가 넓어서 당당한 위풍을 가진다. 탄력성 있고, 엄숙한 분위기를 나타낸다. 독자의 마음을 사로잡는 충동적인 데가 있으며 독단에 흐르기가 쉽다.

네 소원이 무엇이냐 하고 하느님이 물으시면 나는 서슴지 않고,
"내 소원은 대한 독립이요."
하고 대답할 것이다. 그 다음 소원은 무엇이냐 하면 나는 또
"우리 나라의 독립이요."
할 것이요, 또 그 다음 소원이 무엇이냐 하는 셋째 번 물음에도 나는 더욱 소리 높여서
"나의 소원은 우리 나라 대한의 완전한 자주독립이요."
하고 대답할 것이다.
　동포 여러분! 나 김구의 소원은 이것 하나밖에는 없다. 내 과거의 칠십 평생을, 이 소원을 위하여 살아왔고 현재에도 이 소원 때문에 살고 있고 미래에도 나는 이 소원을 다하려고 살 것이다.
　독립이 없는 백성으로 칠십 평생에 설움과 부끄러움과 애탐을 받은 나에게, 세상에 가장 좋은 것이 완전하게 자주 독립한 나라의 백성으로 살아보다가 죽는 일이다. 나는 일찍 우리 독립정부의 문지기가 되기를 원하였거니와, 그것은 우리 나라가 독립국만 되면 나는 그 나라의 가장 미천한 자가 되어도 좋다는 뜻이다. 왜 그런고 하면, 독립한 제 나라의 貧賤이 남의 밑에 사는 부귀보다 기쁘고 영광스럽고 희망이 많기 때문이다. 옛날 일본에 갔던 박제상이
"내 차라리 계림의 개, 돼지가 될지언정 왜왕의 신하로 부귀를 누리지 않겠다."
한 것이 그의 진정이었던 것을 나는 안다. 제상은 왜왕이 높은 벼슬과 많은 재물을 준다는 것을 물리치고 달게 죽임을 받았으나 그것은 차라리 "내 나라의 귀신이 되리라."
함이었다. 왜. (김구 「나의 소원」)

이런 글은 격문이나 성명서 내지 호소문에 적당한 글이다. 김구 선생의 나라를 사랑한 마음이 장렬하리만큼 우리의 마음을 흔든다.

(9) 경미(輕微)한 작풍

장쾌한 작풍과 반대되는 개념을 가진 작풍이다. 문장이 부박하고 가냘프다. 부드럽고 상냥한 톤을 가지고 있으며 어려운 어휘를 사용하지 않은 것이 특징이다. 그러나 표현이 경솔해서 속류에 엉키기 쉬운 결함을 가지고 있다.

비가 내리고 있다.
가을비가 내리고 있다.
소녀의 눈물 같은 빗물이 유리창을 타고 내린다.
빗물을 찍어 그리운 사람들의 이름을, 그리운 사람들의 얼굴을 그려본다.
열어 놓은 방문으로 상큼한 흙 내음과 그윽한 은목수 꽃 향기가 스며들어 오고 있다.
(……)
토방의 둥근 탁자 앞에 그림처럼 앉아 있는 나의 마흔두 해가 가을비에 나른히 젖고 빗속에 기적소리가 들린다.
빗속에서 듣는 기적소리는 설레임으로 가슴 콩콩 뛰던 스물다섯 살 적의 나로 돌아가게 한다.
그리움과 눈물과 기다림이 함께했던 스물다섯 살 때의 저 기적소리.
체크무늬 치마에 빨간 블라우스 그리고 벨벳 자켓과 치렁한 머리에 벨벳 모자를 쓴 한 여자가 간이역 플랫폼에서 손 흔들고 섰는 모습이 떠오른다.
그리고 기차의 출입구 난간에 기대어 손 흔들고 섰는 사내의 모습도 떠오른다.
흔드는 손이 나비처럼 작아졌다가 산모퉁이를 지날 때는 아주 안 보이다가 다시 나타나 점점저 멀어져 가는 손.
기차의 꽁무니조차 보이지 않아도 그대로 서서 기차가 사라진 쪽을 하염없이 바라보다 되돌아오는 정이 많은 여자, 바늘로 찔러도 피 한방울 흘리지 않을 것 같은 차가운 모습의 여자가 바로 나였다.
그렇게 떠나가는 사내를 위해 나는 늘 남아있어야 했고 그가 불현듯 나를 찾아와 지친 몸과 마음을 풀어놓고 떠나갈 때 손 흔들어 주어야 하는 나는 그의 작은 고향이었다.
　가진 것 없어도 서로의 마음이 통했을 때 그건 이미 사랑이라고 믿었던 철부지 그 시절.
　남도의 척박한 땅에 던져진 한 알의 씨가 되어 뿌리내리려는 나의 작은 몸부림이었다.
　(……)
　내가 선택한 사랑 그 하나만으로도 가슴 뿌듯했고 나도 남들처럼 잘 살 수 있다는 오기와 그럴 위해 내 모두를 버릴 수 있는 열정적인 여자였다. (남석희 「기적소리와 가을비」)

　소녀적인 낭만이 풍기는 작풍이다. 읽기에 부드럽고 상쾌하면서도 부드러운 것이 이 글의 장점이다. 그러나 잘못하면 자기의 너스레에 끝날 흠이 있다.

제9부 수필의 기법과 방안

　수필은 다른 문학처럼 일정한 규칙을 요하지 않기 때문에 자칫 가볍게 보아 넘길 수가 있다. 그러나 규칙이 없기 때문에 그 작법도 다양할 수밖에 없다. 그래서 작법이라 하지 않고 수법이라 했다. 수법이란 작법이 일정하지 않은 대신 얼마든지 개발 내지 발전시킬 수 있다는 말이다. 따라서 작가마다 독특한 수법을 가질 수 있다. 여기에 수필 창작의 어려움이 있고 또한 쉽게 덤비는 이유도 여기에 있다.
　그러면 지금까지 수필을 쓰는 데 어떠한 수법이 쓰여왔는가를 나름대로 정리해 볼까 한다.

1. 수필 창작의 기법

1) 열기식 수법

　①
　율곡 선생이 말하기를 "고향 사람으로 착한 사람이면 반드시 가깝게 친하고 서로 마음을 주어 사귀고, 고향 사람으로 착하지 않은 사람이라도 또한 나쁜 말로 그 더러운 행실을 드러내서는 안 되고, 다만 그를 범연하게 대접하면서 서로 왕래하지 말지니라. 그런데 만약 전날에 서로 아는 사람이며 서로 만났을 때 다만 인사로 안부만 묻고 다른 말을 주고받지 않으면 자연히 차츰 사이가 멀어져도 또한 원망이나 노여움을 사는 데 이르지 않을 것이다."

나는 말한다. 이렇게 조심스러운 행동을 하는 것은 크나큰 용기요 결단이라고 할 말을 다하지 않는 것, 당당하면서 비굴하지 않는 것, 이것은 용기면서 결단이다.

②
당대의 시인 장위(張胃)는 이렇게 읊었다.
"세상 사람들 사귈 때도 돈이 적으면 사귐도 깊지 못해 서로 좋다 마음 다져도 그때 뿐, 종시 길손처럼 유유히 떠나는 세상이라네."
참으로 세상인심을 잘 표현한 말이다. "친구의 관계는 의로 맺고 남녀의 관계는 사랑으로 한다"는 옛사람의 말이 잘못된 말임을 알 수 있다. 그렇다면 이렇게 고쳐야 하지 않을까. "친구의 관계는 이(利)로 맺고 남녀의 관계는 섹스로 연한다"고.
그러나 나는 내 견해가 잘못된 것이기를 바랄 뿐이다.

③
연애의 상대로서 대학 출신이 좋다. 게다가 미인이면 더욱 좋다. 그러나 결혼의 상대로선 여고쯤 나온 여성이 좋다. 좀 못생겨도 충직하고 순종하는 여성이면 더욱 좋다.
그리고 보면 옛날 우리 선인들은 장가만은 잘 간 것 같다.

④
벼슬자리가 없음을 근심하지 말고 벼슬자리에 설 실력(자격)이 없음을 근심하며 나를 알아주지 않음을 근심하지 말고 알려질 만한 일이 없음을 근심하라. 공자의 말이다.
얼마나 멋있고 슬기로운 말인가. 배우는 사람이라면 마땅히 실천해야 할 것이다.

⑤
빛이 있는 곳에 그림자가 있다. 빛이 강하면 그림자도 그만큼 선명하다.

행복과 불행은 그러한 것이 아닐까.

졸작(拙作) 단상(斷想)의 일부분이다. 서로 다른 내용들을 열거해서 한 편의 수필을 만들어 보았다. 이러한 수필은 소설이나 시 또는 희곡에서 도저히 적용할 수 없는 오직 수필에서만 가능한 수법이다. 이러한 글은 한흑구(韓黑鷗), 오소백(吾疏白)이 많이 쓰고 있다.

이와는 형태가 다른 열기식 수법을 보자.

오뉴월의 장의 행렬. 가난한 노파의 눈물. 거만한 인간. 바이얼리트 빛과 흑색과 회색의 빛깔들. 둔한 종소리. 바이올린의 G현. 가을밭에 보이는 연기. 산길에 흩어진 비둘기의 털. 자동차에 앉은 출세한 부녀자의 좁은 어깨. 흘러다니는 가극단의 여배우들. 세 번째 줄에서 떨어진 광대. 지붕위에 떨어지는 빗소리. 휴가의 마지막 날 사무실에서 처녀의 가는 손가락이 때문은 서류 속에 움직이고 있는 것을 보게 될 때. 만월의 밤 개 짖는 소리. 어린 아이의 배고픈 모양. 철창 안에 보이는 죄수의 창백한 얼굴. 무성한 나무 위에 떨어지는 백설…….

인톤 시나크의 「우리를 슬프게 하는 것 들」중의 일절이다. 서로 다른 내용을 열기(列記)하여 전체적인 무드를 조성하고 있다.

2) 질서식 수법

그것이 4년 전부터 꽃을 보이기 시작하였다. 첫 해에는 한 송이 피었다. 그 이듬해에는 두 송이 피었다. 작년에도 두 송이가 피었다. 금년에는 아직 꽃이 싹도 보이지 아니한다. 금년에는 피기나 하려는지. 마치 종기 부스럼과 같이 가시 틈에 조그만 이상물(異狀物)이 보인다. 그것이 조금씩 커나서 한 달쯤 지나면 한 치쯤 큰다. 한 달쯤 더 지나면 세 치쯤 큰다. 그리고 거기 마치 하얀 박꽃 같은 꽃이 핀다.

그런데 그 꽃이 피어 있는 기간은 지극히 짧다. 서너 시간 될까. 꽃이 피는 첫 해에는 저녁 때 거의 만개(滿開)가 된 꽃을 보고 내일이면 만개가 되려니 하고, 그것을 기다리면서 자고 이튿날 아침에 보니 꽃은 벌써 져서 힘없이 늘어졌다. (……)
 작년에는 꽃이 둘이 한꺼번에 나왔다. 그리고 두달나마를 커가지고 어떤 날 저녁 어두워서 마침내 피었다. (김동인)

 여름이면 외가의 초가 지붕위에는 박꽃이 피었다.
 박꽃 향기처럼 마음씨 고운 사람들이 살던 방낙인터
 외양간 지붕 위에도 디딜방앗간 지붕 위에도 심지어 젯간 지붕 위에도 지붕을 덮는 박꽃.
 곱삶은 보리쌀을 앉힐 무렵부터 한두 송이 피어나다 황혼이 설핏하면 지붕을 덮는 박꽃.
 이모는 물 젖은 손을 행주치마에 닦으며 한참씩 박꽃을 보았다. ……
 그러나, 이제는 내 기억 속에서만 피어나는 꽃이 되었다. ……
 고향 고향 내 고향
 박꽃 피는 내 고향
 아파트 베란다에서 무심히 부르는 어린이의 노랫소리는 오래도록 내 마음에 울려 남는다. (변해명)

 앞의 것은 시간의 흐름에 따라 구성한 것이고 뒤의 것은 공간적 질서에 따라 구성한 것이다. 비교적 초보자들이 쓰기에 편리한 수법이다. 시간적 순서에 따른 구성은 일기나 여행수필에 많이 쓰이고 공간적 질서는 소설에서 비교적 많이 사용하고 있다. 수필의 묘는 이러한 시간적인 구성과 공간적인 구성이 적절히 혼합될 때 참신한 맛을 준다. 그리고 논리적인 질서에 따르는 구성이 있으나 여기에서는 생략한다.

3) 소설식 수법

 "내일 조정에 들어가면 그 사람의 청환(淸宦)을 막아야 합니다." 형제가 의논하는 일을 그 어머니가 들었다. "그 사람이 어떤 일이 있기에 그러느냐?"

"과부댁 가정으로 소문이 좋지 못합니다." 어머니가 깜짝 놀라며 "남의 집 규중의 일을 어떻게 알았니?" "들리는 소문입니다." "들리는 소문? 눈에 보이지도 않고 손에 만져지지도 코로 맡아지지도 않으면서 퍼지는 풍문을 듣고 폄(貶)하다니? 더구나 너희들은 과부의 자식이 아니냐. 과부의 자식이 과부를 탓하느냐? 게 있거라. 내 네게 보여 줄 것이 있다." "품속에서 싸고 싸 두었던 물건 하나를 꺼냈다. 한 겹 두 겹, 겹겹이 소중하게 산 것을 풀더니 동전 한 잎을 꺼냈다." "이 동전에 글자가 있나 봐라." "다 달아서 없습니다." "테두리는 있나 봐라." "다 달아서 없습니다." "내 손에서 다 달아 없어졌다. 이것이 네 어미의 인사부(忍死符)다" 하며 눈에는 이슬이 맺혔다. "사람이란 혈기가 있으면 정욕이 있게 마련, 외롭고 슬프면 정욕은 더한 것, 과부도 사람인 이상 정욕이 없으랴. 과부는 외로운 사람. 타들어 가는 등잔 밑에서 홀로 새벽을 기다리는 슬픔. 처마 끝에 낙숫물 드는 소리. 창에 비치는 달빛. 들에 낙엽이 지는 밤. 외기러기 울고 갈 때. 철모르는 치비의 코 고는 소리. 첫닭은 아직도 울탕 멀고 이런 때면 나는 지향할 길이 없어 이 동전을 굴리면서 외로운 밤을 새웠던 것이다. 둥근 것이 돌다가 쓰러지면 또 굴리고 또 쓰러지면 또 굴리고 하면 한 밤은 밝는다. 한 십 년 지나더니 밤새에 한 번, 열흘에 한 번, 또 몇 해 건너더니 반으로 줄고, 또 오십 지나더니 혹 생각나면 반 년에 한 번, 이제 와서는 혈기가 다 쇠했다. 다시는 이 돈을 굴리지 않는다. 그러나 오히려 이렇게 겹겹이 싸서 소중히 간직하는 것은 옛 공을 잊지 못함이요, 스스로 나를 경계함이다."

드디어 삼모자는 서로 얼싸안고 흐느껴 울었다. 이 고 고절(孤節)과 은인(隱忍) 과연 열녀가 아닌가. 그러나 그는 열녀가 못된다. 우리 나라에서는 어디서나 볼 수 있는 과부일 뿐이다. 열녀가 되려면 자기 손으로 코를 베거나 혀를 자르거나 독약을 먹고 피를 토하고 죽거나 해야 한다. 가문을 빛내기 위하여 딸이, 며느리가, 어머니가 열녀가 되는 것을 영광으로 삼는다.

그러나 이것은 인간으로서 참혹한 주문이 아닌가. (윤오영)

앞의 글은 피천득의 「은전 한 잎」이고 뒤의 글은 연암집에 나오는 글을 윤오영이 재구성한 것이다. 피천득은 은전 한 닢으로 일어난 사건을 긴박감있게 소설적 수법으로 서술해 놓았고 연암은 윤리적인 모순을 재치있게 풍자해 놓았다. 이처럼 수필은 다양하고 변화감 있다. 그것이 오직 수필만이 갖는 장점이다.

4) 예화식 수법

　남들은 모두 하는 일마다 잘도 풀려지고, 별난 불행도 당하지 않고 잘도 살아가는데, 유독 자기 자신만은 못 당할 못 견딜 일만 당하면서 제일 불행스럽고 억울하게 산다고 생각한 사람이 있다. 뒤로 자빠져도 코가 깨지는 불운만이 자기의 것이라고 탄식한 이 사람은 하나님을 찾아가서 불평을 했다. 자신에게 지워진 삶의 십자가가 너무 무거워 도저히 감당해 낼 수 없으니 남들의 십자가처럼 가볍고 덜 힘든 것으로 바꾸어 달라고.
　"저어기, 여러 십자가 있으니, 원하는 것으로 바꾸어 가라"고 하시면서 하나님께선 쾌히 허락하셨다. 그 사람은 많은 사람들의 십자가가 있는 곳, 즉 큰 것, 작은 것, 무거운 것, 가벼운 것, 험악한 것 등 여러 가지 십자가들이 있는 곳으로 갔다. 그리고는 그들 중에서 가장 작으면서 가장 가볍고 그리고 가장 보드라운 십자가 하나를 골라 들고 이것을 가지겠다고 하나님께 아뢰었다. 하나님께선 쾌히 허락하셨다. 그 사람은 자신이 골라 든 가장 견디기 쉬운 십자가를 들고 보니, 거기에 바로 자신의 이름이 씌어 있더라. 자신이 지고 사는 십자가가 가장 견디기 쉬운 것인지도 모르고 오히려 불평과 원망만 했던 것이다.
　낙상으로 입원 중인 시인 김남조 선생님을 문병갔을 때, 병상의 김시인께서 오히려 문병 간 우리를 위로하시려고 들려주신 이야기이다. 아마도 누구나 자신의 짐이 가장 힘겹고 가장 고통스럽고 불행하다고 느낄 것이다. 그래서 사람들은 저마다 자기 자신의 생애야말로 제일 비극적이며, 한 권의 소설이 되고도 남을 정도의 우여곡절 투성이라고 생각할 것이다. 소설 속의 주인공보다도 더 기막힌 비극의 주인공으로 자기가 살고 있다고 아파하며 절망하며 신을 원망하리라. 그러나 이런 우리 자신이야말로 김 시인이 들려준 이야기의 그 사람인지도 모를 일, 아마도 가장 가볍고 견디기 쉬운 십자가를 지고서도 그걸 깨닫지 못하는지도 모르는 일, 그렇다. 그 누구도 자신의 십자가가 자신의 능력보다 가볍다고는 생각지 않으리라. 그래서 그 누구도 하나님께 좀더 무거운 좀더 고통스런 불행의 십자가로 바꾸어 달라고는 하지 않으리라. 이겨낼 수 없을 만큼 무거운 고통과 역경에는 처하도록 하시지 않으신다는 신의 자비를 나도 너무 오랫동안 잊고 살아온 것 같다.

(……)
　그래서 이따금 아파봐야 하는가. 몸이 아파봐야 마음의 아픔이 아무것도 아닌 줄 알고, 앓고 있는 며칠만이라도 겸허한 자리로 내려앉을 줄 알게끔. 그래서 자신의 십자가가 가장 견디기 쉬운 제일로 가벼운 것이라는 깊디깊은 믿음에로 이르러 볼 수 있게.
　눈길을 걸어도 돌아오는 길은 춥지 않았다. 괜히 기쁘고 잃었던 소중한 무엇을 다시 찾은 기분이 되어서 버스도 타지 않고 걸어오고 싶었다. 건널목에 이르러 신호를 기다리고 있으려니, 한쪽 다리를 몹시 저는 청년이 맞은편에 와 선다. 우리는 어깨를 스쳐 엇갈려 지나쳤다. 길을 걸어 건너와 돌아다보니, 아직도 한복판에서 몹시 절며 열심히 건너가고 있다. 성급한 차량이 이 청년에게 빨리 건너라고 재촉하며 다가가고 있다.
　얼마나 잊고 있었던가. 두 다리가 멀쩡하다는 오직 한 가지 사실만이라도 나는 항상 즐겁게 노래하며 살아야 하는 건데…… (유안진 「바꿔 가진 십자가」)

　하나의 예화를 들고 그 예화에 맞는 이야기를 전개해 가는 방법이다. 비교적 쓰기 쉬운 타입이나 교훈적으로 흐를 약점이 있다. 그렇게 되면 독자에게 정서적으로 자극을 주지 못한다. 따라서 권태감을 주기 쉽다. 그러나 기술의 요지를 살리면 충만한 정서를 불러일으켜 생명력이 넘치는 수필이 될 수 있다.

5) 호흡식 수법

　야심(野心)은 광영(光榮)보다 사람을 생동하게 하는 것이다. 욕망은 꽃을 피우나 소유(所有)는 모든 것을 시들게 한다. 인생을 사는 것보다 인생을 꿈꾸는 편이 낫다. 설혹 인생을 산다는 것이 역시 인생을 꿈꾸는 것이라 해도 그것은 직접 인생을 꿈꾸는 데 비하면 훨씬 신비롭지 못한 동시에 훨씬 명료하지 못하고 반추(反芻)하는 동물의 희미한 의식 가운데 산재(散在)한 꿈같이도 체약(膧弱)하고 둔중(鈍重)한 꿈을 가지고 꿈꾸는 것이다. 셰익스피어의 각본은 극장에서 연출되는 것보다 서재(書齋)에서 읽는 편이 더 아름답다. 불후(不朽)의 연인을 그려낸 시인은 흔히 하숙의 평범한 하녀밖에 알지 못하였다.

문맥이 끊이지 않고 걷잡을 수 없이 이어 가는 수법이다. 말이 끝나는 가 했는데 다음 말을 이어 가는 방법이다. 이러한 수법은 문장에 달의를 얻지 못하고는 쓸 수 없는 수법이다. 문장이 난삽하지 않고 긴박감과 호기심 속에 계속 새로운 내용으로 이어 가는 수법이다. 독자들에게 흥미를 주고 문장의 우아한 맛을 주는 수법이다. 격동적이고 격정적인 수필이 이에 해당한다.

6) 기술식 수법

난(蘭)이 피었다. 태청소심(太靑素心)이 피었다.
포름한 꽃줄기가 약간 굽돌아지며 잎새 사이로 뻗어 오르다가 호생(互生)으로 꽃대기 맨 위엔 아직도 부풀기만 한 꽃봉오리 하나가 갸우듬히 달려 있다.
꽃잎은 순백도 아니요 연초록도 아니다. 흰 바탕에 연초록이 비친 것 같은 여리디 여린 빛깔이다. 꽃잎 속의 화심(花心)은 여리다 못하여 차라리 새하얗다.
그래서 너를 이름하여 소심(素心)이라 하였던가?
(……)
처음으로 몰래 여심(女心)을 느껴보는 사춘기 소녀의 마음이다.
그 핀 자태가 가냘프다.
지순한 정으로 님을 그리며 기다리다 지친 어느 순결한 아낙의 마음이다. 짜릿한 느낌도 애틋한 아픔도 타고난 고결한 기품으로 지그시 누르고, 소심은 가을에만 피는 소심, 가을보다 더한 밝음으로 저렇게 피어 이는 것이다.
어디에서 흘러오는 이토록 그윽한 방향인가? 벼 향기의 구수함도, 풀내음새의 싱그러움도 아닌, 인조향수(人造香水)의 짙고 야한 내음은 더더구나 아닌, 그 음속으로 배어 들어와 그 곳에 쌓인 속진(俗塵)을 말끔히 씻어준다.
이것은 흘러나오는 향기가 아니다. 오랜 염원으로 맺혀 있다가 조금씩 우러나는 향기이다.
이것은 코로 맡을 향기가 아니다. 마음으로 느껴야 할 향기다.
건란(建蘭)이 피었다. 지고 풍란(風蘭)이 피었다 졌다.
그 후 두어 달을 나는 잎을 즐기면 일품이다. (김우현)

일반적으로 많이 쓰는 수법이다. 모든 수필들이 이에 해당한다. 평범한 문체로 하나의 이야기를 묘사해 가는 수법이다. 문장의 배치에 따라 글의 맛이 달라진다. 묘사와 작가의 생각을 함께 잘 구사하면서 침착하게 우회적으로 써 나가면 그대로 하나의 수필이 된다. 음미의 여지를 주면 우아한 맛도 있다.

7) 시적 수법

내 사랑하는 풋밤은
적어도 설레임과 아쉬움의 이별이다.
새모시 강물에 띄어 빨래하던 고운 손이다.
생활의 아취(雅趣)에 묻혀 맛을 아는 다객(茶客)이다.
우량아의 팔목 살이다.
맞손 잡고 걸어도 혼자이던 소녀의 첫 나들이다.
다정하고 싱싱한 맛에서 귤의 언니다.
눈 오는 밤, 화로에 마지막 남은 불씨다.
첫사랑에 얼굴 붉힌 정인(情人)의 뒷 모습이다.
가을날에 또 읽고 싶던 고전(古典)이다.
새벽에 숯불 피워 짓던 어머님 솜씨의 찰밥이다.
동양적 품을 지닌 한 폭의 적목련(赤木蓮)이다.
널려 있는 그리움 속의 수줍음이다.
따스한 강(江)이다.
흥건한 향수(鄕愁)다. (김동필「풋밤」)

안개 속으로 파르스름한 수은등을 느낀다. 새벽은 슬프지만은 않은 잔잔한 배의 고동 소리….
슬픔도 내려 진다.
부옇게 동트는 새벽은 안고 무성한 잡초만이 하늘거리는 산자락을 잡아도는 소복한 여인, 그 앞에 새벽의 슬픔이 있다. 아침의 눈물이 꽃잎에 떨어지는 이슬방울과 같고 저녁의 눈물이 흩날리는 낙엽이라면 새벽에 뿌리고 간 눈물은 웬지 사념의 길따라 오랜 정(情) 가만히 떨치고 가는 아슬아슬한 사랑이다. (김동필 「새벽」)

    1
친구여,
어서 일어나게나. 우리는 축복 받은 변두리 시민
새 아침 다섯 시 반의 들길을 거니세.
축축이 젖은 그 세로(細路)엔 맨발이 좋지.
풀잎마다 영롱한 이슬을 보며,
돌돌돌 속삭이는 물 소리도 들으며,
우리는 맨발로 아침을 거니세.
미풍에 우줄대는 나뭇잎 소리,
구름 속에 잠을 깨는 산의 숨 소리,
그 기슭 어느 편편한 바위 위에 나란히 서 보세.
가슴 속 속속들이 새 아침을 마시며, 오늘 하루 밝은 날을 설계하지 않으려나?

문득 들리는 산의 물 소리,
바위 패인 곳에 샘물 솟아 넘치나니, 자, 그리로 가 보세.
손이 시려도 얼굴을 씻고, 그 손 다시 씻어 물 한 번 움켜 먹고,
"청산에 살어리랏다."
좋지 않은가?

그러나 우리는 이제 돌아가야 하느니라. 칠월의 빛나는 저 태양 아래, 땀 흘려 다듬고 가꿀 '오늘'이 있지 아니한가?

    2
친구여,
참으로 무덥구나, 오늘 이 하루도.
땀 냄새 범벅되어 숨길 막히는, 지는 듯 무더운 출근 버스 속,
새로 다려 입은 흰 옷이 후줄그레 젖었구나.

아, 무더워라, 이 삼복

　가슴팍에 주루룩 땀 흐르는 한낮,
　그대는 어느 먼 해변의 파도 소리를 듣는가? 아니면 어느 먼 산사의 솔바람 소리를 그리는가?
　그러나 친구여, 그대는 알지 않는가, 우리의 숨막히는 이 작업장이 참된 역사의 현장임을, 진실로 창조의 현장임을.
　어서 부지런히 쇠망치를 내려치세.
　어서 부지런히 서류를 돌리세.

　지금은 돌아갈 오후 여섯 시,
　이젠 펜대를 거두자꾸나. 망치를 놓고 땀도 씻자꾸나.
　오이, 마늘 싱싱하니, 한잔 해도 좋지 않은가?
　그대는 그 옛날의 연애담을 베풀게나. 과장이 없으면 재미가 없어. 자, 신나게 신나게 거짓말 좀 해 보세나. (정진권 「七月산고」)

　정전(停電)의 어둠 속에 촛불이 켜졌다. 방의 중심, 한 시·공간의 중심점 위에 촛불이 밝혀졌다.
　촛불은 전기불보다 밝지는 못하나 심지에서 불타고 있어 정결하고 엄숙하다. 나는 가끔 하나의 촛불이 되고 싶다.
　하나의 순결한 촛불이 되리라.

　이제 두 손을 모아야 할 시간입니다. 눈을 감고 온 정신을 한데 모아 제단 앞에 무릎을 꿇었습니다.
　내 영혼을 불살라 한 줄기 빛을 만들기 위해서입니다. 나의 심지는 마음입니다. 내 영육을 불태워 한 줄기 밝은 빛을 만들렵니다.
　나의 불순을 용서해 주십시오. 나의 비겁과 위선을 용서해 주십시오. 벌거숭이의 모습으로 이 자리에 섰습니다. 가진 것은 아무 것도 없습니다.
　오로지 하나의 촛불이고자 합니다. 내 영혼을 불태워 밝힌 빛을 제단의 촛대 위에 타오르게 하렵니다. 무한의 공간 속의 한 줄기 빛은 찰나 속에 떨리고 있습니다. 비록 내 사색과 영혼과 마음의 깊이는 깊지 못하나 바람에 꺼질 수는 없습니다.

영혼을 불태우지 않으면 희미한 한 줄기 빛을 만들 수 없습니다. 고통과 눈물을 불태우지 않으면 마음의 빛을 얻지 못합니다. 어둠 속에 바라볼 수 있겠습니까. 어둠을 밝히기 위해서는 자신의 영혼을 불태워야 합니다.

저의 빛을 받으십시오. 저의 순수, 기도를 받으십시오. 고통과 절망의 신음을 밝히리니, 눈물같은 용기가 되리니, 엄숙한 의식의 증언자가 되고 싶습니다.

보십시오. 내 영혼의 불빛으로 떠받드는 이 밝음을…… 그것은 빛이 아닙니다. 저의 전생애의 어둠을 밝히는 고통이며 신음 방황 속에 헤매이다가 찾아낸 나의 언어입니다.

(……)

나의 마음 깊숙한 바닥에 고여있는 눈물샘에 촛불의 심지는 닿아 있습니다. 어둠의 끝에 놓여있는 절망의 미로를 밝히는 희미한 이 촛불은 나의 최대의 정열, 나의 기도입니다.

나는 아무것도 가진 것이 없는 벌거숭이입니다. 내 영육을 불살라 밝힌 이 불빛이 나의 경배, 나의 찬미—.

그러나 알 수 없습니다. 내 두개골이 지닌 빛의 양식이 얼마나 예비되어 있느냐를—. 그대에게 감동이 될 언어를 몇 개나 간직하고 있는지를. 부끄럽기만 합니다. 껍데기는 태워도 빛을 내지 못하고 재가 되어 버립니다. 태워서 빛을 만들 언어를 가지고 있는가 생각해 봅니다. 나의 성실, 나의 고독, 나의 기도는 빛이 될 수 있는가 생각합니다.

생명의 빛, 그 앞에 삶의 현기증이 진갑니다. 후회와 불성실의 세월들이 어둠 속으로 사라집니다. 나는 낙망합니다. 한탄합니다. 도대체 내 영혼의 불빛으로 무엇을 밝힐 수 있을까. 나의 절망을, 그 어둠을 어떻게 밝힐 수 있을까. 그대의 눈물, 고통과 신음을 밝힐 수 있을까.

문득 순교를 생각합니다. 내 영혼의 힘, 순수의 힘을 다 모아 과거의 죄업을 태웁니다. 뼈마디마다 고여있는 죄를 불사릅니다. 지금 이 순간부터는 촛불이 되리니, 내 넋을, 내 삶을 받아주십시오. 천지 공간속에 하나의 촛불이 되어 서 있습니다.

나는 가끔 번뇌의 어둠에 휩싸이게 될 때는 하나의 촛불을 생각한다. 나의 영혼, 전생애를 불태워 한 줄기 빛을 만들어 어둠의 끝을 밝히리라.

마음 속 깊이 촛불을 밝혀두고 싶다. 촛물이 떨어질 때마다 뜨거운 진통—

영혼이 더 밝아짐을 느낀다.
　　이제는 하나의 촛불로 서서 나의 삶을 태우고 싶다. (정목일 「촛불」)

　한편의 멋진 시인가 하면 수필이고 수필인가 하면 산뜻한 시인 그러한 수필은 필요없는 말이 제거된 면면한 정서가 고아한 품위를 이루고 있는 글이라 하겠다.
　심중에 있을 때 지(志)가 되고 말로 표현되는 것이 글이라면 수필은 곧 마음속에 품은 뜻이다. 그 뜻이 남발하지 않는 언어로 정제되어 간결하면서도 유창한 언어로 표현된 글이 시적 수필이다.

8) 설리적 수법

　글판이나 나무에 핀 꽃을 뚝 꺾어 본 일이 없다. 그건 무슨 제법 야생것을 더 귀해 한답시고 그런 게 아니라 대체가 성격이 비겁하게 생겨 먹은 탓이다.
　못 꺾는 측보다는 서슴치 않고 꺾을 수 있는 사람이 역시—매사에 잔인하다는 소리를 듣는 수는 있겠지만—영단이란 우수한 성격적 무기를 가진게 아닌가 한다.
　끝엣누이 동무되는 색시가 그 어머니 임종에 왼손 무명지를 끊었다. 과연 동양 도덕의 최고수준을 건드렸대서 무슨 상인지 돈 삼 원을 탔단다. 세월이 세월 같으면 번듯한 홍문이 서야 할 계제(階梯)에 돈 삼 원이란 어떤 도량형법으로 산출한 액수인지는 알 바가 없거니와, 그보다도 잠깐 이 단지(斷指)한 색시 자신이 되어 생각을 해 보니 소름이 끼친다. 사뭇 식도로 한 번 찍어 안 찍히는 것을 두 번 찍고 세 번 찍어 기어이 찍었더니 그 하늘이 놀랄 효성도 효성이지만, 이 끔찍한 잔인성은 상상만 해도 몸서리가 쳐진다. 이렇게 해서 죽는 어머니를 살린다니 그것은 의학이 어떻게 설명해 줄지 도무지 신화 이상의 신화다. 원체 동양도덕으로는 신체발부(身體髮膚)를 상하는 것은 엄중히 취체한다고 과문(寡聞)이 들어 왔거늘 이 무시무시한 훼상(毁傷)을 왈, 중에도 으뜸이라는 효도의 극치로 대접하는 역설적 이론의 근거를 찾기 어렵다.
　　(……)
　단지—이 너무나 독한 도덕행위는 오늘 우리가 짊어지고 있는 어떤 종류의 생활시스템이나, 사상적 프로그램으로 재어 보아도 송구스러우나, 일종의 무지한 만적(蠻的) 사실인 것을 부정키 어려운 외에 아무 취할 것이 없다.
　그러자 수삼일 전에 이 색시를 보았다. 어머니를 잃은 크낙한 슬픔이 만면에 형언할 수 없는 수색(愁色)을 빚어내는 인상은 독하기는커녕 어디 한 군데 험잡을 데조차 없는 가련한 온순, 하아디의「테스」같은 소녀였다. 기적으로 상처는 도지지도 않고 그냥 아물었으니 하늘이 무심치 않구나 했다. 여하간 이 양이나 다름없는 소녀가 제 손가락을 넓적한 식도로 뎅격 찍어내었거니는 꿈에도 생각할 수 없다. 다만 가련한 무지와 가증한 전통이 이 색시로 하여금 어머니를 잃고, 또 저는 종생의 불구자가 되게 한 이중의 비극을 남게 한 것이다. (이상 「단지한 처녀」)

　사물의 이치를 공평하게 서술한 글이라 할 것이다. 즉 논설적인 이러한 글은 잘못하면 자기의 감정에 빠지거나 편벽된 주장에 빠져 진리에 이르지 못할 염려가 없지 않다.
　문장가 공융의「효염론」도 희롱을 지껄인 글로 빠졌고 조식의「변도론」에서 발초에 불과한 글을 낳고 말았던 것이다.

9) 서정적 수법

　그것은 사람의 마음을 끝없이 무겁게 하는 어떤 가을날이었다.
　가슴을 파먹어 들어가는 무거운 병에 시달린 외로운 젊은이는, 어떤 날 저녁, 어떤 해안의 조그만 도회의 거리를 일없이 돌아다니고 있었다. 때는 바야흐로 저녁해가 바다에 잠기려 하는 황혼이었다. 죽음을 의미하는 불치의 병에 걸린 이 젊은이는 무거운 다리를 골목으로 끌고 있었다. 이렇게 일없이 돌아다니던 젊은이는, 어떤 집 문앞에서 그 집 대문턱에 걸터앉아 있는 소녀를 하나 보았다. 열두 세 살 난 소녀였다. 소녀는 젊은이를 쳐다보았다. 젊은이는 소녀를 내려다보았다. 소녀의 눈은 수정과 같이 맑았다. 진주와 같이 보드라웠다. 젊은이는 소녀에게 가까이 갔다.
　"너 몇 살이냐?"
　"열두 살"

"이름은?"

"영애"

방 때문에 감격키 쉬운 젊은이는 황혼에 빛나는 그 소녀의 맑고 아름다운 눈에 감격되었다. 젊은이는 지갑을 꺼내어 얼마간 주려다가, 그 맑은 소녀의 마음이 돈 때문에 사념이 생김을 저어하여 다시 지갑을 넣고 시곗줄에서 수정으로 새긴 비둘기를 떼어서 소녀에게 주었다. 그리고, 다시 무거운 다리를 끌고 그 자리를 떠났다. 길 모퉁이를 돌아설 때에, 젊은이는 뜻하지 않게 또 돌아보았다. 소녀의 맑은 눈은 감사하다는 듯이 그의 뒤를 따르고 있었다.

이태가 지났다. 젊은이의 병은 차차 무거워 갔다. 아무 친척도 없는 이 젊은이는 한 사람의 의사와, 한 사람의 간호부와 한 사람의 노파를 데리고, 이 해안에서 저 해안으로 고치지 못할 병을 행여나 고치어 볼까 하고 돌아다니고 있었다. 또 이태가 지났다.

다른 사람 같으면 벌써 저 세상으로 갔을 병이지만, 그의 성심의 덕으로 아직까지 끌기는 끌었다. 끌기는 끌었으나 다시 회복할 가망은 없었다. 남쪽 해안, 임시로 지은 그의 요양소에서 그는 고요히 죽을 날을 기다리고 있었다. 그 때부터 그는 때때로 사 년 전 가을, 어떤 작은 도회지에서 본 황혼의 소녀의 눈을 환각으로 보았다. 그는 소녀의 얼굴도 잊었다. 그러나, 자기를 쳐다보는 그때의 그 소녀의 두 눈알뿐은 아련히 이 젊은이의 눈에 남아서 젊은이의 마음에 아름다운 추억을 주었다. 몹쓸 꿈에서 깨어나면서, 식은땀에 젖은 괴로운 몸을 침대 위에 돌아누우면서도 그는 뜻하지 않게, "영애!" 하고는 빙그레 웃고 있었다.

어떤 날 황혼, 이 젊은이는 간호부를 불렀다. 그리고 제 침대를 바다로 향한 문앞으로 하고, 머리를 바다 쪽으로 두게 옮기어 놓아 주기를 청하였다. 간호부는 젊은이의 얼굴을 보았다. 그리고, 말없이 침대를 그의 지시대로 밀어다 놓았다. 젊은이는 침대에 누운 채로 도로 나가려는 간호부를 불렀다. 그리고 바다를 가리키었다.

"저어기 배가 하나 있지요?"

"어디요?"

"저어기 돛단배."

"네."

"그걸 봐요."

간호부는 그 배를 보았다. 그러나, 무슨 이유인지 몰라서 눈을 도로 젊은이에게 돌리었다.

"하안참, 오 분 동안만 봐요."

간호부는 다시 배를 보았다. 배를 바라보는 눈을 젊은이는 누워서 쳐다보았다. 젊고 예쁜 얼굴이었다. 그리고 젊고 예쁜 눈이었다. 그러나, 젊은이는 그 간호부의 눈에서 사 년 전 어느 저녁에 본, 그 소녀의 눈에서와 같은 아름다움은 발견치를 못하였다. 젊은이는 한숨을 쉬었다. 그리고, 간호부에게 도로 나가기를 명하였다.

젊은이의 최후가 이르렀다. 황혼의 해안—천하가 붉게 물들여져 있었다. 그리고, 그 반사광은 젊은이의 누워 있는 방 안가지 새빨갛게 물들여 놓았다.

해안의 물결 소리, 어부들의 뱃소리, 이런 가운데서 젊은이는 고요히 눈을 감았다.

사년 전 어떤 황혼에 본 소녀의 그 눈을 마음으로 보면서 이 젊은이는 고요히 세상을 떠났다.

그의 유서가 피로되었다. 그 유서에는 사 년 전에 ××로 ×× 고을에 살던, 그때 열 두 살 났던 영애라는 처녀를 찾아서, 그 처녀가 그때 어떤 과객이 준 수정으로 만들은 비둘기를 가지고 있거든, 자기의 유산 전부를 주어서 비둘기를 사서, 자기와 같이 묻어 달란 말이 있었다. 그리고, 젊은이는 그때의 그 소녀가 아직껏 그 비둘기를 가지고 있을 것을 의심치 않고 믿었던 것이었다.

이리하여, 그의 주검은 수정 비둘기와 함께 무덤으로 갔다.

이러한 생각을 하며 눈을 감고 누워 있던 나는, 한 번 기지개를 하고 일어났다. 때는 바야흐로 무르익은 봄날, 곳은 모란봉 중턱에 있는 어느 조용한 곳이었었다. (……) (김동인)

인간의 정이 움직이면 언어로 표현되고 그 이지가 발달하여 문장으로 나타난다. 그러나 그 정이 겉으로 드러나면 문장이 유치해지고 정이 허술해지면 내용이 허전해진다. 정으로 가득 채우면 문장에 해가 미치기 쉽고 듬성듬성 서술하면 내용이 헛갈리게 된다. 서정수필의 어려움이 여기에 있다.

10) 서사적 수법

　내가 세 들어 사는 집은 한길에서 골목길을 세 번이나 ㄱ자로 꺾어 접어 들어가 있었다. 게다가 골목이 좁고 깊고 어두워서 밤이 늦어서 다니기에는 여간 불편한 곳이 아니었다. 더구나 요즘 서울과 같이 강도 절도 깡패들이 득실거리는 이 판에 밤마다 그것도 대개는 술까지 좀 취해서 이곳을 지나다녀야 한다는 것은 대단히 위험한 일이기도 했다.
　그래서 그랬겠지만 나는 아무리 술이 취했을 때라도 이 골목을 지나는 동안에는 정신이 바짝 긴장되곤 했다. 더욱이 품안에 현금이라도 좀 낫게 가졌을 때엔 우정 동행이 될 만한 이웃집 아주머니 같은 이라도 기다렸다가 같이 골목으로 들어서곤 했다.
　(……)
　그러한 어느 날 밤이었다. 그날 밤에도 술이 얼큰했었고 품에는 현금이 한 이만환 들어 있었다. 시간은 통행금지 준비 사이렌을 들은 지도 한참 지난 뒤였다.
　품안에 현금을 지닌 나는 그 어두운 골목으로 접어들었을 때 부지중 머리끝이 쭈뼛해짐을 느꼈다.
　나는 두 눈을 꽉 감으며 혼자 속으로 될 대로 되라고 뇌까렸다. 그리고서 몇 발을 떼어 놓았을 때였다.
　그때 나는 언젠가 권총 사건이 났다는 집 가까이 와 있었다. 갑자기 내 뒤에서 사람의 발자국 소리가 저벅저벅 들리기 시작하였다. 나는 온 몸에 소름이 쭉 끼쳤다. 이제 당하는구나! 하는 생각과 함께 당장 내 등에는 단도가 날아와 꽂히든지 권총알이 날아와 박힐 것 같이만 느껴지며 양쪽 옆구리가 짜릿짜릿 조아드는 듯하였다.
　그러는 중에서도 나는 걸음을 멈출 수는 없었다. (……)
　걸음을 멈출 수도 없는 그때의 나로서는 뒤를 돌아본다는 것은 더욱 생각도 할 수 없는 노릇이었다. 그것은 걸음을 멈추는 것보다는 훨씬 더 대담하고 위험한 것이었기 때문이었다.
　따라서 나는 달릴 수도 없었다. 그냥 걷다가 달음박질을 시작한다는 것도 또한 행동의 변화를 일으키는 일이었기 때문이었다.
　나는 오직 걸을 수밖에 없었다. 그것도 처음엔 지금까지 걸어오던 바와 같은 그만한 속도와 자세로써 걸어야 했던 것이다. 그러나 그렇게 한 걸음 걷는 동안에 나의 걸음걸이는 나도 모르게 점점 빨라지기 시작하였다. 그러자 뒤에 오는 자의 발자취 소리도 꼭 그만치 빨라지는 것이 아닌가? 그럴수록 나는 점점 더 빨리 걸어야 하였다.

그리하여 내가 두 번째 ㄱ자를 꺾어 접어들었을 때부터는 나의 힘과 재주가 허락하는 한껏까지 나는 빨리 그리고 멀리 발을 떼어 놓고 있었다. 그러면 뒤에 오는 자도 역시 그만치 빨리 발을 떼어 놓을 놓는 것이 분명하였다. 그것은 늘 그만치 가까운 거리에서 발자취 소리가 들려왔기 때문이었던 것이다.

드디어 나는 우리집 대문 앞에 닿았다. 나는 쓰러질 듯이 손으로 대문을 짚으며 목이 찢어지도록 높은 목소리로, "윤호야!" 큰 애 이름을 불렀다.

내가 그렇게 목이 찢어지도록 높은 목소리로 큰 애의 이름을 부르는 것과 거의 동시였던 바로 내뒤에서 나를 추격하던 자가 내 곁을 획 지나쳤다.

그러나, 그것은 여학교 제복을 입고 한쪽 손에 책가방을 든 열 예닐곱 살나 뵈는 단발머리의 여학생이었다. 우리 집 대문이 열리기 전에 아까의 그 소녀가 자기네 집 대문을 두드리며 자기네 아주머니를 부르는 새된 목소리가 이웃에서 들렸다. (김동리)

모든 수필에 생기를 전하고 사물을 묘사하는 데는 사물을 따라 정서도 함께 울먹이는 것이다. 따라서 수필은 서정을 떠나서 쓰여질 수는 없다. 그러므로 서사 수필 역시 서정을 완전히 초월한 수필이란 의미가 아니요 주로 소설적 수법을 취하는 글이라 하겠다.

2. 수필의 형상화 방안

형상화란 무엇인가? 형상화를 설명하기 전에 상(象)에 대하여 설명하겠다. 상(象)이란 하나의 이미지 또는 그림자다. 그리고 형상화란 그 그림자를 구체적으로 표현하는 일이다. 기독교는 십자가가 그 상이라면 불교는 염주가 그 상이 된다. 그리고 그 상을 구체적으로 나타내는 것이 형상화다.

젊은 두 남녀가 있었다. 그들은 서로가 깊은 사랑에 빠져 있었다. 어느 날 그들은 영화구경을 하기로 되어 있었다. 그런데 약속 시간을 훨씬 지나도 여자는 나타나지 않았다.

남자는 무척 초조했다. 교통이 막혔을까, 아니면 집에 무슨 일이 일어났을까. 혹시 약속시간을 잊어버린 것은 아닐까, 그도 아니라면 변심한 걸까, 남자는 별의별 생각을 다하고 있었다. 시계는 벌써 약속시간보다 한 시간을 지나고 있었다. 남자는 더욱 초조했다. 남자는 교통이 막혀서 그럴 거라고 위안하며 더 기다리기로 했다. 그러나 약속시간보다 두 시간을 더 초과하고 있어도 여자는 나타나지 않았다. 남자는 틀림없이 어떤 사고가 나지 않았으면 그럴 리가 없으리라 생각했다. 순간 병원으로 달려가야 한다는 생각도 해보았다. 만약에 심하게 다쳤다면 어찌되나 하는 생각이 들기도 했다. 그렇게 되면 결혼 약속도 취소해만야 되지 않나 하는 이기적인 생각도 들었다. 그러나 그럴 리는 없다고 스스로 자위도 해보았다. 그랬더니 조금 위안이 되는 듯했다. 그는 한숨을 푹 쉬었다. 이어서 남자는 여자가 괘씸하다는 생각이 들었다. 이렇게 늦을 양이면 사전에 전화라도 해야 할 것 아닌가. 그는 이제 돌아가야겠다고 생각하고는 막 일어서는데 여자가 헐레벌떡 숨을 몰아쉬며 나타났다.

이와 같은 일을 우리는 흔히 경험할 수 있었을 것이다. 이같이 여러 가지 상념이 바로 글의 형상화다.

글이란 특별한 생각을 담아 놓은 것이 아니다. 최초의 생각들을 있는 그대로 표현하는 것이다. 다시 말해서 어떤 편견으로부터 해방되어 세상을 있는 그대로 바라보고 또 세상의 근본 원리들을 통찰한 것, 그것이 바로 글이다. 그러니까 글이란 세상을 통찰한 하나의 수단이라 해도 좋을 것이다. 수필을 쓸 때는 마음을 풀어 주어야 한다. 그리고 그것들을 평이한 언어로 평이하게 서술하는 것이 바로 형상화의 첫걸음이다. 매끄럽게 잘 쓰려고 노력하지 않고 그저 졸렬하고 미숙한 언어를 담아낸다는 마음으로 쓰면 된다.

글을 형상화시킬 때 상세하게 표현해야 한다. 그렇다고 있는 그대로 써야 한다는 말로 받아들여서는 안 된다. 글의 형상화란 자신이 체험하는 것들을 작가의 의도대로 신축성 있게 변형시키는 것을 말한다. 그러니까 보고 느낀 것들을 유효 적절하게 재구성하는 것이 수필의 형상화다.
   아무튼 수필은 충분한 체험 대상에 대한 접근의 깊이가 있어야 할 것이다. 체험과 그 깊이를 애정이라 해도 좋을 것이요, 관심이라고 해도 좋을 것이다. 그 애정, 그 관심을 통찰 또는 관조라고도 한다. 이렇듯 글은 이러한 심오한 작가적 관찰을 요구한다.

   우중에 백초가 가을 들어 다 졌다마는 뜰앞에 결명화는 안색도 고운지요.
(雨中百草秋爛死 階下結明顔色鮮)
   송죽이나 국매는 모르는 이 없지마는 뜰앞에 결명초는 아는 이가 드물다. 바람 속에 서서 향기를 맡아보며 눈물 흘린 사람은 오직 두자미가 아니었던가. '臨風三?聲香偉'이란 낙구가 그것이다. 범인은 살기 위하여 드디어 저를 죽이고 위인은 한 번 죽음으로써 영원히 산다. 그러나 위인의 일생이 반드시 다 뛰어난 것은 아니다. 그의 사생활에는 결함도 많고 과오도 많을 수 있으며 식견이나 재능도 반드시 높은 것은 아니다. 오직 의를 위하여 이를 버리고 진을 위하여 생을 끊은 최후의 一擧가 길이 천추에 빛나는 것이다. 이것을 누구나 敬慕하면서도 행하기가 어렵다. 저마다 송죽이 못 되고 저마다 국매가 될 수 없는 것이 여기 있다.

   (……)

   내가 소시에 시골 살 때, 목중노인에게서 받은 인상은 크다. 그의 내력은 아는 이 없으나 사림 측에서는 목중이란 호로 불려졌고 부락민 사이에는 김생원으로 불려져 왔다. 그는 시장에 가면 행상이요, 부락에 가면 독농이요, 무릎을 꿇고 앉아 학동을 가르치는 훈장이며 학자였다. 큰 사랑에나 사회에 참석하면 박학 준론과 시사 문필이 일좌를 풍미했고 온후하고 호탕한 風致는 난만한 춘광을 불러일으켰다. 그의 토막집에 들어서면 지필과 몇 권의 서책 외에는 씻은 듯했다.
   새벽같이 일어나 큰 산 나무를 해서 이십 리 길이나 되는 시장에 가서 팔아왔다. 옷을 갈아입고 정좌하고 앉아 5, 6명 학동에게 글을 가르치되 강미돈을 받는 일이 없었다. 호박 한 개, 계란 한 개를 큰 재물같이 아끼는 규모지만 이웃이나 남의 일을 돕고 구제하는 데 있어서는 선선하고 활해서 애체한 데가 없었다. 생활은 항상 기갈을 면할 정도에 그쳤으나 마음은 항상 만족하여 유연한 모습이었다. 어느 재경 지주가 마름(舍音, 토지관리인)을 봐 달라

고 교섭을 하자

"산에 도토리가 없나, 강에 물고기가 없나, 이만하면 먹을 것은 얼마든지 있는데 내가 왜 남의 마름을 보느냐."

한마디로 거절해 버렸다. 옆에서 듣던 사람이

"마름만 보면 생활이 당장 넉넉해질 것을 왜 거절하느냐?"고 묻자

"제 땅을 가지고도 앉아서 남이 진 농사로 호강하는 것이 가증하거나 늘 날더러 남의 땅 가지고 호강하란 말이요." 하며 웃었다. 괴롭다거나 생활이 어렵다고 걱정하는 말을 들으면

"괴로울 입장에 앉아서 괴로운 것이 싫다면 죽겠다는 말이고, 가난한 입장에 앉아서 가난한 것이 싫다면 도둑질할 생각이 있다는 말 외에 아무것도 아니다."고 타일렀다.

남의 잘못을 말하는 것을 들으면,

"그것은 남더러 군자가 되고 애국자가 되라는 말일세. 세상 사람이 다 훌륭한 사람일 수는 없는 거야. 남의 잘못을 보고 남을 나쁘니 좋으니 하고 가르기 시작하면 패를 짓고 편을 가르는 게 되는 것이다. 이조당쟁도 여기서 유발된 것이다. 남의 잘못보다는 항상 내 잘못에 밝아야 한다."고 타일렀다. 명주 옷감을 세찬으로 가져온 학생이 하나 있었다. 그는 손으로 명주를 쓰다듬으며

"참 명주가 무명보다 좋기는 하다. 그러나 선생님은 이것을 입을 자격이 못된다. 내가 이것을 입고는 밖에 나가지 못한다. 내가 무슨 일을 했다고 남 앞에 비단 옷을 입고 나서니? 예전에 나보다 공부와 학행이 높고 뚜렷한 분 중에는 나보다 더 못입고 더 굶주린 분이 많았고, 나라를 위해서 생명을 바친 사람, 나라를 위해서 풍찬노숙을 하는 사람에게 죄송하지 아니하냐. 우리는 다 복에 과한 사람들이다. 상제가 명주 옷을 입으면 남이 흉보지 않는가.나라 뺏긴 사람이 명주 옷 입으면 죄로 간다. 너 내 말을 알아듣겠니? 와신상담(臥薪嘗膽)이란 문자 알지?" 하고 머리를 쓰다듬어 주며

"너는 이담에 뚜렷하게 비단 옷 입고 댕기도록 공부해라" 하며 눈물을 머금었다. 그의 가슴속에 항상 무엇이 깃들어 있는 것을 알 수 있단다.

(……)

그는 막걸리를 좋아했다.

"막걸리 안주는 풋고추가 제일이야!"

풋고추는 그의 단골 안주였다.

가끔 눈에 선한 허연 수염과 우뚝 솟은 콧날. 길고 흰 눈썹의 목중노인. 그리고 굵은 목소리와 호탕한 웃음. (윤오영 「목중노인」)

목중노인에 대한 인물담이다. 평소 그는 노인에 대한 예리한 관찰을 했었다. 그리고 그에게서 풍기는 향내며 언어에 이르기까지 작가는 그것을 가슴속에 새겨 두었을 것이다. 그러기를 얼마를 지난 뒤 이 글이 집필되었음을 볼 수 있다.

우리가 어떤 체험을 쓰는 데는 어느 정도 시간적 여유가 필요하다. 예를 들어 미친 듯이 사랑에 빠져 있을 때는 사랑에 관해 쓰기 어렵고 굶어 죽을 지경에 처해 있을 때는 그 처참한 상황을 쓰기가 어렵다. 왜냐하면 그 정감이 설익었기 때문이요, 아직 반성을 거쳐서 나온 것이 아니기 때문이다. 우리가 괴로움이 진정된 후에 다시 그 괴로움이 생각을 키우는 것, 그것이 정감이 익는 과정이다. 그래서 우리가 어떤 사람과 오랫동안 희비애를 나누어 보지 않고는 그 사람에 대한 이야기를 쓸 수 없으며 어느 지역으로 이사 가서 한겨울을 지내 보지 않고 그 고을 이야기를 쓸 수 없는 것이다.

남녀가 애정을 푹 빠졌을 때는 그것은 감정이자 사랑은 아니며, 사람과 사람이 처음으로 만나 다정하게 지내는 것은 호기심이지 우정은 아닌 것이다. 사랑은 열병 같은 애정이 식었을 때 그 남은 감정을 사랑이라 말할 수 있을 것이요, 우정은 오랫동안의 세월이 흘러도 변치 않았을 때 우정이라 한다. 두보는 자식을 굶겨 죽였을 때 결코 봉선영회(奉先詠懷)를 쓰지 못했다.

   人間聞號兆
   幼子息已卒
   문에 들어서니 목놓아 우는 소리 들리고
   어린 자식은 굶어서 이미 죽었더라.

이 글은 이리저리 궁리하고 뜯어고치고 지우고 다시 덧보탠 글이 아니다. 그의 에너지가 고도로 충전된 상태에 있을 때 토로한 아픔이요, 그의 영혼이 맑게 숨쉬고 있을 때 한꺼번에 폭발한 절규다. 우리는 매일 매일 충실히 이행하는 작품 구상을 통해서 자신이 진실로 부르짖고자 하는 어떤 내용이 어느 날 순간적으로 폭박하게 된다. 두보는 자신이 오랫동안 죽어 버린 자식에 관해 가슴속에 떠오르는 대로 절규 같은 아픔을 간직했을 것이다. 그것이 그의 정신이 겨울처럼 맑게 깨어 있는 어느 날 생생히 살아 피 토하는 울음으로 나온 것이다. 두보는 그렇듯 자식을 잃고 가족을 헐벗겼으면서도 의지를 굽히지 않고 가난을 지켰고 오직 시만을 위해서 일생을 보냈다.

　아직도 생각날 때마다 눈물짓는 일이 있습니다. 그때 평양으로, 어디선가 곡마단이 왔는데, 그 중에도 나이 어린 내 호기심을 제일 끄는 것은 인도 어느 산에서 잡아 왔다는 큰 뱀이었습니다. 그것이 어찌도 보고 싶던지 여쭈어 보아야 소용없을 줄 뻔히 알면서도,
　"할만, 나 돈 닷 돈만!"
　하고 말해 보았습니다. 그때 입장료가 소학생은 반액으로 오전이었습니다.
　"나 한 냥만 다오. 재 닷 돈 주께."
　하시면서 열쇠 한 개밖에 든 것이 없는 주머니를 뒤집어 보여주었습니다. 그러나 내가 그때는 왜 그리도 마련했던지요. 생관 억지를 써야 별수없을 줄을 뻔히 알면서도 그래도 그냥 울고불고 야단을 하였습니다. 그날 종일 밥도 안 먹고, 소리쳐 울었습니다. 종내 그 뱀 구경은 못하고 말았으나, 거의 매일 그 서커스단 문 앞에 가서 그 휘장에 걸어 놓은 뱀잡이 그림을 어찌도 쳐다 보았던지, 아직도 그 뱀과 그것을 잡은 벌거벗은 토인들 그림이 눈앞에 선합니다.
　그 후 십여 년이 지난 작년 가을, 오래 해외에 있던 나는 어른이 다 되어 집으로 돌아왔습니다. 마침 형님 집에 올라와 계신 할머님을 서울서 뵈었는데, 하루는 집안에 아무도 없고 할머님과 나와 단둘이 있을 때, 할머님은 주머니를 뒤적뒤적하시더니 가운데 구멍이 뚫린 오 전짜리 백동전 한 푼을 꺼내 주시면서,
　"옛다! 자 이제라두 뱀구경 가거라!"
　하시는 그 목소리는 떨리었습니다. 그때 나는 할머님 무릎에 엎디어 실컷 울었습니다. 나는 그 백동전을 가지고 다닙니다. 지금 만리 타향에 있으면서도 그 백동전을 꺼내 볼 때마다 내 눈에는 눈물이 빙그르 돌곤 합니다. (주요

섭 「할머니」)

 이 글 역시 작가의 혼이 배인 글임을 알 수 있다. 그 서커스 단원이 왔을 때 손자에게 뱀구경을 시켜 주지 못했던 그 할머니는 얼마나 한이 되었기에 이미 잊어버렸던 10년 뒤에 그 손자에게 백동전을 들려주어야만 했을까. 아마 할머니는 그렇게라도 하지 않고는 가슴 아파 견딜 수 없었을지도 모른다. 아니, 분명 그랬을 것이다. 결국 그 할머니는 10년동안 손자의 원을 풀어 주지 못한 한의 세월이라 해도 좋을 것이다.
 할머니는 최초의 가슴 아픈 사건을 가슴속에 간직하였다가 백동전으로 보상했듯이 이 작품 또한 그것들을 객관화를 거쳐서 표현했음을 볼 수 있다. 그것은 작가가 편견으로부터 해방되어 세상을 있는 그대로 바라보고 거기에서 사물의 이치나 세상의 근본 원리들을 통찰한 것이다. 작가의 최초의 감정은 할머니가 몹시 미웠으리라. 그러나 먼 세월이 흐른 뒤 할머니의 마음을 깨우쳤듯이 글이란 이렇듯 길러 주는 시간이 필요한 것이다.
 주요섭은 당시 내면의 상념들을 평이한 언어로 평이하게 서술했다. 매끄럽게 시작하려는 흔적도 볼 수 없다. 스스로를 감추지 않고 적나라하게 드러내었다. 그러나 수필 속에 '극적 아니러니'가 있으면 더 좋을 것이다. 그것은 문학적 장치로써 인간과 세상의 모순을 잘 드러내 주는 것이기 때문이다.
 그러면 다음에서 형상화 방안을 구체적으로 더듬어 보도록 하겠다.

1) 접합의 형상화

 여러분들은 박지원의 양반전을 기억하고 있을 것이다. 그것을 오늘날은 소설로 구분 짓고 있다. 그러나 연암이 그 글을 썼을 때는 문학의 장르 구분이 없었던 때였다. 말하자면 산문은 있었어도 소설은 없었다. 따라서 「양반전」은 수필은 될지언정 결코 소설은 아니다. 소설이란 말은 그 후에 문학 이론가들이 분류해 놓은 것에 불과하다. 그러나 그것은 당시 사실성에 바탕을 두고 썼으리라는 생각을 지울 수가 없다. 그 얘기를 다시 각색해 보면 다음과 같다.

어느 고을에 점잖은 선비 한 분이 살고 있었다. 그의 이름은 북곽이었다. 북곽 선생은 어질고 예의바르며, 충성스러움을 가슴에 지녔으며, 만물의 이치를 통달했다고 사람들이 칭송하는 선비였다. 나이 사십에 혼자 힘으로 주를 달아 해석한 책이 일만 권이나 되고, 여러 경서를 풀이한 것이 일만오천 권이나 되었다.

이 지조 높은 선비가 사는 고을 동쪽에 젊어서 과부가 된 동리자라는 아름다운 여자가 살고 있었다. 그 여자 역시 성품이 어질고 절개가 높은 것으로 소문나 있었다. 그러나 소문과는 달리 그 여자에게는 성이 다른 아들이 다섯 명이나 있었다. 남편이 다섯 이상이라는 말이다.

어느 날 밤 그 과부의 안방에서 남자의 목소리가 흘러나왔다. 다섯 아들은 그 소리가 지조 높은 선비의 목소리인 것에 깜짝 놀랐다. 문틈으로 방안을 들여다보니 그 과부가 선비를 불러다 앉혀 놓고 이렇게 말하는 것이다.

"전부터 선생님의 덕을 사모하여 왔습니다. 오늘 밤 선생님의 글 읽는 소리를 듣고 싶습니다."

이 말을 듣고 북곽 선생은 옷깃을 여미고 바로 앉으며 시를 읊는 것이었다(점잖은 모습으로 시를 읊고 있지만 가끔씩 실눈을 뜨고 여자의 고운 얼굴을 훔쳐보았겠지). 이 모습을 본 다섯 아들은 이렇게 속삭였다.

"선비가 과부의 집에 드나들다니…… 어찌 이런 일이! 저자가 예의를 잘 아는 어진 선비일 리는 만무하고, 성문 밖 여우굴에 천년 묵은 여우가 있다 하던데, 그 곳에 있는 여우가 선비 모습으로 둔갑한 것이 틀림없어. 여우의 갓을 쓰면 천금을 지니는 부자가 되고, 여우의 신발을 신으면 대낮에도 자기 몸을 감출 수가 있고, 여우의 꼬리를 가지면 아름다워져서 사람들이 줄줄 따른다고 하니, 저놈의 여우를 죽여서 나누어 갖도록 하자."

이렇게 의논한 다섯 아들은 방을 둘러싸고 뛰어들어갔다. 이에 깜짝 놀란 선비는 점잖은 모양과는 달리 꽁무니가 빠지게 도망을 쳤다. 그는 어두운 밤에 허둥지둥 도망치다가 그만 들 가운데에 있는 똥통에 빠지고 말았다.

똥통에서 겨우 기어나오니 호랑이가 얼굴을 찌푸리며 호령을 한다.

"예끼, 선비녀석이 되게 더럽기도 하구나."

선비는 행여 호랑이가 자기를 해칠까 봐 싹싹 빌며 아첨을 했다.

호랑이는 이런 모습을 보며 크게 노하여 꾸짖었다.
　　"이놈, 냄새난다. 가까이 오지도 말아라. 선비가 간사하다는 말은 들었지만 이렇게 간사할 수가 있단 말이냐? 네가 입버릇처럼 삼강오륜을 떠들어 봤자, 길거리에 뻔뻔스럽게 쏘다니는 사람들은 모두가 글깨나 안다고 하는 양반들이다. 그러나 이 양반녀석들은 온갖 수단을 가리지 않고 나쁜 짓을 서슴없이 하면서도 도무지 반성할 줄을 모른다……."
　　호랑이는 양반을 욕한 뒤 다시 사람들을 욕했다.
　　"남의 물건을 훔치는 것은 도적질이라 하면서도 권리와 욕심을 채우기 위해 밤낮 안 가리고 돌아다니며 세상 사람들에게 자랑하고 싸우는 것을 부끄러워할 줄 모르는 녀석들이 바로 너희들이다. 심한 놈은 돈을 벌기 위해 마누라까지 팔아치우니, 사람들의 염치란 말할 게 없다."
　　점잖은 선비는 그저 코를 땅에 대고 싹싹 빌었다. 숨을 죽인 채 가만히 있는데 이미 날은 밝아 호랑이는 사라지고 밭에 일하러 나온 농부들이 그 모습을 보았다.
　　"아니, 선생님. 이른 아침에 어디다 대고 이렇게 절을 하고 계시는 겁니까?"
　　"하늘이 높으니 우러러보지 않을 수 없고 땅이 넓으니 구부려 보지 않을 수 없다는 말이 있네. 내 오늘 이것을 실천하여 본 것뿐일세그려."
　　똥 냄새를 풍기며 선비가 하는 말이었다. (박영신 외 『교실 밖 국어여행』)

　　재미있는 수필이다. 도덕성과 교양이 풍부한 북곽 선생과 정절의 과부사이에서 벌어진 러브스토리이다. 세상 사람들은 모두가 그의 도덕성을 믿었었다. 그런데 그들은 엉뚱한 스캔들을 갖고 있었던 것이다. 여기에서 노리는 것은 그 부도덕성보다는 어쩌면 인간의 이중성 내지 본성에 대하여 이야기하고 싶어서인지도 모른다. 다음 글도 같은 책에 실린 글이다. 수필의 형상화에 아주 중요한 지침이 될 것으로 생각되어 가감 없이 그대로 여기에 인용해 보고자 한다.

　　장안의 한 소년이 경주에 사는 아름다운 기생에 홀딱 반했다. 이별에 즈음하여 기생은 믿음을 약속하는 물건으로 몸에서 한 부분을 떼어내어 주길 바랐다. 소년은 머리를 잘라주고 또 이를 뽑아 기생에게 주고 서울로 돌아왔다. 뒷날 그 기생이 다른 남자와 좋아 지낸다는 말을 듣고 심부름꾼을 보내 이빨을 돌려달라고 하니 그 기생은 남자의 이가든 포대 하나를 던져 주며 소년을 비웃었다.

　기생을 아주 낮춰 보는 노 문관이 경차관으로 경주에 이르렀다. 부윤과 기생이 짜고 노 경차관을 시험해 보려고 어린 기생을 촌부로 변장시켜서 경차관으로 접근시켰다. 경차관은 그녀에게 홀려 밤마다 사랑을 나누었다. 어느 날 남편(관가 노비가 남편으로 위장)이 들이닥쳐서 당황한 경차관은 벗은 몸으로 쌀뒤주에 숨었다. 결국 남녀는 쌀뒤주를 동헌에까지 끌고 가서 경차관은 많은 사람이 보는 앞에서 크게 망신을 당했다.

　앞의 이야기는 태평한화 골계전에 나오는 「발치설화」, 「이빨 뽑은 이야기」요, 뒤의 것은 동야휘집에 나오는 「미궤설화」, 「쌀궤이야기」에 전하는 설화이다. 이 이야기는 고대소설 「배비장전」에서 그대로 찾아볼 수 있다. 두 이야기를 합성한 것이 바로 배비장전이다.

　「배비장전」은 판소리 각본을 소설화한 것으로 '평민문학의 성격을 띤 풍자소설의 백미'라고 평가되고 있다. 설화에서 양반들이 우스운 인물로 등장하지만 「배비장전」에서는 비장이라는 중인계급의 위선적인 생활을 풍자하고 있다. 실제 일반 백성들은 수탈하는 주역은 이들이 맡아 했기 때문인지도 모른다. (서계현 외 『이빨 뽑힌 사람, 옷 벗긴 사람』)

　옛 사람들도 이렇듯 설화를 가지고 새로운 이야기를 창출해 냈다. 한편의 수필도 이렇게 두 개의 종자를 접합하여 새로운 씨앗으로 만들어 낸다. 이것이 작가의 재치요, 기술이다. 그 재치와 기술을 다른 말로 수필의 형상화라 한다. 말하자면 종자의 배양이다.

2) 기복과 흥미의 형상화

　수필 작품의 내용의 전개는 단순히 사건들의 연결만을 표현하는 것은 아니다. 이야기와 이야기 가운데 전개에 따른 기복이 있어야 하고, 분위기가 있어야 하고, 가락이 있어야 한다. 그리고 이야기 속에 등장하는 인물들의 성격

발전과정을 표현한다는 데 그 본질적 특징이 있어야 하고, 그 특징에 따른 메시지가 있어야 한다. 그것은 인간이 추구하고자 하는 어떤 진실을 보여주는데 그 역할을 다할 수 있기 때문이다. 그러므로 사건들은 작가가 말하고자 하는 내용과 깊은 관련이 있어야 한다. 그렇지 못한 사건이나 조직은 형상적 의의와 미학적 의미를 죽이게 된다.

이렇게 볼 때 수필작품의 사건의 전개는 단순한 사건 전개가 아니라 작가가 나타내고자 하는 하나의 질서적이고 전일적인 체계라고 말할 수 있을 것이다. 따라서 대화나 묘사는 진실하고 생동감 있게 그려내야 할 것이다.

그러므로 수필을 쓸 때는 종자의 요구에 맞게 작품을 구성하는 일이 무엇보다도 중요하다. 종자에 맞는 내용과 형식을 취하여야 하고 그 전개도 철저하게 종자와 일치하는 개성에 따라야 한다. 구성이라는 것은 종자에 대한 요구를 찾았다는 의미이다. 만일 작가가 나타내고자 하는 의미가 작품에 체현되어 있지 못하다면 그것은 아직 종자에 대한 개성을 찾지 못했다는 것으로 볼 수 있다. 진실로 성숙된 종자는 그 작품이 살아날 수 있도록 종자를 잘 형상화시켰다는 이야기며 그것이 완전히 부식되어 꽃이 피어났다는 뜻이다. 다음 글을 보자.

한 여자가 있었다. 얼굴도 곱고 마음씨도 착한 이 여자는 음악을 좋아했다. 소리판(레코드)를 사러 소리판 가게에 자주 가다 보니 그 가게 주인인 젊은 남자를 사랑하게 되었다. 그러다 이 여자는 죽을 병에 걸렸다. 얼마 살지 못할 것이라고 했다. 여자는 죽기 전에 자기 마음을 소리판 가게 주인에게 전하고 싶었다.

그러나 가게에 들러서는 아무 소리도 못하고 판만 사들고 나왔다. 가게 주인 남자도 아무 소리 않고 판을 예쁘게 싸 주었다. 전보다 더욱 정성스러운 포장이었다. 여자는 판을 집으로 가져와서는 풀지도 않고 그대로 넣어 두었다. 다음날도 소리판 가게에 가서 자기 마음을 얘기하려고 했다. 그러나 말은 못하고 판만 사가지고 왔다. 다음날도 또 다음날도……

그러다가 여자는 죽었다. 여자의 방에는 채 포장도 풀지 못한 판이 있었다.

가족들은 그 여자의 물건을 정리하며 판을 싼 종이를 풀었다. 풀 때마다 편지가 한 장씩 떨어졌다.
"한번 만나고 싶습니다. 내 마음을 전하고 싶습니다." (강혜원 외 『야무진 한국 여자들』)

이 글속에는 시종 긴장감이 흐르고 있다. 긴장감을 갈등이라고 한다. 갈등이란 칡과 등나무란 뜻으로 어떤 사건이 칡이나 등나무처럼 얽혀 잘 풀리지 않는 일을 말한다. 등장인물이 어떤 특별한 상황에 처하면서 사건이 복잡하게 얽히는 그런 상황이다. 긴장감을 갖게 하는 갈등은 작품을 더욱 흥미진진하게 이끄는 장치다. 특히 소설은 이 갈등의 축으로 전개된다. 그러기에 소설은 '갈등 구조 그 자체'라고 말하기도 한다. 수필도 내용의 전개에 따라 갈등이 요구되며 그러한 갈등은 수필을 더욱 흥미롭게 한다. 소리판을 파는 한 남자를 사랑하는 여자는 끝내 사랑을 고백하지 못하고 돌아선다. 그러다가 그녀는 죽음의 병에 걸리게 된다. 가게 주인 남자를 만나기 위해서 날마다 가게에 들러 판을 샀지만 그 남자에게 단 한마디도 못하고 돌아서는 여인은 마침내 죽음을 맞이하고 만다는 이 수필은 처음부터 끝까지 갈등의 연속이다.

우리가 소설을 읽는 즐거움은 주인공이 주인공 자신을 고통스럽게 하는 주변 환경이나 인물들과 부딪치며 얽혀나가는 이야기에서 나온다.

그러므로 갈등이 없는 사건이나 갈등이 없는 이야기는 우선 흥미가 없다. 연속극에서도 독자의 인기를 끄는 것은 주인공이 처리해야만 하는 어려운 갈등에서 풀려나가는 이야기가 흥미가 있기 때문이다.

3) 주관적인 형상화

우리들이 역사를 기술할 때 어느 고을의 박 판서와 이 대감이며 큰도둑, 작은도둑 등을 다 기록하는 것은 아니다. 그보다는 기록자 제마음대로라고 하는 것이 더 정확한 표현일 것이다. 여기에서 제마음대로라는 말은 일정한 룰이 없다는 말이 아니요, 기술자의 관점이라는 뜻이다. 그러니까 기록자가 역사적인 어떤 가치가 있다고 생각될 때만 기록한다. 그러나 그 가치성은 사가(史家)의 관점에 따라 얼마든지 달라질 수 있다. 그 가치란 하나를 들어 다른 백 가지를 판단하고 이해할 수 있는 것을 말한다.

역사란 전봉준이나 박정희의 한 개인의 기록에 불과한 것 같지만 한 국가의 역사가 되듯이 수필도 그것이 한 사람의 이야기지만 문학이 되고 인류의 관심이 되는 것이다. 이렇듯 수필이란 삼라만상을 다 기록하는 것은 아니다. 작가의 설계에 의하여 어느 부분을 빼고 어느 부분은 보태어져서 나오는 하나의 만들어진 이야기다. 그것을 형상화라고 한다.

사가(史家)가 보태고 줄이는 가운데 역사를 만들 듯 작가 또한 의도하는 바에 따라 삭제하고 보태어지는 가운데 작품이 생산되는 것이다.

작가는 바닷물이 짜다는 것을 알리기 위해서 독자들에게 모든 바닷물을 다 마셔보도록 설파하는 것은 아니다. 조금 찍어 맛보는 것으로도 다 알 수 있음을 깨우쳐 주는 존재다. 주저리주저리 늘어놓는다고 해서 수필이 되는 것은 아니다.

    내가 잠시 낙향해서 있었을 때 일.
    어느 날 밤이었다. 달이 몹시 밝았다. 서울서 이사 온 옷마을 김군을 찾아갔다. 대문은 깊이 잠겨 있고 주위는 고요했다. 나는 밖에서 혼자 머뭇거리다가 대문을 흔들지 않고 그대로 돌아섰다.
    맞은편 집 사랑 툇마루엔 웬 노인 한 분이 책상다리를 하고 앉아서 달을 보고 있었다. 나는 걸음을 그리로 옮겼다. 그는 내가 가까이 가도 별 관심을 보이지 아니했다.
    "좀 쉬어가겠습니다."
    하며 걸터앉았다. 그는 이웃 사람이 아닌 것을 알자
    "아랫마을서 오셨수?"
    하고 물었다.
    "네, 달이 하도 밝기에······."

"음! 참 밝소."

허연 수염을 쓰다듬었다. 두 사람은 각각 말이 없었다. 푸른 하늘은 먼 하늘에 덮여 있고, 뜰은 달빛에 젖어 있었다.

노인이 방으로 들어가더니 노인은 방에서 상을 들고 나왔다. 소반에는 무청 김치 한 그릇, 막걸리 두 사발이 놓여 있었다.

"마침 잘 됐소, 농주 두 사발이 남았더니."

하고 권하며, 스스로 한 사발을 쭉 들이켰다. 나는 그런 큰 사발의 술을 먹어본 적은 일찍이 없었지만 그 노인이 마시는 바람에 따라 마셔 버렸다.

이윽고

"살펴 가우."

하는 노인의 인사를 들으며 내려왔다. 얼마쯤 내려오다 돌아보니, 노인은 그대로 앉아 있었다. (윤오영 「달밤」)

이 글에서 얼마나 많은 얘끼를 건너뛰었는가를 눈치 있는 독자는 알아차렸을 것이다. 그 가운데 단 한 줄로 처리된 "이윽고"가 곧 그것이다. 이것은 시간성의 경과를 알리는 효과뿐만 아니라 자잘한 사건까지를 그 한 단어로 처리해 버린 대단한 수법인 것이다. 그들은 농주를 한 사발씩 마셔버리고 나서 무언가 서로 주고받은 대화가 있었을 것이다. 그리고 오랫동안 이런저런 이야기를 나누다가 떠날 때는 서로 인사말도 있었을 것이다. 아니, 이보다 더 중요한 이야기도 있었을지 모른다. 그러나 이 작품에 도움이 되지 않는 여타 이야기들은 모두 절단해 버린 것이다.

"좀 쉬어가겠습니다."

하며 걸터앉았다. 그는 이웃 사람이 아닌 것을 알자

"아랫마을서 오셨수?"

하고 물었다.

"네, 달이 하도 밝기에……."

"음! 참 밝소."

이 부분 역시 허드레 이야기는 모두 절단해 버렸음을 알 수 있다. 처음 보는 사람이고 보면 간단한 자기 소개가 있었을 법하다. 그러나 모두 삭제하고 간단한 대화로써 사건을 처리했다. 이것이 바로 문학작품이요, 수필의 형상화다.

다음 피천득의 수필 「5월」을 보자.

> 오월은 금방 찬물로 세수를 한 스물한 살 청신한 얼굴이다.
> 하얀 손가락에 끼어 있는 비취 가락지다.
> 오월은 앵두와 어린 딸기의 달이요, 오월은 모란의 달이다.
> 그러나 오월은 무엇보다도 신록의 달이다. 전나무의 비늘잎도 연한 살결같이 보드랍다. 스물한 살의 나였던 오월. 불현 듯 밤차를 타고 피서지에 간 일이 있다. 해변가에 엎어져 있는 보트, 덧문이 닫혀 있는 별장들. 그러나 시월같이 쓸쓸하지 않았다. 가까이 보이는 섬들이 생생한 색이었다.
> 得了愛情痛苦
> 失了愛情痛苦
> 젊어서 죽은 중국 시인의 이 글귀를 모래 위에 써 놓고 나는 죽지않고 돌아왔다.
> 신록을 바라다 보면 내가 살아 있다는 사실이 참으로 즐겁다.
> 내 나이를 세어 무엇하리. 나는 지금 오월 속에 있다.
> 연한 녹색은 나날이 번져 가고 있다. 어느덧 짙어가고 말 것이다. 머문 듯 가는 것이 세월인 것을. 유월이 되면 '원숙한 여인'같이 녹음이 우거지리라. 그리고 태양은 퍼붓기 시작할 것이다.
> 밝고 맑고 순결한 오월은 지금 가고 있다.

이 작품도 극도의 생략 속에 작품이 형상화되었음을 알 수 있다. 그는 젊은 날 실연을 당했다. 그래서 죽기로 작정하고 바닷가를 찾았다. 그러나 바닷가의 살아 있는 정경들이 너무 싱싱하고 활력이 넘치는 데 반해서 죽지 못하고 돌아왔던 것이다. 그것을 여기에서는 "사랑을 해도 괴롭고, 실연을 당해도 괴롭다."는 시 한 편으로 처리했다.

얼마나 깨끗한 수필인가. 5월의 신록을 보는 것만큼이나 깨끗한 수필이다.

군말도 없고 허접쓰레기도 없다. 꼭 필요한 이야기만 골랐다. 수필이란 길다고 좋은 것이 아니다. 200자 원고지로 석 장도 좋고 다섯 장도 좋다. 정채 있는 말만 골라 그 속에 무언가 의미를 불어넣어 주면 될 것이다.

뚱뚱한 사람이 살을 빼기 위하여 살을 빼게 해 준다는 광고를 보고 찾아갔다. 안내문을 보니 1층에 가면 5kg, 2층에 가면 10kg, 3층에 가면 15kg이 빠진다고 했다.
그래서 우선 1층에 갔다.
1층에서는 원피스 수영복을 입은 여자가
"나 잡으면 당신의 것"이라고 했다. 그래서 그 여자를 잡으려고 쫓아다니다가 5kg이 빠졌다.
2층에 갔더니 비키니 수영복을 입은 여자가 "나 잡으면 당신의 것"이라고 하자 죽을 힘을 다해 쫓아다니다가 10kg이 빠졌다.
'1층에서는 원피스 수영복, 2층에서는 비키니 수영복을, 그러니까 3층에서는……' 하고 호기심에 가득 차서 3층으로 올라갔다.
그랬더니 그 곳에는 늙은 할머니가 "너는 내거야!" 하고 붙들려는 것을 도망치다가 15kg이 빠졌다.

암시적 의미화가 담겨 있는 글이다. 수필도 이렇듯 암시와 의미화 장치가 병행될 때 좋은 수필이 된다. 그 발상도 좋지만 말을 재미있게 엮어갔다. 우리 인간들의 마음을 송두리째 드러내 준 한 편의 수필이라 해도 좋을 것이다.
우리의 삶은 평범하면서도 신비롭다. 누구는 평안하게 살다가 곱게 늙었고 누구는 고생고생하다가 주름살 투성이로 늙었을 정도의 차이는 있을지 모른다. 그러나 인간은 누구나 죽는다는 사실에는 일치한다. 그가 고관대작을 했거나 진흙 속에서 일생을 살았거나 죽는다는 사실에는 일치한다. 중요한 것은 이 세상에 존재하고 있다는 사실이다. 그래서 우리는 그것을 대상으로하여 기록할 가치가 있는 것이다. 아주 세세하고 자세하게 기록될 때 가치를 발휘한다. 문학이 진정 있어야 할 이유가 바로 여기에 있다.
그래서 수필은 우리와 더욱 가까운 문학일 수밖에 없다. 자유로운 틀 속에 이것 저것 많은 것을 담아낼 수 있다. 그렇다고 아무렇게나 이것저것 찍어낸다고 다 사진이 아니듯이 문학도 마찬가지다. 렌즈의 초점에다 작가의 주관성에 의해 햇살을 모으는 일이다.

4) 이미지의 형상화

　수필을 포함해서 모든 예술은 실제와 일정한 거리를 두고 있다. 그것은 극단적인 사실주의를 배격하는 일이다. 문학은 현실 그 자체가 아니다. 현실을 바탕으로 또 다른 현실을 만들어내는 일이다. 우리는 영화나 연극을 보았을 것이다. 그때 배우들의 연기나 목소리가 어떻던가. 다시 말해서 일상의 사용하던 목소리던가, 아니던가.
　그 음성의 톤이나 기교는 실제와 많은 차이를 가지고 있음을 엿볼 수 있다. 배우들의 힘찬 목소리, 몸의 움직임, 얼굴 표정, 걸음걸이 등 일상의 행동이나 표정에서 볼 수 없는 무대 위의 몸짓들을 연출한다. 사람이 죽어가는데 서둘러 병원에 가는 것이 아니라 환자를 옆에 놓고 하고 싶은 대사를 다한다든지 칼을 맞고 쓰러지면서 모션을 기이하게 쓰며 쓰러지는 행이 등은 모두 극적 몸짓이다. 그리고 웃음도 모양 있게 웃는다든지 발걸음도 특이하게 걷는 것 등 우리가 일상 쓰는 그러한 몸놀림은 아니다.
　조각품에서도 그렇다. 「사랑의 신 비너스」 상이나 길거리 조각품을 보자. 거기에는 팔이 잘려나가기도 하고 가슴만 부각시키는 등 부자연스러운 것이 많다. 그것은 작가의 솜씨가 부족해서 그런 것은 아니다. 미술도 실제와는 많은 거리가 있다. 아니, 어떤 작품은 무엇을 말하는지 모를 정도로 회화되어 있다. 이런 것 등은 형상화와 이상화의 수법이요, 실제와 일정한 거리를 지니게 하려는 데서 나온 수단이다.
　문학에 있어서도 마찬가지다. 시가 운율성을 굳이 강조한다든지 시조에 있어서 3장 6구를 고집하는 것도 그러한 의도에서 나온 것이다. 따라서 대화나 행동 묘사나 인물의 배치가 실제와는 거리가 있는 것은 모두 문학적 형상화의 장치인 것이다.

    어둠이 시로 짙어지면서 보도 위에 깔리고 있었다.
    길 모서리 복덕방에 형광등이 켜지는 것을 보고 저녁 산책의 발길을 잠깐 멈춘다.
    불빛 아래 댓 명 초로(初老)들이 둘어앉아 있고, 때묻은 위생복을 풍덩하게 걸친, 더벅머리 중국집 소년이 청요리 접시와 고량주 병을 배달통에서 꺼내어 낡은 탁자 위에 차리고 있다.
    나는 서너 발 떨어진 전주 옆에 서서, 반 만큼 열린 유리창 너머의 이 광경을 몰래 지켜본다.
    필경 며칠 걸려서 붙인 홍정이 오늘에야 이루어졌음이라.
    야물게 지은 집이라는 등, 갖은 수다를 떨었을 복덕방 영감의 얼굴이 선하게 그려진다.
    애쓴 보람이 있어서 참으로 다행이다. 만약에 허탕이 되었다면 실망이 오죽 컸겠는가? 기분이 좋아서 한턱을 내는 복덕방 영감의 표정은 물론이거니와 덕분에 한턱을 얻어먹게 된 다른 영감들의 표정도 하나같이 밝다.
    쉼 없이 오가는 우스갯소리도, 간간이 섞이는 너털웃음 소리도, 다 즐겁게 들린다.
    큰 욕심 없는 저들의 저 조그마한 기쁨이 엿보고 있는 내 마음을 훈훈하게 해 준다.
    한길 건너 모퉁이에서는 아까부터 한 젊은 여인이 서성거리고 있다.
    버스에서 내리는 사람을 유심히 살피는 것으로 보아 누군가를 기다리는 눈치 같다.
    이윽고 어느 한 버스에서 내리는 넥타이 차림의 젊은 남자를 보고 반색을 한다. 내린 남자도 반가이 여인의 손을 잡는다. 둘은 다정하게 속삭이며 가지런히 걸어간다. 남자는 손에 들었던 봉지를 여인에게 건네어 준다. 여인은 그 속에서 무엇인가를 한 움큼 끄집어 내더니 몇 낱을 제 입에 털어 넣고, 또 몇 낱을 남자 입에 넣어 준다.
    신혼부부인가 보다.
    일 나갔던 낭군을 정류장까지 마중 나온 것이 분명하다. 그는 매일같이 이렇게 마중 나오는 신부를 위해서 땅콩이라도 사들고 온 듯하다. 골목길로 나란히 접어 들어가는 그들의 정다운 뒷모습이 참 곱다.

　세상에는 삭막한 일뿐만도 아니라는 생각을 하며, 덩달아 기분이 좋아진 나는 다시 어슬렁어슬렁 걷기 시작한다.

　저만치에 화원이 보인다.
　요즘은 꽃가게에서보다도 정원수 쪽에서 더 재미를 보는 모양이다. 값진 외향나무며 생김새가 묘한 주목이며 많이도 심어 놓았다.
　화원 구석지에 있는 판잣집에서 불빛이 새어 나오고 웃음 소리가 들려오기에 정원수 사잇길로 살금살금 다가가 본다. 바람결에 고기 굽는 냄새가 구수하다.
　나는 걸음을 멈추고 어두운 나무 사이를 살펴본다. 아니나 다를까 서너 군데나 패인 흔적이 생생하다.
　여기 섰던 나무들이 어느 집으로인지 팔려 갔음을 알 수 있다.
　나무를 팔았고, 정성들여 옮기고 뒷마무리도 깨끗이 하고 있는 사이에 날이 저물었고, 돈도 받았을 터이니, 출출한 참에 한잔 없을 수가 있겠는가?
　그 중 젊은 원정이 시장으로 달려가고, 다음으로 젊거나 아니면 가장 부지런한 원정이 숯불을 피우고…….
　모두가 오순도순 둘러앉아 저렇게 흥겨워들 한다고 생각하니 내 마음도 덩달아 즐겁다.
　(……)
　원정 한 사람이 일어나 나무판대기 의자를 권한다.
　판잣집 안 흙바닥에 놓인 화로의 빨간 숯불 석쇠 위에 덥석덥석 놓인 돼지고기가 지글지글 익고 있다.
　어느 입에선지 후래자삼배(後來者三杯)라는 말이 나오고, 어느새 나도 제법 거나해진다.
　미안해서 나도 고깃근이나 사겠다고 하니 주인이 손을 내저으며 천부당만부당하다는 것이다.
　오늘은 몇 그루 팔아 적잖게 벌었으니 고기쯤은 자기에게 맡겨 놓아 달라고 한다.
　원정들도 화원주(花園主)의 말이 백 번 옳다는 표정들이다.
　나는 오랜만에 원래의 우리네들 속에 섞여 들었다는 생각을 하며, 주는 대로 수월찮게 소주잔을 받아 마신다.
　나는 그들의 훈훈한 마음에 취하며 소박한 이야기들에 귀에 기울인다.
　사람이란 본래 이렇게들 살아가면 되는 것이다.
　한 시간은 실히 넘었을 것 같은데, 그래도 헤어지기 섭섭해 하는 그들의 그 순후한 정을 뒤에 두고 귀로로 나서니, 초여름 밤 바람이 취안에 알맞게 시원하더라. (김우현 「어느 산책」)

　한 폭의 그림 같은 수필이다. 그러면서 아름답다. 아니 서민들의 그 살아가는 모습들이 너무도 티없이 맑다. 그리고 너무 행복해 보인다. 이런 인간들로만 모인 세상이라면 어찌 사회가 어지럽다고 하겠는가. 아니, 이 세상이 혼탁하다면 분명 그들이 혼탁한 것이다.
　정말 「어느 산책」은 수필대로 그렇게 살아갈까? 우리는 이렇듯 아름다운 이웃들끼리 모여 살고 있을까. 서로가 사랑하고 서로가 위해 주는 사회일까. 그러나 여기에 우리는 고개를 갸우뚱하게 된다. 우리에게는 싸움이 있다. 미움이 있다. 그리고 혼탁하다. 다만 아름다운 사회를 꿈꾸는 우리의 염원일 뿐이다. 그것이 작품이다. 이상의 세계를 꿈꾸는 곳, 나비가 날고 꽃들이 만발한 곳, 그것이 작품의 세계이다. 김우현의 글이 우아하고 고상한 것은 그 작가가 담고 있는 작가의 정신 세계다. 작품은 이렇듯 현실과는 멀리 배치되어 있다.
　수필 속에 등장하는 모든 의상(意傷)들은 이렇듯 일정한 거리를 유지시켜 놓는다. 우리가 손님으로 갔을 때나 손님을 대접할 때는 평소와는 다른 거리 있는 행동으로 손님을 모시듯 수필도 그렇다. 그것이 문학 작품이다. 그것은 자기 방에 켜진 등불보다는 '건넛집 등불'이 훨씬 밝게 보이고, 자신이 하는 데이트보다는 남의 데이트가 훨씬 아름다워 보이고, 자기 집보다는 남의 집이 월등 행복해 보이는 이치다. 아니, 신비감의 장치라고 해도 좋을 것이다. 이런 것을 이미지의 형상화라 한다.

5) 무관성의 형상화

> 동짓달 기나긴 밤을 한허리를 둘러내어
> 춘풍 이불 아래 서리서리 넣었다가
> 어룬님 오신날 밤이어든 굽이굽이 펴리라.

여걸 황진이의 작품이다. 동짓달 기나긴 밤을 두 동강 내어서 따뜻한 이불 속에 챙겨 두었다가 정든 서방님이 밤 깊어 찾아오시거든 그걸 꺼내어서 길고 긴 밤을 보내 보겠다는 것이다.

이처럼 호탕하고 쾌활했던 황진이는 과연 당시에 많은 사람으로부터 사랑을 받았을 것인가. 그렇지는 않았을 것이다. 모르면 몰라도 그 당시 황진이는 많은 사람으로부터 손가락질을 당했을 것이다. 모르면 몰라도 그 당시 황진이는 많은 사람으로부터 손가락질을 당했을 것이다. 왜 그런가? 그는 신분이 기녀였기 때문이다. 그런데다가 당시로서는 생각할 수도 없는 벽계수와 계약 결혼을 하는 등 윤리적인 면에서 지탄의 대상이 되었다. 그러나 시간이 흐른 오늘날은 황진이를 많은 사람들이 그리워하는 시선을 보내고 있다. 그리고 그 재주에 반하여 사모의 정을 쏟는다. 이것은 실재하지 않는 인물이기 때문이다.

오늘날 황진이에 대한 이미지는 이렇게 강하고 아름답다. 아니, 아름답다 못해 고고하고 청결하기까지 하다. 이렇듯 시간의 과거성은 모든 것을 아름답게 한다. 추억이 아름다운 것도 같은 이치다. 흘러가 버린 과거성은 모두가 이렇게 아름답다. 수절하지 않고 가출하여 사마상여(司馬相如)와 함께 술을 팔며 바람 피웠던 탁문군(卓文君)도 아름답고, 악역을 담당했던 청춘 시절의 배반의 사연까지도 아름다운 것이다. 나와는 무관한 현상 밖의 일은 모두가 매력이 있고 아름답다. 험난한 죽음길의 고생이며 이웃의 불륜 사건까지도 흘러가 버린 과거 앞에는 아름답다.

모두가 문학이기 때문이다. 문학은 이처럼 우리를 실제생활의 속박에서 해방시켜 주기도 하고 현실에서 이루지 못한 사연을 작품을 통하여 보상해 주기 때문이다. 인간은 이처럼 보상심리에 가득 차 있다.

아주 어린 시절의 나의 가을은 우리 꼬맹이들이 계란봉에 올라가 머루와 정금을 이가 사리도록 따 먹는 데서부터 시작된다.
서낭당 쪽에서 불어오는 바람결에 감이 붉게 물들면 그때부터 우리는 목이 시리도록 하늘을 쳐다보며 군침을 삼켰다.
하늘 높이 쭉 뻗은 미루나무들이 노랑 물감을 한껏 머금고 가을을 진하게 토하면 우리는 오색 무늬의 추산봉을 바라보는 것만으로도 즐거워졌다.
파란 포전의 무 배추밭에 강아지 한 마리가 어미 개를 쫄랑대면 우리도 덩달아 청강수 같은 하늘을 보듬고 들길을 마구 달리다가 숨이 차면 풀밭에 뒹굴며 웃어 댔다.
고성을 지르며 '두둑!' 떨어지는 상수리를 줍기 위해 우리는 콧잔등에 송글 땀을 흘리며 참나무 아래 모였다. 한 개라도 더 많이 줍기 위해 눈을 헤드라이트만큼이나 크게 뜨고 분주한 일순간을 지나면 제법 호주머니가 불룩해졌다. 그러면 누가 말을 꺼내지 않더라도 약속이나 한 듯 한적한 똥매로 추적 추적 모였다.
가위 바위 보를 하여 순서가 결정되고 상수리 치기 놀이가 시작되는 것이다. 한두 개 더 따 보아야 그리 쓸모도 없는 것이었지만 그 놀이가 그렇게 재미있을 수가 없었다. 눈을 땅에 메꽂은 채 그렇게 정신없이 치다 보면 누군가가 엄마의 입살을 끌려가게 마련이었다.
가을 햇살을 따갑게 받으며 들국화를 꺾는 재미도 그만이었다. 그 하얀 국화꽃이나 마타리꽃을 한 아름 꺾어다가 꽃집을 짓고 그 위에 상수리나무 가지를 쳐 놓으면 더없는 보금자리가 되었다. 거기에 금이랑 부부가 되어 새살림을 하는 소꿉놀이는 왜 그리 즐겁기만 했는지.
수숫대를 가지고 껍질을 벗겨낸 속대로 안경을 만들고 시멘트 포대를 가지고 팔랑개비를 만들어 빼쭉 말라 버린 목화송이가 널려 있는 윗뜸 언덕빼기 샘까지 숨차게 달려 보는 재미란 경마장에서 말 타는 재미만큼이나 흥이 났다.
이러한 놀이는 시골 아이들만이 느낄 수 있는 일급 프로였다. 그러나 석양이 되면 미련 없이 흙 묻은 손을 훅훅 털고 뿔뿔이 헤어지곤 했다.

저녁이 되면 어느 틈에 하나 둘씩 김씨네 묏벌 육백여 평 남짓한 널따란 잔디밭으로 어정어정 모인다.

숨바꼭질, 기마전, 진빼기, 씨름, 뜀뛰기 등 숨차게 하다가 누군가의 실수로 티격태격 싸움이 되기도 했다. 싸움이라고 해야 닭싸움처럼 서로 눈을 크게 뜨고 으르렁대며 욕잔소리하거나 우리 아버지 생일 때 떡 안 준다는 시시한 엄포로 끝나 버리거나 멱살을 잡고 주먹으로 얼굴을 몇 대 쳐 주는 것으로 막을 내리지만 일순 분위기는 헤프게 죽어 버린다. 그러면 누군가에게서 그야말로 깜짝 놀랄 만큼 신나는 제안이 샐쭉 튀어나왔다. 그것은 비우살로 밤서리를 가지는 것이었다. 여기서 선발대는 으레 가운데뜸 둘째가 나섰지만 막상 그 어려운 과업을 담력있게 해내는 데는 아래뜸 근이었다. 둘째는 누렁코를 몇 번 훌쩍거리며 웃저고리를 벗어 든다. 알몸이 되는 것이다. 흰 옷은 아무래도 알른알른 남의 눈에 띄기 쉽다는 거다.

우리는 가느다란 미홍과 야젓한 기분을 느끼면서 새끼로 신발을 질끈 묶고 허리띠를 졸라맨다.

마을에서 건너다 뵈는 비우살을 가는 데는 밤마다 도깨비가 나온다는 그 으스스한 도깨비 샘과 여우가 새끼를 깐다는 3백 년 묵은 느티나무 고목을 지나야 했지만 그날 저녁만은 어쩐지 무서운 줄을 몰랐다. 그보다는 바우살 권 영감의 그 후렁후렁한 목소리가 귓전을 때리며 금세 달려와 목덜미를 낚아 챌 것 같아 채근거렸다.

숨을 죽이며 가만가만 해내는 작업이었지만 그 날따라 밤 따는 장새소리가 이슥한 밤을 왜 그리 요란하게 했던고.

누군가는 망을 보며 한순간 숨가쁘게 작업을 하고 집에 도착하여 숨을 돌리고 보면 온몸에 생채기가 나 있고 그때서야 그 곳이 쓰리고 후끈후끈거렸다.

그런데 요즘은 그러한 동심을 악의 없는 장난으로만 보아주지 않는 모양이다. 외만길을 걷다가도 출출하면 아무 밭에나 성큼 들어가서 고구마 몇 개를 후벼서 바짓가랑이에 쓱쓱 문질러 먹을 수 있는, 그 후한 그 옛날 내 고향의 인심은 어디 가서 찾아볼 수 있을까.

추봉 계곡에서 가재자이를 하고 뒷매 들녘에 들어가 메뚜기를 잡다가 솥에다 구워 먹던 내 고향의 그 아름다운 정취는 어데 갔을까. (졸작 「잃어버린 동화」)

이 글은 멀리 있는 바다 안개를 보는 것과 같다. 지나가 버린 과거이기 때문이리라. 그만치 흘러가 버린 일은 언제나 아름답고 현실은 항상 고통스럽다. 그래서 헤어진 연인과는 아름다운 추억이 되지만 현실로 이어질 때는 후회하게 된다. 지나간 일은 실용적 태도와 무관하기 때문이다. 비실용성은 이해관계에 구속받지 않는다. 말하자면 불난 집에 불구경자가 되는 것이다. 한가로이 눈앞의 경치를 관상하고 부담 없이 바라보는 일종의 구경자가 되는 것이다. 그 구경은 실제 불이 난 사람과는 상관없이 재미까지 곁들이는 것이다. 우리가 싸움을 볼 때 만약에 내 가족과 관계가 된 일이라면 한가로이 관람자는 되지 못할 것이다. 그러나 나와 무관한 싸움이라면 하나의 관객이 되어 재미까지 느낄 것이다. 그러므로 재미를 보려면 실용적 태도를 뛰쳐나와서 보아야 한다. 이를 무소위이위(無所爲而爲)라 한다. 말하자면 하려고 하는 목적 없이 저절로 하는 것이다.

　　덕유산 기슭의 조산 마을에서 지낼 땐 달밤은 나를 가끔 환상의 늪에 빠지게 만들었다. 가만히 창문을 열어 놓고 바깥을 내다 보면 달빛은 다가와 내 이마에 곤충의 촉각을 붙여 주었다.
　　뾰족하고 예민한 촉각으로 덕유산 숲속의 벌레들 마음까지도 환히 감지되는 듯했다. 그것은 여인들의 월경과 같이 나에게 일종의 잠 못 이루는 병과도 같은 것이었다.
　　달밤이면 창 밖을 내다보았다.
　　창 밖엔 백 년도 더 됨직한 느티나무가 한 그루 서 있었다. 밤이 깊어질수록 나무의 생각도 깊어지고 있었다. 나무의 생각이 깊어져 반쯤 눈을 감을 때 달이 나무를 만나러 왔다. 달과 나무가 가장 잘 어울릴 때는 달이 나무를 만나러 바로 머리 위까지 왔을 때였다. 나무에 달이 걸린 것같이 바로 가까이 왔을 때 달빛은 내 촉각을 타고 마음으로 흘러 들었다.
　　이상했다. 달밤이면 달빛이 달아 준 그 촉각으로 덕유산 계곡처럼 깊은 상상 속으로 빠져들었다. 내 상상과 달빛이 닿은 나뭇가지, 그 나뭇가지에 와 머문 나무의 생각과 만날 때도 있었다. 그럴 때 한 그루 나무이지만 수천 수만의 잎새, 그 잎새들마다 보이지 않게 뻗친 생각의 잎맥을 보았다.

창 밖으로 보면 왠지 달이 나무와 단둘이 있는 것 같았다. 반쯤 눈을 감고 있던 나무도 눈을 뜨고 달을 맞이하고 있었다. 달과 나무의 대화는 묵시법일까. 달빛으로 물든 하얀 가지와 어슴푸레 보이는 잎새들은 시상에 젖어 있었고, 아무도 보는 이 없는 공간에 드리우는 고독한 그림자는 달과 나무의 묵시법처럼 보였다.

(……)

달밤이면 창 밖을 내다보았다. 거기엔 백 년도 더 된 느티나무 한 그루가 서 있었다. 그냥 무심히 바라보는 눈앞에 서 있었다. 산중 월삼경의 고요, 그 정적 속에 눈을 감는 나무의 명상법을 보고 있었다. 지금 생각해 보니 그때가 행복했다. 먼 숲속의 풀꽃들과 벌레들과도 교감을 나눌 것 같은 달빛이 붙여 준 촉각, 어디로 갔을까.

덕유산 기슭의 조산 마을에서 지낼 땐 달밤은 나를 가끔 상상의 숲으로 이끌었다. 가만히 창문을 열어 놓고 바깥을 내다보면 달빛은 다가와 내 이마에 곤충의 촉각을 두세 개 붙여 주었다.

지금 잃어버린 그 촉각을 다시 찾을 수는 없을까.

달빛 속의 나무의 명상법을 보는 것이었다. (정목일 「달빛 속의 나무」)

참신하고 깨끗한 달밤의 상념이요, 쓸쓸하고 차가운 마음의 표현이다. 요란한 소리를 억지로 내려 하지 않았고 그렇다고 깊이 있는 상징성이 있는 것도 아니다. 그런데도 흥미진진한 감흥을 불러일으키는 것은 무한한 환상, 즉 비실용성이 응집되었기 때문이다. 제재에서 표현 방식에 이르기까지 모두 순수해지고자 하는 황상이 달빛 속에 출렁거림은 바로 비실용성이기 때문이다. 남의 아내가 아름답기 위해서는 바람쟁이어야 한다. 그러나 내 아내가 아름답기 위해서는 정숙해야 하는 상반된 논리다. 일단은 끼가 있다는 것은 아름답게 보인다.

인생은 번민하고 무료하다. 설사 부귀 영화를 누리고 있는 자라도 마찬가지다. 그래서 때로는 여우나 귀신에게서 정을 기탁하기도 하고 아득한 환상으로 기탁하여 우리들을 그대로 기이한 한 송이 꽃과 무성한 들꽃에 파묻히게 한다. 그것이 문학이다.

이렇듯 구체적인 내용이 보이지 않으면서도 글이 맛깔스러운 것은 인생이나 삶에 대한 담박하면서도 농밀함이 경쾌하고도 중후하게 농축되어 있기 때문이다.

  엄마야 누나야 강변 살자
  뜰에는 반짝이는 금모래빛
  뒷문 밖에는 갈잎의 노래
  엄마야 누나야 강변 살자

 여기서 느끼는 것은 현실이 아닌 이상이다. 청산이라고 해서 신선이 머무는 곳은 아닐 것이다. 그런데도 그 곳을 꿈꾸는 것은 현재라는 실존세계가 고난과 고통이 존재하기에 그 곳을 꿈꾸어 보는 것이다. 그래서 그 이상의 세계를 상상하여 위안을 받아 보는 것이다. 이런 것은 세계관의 차이며 안식의 차이다.
 사실 그렇다. 산 좋고 물 좋은 시골에 사는 것이 도시인에게 부러운 이상의 땅이다. 이 어우러지고 새가 날고 물이 흐르는 땅, 그렇지만 시골 사람에게는 오히려 도시가 부러운 것이다.
 그리고 여고에 근무한 사람은 당당한 제자를 두고 싶어 남학교를 염원하지만 남학교에만 근무 사람은 꽃밭에서 지내는 여고에 근무하기를 꿈꾼다. 필시 여학교가 꽃밭일지는 모른다. 그러나 꽃밭에서 일하는 사람도 밀밭에서 일하는 거와 그렇게 큰 차이는 없다. 이렇게 서로 다른 세상을 꿈꾸는 것은 현실을 탈피하고픈 인생의 욕구분출 행위이다. 그것은 다른 말로 이상의 세계에 대한 추구다.
 자기가 입은 옷보다는 다른 사람이 입은 옷이 훨씬 아름다워 보이고, 자신이 데리고 사는 마누라보다는 남의 집의 마누라가 월등 예뻐 보이고, 자기 근무처보다는 남의 근무처가 여러 모로 좋아 보인다. 그래서 '엄마야 누나야'는 말이 나오고, '살어리 살어리랏다 청산에 살어리랏다 머루랑 다래랑 먹고 청산에 살어리랏다'는 소망이 가득한 시가 생겨나는 것이다.

6) 참신성의 형상화

많은 머슴들을 거느리고 사는 여주인 있었다. 그는 닭울음 소리만 나면 아직 어두워도 머슴들을 일깨워 일을 시켰다.
그래서 머슴들은 견딜 수가 없었으므로 닭을 죽이려고 생각하였다.
여주인을 깨우는 것이 곧 닭이었기 때문이다.
그런데 닭을 없애 버렸더니 옛날보다 훨씬 더 고되게 되었다. 그것은 여주인이 시간을 누가늠할 수 없게 되자 그 전보다 더 어두운 때부터 깨워 일을 시켰던 까닭이다.

참 재미있는 이야기다. 글이란 이렇듯 새로워야 한다. 그렇고 그런 이야기는 우선 흥미가 없다. 밥 먹고 세수하고 잠자다가 책을 보았다는 이야기를 누가 읽으려고 하겠는가. 어떤 사물에서 경이로움을 발견하고 어떤 사건에서 전혀 새로운 참신성을 발견해야 한다.

한 예로 식물이라고 생각해 보자. '땅에서 자라는 여러 가지 나무와 풀'이라는 그런 단순한 생각이라면 문학이 될 수 없다. '인간과 같이 존재하면서 인간에게 가르침을 주고 활력을 주는 존재'라는 식을 되어야 한다.

우리가 교수와 거지의 공통점을 말한다면 똑같이 '사람'이라는 말 외엔 다른 말이 떠오르지 않을 것이다. 그러나 문학에 있어서는 얼마든지 다른 해석이 가능하다. 그 공통점을 찾아보자.

첫째, 교수나 거지나 항상 손에 무엇을 들고 다닌다.
둘째, 출·퇴근 시간이 일정하지 않다.
셋째, 수입이 일정하지 않다.
넷째, 얻어먹을 줄만 알지 대접할 줄은 모른다.
다섯째, 되기가 어렵지 일단 되고 나면 밥은 먹고 산다.
여섯째, 일단 되고 나면 전직(轉職)이 불가능하다.

우리가 생각할 수 없는 전혀 새로운 발견이다. 단순한 통념의 사고에서 벗어나 공통점을 찾은 데서 우리는 어떤 신선감을 느낄 수 있다. 이렇듯 사물에서 새로운 인상을 찾아내는 것이 문학이다.

재미있는 수필이 되지 못하는 것은 어떤 사물의 궁극을 들여다보지 못하고 그 표피적인 것만 보기 때문이다.

우리는 종종 타인들의 눈은 흥미롭다고 생각하면서 자기 자신의 눈은 따분한 것으로 여기곤 한다. 우리는 우리가 일상 통념의 것만 사고하는 바람에 신선을 잃어버린 것이다. 그러므로 넓은 마음으로 우리 자신 밖의 세계를 바라볼 수 있어야 한다.

노만 필 박사의 상담 사무실에 어느 날 중년의 남자가 찾아왔다.
"박사님 저는 이제 끝장입니다. 몇십 년 간을 공들여 온 내 사업이 하루아침에 모두 날아가 버렸답니다. 나는 완전히 무너졌습니다."
"완전히, 하나도 남김없이 없어졌습니까?"
"예, 모두 다…… 저에겐 희망도 없습니다. 새출발을 하기엔 나이도 너무 많고……."
남자는 모든 것을 포기한 것처럼 보였다.
필 박사가 말했다.
"그래도 혹 당신에게 무언가가 남은 것이 있을 것입니다. 내가 가져온 이 종이에 한번 적어 봅시다."
"부인은 아직 살아 계신지요?"
"물론입니다. 내 아내는 나를 30년이 지난 지금까지 지켜 주었습니다."
"좋습니다. 그것을 여기에 적겠습니다. 훌륭한 아내라고, 그리고 아이들은 어떤가요?"
"아이들이요? 셋이나 되는데 공부를 썩 잘해요. 그들은 내게 와서 '아버지, 아버지가 좋아요.'라고 말해 나를 즐겁게 해 주죠."
"두 번째에는 힘이 돼 주는 아이들이라고 적어 봅시다. 친구들은요?"
"친구도 있습니다. 의리 있는 몇몇은 지금 날 도와 준다고 하지만 그들이 무슨 도움이 될까요?"
"됐습니다. 다음 이제껏 당신은 나쁜 일 한 적 있습니까. 건강은 어떻습니까?"
　필 박사는 이렇게 요목조목 적은 종이를 남자에게 돌려주었다. 거기에는 다음과 같이 적혀 있었다. 당신이 가진 재산, 1. 훌륭한 아내 2. 힘이 되는 자랑스러운 아이들 3명 3. 의리 있고 도와주겠다는 친구들 4. 정직 5. 건강.
　"이것 보세요. 당신은 아직도 많은 재산을 가지고 있지 않습니까?"
　중년 남자는 부끄러운 듯 웃었다.
　"그러고 보니 내 형편이 그렇게 나쁘진 않군요."

　충격을 줄 만큼 얼마나 신선한 이야기인가. 절망한 사람에게 이보다 더 위로의 말이 어디 있겠는가. 우리가 일상 재산 하면 단순히 '돈' 그것만을 생각하게 된다. 그것은 일상 통념화된 사고이기 때문이다. 그러나 '돈'만이 재산이 아니라고 우리들의 일상의 통념을 깬 사고들이다. 글은 이렇듯 작가만의 기발하고 참신한 생각들로 형상화되어야 한다. 우리들의 일상의 통념이 얼마나 잘못 되었는가를 깨우치게 될 것이다. 이 세상에 돈보다 더 귀한 것들이 존재한다. '하나님'에 대한 '신'의 존재를 인식할 때 우리들의 삶은 훨씬 풍부해질 것이다. 게다가 우리들이 '건강'하다는 이 사실, 게다가 내 곁에 '가족'이 존재한다는 사실, 이것은 엄청난 축복인 것이다. 그런데 사람들은 그것을 인식하지 못하고 사는 것이다. 자기의 건강을, 가족의 안녕을, 직장이 있다는 사실을 인식하지 못한다. 그것은 너무나 당연한 사실로 받아들인다. 그 '당연하다'는데서 탈출해서 그것을 감사로 인식해야 한다.

　몇 해 전에 아랍의 억만장자이면서도 생전에 단 한푼의 적선을 해본 일이 없는 부호가 유서를 남겼다.
　"내가 죽으면 묘를 쓰지 말고 알몸으로 넓은 사막에 묻고 밖으로 두손만 내 보이도록 하라. 이 유서는 장례식 날 무덤 앞에서 뜯어보라."고 적혀 있었다.
　이 기이한 소문은 삽시간에 전 아랍에 퍼졌다. 장례식 현장에는 수많은 인파가 몰려왔다. 그 인색하고 돈 많은 부자의 마지막 가는 길을 흥미롭게 주시하면서 그 유서의 내용에 큰 관심을 보였다.

유서를 뜯어 보니 다음과 같이 적혀 있었다.

'사람은 본래 빈손으로 왔다가 빈손으로 가는 것, 영원한 내 것은 없다. 나는 이 많은 재산을 모으기까지 온갖 고생을 다했지만 단 한 푼의 돈을 가지고 갈 수가 없구나. 남으로부터 얻어진 것은 그들에게 되돌아 가야 한다. 내 전재산을 가난하고 불쌍한 사람들에게 나누어 주어라. 내 가족이라도 놓고 먹을 수는 없다. 한푼도 남기지 말고 나누어 주되 내가 죽은 날부터 일 주일 이내에 시행하라.'

이 역시 우리에게 충격을 줄 만큼 신선한 이야기다. 이 세상 많은 사람들은 돈의 의미를 알지도 못한 채 돈 그것에 매달려 신음하고 있다. 결국 술을 좋아해 그것만을 마시다가 일생을 마친 사람이나 돈 그것에 취해 돈만을 벌다가 일생을 마친 사람이나 매반 똑같이 미친 사람인지도 모른다.

어떤 거부가 가난한 사람에게
"나는 백만 냥의 저축이 있다."
하고 우쭐거리며 자랑만을 일삼았다. 그러자 가난한 사람이 말했다.
"당신은 모르지만 실상 나도 백만 냥의 저축이 있다오."
부자가 깜짝 놀라 가난한 사람에게 물었다.
"정말인가? 대체 어디다 그 돈을 감춰 놓았는가?"
"당신은 돈을 모을 줄만 알지 한 푼도 쓰지를 않는다. 나도 역시 돈을 쓰지 않는다. 이렇게 서로 쓰지 않으니 있건 없건 마찬가지가 아니오?"

했다는 이야기가 있다. 이렇듯 우리의 삶 속에는 얼마든지 신선한 이야기와 사물의 깊은 의미가 숨겨져 있다.

우리는 세상에 태어나서 자기의 인생을 살다가 언젠가는 떠나야 한다. 내가 번 돈은 내 손으로 값지게 써야 한다. 결국은 빈손으로 갈 수밖에 없는 인생 철학을 전제로 하되 내가 번 돈이라고 하여 내 마음대로, 나만을 위해 흥청거리는 어리석음도 없어야 할 것이다.

이런 것을 염두에 두고 다음 두 편의 수필을 감상해 보자.

그 택시 운전사는 늘 웃음띤 얼굴이었다. 차 안은 깨끗했으며 손님에겐 늘 먼저 인사를 건넸다. 그는 자기 일이 즐겁다고 말했다. 물론 심한 교통체증과 거리의 소음, 매연이 괴롭긴 했지만 별로 개의치 않는 듯했다.

하루도 빠짐없이 택시를 몰고 거리로 나가는 그에게 어느 날 청천벽력 같은 일이 벌어졌다. 사랑하는 아내가 불치의 병에 걸린 것이다. 그는 아내를 극진히 보살폈다. 그러나 되도록 택시운전을 거르지 않으려 노력했고 손님에게도 항상 친절했다.

간절한 간호에도 불구하고 그의 아내는 죽음을 맞고 말았다. 아내를 잃은 그는 깊이를 알 수 없는 슬픔과 절망에 젖어 들었다.

어느 날 그의 택시를 즐겨 타는 어떤 사람이 말을 걸어왔다. 남자는 택시 운전사가 당한 슬픔을 전혀 모르고 있었다. 그리고 언젠가 택시운전사가 운전이 즐겁다고 한 말을 떠올리며 물었다.

"아직도 즐거우십니까?"

운전사는 남자에게 친절하게 말했다.

"지금은 그렇지 않습니다. 지난 주에 아내가 병으로 죽었습니다."

남자는 깜짝 놀라며 그와 같은 고통을 겪으면서 어떻게 손님들에게 친절하게 웃을 수 있느냐고 물었다.

"제 아내가 죽은 것은 손님의 잘못이 아닙니다. 그런데 왜 제가 손님에게 불친절하게 대하겠습니까?"

택시 기사의 명료하고 간단한 대답이었다. (「그들의 잘못이 아닙니다」)

<생각하는 사람>의 조각가 로댕, 그 위대한 예술가는 처음엔 그날그날의 생활을 걱정하는 평범한 소시민이었다. 그는 단순한 은세공사로 거의 날마다 은으로 된 똑같은 장신구를 만들어 내는 일을 했다.

어느 날 로댕은 은으로 만들기 전 그 모형을 점토로 떠내는 일을 맡았다. 나뭇잎을 똑같이 빚고 있던 그에게 시몬이란 동료가 와서 말을 붙였다.

"자네가 만드는 나뭇잎은 너무나 평면적이군. 나뭇잎을 다시 한번 잘 보게나. 그리고 나뭇잎 끝을 한번 손가락 끝으로 뾰족하게 만들고 등을 둥글게 해보게."

로댕은 시몬이 시키는 대로 따라했다. 그러자 놀랍게도 나뭇잎은 생생하게 살아 있는 듯이 보였다.

"이것 보게, 정말 나뭇잎과 똑같이 됐군."

"그래, 자네는 눈에 보이는 그대로의 나뭇잎만 그리려고 했던 것이네. 나뭇잎의 잘 보이지 않는 부분을 봐야지. 모양만 보다가는 아무것도 할 수 없네. 중요한 것은 내면의 것을 보고 이해하는 것이지."

로댕은 시몬의 말을 듣고 정신이 확 깨는 느낌이 들었다.

"그래 자네 말이 맞았네. 난 내면을 꿰뚫어 보지 못했어."

로댕은 그때부터 단순 은세공사의 길에서 예술가의 길을 걷기 시작했다. 예술이란 바로 사물의 내면 속에서 피어나는 것이었다. 로댕이 불후의 명작 등을 하나하나 조각하는 순간에 늘 시몬의 말이 로댕의 가슴속에서 살아 숨쉬고 있었다. (「로댕 조각의 비밀」)

이상의 두 편의 소품을 이해하는 이라면 글을 어떻게 쓰는 것이 좋은 글인가를 알 수 있을 것이다. 모든 사건을 절단하고 아주 섬세하면서도 정결한 단어들만 골라서 작가가 의도하는 바를 형상화했다. 이것이 바로 수필이다.

7) 형상화에 있어서 시점

지금까지 시점은 소설에서만 주로 논의되어 왔다. 그러나 앞으로는 수필에서도 당연히 논의되어야 할 것으로 본다. 그만치 화자나 시점은 작품의 내용, 즉 작품의 본질을 결정하는 중요한 구실을 하기 때문이다.

화자는 작품 속의 이야기를 이끌어 가는 자를 말하고, 시점은 화자가 어디에 있느냐를 따져서 하는 말이다. 요컨대 화자가 '보는 위치'또는 '관찰되어지는 지점'을 말한다. 그러므로 시점과 화자는 같은 맥락에서 볼 수 있다.

작품은 작가가 쓰지만 이야기를 이끄는 사람은 어디까지나 작품 속의 화자(발화자)다. 그러니까 이야기꾼은 작가가 아니라 바로 화자다. 화자는 작품 속에 나타날 수도 있고 나타나지 않을 수도 있다.

이야기꾼, 즉 화자가 작품 속의 인물인 경우를 1인칭 시점이라 하고, 화자가 작품 속의 인물이 아닌 경우를 3인칭 시점이라고 한다. 1인칭 시점으로는 주인공(화자)이 얘기 속에 등장하여 자신이 자신의 이야기를 하는 것을 1인칭 주인공 시점이라 하고, 주인공(화자)이 얘기 밖에 있어서, 주인공이 아닌 다른 인물이 이야기를 하는 것을 1인칭 관찰자 서술이라고 한다. 그리고 3인칭 시점으로는 화자가 밖에 있더라도 이야기를 다 아는 듯이 쓰는 것을 '전지적 작가 시점'이라 하고, 화자가 관찰하듯이 쓰는 것을 '관찰자 서술'이라고 한다. 현대 소설은 화자가 이야기 안에서 자신의 얘기처럼 이야기를 이끌어가는 것이 보통이다. 그러면 다음 글을 한 편 읽고 이야기를 계속하기로 하자.

    옛날에 아래윗집에 사는 총각, 처녀가 있었대. 김 정승네 김 낭자, 이 정승네 이 도령. 두 사람이 열댓 살쯤 되었을 때, 말하자면 이팔청춘인 때였어. 여자가 좀더 조숙해서인지 정이 더 많아서인지 김 정승네 딸이 이 도령을 사모하게 된 거야. 초당에나 있고 보라는 책이나 볼 일이지 정승네 도령을 사모하여 과년한 처녀가 정을 억제 못하고 훌쩍 담을 넘어 이 도령 방에 떡 하니 와서 서 있네. 이런 변고가 있나? 이 도령이 한참 생각하다가 훈계를 했다.
    "양반 체면에 이런 방자할 데가 있나? 여자가 월담하여 남자 방을 틈입하다니…… 남자 방을 찾아 다니는 여자를 누가 정숙하다 하랴. 회초리가 있으니 맞으시오."
    찰싹, 찰싹, 찰싹. 석 대를 맞고 돌아온 처녀는 이 도령이 밉기도 하고 그립기도 하고 분하기도 하고 갈래갈래 마음속을 헤매다가 끝내 죽고 말았네그려. 죽었다고 하니 이 도령 또한 심정이 오죽할까. 허 참 내가 너무 과했던가. 이러고 있는데 살며시 문이 열리고 죽은 여자가 들어오는 것 아닌가.
    "호호호호 깔깔깔깔. 아이구 도련님이 여전히 공부하시는군요."하면서 밤새 이 도령 목을 껴안고 입을 맞추며 못살게 구는 것 아닌가. 밤이면 밤마다 이러니 이 도령은 빼빼 마르게 되었지.
    결국 이 도령은 절로 피해 갔는데 귀신이 그 곳은 못 찾았는지 나타나질 않아어. 살도 찌고 살맛 난 도령이 내일이면 집으로 가야겠다 생각하고 있는데 그날 밤 또 그 귀신이 나타나는 것 아닌가.
    "아이고 호호호호, 깔깔깔깔. 어디 가셨나 했더니 여기 계셨네요."
    이 도령은 밤새 시달려 또 얼굴이 반쪽이 되었구려.
    다음날 이 절의 중이 도령의 꼴을 보고 웬일이냐고 물어, 높디 높은 산 위에 올라가 이러저러한 속얘기를 털어놓으니 이 중이 하는 말.

"야, 미친 놈아. 굴러온 밤을 그리 회초리질하면 어떡하니? 제 발로 들어와 죽자살자 사랑한다는 여자한테 회초리질이야? 에라, 이놈아! 내 말 좀 들어 봐라. 내가 한번은 동냥을 갔다가 평소에 맘에 찍어 둔 처녀가 동냥을 주러 나오기에, 쌀 동냥 말고 손목 동냥 좀 다오 하며 좀 완력으로 나서려고 하니, 아 이게 글쎄 앙칼지게 나서네그려. 그냥 입막음하려고 칼로 찌르고 도망온 나야. 그래도 이렇게 시치미떼고 잘 살고 있다만. 나 같으면 회초리가 뭐냐. 어서 오십시오지. 바보같이 그 여자를 왜 죽여서 이 고생이냐? 쯧쯧……."

"아이고, 동냥 주려던 그 처녀가 불쌍하지 않니?"

"불쌍하기는 나하고 살면 될 것을 그 짓을 하니 죽어도 싸지. 으아아악!"

마지막은 죽은 소리였다. 분노한 도령이 이 땡초 중을 발로 차서 절벽 아래로 굴려 버린 것이다. 이래저래 우울한 기분으로 집에 누워 있으니 그날 밤 그 처녀 귀신이 또 오는데 이게 웬 걸 두 명이 오네. 하나도 힘든데 둘이라니.

이 두 귀신은 한참을 싸우더니 그 중 한 귀신이 이웃집 처녀 귀신을 올라 타고 이렇게 말하는 것이다.

"나는 죽은 땡중한테 동냥 주려던 그 처녀다. 그만 성가시게 하고 썩 물러 가라."

이렇게 해서 이 도령은 그 뒤로 귀신한테 시달리지 않고 잘살았단다. (교실 밖의 국어교육 「'내'가 귀신 처녀라면」)

옛날 이야기는 대부분 화자가 이야기 속의 등장인물은 아니다. 그리고 등장 인물들의 속내를 다 알고 있는 전지자적 입장에 있다. 그래서 대개 "옛날에 한 혹부리 영감이 살고 있었는데……"라는 식이다.

아무튼 「내가 귀신 처녀라면」은 김 낭자와 이 도령간의 못다 이룬 사랑에 대한 얘기다. 이것을 다음과 같이 시점을 바꾸어 읽어 보자.

(1) 문을 열고 들어온 여인은 이웃집 낭자였다. 나는 너무나 놀라 자리를 박차고 일어섰다.
(2) 나는 이웃집 이 도령을 처음 본 순간에 심장이 멎을 뻔했다. 그에게 첫눈에 반해 버린 것이었다. 애타는 이 심정을 어떻게 전한단 말인가?

(1)번은 화자가 이 도령이요, (2)번은 화자가 낭자다. 따라서 (1)번은 이 도령 자신이 '나'가 주인공이 되어 이야기를 이끌어 가기 때문에 이 도령 자신의 마음의 세계를 적나라하게 그릴 수 있고, (2)번은 김 낭자가 '나'가 되어 이야기를 해 나가기 때문에 김 낭자 자신의 처지를 실감 있게 묘사될 수 있을 것이다. 다시 말해서 이 도령이 화자라면 귀신에게 시달리다가 다른 귀신의 원수를 풀어 준 이 도령의 행동을 긍정적으로 그릴 수 있겠고, 김 낭자가 화자라면 귀신 처녀의 입장에서 못다 이룬 사랑의 슬픔을 전개할 수 있겠다.

이렇게 시점은 화자가 이야기를 이끌어 나가는 하나의 방법이기도 하지만, 그 전반적인 내용의 질을 결정하기도 한다. 그리고 어떤 시점을 택하느냐에 따라 글의 주제도 달라진다. 왜냐하면 시점에는 지은이의 사상까지 담겨 있기 때문이다.

다음 예문을 읽어 보고 시점을 살펴보자.

(1) 그녀는 먼산을 바라본다.
(2) 울창한 숲이 빽빽이 서 있다.
(3) 사랑스러운 연인의 얼굴이 생각났다.
(4) 나는 네가 좋아.

(1)은 3인칭 시점의 서술이요, (2)는 3인칭인가 아니면 1인칭인가 하는 구별이 어렵다. 왜냐하면 "울창한 숲이 빽빽이 서 있는 것을 그는 보았다."라고 하면 3인칭 서술시점이 되겠고, "거기에 울창한 숲이 빽빽이 서 있는 것을 나는 보았다."라고 하면 1인칭 시점이 된다. 이렇게 화법의 전개에 따라 시점이 달라진다. 그리고 (3)의 사랑스러운 여인의 얼굴이 생각나는 체험 당사자의 입장에서 보면 1인칭 시점이 되겠고, 전달자인 '그'의 입장에서 보면 3인칭 시점이 된다. 또한 (4) "나는 네가 좋아."는 3인칭 전지가 시점에서 1인칭 주관적 시점으로 전환된 것이다. 따라서 전달방식의 직접화법이냐 간접화법이냐에 따라서 시점이 달라진다. 요즈음에는 이런 시점을 넘어서 '말하기'가 강

조되는 메타픽션적 방법이 동원되고 있다. 작가가 중립적 화자만으로 작품의 진행에 대한 부족함을 느끼고, 다시 논픽션적 화자를 끌어들여 요약, 주석, 생략 등에 특별한 효과를 거두려는 의도다. 따라서 하나의 작품에는 하나의 단일한 시점이 존재한다는 생각을 버려야 한다. 하나의 작품에는 이중화자를 동원할 수도 있고, 일인칭과 삼인칭을 동시에 병행할 수도 있다는 것을 명심해야 한다.

쉽게 쓴 **수필 창작론**

2005년 8월 1일 1판 1쇄 초판 인쇄
2005년 8월 10일 1판 1쇄 초판 발행

지은이•정 주 환
발행인•한 봉 숙
발행처•푸른사상사

등록 제2-2876호(1999.8.7)
서울시 중구 을지로3가 296-10 장양B/D 701호
대표전화 02) 2268-8706(7) 팩시밀리 02) 2268-8708
메일 prun21c@hanmail.net
홈페이지 //www.prun21c.com
편집•디자인•송경란/심효정/김수정 기획마케팅•김두천/한신규/지순이
ⓒ 2005, 정주환

값 25,000원
ISBN 89-5640-356-2-03810

*저자와의 합의에 의해 인지 생략함